HERMINE MERKL

MEINE SEELE WILL ENDLICH FLIEGEN

*Raus aus der Ohnmacht –
rein in die Schöpferkraft!*

novum ▲ pro

Dieses Buch ist auch als
e-book
erhältlich.

www.novumverlag.com

© 2021 novum Verlag

ISBN 978-3-99107-669-8
Lektorat: Mag. Eva Zahn
Umschlagfotos: Cardiae,
Tawanlubfah | Dreamstime.com
Umschlaggestaltung, Layout & Satz:
novum Verlag
Innenabbildungen: Hermine Merkl

Die von der Autorin zur Verfügung
gestellten Abbildungen wurden in der
bestmöglichen Qualität gedruckt.

Gedruckt in der Europäischen Union
auf umweltfreundlichem, chlor- und
säurefrei gebleichtem Papier.

www.novumverlag.com

Bibliografische Information
der Deutschen Nationalbibliothek:

Die Deutsche Nationalbibliothek
verzeichnet diese Publikation in
der Deutschen Nationalbibliografie.
Detaillierte bibliografische Daten
sind im Internet über
http://www.d-nb.de abrufbar.

Inhaltsverzeichnis

Dieses Buch widme ich
Gott,

der
mein Lehrer ist,
mein Segen ist,
mein Licht ist,
mein himmlischer Vater ist,
die Quelle meiner Inspiration ist,
mich besser kennt als ich mich selbst.
Gott, von dem ich weiß, dass er mich stets *bedingungslos* liebt.

Und dafür danke ich ihm und liebe ihn!

Viele Jahre hat mir der Zugang zu Gott gefehlt. – Warum?

Weil ich so verletzt war. Weil ich gar nicht wusste, wie mir geschah. Weil ich gar nicht wirklich wusste, wozu es mich auf dieser Welt gibt. Weil ich nicht wusste, was der Sinn meines Lebens ist. Weil ich mich ungeliebt fühlte. Weil ich mich getrennt fühlte. Weil ich mich betrogen fühlte. Weil ich mich gedemütigt fühlte. Weil ich unermesslich traurig war. Weil ich mich verlassen fühlte. Weil ich enttäuscht war. Weil ich beleidigt war. Weil ich gekränkt war. Weil ich frustriert war. Weil ich zornig war. Weil ich verbittert war. Weil ich undankbar war. … Hört sich das gut an? – *NEIN!* – Es hört sich vielmehr nach einer Version von Lebensverweigerung an.

Gestutzte Eiche

Wie haben sie dich, Baum, verschnitten.
Wie stehst du fremd und sonderbar!
Wie hast du hundertmal gelitten,
Bis nichts in dir als Trotz und Wille war!
Ich bin wie du, mit dem verschnittnen,
Gequälten Leben brach ich nicht
Und tauche täglich aus durchlittnen
Roheiten neu die Stirn ins Licht.
Was in mir weich und zart gewesen,
Hat mir die Welt zu Tod gehöhnt,
Doch unzerstörbar ist mein Wesen,
Ich bin zufrieden, bin versöhnt,
Geduldig neue Blätter treib ich
Aus Ästen hundertmal zerspellt,
Und allem Weh zu Trotze bleib ich
Verliebt in die verrückte Welt.

Das Gedicht *Gestutzte Eiche* von Hermann Hesse (Juli 1919) beschreibt auf eine sehr traurige, aber auch tief berührende und schöne Art, was es heißt, den Stürmen des Lebens zu trotzen und voller Hoffnung einen Neuanfang zu wagen.

Bis ich aber wieder da hinkam, dass ich – Hermann Hesse zitierend – sagen konnte „Und allem Weh zu Trotze bleib ich verliebt in die verrückte Welt", dauerte es seine Zeit. Anfangs dachte ich, dass mir diese Worte gar nicht mehr über die Lippen kommen, weil ich so an meinem Leben zerbrochen war, doch heute kann ich zum Glück wieder optimistisch und voller Hoffnung in die Welt sehen und diese letzten Verszeilen auch mit einer von Herzen kommenden Kraft sprechen, denn ihre Botschaft hat sich für mich bewahrheitet. – Und sollten Sie sich als Leser derzeit unter Umständen in einer ähnlichen Situation befinden wie ich es war, dann wünsche ich Ihnen von Herzen alles Gute und dass auch Ihr *„Wesen unzerstörbar bleibt"* und auch Sie *„verliebt bleiben in die Welt"*.

Mein besonderer Dank gilt auch meinen Eltern,
die mir so vieles in meinem Leben ermöglicht haben.
Und die mir stets all das an Fürsorge und Liebe gegeben haben,
was ihnen möglich war.

Ganz herzlichen Dank dafür!

„Wenn einer allein träumt, ist es nur ein Traum.
Wenn viele gemeinsam träumen,
ist das der Anfang einer neuen Wirklichkeit."
Friedrich Hundertwasser

Einleitung

Ich bin eine Träumerin, stehe dazu und bin sehr stolz darauf eine Träumerin zu sein.

Früher wurde mir oft gesagt: „Hör endlich mit dem Träumen auf!" – Das habe ich dann tatsächlich irgendwann auch getan und von den Eltern, Lehrern und anderen Menschen gelernt, was es heißt, statt zu träumen mit beiden Beinen fest im Leben zu stehen. Habe gelernt, brav, verhalten sowie angepasst zu sein und bestmöglich zu funktionieren, bis meine Seele sehr laut und sehr deutlich nur noch um „*Hilfe*" rief.

Doch was bleibt, wenn wir ein Leben leben, in dem wir nicht mehr träumen dürfen?

Wir passen uns einer Welt an, die im Grunde genommen nicht die unsere ist. Eine Zeitlang geht das ganz gut, doch irgendwann rächt sich dieser Selbstbetrug und zeigt uns in Form von Krankheit und Krisen, was falsch ist in unserer Welt. Und vor Herausforderungen und Schicksalsschläge gestellt, gilt es dann zu erkennen, dass wir das Haus unseres Lebens auf die falschen Werte und Ziele gebaut haben, weil es nicht die unsrigen sind. Es sind die Werte und Ziele einer anderen Generation. – *Ein Träumer bleibt ein Träumer.*

Ich habe zwar sehr lange versucht, mich nach den Richtlinien der anderen zu richten, bis ich mich letztlich der größten Krise meines Lebens gegenübersah. Habe statt zu träumen meinen Verstand gebraucht und mir damit eine Welt erschaffen, die der der anderen sehr ähnlich war. Doch es war nicht wirklich meine Welt. Ich musste erkennen, welchen Irrtümern und Fehlern ich aufgesessen war. – Heute weiß ich, dass meine Fähigkeiten ganz woanders liegen. Heute gestehe ich mir zu, dieses Potential immer mehr zu entdecken und bewusst danach zu leben. Und jetzt, wo es mir zum Glück wieder um so vieles besser geht, habe ich beschlossen, fortan wieder ein Träumer zu sein. Mir träumend ein neues Leben zu gestalten und dieses dann von Minute zu Minute zu genießen und wahrhaftig zu leben, wahrhaftig zu sein. Nun, so lassen Sie mich träumen, ein wenig *ver*-rückt (dem alten Leben *ent*-rückt) sein und die Dinge mal aus einer ganz anderen Perspektive sehen. – Ob Sie dies dann ebenso sehen wie ich, das entscheiden letztlich Sie selbst.

Für mich darf heute alles sein. – Sie dürfen im Hinblick auf meine Worte kritisch, ja sogar distanziert sein. Sie dürfen die Dinge anders sehen. Sie dürfen aber auch mit mir weinen und lachen. Ich habe dieses Buch geschrieben, weil mich Gott und meine Engel darum gebeten haben. Jetzt gehe ich meinen nächsten Schritt, stelle mich meiner Angst und habe den Mut, meine Geschichte und all das, was ich inzwischen lernen sollte, mit Ihnen zu teilen.

Ich freue mich sehr, wenn Sie das Buch lesen. Vielleicht wollen Sie es sogar jemandem schenken. Das wäre wunderbar. Lassen Sie sich inspirieren und folgen Sie Ihrem Herzen. Ich wünsche Ihnen, ebenfalls wieder ein bisschen zu träumen und darauf zu hören, was Ihnen Ihr Herz sagt.

Da es mein erstes Buch ist, sehen Sie mir bitte so manchen Fehler nach. Ich habe mein Bestes gegeben. Anfangs habe ich noch oft versucht, beim Schreiben meine Gedanken zu kontrollieren und genau zu überlegen, was ich schreiben darf und was nicht. Was sozusagen gesellschaftsfähig ist und was nicht. – Doch tat ich dies, sollte mir jedes Mal das Schreiben nicht gelingen, denn dann fielen mir nicht die richtigen Worte ein. Erst wenn ich mein Ego spazieren schickte und mich ganz ins Vertrauen in eine höhere Macht begab, die mit diesem Buch auch Sie als Leser erreichen will, konnte ich mich dem Prozess des Schreibens anvertrauen und im Hinblick auf das Ergebnis zuversichtlich sein. Zu vieles wollte mir mein Kopf diktieren, doch mein Herz sagte jedes Mal „Nein!".

Auch für mich war bei alledem viel Neues und Überraschendes dabei. Vor allem, dass mein Erstlingswerk ein Buch wird, das durchaus der Rubrik *spirituelle Literatur* zugeordnet werden kann, das war mir, als ich mit dem Schreiben anfing, so nicht klar. Rubrik *Sachbuch und Lebenshilfe* ja, aber dass während des Schreibens meine Seele immer mehr die Regie führen sollte, überraschte mich selbst, obwohl ich es aus heutiger Sicht verstehen kann, denn so wie ich mein Leben lebte, kam sie in den letzten Jahrzehnten viel zu kurz. Also habe ich ihr jetzt meine Aufmerksamkeit, meine Worte und damit auch meine Stimme gegeben.

Was heißt Spiritualität für mich? – Zu wissen, dass es eine höhere Macht gibt, die wir Gott, Schöpfer, Universum, Quelle usw. nennen, die mich durch dieses Leben führt, und dass ich mit meinem Spirit und meinem Herzen stets mit dieser Quelle, die ich Gott nenne, verbunden bin. Spiritualität heißt für mich auch, dass ich mir dessen bewusst bin, dass ich in Wahrheit eine Seele bin, die sich für diese Inkarnation diesen menschlichen Körper ausgesucht hat, um hier auf Erden für eine bestimmte Zeit bestimmte Erfahrungen zu machen, um als Seele zu wachsen und zu reifen, um so mein Bewusstsein zu erweitern.

Was bedeutet es für mich, spirituell zu sein? – Mutter Natur und alle Lebewesen zu achten, sowie ihnen liebevoll, respektvoll und wertschätzend zu begegnen. Ein Menschen-Freund zu sein, sowie das Gute, das Göttliche im anderen zu sehen. Aus meinem Herzen heraus zu denken, zu fühlen, zu sprechen, zu handeln und zu sein. Achtsam und aufmerksam durch mein Leben zu gehen. Wieder zu werden wie ein Kind, indem ich die Welt wieder mit neugierigen Kinderaugen sehe und mir wieder erlaube zu träumen, zu lachen, zu singen, zu tanzen, mich selbst zu vergessen, mich selbst nicht so wichtig zu nehmen, sondern kreativ zu sein und mehr zu spielen.

Dieses Buch war zunächst gar nicht für die Öffentlichkeit gedacht. Ich fing an mit dem Schreiben, um meine Gedanken zu klären. Inzwischen ist für mich vieles an Veränderung geschehen. Und je mehr ich schrieb, umso mehr war die Botschaft da: *Veröffentliche dieses Buch! Es soll den Menschen dienen. Es wird die richtigen Leser finden.* – Vielleicht sind Sie es, der dieses Buch gerade in den Händen hält und diese ersten Zeilen liest. Wenn dem so ist, dann freue ich mich und wünsche Ihnen ganz viel Freude beim Lesen!

Herzlichst
Hermine Merkl

1

Krise als Chance? – Stimmt das?

„Die Welt zerbricht jeden, und nachher sind die
meisten an den gebrochenen Stellen stärker.“
Ernest Hemingway

„Krise ist ein produktiver Zustand. Man muss ihm
nur den Beigeschmack der Katastrophe nehmen.“
Max Frisch

Krisen. – Sie kommen unvorbereitet. Keiner mag sie und doch
gehören sie zu unserem Leben dazu. Es ist, als hätten wir mit
ihnen auf der Reise unseres Lebens eine ganz besonders interessante „Attraktivität“ dazu gebucht, ohne uns dessen bewusst zu
sein. Das Problem ist nur, dass sie so gänzlich unverhofft in unser Leben drängen. Sie geschehen, ohne dass wir gefragt werden,
ob wir an dieser Art von Sonderveranstaltung Interesse haben. –
Oder doch? – Und kommen wir aus diesen Krisen „ungeschoren“ davon? Heißt es nicht, dass wir unser Schicksal selbst in der
Hand haben? – Dass wir mit unserem Charakter unser Schicksal bestimmen? – Dass wir dabei Gutes und weniger Gutes anziehen, je nachdem worauf wir unsere Aufmerksamkeit richten?
Derzeit scheint uns unser Schicksal an die Hand zu nehmen, um
zu verändern, was der Veränderung bedarf.

Sind wir als Menschheit in eine Sackgasse geraten, aus der uns
unser Schicksal nun befreien will? – Sind wir im Kleinen (jeder
Einzelne von uns) wie im Großen (gesamtgesellschaftlich gesehen) weltweit einem falschen Weg gefolgt? – Haben wir uns

dabei selbst verloren? Heißt es nicht, das Schicksal meint es gut mit uns? – Es gibt so vieles, was wir in Zeiten von Schicksalsschlägen und Krisen nicht erklären können. Doch so fest wie uns die Krise in der Hand hat, sind wir aufgefordert durch diese hindurchzugehen. Sollen erkennen, was wir falsch gemacht haben. Sehen lernen, wo wir vom Weg abgekommen sind. Tun wir dies, können wir tatsächlich aus der Krise für die Zukunft lernen und ihr, wie es Max Frisch sagt, den Beigeschmack der Katastrophe nehmen. Doch damit dies geschieht, ist jeder Einzelne von uns gefragt. Nutzen wir die Zeit effektiv, kann Veränderung, Transformation und Heilung geschehen.

Schriftsteller, Literaten wie Ernest Hemingway, Max Frisch und noch viele andere große Persönlichkeiten der letzten Jahrhunderte, lassen mit ihren Aphorismen, die sie uns als eine Art Vermächtnis hinterlassen haben, in uns im Hinblick auf das Phänomen einer Krise die Hoffnung aufkeimen, dass in jeder Krise bereits etwas Positives angelegt ist. Und letztlich zeigt uns zum Glück auch die Geschichte der Menschheit auf, dass es bei jeder Krise trotz anfänglichem Chaos irgendwie immer wieder weitergeht. Wenn auch anders als zuvor, denn eine wesentliche Aufgabe der Krise ist es, all das aufzulösen und zu zerstören, was uns nicht länger dient.

Das Wort „Krise" setzt sich im Chinesischen aus zwei Schriftzeichen zusammen. Ein Schriftzeichen bedeutet Gefahr. Das andere heißt Gelegenheit. – Doch Gelegenheit wozu? – Das herauszufinden liegt an uns. Hier ist jeder Einzelne von uns gefragt. Wir müssen uns bewusstwerden, dass letztlich jeder von uns irgendwie seinen Beitrag dazu geleistet hat.

Lassen Sie mich dazu mit Betrachtung meiner eigenen Krise ein Beispiel geben, wie mich mein Schicksal herausgefordert hat, um mich endlich dazu zu bringen, aufzuwachen und zu erkennen, wie ich selbst sowohl bewusst, als auch unbewusst zu meiner Krise beigetragen habe. Anfangs habe ich mich noch dagegen gewehrt, dass ich selbst der vermeintliche Verursacher sein soll. Es wäre doch viel einfacher gewesen, dem einen oder anderen die Schuld für dieses und jenes zu geben. Aber ich konnte die Geschichte drehen und wenden, letztlich hat sie mich immer und immer wieder zu mir selbst zurückgeführt. – Ja, ich weiß, es hört sich nicht schön an, wenn man gesagt bekommt, dass man selbst Täter und Opfer zugleich ist. Kann ich sehr gut verstehen, dass einem dieser Gedanke nicht gefällt. Schließlich habe ich es für mich selbst erlebt.

Lange habe ich überlegt, ob ich für dieses Beispiel mit meinem Namen stehen will. Im Grunde genommen ist es jedoch egal, denn ein Name ist nur ein Name. Nicht weniger, nicht mehr. Wenn ich dafür aber jemandem helfen kann, dann ist es mir dieses Bekenntnis zu meinen Fehlern wert. Schließlich sind wir alle hier, nicht um ein Geheimnis aus unseren Fehlern zu machen, sondern um aus ihnen zu lernen. Und außerdem weiß ich heute: Wenn's weh tut, dann betrifft es nicht mein wahres Selbst, sondern dann fühlt sich nur und ausschließlich mein Ego verletzt. Und damit kann ich wiederum leben, denn letztlich ist es das Ego, das durch die Krise sterben soll. Schließlich hat es mich auf die Irr-Wege gebracht, die ich mir jetzt einmal aus anderer Perspektive heraus anzuschauen habe. Und dabei gibt es so manches zu entdecken, wie mein bisheriges Leben zeigt.

Was soll denn diese Krise? – Was bitte will sie von mir? – Habe ich sie gerufen?

Die Krise, die ich mit knapp 55 Jahren erlebt habe, forderte mich auf, meinen bisherigen Lebensentwurf, mein ganzes Denken, Handeln und Sein in Frage zu stellen. Es war wie ein Höllen-Schlund, der sich vor mir auftat. Und ich fiel direkt hinein. Konnte nichts stoppen. Ob ich wollte oder nicht, ich musste genau in dieses schwarze Loch hinein. Es schien keinen anderen Weg mehr zu geben als den, den ich vor mir sah. Und dieser Weg war ein sehr schmaler Grat. – Ein falscher Tritt. Und ich falle noch tiefer in diese schwarzen Untiefen hinein. – Was ist los? – Was soll ich hier? – Warum muss ich da durch? – Wollte ich das so? – ???

Dieses schwarze Loch forderte mich auf, in meinem Leben die Pause-Taste zu drücken. Innezuhalten. Einen Schritt zurückzutreten. Die Situation auszuhalten. Die Leere auszuhalten. Mich auszuhalten. – Ja, Sie lesen richtig. Mich selbst auszuhalten und mir anzusehen, was ist. Was ich mir da erschaffen hatte. Es will, dass ich mir mein bisheriges Leben ganz genau ansehe, damit ich erkenne, wann genau ich von meinem Weg abgekommen bin. Damit ich erkenne, in welchen Sog ich da geraten bin. Damit ich erkenne, was es zu korrigieren gilt. Dass ich aus meinen Fehlern lerne und dass ich die notwendigen Schritte der Veränderung gehe. Denn mein Leben schreit förmlich danach, dass es so *nicht* weitergeht. – Was tun? – Verzweiflung? – Resignation? – Aus dem Leben gehen? – Weitergehen?

Was hat eine Krise mit Krankheit und Tod gemeinsam?

Krise, Krankheit, Tod – wir haben sie verdrängt. Aus unserem Alltag, aus unserem Leben. Aus unserem Bewusstsein. Keiner will sie haben. Sie führen ein Schatten-Dasein. Dabei haben sie uns so viel zu sagen. Sie wollen mit uns eintreten in einen Dialog. Wollen mit uns kommunizieren. Fordern uns auf, uns näher mit ihnen zu befassen. Sie uns anzusehen. Ihre Botschaft zu verstehen. Sie fordern uns auf, uns ihrer bewusst zu werden. Sie wieder in unser Leben, in unser Sein zu integrieren. Denn trotz ihres bitteren Beigeschmacks gehören auch sie zum Leben insgesamt dazu. Sie wollen nicht ausgeklammert werden. Schließlich haben sie uns viel zu lehren. Doch um ihre Sprache, ihre Worte zu verstehen, bedarf es sehr viel Mut, Ausdauer und Geduld. Ihre Bewältigung kann uns gelingen, wenn wir bereit sind, in den Schmerz, den sie mit sich bringen, hineinzugehen, auf unsere innere Stimme zu hören und uns ihrer Führung anzuvertrauen.

Ihr Weg führt uns – so mein Erleben – direkt in die Höhle des Löwen hinein. Es dauerte seine Zeit, bis ich verstanden hatte, wer dieser „Löwe" war: mein *Unterbewusstsein*. Ihm stand ich völlig entwaffnet, nackt und mittellos gegenüber. Mit weit aufgerissenem Maul ließ es mich in seinen „Löwen-Schlund" („Höllen-Schlund") schauen und fauchte mich mit Gift, Galle und feuerspeiendem Atem an. Sie können sich vielleicht vorstellen, wie es mir bei diesem Anblick die Luft zum Atmen nahm. Ich fühlte mich fürs Erste mehr tot als lebendig. Voller Angst und am ganzen Körper zitternd wich ich anfangs vor diesem Ungeheuer zurück. Meine erste Reaktion: Panik und Flucht, als könnte ich vor ihm fliehen. – Es dauerte seine Zeit, bis ich in gebührendem Abstand zu ihm einen Platz fand, der mir so viel an Sicherheit bot, dass ich mich auf das, was unvermeidlich war, einlassen konnte. Natürlich entspringt dieses Bild meines Sturzes in die Höhle des Löwen meiner Phantasie, doch es beschreibt am ehesten meine Gefühle, sowie die Angst vor all dem Unbekannten, dem ich mich gegenübersah. So wie einem das Brüllen des Löwen durch Mark und Bein gehen kann, so bebte und zitterte auch ich am ganzen Körper. Musste erst lernen, mit all dem umzugehen, denn in dieser Höhle war nicht nur der Löwe. – Nein! – Da gab es noch so viele andere Fratzen und Gestalten. So viele Geister, die ich mit meiner Angst scheinbar heraufbeschwor. Sie alle sahen mich mit weit aufgerissenen Augen an. Zunächst erweckte es den Anschein, als hätten sie sich am liebsten gleich alle auf mich gestürzt. Zum Glück bewahrte mich mein Zusammenbruch davor und gewährte mir noch etwas Schonfrist.

Die unbändige Kraft dieser Geister, denen ich mich gegenübersah, erinnerte mich an meinen Lieblingshelden Odysseus aus Kindertagen. Wie er – auf seiner Rückreise nach Ithaka – sah auch ich mich einer Flut von Gefahren ausgesetzt. Lauerte auf ihn Skylla mit ihrem angsteinflößenden Heulen einer Hündin (ein Monster mit zwölf Armen und sechs Köpfen mit spitzen, scharfen Zähnen, die den Tod versprachen), so sah ich mich gegenüber dem zornentbrannten Löwen und all den Geistern ebenso in Gefahr. Doch so wie Odysseus keine andere Wahl hatte, als den Weg durch die Meerenge vorbei an Skylla zu nehmen, sah auch ich keine andere Wahl, als mich dem Unvermeidlichen hinzugeben, auch wenn ich nicht wusste, welche Ängste und Schrecken meine Geister unter ihren fratzenhaften Masken trugen, die sich mir erst nach und nach zu erkennen gaben. Das Einzige, was mir Trost versprach, war, dass die Geschichte meines Helden gut ausging. Und so hoffte ich, dass auch meine Reise gut ausgeht.

„Man muss durch die Nacht wandern,
wenn man die Morgenröte sehen will."
Khalil Gibran

Wir sterben in unserem Leben nicht nur *einen* Tod

In Wirklichkeit ist jede Krise vergleichbar mit einem „kleinen Tod". Krise und Tod verlangen von uns ein Hineingehen in die Welt der Schatten, in die Welt des Unbewussten. Sie bringen uns in tiefen Kontakt mit unseren Ängsten. Zeigen uns, was wir nur allzu gerne verdrängen. Konfrontieren uns mit dem, was wir nicht gerne sehen. Auch Odysseus, mein Held, stieg hinab in den Hades, in die Unterwelt. – Und je mehr wir aufgefordert sind, in dieses Unbekannte, in diese dunkle Welt hineinzugehen, umso mehr fordert sie uns auf, alles, was die äußere Welt repräsentiert, loszulassen. Und dieses Loslassen konfrontiert uns mit viel Trauer und Schmerz. So wie der Tod läutet jede Krise einen Abschied ein. Da gibt es kein Zurück. Eine Krise verlangt Abschied zu nehmen. Abschied von Menschen, Arbeitsplätzen, Lebenskonzepten, Selbstbildern und noch so vielem mehr. Und wie in einem Sterbeprozess durchlaufen wir in der Krise vier unterschiedliche Phasen, die uns letztlich aber wiederum zu ihrer Bewältigung dienen. Dabei gehen wir Schritt für Schritt, jeder für sich in seinem Tempo, den Weg vom anfänglichen Chaos über die Dysbalance wieder zurück in die Balance.

Phase 1: Verleugnung, Verdrängung, Nicht-Wahr-Haben-Wollen: mit allerletzter Kraft bäumen wir uns gegen das Unvermeidliche auf. Wir wollen es nicht wahrhaben, setzen uns zur

Wehr. Aussagen wie „Es kann nicht sein, dass …", „Ich bin nicht krank" … begleiten diese Phase, in der geleugnet wird, was nicht mehr zu leugnen ist. Wir scheuen die Konfrontation mit dem Thema unserer Krise (Krankheit, Verlust, Trennung, Tod …).

Phase 2: Ist das Unausweichliche zu unserer Realität geworden, dann folgt der Zusammenbruch und mit ihm brechen im wahrsten Sinne des Wortes unsere Gefühle auf. Wir fühlen uns ohnmächtig, sind frustriert, fühlen uns vom Leben verraten, ungerecht behandelt. Gefühle wie Wut, Angst, Verwirrung, Unsicherheit, Selbstzweifel, Schuld, Scham etc. brechen aus uns hervor. Wir verlieren die Kontrolle. Werden mit unseren Ängsten konfrontiert und hadern mit dem Schicksal: „Warum geschieht das ausgerechnet mir?", „Was habe ich getan, dass …?"

Dann, nach all der Zeit der Trauer, des Beweinens, der Verzweiflung, der Hoffnungs- und Orientierungslosigkeit beginnen wir uns nach und nach im Leben wieder ganz vorsichtig zurechtzufinden.

In *Phase 3* kommen wir langsam wieder zur Ruhe. Unser aufgebrachter Geist beruhigt sich. Wir lernen, immer weniger mit unserem Schicksal zu hadern, stattdessen nehmen wir es an. Wir stellen uns Fragen wie: Was kann ich aus dieser Krise lernen? – Worin besteht ihr Sinn? – Was will sie mich lehren?

In *Phase 4* schauen wir uns die Antworten an und überlegen, in welche Richtung wir weitergehen. Wir gehen positiv mit der Krise um, sind an einer Neufindung, an einem Neustart, an Lösungsmöglichkeiten interessiert. Suchen nach Alternativen und orientieren uns neu. Nach und nach schöpfen wir wieder Kraft, finden wieder neuen Mut. Balance stellt sich wieder her. Nach und nach merken wir, dass all das, von dem wir einst glaubten, dass es unser Leben zerstört, immer mehr zum „Geburtshelfer" für eine zweite und weitaus schönere und reellere Chance Leben wird. Und so wie wir dies immer mehr erkennen, können wir rückblickend auf die vergangenen Ereignisse eines schönen Tages sogar sagen: „Das Leben ist immer für uns."

Das Leben ist immer für uns – Stimmt das?

Wenn dieser Satz zutrifft, kann ich dann in einer Krise auch eine Chance sehen? – Kann es sein, dass das Leben tatsächlich immer für uns ist? – Ausnahmslos? – Auch in der Krise? – In einer Krise wie dieser, die uns alle weltweit betrifft? – Wie passt das zusammen? – Ist es nicht ziemlich naiv, im Hinblick auf eine solche Krise eine derartige Behauptung aufzustellen und diese dann auch noch öffentlich vertreten zu wollen? – Ist das nicht Irrsinn? – Blanker Hohn?

Ob eine Behauptung wie *„Das Leben ist immer für uns"*, liebe Leserin, lieber Leser, zutreffen mag, das können letztlich nur Sie entscheiden. Ich wähle mit Absicht diesen ungewöhnlichen Beginn und gebe zu, dass es im ersten Moment so aussehen mag, als könnte eine derartige Aussage niemals zutreffend sein. Denn stehen wir am Anfang einer Krise, dann erschüttert uns diese durch Mark und Bein. Schließlich bringt sie unser gesamtes Lebenskonzept durcheinander und führt im Falle von Corona weltweit zu sehr viel Kummer und Leid. Um es mit einem Bild zu sagen: Das Schiff unseres Lebens gerät derart ins Wanken, sodass Schieflage und Untergang drohen. Man sieht sich nur noch einem gewaltigen Sturm gegenüber, der scheinbar unaufhaltsam ins Chaos führt. Das Einzige, was bleibt, ist die Frage: Was war der Auslöser dafür? – Ungewollt werden wir mit einer gewaltigen Wucht aus dem bisherigen Leben herausgerissen und auf eine „Reise" geschickt, die so (!) keiner von uns jemals gebucht hat. – Aber warum? – Was ist Sinn und Zweck dieser Krise? – Was ist da irgendwann passiert, dass alles, was wir uns bis zu einem bestimmten Punkt erarbeitet haben, auf einmal nicht mehr funktioniert, sondern wie ein Kartenhaus in sich zusammenfällt? – Oder mit einem anderen Bild gesagt: Wer hat den ersten Dominostein bewegt, der jetzt für uns alle zu diesen Ausmaßen einer weltweiten Katastrophe führt?

Die Welt sucht nach einem Schuldigen im Außen. Irgendjemand muss doch für diese gigantische Misere verantwortlich zu machen sein. Doch was, wenn der ursprüngliche Verursacher nicht im Außen, sondern in jedem von uns selbst zu suchen ist? – Wenn jeder von uns bewusst wie unbewusst im Kleinen wie im

Großen irgendwie an dem Ganzen seinen Beitrag geleistet hat? –
Eine Provokation meinerseits?

2016 war ich in einer Lebenssituation, die für mich persönlich ähnliche dramatische Ausmaße hatte wie die Krise, die wir derzeit erleben. Daraus ergibt sich für mich heute der Vorteil: die jetzige Krise tut mir nicht mehr weh. Ich kann zuversichtlich auf sie schauen, weil ich so gut wie nichts mehr zu verlieren hab. Tränen sind diesbezüglich mehr als genug geweint. Panik, Angst, nicht zur Ruhe kommen, keinen Schlaf finden usw., das habe ich vor vier Jahren zur Genüge erlebt. Ich stand vor dem Aus und weiß, wie sich dies anfühlt.

Die Angst und Not vieler Menschen, die derzeit vom Schicksal *auf Herz und Nieren geprüft* werden, kann ich sehr gut nachvollziehen und verstehen. Ich fühle mit ihnen, weil ich nur zu gut weiß, was sie derzeit erleben. Ich weiß und kann es förmlich fühlen, durch welchen Schmerz diese Menschen gerade gehen. Welche Wüste sie gerade durchwandern. Durch welches tiefe Tal der Ohnmacht und Verzweiflung sie gehen. Und ich bin nicht die Einzige, die ein derartiges Schicksal namens Krise mit ihnen teilt. Ich habe viele kennengelernt, denen es ähnlich geht. Manche noch sehr jung an Jahren. Krise kennt weder Alter, noch sozialen Status, noch Geschlecht. Krise hat gänzlich anderes im Sinn. Krise will aufbrechen. Krise will demaskieren. Krise will wandeln. Krise will Erneuerung. Krise will, dass wir endlich die Komfortzone verlassen, in der wir es uns schon viel zu lange eingerichtet haben. Sie schickt uns zunächst auf einen mitunter sehr dramatischen, auf alle Fälle einen sehr unbequemen und harten Weg. Einen sehr steinigen Weg. Einen Weg, den so freiwillig keiner wählen würde. Und doch haben wir ihn zu gehen. Heute, vier Jahre nach meinem persönlichen Kollaps, kann ich sagen: Das Leben bricht uns auf, um unser falsches Denken und Handeln zu korrigieren. Wenn wir im Leben da angekommen sind, dass wir in uns über genügend Ressourcen verfügen, um mit krisenhaften Situationen bewusster umgehen zu können und aus ihnen bzw. unseren Fehlern zu lernen, dann will das Leben von uns, dass wir mehr an Verantwortung übernehmen, dass wir uns unseres Denkens und Handelns, ja selbst unseres Sprechens bewusster werden. Dann will das Leben von uns Entwicklung und Wachstum.

Doch Wachstum wohin? – Noch mehr Leistungs- und Profitdenken? – Noch mehr Wirtschaftskriminalität? – Noch mehr Kriege, persönliche Konflikte, Vorurteile? – Noch mehr Konsumdenken, Konkurrenzdenken, Vergleich, sozialer Neid? – Noch mehr Gier, Heuchelei und Selbstsucht? – Noch mehr Missbrauch und Gewalt? – Noch mehr Tierleid und Artensterben? – Noch mehr Umweltverschmutzung und Raubbau auf unserem Planeten? – Noch mehr debattieren, kritisieren, diskutieren, jammern und streiten? – Noch mehr Oberflächlichkeit? usw. – Ergibt das hier alles denn überhaupt noch einen Sinn? – Heißt das hier wirklich Entwicklung und Fortschritt? Welche Art von Mensch muss hier geboren werden, die ein solches Leben noch lebens- und liebenswert findet? – Will man deshalb den Menschen klonen, um noch mehr Macht über ihn zu haben? – Brauchen wir dafür die Impfpflicht? usw. – Können wir Menschen als soziale Wesen und hoch entwickelte Spezies noch länger so nach diesen Maximen unbewussten Handelns leben?

Wofür bricht uns die Krise auf? – Welche Rolle übernimmt der Virus dabei? – Er setzt unser Leben zurück, um uns absichtlich zu stoppen, damit wir alle miteinander gefordert sind, innezuhalten und uns anzusehen, was wir da tagein, tagaus erschaffen. – Er will, dass wir uns bewusst machen, wie *bewusst* bzw. wie *unbewusst* wir unser *Leben leben*. – Lässt sich ein derartiges Leben denn überhaupt noch Leben nennen, oder haben wir uns alle nur noch im Betriebsmodus des bloßen Funktionierens verloren? Was will Leben wirklich? – Was gehört zu einem wirklich guten Leben dazu? – Ist der Virus eine Einladung im Sinne von: *Back to the roots?* – An welcher Stelle in unserem Leben haben wir aufs falsche Pferd gesetzt? – Wo sind wir falsch abgebogen? – Wo haben wir angefangen, die ungesunden Entscheidungen zu treffen? – Mit diesen und noch so manch anderen Fragen wurde ich bereits 2016 konfrontiert. Seitdem lerne ich für mich jeden Tag dazu, um besser zu verstehen, was Leben wirklich von mir will. Auf meine Art und auf der Grundlage meiner Herausforderungen habe ich nach Antworten gesucht. Das, was ich für mich dabei erfahren konnte, teile ich mit Ihnen in diesem Buch. Vielleicht kann es Ihnen auf Ihrem Weg dienen. Vielleicht unterstützt es Sie. Vielleicht können Sie – an meinem Beispiel lernend – für sich eine Abkürzung nehmen und müssen nicht so lange wie ich in einem Zustand von Desorientierung, Angst, tiefer Verzweiflung und Verunsicherung bleiben. – Ich wünsche es Ihnen!

Herz und Hirn – Wir brauchen beides

Was hatte ich bei alledem als Allererstes zu lernen? Ich musste raus aus der Vorherrschaft meines Kopfes. Mein Leben lang wollte ich Leben mit dem Verstand erfassen und begreifen, weil ich mich nur so sicher fühlte. Wollte ausprobieren, wie weit ich gehen kann. Grenzen ausloten. Das ist für einen neugierigen Menschen wie mich ganz schön. Doch Leben überwiegend nur noch so zu leben macht nicht glücklich. Mein Leben entsprach immer mehr nur noch dem Schein, weniger einem Sein. Doch es geht weder um den Schein, noch um den Mammon Geld. – Heute bin ich davon überzeugt, dass es im *wahren* Leben ums Sein geht. Ich sollte lernen, mich von Herzen her wieder auf das bloße Sein einzulassen, um mich wieder wie ein Kind am Leben zu freuen. – Nicht weniger. Nicht mehr.

Ich hatte zu lernen, meine Aufmerksamkeit wieder mehr zurück ins Herz zu bringen. Sollte lernen, dass sich ein Leben, das überwiegend nur noch aus dem Verstand heraus geschieht, auf Dauer nicht wirklich gut anfühlt und einen wahrhaft leben lässt, denn das Gehirn ist vergleichbar mit einer Maschine. – Der Nachteil: Es funktioniert nur, es kann nicht fühlen. Doch was das Leben von uns will, ist auch das Fühlen. Fühlen können nur Körper und Herz. – Herz und Hirn. – Wir brauchen beides. – Es kommt auf die Balance, die Ausgewogenheit, die Kohärenz zwischen beidem an. Durch die verschiedensten Ereignisse der letzten Jahre war ich eindeutig immer mehr aus dem Herz-Bewusstsein herausgefallen und versuchte mir daraufhin meine Welt nur noch mit dem Geiste irgendwie passend oder gar schön zu reden. Das funktionierte eine Zeitlang ganz gut. Doch heute weiß ich: Der Mensch brennt nach und nach dabei aus, denn da ist keine Nahrung, die ihn nährt. Da gibt es keine Berührung von Herz zu Herz. Nur noch ein bloßes Funktionieren, solange das Herz bereit ist zu schlagen und in den Diensten des Menschen seine Arbeit zu tun. Aber so wie bei einer batteriebetriebenen Maschine die Batterie irgendwann zur Neige geht, so verliert nach und nach auch die Flamme des Lebens immer mehr und mehr an Energie.

Im Mittelpunkt unseres Körpers ruht unser wichtigstes Organ. Das Herz. Heute bin ich davon überzeugt, dass das nicht nur anatomisch gesehen von Bedeutung ist. Unser ganzes Leben sollte sich mehr um diese Mitte drehen. Sie will umsorgt, genährt und gepflegt sein. Denn in dieser Mitte ruht unser wahres Sein. Mit dem ersten Herzschlag beginnt unser Leben und mit dem letzten hört es auf. Leider haben wir als Mensch des Industriezeitalters das ursprüngliche Wissen um die Bedeutung unserer Mitte immer mehr verloren. Und leider wird dieses Wissen – aus welchen Gründen auch immer – weder an Schulen, noch an den Universitäten gelehrt. Ist es, weil man den Menschen dann leichter manipulieren kann, wenn er um die Geheimnisse von Herz- und Gehirn-Kohärenz nicht weiß? – Wird uns dieses Wissen bewusst vorenthalten, weil es bestimmten Industriezweigen und einigen nach Macht strebenden Menschen nicht zuträglich ist, wenn der Mensch um sein Schöpferpotential und seine Selbstheilungskräfte weiß? – Wissen, das so kostbar ist und dabei so wenig kostet, wurde es uns doch vom Schöpfer *gratis* mitgegeben.

In den letzten Jahren war es meine Aufgabe, mich vertraut zu machen mit dem Wissen um diese Gehirn- und Herz-Kohärenz, damit ich lernen konnte, Körper, Herz und Geist wieder besser miteinander in Einklang zu bringen, um das Schiff meines Lebens wieder steuern zu können. – Nach und nach wurde mir bewusst, dass ich über Jahrzehnte hinweg mit jedem schmerzhaften

Ereignis, mit jeder Verletzung, mit jeder negativen Situation bewusst wie unbewusst Mauern um mein Herz aufgebaut hatte, um mich vor weiteren Verletzungen zu schützen. Diese Mauern galt es jetzt anzusehen, wieder einzureißen und stattdessen mit den Menschen und mit mir selbst nach und nach wieder ins Vertrauen zu gehen. Meine Aufgabe war es dabei, alte Traumata, Schmerz und Erinnerungen an die Vergangenheit immer mehr hinter mir zu lassen. Gefühle und Emotionen nicht länger zu verdrängen, sondern bewusst durch sie hindurch zu gehen. Meinen Körper, meinen Geist, mein Nervensystem wieder in die Ruhe zu bringen. Gelassener zu werden, besser für mich zu sorgen, sowohl für meine körperliche als auch seelische Gesundheit. Und mich von all den äußeren Reizen und Überstimulationen fern zu halten, die meiner Gesundheit nicht zuträglich waren. Ich lernte, besser auf meine Gesundheit zu achten, mitfühlender, wertschätzender und liebevoller mit mir selbst umzugehen. Mir trotz meiner hohen Empathie-Fähigkeit und Hochsensibilität, um die ich bis dato gar nicht wusste, meiner inneren Stärke bewusst zu werden. Insgesamt gelassener zu reagieren und mich selbst weniger wichtig zu nehmen. Lernte, mich dem Leben wieder zu öffnen und das Schöne darin zu sehen. Lernte mich selbst besser kennen, überhaupt mal *meine* Bedürfnisse wahrzunehmen, um künftig besser für mich einzustehen. Fand wieder zu Gott zurück und erkannte dabei, dass es für mich extrem wichtig war, dass sich das Gottesbild meiner Kindertage endlich wandeln konnte von einem Gott, den ich mir als Kind immer als einen *strafenden* Gott vorgestellt hatte, weil ich es so gelernt hatte, hin zu einem *bedingungslos liebenden* Gott.

Ich will und kann nicht leugnen, dass Krisen äußerst unangenehm sind, doch auf lange Sicht haben sie etwas Gutes, vorausgesetzt wir sind bereit, aus ihnen zu lernen. Tun wir dies, bringen sie uns in unserer persönlichen Entwicklung voran und helfen uns zu erkennen, welche Kräfte in uns ruhen, um die wir sonst gar nicht wüssten. Wir lernen wieder an uns zu glauben und neue Fähigkeiten, neues Potential in uns zu sehen und können somit wieder kraftvoll aus besagter Krise gehen. Doch damit etwas Neues beginnen kann, muss das Alte ausnahmslos gehen, sonst bleiben wir ewig in alten Mustern und Gewohnheiten verhaftet, denn der Mensch ist ein Gewohnheitstier, das seine Komfortzone über alles liebt. Wir kommen definitiv nicht weiter, wenn uns alte Gewohnheiten und Beziehungen immer und immer wieder zurückziehen. Ich habe es versucht, alte Beziehungen aufrecht zu erhalten, doch es geht nicht: Was vorbei ist, ist vorbei, selbst wenn es noch so schmerzhaft ist. Um für sich selbst voranzukommen und sich nicht stets nur im Kreis zu drehen, müssen wir uns selbst so sehr lieben, dass wir uns aus der Abhängigkeit von anderen befreien. Damit etwas Neues geschieht, bricht uns die Krise auf. Dies geschieht mehr oder weniger unbewusst, nämlich dann, wenn der Mensch „reif" dafür ist. Unsere Seele übernimmt dabei die Regie, denn sie weiß um die beste Zeit und kennt den Weg. Wäre für uns keine Entwicklung vorgesehen, müsste es weder Veränderungsprozesse, noch Krise geben. Die Krise geschieht, weil wir dem materiellen Bewusstsein mehr Raum und Zeit gegeben haben als dem Seelen- und Herz-Bewusstsein.

Heute will meine Seele von mir, dass ich ihr regelmäßig Raum und Zeit zugestehe. Und je mehr ich dies tue, umso besser gelingt mir mein Leben wieder. Von daher wage ich immer mehr den Versuch, mein ganzes Leben mehr aus der *Seelen-Perspektive* heraus zu sehen. Wundern Sie sich also nicht, wenn ich an den verschiedensten Stellen im Buch immer wieder auf die Seele zu sprechen komme und dabei vielleicht für Sie ganz ungewohnte Schritte gehe. Dass das so sein wird, hat mich beim Schreiben zunächst selbst auch etwas überrascht, doch insgesamt war es sehr erhellend und wichtig für mich, diesen anderen Blickwinkel immer mehr einzunehmen. Schließlich sprechen wir beim Konzept für Heilung ja auch von der Einheit von Körper, Geist *und* Seele.

„Die Kunst der Menschwerdung besteht darin,
die Wunden in Perlen zu verwandeln."
Hildegard von Bingen

2

Wo fange ich am besten zu erzählen an?

Haben Sie sich schon einmal gefragt, warum die Zahl der an Burnout, Depression, Posttraumatischen Belastungsstörungen und an Krebs Erkrankten in den letzten zehn Jahren weltweit so massiv angestiegen ist? – Als Betroffene wollte ich nach Antworten suchen, um besser zu verstehen, was mögliche Auslöser dafür sind. Dabei war es mir wichtig, aus den verschiedensten Perspektiven heraus auf die Ursachen für diese Diagnosen zu schauen. Zwar bin ich kein Mediziner, auch kein Psychotherapeut, aber eine Frau, die von allen vier Diagnosen plus diversen anderen chronischen Erkrankungen betroffen ist. Daher meine Motivation, aus den verschiedenen Ebenen heraus auf diese Krankheitsbilder zu sehen, um zu reflektieren und um zu verstehen, was mögliche Gründe dafür sind, dass ich mich überhaupt immer mehr in dieser Situation verloren habe. Obwohl ich mich seit mehr als zwanzig Jahren regelmäßig in ärztlicher Betreuung weiß, hatte sich meine gesundheitliche Situation nicht verbessert, sondern in den Jahren 2010 bis 2016 nach und nach immer mehr verschlechtert. Dies soll hier aber kein Vorwurf an die Schulmediziner sein, denn ich bin überzeugt, jeder der Ärzte, bei denen ich war, tat mit Sicherheit sein Bestes. Nur *wirklich* helfen konnten sie mir nicht.

Letztlich musste ich jedoch erkennen, dass ich selbst es war, die es versäumt hatte, meine Zeit und Energie mehr in meine Gesundheit zu investieren. Ich tat zwar als Patientin brav, was man mir sagte, und achtete darauf, mit bewusster Ernährung, regelmäßiger Bewegung und zusätzlicher Unterstützung durch Heilpraktiker, meinen Beitrag zur Genesung zu leisten. Doch heute weiß ich, dass dies entschieden zu wenig war. Ich hatte es versäumt, zu 100% selbst die Verantwortung für den Prozess meiner Gesundung zu übernehmen. Ich habe zwar vieles getan und konnte dadurch über längere Zeit hinweg einigermaßen stabil bleiben, aber in Summe war es wiederum zu wenig, um wirklich und vor allem nachhaltig zu gesunden. Mein Fokus lag zu sehr auf meinem Beruf. Hier war ich vom Ehrgeiz angetrieben und wollte so vieles erreichen. Hätte ja auch fast geklappt, wenn nicht andere Mächte dafür gesorgt hätten, dass sie mich eines Besseren belehren. Leider bedurfte es somit erst einer Krise, um mich dahin zu bringen, endlich die Verantwortung für den Prozess meiner Gesundung selbst zu übernehmen und nach und nach zu lernen, meine Selbstheilungskräfte immer mehr zu aktivieren.

Welchen Weg ich dabei gegangen bin, möchte ich hier in meinem Buch mit Ihnen teilen.

Ein Buch, das Ihnen an manchen Stellen, an denen es mir wichtig erscheint, auch Passagen aus meinem Leben erzählt. Doch dies nur insoweit, dass Sie verstehen, warum ich in vielen Dingen gehandelt habe, wie ich gehandelt habe, um meinen Weg so und nicht anders zu gehen. Mit dem zweiten und größeren Teil des Buches möchte ich Ihnen davon berichten, wie ich nach dem Erleben der dunkelsten Nächte meines Lebens wieder beschlossen habe, mutig zu sein. Noch einmal in dieses Leben „zurückzugehen", um mich selbst zu finden. Um heute letztlich als die Person, als die mich Gott gemeint hat, meinen Weg zu gehen. Den Weg meines wahren Selbst, den Weg meiner Seele.

Sie werden sich jetzt vielleicht fragen, was mich dazu gebracht hat, über diesen Part meines Lebens zu schreiben. – Nun, ganz einfach, weil mich eine innere Stimme immer wieder dazu aufgefordert hat. – Lange Zeit habe ich versucht, diese Stimme in mir zu ignorieren. Habe immer und immer wieder versucht sie wegzuschicken. Mit Sätzen wie „Was hast du denn der Welt schon zu sagen?" oder „Nimm dich doch bitte nicht so wichtig!" oder „Willst du dich der Lächerlichkeit preisgeben?" versuchte ich mich vor dieser Aufgabe zu drücken und diese Stimme im Keim zu ersticken. Im Ergebnis blieb dies alles aber ziemlich erfolglos.

Diese innere Stimme war nicht wirklich zu besänftigen oder gar zum Schweigen zu bringen.

Ganz im Gegenteil. Je bockiger ich mich anstellte, um so lauter und drängender wurde sie, weil sie nicht länger wollte, dass ich mich vor dieser *Seelenaufgabe* drücke. Also kehrte sie zu den unterschiedlichsten Zeiten wieder. Vermehrt dann, wenn ich es mir gerade im Sessel mit einem Buch in der Hand so richtig gemütlich machen wollte. – Kaum, dass ich zur Ruhe kam, setzte sich diese Stimme neben mich. Doch interessanterweise nicht in meinem Verstand, sondern in meinem Herzen. Und aus dieser Position heraus flüsterte sie mir immer wieder zu: „Was, wenn du deine Geschichte mit anderen teilst? – Was, wenn du mit all dem, was du in *deinem* Buch, mit *deiner* Geschichte zu sagen hast, anderen Menschen (Jung & Alt) helfen könntest, dass es ihnen besser geht? – Was, wenn der eine oder die andere Person vielleicht schon auf ein Buch dieser Art wartet? – Was, wenn du nicht so viel Angst hättest vor der Meinung anderer Menschen? – Bist du davon immer noch so abhängig? – Komm, lass es endlich zu. Wage es. Was hast du denn schon zu verlieren? – Mach es nicht so kompliziert. – Du reflektierst einfach deine eigene Situation und schilderst den Weg, den du gegangen bist. Und indem du den Leserinnen und Lesern erzählst, wie es dir ergangen ist, gibst du denen, die daran interessiert sind, mitunter ein paar wichtige Gedanken mit auf ihren Weg, so dass sie letztlich selbst schauen können, ob das, was für dich gut war, auch für sie als Betroffene oder gar als Angehörige bzw. Freunde wichtig und von Interesse sein kann. – Nicht mehr, nicht weniger. – Nutze die Zeit und schreibe dieses Buch." Tja, was will ich noch sagen? – Das Ergebnis sehen Sie hier. Lassen Sie es mich so formulieren:

„Es gibt Momente im Leben,
da steht die Welt für einen Augenblick still und
wenn sie sich dann weiterdreht,
ist nichts mehr wie es war."
Verfasser unbekannt

Siebenundzwanzig Jahre lang hatte ich einen Beruf. – Einen sehr guten sogar und als Beamtin des Freistaates Bayern noch dazu einen sehr sicheren. In den letzten fünf Dienstjahren war ich Schulleiterin an einer bayerischen Realschule. Davor war ich vier Jahre als Konrektorin im Amt. Und die Jahre davor Lehrerin für die Fächer Haushalt & Ernährung und Deutsch. Bevor ich mich für den Kurswechsel in die „Schulleitung" entschied, war ich etliche Jahre bereits als Seminarlehrerin für das Fach Haushalt & Ernährung, als Schulbuchautorin, sowie als Evaluatorin für Realschulen in Bayern tätig. Ich liebte die Arbeit mit Kindern und jungen Menschen im Alter zwischen 10 und 16/17 Jahren, auch wenn diese gerade im „interessantesten" Alter ihres Lebens sind. Und ich liebte es, in der Ausbildung junger Lehrer/Referendare mitgestaltend tätig zu sein. Über all die Jahre hinweg ging ich mit viel Engagement, Freude zum Beruf und Liebe zu den Kindern meiner beruflichen Tätigkeit nach.

Privat versuchte ich gleichzeitig die „perfekte" Ehefrau, Tochter und Schwiegertochter zu sein. Lange Zeit war ich davon überzeugt, dass es mir bestens gelingt, meine privaten wie beruflichen Interessen unter einen Hut zu bringen. Doch letztendlich musste ich mit der Zeit immer mehr erkennen, dass meine Realität, mein Wunschdenken und das Wunschdenken der anderen oft nicht so deckungsgleich waren mit dem, wie ich das sah. Wann letztendlich die Veränderung in mein Leben kam, weiß ich nicht ganz so genau zu sagen. Im Nachhinein lässt es sich für mich am besten mit dem Zeitraum erfassen, als ich mit der Bewerbung auf eine Konrektoren-Stelle im Jahr 2007 meine berufliche Veränderung einleitete. Ab da wurde alles ganz langsam – dafür aber stetig – irgendwie anders. Fürs Auge im Außen zwar noch nicht wirklich ersichtlich, aber irgendwie doch schon spürbar. Mit der Zeit nahmen eine zunächst noch undefinierbare Unzufriedenheit und Unausgeglichenheit immer mehr Raum in meinem Leben ein, die im Verlauf der nächsten Jahre eine Form annahmen, die leider nicht mehr mit „gut" und „günstig", sowohl für mich selbst als auch für meinen Mann, zu bezeichnen waren. Da ich ab Herbst 2007 mit dem Hineinwachsen und

Ankommen in der neuen beruflichen Situation beschäftigt war, war mir der Blick auf ein erfülltes und gelingendes Privatleben immer mehr abhandengekommen. Viel zu sehr hatte ich meinen Fokus auf den Beruf ausgerichtet. So vollzog sich im Privatleben ein Wandel, der schleichend begann, doch von Jahr zu Jahr immer mehr an Fahrt aufnahm. Als mir die Situation dann insoweit bewusst war, dass auch ich davor die Augen nicht mehr verschließen konnte, redete ich mir zwar immer noch ein, dass sich die Wogen des Sturmes auch wieder glätten könnten. Dass alles nur vorübergehend sei. Dass es nur so lange so anstrengend und an der Substanz zehrend sei, bis ich mich beruflich an der neuen Schule wieder integriert sah und mich im neuen Aufgabengebiet wieder sicher fühlen konnte. Doch was ich gänzlich übersah, war, dass ich zu dieser Zeit bereits mit so viel Neuem konfrontiert war, was bei mir bereits einen höheren Stresslevel „aufflammen" ließ.

Schließlich hatte ich nicht nur den Schul- und Ortswechsel von der Stamm-Schule zur neuen Schule zu bewältigen, sondern sah mich auch der Herausforderung gegenüber, wieder vertraut zu werden mit neuen Klassen, einem neuen Kollegium, sowie einem völlig neuen Aufgabengebiet. Folglich für mich kein ganz so leichter Beginn. Kaum waren diese vier Jahre des Hineinwachsens in das neue Kollegium gemeistert, erfolgte ein erneuter Standortwechsel mit meiner Berufung auf die Schulleiterstelle. Meine Freude darüber war riesengroß, war es doch genau das, worauf ich in den letzten Jahren hingearbeitet hatte. Doch zugleich hieß es erneut: neuer Standort – neue Schule – neue Klassen – neues Kollegium – neues Aufgabengebiet. Was folgte, waren also weitere Jahre der Veränderung und des Lernens. Eine Zeit, die ich im Leben nicht missen möchte. Doch ich gebe zu, dass es auch eine sehr intensive und mitunter sehr harte Zeit war, in der ich mich oft auch sehr *einsam* fühlte. Beruflich hatte ich erreicht, was ich erreichen wollte. Ich war da angekommen, was ich mir erwünscht hatte. Ich wollte als Schulleiterin etwas bewirken, etwas gestalten, meine Visionen leben und hatte mir dafür die beste Ausgangsposition geschaffen. Zumindest dachte ich mir dies. Doch beruflich am Zielort der Träume angekommen zu sein heißt noch lange nicht, in der Erfüllung und im wahren Leben angekommen zu sein. Mit meinem beruflichen Engagement hatte ich zwar erreicht, was meinem Ego gefiel. Ich war davon überzeugt eine wunderbare Startposition eingenommen zu haben, auf der sich nun mein weiteres Leben beruflich wie privat entfalten könnte. Doch falsch gedacht. Die Rechnung habe ich ohne die anderen Personen und Variablen gemacht. – Doch dazu später mehr.

Da es mir heute zum Glück wieder um so vieles besser geht – wenn auch noch nicht vollständig in allen Bereichen geheilt –, fühle ich mich dazu motiviert und inspiriert, Ihnen einen Einblick davon zu geben, was mich im Jahr 2016 mit knapp 55 Jahren in der sogenannten „Blüte meines Lebens" aus meiner „Umlaufbahn" (privat wie beruflich) geworfen hat. Doch ich möchte dabei keineswegs lamentieren oder gar mit Ihnen „meinen" Schmerz und „meine" Wunden aufarbeiten. Manches sei nur deshalb erwähnt, damit Sie sich ein Bild davon machen können, was mein Leben derart durcheinandergeworfen hat, dass es derart aus allen Fugen und Bahnen geriet. Ein Zustand, den man weder sich selbst, noch anderen wünscht. Doch wenn das Leben es so will, dann liegt es letztlich an uns selbst, wieder allen Mut zusammenzunehmen, einen Fuß vor den anderen zu setzen und Stück für Stück nach vorne weiterzugehen. Und dies so lange, bis sich im Leben auch wieder Alternativen zeigen. Nicht umsonst heißt es immer wieder: „Der Weg geht durch die Dunkelheit ins Licht!"

Nun, ich weiß, dass ich dieses „Schicksal" mit vielen teile. Ich bin nicht die Einzige mit der Diagnose „Burnout, Depression und PTBS". – Nicht die Einzige, die von ihrem Leben auf eine derart „interessante" Art und Weise auf diesen Weg gebracht wird. Die vom Leben selbst auf diese Probe gestellt wird. Auf eine Probe, die – so kann ich das heute, vier Jahre später sagen – für jeden Einzelnen von uns trotz aller Krisen und Einschränkungen doch auch zu einer unglaublichen Lernchance wird. Vorausgesetzt wir erlauben es uns daraus zu lernen und uns dabei vor allem die sogenannte „Dunkelheit" anzusehen. Allein in Deutschland teile ich das Los der Diagnose „Depression" bereits mit weit über 5 Millionen Menschen. Und die Zahl der Erkrankungen ist nicht rückläufig, sondern ganz im Gegenteil stetig ansteigend. Jede vierte Person soll davon bereits betroffen sein. Was mich bei der Thematik „Depression" besonders erschreckt, ist die unglaublich hohe Zahl, mit der bereits Kinder & Jugendliche zu Leidtragenden werden, die noch weniger als wir – der betroffene Erwachsene – verstehen, warum sie bereits in so frühen Jahren ihres Lebens in eine solche Krisensituation geworfen werden. Als Schulleiterin habe ich mitunter die Erfahrung gemacht, dass bereits Jugendliche im Alter von 13/14/15 Jahren vor diese große Herausforderung gestellt sind. – Und ihnen oder ihren Eltern nicht wirklich helfen zu können, das hat mich zum einen ohnmächtig und zum anderen aber auch richtig wütend gemacht. Sie sehen: Auch heute noch lässt mich das Schicksal dieser jungen Menschen nicht kalt. Allein schon von Berufswegen her liegt mir das Wohlergehen junger Menschen ganz besonders am Herzen.

Nach Angaben der Stiftung *Deutsche Depressionshilfe* erkranken jedes Jahr in Deutschland insgesamt etwa 5,3 Millionen Menschen an einer behandlungsbedürftigen Depression. Die Mehrheit der Deutschen ist im Lauf des Lebens entweder direkt aufgrund eigener Erkrankung (23 %) oder indirekt als Angehöriger eines Erkrankten (37 %) von einer Depression betroffen. Ist Depression überhaupt eine Krankheit? – Dies mit Ihnen hier zu diskutieren habe ich an dieser Stelle nicht vor. Ich folge mit diesem Buch meinem Gefühl, dass es allerhöchste Zeit wird, dass wir uns gesamtgesellschaftlich gesehen mit den Ursachen und Folgen eines mitunter so krank machenden gesellschaftlichen Systems und den tragischen Folgen dieser Diagnose „Depression" einmal intensiver auseinandersetzen. Dass wir lernen, offen, verständnisvoll und mitfühlend über dieses „Krankheitsbild" zu reden, ohne vor der Diagnose die Augen zu verschließen und davon zu laufen, als wäre sie ein Gespenst. Schließlich könnten Sie oder Ihr Kind, Ihr Partner, ein Familienmitglied morgen gegebenenfalls selbst Leidtragender/Leidtragende einer solchen Diagnose sein. Oder als Familienangehöriger, Partner/in, Freund/in davon in Mitleidenschaft gezogen sein.

Was mich sehr ärgerlich macht, ist, die Betroffenen ganz einfach und ganz schnell mal in die Schublade „krank, weil depressiv" zu stecken und sie insgeheim wegen ihrer Diagnose und der daraus entstehenden Kosten im Gesundheitswesen letztendlich sogar noch zu „verurteilen". Glauben Sie mir: Die Depression sucht sich keiner aus. Sie passiert mit uns. Und meiner Meinung nach liegen viele ihrer Ursachen in unserer Leistungsgesellschaft, in einer „überreizten" Wettbewerbsgesellschaft, im gnadenlosen Konkurrenzdenken, das uns Menschen so sehr voneinander entfernt. – Kein Wunder, wenn eine Gesellschaft, die fast nur noch auf Leistungssteigerung, Profitdenken und Gewinnmaximierung setzt, irgendwann, weil allzu sehr „entmenschlicht", am Zusammenbrechen ist. Doch auch diese Diskussion werde ich an dieser Stelle nicht mit Ihnen führen. Dafür muss ein anderer Rahmen her.

Was mir am Herzen liegt, sind vor allem die betroffenen Menschen, egal ob Jung oder Alt.

Daher mache ich es mir heute zur Aufgabe, mit diesem gesellschaftlichen „Tabu-Thema" zu brechen, indem ich offen und ehrlich über meine eigene Geschichte spreche. Die Geschichte „meiner" Depression. Heute kann ich dies tun, denn inzwischen habe ich gelernt: „Ich bin *nicht* diese Geschichte. Ich bin *nicht* diese Diagnose. Ich bin so viel mehr!" – Doch es hat seine Zeit gedauert, bis ich wieder so denken konnte und bis ich es vermochte, aus einem anderen Fokus heraus auf die „Geschichte (m-)einer Depression" zu schauen.

Heute danke ich dieser Depression. Heute weiß ich: Die Depression war bzw. ist meine Lehrerin. Im Grunde genommen will sie nur das Beste für mich. Sie will mich aufrütteln und mich etwas Wichtiges lehren. Das Problem war nur, dass ich dafür erst einmal wieder selbst „die Schulbank drücken" musste, um das sogenannte „Alphabet" dieser Art des „Nicht-mehr-in-der-Welt-sein-Wollens" zu verstehen. Ich musste erst durch die einzelnen Stationen dieser Krise, dieser gesamten Symptomatik und Problematik gehen, um meinen „Grundwortschatz" fürs Leben zu erweitern. Ob mir dies gelungen ist? – Urteilen Sie selbst. Die Motivation meines Handelns ist, Sie anhand meines Beispiels vertraut zu machen mit den einzelnen Stufen dieses Phänomens der Depression. Auf die mir mitgegebenen Diagnosen Burnout und Posttraumatische Belastungsstörung (= PTBS) werde ich nicht ganz so intensiv eingehen wie auf die Depression. Dennoch erscheint es mir wichtig, sie nicht ganz auszublenden, denn für mich sind sie beide wesentliche Bestandteile, Begleitfaktoren der Depression. Das „Schwergewicht Burnout, Depression und PTBS" kommt meist nicht allein in unser Leben. Oft hat es noch unzählig viele andere Symptom-Anteile mit im Gepäck. Welche das bei mir im Einzelnen waren, die mich letztlich „dienstunfähig" werden ließen, davon erzähle ich Ihnen später mehr. Doch soviel sei schon einmal gesagt: Sie sind alle ein unverzichtbarer Teil meiner Geschichte, verweisen inhaltlich noch auf so viel mehr. Sie sind ihrerseits eine eigene Entdeckungsreise wert. Was ich für mich inzwischen begriffen habe, lässt sich mit diesen Worten wiedergeben:

„Ich muss etwas selbst erleben,
um es weitergeben zu können."
Clemens Kuby

Lassen Sie mich dieses Zitat von Herrn Kuby dahingehend noch ergänzen: „Ich muss etwas selbst erleben, um es *begreifen* und weitergeben zu können." – „Ich muss u. U. etwas *durchlitten* haben, um es besser verstehen und nachvollziehen zu können." – Will damit sagen: Ja, ich muss selbst erst durch das „Tal der Dunkelheit" gewandert sein, muss selbst dort meinen Schatten begegnet sein, muss selbst dort geweint und getrauert haben, um letztlich andere Betroffene in Gänze um so vieles besser zu verstehen. Und wenn es mir irgendwie möglich sein sollte, das Schicksal vieler von dieser Thematik betroffenen Kinder & Jugendlichen oder auch Ihr Schicksal mit meinen Ausführungen in diesem Buch auch nur ein wenig zu wenden, so bin ich dankbar und froh für diesen Impuls, der mir sagte: „Schreib dieses Buch!" Denn wer könnte besser nachvollziehen und verstehen, wie Ihnen unter Umständen gerade geschieht, als eine Betroffene, die selbst vor die Aufgabe gestellt war, sich ihrer gänzlichen Lebenssituation – beruflich wie privat – voll und ganz *NEU* bewusst zu werden. Und der es zum Glück gelungen ist, sich aus der Dunkelheit ihres Lebens wieder in ein lichtvolleres Dasein hinzubewegen.

Menschen zu begleiten war bereits als Lehrerin und Schulleiterin der Motor meines Handelns. Und da es mir eine Herzensangelegenheit ist, von der Depression Betroffene – so gut ich es vermag – wieder in ein selbstverantwortlich mitgestaltetes Leben zu begleiten, deshalb gibt es dieses Buch, das zum einen in den mir dafür wichtigen Teilbereichen meine eigene Situation beschreibt, das Sie zum anderen aber auch auf eine Reise ganz anderer Art mitnehmen will. Auf eine Reise, die sich nicht in Kilometern bemessen lässt, sondern auf eine Reise, auf der nach und nach immer mehr an Verstehen tieferer Zusammenhänge, Erkenntnis und Heilung geschieht. – Auf eine Reise in ein friedvolleres, sinnerfüllteres und glücklicheres Leben. Es geht mir dabei nicht darum, Sie mit meiner Geschichte mehr oder weniger gut zu „unterhalten". Es geht mir darum, …

- Ihnen anhand einiger Beispiele aus meiner persönlichen Situation aufzuzeigen, wie höchst intelligent unser Körper mit unserem Geist und unserer Seele kommuniziert.
- Sie darauf hinzuweisen, wie wichtig es ist, die Zusammenhänge und diese *Sprache* unseres Systems „Körper-Geist-Seele" immer besser zu verstehen.
- Sie daran zu erinnern und zu sensibilisieren, was für ein einzigartiges „Wunderwerk der Schöpfung" wir sind.

- im Nachdenken über die Ursachen von Erkrankung tradierte Standpunkte zu verlassen, vermehrt Neues zu wagen und den Blickwinkel auf die Diagnose zu verändern.
- einmal auf ungewohnte Art und Weise über die Ursache einer Erkrankung nachzudenken und dabei den eigenen Horizont zu erweitern.
- neugierig zu sein und „neue" Sichtweisen zuzulassen.
- unter Umständen auch so etwas wie Reformen im Verständnis und Umgang mit bestimmten Tabu-Themen anzustoßen.
- …

Wer mir dabei wichtig ist und am Herzen liegt, ist allein der Mensch. Wohlergehen, Gesundheit, Heilung, Glück, das wünsche ich für Sie! – Das wünsche ich für mich, denn auch ich bin nach wie vor auf dem Weg. Was ich dabei nicht vermag, ist, ein wissenschaftliches Buch zu schreiben. Dazu fühle ich mich nicht imstande. Dafür fehlt mir die Qualifikation. – Ich folge einzig und allein meiner Intuition.

3

Was hat mich in diese Situation gebracht?

Mehr oder weniger *un-bewusste* Weg-Gefährten

Da ist sie wieder, diese Stimme, die sich immer wieder meldet. Diese *innere Kritikerin*. Dabei habe ich ihr schon so oft gesagt, dass ich bestens auf ihren Kommentar verzichten kann. Doch anscheinend glaubt sie mir das noch immer nicht. – Mein Unterbewusstsein scheint wieder mal klüger und vor allem schneller zu sein als mein bewusstes Ich. Schließlich habe ich ersteres über Jahrzehnte hinweg internalisiert. Somit konnten sich Glaubenssätze wie „Du bist nicht gut genug!" – „Du kannst das nicht!" – „Du verdienst weder Wertschätzung, noch Erfolg!" bestens einnisten in meinem System. – Das Entscheidende ist jetzt nur:

Wie diese falschen Muster wieder loswerden, wenn „Frau" ihr halbes Leben damit zugebracht hat, diesen Botschaften immer wieder Glauben zu schenken? – Woher rührt dieses Problem? – Wann hat das angefangen? – Woher kommen diese Selbstzweifel? – Warum immer wieder diese das Selbst sabotierenden Gedanken? – Wer hat sie verursacht? – Wem dienen sie? ... Diese und noch viele weitere Fragen lassen sich hier stellen.

Viele Fragen – viele Antworten. Im Grunde genommen ist ihnen allen eine Botschaft wichtig: „Hör endlich auf, dir mit all diesen alten Mustern und Glaubenssätzen ständig den Boden unter den Füßen wegzuziehen! – Hör endlich auf, dich mit Sätzen wie „..." fertig zu machen. Du verdienst etwas Besseres. Du verdienst anderes. Du verdienst es glücklich zu sein. Es ist dein Geburtsrecht glücklich zu sein. Und du bist gut, ganz so wie du bist!" Wenn es doch nur so einfach wäre, meinen Geist umzulenken auf diese letztgesagten Worte. Wenn dies doch nur so einfach wäre. Gott, wäre ich froh! – Froh, dankbar, glücklich und zufrieden zugleich.

Inzwischen gibt es auf dem Literaturmarkt eine Flut von Lebensratgebern, und im Internet reiht sich ein Blog an den anderen. Vielen von ihnen liegt das Thema „Selbstwert, Selbstakzeptanz und Selbstliebe" am Herzen. Jeder Autor, jeder Seminarleiter, jeder Blogger geht dabei mehr oder weniger auf der Grundlage seiner beruflichen wie privaten Erfahrungen an die Themen heran. Immer mehr von ihnen teilen ihre Erfahrungen und Lernprozesse mit, was diese Berichterstattungen für den Leser dann umso ehrlicher und authentischer erscheinen lassen. Denn im Grunde genommen trifft das übergeordnete Thema „Selbstwert und Selbstliebe" auf jeden Einzelnen von uns zu. – Ganz egal ob Frau oder Mann.

Wenn wir ehrlich sind, hat jeder von uns früher oder später sein Thema damit. Ausnahme vielleicht die Kinder und Erwachsenen, die Eltern haben, die Eltern hatten, die wiederum Eltern hatten, die Eltern hatten, die … ihre Kinder im Hinblick auf ihr Selbstbild bereits so gesund und bewusst erziehen konnten, dass sich überwiegend lebensbejahende und optimistisch denkende junge Seelen daraus entwickeln konnten. Wenn dem nicht so war, dann haben die Eltern in der Erziehung ihrer Kinder zwar dennoch stets das Beste gegeben. Doch können Eltern auch nur geben, was sie selbst an positiver Lebenseinstellung, gesundem Selbstwert und Selbstliebe zu geben haben. Mangelte es ihnen selbst aufgrund ihrer eigenen Erziehung, die sie erfahren haben, daran, wie sollen sie es dann ihren Kindern geben? Doch wer ist nun schuld daran, dass viele von uns sich selbst ein Leben lang mehr kritisieren als lieben?

Eine interessante Frage. Lassen Sie mich fürs Erste zwei wichtige „Erziehungsideale" unserer Zeit gegenüberstellen, ohne dass ich Ihnen eine weitere Erläuterung dazu gebe.

Achten Sie einfach auf die Worte. Hören Sie auf die jeweilige Botschaft. – Spüren Sie die Energie, die hinter diesen Aussagen steht?

„Der liebe Gott sieht alles.
Man spart für den Fall des Falles.
Die werden nichts, die nichts taugen.
Schmökern ist schlecht für die Augen.
Kohlentragen stärkt die Glieder.
Die schöne Kinderzeit, die kommt nicht wieder.
Man lacht nicht über ein Gebrechen.
Du sollst Erwachsenen nicht widersprechen.
Man greift nicht zuerst in die Schüssel bei Tisch.
Sonntagsspaziergang macht frisch.
Zum Alter ist man ehrerbötig.
Süßigkeiten sind für den Körper nicht nötig.
Kartoffeln sind gesund.
Ein Kind hält den Mund.“

Nach diesem „Erziehungsideal" von Bertolt Brecht wurden wohl die meisten unserer Eltern erzogen, weil ihre Eltern selbst nach diesem Muster erzogen worden waren. – Sie kannten es folglich nicht anders und haben von daher diesen Erziehungsstil mehr oder weniger ebenfalls übernommen. Entsprach er doch einem ganz bestimmten Zeitgeist, auf den ich später noch zu sprechen komme.

Eine andere Art ein Kind zu erziehen, zeigt Variante II. Lassen Sie sich von diesen Worten inspirieren. Spüren Sie auch hier in die entsprechende Botschaft der Worte hinein. Wie fühlen sich diese Aussagen an? – Was schwingt für Sie in diesen Ratschlägen mit? – Was ist das Besondere an dieser Art zu erziehen?

Variante II
Was ein Kind lernt

„Ein Kind, das wir ermutigen, lernt Selbstvertrauen.
Ein Kind, dem wir mit Toleranz begegnen, lernt Offenheit.
Ein Kind, das Aufrichtigkeit erlebt, lernt Achtung.
Ein Kind, dem wir Zuneigung schenken, lernt Freundschaft.
Ein Kind, dem wir Geborgenheit geben, lernt Vertrauen.
Ein Kind, das geliebt und umarmt wird,
lernt zu lieben und zu umarmen
und die Liebe dieser Welt zu empfangen."
(Verfasser unbekannt)

Was sagen Sie dazu? – Lassen Sie beide Erziehungsstile einfach auf sich wirken. Nehmen Sie ihre Botschaft mit. Ganz besonders die Energie, die sich „unausgesprochen" zwischen den Worten verbirgt. – Wie sehr sich der graduelle Unterschied in unser aller Leben auswirken kann, das werden wir an geeigneter Stelle noch sehen. Wunderschön finde ich, was bereits Johann Wolfgang von Goethe zur Erziehung von Kindern zu sagen wusste. Seine Kernbotschaft zum Wesen einer idealen Erziehung lautet: „Zwei Dinge sollten Kinder von ihren Eltern bekommen: Wurzeln und Flügel."

Doch nach diesem kurzen Exkurs in die Welt der Erziehung wieder zurück zum Thema des Buches. Sie werden hier und da selbst immer mehr merken, unbewusst schwingen diese Erziehungsvarianten mit. – In welcher Art, das werden Sie noch sehen.

Und in der Lebensmitte senkte sich eine dunkle Wolke herab

Wenn ich es genau betrachte, war es nicht nur „eine dunkle Wolke", die sich herabsenkte, für mich fühlte es sich so an, als hätte sich der ganze Himmel gegen mich verschworen. Immer mehr, immer unnachgiebiger, immer kompromissloser wurde ich in ein tiefes „Schwarz" gehüllt. Schwere Wolken, beängstigende Wolken, Unwetterwolken, Gewitterwolken ... – sie alle umgaben mich. Hüllten mich immer mehr ein. Nach und nach bemächtigten sie sich meiner Sinne und raubten mir die Luft zum Atmen. Schließlich und endlich nahmen sie mir die Sicht auf das, was ich noch „Leben" nennen konnte, und wie so oft schon hatte ich wiederholt diesen „Traum". Nun, eigentlich ist es kein Traum, sondern ein äußerst beängstigendes „Erleben". – Bin jedes Mal völlig verstört und verschreckt daraus aufgewacht. Schweißgebadet und am ganzen Körper zitternd. Wenn ich „fiel", war da immer dieses Gefühl einer grenzenlosen Ohnmacht. Jetzt war es wieder da, nur mit einer gravierenden Ausnahme: Es war kein Traum-Erleben. Es war Realität. – Brutale Realität. – Bittere Realität. Und ich habe es irgendwie selbst zu meiner Realität gemacht. – Eine Realität, in die ich mich im Verlauf der letzten Jahre immer mehr verloren hatte. Nur bemerkt hatte ich dies leider nicht.

Wann das Ganze begann? – Ich kann es nicht genau sagen. – Hätte es mir auffallen müssen? Und warum zeigt sich mir dies alles so gnadenlos? – Was war passiert? – Was habe ich falsch gemacht? – Was ist falsch mit mir, sodass ich immer wieder in dieses „schwarze Loch" fallen musste? – Hätte ich zu gegebener Zeit dieses Schicksal abwenden können?

Fragen über Fragen kamen mir in den Sinn. Doch all dies half nichts. Das, was passieren sollte, konnte nicht gestoppt werden. Ich war dem Ganzen einfach ausgeliefert. Und all die Dinge, sie ergaben sich. – Immer mehr. Immer tiefer. Immer unaufhaltsamer. Immer radikaler. – Ich hatte keine Kraft mehr um gegenzusteuern. Ich konnte den Verlauf weder stoppen, noch kontrollieren. Ich konnte nichts mehr beeinflussen. Ich konnte mich nur noch fallenlassen. Mich hingeben und dem ergeben, was da mit mir passieren sollte.

Mein ganzes System schrie, brüllte. Brüllte unaufhörlich. Brüllte ohne Unterlass. Brüllte Tag und Nacht. – Mein ganzer Körper rebellierte. Zeigte eine Vielzahl von Symptomen. Doch nicht nur er meldete sich. – Die Stressrezeptoren in meinem Gehirn waren auf Dauerbetrieb geschaltet. – Und was das Schlimmste für mich war: Sie ließen sich mit nichts mehr beruhigen. – Was mir blieb, war nur noch der freie Fall und dieses Nicht-Wissen, wo und wann ich aufschlagen werde. Als ich wieder zu mir kam, stand die Diagnose fest:

Burnout – Depression – Posttraumatische Belastungsstörung (= PTBS).

Mehr oder weniger *bewusste* Weg-Gefährten

Vielleicht ist die Summe der Teile wichtig, um die Diagnose und den Zusammenbruch besser zu verstehen. Vielleicht ist es aber auch nur mein Hang zum Perfektionismus und zur Vollständigkeit, der mich auflisten lässt, was die „Lernthemen" der letzten Jahre für mich waren. Egal.

Im Januar 2016 starb mein Zwillingsbruder nach einer schweren Herz-OP. – Als Familie hatten wir natürlich gehofft, dass er diese schwere Operation überstehen möge. Doch aufgrund diverser Vorerkrankungen war sein Körper bereits so geschwächt, dass er entschied, bereits im Alter von 54 Jahren von uns zu gehen. Und obwohl ich mich in den Wochen zuvor durchaus mit der Möglichkeit seines Sterbens vertraut gemacht hatte, fiel es mir unwahrscheinlich schwer, ihn letztlich gehen zu lassen. Da war dieser tiefe, dieser unendlich tiefe Schmerz. – Doch neben all der Trauer und dem Schmerz war noch so viel mehr. Mir war, als wäre mit seinem Tod auch ein ganz wesentlicher Teil von mir selbst mit ihm gestorben. Da war urplötzlich auch so viel von meinem Leben weg. – Jetzt gab es nur noch die Erinnerung an ihn und einen unaussprechlich tiefen Seelenschmerz. Jetzt gab es kein Gespräch mehr, keinen Austausch mehr an Worten, an

Gedanken. Es gab keines seiner Konzerte mehr. Es gab seine Musik nicht mehr. – Wie konnte Gott ihn einfach gehen lassen? – Wie konnte er ihn so früh schon wieder zu sich holen? – Hatte mein Bruder sein Lebenswerk hier auf Erden tatsächlich schon zu einem Ende geführt? – Sollte er nicht noch etwas länger sein Leben hier auf Erden genießen können? – Wieder einmal Fragen über Fragen.

Doch der Tod hat seine eigene Zeit. Hat seine eigenen Gesetze. Er nimmt nicht Rücksicht auf unsere menschlichen Bedürfnisse und Belange. Heißt es nicht, wenn die Seele ihre Lebensaufgabe erfüllt und gelebt hat, dann will sie wieder heim zu unserem himmlischen Vater? Dass dies für meinen Bruder so gelten sollte, das hatte ich zu akzeptieren. Auch wenn meine Trauer und der Schmerz um den Verlust sehr groß waren. Ich selbst hatte – nach all den Vorkommnissen der letzten Jahre und nach dieser erneuten Auseinandersetzung mit dem Thema „Tod" – noch genau genommen für drei Monate die Kraft, meinen eigenen Aufgaben zu entsprechen, ihnen nachzukommen. Doch dann war auch für mich eine Art von „Ende" gekommen. Um Schmerz und Trauer nicht allzu sehr an mich heranzulassen, entschied ich mich für den mir altbekannten und vertrauten Weg, mich auch weiterhin hinter meiner Arbeit zu verstecken. Dass ich mir selbst damit mehr geschadet als genützt habe, das sollte ich alles erst viel später erfahren. Zu dieser Zeit war es einfach meine Überlebensstrategie, mich hinter möglichst viel an Arbeit und Übernahme diverser Pflichten zu verkriechen. Nach dem Motto: *Arbeit befreit. Arbeit heilt die Wunden. Arbeit macht frei.* – Ein Glaubenssatz, wie ich ihn wohl unbewusst im Elternhaus gelernt hatte. Zumindest habe ich es für mich so in Erinnerung, dass meine Eltern viele ihrer Sorgen und Probleme mit der Strategie „Arbeit" irgendwie „weg-gearbeitet" haben.

Ob diese Art des Umgangs mit Problemen, Trauer und Schmerz gut war oder nicht, das entzog sich sowohl als Kind als auch als erwachsene Frau meinem Wissen. Ich hatte nur die kindliche Lernerfahrung gemacht, dass „Arbeit (anscheinend!) befreit". Erst durch meine Therapie und das Lesen zahlreicher psychologischer

Fachbücher erkannte ich, dass diese Einstellung bestenfalls als Ersatzhandlung zu bezeichnen ist. Sozusagen als eine Art Überlebensstrategie, die uns letztlich als ein Ablenkungsmanöver dient. Genau genommen ist es ein *Abwehrmechanismus*, um sich mit all den traurigen und belastenden Gefühlen bzw. mit der Thematik „Tod" (in meinem Fall!) an sich nicht auseinandersetzen zu müssen. Wir spalten dann mehr oder weniger bewusst das uns Unangenehme ab, packen es ein und stellen es weg. Doch all der Schmerz und all die betäubenden Gefühle bleiben so lange bestehen und kehren – ausgelöst durch andere vergleichbare Situationen – so lange immer wieder zurück, bis wir es gelernt haben, den Schmerz, die Trauer, all die Gefühle von Verzweiflung, Angst, Wut etc. anzunehmen. Sie wahrzunehmen, sie zuzulassen, sie genau genommen zu „durch-leben". So lange, bis wir diese Lebenserfahrung bewusst angenommen und integriert haben. Doch es war nicht nur diese Konfrontation mit dem Tod als einem „Weg-Gefährten" von uns Menschen, der mein Leben so nachhaltig und so sehr auf den Kopf stellte. Der Tod meines Bruders war für mich letztlich so etwas wie das letzte Mosaiksteinchen, dessen es noch bedurfte, um in der Mitte meines Lebens meine bisherige Existenz einer radikalen „Prüfung und Neuausrichtung" zu unterziehen. Ob ich wollte oder nicht, es hieß: Schau dir dein Leben einmal an. Schau es dir genau an. Achte dabei auf all die Vorzeichen, unter die du dein Leben und deine Beziehungen bisher gestellt hast. Werde dir dessen bewusst, was gut daran ist. Doch werde dir vor allem auch all der Anteile bewusst, die der Veränderung bedürfen, wenn du wirklich gesund und wahrhaftig glücklich werden willst. Vielleicht sollten Sie Folgendes über mich wissen, um mich und meine Geschichte letztendlich besser zu verstehen:

Durch die Art und Weise wie ich lebte und arbeitete, sowie durch ein mir bis dato ziemlich „unbewusstes" Handeln und eine extreme *Harmoniesucht* im zwischenmenschlichen Bereich war ich so etwas wie eine Meisterin in der Verdrängung unangenehmer Situationen und Dinge geworden. – Doch aufgeschoben ist nicht aufgehoben. – Unsere „Lebensthemen", die wir uns als

Seele selbst erwählt haben, begleiten uns unaufhörlich. Sie zeigen sich uns immer wieder in neuem Gewand so lange, bis wir ihnen unsere ganze Aufmerksamkeit schenken und uns der Tatsache stellen, dass es bedeutend besser wäre zukünftig bewusster zu handeln. Sie sind so etwas wie unser „individueller Lehrplan" für dieses Leben. Doch da ich mich lange Zeit von den Herausforderungen des Alltags nur allzu gut ablenken ließ, habe ich im Verlauf meines bisherigen Lebens (bis ins Jahr 2016) bildhaft gesprochen so manche „Rote Ampel" überfahren, die sich mir im Grunde genommen schon früh genug gezeigt hatte. Ich war nur zu blind dafür. – Nachfolgend erzähle ich Ihnen in Auszügen davon, sofern diese Themen mit meinem Zusammenbruch und der Diagnose im Zusammenhang stehen, und sie für ein Gesamtverständnis meiner Situation meiner Meinung nach wichtig sind.

Doch bevor ich mit dem Thema der „Roten Ampeln" beginne, lade ich Sie ein, die ersten zwanzig Jahre meines Lebens etwas mit mir zu erkunden. Keine Angst! Ich gehe dabei nicht allzu tief in die Details, sondern zeige im Wesentlichen die Kernbereiche auf, die *MICH*, meine Person ausmachen. Als Pädagogin war mir bewusst, dass vor allem die ersten zehn Lebensjahre prägend dafür sind, dass wir werden, was wir sind. Und auch die Zeit der Pubertät spricht Bände und hilft zu verstehen, warum wir genau die Person sind, die wir aufgrund unserer Herkunft, Erziehung und Lebensumstände geworden sind. Und so möchte ich Sie zunächst vertraut machen mit mir als Neugeborenem, als Kindergarten-Kind, als Jugendliche im Alter zwischen dem vierzehnten und achtzehnten Lebensjahr. Diese Zeit hat mich zu dem Menschen gemacht, der ich heute bin, und erklärt Ihnen mitunter auch, warum ich so viele Jahre lang eine wahre „Meisterin" darin war, „Rote Ampeln" nahezu magisch in mein Leben zu ziehen und sie dann auch noch mit einer gewissen Regelmäßigkeit zu überfahren. Doch lesen Sie selbst. – Das, was Sie dabei vielleicht ein wenig irritieren wird, ist, dass ich mit Ihnen hierbei auf eine Reise gehe, die immer und immer wieder die Stimme meiner Seele zu Ihnen sprechen lässt. Vor allem wenn es darum geht, überhaupt erst einmal Mensch zu werden. Vielleicht ist das sehr ungewöhnlich für Sie. Für mich auch ein Experiment, das ich so zum ersten Mal wage, doch es ist auch interessant, die Dinge mal aus einer anderen Warte zu sehen. Und weckt vielleicht auch bei Ihnen bestimmte Erinnerungen.

Wie alles begann

(Einmal aus einer ganz anderen Perspektive heraus betrachtet! ☺)

Sie sind es. – *„JA!"* – Diese Frau und dieser Mann. Sie beide. Ich erkenne sie wieder. Sie habe ich mir ausgesucht. Sind sie nicht genial? Genau die Eltern, um als Seele hier auf der Erde zu inkarnieren und in einem menschlichen Körper geboren zu werden. Sie sind perfekt. Bei ihnen bekomme ich alles, was ich brauche, um ein Menschenkind zu werden. Um mich sicher und geborgen zu fühlen, um heranzuwachsen und um all das zu lernen, was ich als Seele lernen will.

Und schon geht die Reise los. – Grandios! – Da ist sie auch schon, die perfekte Eizelle meiner Mutter. Wunderschön. Sie wird ganz und gar ihrer Aufgabe gerecht. Sie bietet mir alles, was ich brauche, um heranzureifen. Ist kräftig und gesund. Eingebettet in ein wunderschönes Klima. Beste Startbedingungen. Schwimmt in einem Milieu, das mich auf das Beste ernährt. Besser hätte ich es mir gar nicht aussuchen können. Dieser Ort gefällt mir. Hier geht's mir gut. Hier fühle ich mich wohl. – Und tausende von Samenzellen um sie herum. Bin gespannt, welche von ihnen den Treffer landet. – Und schon hat's *„PENG"* gemacht. Der Sieger steht fest. Und sobald er die Eizelle besamt hat, verdickt sich die Zellwand der Eizelle meiner Mutter, um all die anderen Samenzellen abzuwehren, die nicht mehr gebraucht werden, denn die Befruchtung ist bereits geglückt. Jetzt beginnt das Wunder meines Lebens.

Doch im Grunde genommen hat das *Wunder* Leben schon damit begonnen, dass sich meine Eltern genau zur richtigen Zeit am richtigen Ort in der richtigen Stimmung für dieses lebensspendende Abenteuer zusammengefunden haben. Ei- und Samenzelle haben zueinander gefunden. Haben sich in Harmonie vereint und beginnen nun gemeinsam den bunten Reigen der Zellteilung, der „Wachstum Leben" heißt und mich nach neun Monaten als ein wunderbares kleines Menschenkind in den Tanz des Lebens entlässt. Doch ich bleibe nicht allein. Bereits nach kurzer Zeit stelle ich fest: Da hat es sich ja noch jemand gemütlich gemacht und ist als Sieger der Verschmelzung von Ei- und Samenzelle in dieses Abenteuer Leben gestartet.

Wir sind zu zweit! – Hurra! – Wir sind zu zweit! – Ich bin nicht allein! – Wir sind zu zweit! Gemeinsam schlagen wir Purzelbäume, reichen uns die Hand. Lutschen an unseren Daumen. Freuen uns über die Anwesenheit des anderen. Führen Gespräche, lernen uns kennen, tauschen uns aus. Und immer wieder kuscheln wir ganz nah zusammen in der Gebärmutter in Mutters Bauch. Und dann kommt es, wie es kommen soll. Nach neun Monaten ist es bereits viel zu eng für uns. Doch irgendwie will keiner von uns so richtig auf die Reise gehen. Wir haben es uns viel zu gemütlich eingerichtet. – Und da keiner von uns den Anfang machen will, werden wir, weil vom eigentlichen Geburtstermin her bereits über der Zeit, eines schönen Tages von einem Ärzte- und Schwestern-Team mit einem Skalpell zur Welt gebracht. Sie nennen diesen nicht natürlichen Geburtsvorgang Kaiserschnitt. – Und schon sind wir da! Ich zuerst. …

Doch schon nach zwei Tagen war für mich der Spaß vorbei. Ich wurde in ein anderes Krankenhaus verlegt und somit von meiner Mutter und meinem Bruder getrennt. Eine schwere Darmentzündung – eventuell als Folge einer Fruchtwasser-Vergiftung bzw. einer Unverträglichkeit der Ersatzmilch, mit der ich in der Geburtsklinik ernährt wurde, machte es erforderlich, dass ich für einen längeren Zeitraum in ein anderes Krankenhaus verlegt werden musste, wo man mir zwar half wieder zu gesunden, aber ich war in diesen zwei Monaten entsetzlich allein. Und für mich war dies gleich ein doppelter Schock, denn: *bruderlos und mutterlos*. Da gab es kein Kuscheln, kein Vertraut-Sein mehr mit meinem Bruder und meiner Mutter. Weder konnte ich ihre vertraute Stimme hören, noch gab es Liebkosungen und Streicheleinheiten für mich. Was mir entschieden fehlte, war das geherzt, umsorgt und geliebt werden durch meine Mutter, nach der ich mich so sehr sehnte. Ein verdammt herber Verlust für mich. Eine bittere Enttäuschung, eine frühkindliche Wunde, die mich mehr oder weniger durch mein Leben begleiten wird. – Was für ein Herz-Schmerz. – Habe ich mir das so ausgesucht? – Habe ich mir das tatsächlich so ausgesucht? – Wenn ja, dann geht das ja schon ziemlich interessant los. Da kann ich ja gespannt darauf sein, was da noch so alles kommt. Meine ersten Tage und Wochen in dieser Welt waren somit alles andere als schön für mich. Ich habe es zwar überlebt, und man könnte sagen: Was hat die bloß? Es gibt bedeutend schlimmere Schicksale als dies. – Stimmt! – Und dennoch hat jeder im Verbund mit seiner ganz eigenen Geschichte, die ihn prägt, seine Art mit derartigen Situationen klar zu kommen. Wie sich dieser nachgeburtliche Schmerz in meinem Leben immer wieder mal zeigen wird, darüber später dann mehr. In der anderen Klinik kämpfte ich um mein Leben und schrie mir nach Mutter und Bruder die Seele aus dem Leib. Ärzte und Schwestern taten das Ihre für mich. So hab ich's mit deren Hilfe dann ja auch geschafft. Was für eine Erleichterung, doch was bleibt sind unbeantwortete Fragen für mich: Scheute ich damals vor dem Leben zurück? … Wie geht es weiter? – Wo geht es weiter? – Wann geht es weiter? – Und wenn ja, wie? – Gute zwei Monate blieb ich gänzlich unfreiwillig von denen getrennt, die ich liebte und nach denen ich mich unwahrscheinlich sehnte. Die Personen, mit denen ich bis dahin in tiefer Harmonie und Liebe verbunden war. Meiner Gefühlswelt und Erinnerung nach kämpfte ich meinem Gefühl nach „mutterseelenallein" um mein Ankommen in dieser Welt. Kein ganz so glücklicher und liebevoller Start. Doch als Seele wollte ich anscheinend unbedingt und bereits so kurz nach meiner Ankunft auf Erden diese sehr bittere und tief nachwirkende Erfahrung eines Verlust- und Trennungsschmerzes machen, mit all der Angst, Panik und Traurigkeit darüber, mit dem Gefühl von „Ich fühle mich soooo entsetzlich allein!". Und da waren sie auch schon, die ersten Fragen: „Warum bin ich so mutterseelenallein?" – „Warum sollte meine Reise ins Leben gleich so hart beginnen?" – Dieses Erleben zieht sich mehr oder weniger stark wie ein roter Faden durch mein Leben. Ich werde dieser Angst, dieser Panik, diesem Gefühl des Alleinseins und der Ohnmacht im Verlauf meines Lebens noch in den verschiedensten „Gewändern" begegnen. Dass es sich so früh und so vehement zeigt, damit hatte ich nicht gerechnet. Oder doch?

Hierzu ein kleiner Exkurs zu unserer Seele

Als Seele sind wir hoch motiviert zu lernen. Wollen spirituell wachsen. Wollen uns weiterentwickeln. Stehen bei Gott und dem Karmischen Rat in der Warteschlange, um zu denen zu gehören, die sich zu einer bestimmten Zeit, vielleicht sogar zu einer historisch ganz besonders interessanten Zeit (Wechsel vom Fische-Zeitalter ins Wassermann-Zeitalter) und für eine gewisse Lebensspanne einen Körper als Mensch erwählen, denn nur mittels dieser Menschwerdung können wir entsprechende Situationen durchleben und menschliche Erfahrungen machen. Wir wollen immer wieder die „Schulbank Leben" drücken, um im weiteren Prozess der persönlichen Entwicklung und Evolution mit dabei zu sein. Doch dazu bedarf die Seele der „Schul-Uniform" menschlicher Körper. Doch was wissen wir als Seele nach der Geburt noch von alledem, was wir uns mit Hilfe unserer Seelenfamilie in unser Lebensskript geschrieben haben? Sind wir nur hier um zu genießen, Spaß zu haben und uns gut zu unterhalten? – Nein! Nein! Und nochmals nein!

Unsere Seele will lernen. Sie wünscht sich von Leben zu Leben ein Mehr an Wachstum und Bewusstsein. Sie ist an ihrer Weiterentwicklung interessiert. Wenn wir geboren werden, treten wir zum einen mit den Lernaufgaben an, die wir im vorherigen Leben noch nicht zur Gänze gemeistert haben, plus all die neuen Herausforderungen, die wir uns als Seele für dieses Erdenrund *NEU* ausgesucht haben. Doch dass wir dies alles selbst so geplant haben, daran erinnern wir uns nach der Geburt nicht mehr. Durch den Geburtsprozess wird dieses Wissen gelöscht, denn nur so können wir in die Welt der Dualität eintreten und für die Zeitspanne dieses neuen Lebens lernen und uns als Seele entwickeln. Und im Grunde genommen ist es ganz gut, dass wir nicht wissen, was genau morgen unser Schicksal sein wird, denn vielleicht käme es uns so gerade gar nicht zu pass. Würden uns der Erfüllung der Aufgabe vielleicht sogar verweigern. – Die Einzige, die die Übersicht über unser Lebenskonzept behält, das ist unsere Seele. Sie weiß genau, wo es lang geht. Sie weiß, was wir lernen wollen. Sie weiß, weswegen wir genau zu dieser Zeit, in diesem Land, an diesem Ort, mit diesen Eltern, mit dieser Familiengeschichte usw. und mit genau diesen „Hausaufgaben" angetreten sind. Sie weiß, dass wir all diese Erfahrungen nur in einem menschlichen Körper machen können. Und weil sie dies weiß, meldet sie sich immer wieder und erinnert uns an unseren ursprünglich geplanten Weg. Denn sie will, dass wir unser Ziel „Entwicklung" erreichen. Dabei will sie uns behilflich sein.

Doch da uns Gott, unser Schöpfer, die Quelle, wie auch immer wir ihn nennen wollen, als Mensch den freien Willen mitgegeben hat, können wir als Seele in diesem menschlichen Körper frei entscheiden, ob wir hinsichtlich einer bestimmten Situation (Lernaufgabe) den Weg unserer Seele gehen, oder ob wir den Weg unserer Ego-Anhaftung gehen. Fühlen wir uns im Ergebnis mit einer bestimmten Erfahrung nachhaltig gut, stellt sich auf Dauer ein Glücksgefühl ein, spüren wir, dass wir von dieser Sache erfüllt und begeistert sind, sind wir im Frieden damit, fühlen wir uns gut, sind positiv gestimmt, dann sind wir den Weg der Seele gegangen. Dann sind wir dem Weg unseres Herzens gefolgt und waren in Verbindung mit unserem Höheren Selbst. Stellen sich hingegen Gefühle des Zweifels, Ängste oder gar Sorgen ein, meldet sich Unbehagen, fühlen wir uns unausgeglichen, unter- oder gar überfordert, zweifeln wir etc., dann sind wir – in aller Regel unbewusst – den anstrengenderen, steinigen, mühevollen

Weg des Egos gegangen, um zu sein. Doch auch auf diesem Weg werden wir – wenn auch über Umwege – letztlich in die Auseinandersetzung mit unseren Seelen-Hausaufgaben geführt.

★ ★ ★

Nachdem ich dank der Hilfe der Ärzte gesundet war, kehrte ich in den so lang ersehnten Schoß meiner Familie zurück. Meine Mutter begrüßte mich mit den Worten: „Jetzt gehörst du zu mir." – An die Zeit danach kann ich mich nicht erinnern. Und mit den nächsten Bildern, derer ich mir bewusst bin, bin ich dann schon 5 Jahre alt. Ich sehe meinen Bruder und mich, wie wir Hand in Hand in den Kindergarten gehen. An einer Stelle wechseln wir immer die Straßenseite, weil da ein Bauernhof ist, mit einem Maschendrahtzaun und einer Hecke zur Straße hin abgegrenzt. Doch jedes Mal, wenn wir diese Stelle zu passieren haben, erschreckt uns ein ziemlich großer Hund, der fürchterlich aggressiv bellt, so dass unsere Herzen bis in die Kniekehlen rutschen vor lauter Angst davor, dass er uns eines Tages erwischt. Wer von uns beiden mehr Angst hat, darüber denken wir gar nicht erst nach. Reflexartig reagieren wir, drücken uns gegenseitig die Hand als wollten wir uns auf diese Art Mut zusprechen und flüchten vor dem Ungetier. Sind immer wieder froh, wenn wir unser Ziel Kindergarten erreichen. – Und auf dem Rückweg noch einmal das gleiche „Spiel". Was mir aus dieser Kleinkind-Zeit aber mehr als diese kleine Geschichte im Gedächtnis blieb, war ein ganz wichtiges Gefühl für mich. Das Gefühl von inniger Vertrautheit, Zusammenhalt und Schutz. Und wenn ich an diesen Händedruck meines Bruders zurückdenke und diesen in Worte übersetze, dann sagt er mir: *„Wie gut, dass ich diesen Bruder an meiner Seite habe. Gemeinsam sind wir stark. Gemeinsam schaffen wir es. Gemeinsam erreichen wir unser Ziel."*
    Und auch wenn da auf Seelenebene diese innige Vertrautheit und Verbundenheit zwischen uns war, so wurde auf der Bühne unseres Lebens die Rollenverteilung zwischen uns schon früh festgelegt. Ohne dass wir uns dessen bewusst waren, bekam er

die Hauptrolle und ich eine Nebenrolle. – Und so erschuf ich mir unbewusst mit meinen Gedanken und Gefühlen *meine* Realität, und mein Bruder mit seinen Gedanken und Gefühlen *seine* Realität. Denn was es hierbei zu beachten gilt, ist, dass wir uns mit unseren Gedanken und Gefühlen, die mit bestimmten Ereignissen im Zusammenhang stehen, die Welt im Kleinen wie im Großen erschaffen. Und auch wenn ich lange dazu brauchte, um die entsprechende Einsicht zu gewinnen, so lernte ich für mich: Er muss eine ganz andere Seelenaufgabe haben als ich. Wo ihm die Herzen, die Aufmerksamkeit und Bewunderung anderer zuflogen, da lautete die Seelenaufgabe, mit der ich angetreten bin: Lerne dich selbst wertzuschätzen, dann werden dich auch die anderen wertschätzen. Lerne dich selbst mit allem, was dich ausmacht, wahrnehmen und sehen, dann werden dich auch die anderen sehen. Lerne dich selbst erst zu lieben, dann werden und können dich auch die anderen lieben.

Das erklärt dann natürlich die gänzlich unterschiedlichen Vorzeichen, mit denen wir in dieses Leben gestartet sind. Aber jeder von uns wird seinen Grund gehabt haben, warum er sich diese Aufgaben so erwählt hat und nicht anders. Und im Sinne unserer Aufgaben, die wir uns als Seele gestellt hatten, sollte uns unsere Welt (Eltern, Geschwister, Freunde, Partner, Arbeitskollegen etc.) im Außen spiegeln, was es innerhalb dieser Inkarnation als Seelenlektion zu erkennen und zu lernen gilt.

Das Problem ist nur, dass wir zwar noch mit diesem Seelenwissen unsere Reise in die irdische Welt angetreten sind, doch vergessen wir mit unserer Geburt alles und müssen dann erst nach und nach wieder herausfinden, welche Lektion gelernt sein will. Und so bestach mein Bruder bereits im Kindergartenalter die Erzieherinnen mit seinem Charme, während ich ziemlich ängstlich, zurückgezogen, verhalten, in mich gekehrt, ruhig und unscheinbar war. – Hier zeigte ich mich ganz anders als zuhause, wo ich eher ein Wildfang war. – Was aber auch an meiner Wesensart liegt, denn ich brauche immer eine gewisse Zeit um sozusagen „aufzublühen". Betrete ich neues Terrain, bin ich erst einmal sehr verhalten und schau mir das Ganze aus einer sicheren Entfernung und mit viel Distanz an. Die Rollenverteilung zwischen meinem Zwilling und mir setzte sich über die ganze Schulzeit hinweg fort, denn von der ersten Klasse an waren wir bis zum Abitur immer in der gleichen Klasse. Ob dies für uns von Vorteil war? – Im Nachhinein betrachtet sage ich nein!

Ich würde es keinem Zwilling raten in die gleiche Klasse wie das Geschwister zu gehen.

Von der ersten bis zur achten Klasse war es okay. Während dieser Zeit konnten wir gut damit umgehen. Schulisch gesehen waren wir gleich gut. Es tat keinem weh, dass auch der andere ein Teil des Klassenverbunds war. Wir machten uns keine Gedanken über ein Wer? – Was? – Wie? In diesen Jahren konnte so vieles noch auf leichte und spielerische Art und Weise geschehen. Erst während der Gymnasialzeit – und auch hier erst mit Ende der achten und Beginn der neunten Klasse und der fragilen Zeit der Pubertät – begann der stete Vergleich mit ihm sich für mich immer mehr zum Nachteil auszuwirken.

Auf einmal fing es an, dass ich schwächer wurde als er. Latein – sein Lieblingsfach – wurde für mich trotz anfänglicher Begeisterung immer mehr zu meinem „Hass-Fach". Die Punischen Kriege und so manch anderer Text machten es mir zunehmend schwer. – Die ersten drei bis fünf Sätze übersetzte ich noch schön brav so, wie es von mir gefordert war, doch dann ging in aller Regel meine Phantasie mit mir durch und führte mich – was die historischen Fakten und Daten betraf – immer mehr auf Abwege. Diese Art zu übersetzen machte mir so zwar „Spaß", so lange sie un-bewertet blieb. Doch die Freude darüber hielt nie lange an, denn mein Lateinlehrer teilte diese Freude leider nicht.

Auch mein Englischlehrer setzte mich – statt mich angesichts einer guten Note zu loben – immer wieder mal und dies mehr als es mir lieb war mit den „galanten" Worten eines Pädagogen schachmatt: „Denk dir nichts, Merkl. – Auch ein blindes Huhn findet mal ein Korn!" – Dieser Satz klingt mir heute noch in den Ohren nach. Hat sich mir vehement in jede einzelne meiner Zellen eingebrannt. – Pädagogisch gesehen ein besonders „hochwertiger" Kommentar. Dass ich mich in der Folge davon für Englisch als Sprache „brennend" interessierte, versteht sich nach diesen „liebreizenden" Worten von selbst.

Interessant war für mich, dass es immer nur die männlichen Pädagogen waren (jedoch zum Glück nicht alle), die meine Eltern an den Eltern-Sprechtagen des Öfteren damit konfrontierten: Arbeiterfamilie – zwei Kinder, Gymnasium und Abitur? Reicht es da nicht, wenn der Junge studiert? Wozu braucht das Mädel das Abitur? – Und so kam mindestens einmal im Jahr – darauf konnte ich wetten – meine Mutter vom Elternabend heim und erklärte mir, dass Herr X und Herr Y dringend dazu raten, dass ich mich als Mädchen (!) doch besser für den Mittleren Bildungsweg entscheide. – Die „wohlmeinenden" Worte von Herrn X klingen noch heute in meiner Erinnerung nach: „Es reicht doch, wenn Ihr Sohn das Abitur macht. Für das Mädchen wäre es bedeutend sinnvoller, dass sie einen guten Realschulabschluss macht. Sie kann dann ja Krankenschwester werden, einen Arzt heiraten, Kinder bekommen und auch so Karriere machen."

„Brrrrr!" – Diese Worte haben mich sowas von verletzt. Was glaubt der Mann? – Nur weil ich ein *Mädchen* bin? Nie und nimmer lasse ich mich darauf ein. Und so hat er mit seinen Worten genau das Gegenteil erreicht. Mein Kampfgeist war geweckt. Auch wenn es mir nicht immer leichtfiel, aber so nicht! – Es begann zwar eine harte Zeit. – Mein Spaß an der Schule war größtenteils vorbei, aber einfach nur so die Segel streichen, das wollte ich definitiv nicht. Die Frage stellte ich mir erst gar nicht. Ein weiterer „Lieblingssatz" einiger Lehrer während meiner eigenen Schulzeit war: „Warum kann es dein Bruder, warum kannst du es nicht?" – Gemeint war hier die Bühnenpräsenz meines Bruders. – Sein Selbstbewusstsein. Sein Selbstwertgefühl. Die Sicherheit, mit der er sich zeigte und musikalisch brillierte.

Für ihn war es selbstverständlich, sich hinzustellen und einfach zu musizieren. Anders bei mir. Obwohl ich bei jedem Mal Vorsingen wusste, dass ich die Bestnote bekam, war es ab der Pubertät kein Leichtes für meinen Lehrer, mich zum Vorsingen zu bringen. Alphabetisch vorgehen und mich dann unter „M" für Merkl aufrufen, das ging ganz und gar nicht. Bereits beim Buchstaben „E" schlug mein Herz so sehr, dass ich glaubte, irgendwo im Raum eine Trommel zu hören. Doch dieser Lehrer – ihm dankt noch heute mein jugendliches Herz – war äußerst einfallsreich. Für ihn kam einfach schon nach dem „D" das „M", was dann dazu führte, dass ich vollkommen irritiert war, weil ich das Alphabet im Geiste runterbetete und nicht verstand, warum jetzt schon das „M" zum Singen aufgerufen war. Doch nach diesem anfänglichen Schreck entspannte ich mich und sang. Was für eine glorreiche Idee. – Zum Glück hatte ich also auch Pädagogen dieser Art. Ging es schulisch gesehen also nicht nur darum, was ich für mich alleine in dem einen oder anderen Fach zu leisten vermochte, so wurde ich schon von Anfang an mehr oder weniger bewusst stets mit den Leistungen meines Zwillings verglichen. Und das war für mich kein Spaß. Egal, was ich tat: Er war mir immer eine Nasenlänge voraus. Wo ich bestenfalls den Fleiß und den Ehrgeiz besaß, hatte er das von Gott gegebene Talent und einen Charme, mit dem er sämtliche Frauen- wie Männer-Herzen bestach. Ich hingegen fühlte mich nur über all die Jahre hinweg (das waren immerhin neunzehn Jahre) als zweite Garnitur.

Was für mich damals ebenfalls schwer war, dessen war ich mir aber lange Zeit nicht bewusst: Mit den Jungs in einer Klasse zu sein beschämte mich. Ich wollte mich den Jungs gegenüber anders zeigen. Nicht so einfältig, dumm, naiv, weniger begabt usw. – Mein Problem mit Beginn der Pubertät war, dass ich mich nun auch in meinem Denken und Fühlen ganz und gar nicht mehr verstand. Unten war oben – oben war unten! Bei mir war alles irgendwie komplett durcheinandergeraten. Doch das Schlimmste für mich war, dass da niemand war, mit dem ich über alles hätte reden können. Und so fing ich bereits sehr früh an auf die Stimme meines inneren Kritikers und Richters zu hören und ich erlaubte ihnen Urteile über mich, die sehr schmerzhaft waren. So wurde diese „empfindliche Zeit" im Leben eines Teenagers für mich zur Tortur. Für manche von Ihnen als Leser mag sich das Ganze gar nicht so dramatisch lesen wie es meinem Empfinden nach war. Sie können vielleicht gar nicht verstehen, warum ich auf all dies so hochsensibel reagierte. Und ehrlich gesagt verstand ich mich ja selbst auch nicht. Ich wusste nicht, wie mir geschah. Ich konnte all diese Gedanken und Gefühle nicht verstehen. Und ich wusste nicht, wie ihnen beizukommen war. Und am meisten ärgerte ich mich über mich selbst, weil ich in diesem Gefühlschaos gefangen war und mich wie festgenagelt fühlte. Und „hungrig" und neidisch schaute ich auf all die anderen, die es vermeintlich besser hatten als ich. Heute bin ich mir dessen bewusst, wie sehr ich im Selbstmitleid versunken war, weil ich kein ausreichendes Feedback von anderen hatte und nicht verstehen konnte, warum mein Leben so war wie es war. Im Grunde genommen sah ich nicht wirklich einen Sinn in meinem Leben. Eine der Fragen, die ich mir bereits sehr früh und immer und immer wieder stellte, war: Was soll bzw. was kann ich der Welt schon geben?

Auf der Suche nach einer Antwort, heillos überfordert mit diesen „Schwergewichten" an Gefühlen und gefangen in einem Gedanken-Karussell, das sich unablässig drehte, hing ich in einer Art von Wiederholungsschleife fest. Und die CD, die darin abgespielt wurde, hatte stets die gleiche Melodie. Doch leider nicht in Dur, sondern in Moll. Das waren Gedanken wie: „Ich gehöre gar nicht hier her." – „Hier fühle ich mich nicht wohl." – „Was soll ich hier?" – „Wer interessiert sich denn überhaupt für mich?" – „Warum fühle ich mich unter den Menschen so fremd?" Und irgendwie hasste ich mich auch dafür, dass ich meinem Leben nichts abgewinnen konnte und so undankbar war. Dass ich mich weniger gefördert und geliebt sah als ich es bei meinem Bruder beobachten konnte. Ich hasste mich dafür, dass ich so neidisch auf ihn war, jedoch diesen Groll und die Bitterkeit nicht zur Sprache bringen konnte. Dass ich keine Worte finden konnte, um mich mitzuteilen, um wahrgenommen zu werden. Manchmal hasste ich mich so, dass ich mich am liebsten ausradieren wollte, um zu sehen, ob den anderen dann wenigstens auffällt, dass ich fehle. Ich fand es ungerecht, dass er alles mit einer gewissen Leichtigkeit bekam und ich meiner Meinung nach um alles so zu kämpfen hatte. Von Menschen, die fröhlicher und wohlgelaunter sein konnten als ich, hörte ich Sätze wie „Du musst dir halt einfach eine dickere Haut zulegen." oder „Du musst zum Lachen wohl mal in den Keller gehen." bzw. „Werde doch endlich mal lustiger!" usw. – Ehrlich gesagt halfen mir diese ganzen wohlgemeinten Ratschläge nichts. Hatte sich in mir doch schon so viel „Gedanken-Müll" angesammelt, nur wusste ich nicht, wohin damit. Und je fordernder meine Welt im Außen war, umso mehr zog ich mich immer noch mehr in meine angstbesetzte Welt des Schweigens und des Träumens zurück.

So aber wurde ich erst recht eine Gefangene meiner Gedanken und Gefühlswelt. Dass dies alles andere als gesund war, das wusste ich jedoch nicht. Ich ging vielmehr davon aus, dass das Leben einfach nur anstrengend und beschwerlich ist. Dass es nur sehr wenig Freudvolles gibt. Und dass es für Menschen wie mich nicht wirklich etwas zu lachen gibt. Für mich gab es neben den Kategorien „reich und arm", sowie „begabt und unbegabt" noch eine weitere Kategorie Mensch. Die „vom Glück Geküssten". Zu dieser Gruppe gehörte mein Bruder. Zumindest meiner Meinung nach. Und das Pendant dazu in der „Gruppe der Verlierer" spielte ich, da ich mich vom Wohlwollen Gottes als weniger beschenkt sah. Meine religiöse Erziehung lehrte mich, dass Gott unser „oberster Richter" ist und dass diesem Gott auch nicht das kleinste Fehlverhalten entging. Doch was habe ich irgendwann einmal getan, dass dieser Gott mich anscheinend *nicht* so liebte wie meinen Bruder? – Hätte er mir sonst nicht auch ein Mehr an Intelligenz und Begabung gegeben? – Was bitte sind die Fähigkeiten, auf die ich als Mädchen/Frau zuversichtlich schauen kann? – Was sind die Fähigkeiten, die ich aus mir selbst heraus entwickeln kann? – Ich wusste es einfach nicht. Ich sah diese Fähigkeiten nicht. Und es fehlte mir ein Gegenüber, das mir half, dieses Potential, das in mir ruhte, Schritt für Schritt zu entwickeln. – Stattdessen spürte ich immer und immer wieder nur diesen unendlich tiefen Seelenschmerz. Fühlte mich weder gesehen, noch verstanden, sondern einfach nur überfordert mit all den Gedanken, mit all den Gefühlen, mit all den Hormonen.

Überfordert mit mir und der Welt. Das Schlimmste jedoch war, dass ich über all dies nicht sprechen konnte. Mir war, als hätte mir jemand meinen Mund zugeklebt, versiegelt. Als hätte mir jemand gesagt: „Du bist sehr, sehr undankbar. Solche Dinge sagt man nicht. Solche Dinge denkt man nicht. Solche Dinge fühlt man nicht."

Was für eine verrückte Welt, was für eine innere Zerrissenheit, in der ich lebte. Ich fühlte mich hin- und hergerissen zwischen dem Guten und dem Bösen. Zwischen Himmel und Hölle. Mal war ich unten, mal war ich oben. Es war ein ständiges Kräftemessen. Und sobald ich mich entschied in meinem Denken, Handeln und Sein nur noch die „Gute" sein zu wollen, konnte ich fast schon darauf wetten, dass sich mir im Außen wieder eine Situation zeigte, die ich zu bewältigen hatte. Und schon meldete sich ungefragt und unerwünscht erneut das „Böse" in mir in Form meiner Gedanken und Gefühle, obwohl ich doch beschlossen hatte sie zu besiegen. Doch so einfach, wie ich mir das dachte, war dies nicht. Ganz im Gegenteil. Und da ich aufgrund meiner Harmoniesucht und der ewigen Suche nach Anerkennung und Liebe eine panische Angst vor Sanktionen und Ablehnung hatte, lebte ich die ganze „Frust-Energie" nicht nach außen hin, sondern gewöhnte mir stattdessen ein ziemlich ungesundes Verhalten an, indem ich die ganze zerstörerische Energie gegen mich selbst richtete. Nach außen hin vermied ich es jedoch, meine negativen Gefühle zu zeigen. Stattdessen versteckte ich mich in meinem Schneckenhaus und redete mir dort ein: „Hier kann mich keiner finden. Hier kann mich keiner sehen." So richtete ich mir nach und nach mein Leben in einer Art von Rückzug, innerer Rebellion und partieller Wut ein. Was mir aber nicht klar war, war, wie viel Lebensfreude und Lebenskraft ich dadurch verlor. Heute erst weiß ich, dass ich mir mit der Kraft meiner Gedanken diese ganzen Situationen selbst erschaffen hatte. Egal ob in der Schule oder in der Familie. Mit so viel Zerrissenheit und negativer Energie, die ich in mir trug, vermochte ich es weder mich meinem Leben ganz hinzugeben, noch mit den Menschen vertraut zu werden, nach deren Liebe ich mich so sehr sehnte. Wer mir dabei am meisten fehlte, war meine Mutter. Und da ich stets auf der Suche nach dieser Liebe war, konnte ich mich auch nicht wirklich von ihr abnabeln und trennen. Stattdessen habe ich die Erfahrung gemacht: Wenn du derart nach Liebe suchst, dann bleibst du ewig das Kind, das dürstet und hungrig ist. Dann kannst du nicht wirklich erwachsen werden. Dann bleibst du selbst als erwachsene Frau in diesem „hungrigen Kind-Bewusstsein" stecken. Und jedes Mal, wenn du dieser Mutter begegnest, dann suchst du und suchst und suchst. Du kannst dieses Angenommen-Sein, diese Wertschätzung, sowie das Geliebt-Werden auch bei deinem Partner/deiner Partnerin, deinen Freunden, Arbeitskollegen suchen, doch du wirst es vergeblich suchen. Du bleibst so lange hungrig und bedürftig, bis du eines Tages beschließt, dir selbst beste Mutter, bester Vater, bester Partner/beste Partnerin, bester Freund/beste Freundin zu werden. Bis du dich mit der Vergangenheit ausgesöhnt hast und beginnst, dich selbst liebevoll um dich und deine wahren Bedürfnisse zu kümmern. Bis du die Liebe und alles, was dazu gehört, dir selbst zu geben vermagst. Immer und immer wieder. Letztlich so lange, bis du dich *wohl-genährt* und *gesättigt* fühlst.

So suchte ich als Teenager und junge Frau oft sehr verzweifelt meinen Weg. Und da ich mit so viel Frust, den ich in mir trug, davon überzeugt war, auch in Gott keine wirkliche Hilfe und Unterstützung zu finden, tat ich das, was ein verletztes Kind tut, wenn es sich vernachlässigt und ungeliebt fühlt, ich wandte mich immer mehr von ihm und „Mutter Kirche" ab, weil ich so sehr mit meinem Schmerz beschäftigt war. Letztlich wurde ich so immer mehr zu einer Gefangenen in mir selbst. Mit meiner kindlichen Wut, meinen Gedanken und nicht gelebten Gefühlen hatte ich mir selbst Fesseln angelegt. Und diese Fesseln trugen sogar Namen. Sie hießen Schuld und Scham. So hatte ich mir mein eigenes Drama, das Drama eines scheinbar weniger begabten und ungeliebten Kindes kreiert. Und dies lebte ich sowohl zuhause als auch in der Schule. – Soweit zu meiner Biografie.

Als ich anfing, darüber nachzudenken und zu schreiben, zeigten sich mir noch einmal der ganze alte Schmerz sowie die Gefühle von Schuld und Scham. Oft war mir, als wollte mein Herz zerspringen, doch inzwischen hält es dem Schmerz dieser Geschichten tapfer stand. Es gibt zwar noch Tage, an denen die Tränen mal wieder fließen. Doch dann halte ich inne und sage mir: „Wie interessant! – Heute ist also mal wieder so ein Tag."

Johann Wolfgang von Goethes *Faust* zitierend kann ich sagen: „Zwei Seelen wohnen, ach! in meiner Brust", denn auch Goethes melancholischer Doktor Faust fühlt sich zerrissen zwischen den Mächten seiner Innenwelt. Auch in ihm wirken diese gegensätzlichen Kräfte und fordern ihn heraus, sich für eine dieser Mächte zu entscheiden, womit letztlich dann auch sein „Reigen im Tanz des Lebens" beginnt, der nicht nur ihn zu Fall bringt, sondern auch die Person, die er aus ganzem Herzen liebt. Ist das nicht verrückt? Es ist dieses ewig während „Spiel", diese Kraft-, Mut- und Zerreißprobe zwischen den hellen und dunklen Mächten in uns. Das Prinzip der Dualität. Das *Geistige Gesetz* von Ursache und Wirkung, das hier zum Tragen kommt. Diese Kräfte gehören zu uns, so lange wir leben. Sie wirken mehr oder weniger bewusst und unbewusst in uns. Sie formen und prägen unser Menschsein und stellen uns letztlich vor die Frage, wie wir unser Leben mit diesen Kräften bewusster gestalten können. Das Problem ist nur: Solange wir diese widerstrebenden Kräfte in uns als gut und schlecht beurteilen, solange wir sie als positiv und negativ bewerten, wird sich die von uns als negativ definierte Kraft immer und immer wieder melden. Sie kämpft und ringt mit uns um ihre Daseinsberechtigung. Und solange wir sie ablehnen und versuchen sie zu negieren, erzeugt sie in uns eine innere Spannung, die sich so lange immer und immer wieder mit den verschiedensten Lernsituationen zu Wort melden wird, bis wir diesen Aspekt in uns nicht mehr länger leugnen und ablehnen, sondern ihn uns bewusst machen und integrieren. Erst durch die Annahme, die Integration, erst durch die Akzeptanz all der Schatten-Anteile in uns, ziehen sich diese „Dämonen" nach und nach

71

langsam zurück. Sie verlieren an Kraft, an Vehemenz. – Lehnen wir sie hingegen ab, werden sie größer und mächtiger, blähen sich auf. Versuchen uns zu bestimmen. Fordern uns heraus und ringen mit uns. Werden sie hingegen bewusst wahrgenommen und gefühlt, bzw. fragen wir sie gar nach ihrer Botschaft für uns, fühlen sie sich gesehen und wertgeschätzt. Dann beruhigen sie sich. Sie werden verständlicher und zahmer. Sie zeigen sich verhaltener. Sie kämpfen nicht länger um ihre Vorherrschaft in uns. Und so wie sie sich beruhigen, löst sich dann auch diese gewaltige Spannung in uns auf, und wir finden wieder leichter zurück in unser Gleichgewicht. In einen Zustand von innerer Ausgeglichenheit und Balance. Indem wir uns für alle Aspekte in uns öffnen, werden wir gelassener, geduldiger, mitfühlender, bewusster und weiser. Wir erkennen: Dies alles macht unser Menschsein aus. Dies alles gehört zu uns. Und was das Schönste von all dem ist: Wir lehnen uns selbst nicht mehr länger ab, sondern finden endlich den erwünschten Frieden in uns. Werden ausgeglichener, entspannter, großzügiger gegenüber unserer eigenen Wesensart, aber auch toleranter, mitfühlender, respektvoller und wertschätzender gegenüber anderen Menschen. Wir öffnen uns für alles, was ist, und erkennen, dass es sich nicht lohnt irgendetwas abzulehnen. Wir öffnen uns für das Dunkle ebenso wie für das Helle. Für den Schatten und das Licht. Für Angst und Liebe. Für Traurigkeit und Freude. Wir erkennen, dass alle Gefühle wertvoll sind, dass sie uns je nach Situation etwas ganz Bestimmtes lehren wollen, dass sie gelebt sein wollen, dass sie uns und unserer persönlichen Weiterentwicklung dienen. Sie zeigen uns all die verschiedenen Qualitäten, die Anteile, die Aspekte unseres Seins. Wir schließen sie aber nicht mehr aus, sondern wir umarmen sie.

4

Von der Kunst, so viele „Rote Ampeln zu übersehen"

Von der Liebe – Wie habe ich sie gelebt?

Eine der ersten „Roten Ampeln", die ich in meinem Leben „übersehen" habe, zeigte sich mir mit dem Ende meiner ersten Partnerschaft, meiner sogenannten „ersten großen Liebe". Unsere Beziehung hielt fast neun Jahre. Ging dann aber nahezu „wortlos" auseinander. – Will damit sagen, dass mir nicht so wirklich bewusst war, warum die Trennung zum unabwendbaren „Muss" wurde. Doch inzwischen ist mir klar, dass diese damalige Trennung unter den nahezu gleichen Vorzeichen verlief wie zwanzig Jahre später die Trennung von meinem Mann. – Von daher komme ich überhaupt auf die Idee, Ihnen davon zu erzählen.

Die ersten Jahre standen – wie könnte es anders sein – unter dem Glücksstern der „Liebe". Wir teilten viele schöne Momente und erlebten eine sehr schöne Zeit. Unsere Studienjahre gingen dahin. Und je mehr wir uns dem Ende unserer Studienzeit näherten und jeder von uns entsprechend seiner Fachrichtung in die ersten Berufsjahre eintauchte, umso mehr spürten wir, dass gleichzeitig auch das Ende unserer „gemeinsamen Zeit" gekommen war. Nach und nach trifteten die gemeinsamen Interessen auseinander. Wir sahen uns immer seltener. Und da wir beide an unterschiedlichen Orten beruflich tätig waren, trennten sich unsere Wege.

Auch wenn mir vom Verstand her klar war, dass diese Trennung unausweichlich war, hing ich emotional noch sehr lange an diesem Menschen und hielt mein „Klammern" und meine Gefühle nach wie vor für *Liebe*. Doch wusste ich damals überhaupt schon, was Liebe ist? – Was es wirklich heißt zu „lieben"? – Worauf „Liebe" gründet? – Woraus sie resultiert?

Für mich war bereits das Zusammensein, das mit-jemandem-in-Beziehung-Sein ein wesentliches Merkmal für Liebe. Wichtig waren für mich das „Vertraut-Sein", das „Verbunden-Sein". *Unbewusst* wichtig war mir jedoch: bloß *nicht* „getrennt" sein, bloß *nicht* „alleine" sein. Woher dieses Gefühl der wahnsinnigen Angst vor dem Alleinsein kam, wusste ich so viele Jahrzehnte nicht. Doch diese Angst in mir war unermesslich groß. Und sie war immer da. Ich bedurfte jetzt erst der Zeit meiner Seelen-Therapie um herauszufinden, warum diese Angst für mich so unermesslich groß war und sich auch derart dramatisch in meinem Leben auswirken sollte. Im Nachhinein betrachtet kann ich sagen, dass sie auf ungesunde Art und Weise alle meine Beziehungen beeinflusste. Wenn ich heute mit den Erfahrungen und Erkenntnissen der letzten vier Jahre auf mein Leben und vor allem auf meine Beziehungen schaue, dann war es jedes Mal nach der anfänglich romantisch verträumten Phase der Liebe, in der wir den anderen mit der „rosaroten Brille" wahrnehmen, letztlich mehr eine „geschwisterliche", eine „freundschaftliche" Liebe. Und auch eine sehr „bedürftige" Liebe. Eine Liebe mit dem Tenor „Ich brauche dich. – Du fehlst mir. – Ich fühle mich ohne dich nicht ganz."

Mit einem mir lieben Menschen an meiner Seite verbunden zu sein, war mir so wichtig, dass ich den Partner so sein ließ, wie er es für sich haben wollte. War er da, waren wir in Beziehung. Dann war ich der glücklichste Mensch der Welt und fühlte mich endlich „ganz". Fühlte mich allein schon durch seine Anwesenheit gesehen und geliebt. Mein Leben bekam im Grunde genommen erst durch den Partner eine Farbe und damit letztlich auch einen Sinn. – Nur mit einem Partner fühlte ich mich ganz. – Endlich nicht mehr leer. – Ich gehörte zu jemandem, und dies fühlte sich gut an. – So gut, dass ich es „Liebe" nannte. Doch was ich über so viele Jahre hinweg „Verliebt-Sein" und „in Liebe und gegenseitiger Wertschätzung verbunden Sein" nannte, war in Wahrheit mehr (m)eine Flucht vor der Einsamkeit. Flucht vor dem Alleinsein. Flucht in die Hände eines Mannes, dem ich *unbewusst* mehr

Rechte zugestand, als ich sie mir selber gab. Flucht in die Hände eines Mannes, dem ich treu ergeben war. In die Hände eines Menschen, von dem ich überspitzt gesagt irgendwie „abhängig" war. Abhängig, weil ich nicht mit mir alleine sein konnte. – Abhängig, weil ich nicht mit mir alleine sein wollte. – Weil ich gar nicht wirklich wusste, was fängt „Frau" so alleine mit sich an? Mein Rollenverständnis sowie mein Selbstverständnis als *Frau* war, dass man zwar – wir leben ja im Zeitalter der Emanzipation – auch einen eigenen Beruf und darin sogar Erfolg haben kann. Dass es aber überwiegend immer noch mehr im Aufgabenbereich der Frau liegt, zu kochen, zu backen, zu waschen, zu bügeln etc. Kurz gesagt: Den anderen, den Partner, umsorgen und verwöhnen. Sich um den anderen, um die Familie kümmern. Sich auf die Bedürfnisse des anderen einstellen. Diese Bedürfnisse und Wünsche am besten sogar noch erahnen, bevor sie ausgesprochen sind. Und diese Hingabe, diese „Selbstaufgabe", dieses „für den anderen da-Sein", das war für mich der Beweis an „Liebe". Dass Liebe hingegen aus vielen verschiedensten Facetten besteht, das kam mir nicht in den Sinn. Schließlich wurde ich zu einer braven, anständigen und sittsamen Tochter erzogen, die folglich auch als Frau in dieser Rolle bestach. Entsprechend meiner Erziehung waren die Werte und Glaubenssätze, nach denen ich Partnerschaft lebte: „Treue bis in den Tod!" – „Ich werde immer für dich da sein!" – „Ich werde immer hart arbeiten und mein Bestes geben, damit es uns gut geht." – „Ich werde mich immer zuerst um andere kümmern." – „Ich werde meinem Partner immer mehr zugestehen und geben als mir selbst."

Erst während der Zeit meiner Selbst-Therapie erkannte ich, dass diese Werte ein ziemlich selbstaufopferungsvolles und selbstzerstörerisches Muster in sich trugen. Sie waren alles andere als gesund für mich. Doch warum lebte ich mit der Last derartiger Werte? – Waren dies denn überhaupt meine Werte? – Habe ich sie mir zu meinen Werten gemacht, weil ich mit diesen Wertvorstellungen aufgewachsen bin? Mit der Zeit erkannte ich: Das waren mehr die Werte meiner Eltern und die Werte unserer Großeltern. Ich bin nur die Tochter, die Enkelin einer Nachkriegsgeneration, die sich *mit Haut und Haar* einem besseren Leben, dem sogenannten „Wiederaufbau" verschrieben hatte. In mir lebte diese Ahnen-Energie. Diese gewaltige Überlebensangst, sowie eine übermächtige Angst vor dem Alleinsein mehrerer Generationen von Frauen, die den Ersten und Zweiten Weltkrieg erlebt hatten. Diese Ängste haben anscheinend nur den „Fahrersitz" gewechselt. Sie springen von Generation zu Generation so lange weiter, bis diese Angst angenommen und verwandelt wird.

In unser aller Leben wird es immer *ups and downs* geben, doch worauf es ankommt, ist letztlich die Art und Weise, wie wir mit diesen Lebenskrisen und Lebenserfahrungen umgehen. Sehen wir das „halb leere Glas" oder das „halb volle Glas"? – Akzeptieren wir dieses stete Auf und Ab in unserem Leben? – Nehmen wir diese Zeiten als „Lern-Chancen" wahr oder verwehren wir uns dagegen und verfallen stattdessen in Selbstmitleid? – Die Entscheidung darüber liegt letztlich ganz bei uns. Je nach Familiensystem, nach familiärem Erbe, in dem wir aufgewachsen sind, gelingt uns das aufgrund frühkindlicher Prägungen und Erfahrungen besser oder weniger gut. Doch uns allen ist die Chance gegeben, unser Bewusstsein zu wandeln, unseren Horizont zu erweitern und damit den Blick zu ändern, mit dem wir auf die zahlreichen Herausforderungen und Situationen in unserem Leben schauen. Uns allen ist die große Chance zur Verwandlung alter Muster gegeben. Wir müssen nicht steckenbleiben in alten Verhaltensweisen, Überzeugungen, Glaubenssätzen oder gar Dramen. Sie wiederholen sich so lange in unserem Leben, bis wir bereit für die Veränderung sind. Erst wenn wir uns mutig und beherzt diesen „alten Geistern" stellen, befreien wir uns von ihnen. Doch nicht nur uns, sondern auch unser ganzes Familiensystem.

Alleinsein = „Angst essen Seele auf!"

Um dieser Angst zu entfliehen tat ich viel, um mir die jeweilige Beziehung zu erhalten. Ich machte die Beziehung zu meinem „Rettungsanker", um nur ja nicht *allein* durch diese Welt zu gehen. Was mir damit aber nicht klar war, war, dass ich damit unbewusst meinem Partner so viel mehr an Einflussnahme und Macht über mich gab, bis ich für mich selbst immer mehr an eigener Substanz, Farbigkeit und Persönlichkeit verlor. Über die Zeit hinweg verschmolz ich förmlich mit meinem Partner. Man könnte auch sagen, wurde immer mehr zu einer „un-selbst-ständigen" Person. Einer Person, die sich selbst immer weniger wahrnahm, geschweige denn ihre Bedürfnisse und Wünsche überhaupt noch kannte. Aufgefallen ist mir dies allerdings erst als ich alleine war und so gut wie nichts mehr mit mir selbst anzufangen wusste, weil mir mein Gegenüber fehlte, das mir bis dato in meinem Leben Halt und Orientierung gegeben hatte. Nach meinen eigenen Bedürfnissen und Wünschen befragt, wusste ich lange Zeit keine Antwort zu geben. So weit war ich von mir selbst weg, dass ich für mich selbst erst wieder „das Laufen lernen musste".

Das Lebensmotto, dem ich mich in meinen Beziehungen verschrieben hatte, lautete: „Geht es dem Partner gut, geht es mir gut." Also sorge ich dafür. Und für die Erfüllung dieses „ungeschriebenen Gesetzes" tat ich viel. Mitunter sehr viel sogar. – Eigentlich der blanke Wahnsinn. Denn ich verlor dabei völlig den Bezug zu mir selbst. Ich hatte das Gefühl, dass es meine oberste Pflicht als Frau ist, die Wünsche des Partners zu erfüllen. Und wo immer es ging, sie ihm nach Möglichkeit sogar noch unausgesprochen von den Augen abzulesen.

Mit dieser mir unbewussten Handlungsmaxime war ich ganz und gar die „brave Eva", begab mich privat in die „Falle" von Unselbstständigkeit und Überangepasstheit. Man kann fast schon sagen einer Art von „Unterwürfigkeit", denn im Grunde genommen gab ich so einen wesentlichen Teil von mir selbst auf. Und aufgrund meiner Harmoniesucht versäumte ich es, auch einmal die rebellische, die kraftvolle, die wilde und vor allem auch eine trotzige und streitbare Amazonin, ein „Lilith", zu sein.

In meinen Partnerschaften gab es zwar dieses anfängliche Verliebt-Sein, dieses die Welt durch eine rosa Brille-Sehen, diese Schmetterlinge im Bauch und noch so manches mehr. Doch ist diese Zeit dann irgendwann vorbei, dann stehe *ICH* da, und weiß nicht recht, wie ich mir die Liebe erhalten kann. Statt mich gemeinsam mit meinem Mann einer gesunden Beziehungsarbeit zu widmen, versank ich immer mehr in den alltäglichen Dingen, die unser Dasein bestimmten, sodass unsere Beziehung und unser Leben immer mehr nur noch zu einem bloßen Funktionieren wurden.

Mein Partner – mein Spiegel

Meine allerbeste Projektionsfläche für alle meine Gefühle und auch für die unbewussten Themen, Probleme und Stimmen der Vergangenheit.

Was meinen wir wirklich, wenn wir dem anderen sagen, dass wir ihn/sie „lieben"?

Gebrauchen wir diese Formel „Ich liebe dich!" nur, um den anderen unbewusst (!?) wissen zu lassen: „Ich brauche dich, weil ich mich sonst alleine fühle, weil ich sonst einsam bin, weil ich sonst nicht ganz bin!"

Was heißt es, jemanden wirklich zu lieben? – Was bedeutet es, sich im anderen zu entdecken? – Kann ich jemanden zu viel lieben? – Was meint die Liebe wirklich? – Wofür will sie uns öffnen? – Was hat sie uns zu sagen? – Was hat sie uns zu lehren?

Aus meiner heutigen Sicht würde ich im Ergebnis sagen, dass ich die Situation als Kind und Jugendliche innerhalb der Familie und der Jahre mit meinem Ex-Mann genau so erfahren musste, um endlich zu begreifen, wo ich mit der *Liebe zu mir selbst* überhaupt stand. Und ich muss sagen: Das Ergebnis war sehr ernüchternd, wenn nicht sogar absolut erschütternd. Es hat mich zutiefst betroffen gemacht, mehr noch, zutiefst schockiert, erkennen zu müssen, dass ich mich selbst ja gar nicht liebte. Ich funktionierte einfach nur. Über die Liebe zu mir selbst nachzudenken, das kam mir gar nicht in den Sinn.

Selbstliebe – allein das Wort war irgendwie schon verpönt. Dafür hatte ich keine Zeit und keinen Sinn. Stattdessen gab es da diese Vielzahl negativer Gedanken und Gefühle, die ich gegen mich hegte, die begleitet waren von Sätzen wie: „Du bist nicht gut genug." – „Du bist es nicht wert, geboren zu sein." – „Du bist nicht erwünscht." – „Du bist nur eine Frau." – „Du bist viel zu anstrengend." All diese Gedanken zeigten mir, dass ich mich selbst und damit auch mein Frau-Sein ablehnte. Alles, was ich tat, konnte in den Augen der anderen noch so sehr als gut befunden werden, doch ich selbst war *NIE* wirklich zufrieden mit mir. Die Kritikerin in mir war ständig präsent. Und ich wusste nicht, wie ich sie besänftigen bzw. abschalten konnte. Kurzum: Ich genügte mir nicht. – Die meiste Zeit über war mein Blick auf mögliche Fehler sowie auf meine Defizite gerichtet. – Können Sie sich in etwa ausmalen und vorstellen, wie sich dies auf das Lebensgefühl auswirkt? – Grausam! Fatal! – Sie sind ständig defizitorientiert und haben das Gefühl, dass Ihnen etwas Entscheidendes fehlt. Und danach suchen Sie Ihr Leben lang und sind dabei getrieben von der Hoffnung, es irgendwann einmal zu finden. Und zu alledem war da diese Angst, mir selbst meine Daseinsberechtigung zu geben bzw. mir selbst gegenüber überhaupt in *Liebe* zu sein, bzw. mir selbst wohlwollend und wertschätzend zu begegnen.

Das Gottesbild der Kindheit darf sich wandeln

Jesus lehrte uns „Liebe deinen Nächsten *wie* dich selbst!" – Das Problem bei mir war nur, dass ich diesem kleinen Wörtchen „*WIE*" überhaupt keine Bedeutung beigemessen hatte. Ich hörte nur „Liebe deinen Nächsten!". Den Rest gab's für mich nicht. Warum? – Kann und darf sich ein schwarzes Schaf denn lieben? – Ja, Sie lesen richtig. Ich bezeichne mich hier als das „schwarze Schaf", denn als solches habe ich mich die ganze Zeit gefühlt. – Weshalb?

Ich komme aus einem sehr religiösen Haushalt. Römisch-katholische Erziehung. – Erinnere ich mich an die Kindheit, waren das Einhalten der Zehn Gebote, regelmäßige Gottesdienstbesuche und die Einhaltung der Familienregeln oberstes Gebot. Ich ging regelmäßig zum Gottesdienst und zur Beichte. Sang im Kirchenchor und nahm auf diese Art und Weise an all den Kirchenfesten und Traditionen teil, die das Jahr so mit sich bringt. Nur tief in mir war ich irgendwie anders religiös als der Rest der Familie. Ich interessierte mich für Gott, aber anders als es der Tradition in meiner Familie entsprach. Ich wollte Gott freier begegnen, anders als mit dem wöchentlichen Diktat von „Du musst sonntags in die Kirche gehen." Ich glaube, der nicht gelebte Rebell in mir lebte genau hier sein Trotzverhalten gegenüber den Gepflogenheiten meiner Familie aus. Und so kam es, wie es kommen sollte, dass ich während meiner Studienzeit und auch in den Jahren danach immer weniger zu den Gottesdiensten und damit in die Kirche ging. Doch wenn ich bei der Familie zu Besuch war und mich meine Mutter auch nur ganz harmlos fragte, ob ich denn überhaupt noch zur Kirche gehe, dann wurde in mir sofort eine Erinnerung aus Kindertagen wach, die ich mir als ein Muster eingeprägt hatte im Sinne von: „Gott sieht alles. Gott hört alles. Gott weiß alles. Gott straft alles."

In Sekundenschnelle war das Gefühl da von „Ich bin nicht gut. Ich habe mein Leben als Christin, als gute Katholikin, als gottesfürchtiger Mensch verwirkt." Ich fühlte mich zum einen schlecht und schuldig, zum anderen trotzte ich, denn ich wollte endlich frei sein von irgendwelchen Reglementierungen. Wollte meine eigenen Entscheidungen darüber treffen, wie ich meinen Glauben leben will und mir dies nicht vorschreiben lassen. Wenn es für mich um Religion und Glaube geht, dann hat das – völlig frei und unabhängig von einer kirchlichen Lehre – ganz viel zu tun mit der „*religio*", der Rückverbindung zu Gott. Mit dem klaren Wissen darum, dass Gott immer für mich da ist. Dass ich mit ihm und durch ihn lebe. Er freut sich, wenn ich ihm von mir erzähle. Er hört mir zu, wenn ich Sorgen und Probleme habe. Er liebt es, wenn ich mich ihm *anvertraue* und wenn ich ihm mit allem, was da ist, vollkommen *vertraue*, da er am besten weiß, was meine Seele braucht um zu lernen und zu wachsen. Für mich war es dringend notwendig das Bild eines strafenden Gottes – so wie ich ihn aus der Kindheit heraus kannte – zu wandeln, hin zu einem Gott, der uns alle bedingungslos liebt. Da ich mich aber als junge Frau jahrelang vor dem scheinbar „strafenden Gott" versteckt hatte, musste ich mich erst wieder auf die Suche nach ihm machen und mir dabei selbst eingestehen, dass ich mich allein aus kindlichem Trotzverhalten heraus von ihm getrennt hatte. Er war immer für mich da. Nur *mein* Blick auf ihn war falsch, weil unbewusst von dieser kindlichen Angst geprägt. Und nicht nur mein Blick. Auch mein Denken darüber, dass Krankheiten, Unfälle, Widrigkeiten in unserem Leben Gottes scheinbare Strafe für ein nicht gottgefälliges Leben sind.

Es dauerte seine Zeit, bis ich wieder zu Gott fand. Anfangs habe ich ihm seitenweise Briefe geschrieben und ihm alles erzählt, wie es um mich steht. Erst nach und nach fing ich dann an, mit ihm zu sprechen, so wie man sich mit dem besten Freund unterhält. Irgendwann bemerkte ich dann immer mehr, dass er mir auf alle meine Fragen eine Antwort gab und mich nie alleine ließ. Er war sogar rund um die Uhr für mich da. Gott erklärte mir, dass es zwar schön ist, wenn ich ihn in der Kirche aufsuche um zu beten, zu meditieren oder mit anderen Gläubigen Gottesdienste zu feiern, dass er sich aber genau so sehr darüber freut, wenn ich ihn an anderen Orten besuche. Auf meinem Weg zurück zu Gott lernte ich immer mehr, dass er einfach überall ist. In jedem Menschen, denn er wohnt in unseren Herzen. Dort hat er sich einen Platz reserviert, um mit uns – wenn wir dies wollen – gemeinsam durch unser Leben zu gehen. Außerdem wohnt er in jedem Tier, in jeder Pflanze. In der belebten wie der unbelebten Natur. Gott verkörpert die Schöpfung und ist somit alles. Somit ist er für mich fühlbar und lebendig in allem, was da ist.

Heute bin ich mir der Präsenz *meines* Gottes so bewusst wie noch nie und kann aus ganzem Herzen sagen: „Gott wohnt in mir. Ich bin sein Kind." Heute beginne und beende ich den Tag im Gespräch mit Gott. Und dass das so ist, ist wunderschön und tut unwahrscheinlich gut. Ich kann jeden Tag mit Gott meine Gedanken klären. Teile mit ihm Freud und Leid. Gehe ich abends aus irgendeinem Anlass heraus mit Traurigkeit, Schmerz, Sorgen oder Ängsten zu Bett, die ich vorher Gott anvertraut habe, dann spüre ich morgens bereits beim Aufwachen, dass sich Gott dieser Probleme angenommen hat, dass er bereits wieder um eine Lösung weiß. Er liebt mich so sehr, dass er sich in allem stets nur das Beste für mich wünscht. Und er lässt mich im Kleinen wie im Großen jeden Tag aufs Neue so viele seiner Wunder erleben. Ich musste nur selbst erst lernen, diese Wunder zu sehen. Ich musste erst von zuhause weg und mich als Frau der Aufgabe widmen, mit Gott auch mal zu streiten, zu zürnen, mit ihm zu ringen, mir ein anderes, *mein eigenes* Gottesbild zu erschaffen. Und dieses neue Bild erlaubt mir heute zum Glück ein ganz anderes Denken, Fühlen, Sehen und Erleben von und mit Gott.

Heute weiß ich, dass Erwachsenwerden auch bedeutet, dass sich das Gottesbild unserer Kindheit wandeln darf, ja mitunter sogar wandeln muss. Und dabei ist es wichtig, dass wir uns erlauben, dass wir selbst wissen, was Gott für uns ist und wie wir ihm im Leben begegnen. Und Gott hat mir erklärt: Es ist wichtig, dass wir aus einem ganz anderen Blickwinkel heraus auf all die Ereignisse und Begebenheiten in unserem Leben schauen. Denn dann stellen wir fest, dass all die Dinge, die in unserem Leben geschehen, nicht irgendwelche „Richter-Sprüche" eines strafenden Gott-Vaters sind. Sondern dass alles, was wir in unserem Leben an diversen Herausforderungen, ja sogar an Krankheiten, sogenannten Schicksalsschlägen und Krisen erleben, einzig und allein ausschließlich Lernaufgaben sind. Lernaufgaben, die uns als Menschen ereilen, weil wir Seelen sind, die immer wieder in menschliches Leben inkarnieren, um diese Erfahrungen überhaupt machen zu können, da wir sie nur in einem menschlichen Körper machen können. Deswegen sind wir hier. Und ja, manchmal sind diese Erlebnisse wunderbar. Dies nennen wir dann die „guten und schönen Zeiten" in unserem Leben.

Doch es gibt auch Ereignisse und Krisen, wo wir das Gefühl haben, als könnten wir im Hinblick auf diese Herausforderungen nicht bestehen. Das nennen wir dann die „schlechten Zeiten", über die wir alle nicht gerne reden. Und trotzdem sind für uns auch diese Zeiten bestimmt. Für den einen früher, für den anderen später. Für so manchen scheinen sie eine „Dauergabe" zu sein. Je nachdem wie viel wir uns zu lernen für dieses Leben vorgenommen haben. Ganz gemäß der Regie unseres Lebensplans. Gemäß dem Lebensentwurf, den wir vor unserer Inkarnation mit Gott-Vater so besprochen haben. Nur haben wir durch den Prozess unserer Geburt und durch den Eintritt in dieses Leben die Erinnerung an die mit Gott getroffenen Vereinbarungen vergessen. „Vergessen" hier gemeint als ein natürlicher Schutz-Reflex, weil wir uns sonst im Gewahr-Sein all dessen, was wir uns als Lebensaufgabe ausgesucht haben, unter Umständen mehr in der Angst als in der Hingabe an unser Leben befinden würden.

> „Die Seele nährt sich von dem, worüber sie sich freut."
> *Augustinus*

Ein schleichender Prozess

In den letzten dreizehn Jahren sollte ich so viel Wandel und Neuerung in meinem Leben erfahren, dass ich aus heutiger Sicht nur sagen kann: Gut, dass wir nicht wissen, was morgen unsere Realität oder Lernaufgabe ist. Wir würden uns viel zu viele und manchmal auch viel zu unnötige Sorgen machen. So gesehen gut, dass uns die Dinge vielmehr überraschen, auch wenn sie uns – wie in meinem Fall – mitunter aus der Bahn werfen. Kaum war eine Herausforderung vorbei, war die nächste auch schon da. Dabei hatte ich die aus den Jahren davor noch gar nicht ausreichend reflektiert, verarbeitet oder gar verinnerlicht. Alles nahm noch mehr an Tempo, an Geschwindigkeit, an Fahrt auf. Ich glaubte zwar nach wie vor, noch selbst am Steuer meines Autos, sprich meines „Lebens" zu sitzen, doch anscheinend hatte bei mir das Unbewusste mehr die Regie, die Führung übernommen. Und so kam immer mehr eines zum anderen. Im Laufe der letzten Jahre gab ich jeder meiner „Roten Ampeln" eine Jahreszahl und einen Namen, damit Sie sich in etwa vorstellen können, was das Thema, die Lernaufgabe dahinter war. 2007 beruflicher Standortwechsel und damit zusammenhängend jede Menge neuer Herausforderungen: neues Aufgabengebiet, neue Kollegen, neue Klassen … 2008 bedurfte ich einer Operation. Die Operation selbst verlief gut, doch ich brauchte relativ lange, bis ich insgesamt wieder zu Kräften kam, was wohl mitunter auch daran lag, dass mein Immunsystem seit meiner Hodgkin-Erkrankung, die ich zehn Jahre zuvor hatte, doch noch mehr in Mitleidenschaft gezogen war als ich mir das hatte eingestehen wollen.

2010 wurde das Ganze für mich beruflich gesehen zum Glück zwar wieder etwas leichter, doch dafür ergab sich auf der privaten Bühne meines Lebens eine ganz andere herausfordernde Situation. Und die hatte letztlich sehr fatale Auswirkungen, vor allem für mich als Frau. Worin diese Herausforderung bestand? Mit 49 Jahren verlor ich meine ganzen Haare. – Diagnose: Alopecia totalis. Innerhalb von nur drei Monaten verlor ich büschelweise meine Haare. Anfangs noch an Stellen, die über das Deckhaar noch einigermaßen geschützt waren. Doch schon bald musste ich mich der traurigen Realität stellen und bedurfte letztlich einer Perücke, denn den Mut zu einem Kahlkopf hatte ich nicht. Dieser Tatsache ins Auge zu sehen, war für mich mehr als schockierend. Es war, als breche eine Welt auseinander. Und das tat sie auch. Diese Alopezie beraubte mich eines Teils meiner weiblichen Attribute. Ich verlor nicht nur die Haare, sondern auch die Augenbrauen und die Wimpern. Meinem Selbstbild nach war ich gänzlich entstellt. Ich erlebte die Alopezie wie eine Amputation. Mit dem Verlust meiner Haare war für mich ein wesentlicher Teil meines Frau-Seins, meiner Ausstrahlung dahin. Mein Schönheitsideal bekam einen gewaltigen Riss. Doch das Schlimmste daran war für mich diese Ohnmacht, wie dieser Krankheit zu begegnen ist. – Diese tiefe Ohnmacht.

So begann für mich neben der Schule in den darauffolgenden Jahren eine zusätzliche und vor allem auch emotional sehr anstrengende Odyssee von Arzt zu Arzt, von Heilpraktiker zu Heilpraktiker, um zum einen mögliche Ursachen für diese Alopezie ausfindig zu machen und zum anderen Wege zu finden, diese Diagnose eventuell wieder rückgängig zu machen. Doch das, was mir die Ärzte sagen konnten, war in den meisten Fällen immer nur das Gleiche. In aller Regel war die Antwort zunächst ein Achselzucken bzw. ein Kopfschütteln, dann der Verweis auf die Wechseljahre. Die Ärzte gaben sich alle Mühe meine Schilddrüse auf die richtige Medikamentengabe einzustellen, bzw. meinen Hormon-Status wieder besser in den Griff zu bekommen. Doch die Hoffnung darauf, dass diese Symptomatik vielleicht nur vorübergehender Natur war, schwand mit der Zeit immer mehr. Keiner konnte mir letztlich sagen, worin dieser Haarausfall ursächlich begründet war. Vermutungen gab es viele, doch sie haben mich im Ergebnis nicht weiter- und dem Wunsch auf Heilung leider nicht nähergebracht. Was ich immer wieder gesagt bekam, war letztlich, dass dieser extreme Haarverlust wohl eine Spätfolge der Bestrahlung meines Hodgkin war, und dass ich lernen müsste mit dieser gesundheitlichen Situation zu leben. – Was für ein Schock diese Diagnose für mich als Frau war, das konnte leider niemand nachvollziehen. Für mich selbst war sie so niederschmetternd, dass ich damals bereits einen Großteil meiner Lebensfreude verlor und mich stattdessen tiefe Trauer und ein Gefühl von grenzenloser Ohnmacht ereilte. Wie sehr sich mir dieser psychische Schmerz in den folgenden Jahren noch zeigen sollte, das konnte ich damals noch gar nicht vollständig erahnen. Körperlich so „gezeichnet" suchte ich noch mehr Ablenkung in meiner Arbeit. Suchte dort etwas wie Trost und Halt. Doch im Grunde genommen versteckte ich mich nur hinter all den beruflichen Aufgaben und war froh, dass es sie gab. Denn je mehr an Arbeit es gab, umso weniger musste ich über mich nachdenken. Welch schwacher Trost. – Kein guter Trost. – Im Grunde genommen war es nur Flucht. Eine Flucht, die mich letztlich zwar mein berufliches Lebensziel erreichen ließ. Doch was war der Preis dafür? – Ein viel zu hoher Preis, den ich dafür zu zahlen hatte.

2010/11 erkrankte mein Vater und verstarb 2012 an den Folgen diverser Erkrankungen, die sich in den letzten zwei Jahren immer mehr bei ihm gezeigt hatten. Diese erste tiefere Begegnung mit dem Tod eines mir lieben Menschen, der mir so etwas wie Sicherheit gegeben hatte, war schon damals nicht leicht für mich zu verkraften und forderte mich heraus. 2012 wurde ich dann zur Schulleiterin ernannt und hatte somit das Ziel meiner beruflichen Träume erreicht. Was dieser neue Schul- und Standortwechsel für mich im Einzelnen bedeutete, ist Ihnen schon bekannt. Und so gut ich es vermochte und konnte, schritt ich auch weiterhin mutig voran. Schließlich wollte ich so etlichen meiner Visionen von einer gesunden und in die Zukunft weisenden Schule aus dieser Position heraus Leben geben und somit meinen Werten, Idealen und Träumen nach und nach Substanz geben.

2013 war ich dann wie vom Donner gerührt, als ich eines Abends im Mai von meinem Mann gesagt bekam, dass er sich von mir trennen werde. Das war nun eindeutig zu viel. Mit so einer Hiobs-Botschaft hatte ich in meinem Leben nicht auch noch gerechnet. – Wir hatten zwar seit geraumer Zeit gemerkt, dass unsere Beziehung eine andere Qualität bekam, doch bevor es zwischen uns überhaupt zu einem klärenden Gespräch kam, war mein Partner bereits eine andere Beziehung eingegangen. 2014 wurde unsere Ehe dann geschieden, trotz insgesamt zwanzig Jahren intensiver Verbundenheit und vieler glücklicher Stunden. Doch das Glück entzieht sich uns, wenn wir vergessen, es regelmäßig zu hegen und zu pflegen. – Und an diesem Vergessen waren wir leider beide beteiligt. Jeder von uns auf seine Art.

2015 lernte ich dann einen anderen Mann kennen. Ich war mal wieder bis weit über beide Ohren verliebt. Und dieser Partner erwiderte diese Liebe. Ich hatte mit solch intensiven Gefühlen nach all dem Trennungsschmerz von meinem Ex-Mann gar nicht mehr gerechnet. Doch da ich beruflich sehr stark eingebunden war, und es mir aufgrund der Trennung so lange Zeit überhaupt nicht gut ging, war ich mehr als dankbar für diese sich neugestaltende Beziehung, denn dieser Mann kam zu einer Zeit in mein Leben, als ich dieses schon fast aufgeben wollte. Ich war folglich nicht nur verliebt, sondern auch dankbar, dass er mich von diesem Vorhaben abhielt. – Sollte es mir tatsächlich wieder möglich sein, dieses verletzte Herz zu öffnen? – Sollte ich vom Leben eine neue Chance bekommen, sodass die alten Wunden der Trennung wieder heilen können? – Wie ein „Backfisch" war ich verliebt bis über beide Ohren. Und so gab ich mich den Träumen von einer wunderschönen neuen Liebe und Partnerschaft hin. Schade nur, dass diese Beziehung, die für mich so vielversprechend begann, 2016 ein äußerst tragisches Ende dadurch nahm, dass dieser Mann mit all seinem Bemühen nicht wirklich mich meinte, sondern nur an meinem Geld interessiert war. So wurde dieser „Traum von einer neuen Liebe" für mich zu einem reinsten Horror-Szenario. Wie sich leider herausstellte, hat er mich unter Vorspiegelung falscher Tatsachen um sehr viel Geld betrogen. Was für eine erneute Demütigung. – Was für eine Verletzung. – Was für ein Schock. – War ich denn überhaupt noch bei Sinnen? – Wie konnte das denn überhaupt geschehen? – Warum hat sich mein Verstand in all der Zeit nicht gemeldet? – Warum vertraute ich so sehr einem Gefühl von Verliebt-Sein? Ich könnte mir an dieser Stelle noch viele Fragen stellen, doch letztlich wozu? – Das Drama war bereits geschehen.

Durch diese Geschichte habe ich letztlich ganz das Vertrauen in mich selbst, in meine Gefühle und in all mein Handeln verloren. Mein Geist, mein Verstand, meine Vernunft hatte so was von ausgesetzt. Im Nachhinein scheint mir, war ich damals, was diese Geschichte anging, nicht mehr Frau meiner Sinne. Wer da am Werk war mit Denken, Handeln, Reagieren und Tun, diese Frau kannte ich nicht. Diese Frau war mir so was von fremd.

Und was das Schlimmste war: Ich konnte nicht wirklich darüber sprechen, weil ich mich so unwahrscheinlich schämte. Dass mir so etwas passieren sollte, das konnte und wollte ich einfach nicht glauben. In mir sträubte sich alles ob einer solchen Realität. Und doch wurde genau dies meine Realität. Eine weitere sehr traurige Realität. Und für mich das „i-Tüpferl" an persönlichem Leid kennen Sie bereits: Der Tod meines Zwillingsbruders. – Mir war, als sei mit seinem Tod auch ein großer Teil von mir gestorben. – Einfach mit ihm fort gegangen. Unauffindbar und unerreichbar weggegangen. Können Sie sich vorstellen, dass ich zu diesem Zeitpunkt eigentlich nur noch dachte: Warum *er*? – Warum nicht *ich*? – Warum musste ich bleiben? – War das fair?

5

Zusammenbruch und was dann?

Meine dienstlichen Pflichten erfüllte ich nach dem Tod meines Bruders (im Januar 2016) noch bis Mai dieses Jahrs, doch dann brach mein Körper-Geist-Seele-System komplett zusammen. Dann brach genau genommen meine Welt, die sich in all den letzten Jahren ohnedies schon in so vielen Ausnahmezuständen befand, vollkommen in sich zusammen.

Um mich von all der Trauer und dem Schmerz bestmöglich abzulenken, wurde ich immer mehr so etwas wie eine Arbeitsmaschine in Menschengestalt. Doch schade nur, dass sich auch im Feld Schule zu dieser Zeit immer mehr Situationen ergaben, die zum Teil für mich mitunter auch kränkend waren. Ab einem bestimmten Zeitpunkt hörte mein „System" nur noch Kritik, Kritik, Kritik … – Und gerade dieses negative Erleben „feuerte" zusätzlich meine negativen Glaubenssätze an. Sätze wie „Du bist einfach nicht gut genug. Du kannst das nicht. Erfolg hast du nicht verdient. Um Erfolg zu haben bist du nicht geboren." Meine innere Kritikerin lief auf Hochtouren. Und was das Schlimmste war, diese Kritikerin ließ sich nicht mehr abstellen. Sie schrie bei Tag und bei Nacht. So gut ich konnte, arbeitete ich dagegen an. Was mir jedoch immer seltener gelang. Diese Stimme, dieser negative Klangkörper, dieser Feind in meinem Kopf, er war omnipräsent. Und er raubte mir zusätzlich viel an Elan, an Esprit, an Lebens-Energie. Er war wie ein Virus, der sich in einem viel zu schwachen Immunsystem mit brachialer Gewalt in jede Zelle bohrte und sie begierig auffraß. Und ich konnte dagegen nichts unternehmen. War im Grunde genommen wie gelähmt. Nicht mehr Frau meiner Sinne. Nicht mehr im Besitz meiner Kräfte. Dieser Virus verselbstständigte sich und zeigte sich zusätzlich zu all den Körpersymptomen, die ohnedies ja schon ein Teil meiner Biografie waren, immer mehr an diversen körperlichen Symptomen, vom Bandscheibenvorfall, über Schwindelanfälle, extremen Schmerzen in der ganzen rechten Körperhälfte, über Tinnitus, über … Manchmal zitterte ich nur noch am ganzen Körper. Oder bekam einfach so ohne besonderen Anlass einen Weinkrampf, der mir dann noch das Letzte an Energie nahm, was noch vorhanden zu sein schien. Das Einzige, was zur Beruhigung noch funktionierte, waren Badewanne und Bett. Doch nach drei Stunden war es dann um den Schlaf auch schon wieder geschehen. Und so „vegetierte" ich geraume Zeit dahin. Im Grunde genommen so lange, bis mich mein Körper mittels eines Nervenzusammenbruchs aus dem Verkehr zog. Spätestens da war es um mich geschehen. Ab da hatte ich meinen Körper nicht mehr im Griff. „Funktionieren" war nicht mehr. Zwar unternahm ich bis zuletzt immer wieder verzweifelte Versuche, das, was wir Schicksal nennen, zu beeinflussen und zu korrigieren. Doch all diese Versuche waren zum Scheitern verurteilt. Es war sozusagen ein vergebliches Spiel meinerseits um *Macht und Kontrolle*.

Wenn ich aus heutiger Sicht auf all dies schaue, dann wird mir klar, dass das nur ein allerletztes Sich-Aufbäumen war. Ein Versuch, das, was sich bereits wie eine Lawine in meinem Leben losgetreten hatte, mit letzter Kraft noch zu stoppen oder wenigstens insoweit aufzuhalten, dass vielleicht doch noch eine Art von Schadensbegrenzung möglich war. Eine erste Hilfe kam für mich in Form einer vierwöchigen Krankschreibung. Der Arzt, der mir diese verordnete, war aber auch so ehrlich, dass er aufgrund all der Vorkommnisse, die ich ihm berichtet hatte, dringend anriet, mich in die Hände eines Therapeuten zu begeben. Was ich dann auch tat. Zugegeben: anfangs hatte ich ein riesengroßes Thema damit, dass ich therapeutische Hilfe in Anspruch nehmen musste. Doch mir war andererseits auch klar, dass es keine Alternative mehr gab, um mit der Vergangenheit und all den Themen allein klar zu kommen. Eine – so glaube ich – typisch westeuropäische und vor allem auch deutsche Grundhaltung, zu denken: „In meiner Familie hat noch keiner einer Therapie bedurft. Was für eine

Schwäche. Jetzt brauche ich auch noch einen Therapeuten, der mir hilft, all das Chaos in mir zu sichten." Es gibt andere Gesellschaften, andere Nationen, die gehen damit wesentlich freier um. Da hat nahezu jeder, der etwas auf sich hält, einen Therapeuten, um an seinen Lebensthemen zu arbeiten. Kurzum: Ich hatte eine schreckliche Angst, mich auf diesen Weg einzulassen. Doch ich wollte wenigstens verstehen lernen, warum ich mit 55 Jahren, in der Mitte meines Lebens, vor einem derartigen Scherbenhaufen stand und alles zerstört hatte, was ich mir bis dahin aufgebaut hatte. Außerdem war da eine winzig kleine, kaum hörbare Stimme in mir, die mir sagte: „Bitte befreie mich! Bitte erlöse mich! Bitte gehe den Weg, der dir vielleicht als hart erscheinen mag. Sieh dir an, wie alles mit allem zusammenhängt, denn alles im Leben ergibt einen Sinn. Du kannst das jetzt vielleicht noch nicht sehen, doch mit der Zeit wird er sich dir erschließen. Bitte gehe diesen Weg. Befreie dich! Befreie mich! Befreie uns!"

Und so hörte ich mit so ziemlich letzter Kraft auf dieses zarte Stimmchen und ließ mich darauf ein, in die Therapie zu gehen. Dabei folgte ich dem Gedanken, dass mir jemand auf dem Weg durch die Therapie vielleicht einen Strohhalm reichen kann, mit dessen Hilfe ich mich aus all dem Sumpf, aus all der Gefangenschaft befreien kann. Tja, und diese Stimme, sowie dieses Fünkchen „Hoffnung", das ich damals noch in mir trug, brachten mich dann auf den Weg. Auf einen sehr unbequemen, oft sehr steinigen Weg. Über etliche Geröllfelder und Gletscherspalten hinweg. Doch mit jedem Schritt, den ich machte, selbst wenn dieser noch so angsterfüllt und unsicher war, hatte ich schon bald das Bild im Kopf, als wollte ich hiermit meinen ganz persönlichen Achttausender besteigen. Meinen eigenen Mount Everest, meinen eigenen „Höhenweg". Dafür musste ich nicht einmal bis nach Nepal fahren. Diese „Erstbesteigung" meiner Bergwand fand für mich in unmittelbarer Nähe statt. Und dies mir, die ich zwar sehr gerne und ausdauernd spazieren gehe, aber um mich als Bergsteigerin oder gar als Gipfelstürmerin zu bezeichnen, kann ich nur sagen: weit gefehlt!

Zunächst verlangte unser deutsches Gesundheitssystem, dass ich mich für eine ambulante Therapieform und für eine entsprechende Medikamenten-Einnahme entscheide. Nur so wäre ich nachfolgend berechtigt, überhaupt einen Klinikplatz zu erhalten. Zum Glück nannte mir der Arzt meiner ersten Krankschreibung eine Therapeutin, die so einfühlsam in meine Person war, dass ich nicht sofort vom Weg der Therapie abgeschreckt wurde, sondern mich nach und nach und von Sitzung zu Sitzung etwas mehr öffnen konnte, damit ich über all den Schmerz, die Trauer, die Demütigung, die bittere Enttäuschung, die Wut einfach nur einmal weinen konnte. Oft fand ich gar keine Worte, um meine Situation klar zu beschreiben, doch bereits das Weinen tat mir schon gut und war wie ein kleiner Türöffner für mich. – Doch die Einnahme von Medikamenten verweigerte ich. Von Monat zu Monat folgten weitere Krankschreibungen, die es mir möglich machten, mich dieser gesamten Situation hinzugeben und mich zum ersten Mal in meinem Leben ausschließlich um mich selbst zu kümmern, bzw. das, was von mir übrig war, zu beweinen. Nach drei Monaten stellte sich für mich dann eine Erleichterung hinsichtlich der Situation an meiner Schule dadurch ein, dass mir eine Neurologin, bei der ich zwischenzeitlich vorstellig geworden war, für den Rest des Jahres 2016 eine Krankschreibung ausstellte. So konnten meine schulischen Aufgaben unter meinen Konrektorinnen besser verteilt, und mein Unterrichtsausfall viel besser umorganisiert werden. Denn neben den Therapie-Sitzungen war zu dieser Zeit das Schlimmste für mich, dass ich meinen Dienstaufgaben nicht nachkommen konnte. Und es dauerte sehr lange für mich, bis ich mir selbst endlich das Recht zusprach, dass ich dienstunfähig, weil krank, ausgelaugt, erschöpft war. Und mich einfach am Ende sah. Zwar sprach die Diagnose bereits für sich. Doch diese kannten nur meine Konrektorinnen und mein unmittelbarer Dienstvorgesetzter.

Selbst wenn ich noch ein Fünkchen Kraft gehabt hätte, in die Schule gehen konnte ich einfach nicht. Zwar habe ich die Schüler, die Lehrer, die zahlreichen nicht vorhersagbaren „Unbekannten", den ganzen Trubel eines Schulalltages schmerzlich vermisst – immerhin war dies ja die allerbeste Ablenkung für mich –, doch mir war auch klar, dass ich jetzt aufgefordert war, mich nicht länger um all die Situationen und Belange im Außen zu kümmern, sondern endlich meine eigenen „Hausaufgaben" zu machen. Dennoch hielt ich in dieser ersten Zeit über das Telefon soweit mir möglich war noch engen Kontakt mit meinen Konrektorinnen und Sekretärinnen. Letztlich dauerte es dann bis Ende September 2016, bis ich einen stationären Therapieplatz angeboten bekam. Zum Glück hatte ich bis zu dieser Zeit neben meiner ambulanten Therapeutin noch eine wunderbare Heilpraktikerin an meiner Seite, die mir hilfreich und liebevoll zur Seite stand. Und in den ersten sechs Wochen der Klinik-Therapie wusste ich oftmals nicht mehr, ob dies alles überhaupt noch real war, was da mit mir geschah. So gut ich konnte ließ ich mich auf die therapeutischen Sitzungen und das klinische Begleitprogramm ein. Mein damalig erklärtes Ziel war, dass mich die Klinik-Ärzte wieder so weit dienstfähig machen sollten, dass ich ab Januar 2017 wieder meinen Schuldienst aufnehmen kann. – Den Therapieverlauf will ich Ihnen als Lektüre ersparen. Nur so viel sei gesagt: Ich hatte zum Glück eine gute ärztliche und therapeutische Versorgung. Vor allem kam ich zu einer Therapeutin, die für mich das Beste war, was mir passieren konnte. Sie hatte sozusagen das „Herz am rechten Fleck" und arbeitete mit mir sehr mitfühlend und einfühlsam. War fast wie eine Mutter für mich. Sie spürte intuitiv, was mir am meisten fehlte.

Nach diesen sechs Wochen, die für mich rasend schnell vergangen waren, war ich insoweit wieder „hergestellt", dass ich meinen Alltag mit mir alleine wieder relativ passabel bewältigen konnte. Doch ich hatte ja noch die restliche Zeit des Jahres (Mitte November bis Ende Dezember plus die Weihnachtsferien), um nun wieder selbst Sorge für mein Wohlergehen zu tragen. Anfangs gelang mir das auch ganz gut. Doch je näher das Jahresende und damit Weihnachten kam, umso mehr zerbrach ein Teil meiner noch sehr zarten Welt, die ich mir bis dahin wieder mühsam aufgebaut hatte, erneut. Um es mit einem Begriff aus der Therapie zu benennen, hatte ich wohl so etwas wie einen „Flash-Back". Grund dafür war noch so viel Trauer und Schmerz, die in mir lebten. Sowie die unausweichliche Konfrontation mit der ernüchternden Tatsache, dass ich so ganz allein mit mir war. – Nach den Tagen des Angenommen-Seins und Betreut-Werdens in der Klinik, war ich in meinem Alltag wieder ganz auf mich alleine gestellt. Da war zu dieser Zeit in meinem näheren Umfeld niemand, auf den ich hätte zugehen oder bei dem ich mich gar hätte anlehnen oder ausweinen können. Und so fühlte ich mich unter den Menschen mal wieder ziemlich „mutterseelenallein".

Mein treuester Lebensbegleiter war die Einsamkeit. – Wie ein verletztes Tier zog ich mich zurück, um all die Wunden zu lecken und um ja nicht erneut verletzt zu werden. Was ich brauchte war Zeit. Ganz viel Zeit und ganz viel Stille.

Unbewusst brachte ich mich selbst damit zwar in eine Art von Isolation, die mir manchmal auch brutal erschien, die mir letztlich aber auch – nachdem ich mich mit ihr ausgesöhnt hatte – ermöglichte, den Weg zu gehen, für den ich mich in Folge aus mir selbst heraus entschied. Da, wo ich früher viel zu viel auf andere gehört hatte und mein Denken und Tun oft auch nach ihnen ausgerichtet hatte, war ich jetzt gefordert, mich selbst endlich kennenzulernen. Mich selbst und meine grundlegendsten Bedürfnisse. Es war alles andere als leicht, die überhaupt erst einmal wieder zu spüren. – Zwar sehnte ich mich nach Freunden, doch ich konnte mich niemandem erschließen. Ich konnte mich nicht mitteilen, nicht öffnen. Mir war, als hätte ich meine Stimme verloren. Als könnte ich nicht mehr reden, und von daher von den anderen auch nicht mehr verstanden werden. Dabei wollte ich mich dem Leben und den Menschen durchaus wieder öffnen. Wollte auf sie zugehen. Mit ihnen verbunden sein. Mit ihnen so gerne mal wieder lachen, fröhlich sein, ausgelassen sein. Und noch so vieles mehr. – Kurzum: Einfach das Leben auch mal wieder genießen. Doch ich konnte nicht. Ich war wie festgezurrt. Eine Gefangene meiner selbst. Und so wurde ich immer mehr zu jemandem, der das Leben mit anderen nicht mehr teilen kann. Der weder am beruflichen, noch am privaten geselligen Leben Anteil nehmen kann. Und je mehr ich darum kämpfte, in ein soziales Leben zurück zu finden, umso schlimmer wurde es für mich. Ich wurde mit all meinen Versuchen immer wieder zurückgeworfen. Und da ich letztlich nur noch verzweifelt war, fühlte ich mich von dieser Welt „nicht verstanden" und vor allem „nicht geliebt". Das Annehmen der Situation, so wie sie nun einmal war, wurde somit zu meiner Pflicht. Ich konnte nicht länger vor mir selbst davonlaufen und mit mir selbst irgendwo in der geschäftigen Welt „Verstecken spielen". Stattdessen wurde ich knallhart mit meiner Realität konfrontiert. Und das Landen in dieser Realität war alles andere als schön.

Zwischendurch versuchte ich zwar immer wieder einmal selbst Regie in diesem Lebens-Theater zu führen. Doch jeder dieser Ausreißer war vergebliche Liebesmüh. Egal was ich tat. Egal welcher Methode ich mich dabei bediente. Ich wurde immer wieder zurück auf den Anfang, zurück auf „Null" gesetzt. Und so setzte sich meine ganz persönliche „Odyssee" fort in dieser Welt. Eine Odyssee, die mich ganz tief hineinbrachte in meine Unterwelt. In meine ganz persönliche Schatten-Welt. Kurzum, mir kam es vor, als wurde mein Leben (beruflich wie privat) mit einem Pinselstrich übermalt, mit einem Radiergummi ausradiert. Und bei all dem konnte ich nur zusehen, nicht handeln. Ich war für ein Handeln zu ohnmächtig, viel zu erschöpft. Oft war mir dabei so, als spielte ich mit einem mir unsichtbaren Wesen „Mensch-ärgere-Dich-nicht". – Doch schon als Kind war ich bei diesem Spiel keine gute Mitspielerin, denn ich ärgerte mich jedes Mal grün und blau, wenn mein Bruder und meine Schwester dieses Spiel mit mir spielten. Ich bin zu wenig „Spieler-Natur". Doch genau dies ist eine der Eigenschaften, die ich bei all der Krise zu „er-lernen" hatte. – Und die „Geister", die ich zu diesem Spiel unbewusst rief, waren unnachgiebige Lehrer. Heute habe ich mich mit diesen „Geistern/Dämonen" arrangiert. Wir sind inzwischen Vertraute geworden. Vor ein paar Jahren hätte ich mir das nicht so ohne weiteres vorstellen können. Da sah vieles noch so anders aus. Doch als ich merkte, dass ich diesen einmal eingeschlagenen Weg nicht mehr so ohne weiteres verlassen konnte, ohne dass ein noch gewaltigerer Absturz drohte, oder gar ein weiteres Hindernis zu erwarten war, so lernte ich mir stattdessen Fragen zu stellen. Fragen wie: Wer bin ich? – Woher komme ich? – Wohin gehe ich? – Was macht mich aus? – Warum fühle ich mich so fremd in dieser Welt? – Warum fühle ich mich so missverstanden in dieser Welt? – Wer ist diese Verlassene in dieser Welt? – Wer ist diese Betrogene in dieser Welt? – Wer ist diese Ungeliebte in dieser Welt? – Warum fühle ich mich so ungeliebt? … Fragen dieser Art. Fragen noch ganz anderer Art. Fragen über Fragen. Fragen an mich selbst. Fragen an Gott und die Welt. – Irgendwann war es dann zum Glück so weit, dass ich zu mir selbst sagte: „Es muss zwischen Himmel und Erde etwas geben, das mir hilft, mich mit all meinen Fragen besser zu verstehen. Es muss etwas geben, das mir Antworten darauf gibt, warum ich in diese Situation mit all diesen Herausforderungen geraten bin. Es muss etwas geben, das mir mein Tun, mein Handeln erklärt, damit ich verstehen lerne, warum die Dinge sind, wie sie sind." – Und vielleicht ist genau dies das entscheidende Tool, das mir die Heilung bringt.

6

Es muss zwischen Himmel und Erde etwas geben, das Heilung bewirkt!

Meine ersten Schritte hinein in ein bewussteres und gesünderes Leben

Eines Tages hörte ich einen Vortrag von Neale Donald Walsch. Sie kennen ihn vielleicht als Autor der Bücher *Gespräche mit Gott*. Da auch ich inzwischen immer mehr das Gespräch mit Gott suchte und meine Fragen an ihn richtete, kam eine erste Antwort von Gott mittels dieses Vortrags zu mir. Ich kann den genauen Wortlaut nicht mehr wiedergeben, aber N. D. Walsch erzählte in diesem Vortrag seine eigene Geschichte. Berichtete davon, wie er seine persönliche Situation Gott hinhielt, und dass ihm Jesus das sogenannte *Gesetz der Gegensätze* erklärte, das besagt: „Wogegen du kämpfst, das bleibt." – „Die Energie des Widerstandes sorgt dafür, dass die Dinge nicht miteinander verschmelzen können." – „Hör auf zu kämpfen, steige ein in das, was zu dir kommt. Es gilt, die Dinge willkommen zu heißen." Bis zu diesem Vortrag hatte ich ehrlich gesagt noch nie etwas von einem *Gesetz der Gegensätze* gehört. Doch wie gebannt von diesen Worten hörte ich dem Vortrag weiterhin zu. Hörte einfach nur zu und öffnete mich für das, was da berichtet wurde. Ohne Bewertung. Ohne Widerstand. Ich erinnere mich noch daran, dass im weiteren Gespräch zwischen Jesus und N. D. Walsch davon gesprochen wurde, dass es keinen Zufall gibt: „Es gibt keinen Zufall. Du hast dich an die Verabredung mit deiner Seele gehalten. Du erinnerst dich daran. Du musst deinen Verstand hinter dir lassen und dich für deine Seele entscheiden. Du hast dein Versprechen gegeben – Nun lebe es! – Nun lebe es!" …

Da war sie also: eine *erste* Antwort von Gott. Mit diesem Vortrag lernte ich, dass ich statt zu „kämpfen" mich meiner Realität einfach „hinzugeben hatte". Klingt leicht, aber wie mache ich das? – Nun, es dauerte seine Zeit, aber ich habe es gelernt. Heute weiß ich, dass der allererste Schritt tatsächlich genau darin besteht, sich voll und ganz der Situation hinzugeben mit all dem, was ist. Damit meine ich aber nicht ein sich Hingeben im Sinne von Selbstmitleid und sich bedauern und beweinen. – Das hatte ich lange genug gemacht und es hat mir nicht geholfen. Darauf hatte ich beim besten Willen keine Lust mehr. Was ich stattdessen lernen sollte, war, dass es am besten weitergeht, wenn ich den Weg des Selbstmitgefühls gehe. Und Selbstmitgefühl hat mit Selbstmitleid rein gar nichts zu tun. So übte ich mich Schritt für Schritt darin, mich dem Fluss des Lebens voller Vertrauen hinzugeben. Dazu musste ich aber erst in die Annahme all dessen gehen, was ich in irgendeiner Art und Weise zu beweinen, zu beklagen und zu betrauern hatte. Musste lernen, meine Angst vor dem Schmerz abzulegen, ja mehr noch, meine Angst immer wieder und wieder zu umarmen und gemeinsam mit ihr mitten durch den Nebel, die Finsternis und die Dunkelheit zu gehen.

Heute, mit neu entstandener Zuversicht und viel Abstand auf all diese Zeit meines Lebens zurückschauend, fällt mir folgendes Bild dazu ein. Das Bild wie ich in einem Kajak sitzend einen langen Fluss entlangfahre. Einen Fluss, der sich mal vorbei an Blumenwiesen und dann wieder vorbei an steinigeren Flussabschnitten durch eine wunderschöne Landschaft schlängelt. Da ich eine begnadete Träumerin und eine sehr romantische Seele bin, hatte ich mir natürlich erwartet, dass mir diese Flussfahrt natürlich auch weiterhin nur die schönsten Bilder der Natur zeigt. Ich stellte mich folglich auf einen gemächlich dahinfließenden Flussverlauf ein, der sich gleichmäßig und unaufgeregt durch dieses Tal schlängelt. Der mit Mutter Natur auf ideale und harmonische Art und Weise verbunden ist. Ein Gewässer, das sich sanft und leicht dahinplätschernd in die Natur dieses Tales einschmiegt. ...
Doch an irgendeiner Kehre meines Flusslaufes war ich unaufmerksam und unbedacht. Und habe dabei völlig übersehen, dass

sich diese Bilderbuch-Landschaft um mich herum inzwischen völlig verändert hatte. Ich war so auf mein Paddeln (Arbeit und Funktionieren) und in all diesen Zauber der Natur vertieft, dass ich *NICHT* mitbekam, dass ich geradewegs auf Stromschnellen zufuhr. Die aber waren so schnell da und in all ihrer Dynamik so aggressiv, so brachial, dass ich leider nicht mehr die Kraft zum Gegensteuern hatte. Das donnernde und tobende Wasser hatte mich schon so fest in seinem Griff, dass es da kein Ausweichen mehr gab. Noch dazu hatte ich in einem unaufmerksamen Moment auch noch das Ruder meines Kajaks verloren. Irgendwann wurde das Toben und Rauschen der Stromschnellen für mich insgesamt zu viel. Irgendwann war eine Grenze überschritten. Eine Grenze, an der ich mich vielleicht noch mit letzter Kraft hätte retten können. Irgendwann hatte ich so etwas wie meinen natürlichen „Schutz-Instinkt" verloren. War nicht mehr in mir, sondern nur noch in einer wilden und unfreundlichen Außenwelt. Und hatte dabei gänzlich mein Gleichgewicht, meine Balance verloren. Ich konnte gar nicht mehr anders als mich dieser unbändigen Naturgewalt hinzugeben. – Ja, so seltsam es klingt, ich hatte mich dieser ureigenen Kraft hinzugeben. Intuitiv wusste ich: Wollte ich mich retten und irgendwie überleben, so musste ich mich diesem Strudel, diesem „Wildwasser" hingeben.

Doch es dauerte, bis ich all dies immer mehr begriff. Bis ich aus einem anderen Verständnis heraus wieder auf mein Leben schauen und das Geschehene annehmen konnte. Es dauerte seine Zeit, bis ich mich mit all dem ausgesöhnt hatte, was ich mir bewusst wie unbewusst an Lernaufgaben in dieses Leben geholt hatte. Es dauerte seine Zeit, bis ich im Frieden war mit dem, was mir von meinem bisherigen Leben geblieben war. Versöhnt mit all diesen Lebens- und Lernsituationen, beruflich und privat. Versöhnt mit den Menschen, die mir meiner damaligen Überzeugung und ersten Interpretation nach so viel Herz-Schmerz zugefügt hatten. Versöhnt mit all diesen „Spiegelpartnern", die ich mir als „Lernpartner" ausgesucht hatte. Und ganz wichtig!!! – *Versöhnt mit mir selbst!*

Zum Glück bin ich ein sehr neugieriger und wissbegieriger Mensch. Und da ich mir nun schon einmal diese Realität im

Außen so erschaffen hatte, wollte ich wenigstens um die Ursachen wissen, die letztendlich zu diesem „Crash" geführt hatten. Ich wollte diese unbändige Kraft dahinter verstehen. Wollte wissen, wann genau ich von meinem Weg abgekommen war. Dem Weg, von dem ich so lange geglaubt hatte, dass er der richtige für mich ist. Ich wollte mir dies alles Stück für Stück ansehen, denn ich wusste, nur so kann ich über kurz oder lang meinen Frieden mit all dem machen. Nur so kann ich meine innere Ruhe und mein Gleichgewicht wiederfinden. Und so machte ich mich – zunächst unfreiwillig und ungewollt – auf meinen Weg. Einen sehr steinigen und unbequemen Weg. Auf einen Weg durch viel Geröll. Doch wie heißt es so schön? – Es gilt, Krisen und Konflikte als Chancen zu sehen.

„Neue Wege: Ein neuer Weg ist immer ein Wagnis.
Aber wenn wir den Mut haben loszugehen,
dann ist jedes Stolpern und jeder Fehltritt ein Sieg
über unsere Ängste, unsere Zweifel und Bedenken."
Verfasser unbekannt

Der Weg ist das Ziel

Mit Krise und Krankheit in meinem Gepäck machte ich mich mit den Kräften, die ich noch hatte, auf einen *neuen* Weg. Auf meinen ganz persönlichen „Pilgerweg", der direkt vor meiner Haustüre begann. Der mich aber nicht nach Santiago de Compostella, nach Assisi, nach Rom oder sonst wohin führte, sondern zunächst in den Klinikalltag. Und erst danach wieder Schritt für Schritt zurück in eine andere Lebenswelt, fernab von Schule, fernab von Familie, fernab von Partnerschaft, fernab von Freundschaften. Es begann eine Reise, eine Wanderschaft, die mich tagaus, tagein ziemlich forderte. Deren Strapazen nicht in gelaufenen Kilometern zu bemessen waren. Manchmal wusste ich nicht einmal mehr ob ich mich überhaupt nur einen Millimeter von der Stelle bewegt habe. Ja, es gab sogar etliche Momente, in denen ich glaubte, dass ich nicht vorwärts, sondern rückwärts ging. Es war eine Zeit, in der ich die Welt nicht mehr verstand. Ich war nur noch auf Rückzug von dieser „Schein-Welt" gepolt, die mich umgab. Ich konnte nicht mehr. Wusste mit all dem nichts mehr anzufangen. – Unten war oben! Oben war unten! – In allen Bereichen meines Lebens knisterte es. Alles war nur noch das reinste Chaos. Ein heilloses Durcheinander. Und ich selbst hatte dabei jegliche Ordnung, Struktur und Sicherheit verloren.

Das, was mir die Therapie brachte, war, dass ich wenigstens insoweit wieder in mein Leben zurückfand, dass ich mit mir alleine im Alltag klarkam. Dass ich wieder so etwas wie einen Tages-Rhythmus fand. Dass ich wieder ein Fünkchen „Hoffnung" am Horizont aufblitzen sah. Dabei erinnerte ich mich an Worte, die ich während meiner Kindheit des Öfteren von meiner Mutter gehört hatte: „Und wenn du glaubst, es geht nicht mehr, kommt irgendwo ein Lichtlein her!"

Da ich die Zeit der Krankschreibung für mich persönlich bestmöglich (da ist er wieder der „Leistungsgedanke", mein bester Freund ☺) nutzen wollte, begann ich mich diesem „Puzzle meines Lebens", das so heillos durcheinandergeraten war, mit viel Hingabe, Sorgfalt, Wertschätzung und Liebe zuzuwenden. Und mit jedem Tag, an dem mir dies gelang, konnte ich nach und nach wieder so etwas wie Lebenswillen und Kraft generieren. Was ich vorfand war manchmal oft nur ein Häufchen Elend. Dann musste ich aufpassen, dass mich die Welle des Selbstmitleids nicht übermannte, denn diese Gefahr schwang natürlich immer noch mit. Sie war Tag und Nacht potentielle Begleiterin. Doch ich versuchte ihr zu trotzen, ihr zu widerstehen, so oft ich sie erkannte und so gut ich konnte. Das Wichtigste für mich war, meinem Alltag wieder eine Struktur zu geben und mir selbst den *Glauben* an mich zurückzugeben. Den Glauben, sowie das *Vertrauen* in mich, das ich so sehr verloren hatte. Doch das war eine gewaltige Herausforderung für mich, denn es gab urplötzlich ja keine

„To-Do-Liste" mehr, die ich „schön brav abarbeiten" konnte, und an der ich meine erbrachte Leistung für diesen Tag bemessen konnte. Es gab stattdessen nur Fragen über Fragen. Und die meldeten sich. Sie drängten nach einer Antwort. So begann für mich eine Zeit, in der ich eine „Suchende" war. Manchmal eine sehr verzweifelt Suchende. Gefühlter maßen drehte ich jeden Stein um, der sich mir in den Weg legte, um darunter nach einer Antwort zu suchen. Mein Rettungsanker war, dass ich sehr viel Zeit hatte. Zeit für mich. Diese Zeit war purer Luxus. Diese Zeit war ein unglaubliches Geschenk für mich. – Doch ich musste erst lernen, gut, klug und weise mit diesem Geschenk an Zeit umzugehen. Musste lernen, sie effektiv zu nutzen. Sie für mein Wohlergehen und meine Heilung einzusetzen. – Und das tat ich. Was mir dabei half, war die Liebe zur Literatur und zum Schreiben. – Beides meine ultimativen Rettungsanker! – Mit beiden konnte ich mir Halt geben. Mit beidem konnte ich meinem Tag Struktur geben. Mit beiden konnte ich mir Raum geben. Mit beiden konnte ich diese neu gewonnene Zeit für mich auf das Beste ausfüllen und nutzen. Mit beiden konnte ich mich auf den Weg machen, um meine Seelen-Landschaft zu ergründen, meine Schatten zu entdecken und sie mir bewusst und vertraut zu machen. Beides war Balsam für mich. Balsam für mich und meine Seele.

Lehr- und Studienjahre

Und so begann für mich die Zeit meines „Selbststudiums". Dabei habe ich mir aus den Lehrjahren der Krise, des Burnouts, der Depression und des PTBS etc. sogenannte Studienjahre gemacht und begann mehr denn je Fragen zu stellen. Fragen wie: Was ist die Botschaft dahinter? – Was habe ich bislang versäumt? – Was habe ich zu lernen? – Was will mich das Ganze lehren?

Die entsprechenden „Dozenten" kamen dabei sehr oft in Gestalt von Büchern zu mir. Sie kamen wie „rettende Engel" zu mir.

Jeder Griff ins Regal war wie ein „Volltreffer" für mich. Und ob Sie's glauben oder nicht: jetzt half mir sogar mein „kritischer Verstand". Er zeigte mir eins ums andere bestimmte Schatten-Themen auf. So fing mein Selbststudium an. In erster Linie waren es Bücher aus den Bereichen der Psychologie und Pädagogik, der Neurowissenschaften, der Epigenetik, der Philosophie, der Spiritualität und der Persönlichkeitsentwicklung. Hier entdeckte ich so vieles, was so spannend und neu für mich war. – Und all dieses Neue, das tat mir richtig gut. Das alles zu lesen erforderte so sehr meine Aufmerksamkeit, dass ich dadurch von meiner eigenen Geschichte abgelenkt war. Und das war letztlich meine allerbeste Therapie. Das Schönste an der Lektüre dieser Bücher war, dass ich nicht mehr länger *ohnmächtig* blieb, sondern dass ich mit dem Studium dieser Bücher wieder in ein *Handeln* kam. – Da gab es mitunter so viele gute Impulse, so viele gute Ratschläge, so viele gute Hinweise und Empfehlungen. Und so erschloss sich mir mittels der Lektüre mitunter eine ganz andere Welt. – Ich hatte meine Liebe zu den Selbsthilfe-Büchern entdeckt. – Und an dieser Stelle danke ich all den Psychologen, Therapeuten, Medizinern, sowie all den spirituellen Autoren und Lehrern, die mir in all dieser Zeit zu wichtigen Lebensbegleitern wurden (siehe Literaturliste).

Mit Hilfe der Lektüre dieser Bücher fing ich an, mich selbst durch meine Lebensthemen zu coachen. Und habe nebenbei geschrieben, geschrieben und geschrieben. Neben dem Lesen wurde das Schreiben zu einer immer größeren Leidenschaft für mich. Ich habe zwar immer schon viel und gerne geschrieben, doch jetzt nahm dieses Schreiben noch einmal ganz andere Formen an. Es wurde für mich eine Art von „Selbst-Therapie". Dies alles hat mich inzwischen zu der Person gemacht, die ich heute bin. Und so begann die bisher aufregendste und spannendste Reise meines Lebens. Eine Reise, die mich mitunter extrem gefordert hat. Doch heute sage ich: Sie hat mir auch unendlich viele kleine und große Geschenke gebracht. Geschenke, die ich zunächst gar nicht sehen konnte, weil ich viel zu sehr in meiner anfänglichen Situation verhaftet war. Doch mit der Zeit entdeckte ich sie. Eines nach dem anderen. Und ich darf sagen: Das, was sich mir heute zeigt, ist wieder schön. Und diese ganzen Umstände lehrten mich: Wir leben zwar unser Leben vorwärts, doch die „Lehren", die wir aus all den Herausforderungen und Erfahrungen ziehen, können wir sehr oft erst im Nachhinein verstehen. Und genau so ist dies auch mit den Geschenken. Auch sie zeigen sich uns erst hinterher. – Sind wir direkt im Prozess des Erlebens, sind wir in aller Regel „blind" für sie. Die Geschenke zeigen sich uns erst im Nachhinein.

Von der Heilkraft des Schreibens

Eines dieser Geschenke war für mich, dass ich die intensive Heilkraft des Schreibens entdecken konnte. Wenn ich dem Papier meine Gefühle anvertraute, dann entlastete das nicht nur meine Seele. Schreibend lernte ich mich selbst besser kennen. Schreibend befreite ich mich aus meinen Grübel-Schleifen. Wenn mir Familie, Freunde, der kommunikative Austausch mit anderen fehlte, dann wurde für mich das Papier zu meinem Zuhörer und besten Freund. Und das Schöne daran ist, dass das Papier ein sehr geduldiger Zuhörer ist. Ein Zuhörer, vor dem ich keine Angst haben muss, dass ich mit dem, was ich schreibend sage, auf irgendeine Art und Weise bewertet werde. Ich kann mich einfach dem Fluss des Schreibens hingeben. Ganz egal wie sich dieser gerade gestaltet. Holperig, flüssig, stockend – ganz egal. Es ist immer richtig, so wie es ist.

Anfangs notierte ich mir einfach nur meine Gedanken und spürte schon bald, dass ich so dem heillosen Durcheinander in meinem Kopf wieder etwas mehr an Struktur geben konnte. Dabei wurde es immer wichtiger für mich, meinen Geist vom Grübeln zu befreien. Das geschriebene Wort, das dann auf dem Papier stand, war erst einmal geduldig. Es wurde zur Kenntnis genommen. Es fühlte sich damit bereits wertgeschätzt und gehört an. – Begonnen habe ich anfangs mit 30 Minuten täglichem

Schreiben. Musste aber schon bald feststellen, dass es damit nicht mehr getan war. Die Worte strömten nur so aus mir heraus. Und je mehr sie strömten, umso leichter wurde mir. – Setzte ich mich anfangs oft mit verweinten Augen vor mein Notizbuch, so trat mit der Zeit durch das automatische Schreiben eine immense Erleichterung bei mir ein. Ich schrieb und schrieb. Und schreibend „befreite" ich mich nach und nach von meinen Gedanken. Irgendwann – meist nach circa 10–15 Minuten – verspürte ich so etwas wie einen Switch.

Dann spürte ich, wie sich die Worte veränderten, wie meine Sprache klarer wurde. Wie ich zusehends positiver in meiner Ausdrucksweise wurde und mir Botschaften notierte, als hätte mir da gerade eine gute Freundin, ein guter Freund geantwortet. Und mit der Zeit begriff ich: Ja, es gibt diesen inneren Freund. Und ich muss dafür nicht einmal zum Telefonhörer greifen, eine Nummer anrufen oder gar das Haus verlassen, um Freund „A" oder Freundin „B" aufzusuchen. Und ein ganz großer Vorteil von diesem Gesprächspartner war, dass ich ihn Tag und Nacht aufsuchen konnte. Er war immer für mich da. Dieser „Freund" wurde ein weiterer Rettungsanker für mich, mit dessen Hilfe ich meine Gedanken sortieren konnte. Meist war die erste Phase des Schreibens noch sehr tränenreich, weil hier der Schmerz seinen Platz bekam. Doch je mehr Raum ich den so lange unterdrückten Gefühlen gab und mich schreibend durch sie hindurchfühlte, entstand so etwas wie ein geschützter Raum um mich herum. Ein Raum, in dem Schniefen und Weinen genauso erlaubt war wie wütend und patzig sein. In dem ich schreibend meine Stimme erhob. Mal ganz laut, mal ganz leise. So, wie mir gerade danach war. Und je mehr ich mich dieser zweiten Phase des Schreibens hingab, umso klärender, umso befreiender fühlte sich das Ganze an. Nach und nach konnte ich mich immer besser in den Prozess hineinfallen lassen und mir so meine Wut, meine Enttäuschung, Bitterkeit, Groll etc. von der Seele schreiben und mir die Themen anschauen, die hinter meiner Diagnose standen. Ich lernte die Dinge aus verschiedenen Perspektiven heraus zu betrachten und ließ es in aller Ruhe auf mich wirken. Dabei hatte ich stets das Gefühl, als ob mich eine „innere Stimme", ein „innerer Coach" durch den gesamten Prozess führt. Mein „innerer Heiler", mein „innerer Therapeut".

Wofür ich unendlich dankbar bin: Die Lektüre der Bücher, sowie das automatische Schreiben schenkten mir eine gelassenere Sicht auf die Themen. So manche Lektüre brachte mir wichtige wissenschaftliche Erklärungen, mit denen sich dann auch mein Verstand zufriedengab. Und mit Hilfe der neuesten Bücher aus den Bereichen der Neurowissenschaften und Psychologie wurde mir nach und nach klar, dass dies alles nicht mein Einzel-Schicksal ist, sondern dass dies die Lebens- und Entwicklungsthemen von uns allen sind, die sich uns früher oder später zeigen. – Jedem zu seiner Zeit.

Und immer mehr erkannte ich, dass es sehr wohl die Möglichkeit gibt, nicht nur den Körper, sondern auch den Geist *selbst* zu heilen und dass es hier nur der Disziplin, sowie eines mentalen Trainings bedarf. Also wurden Meditation, Achtsamkeit und „Gedanken-Hygiene" wichtig für mich. Und schon bald stellte ich fest: Mein Stresslevel ließ tatsächlich nach. Das passierte zwar nicht von heute auf morgen, sondern bedurfte regelmäßigen Trainings. Und natürlich gab es auch Zeiten, in denen es wieder Rückfälle gab. Doch sie wurden immer weniger, weil ich inzwischen wusste, wie ich mir helfen kann ein solches Tal der Tränen auch wieder zu überwinden. Das Wichtigste und Befreiende hierbei war, dass ich wieder handlungsfähig wurde. Das Schreiben half mir, mir das Erlebte noch einmal in meinem Tempo und auf meine Art anzuschauen, daraus zu lernen und es letztlich als eine Erfahrung anzunehmen. Ich entdeckte, wie wohltuend es war, Dinge in Worte zu kleiden, von denen ich ursprünglich annahm, dass es dafür keine Worte gibt. Während des Schreibens war ich plötzlich nicht mehr allein. Das Gefühl der Einsamkeit veränderte sich. Ich brauchte schmerzvolle Gefühle nicht mehr länger wegzusperren. Hatte endlich einen geduldigen Zuhörer gefunden. Dem Papier konnte ich einfach alles anvertrauen. Es sprach nicht mit anderen Personen über mich. Es verletzte mich nicht. Mit dem Schreiben bekam ich Abstand zu meiner eigenen

Geschichte. Konnte mich besser aus meinem „Grübelzwang" befreien. Schreibend erleichterte sich mein Herz. Mein Innerstes bahnte sich einen neuen Weg. Im Prozess des Schreibens kam ich mir wieder nah. War ich fürs Erste unfähig und blockiert meine Gedanken und Gefühle (Trauer, Schmerz, Wut, Ärger etc.) sprachlich auszudrücken, so fand ich über die Schriftsprache Unterstützung und Halt. Hier konnte ich mich sicher fühlen. Im Grunde genommen gab mir Schreiben meine Stimme wieder. – Schreiben besitzt eine immense „Heilkraft" für mich.

> „Die letzte Freiheit, die ein Mensch besitzt,
> ist die Entscheidung, die Dinge anders zu sehen.
> Jedes Leben hat sein Maß an Leid.
> Manchmal bewirkt eben dies unser Erwachen."
> *Viktor Frankl*

Viktor Frankl, der es in der schlimmsten Situation seines Lebens vermochte, aus einem anderen Blickwinkel heraus auf all das zu schauen, was ihm im Holocaust widerfuhr, hat mich zusätzlich inspiriert, ebenfalls aus einer ganz anderen Perspektive heraus auf all meine Lebensthemen (beruflich wie privat) und die Symptomsprache meines Körpers zu schauen.

Sein Buch … *trotzdem Ja zum Leben sagen: Ein Psychologe erlebt das Konzentrationslager*, Kösel Verlag, half mir wieder neugierig und offen zu werden für das, was mir die Lektionen meines Lebens mitzuteilen hatten. Und da uns wichtige Botschaften meist nie allein erreichen, kamen gleichzeitig mit der Lektüre dieses Buches folgende Worte Buddhas in mein Leben. Und so kristallisierte sich nach und nach mein neuer Denkansatz heraus:

- Okay, die Situation ist, wie sie ist. Du kannst augenblicklich nichts daran ändern.
- Nimm die Gegebenheiten so an, wie sie sind, und mache das Beste daraus.

- Nutze die Zeit und frage dich stattdessen: Wann hat es angefangen anders zu werden? – Was war das auslösende Moment?
- Welche Menschen waren daran beteiligt? – Was hat es mit dir gemacht? – Wie hast du reagiert? – Wie hast du dich dabei gefühlt?
- Welche Konsequenzen hast du daraus gezogen? – Hast du konsequent danach gehandelt oder nicht? – Was hat dich daran gehindert konsequent zu sein?
- Was hält dich in der Situation? – Wovor hast du Angst?
- Wo warst du dir selbst gegenüber untreu? – Wo hast du dich verloren?
- Gehe in diese Zeit, in diese Situation zurück und schau dir an, was zeitgleich, aber auch in den Jahren davor bereits an Veränderung geschah.
- Notiere dir alles, was kommt, sowohl beruflich als auch privat. Benenne die Fakten.
- Erkennst du bestimmte Zusammenhänge?
- Gibt es ein bestimmtes Verhaltensmuster bei dir, bei anderen?
- Was würdest du deiner besten Freundin raten, wenn nicht du, sondern sie in dieser Situation wäre? – Welche Hilfestellung würdest du ihr geben?
- Was kann ein erster Schritt sein? – Welche Schritte sollten folgen?
- Was brauchst du, um lösungsorientiert zu denken?
- Was will dich das Ganze lehren? – Was gilt es zu begreifen?
- Was ist das Positive daran? – Lerne dich darauf zu konzentrieren.
- Wie kannst du deine Aufmerksamkeit so lenken und deine Gedanken so beeinflussen, dass du etwas Gutes in allem siehst?
- Erlaube dir Fragen, Fragen, Fragen. Auch dann, wenn die Antwort nicht sofort kommt.

Und um irgendwann wieder wie *Phoenix aus der Asche* aus der „alten" Lebenssituation herausgehen zu können, wollte ich verstehen: Was sagen mir Burnout, Depression und Posttraumatische Belastungsstörung bzw. all die anderen Symptome? – Was habe ich zu begreifen? – Was habe ich zu lernen?

7

Was sagen mir Burnout, Depression und Posttraumatische Belastungsstörung?

Welche Botschaft steht hinter einem Burnout, einer Depression und einer Posttraumatischen Belastungsstörung (= PTBS)? – Wenn ich diese Diagnose schon hinzunehmen hatte, so wollte ich doch wenigstens in Erfahrung bringen, was die tieferen Ursachen für Burnout, Depression und PTBS sind, bzw. was ich anhand meiner Thematik und Symptomatik über mich selbst zu lernen habe. Im Rahmen meiner Ausführungen werde ich aber bei weitem nicht auf alle meine Themen eingehen. Das würde den Rahmen dieses Buches sprengen. Ich konzentriere mich vornehmlich auf die Themenbereiche, von denen ich glaube, dass sie auch für Sie als Leser von Interesse sein könnten. Egal ob Sie selbst Betroffener/Betroffene sind, oder einer Ihrer Familienmitglieder, Freunde, Arbeitskollegen, Schutzbefohlenen …

Lassen Sie mich anhand der von mir gewählten Ausführungen Beispiele dafür geben, dass nichts in unserem Leben umsonst geschieht. – Nichts ist einfach so. Hinter allem verbirgt sich ein höherer Sinn. In allem steckt mehr oder weniger sichtbar eine wichtige Lernaufgabe, die es anzunehmen, zu begreifen und zu lösen gilt. Eine erste wichtige Hilfestellung, um den Sinn, die Sprache des Lebens bzw. ihre Symbolik besser zu verstehen, erhielt ich durch die beiden Bücher von Dr. Ruediger Dahlke *Krankheit als Symbol*, ein Handbuch der Psychosomatik, Symptome, Be-Deutung, Einlösung, C. Bertelsmann Verlag. Sowie weitere tiefe Einblicke durch sein Buch *Krankheit als Sprache der Seele*, Be-Deutung und Chance der Krankheitsbilder, 2. Auflage 2008, Goldmann Arkana Verlag, München.

Was sagt mir das Burnout?

Was gilt es zu wissen, zu begreifen, zu verstehen, damit Heilung geschieht? Burnout hat viele Gesichter und – wie in meinem Fall – liegt oft eine versteckte Depression dahinter. Burnout und die tiefe Traurigkeit der Seele gehören zusammen wie Geschwister. Viele Menschen suchen Grenzerfahrungen, indem sie sich nicht erlauben, schwach zu sein. Sie halten durch, obwohl ihr Akku schon lange „ROT" blinkt. Doch sich selbst aus den Mühlen des Alltags herauszunehmen und Lebensveränderungen anzugehen, die mitunter schon längst überfällig sind, kostet sehr viel Mut. – Mut, den ich damals so nicht hatte. Doch diesen Mut zur Verbesserung der eigenen Situation aufzubringen und lebensverändernde Maßnahmen anzustreben, ist sehr wichtig, hat dies letztlich doch auch sehr viel mit *Selbstrespekt, Selbstwertschätzung* und *Selbstliebe* zu tun. Wenn wir spüren, dass unsere Seele weint, tut sie dies nicht erst seit gestern. In aller Regel haben wir dann schon viel zu lange versucht, Stärke zu zeigen, obwohl wir uns innerlich schwach fühlten. Sich leer und ausgebrannt zu fühlen ist ein Zeichen der Frustration und Erschöpfung. Meistens verursacht durch zu viel Stress.

Warnzeichen von Burnout sind z. B. eine hohe Arbeitsaktivität, wobei man sich immer mehr zwingen muss, die Erwartungen (die eigenen und die der anderen) zu erfüllen, weil die Kraftreserven schnell erschöpft sind, bis man irgendwann nicht einmal mehr Energie für die eigenen Bedürfnisse hat. Rastlosigkeit, das Gefühl, nie Zeit zu haben, Vernachlässigung von privaten Dingen, Versagensängste, Schlafstörungen, Niedergeschlagenheit, ein gesteigertes Aggressionspotential bis hin zu Symptomen wie Herzstörungen, hoher Blutdruck, Kopfschmerzen oder Tinnitus. Um nur einige Symptome von Burnout zu nennen. Man fühlt sich nur noch unendlich schwach und hat dennoch keine andere Chance, als diese Schwäche im Außen nicht zu zeigen, denn gerade hier befürchtet man ja, dass das Zeigen von Schwäche von Nachteil sein könnte. – Irgendwann habe auch ich gemerkt, dass dieser Kreislauf meiner verschiedensten Beschwerden aus eigener

Kraft nicht mehr durchbrochen werden kann. Aufgrund meines Versuchs durchzuhalten, obwohl ich tief in mir bereits ahnte, dass ich bald nicht mehr kann, kam es erst recht zu einem inneren Konflikt zwischen der „Ich muss stark sein, aber ich kann nicht mehr"-Präsenz in mir und meiner Seelenebene.

Wut, Ärger, Frust, Groll: Ich unterdrücke alles und schlucke viel zu viel. Immer wieder versäume ich es, *meine* Bedürfnisse durchzusetzen und *meine* Wahrheit auszusprechen. Viel zu oft unterlasse ich es klare Grenzen zu setzen und entschieden „*Nein*" zu sagen. Ich definiere mich im Grunde genommen nur noch über die Anerkennung und Wertschätzung meiner Leistung. Lebe ich um zu arbeiten, oder arbeite ich um zu leben? – Verwirkliche ich mich mit all dem denn eigentlich selbst? – Lebe ich überhaupt mich selbst? – Mein wahres, authentisches Selbst? Warum habe ich so viel Angst davor, außerhalb meiner Arbeit ein *Nichts* zu sein, dass ich mit panischer Angst an allem festhalte, obwohl Loslassen das Mittel der Wahl zu sein scheint? Begehe ich mit all dem einen Verrat an meinem Herzen, einen Verrat an meiner Seele, weil mir der Wert meiner selbst viel zu wenig bewusst ist? – Was habe ich zu lernen?

> „So sehr du auch suchst, du wirst in diesem
> grenzenlosen Universum niemanden finden,
> der deine Liebe so sehr verdient wie du selbst."
> *Buddha*

Was lehrt mich die Depression?

Befinden wir uns in einem gesunden, natürlichen Zustand, fließt eine Menge Energie, Lebenskraft, Chi durch uns hindurch. Positive, freudvolle, lichtvolle, liebevolle Gedanken halten unsere Energiebahnen offen und ermöglichen es so, dass unsere Energie ungehindert fließt. Werden unsere Energiebahnen hingegen durch vermehrt negative Erfahrungen und die damit einhergehenden Gefühle wie Wut, Hass, Neid, Kummer, Groll etc. blockiert, fühlen wir uns mit der Zeit immer lustloser, hilfloser, vor allem aber auch machtloser. Hält dieser Zustand von negativen Gefühlen dann auch noch über einen längeren Zeitraum hinweg an, öffnen wir uns nach und nach unbewusst immer mehr den schweren und düsteren Gedanken und verfallen so in die Depression. Was wir während der Depression dann vor allem spüren, sind, neben der Angst und den Sorgen, vor allem Gefühle von tiefer Verzweiflung, von Ohnmacht, von Hoffnungslosigkeit und Hilflosigkeit. Auch bei mir war es diese Mischung aus Ängsten, Sorgen, emotionaler Anspannung, eine tiefe Einsamkeit, der Verlust von Geborgenheit und Sicherheit, das Gefühl nicht mehr geliebt zu sein, das Gefühl von Ohnmacht und Scham, die Schmach und Schande des Betrogen-Worden-Seins, sowie eine Vielzahl körperlicher Symptome, die meine Gesundheit nach und nach untergruben und mir sehr viel meiner Lebens-Energie raubten.

Alles schien mich einfach nur noch zu erdrücken. Die nervliche Anspannung aufgrund all der Lebensthemen, die sich mir in den letzten sieben Jahren zeigten, war so groß, dass ich nachts wach lag und grübelte und grübelte und grübelte und infolgedessen nicht mehr entspannt und gelassen in den Tag gehen konnte. Im Grunde genommen stand ich über einen sehr langen Zeitraum hinweg unter Dauerstress. Körperlich und nervlich war ich vollkommen am Ende. Spürte nur noch tiefste Verzweiflung. Zum einen ob meiner eigenen, ganz persönlichen Situation. Zum anderen aber auch, weil ich wie ein Schwamm zusätzlich auch noch so viel schwere Energie anderer Menschen in meiner Umgebung aufgenommen hatte und deren Sorgen und Probleme irgendwie mit zu den meinen machte. Ich konnte zu all dem nicht mehr auf Abstand gehen. Es dauerte seine Zeit, bis mir überhaupt bewusstwurde, dass ich die Energie, die Schwingungen, die Stimmungen und Gefühle anderer Menschen sehr stark wahrnahm und dass ich auf diese Fremd-Energien zusätzlich reagierte, so dass ich zu manchen Zeiten allein schon dadurch „erschöpft" war, dass ich mich mit diesen Menschen in einem Raum aufhielt. – Doch später dazu dann mehr.

Zeiten der Unruhe und des Umbruchs bieten Gelegenheit zu wachsen und zu lernen.

In der Zeit meiner Genesung lernte ich, dass ein Mensch, der seine Gefühle ständig unterdrückt, oft in tiefe Depression verfällt, weil er sich letztlich seinen Problemen und den Gefühlen daraus nicht stellt, weil er sie nur unterdrückt und versteckt. Mit Hilfe der Depression drücken wir dann aus, dass es uns sicherer erscheint, bestimmte Dinge auf sich beruhen zu lassen. Doch „aufgeschoben" ist nicht „aufgehoben". Nur weil die Probleme nicht mehr zu sehen sind, heißt das nicht, dass sie nicht mehr da sind.

Unsere Probleme – zum Beispiel die unterdrückten Gefühle des Verletzt-Seins, der Aggression, der Wut – lösen sich nur dadurch auf, dass wir sie anschauen und offen darüber kommunizieren. Ob wir es wollen oder nicht, aber im Laufe unseres Lebens erhalten wir vom Leben immer wieder Gelegenheit, der Wahrheit ins Gesicht zu schauen und zu erkennen, was wir bis dahin in unser Unterbewusstsein verdrängt haben, denn die Probleme führen im Unterbewusstsein so lange ein Schattendasein, bis wir sie uns bewusst anschauen und in unser Leben integrieren. – Und sobald wir das Problem einmal gelöst haben, ist es für immer verschwunden.

Werden also Emotionen und die mit ihnen einhergehenden Energien nicht gelebt, so bauscht sich all das Unterdrückte in uns auf. Es raubt uns alle Energie. Saugt uns förmlich aus und führt uns auf direktem Weg in ein schon sehr früh erlerntes Opfer-Bewusstsein. In Folge davon leben wir leider nicht ausbalanciert. Soll heißen: Die weiblichen und männlichen Aspekte in uns sind nicht im Gleichgewicht. Wir leben vielleicht zu viel die linke Seite, unsere weibliche Seite (die angepasste, liebe, brave Eva). Es kann aber sein, dass bestimmte Lebenssituationen von uns verlangen, dass wir mehr die Kraft des starken Mannes bzw. der starken Frau (die Kriegerin, die Lilith, die Amazonin) in uns aktivieren sollten, um so besser aus dem Opfer-Modus auszusteigen und uns kraftvoll für unsere eigenen Bedürfnisse und

Interessen einzusetzen. Erst wenn kein Teil (weiblich wie männlich) unterdrückt wird, lenken wir unser Leben auf eine autonome Weise. Dann können wir uns in allem, was da ist, selbst erleben und können unser Leben und unsere Liebe mit anderen teilen. Es bedarf einer stabilen Basis in uns selbst. Es bedarf des Glaubens an uns selbst. Erst dann können wir unsere innere Sonne für uns selbst und andere strahlen lassen.

Wenn wir so leben, dann lassen wir uns nicht länger von Gefühlen, Emotionen und Einflüssen von außen umwerfen. Wir erkennen frühzeitig, ob andere unsere Gefühle manipulieren. Und wir leben kraftvoller und machtvoller, denn wir investieren in unseren Glauben anstatt in unsere Ängste! – Doch wie finde ich nun von der Dysbalance, der Depression wieder zurück zu einem Mehr an Lebensfreude, Harmonie, innerem Frieden, Gleichgewicht und Balance? – Was gilt es hier zu begreifen, zu verstehen?

Reduziere ich die Phase der Depression auf eine kurze Formel, dann verstehe ich heute darunter eine *Zeit des Umbruchs, des Aufbruchs.* Was ich gelernt habe, ist, dass die Depression ein deutliches Signal dafür ist, dass es notwendig ist, im Leben etwas grundlegend zu verändern, auch wenn wir uns zunächst noch so sehr dagegen wehren. Mit der Depression gilt es zu erkennen: Jetzt ist die Zeit, all das Alte loszulassen, was nicht mehr dem persönlichen Wachstum dient, und sich stattdessen für die persönliche Weiterentwicklung zu entscheiden. Und es ist Zeit, um in mehr Vertrauen und Liebe in sich selbst zu investieren und für sein Leben voll und ganz die Verantwortung zu übernehmen.

Außerdem gilt es zu erkennen, dass nichts im Leben einfach nur so geschieht. Alles – und damit auch unsere Vergangenheit ganz genau so wie sie war – hat seine Bedeutung und unterliegt einem höheren Sinn. Selbst die unangenehmsten Situationen und Erfahrungen, all die „dunklen" Dinge, die eventuell geschehen sind, ziehen wir unbewusst an, damit wir aus ihnen *lernen* können. Ob es uns gefällt oder nicht: Jeder Mensch, jede Krankheit, jede Situation, die in unser Leben kommt, hat *immer* mit uns zu tun und dient letztlich unserem persönlichen Wachstum, auch wenn uns das nicht bewusst ist. Die *Schule des Lebens* will uns stets zu Diensten sein. Will uns in welcher Person und Gestalt auch immer „Lehrer/Lehrerin" sein. Das Leben funktioniert auf diese sonderbare und gleichzeitig doch auch „wunderbare" Weise. Es verhilft uns so zu unserer persönlichen Weiterentwicklung. Und dient letztlich damit unserer persönlichen Evolution. Unsere Seele lernt sehr viel durch den Schmerz der Erkenntnis. Ohne Schmerz keine Auseinandersetzung mit einem Problem. Ohne Auseinandersetzung mit dem Problem keine Phase der Reflexion. Ohne Reflexion keine Phase der Bewusstmachung. Ohne Bewusstmachung keine Phase der Erkenntnis. Ohne Erkenntnis keine Phase der Annahme des vermeintlichen Problems, das im Grunde genommen eine „Lernaufgabe" ist. Ohne Annahme dieser Aufgabe keine Möglichkeit zur Transformation. Ohne Transformation keine weitere Phase in unserer Selbstentwicklung und Evolution.

Es gilt daher, uns der Aufgabe, die in einer bestimmten Herausforderung begründet ist, bewusst zu werden, uns unsere Probleme, Sorgen, Ängste, Krankheiten und Traumata anzuschauen, sie zu verarbeiten und sie loszulassen. Somit auch ein tradiertes und uraltes Opfer-Bewusstsein loszulassen. Sich mit unterdrückter Trauer und Wut bewusst auseinanderzusetzen. Sich mit der eigenen Sterblichkeit zu beschäftigen. Die Reise in die eigene Unterwelt zu wagen und bewusst in die Angst hineinzugehen. Sich vom Alltagsdruck zurückzuziehen, um Zeit für sich selbst zu haben. Viel gesünder, achtsamer und bewusster zu leben. Nicht mehr bloß zu funktionieren, sondern den eigenen wahren Kern zu leben.

Das ungeheure Potential unseres eigenen Schöpfergeistes zu erkennen. Zu begreifen, dass wir mit unserem Denken, unseren Worten und unserem Fühlen im Innen wie im Außen genau die Realität erschaffen, in der wir letztlich leben. Zu erkennen, dass wir mit der Art und Weise wie wir gelernt haben zu denken, zu fühlen und etwas zu bewerten, uns den Zustand von Disharmonie, Frust, Zerrissenheit und Krieg genauso selbst erschaffen wie ein Leben in Harmonie, Frieden, Wertschätzung, Respekt und Liebe.

Es gilt, an sich selbst zu glauben und mit der Liebe in Resonanz zu treten. In Harmonie und Frieden mit sich selbst zu sein. Mit jeder Faser des Seins anzuerkennen, dass es gut ist, dass ich bin wie *ICH BIN*, weil mich Gott genau so gemeint hat wie ich bin. Nicht länger irgendeine Kopie von „…" zu sein, sondern sich auf die ureigene Individualität, auf das „Göttliche" in uns selbst zu besinnen und so den *Weg der Individuation* zu gehen. Es gilt sich selbst Farbe und Struktur zu geben und damit dem Leben wieder mehr an Leuchtkraft und Leichtigkeit zu verleihen. Seinen eigenen individuellen Lebenssinn und Lebensinhalt zu finden und dabei den *Weg der Seele* zu gehen. Nicht mehr länger an sich selbst zu zweifeln, sondern ganz und gar aus dem Bewusstsein und Gefühl heraus zu leben: Ich kann das, denn ich bin ich selbst!

Es liegt allein an uns, Herr/Herrin, Gebieter/Gebieterin über unser Leben zu sein.

Werden wir dergestalt zum Meister/zur Meisterin über unser Denken, Fühlen, Sprechen, Handeln, so können wir *bewusst* jegliche Art von Veränderungen in unserem Leben, unserem Wirken und Sein herbeiführen. Können letztlich dann auch die entscheidenden Wandlungs- und Prozessabläufe ganz tief in unserem Selbst-Kern „aufrufen", so dass bis in unser Zell-Bewusstsein und genetisches System hinein positive Veränderungen stattfinden können. Nur so können eine wirklich tiefe Heilung und Transformation geschehen.

Was hat mich die Depression noch gelehrt? Bei all der Literatur, die es zur *Depression* gibt, kommen die Ausführungen von Dr. Ruediger Dahlke am Treffendsten an die Beschreibung der Symptomatik heran, wie ich sie erlebt habe. Dr. Ruediger Dahlke schreibt in seinem Buch *Krankheit als Symbol* (S. 246 ff), dass bei einer Depression alle Körperebenen betroffen sein können. „Speziell das Gehirn im Sinne einer überzogenen Schutzreaktion in scheinbar aussichtsloser (Stress-)Situation." Auf der *Symptomebene* nennt er unter anderem das Thema der unterdrückten Aggression; Lebens-Energie, die gegen sich selbst gerichtet als Selbstmordtendenz, in Schuldgefühlen oder maskiert in Form verschiedener Symptombilder (larvierte Depression) zutage tritt; ein Mangel an Sinn und Inhalt im Leben bzw. ein fehlender Gefühlsbezug zum Leben; unterdrückte Trauer, ein Blockiert-Sein zwischen Wut und Trauer; Unterdrückung der Lebens-Energie an einem Wendepunkt des Lebens; Flucht vor dem Druck (Depression im Sinne von De-kompression); die Unfähigkeit zu leben und zu sterben; eine unerlöste Form der Beschäftigung mit dem Sterben (Selbstmordgedanken) und mit dem „dunklen" weiblichen Archetyp.

> „Das Ja zu den eigenen Schwächen
> ist der Königsweg zum Glück."
> *Raphael Bonelli*

Posttraumatische Belastungsstörung (= PTBS)

Ich bin schon lange nicht mehr ich selbst.
Ich kann andere besser fühlen als mich selbst.
Ich verliere mich in den Beziehungen zu anderen Menschen.
Ich kümmere mich zwar um andere, aber was ist mit mir?
Was macht mich überhaupt aus? – Wer bin ich?
Ich sehne mich danach, einfach nur noch ich selbst zu sein.
Jetzt habe ich auch noch die Diagnose Burnout, Depression, Posttraumatische Belastungsstörung. – Wo kommt letztere denn überhaupt her?

Bereits von Geburt an haben wir ein starkes biologisches Bedürfnis nach der Bindung zu unseren Eltern, vor allem zur Mutter. Nur dank ihrer Unterstützung, Feinfühligkeit und Verlässlichkeit können sich unser Urvertrauen, sowie unsere spätere Beziehungsfähigkeit ausreichend entwickeln. Verfügt die Mutter über eine feine Wahrnehmung hinsichtlich der Bedürfnisse des Kindes, sowie über Empathie (= Einfühlungsvermögen bzw. die

Fähigkeit und Bereitschaft, Empfindungen, Emotionen, Gedanken, Motive und Persönlichkeitsmerkmale einer anderen Person zu erkennen), kann sich das Kind ungestört entwickeln.

Anhand von Tierversuchen konnte gezeigt werden, dass postnatale Trennungserlebnisse eine erhöhte Sekretion von CRH (Corticotropin-releasing Hormon), ACTH (Adrenocorticotropes Hormon) und Cortisol bewirken, da die Endorphinausschüttung im Gehirn durch Verlust des Körperkontaktes zur Mutter unterbrochen ist. Ähnliche Messergebnisse finden sich auch bei depressiven Patienten. Dieser damit einhergehende frühkindliche Stress führt – je nachdem wie langanhaltend die Trennung ist – im unreifen Gehirn des Säuglings zu einer erhöhten Empfindlichkeit der Hypothalamus-Hypophysen-Nebennierenrinden-Achse, sowie zu einer verminderten Ausbildung des Hippocampus durch erhöhte Glucokortikoidspiegel. Damit bedingen frühkindliche Traumata oder Stress eine Dysfunktion in der Ausbildung von Synapsen, Störungen bei sich entwickelnden Nervenzellen oder es kommt zu Beeinträchtigungen in der Ausdifferenzierung funktioneller Neuronenverbände (Amygdala, Hippocampus, anteriorer Gyrus cinguli, präfortaler Kortex). Vermutet wird eine spezifische Vulnerabilität im Bereich des limbischen Systems und des Hirnstamms der rechten Hirnhälfte, da Funktionen wie Bindungs- und Beziehungsverhalten, Affektregulation und Stressmodulation primär rechtshemisphärisch gesteuert werden. Sichere Bindungserfahrungen gelten demzufolge als Voraussetzung für eine effiziente neuronale Vernetzung und für die Balance der Stressachse im kindlichen Gehirn.[1]

In der Psychopathologie (= Lehre von den Leiden der Seele) können somit *Bindungsdefizite* eine mögliche Ursache für eine

---

1 Dr. Jürgen Wettig. Eltern-Kind-Bindung. Kindheit bestimmt das Leben; Deutsches Ärzteblatt 2006; 103(36): A 2298–2301. Abrufdatum 06. 01. 2021, von https://www.aerzteblatt.de/archiv/52567/Eltern-Kind-Bindung-Kindheit-bestimmt-das-Leben

Erkrankung beim Erwachsenen sein. Neurowissenschaftliche Studien belegen heute, dass frühkindliche Erfahrungen an der Ausbildung des Netzwerkes an Neuronen im Gehirn maßgeblich beteiligt sind und unsere Persönlichkeit formen. Wird zum Beispiel ein zweijähriges Kind durch seine Bezugsperson des Öfteren lautstark getadelt, so wird dieser Reiz direkt in der Großhirnrinde verarbeitet. Ähnlich einer „Narbe" schreibt sich diese Wahrnehmung unlöschbar im impliziten Gedächtnis fest (Priming) und führt unter Umständen selbst noch im Erwachsenenalter zu einer Angststörung oder zu einer unsicheren sozialen Kompetenz, ohne dass die betreffende Person um die eigentliche Ursache für eine solche Störung weiß. – Hat das Kind jedoch einen engen Körperkontakt zur Mutter, die sich ihm empathisch zuzuwenden vermag, entwickelt sich ein Beziehungsverhalten, das vom Kind positiv verinnerlicht wird. Diese inneren Gedächtnisinhalte (Repräsentanzen) durch frühe Beziehungserfahrungen sind so stark, dass ihre unbewusste Festschreibung in der Großhirnrinde unmittelbar über den Grad an Wohlbefinden, sowohl beim Kind als auch beim Erwachsenen, entscheidet. Heute ist bekannt, dass die ersten drei Lebensjahre und die mit ihr erfahrene Sozialisation maßgeblich mit der Ausbildung unseres neuronalen Netzwerkes im Gehirn zusammenhängen. Diese Struktur bestimmt letztlich sogar, wie wir unsere Beziehungen (Partnerschaften, Freunde …) suchen und gestalten. Ein Kind wird somit nur dann zu einer starken Persönlichkeit, wenn ihm seine Bezugspersonen immer wieder vermitteln, dass es gehört, gesehen und wahrgenommen wird, dass es nicht allein ist. Dass es gut ist, so wie es ist, weil es in seiner Art wertvoll und einzigartig ist. Dass es geliebt ist.

Nicht gelebte Gefühle und seelischer Schmerz

Geben wir unseren Gefühlen nicht den gebührenden Raum, drücken wir Gefühle wie Traurigkeit, Wut, Zorn, Ärger, Verbitterung und Groll über einen Verlust, Schmerz, eine bestimmte

Erfahrung, eine erlittene Verletzung usw. nicht aus und sammeln wir diese unter Umständen über Jahre/Jahrzehnte gar in uns an, bewegen sie sich immer mehr in Richtung Körper und drücken sich dort dann über Erschöpfungszustände, Stress-Symptomatik und diverse Krankheiten aus. Ähnlich körperlichen Verletzungen und den daraus resultierenden Schmerzen können auch seelische Verletzungen sehr schmerzhaft sein. Werden sie nicht wahrgenommen und gefühlt, zeigen sie sich meist in Form *chronisch entzündlicher Prozesse*. Seelischen Schmerzen liegt oft ein Gefühl von tiefer Kränkung, Demütigung, Erniedrigung oder Misshandlung zugrunde. Sie entstehen vornehmlich dann, wenn unsere Erwartungen nicht erfüllt wurden, bzw. wenn unsere Grenzen von unseren Mitmenschen überschritten bzw. von uns selbst nicht gewahrt wurden. Oft fühlen wir uns dann ohnmächtig und schutzlos. Haben wir unsere Gefühle und unseren seelischen Schmerz viel zu lange unbeachtet gelassen und verdrängt, dann bringen sich diese Empfindungen noch Jahrzehnte später wieder in unser Bewusstsein, weil sie endlich wahrgenommen, empfunden und aufgelöst werden wollen. In aller Regel zeigen sie sich uns Jahre später über körperliche Symptome. Ihre Sprache ist dann meist der Schmerz.

Wir können all die alten Gefühle und den Seelenschmerz nicht abschütteln, bestenfalls in Schach halten, abspalten und verdrängen, so dass wir glauben, sie sind nicht mehr da. Doch ihre nicht gelebte Energie bleibt in unserem Feld. Kommen dann neue belastende Faktoren, angstauslösende Momente oder gar ein Auslöser dazu, der ein ganz bestimmtes altes Gefühl (= Emotion) aktiviert, dann zeigen sich uns diese mit all ihrer bis dahin nicht gelebten Kraft und entwickeln so eine Wucht, dass dies meist auf Kosten unserer Beziehungen geschieht, denn fehlt uns die Beziehung zu uns selbst, können auch im Außen keine wahrhaft glücklichen Beziehungen entstehen. Gibt es in uns selbst bzw. innerhalb unserer Herkunftsfamilie Blockaden, kann sich die Liebe niemals frei ausdrücken und fließen. Auch wenn wir die frühzeitige Auseinandersetzung mit beängstigenden Gefühlen noch so sehr scheuen, kommen wir nicht umhin, dass sie zu einem späteren Zeitpunkt noch einmal in unser Leben kommen. Unser Unterbewusstsein hat diesbezüglich alles schön brav und sorgfältig aufbewahrt und archiviert. Es wartet nur auf die entsprechend günstige Zeit, um uns dann mit unserer „Lernaufgabe" herauszufordern, und erschafft uns so lange Situation um Situation, bis wir unsere „Hausaufgaben" gemacht haben und uns die ursprüngliche Situation mit all den Gefühlen sowie dem Schmerz, der daran gebunden ist, noch einmal bewusst gemacht haben. Nur so hat dieser die Gelegenheit, dass wir ihn und damit uns selbst aus unserem selbsterschaffenen emotionalen Gefängnis befreien.

Die Geschichte meines größten Seelenschmerzes

Freitag, 29. November 2017 – 03.15 Uhr: Bin schon seit gut einer Stunde wach. Liege im Bett und versuche wieder Schlaf zu finden, doch es soll nicht sein. Wiederholt empfange ich die Botschaft von Erzengel Michael: „Drücke deine authentischen Gefühle auf eine kreative Weise aus, um sie freizugeben und anderen zu helfen, denen es genauso geht."

Ich beginne zu beten: Immer und immer wieder die gleichen Worte, die uns Jesus gelehrt hat: *Vater unser.* – Ein Wort reiht sich an das andere. Kaum habe ich ein *Vater unser* beendet, beginne ich schon mit dem nächsten. Ich suche Ruhe und Geborgenheit im Gebet. Doch beides stellt sich nicht ein. Ich suche Schlaf und finde ihn nicht. Zwischendurch kommen mir immer wieder Michaels Worte in den Sinn. Ich bete weiter. Irgendwann muss ich doch wieder einschlafen. Es ist mitten in der Nacht. – Warum finde ich die Ruhe nicht mehr?

„Authentische Gefühle" – Was sind denn meine authentischen Gefühle? – Was nehme ich denn gerade wahr, was mich so sehr am Schlafen hindert? – Was will sich mir zeigen? – Was lasse ich nicht zu? – Was versuche ich zu verhindern? – Welche Gefühle, welchen Schmerz?

Noch wehre ich mich dagegen, um diese Tageszeit etwas fühlen zu wollen. Jetzt ist Schlaf angesagt. … Das muss doch klappen, aber es klappt nicht. – Ich werfe mich von einer Seite auf die andere. … Macht alles keinen Sinn … Okay, Michael, du hast gewonnen. Dann sag mir bitte, was ich mir anschauen soll. Führe mich bitte geradewegs dorthin. – Was genau ist es, das bereits seit mehr als einer Stunde derart an meiner Aufmerksamkeit zieht, dass ich im Schlaf keine Ruhe finden kann? – Ich fühle mich unsicher. Bin irritiert. Einerseits beherrscht mich ein Gefühl tiefer Traurigkeit, doch andererseits komme ich nicht so recht hinein in dieses Gefühl. Da sind Tränen, die geweint werden wollen, doch da ich das Gefühl nicht wirklich benennen kann, können die dazu gehörigen Tränen auch nicht fließen. Sie sitzen mir im Hals, lassen mich nur schwer atmen und auf meinem Herzen verspüre ich einen gewaltigen Druck.

Im Grunde genommen ist es wie ein dicker Nebel, der sich mir vor etwas Undefinierbarem zeigt. So gut ich kann versuche ich mich auf dieses schwammig neblige Etwas einzulassen, um die Gefühle dahinter wahrzunehmen. Überrascht stelle ich fest:

Es ist Angst. – „Existenzangst – Lebensangst." – Angst hält mich in dieser Umklammerung fest. Tiefe, unbändige Angst, die sich meiner bemächtigt. Die wie ein Blitz durch meinen Körper schießt. Die mich aufschrecken lässt. Die mich verzweifeln lässt. – Wie wird es wohl weitergehen? Stelle ich mich jetzt nachts um diese Zeit dieser Angst? Das ängstlich trotzige Kind in mir sagt „Nein!". Der erwachsene Anteil in mir sagt „Ja!". Okay, ich gebe nach. An Schlaf ist ohnedies nicht mehr zu denken. Alle Mühe vergebens. Ich stehe auf und stelle mich dem, was nicht länger zu vermeiden ist. „Dann, lieber Michael, bitte hilf mir diesen Schmerz anzunehmen, ihm nicht länger auszuweichen, vor ihm nicht länger davonzulaufen, sondern ihn mir direkt anzusehen. – Worum genau geht es? – Zeig mir die Ursache von alledem? – Bring mich bitte dahin und lass mich „erleben", was „gesehen" werden will."

Ich bitte Michael, mich ohne Umwege hineinzuführen, direkt hinein in den Kern, in den immer wiederkehrenden Schmerz.

Es dauert nicht lange, und ich verstehe, warum ich mich seit fast einer Stunde davor drücke, mir dies anzusehen. Was ich wahrnehme, ist eine Übermacht an Gefühlen, die ich nicht begreifen und schon gar nicht benennen kann. Diese Gefühle, sie springen mich wie aggressive, wütende und verletzte Tiere an. Sie beißen sich an mir fest. Ich versuche mich gegen sie zu wehren, sie abzuschütteln, doch es gelingt mir nicht. Sie fressen sich wie „Würmer", wie „Maden" tief hinein in mein ganzes „System". – Und ich? – Ich verspüre nur Panik. – Und neben all dieser Panik, da existiert dieser tiefe und endlose Schmerz.

Es ist so dunkel. Ich zittere am ganzen Körper. Mir ist kalt. Es schauert mich. So hilflos wie ich bin versuche ich mit Schreien und Weinen auf mich aufmerksam zu machen, doch weit und breit ist keiner da. Keiner, der nach mir schaut. Keiner, der sich für mich interessiert. Keiner, der auf mein Weinen reagiert. Meinem Gefühl nach schreie ich mir die Seele aus dem Leib. Doch ich bleibe ungehört. Bleibe einfach ungehört. … Un-ge-hört!

Was ist los? – Warum bin ich so allein? – Warum ist da keiner, der mich wahrnimmt, der mich hört? – Ich komme mir vor wie irgendwo in einem Zimmer abgestellt. Unerreichbar für Gott und diese Welt. – Fühle mich so unglaublich allein. – Fühle mich von allen verlassen und mutterseelenallein. … Nach und nach bekomme ich zu diesen Gefühlen ein Bild. Ich sehe mich als Baby, als ein noch ganz kleines, unschuldiges Kind. Bin genau genommen erst drei oder vier Tage alt. Doch warum ist keiner da? – Wo bin ich? – Was ist los? – Alles ist auf einmal so anders. – So fremd ist mir diese Welt. – Wo überhaupt ist meine Mama? … Und mein Geschwister? – War das gerade eben nicht noch da?

„Allein, allein, allein! – Mutterseelenallein!" – Diese „vier Worte" haben sich mir wie ein „Mantra" unbewusst als „Begleiter" für dieses Leben eingeprägt. Sie ziehen sich wie ein „roter Faden" durch mein Leben. Sind scheinbar tief verankert und verwurzelt in meiner kleinen Welt. Im Grunde genommen geben sie eine Situation wieder, in der ich mich wenige Tage nach meiner

Geburt befand. Diese Gefühle, die ich damals bereits als Baby erlebt habe, diese Gefühle tiefer Ohnmacht, des Nicht-Gehört-Werdens, des Nicht-Gesehen-Werdens, des Allein-Seins, diese Gefühle des Ausgesetzt-Seins, Gefühle tiefer Verzweiflung und Hoffnungslosigkeit, sie haften wie Kaugummi an mir. Diese Gefühle, diese Wunden – sie haben mich geprägt. Sind sie doch wie „Brandmale". Wie „Feuermale" mir tief ins Herz eingeprägt. Wie werde ich sie nur los? Die „Geister", die ich damals anscheinend schon rief. …

Es gibt Verletzungen und Wunden, die keiner sieht. – Wunden der Seele, die keiner versteht.

Inzwischen bin ich – wenn ich mir mein Alter ansehe – zwar erwachsen. Und im nächsten Moment dann auch wieder nicht. Bin anscheinend irgendwo stecken geblieben und fühle mich seitdem in den entscheidenden Momenten meines bisherigen Lebens im Grunde genommen immer *allein*. Kennen Sie das Gefühl unter Menschen zu sein und dennoch so allein? Das Gefühl zu haben, keiner versteht sie, keiner hört sie, keiner sieht sie? Sie sind zwar eingebunden in ein soziales Gefüge, in eine Familie, in eine Partnerschaft, in einen Beruf, aber dennoch fühlen Sie sich im Grunde genommen doch immer nur allein. Mit all diesen Ängsten und Gefühlen allein. Doch warum allein? – Weil ich für diese Erinnerung mit all ihren Gefühlen bis gerade eben keine Worte gefunden hatte. Ich konnte sie nie wirklich benennen, mich damit anderen gegenüber auch nicht mitteilen. Sie verstehen lassen, was da an mir klebt. Es ist ein Gefühl wie stigmatisiert zu sein.

Warum habe ich mir dies so ausgesucht? – Wo verbirgt sich da der Sinn? Wie erschließt sich mir der Sinn? – Werde ich auf all dies Antworten finden? – Muss es überhaupt Antworten geben? Wieder einmal Fragen über Fragen. Lässt mich denn dieser „Kopf" (Geist) so gar nie nicht los? Da ist dieser bohrende Geist, der so übermächtig ist und der wieder einmal mein Leben zu bestimmen versucht: Kopf – Geist – Denken – Haare … – Interessant, diese „Leidenschaft des Grübelns". Mit ihr kam ich wohl schon in diese Welt. Doch damit ist es nicht getan. Die scheinbar stillen, aber Kraft zehrenden Wunden der Seele zeigen sich mir: Enttäuschung – Verrat – Betrug – mangelnde Wertschätzung – Verlust – eine frostig eisige Kälte – … und was für mich im Augenblick gerade das Schlimmste ist: dass da keiner da ist, der mich wahrnimmt, hört, nach mir sieht, mich tröstet oder gar einfach nur liebt. Im Grunde genommen zeigen sich mir bereits mit meinem Start in mein Leben die Wunden meiner Seele. – Endlich kann ich sie mir ansehen. Wie heißt es so schön? Besser spät als nie.

Symbiosetrauma – Können wir durch Verbundenheit belastet sein?

Ist der Begriff „Symbiose" in der Biologie positiv besetzt, haftet ihm in der Psychologie durchaus etwas Negatives an, denn hier wird die Symbiose nur dann als positiv angesehen, wenn sie eine Beziehung beschreibt, in der Personen zusammenleben, die miteinander in einer guten, sich gegenseitig ergänzenden und nährenden Beziehung sind. Sind diese jedoch entweder gegenseitig voneinander abhängig oder besteht eine einseitige Abhängigkeit, dann läuft der Einzelne Gefahr, sich zu sehr im anderen zu verlieren. Leben wir als kleine Kinder noch sehr stark in einer Symbiose mit unseren Eltern, baut sich diese mit dem Älterwerden in der Regel immer mehr ab. Tut sie das nicht, spricht man sogar von einer krankhaften Symbiose. Vor allem dann, wenn wir als Erwachsene unser Wohlbefinden allzu sehr von anderen Menschen abhängig machen, bzw. so auf andere fixiert sind, dass wir uns selbst dabei übersehen. Dabei versucht die abhängige Person den anderen an sich zu binden und tut viel um die Beziehung aufrechtzuerhalten. Wenn es sein muss sogar mit Selbstaufopferung.

In der Beziehung zwischen Mutter und Kind entspricht die Symbiose einer ganz normalen und vor allem sehr wichtigen Entwicklungsphase während der Schwangerschaft und frühen Kindheit. Für die ersten neun Monate sind wir – was unsere Entwicklung angeht – über die Nabelschnur bestens versorgt und müssen uns um nichts kümmern. Unsere Bedürfnisse scheinen somit gestillt. Wir sind mit der Mutter zu einer Einheit verschmolzen und alles, was sie erlebt, erleben auch wir. Alle positiven, aber auch alle negativen Gefühle und Erfahrungen der Mutter gehen in dieser pränatalen Zeit über die Nabelschnur ungefiltert auf das Ungeborene über. Somit fühlen wir, was sie fühlt und teilen mit ihr Empfindungen der Freude und des Glücks, aber auch ihre Erwartungen, Ängste und Sorgen oder gar ihren Schmerz. – Was auch immer geschieht, wir teilen alle diese Erfahrungen mit ihr. – Spätestens nach neun Monaten kommt dann der Tag, an dem aus unserer anfänglich so perfekten Symbiose ein erstes Symbiosetrauma entsteht. Jetzt gilt es, den wohltuenden, kuscheligen Raum der Geborgenheit für immer aufzugeben. Wird die Nabelschnur durchtrennt, erleben wir diesbezüglich unseren ersten Schock, denn die Sicherheit und Geborgenheit, die vorher noch da waren, sind plötzlich für immer weg.

Auch wenn wir mit unserer Geburt den ersten entscheidenden Schritt in die Selbstständigkeit unseres Lebens gewagt haben, bleiben wir vor allem in der Zeit nach der Geburt und in den ersten drei Jahren noch sehr stark davon abhängig, dass uns die Mutter auch weiterhin gut und liebevoll umsorgt. Erleben wir in diesen ersten Jahren eine gute symbiotische Phase zwischen Eltern und Kind, entwickelt sich daraus eine gute, gesunde kindliche Autonomie und die Phase einer gesunden Ablösung beginnt. – Doch was geschieht, wenn diese lebensnotwendigen Bedürfnisse nach Verbundenheit und Liebe in der Beziehung zwischen Mutter und Kind aus welchen Gründen auch immer nicht ausreichend gesichert und gewährleistet waren? – Als Säugling und Kleinkind brauchen wir einen Erwachsenen (v. a. unsere Mutter) als Spiegel, der uns unsere Gefühle und ersten Erfahrungen erklärt und reflektiert. Nur so können wir uns selbst als eigenständiges Wesen immer mehr und immer besser erfahren. Uns selbst kennenlernen und einen guten Bezug zu uns selbst, sowie ein gutes Selbstbewusstsein entwickeln. Zudem geben uns die Zuwendung und Liebe der Mutter, sowie ein intensiver Körperkontakt mit ihr vornehmlich die Sicherheit und den Halt, die wir brauchen, um im Sinne einer ganzheitlich gesunden Entwicklung immer mehr auf unsere eigene Entdeckungsreise „Leben" zu gehen.

Nicht immer ist eine derart gesunde Autonomieentwicklung des Kindes möglich, v. a. dann, wenn es während der Schwangerschaft oder vor bzw. nach der Geburt zu diversen Komplikationen kam. Liegen solch schwierige Startbedingungen vor, die eine sichere Bindung zwischen Mutter und Kind behindern, laufen die Bedürfnisse des Kindes im Hinblick auf Körperkontakt, Zuwendung und Liebe ins Leere, fühlt sich das Kind nicht wertgeschätzt, nicht (ausreichend) geliebt und ist emotional unterernährt. – Kommt dann noch ein Gefühl von Unsicherheit dazu bzw. bleiben im Verlauf der späteren Entwicklung die Bedürfnisse des Kindes weiterhin unerfüllt, so kommt es nicht zur vollständigen Abnabelung von den Eltern und wir entwickeln uns nur unzureichend zu einem autonomen, selbstsicheren und selbsterfüllten Menschen. In uns bleiben unerfüllte Bedürfnisse zurück, die wir scheinbar damit befriedigen, dass wir uns vermehrt um die Bedürfnisse anderer kümmern. So entstehen jedoch Verstrickungen und Abhängigkeiten, die mehr schaden als nützen. Gibt es bei den Eltern selbst auch unerfüllte Abhängigkeiten und Strukturen, weil sie aufgrund ihrer eigenen Biografie an Liebe und Zuwendung durch ihre Eltern ebenfalls zu wenig bzw. gar „nicht satt geworden" sind, ist es ihnen nicht möglich, das Kind in die Selbstständigkeit zu entlassen. Aus eigener Bedürftigkeit binden sie so ihre Kinder wiederum an sich, um die damit einhergehenden ungelösten Gefühle nicht spüren zu müssen.

Derartig „frühkindliche Verstrickungen" sowie die frühe Traumatisierung durch eine solch symbiotische Liebe bezeichnet der Psychotraumatologe Professor Dr. Franz Ruppert aus München als „Symbiosetrauma"[2]. Hat ein Kind derartige Verletzungen oder

---

2 Prof. Dr. Ruppert Frank. Symbiosetrauma und symbiotische Verstrickungen. Abrufdatum 06.01.2021, von https://docplayer.org/18729030-Symbiose-trauma-und-symbiotische-verstrickungen.html

Traumata erfahren, kann das – je nach Sensitivität des Kindes – unter Umständen gravierende Folgen für die weitere Entwicklung der Persönlichkeit und Psyche haben. Übertragen auf den Bereich der Beziehung kann das zum Beispiel bedeuten: Da wir auf eine bestimmte Art und Weise hinsichtlich eines intensiven Kontakts mit der Mutter unerfüllt und somit auch „hungrig" geblieben sind, suchen wir selbst noch als Erwachsene ständig nach ihrer Bestätigung, um uns ja endlich sicher und daseinsberechtigt zu fühlen. Bekommen wir diese Rückmeldung jedoch nicht, fühlen wir uns nicht angenommen, nicht gesehen. In diesen Fällen manifestiert sich nur allzu leicht der Glaubenssatz in uns: „Ohne eine Bestätigung von dir bin ich nicht wertvoll genug. Bin nicht gut genug. Kann meinen eigenen Wert weder wahrnehmen, noch fühlen." …

In uns bleibt diese unerfüllte Beziehung zurück, die wir dadurch zu kompensieren versuchen, indem wir uns vermehrt um die Bedürfnisse anderer kümmern, um uns selbst auf diese Art eine Daseinsberechtigung zu geben. Doch in uns selbst bleiben wir „unfrei" und mit der Mutter verstrickt. Sind ewig Suchende nach dieser Liebe. Wer diese sucht, der findet sie nicht. Je mehr er sucht, umso mehr entzieht sie sich ihm, denn sie will nicht im Außen gefunden werden, sondern erst in der Person selbst, die nach ihr sucht. Erst dann stehen wir sozusagen mit beiden Füßen in der Welt und können endlich nach der physischen Geburt – die mitunter schon Jahrzehnte zurück liegt – auch psychisch geboren werden. Erst mit der Liebe zu uns selbst sind wir wirklich beseelt und können ein Leben in wahrem Glück mit viel Leichtigkeit und Freude leben. Ruhen in uns, fühlen uns erfüllt und können wahrhaft gesunde Beziehungen pflegen, weil wir endlich in der Beziehung zu uns selbst angekommen sind. Sie ist der Schlüssel für ein in jeglicher Hinsicht erfülltes Leben.

Gelingt uns dies nicht, suchen wir uns im Außen solange Partner und Freunde, von denen wir uns erwarten, dass sie zumindest zu einem Teil die Leere, die wir in uns fühlen, ausfüllen können. Im Grunde genommen wählen wir unbewusst die Freunde und Partner, die sich genauso verhalten wie unsere Mütter und halten an diesen Beziehungen fest, auch wenn sie uns nicht oder viel zu wenig erfüllen. Unbewusst leben wir mit ihnen all die Programme, die wir uns als Abwehr-, Anpassungs- und Überlebensstrategien bereits in jungen Jahren angeeignet haben, um bloß nicht alleine zu sein, denn sonst müssten wir unsere eigene Leere fühlen und bewusst durch den Seelenschmerz und die damit verbundenen Gefühle tiefer Traurigkeit, die wir bislang verdrängt haben, gehen. Allzu leicht wählen wir nach einer Phase des ersten Verliebt-Seins und der daraus resultierenden Euphorie beseelt von dem Glauben, den richtigen Partner gefunden zu haben, unbewusst Beziehungsarrangements, die uns immer und immer wieder aufs Neue erleben lassen, dass da auch weiterhin ein unerfüllter Hunger nach der wahren Liebe in uns lebt.

Solange es beide Partner vermögen, sich hinsichtlich ihrer Bedürfnisse zu ergänzen bzw. einen für beide guten Mittelweg (Kompromiss) zu gehen, kann eine solche Partnerschaft sehr harmonisch und durchaus auch erfüllend sein. Doch der nach wahrer Liebe Suchende bleibt genauso ein Suchender wie ein Träumer ein Träumer bleibt. Und wenn die Seifenblase der Illusion von einer gesunden Beziehung zerplatzt, dann wird die traurige Wirklichkeit Realität. – Dann erkennen wir, dass sich beide Partner gefunden haben und zusammengeblieben sind, um immer und immer wieder ihr Symbiosetrauma unbewusst zu re-inszenieren, denn jeder von uns hat sein ganz eigenes Thema mit seiner Mutter. Jeder von uns hat ihre Präsenz in seinem Leben auf eine ganz eigene Art erfahren, erlebt und gefühlt. In diesem Prozess des Erlebens ähneln sich nicht einmal die Geschwister. Je nach Persönlichkeit und psychischer Standfestigkeit des Einzelnen wird es sehr unterschiedlich erlebt. Doch indem ich diesen Prozess so beschreibe, will ich keineswegs die Mütter anklagen, enttäuschen, kränken oder gar verbittern. – Ganz im Gegenteil. – Ich will unser aller Bewusstsein vielmehr dahingehend schärfen, wie wichtig die Aufgabe ist, *Mutter zu sein,* und an dieser Stelle betonen, dass ich fest davon überzeugt bin, dass jede Mutter stets ihr Bestes gegeben hat bzw. gibt, denn auch sie ist wiederum ein Kind ihrer eigenen Mutter, trägt ihre eigene Biografie in sich, sowie auch die Geschichte unserer Ahnen.

Nach Prof. Dr. Ruppert Frank lässt sich Trauma definieren als „ein Erlebnis, das das Ich des Betroffenen zum Verschwinden und seinen Willen zum Erlahmen bringt. Trauma bedeutet Aufgabe und Verlust des gesunden Ichs und des klaren Willens. Es führt zur Unterordnung unter ein „Wir", das einem mehr schadet als nutzt, oder zur blinden Rebellion dagegen. Es führt zu endlosen symbiotischen Verstrickungen zwischen Menschen, die alle traumatisiert sind und den Weg daraus nicht mehr von alleine finden können."

Transgenerationales Trauma – Generationsübergreifendes Trauma

Menschen, die Traumata aus der Eltern- oder Großelterngeneration in sich tragen, haben es neben ihren eigenen Erlebnissen und Gefühlen zusätzlich mit einer Flut von Gefühlen und Ereignissen zu tun, die nicht die ihren sind. Auch wenn wir versuchen diese irgendwie zu verarbeiten, so können wir dies nicht, denn wir können immer nur unsere eigenen Gefühle lösen. Diese fremden Gefühle, die wir da in uns aufgenommen haben, verhalten sich anders als unsere eigenen. Man könnte auch sagen: Sie führen unter ihren eigenen Vorzeichen ihr eigenes Leben in uns.

Woran lassen sich Trauma-Folgestörungen erkennen?

- man kommt nicht mehr zur Ruhe, kann nicht mehr entspannen, innerer Stress
- das Nervensystem ist permanent in Alarmbereitschaft
- ausgebrannt-Sein und Erschöpfung
- körperliche Schmerzen, chronische Entzündungen, schwaches Immunsystem
- Gefühle tiefer Verzweiflung und Hoffnungslosigkeit
- Schlafstörungen, erhöhte Wachsamkeit, Schreckhaftigkeit
- Konzentrationsschwierigkeiten, erhöhte Reizbarkeit
- undefinierbare Ängste, Ärger und Wut

- Zukunftsängste und Sorgen, pessimistische Haltung
- Selbstvorwürfe, negatives Selbstbild
- Schuld- und Schamgefühle
- Alpträume und u. U. Lebensmüdigkeit
- innere Antriebslosigkeit, zu keiner großen Entscheidung mehr fähig
- …

In Wahrnehmungen und Gefühle übersetzt heißt dies, wie zum Beispiel bei mir: Warum habe ich immer wieder diesen Traum, in ein tiefes, schwarzes Loch zu fallen? – Was ist dieses Undefinierbare, dieses Schwarze, Düstere, Schwere in meinem Leben? – Was ist das für ein zähes Erbe, mit dem ich da angetreten bin? – Warum ist es mir nicht möglich von Grund auf glücklich zu sein? – Wo kommt sie her, meine tiefsitzende Angst vor dem Leben? – Was haftet ihr an? – Lebe ich denn überhaupt oder bin ich mehr ein Schatten meiner selbst? – Warum scheint mir Lebensfreude und Glück nicht einfach ebenso in die Wiege gelegt zu sein wie den anderen? – Warum habe ich das Gefühl mir alles so hart „erkämpfen" zu müssen? – Ich bin so müde vom Kämpfen. – Ich mag nicht mehr. – Kämpfen, kämpfen, kämpfen! – Warum empfinde ich mein Leben als einen solchen Kampf? – ???

Ich trage in mir einen Schmerz, der meiner ist und doch nicht meiner. Er begleitet mich schon seit meiner Kindheit. Genau wie die Gefühle von tiefer Traurigkeit, Ohnmacht und ein starkes innerliches Aufgewühlt-Sein. – Bloß nicht schwach sein. Bloß keine Gefühle zeigen. Das kommt nicht gut. Gefühle müssen kontrolliert werden. Mein Weinen, meine Schwäche. – Bloß nicht auffallen, nicht laut sein, sich am besten gar nicht zeigen. Funktionieren ist wichtig. – Schon als Kind und Jugendliche fühlte ich mich oft sehr einsam und allein. Die Einsamkeit zieht sich wie ein roter Faden durch mein Leben. Ich kann mitten unter Menschen sein und fühle mich dennoch so allein. Manchmal ist meine Ohnmacht so groß, dass ich nicht sprechen kann. So konnte ich zum Beispiel meinen Eltern, aber auch meinem Ex-Mann, nie wirklich sagen, was mich beschäftigte. Ihre Welt war nicht wirklich meine Welt. Und ihnen erging es mit mir wohl ebenso. So war ich stets viel mit meinen Gedanken allein. Auch heute noch. …

„Die Seele ist nicht grenzenlos belastbar."
Bettina Alberti

Die Seele ist nicht grenzenlos belastbar. – Dass dem so ist, das habe ich leider zu spät gemerkt. Solange ich denken kann, war eine gewisse Härte mir selbst gegenüber an der Tagesordnung. Bloß nicht zu weich und nachsichtig mit sich selbst sein. Möglichst keinen Stress machen. Angesagt sind Funktionieren und Disziplin! Das hatte ich gelernt. Das war mir vertraut. Was ich jedoch meiner Seele damit antat, das war mir nicht bewusst. Für mich war es ein ganz normaler Wahnsinn, so unsanft mit mir selbst zu sein. Ich war der Überzeugung, das gehört so zum Erwachsensein dazu. Doch das Leben wollte mich anderes lehren. Irgendwann – genau genommen mit dem Tod meines Bruders – kam ich mit allem nicht mehr zurecht. Schließlich kam meine Seele gemeinsam mit ihm in dieses Leben und gemeinsam mit ihm wollte sie auch wieder zurück. Für begrenzte Zeit konnte ich noch ganz gut funktionieren, dann aber kollabierte meine Seele. Ich fühlte mich nur noch leer. Eine leere menschliche Hülle. Ein Körper ohne Leben. Sich bloß im Außen nichts anmerken lassen. Stärke zeigen …

Oft haben wir die Traumata unserer Eltern und Großeltern schon so früh in unserer Kindheit aufgenommen, dass wir uns ihrer gar nicht bewusstwerden, weil sie schon von Anfang an in unserem System heimisch geworden sind. Mitunter versuchen wir vielleicht schon seit Jahren/Jahrzehnten ihrer habhaft zu werden, sie irgendwie auszugleichen und zu kompensieren, nur gelingt uns dies nicht. Stattdessen nehmen wir sie als Energieräuber, als Angst auslösend oder gar depressiv machend wahr und haben immer wieder ein Gefühl, als würden wir über einem dunklen

Abgrund hängen. Die unverarbeitete übernommene Trauer kann sich uns zum Beispiel auch dadurch zeigen, dass wir zwar viel weinen, aber nicht wie üblich nach dem Weinen eine Erleichterung verspüren, sondern eher noch das Gefühl haben, noch tiefer in eine nicht enden wollende Traurigkeit abzurutschen. – So sehr uns diese Gefühle belasten und in die Knie zwingen, sind sie dennoch kaum greifbar für uns. Gelingt es uns nicht, ihrer trotz innerer Arbeit und Reflexion habhaft zu werden und sie aufzulösen, dann ist dies ein untrügliches Zeichen dafür, dass es die Energien und Traumata unserer Eltern und Ahnen sind, denn wären es unsere eigenen Belastungen und die daraus resultierenden Energien, dann könnten wir sie uns bewusst machen und lösen.

Sind wir uns der eigenen Probleme und der damit verbundenen Gefühle, die der Klärung bedürfen, bewusst geworden, können wir diese ausreichend betrauern und somit auch lösen. Tragen diese dann nicht länger als unnötigen Ballast mit uns herum, sondern empfinden Frieden und Liebe. – Die Traumata unserer Eltern und Ahnen können wir jedoch nicht lösen. Sie sind zäh, haften uns an und bestimmen so lange unsere Gefühle, unser Denken und Handeln, bis wir sie an die Menschen zurückgeben, von denen sie gekommen sind. Und das sind in aller Regel genau die Personen, die uns wiederum unbewusst auf Abstand halten, um sich selbst vor ihren eigenen unbewussten Gefühlen zu schützen.

Für uns Betroffene ist es wichtig, diesen ganzen Ballast „fremder" Energien zurückzugeben, denn erst wenn wir wirklich frei davon sind, können wir in unsere eigene Lebenskraft und Lebensfreude finden. Erst dann kommen wir bei uns selbst an und erfahren nun neben der körperlichen auch die seelische Geburt. Fühlen uns gehimmelt und geerdet, stehen mit beiden Füßen im Leben und können nun endlich erleben wie schön es ist, aus einem freien Herzen heraus zu leben.

Mehr Verständnis für mich und meine Situation bekam ich erst so richtig, als ich 2018 begann an Systemischen Aufstellungen teilzunehmen. Sie brachten Licht ins Dunkel und halfen mir vieles besser zu verstehen. Bei einer Systemischen Aufstellung werden die für ein bestimmtes Thema wichtigen Mitglieder eines Systems (z. B. Familie) aufgestellt und innerhalb eines Raumes zueinander in Beziehung gestellt. Auf diese Art kann im Hinblick auf das Thema bewusst gemacht werden, wie es um die Interaktion zwischen den Mitgliedern der Familie steht. Sind sie sich zu- oder abgewandt? – Blockieren sie sich? – Welche unbewussten Energien (positiv/negativ) zeigen sich zwischen Person A, B, C …? – Da wir Menschen uns gegenseitig Spiegel sind, hat jeder von uns innerhalb dieser Systeme einen ganz bestimmten Platz, der letztendlich wiederum mit ganz bestimmten Lernaufgaben sowohl für den Einzelnen als auch für das gesamte System verbunden ist. Das Wertvolle an den Systemischen Aufstellungen ist, dass sie Klarheit und Bewegung in festgefahrene Systeme bringen. Der Sinn solcher Aufstellungen ist es, immer wieder auftretende Schwierigkeiten oder Konflikte in einem größeren Zusammenhang zu sehen. So können zum Beispiel biografische Muster und generationsübergreifende Problemstellungen sichtbar gemacht und integriert werden. Dabei führt ein geschulter Therapeut oder Coach die beteiligten Systemvertreter/Stellvertreter durch den Prozess. Den Grundstein für diese Methode, unbewusste Strukturen, Beziehungen und Dynamiken von Systemen sichtbar zu machen, legte die amerikanische Familientherapeutin Virginia Satir.

Über mehrere solcher Systemischen Aufstellungen hinweg wurden wir als Stellvertreter immer wieder konfrontiert mit der Thematik von Krieg, Tod und unverarbeiteter Trauer und konnten uns so darüber bewusstwerden, wie sich die ungelösten Energien, deren Ursache meist in dem unverarbeiteten Schmerz von damals lag, auch heute noch als Blockade innerhalb der Beziehung zwischen Eltern und Kind zeigen. So erlebten wir immer wieder einmal Situationen, wo wir erkennen konnten, dass uns die Eltern als Kinder mit unseren Bedürfnissen nach Wertschätzung und Liebe gar nicht wirklich wahrnehmen und fühlen konnten. – Ganz im Gegenteil. – Wir überforderten sie zusätzlich, indem wir jetzt auch noch bedürftig nach ihrer Liebe und

Zuwendung waren. Zum Teil waren sie mit ihrem Schmerz wie zu einer Salzsäule erstarrt, da in ihnen so viel an Angst, Traurigkeit und anderen Emotionen war, die ein Fühlen und Wahrnehmen des eigenen Kindes gar nicht möglich machten. Wie ein Schatten lebten diese Energien in ihnen fort und blockierten unbewusst die Beziehung zu ihrem eigenen Kind. – Und über allem konnten wir immer und immer wieder sehen, dass es in aller Regel an der Kommunikation zwischen den beteiligten Personen fehlte. Man hatte schon viel zu lange das Tuch des Schweigens über alles gelegt und wollte mit dem eigenen Seelenschmerz, sowie der Angst und Ohnmacht, die sich dadurch zeigen können, nicht konfrontiert werden. ... Wie sollten uns die Eltern also das geben, wonach sie selbst bereits in ihrem Leben suchten, ganz egal wie bewusst oder unbewusst sie dies taten?

Erst mit der Lektüre der Bücher von Frau Bettina Alberti und Frau Sabine Bode (siehe Literaturverzeichnis) konnte ich nach und nach eine andere Perspektive einnehmen und mehr Verständnis für die Situation meiner Eltern aufbringen und verstehen, warum sie waren, wie sie waren bzw. sind (meine Mutter lebt noch). Sie sind im Grunde genommen selbst zutiefst verletzte und traumatisierte Kinder, die es sich ihr Leben lang untersagt hatten, Schmerz, Trauer und andere Gefühle zu verarbeiten. Sie erschufen sich stattdessen eine Welt, in der es so zu sein hatte, wie es wichtig und richtig für sie war. Dabei konzentrierten sie sich bewusst wie unbewusst sehr oft noch auf die alten Werte, nach denen sie selbst erzogen wurden, als da sind: Härte gegen sich selbst – Weitermachen trotz Weh und Ach – Zuerst die Arbeit, dann das Vergnügen. Geboren war der Mensch, der scheinbar nahezu „bedürfnislos" funktionierte und mit ganz wenig zufrieden war.

Wir leben schon in der dritten Generation (Eltern, Großeltern, Urgroßeltern) in einer Welt, die in den Erinnerungsfeldern unseres Unterbewusstseins noch viel aus Schutt und Asche, seelischen Trümmern, Not und Verzweiflung usw. besteht. Drei Generationen Ahnen, die sich – was ihre persönliche Entwicklung angeht – hauptsächlich den Wiederaufbau auf die Fahnen schrieben. Ihre Rettung war ihre Art von „Flucht" in diverse Abwehrmechanismen, um entsprechend ihrer Lebensbedingungen möglichst gut zu funktionieren und das auszublenden, was für Schmerz, Trauer, Kummer, Angst, Sorgen etc. stand. – Für das, was sie aus dem Nichts heraus geleistet haben, gebühren ihnen größte Anerkennung, Wertschätzung, Achtung, Respekt und Dank. – Durch die Aufarbeitung meiner eigenen Vergangenheit und der Geschichte der Ahnen wurde mir immer mehr klar, dass sie im Grunde genommen stets ihr Bestes gegeben hatten, auf der Grundlage dessen, was sie selbst erfahren und erlernt hatten.

Die Welt unserer Eltern und Ahnen konnte nicht aus Träumen bestehen. Da waren harte Fakten (Skills) gefragt. Für die weicheren Skills sind jetzt wir, die nachfolgenden Generationen, gefragt. Da, wo unsere Eltern mit dem wirtschaftlichen Aufbau einer Gesellschaft gefordert waren und die entsprechenden Werte lebten, sind jetzt wir gefragt, uns unserer eigenen Werte und Ziele bewusst zu werden und vermehrt nach diesen zu leben, damit sich ein struktureller Wandel vollziehen kann. Jetzt ist die Zeit, um neue Ideale, Werte und Ziele ins Leben zu bringen. Ein Auftrag, vor dem wir im Kleinen wie im Großen weltweit alle stehen.

In ihrem Buch *Seelische Trümmer* (S. 132ff) gibt uns Bettina Alberti dazu Fragen an die Hand, deren Beantwortung wichtige erste Schritte in der emotionalen Selbstführung und Bewusstwerdung eigener Bedürfnisse sind:

• Welche Werte hatte und hat die Herkunftsfamilie? – Kann ich diese Werte auf den inneren Prüfstand stellen, einige ablehnen und andere annehmen?
• Was habe ich von der Eltern- und Großelterngeneration gelernt?
• Wie kann ich meinen Frieden mit der Vergangenheit machen?
• Gibt es alte, unbewusste Aufträge aus der Herkunftsfamilie, die mich binden?
• Welche Werte kann ich selbst ins Leben bringen? – Was braucht meine Seele?
• Was bringt mich weg von mir und was führt mich zu mir hin?

- Kann ich mit anderen darüber kommunizieren, was mich wirklich bewegt?
- Was braucht einen Platz in mir, einen Hort der Geborgenheit?
- Kann ich lernen, das Hier und Jetzt wahrzunehmen?
- Was ist mir wichtig, was spricht mich an?
- Welche Menschen erreichen durch welche Werte die Tiefe meiner Seele?

Um die Ressourcen, die in der Vergangenheit liegen, zu sehen, ist es wichtig, die eigene Vergangenheit zu reflektieren. Unseren Frieden damit zu machen. Noch viel mehr in die Verantwortung für den Umgang mit sich selbst und mit den anderen zu gehen. Unsere Schwächen genauso anzunehmen wie unsere Stärken. Den eigenen Gefühlen zuzuhören. Alle Gefühle zu leben und authentisch zu sein. Sich für andere zu öffnen, auch wenn es heißt die eigene Verwundbarkeit zu zeigen. Die Beziehung zu sich selbst liebevoll auszubauen und zu gestalten, um frei zu werden für ein Mehr an gesunden Beziehungen mit anderen.

8

Warum Krise und Krankheit? –
Was sagen Körper, Geist *und* Seele dazu?

Krankheit!? – Was, wenn ich lerne, anders auf das Phänomen von *Krankheit* zu sehen? Schlägt man im deutschen Standardwerk der medizinischen Wörterbücher, dem „Pschyrembel", den Begriff „Krankheit" nach, so definiert er sich als „Störung der Lebensvorgänge in Organen oder im gesamten Organismus mit der Folge von subjektiv empfundenen und/oder objektiv feststellbaren körperlichen, geistigen oder seelischen Veränderungen"[3]. Diese Definition entspricht letztlich auch der Unterscheidung in körperlich-organische, psychosomatische und psychische Krankheiten, deren Entstehung entweder naturwissenschaftlich-somatisch, sozio-psycho-somatisch oder verhaltensbedingt erklärt wird.

Da ich aufgrund meiner eigenen Situation gelernt habe, dass Krankheit nicht einfach so mit uns geschieht, sondern eine wichtige Botschaft in sich trägt, die es herauszufinden und zu entschlüsseln gilt, habe ich mich in Anbetracht meiner eigenen Geschichte – und der freien Zeit, die diese mit sich bringt – nach jahrzehntelanger Odyssee von Arzt zu Arzt nun endlich entschieden, meine eigenen Studien hinsichtlich meiner Symptomatik zu vertiefen, um so für mich in Erfahrung zu bringen, welche Botschaften es sind, die mir mein Körper bzw. meine Seele vermitteln wollen. Also machte ich mich auf den Weg, die Sprache meiner Symptome immer mehr zu erlernen, um mich selbst und meine Geschichte damit letztlich besser zu verstehen. Meine wichtigsten Nachschlagewerke habe ich Ihnen diesbezüglich bereits vorgestellt. Es waren die Bücher von Dr. Ruediger Dahlke, sowie die

---

3 Pschyrembel. Definition von Krankheit. Abrufdatum 06.01.2021, von https://www.pschyrembel.de/Krankheit/K0C8J

Bücher der spirituellen Lehrerin Lise Bourbeau (siehe Literaturverzeichnis), die mir wichtige Ratgeber wurden, wenn es darum ging die Sprache der Symptome zu entschlüsseln und sie in einen Kontext mit Familiengeschichte und Biografie zu bringen.

Inzwischen bin ich davon überzeugt, dass wir alle, jeder Einzelne von uns, so viel mehr zu unserem eigenen Genesungsprozess beitragen können, wenn wir nur bereit sind die *Verantwortung* dafür wieder mehr in die eigene Hand zu nehmen, statt uns ausschließlich dem medizinischen Fachpersonal anzuvertrauen. Es ist zwar wunderbar, dass es jahrelang geschultes Fachpersonal in den einzelnen medizinischen Fachbereichen gibt. Und ich möchte diese Gespräche mit den Fachspezialisten nicht missen. Doch mit jedem Arztbesuch stellte ich mir immer mehr die Frage: Wie soll es ein noch so guter Arzt bei 10- bis bestenfalls 30-minütigen Gesprächen je vermögen, sich in mich und meine Krankengeschichte überhaupt so hineinzufühlen und zu denken, dass er mich optimal beraten kann, zumal im Wartezimmer noch so viele andere Patienten sitzen, die ihrerseits ebenfalls der besten Versorgung bedürfen? Wir können die Verantwortung für unsere Gesundheit unmöglich abgeben, indem wir uns nur in eine medizinische Behandlung begeben. Mediziner wie auch Psychologen sind bestenfalls unsere Wegbegleiter und Berater, die uns mit ihrem Fachwissen so gut sie es vermögen zur Seite stehen.

Um jedoch nachhaltig gesund zu werden, haben wir auf eine *innere* Reise zu gehen und in uns selbst zu erforschen, was uns die Sprache unserer Symptome lehren will. Nur so kann Heilung tief in unserem Inneren geschehen, die sich uns dann auch wiederum im Außen in Form von Frei-Sein von bestimmten Symptomen zeigen kann. Dafür brauchen wir mitunter sehr viel Geduld und müssen wieder lernen ins Urvertrauen zu gehen. Heilung geschieht dann, wenn meine Seele wieder im Einklang mit meinem Körper und Geist ist. Zuerst fängt die Heilung in der Seele an, dann kommt nach und nach der Geist dazu, denn auch in ihm bedarf es bestimmter Voraussetzungen, damit tiefe Transformation und Heilung geschieht. Als Letztes wird mein Körper auf all die positiven Veränderungsprozesse reagieren – daher brauchen wir viel Geduld. Hier müssen erst wieder die ganzen Regenerationsprozesse stattfinden, bevor eine vollkommene Genesung sichtbar wird. Wichtig ist, dass wir während dieser ganzen Zeit an uns selbst und an die Kräfte, die in uns wirken, glauben. Außerdem spielt unsere persönliche Überzeugung eine sehr wichtige Rolle, denn sie beeinflusst unseren Geist. Es gilt am wahren Grund unseres Krank-Seins zu arbeiten, denn nur so kann eine wirklich tiefe, innere Heilung geschehen. Und die braucht ihre Zeit. Zudem ist eine wesentliche Aufgabe im Hinblick auf ein wirklich gesundes, erfülltes und damit letztlich auch glückliches Leben, zu versuchen Schritt für Schritt ein Gleichgewicht zwischen Bewusstsein und Unbewusstsein anzustreben.

Unser Körper ist so intelligent, dass er uns mit Hilfe einer bestimmten Krankheit wissen lässt, dass in uns etwas in Unordnung, in Chaos, in Krise geraten ist. Könnten wir die Sprache unseres Körpers besser deuten und verstehen und würden wir wieder mehr unserer eigenen Natur und Intuition vertrauen, dann stünden wir um ein Vielfaches besser in Beziehung mit uns selbst und könnten beizeiten Vorsorge treffen, damit bereits zu Beginn einer Krankheit Mittel und Wege gefunden werden, um besser mit uns selbst in Einklang zu sein. Wir haben einen hochintelligenten Körper, vielleicht den effektivsten Computer von Welt und wissen so wenig darüber, wie wir diese Datenbank effizient nutzen können. Das heißt beim besten Willen nicht, dass ich irgendeine Art von klassischer Medizin oder Apparate-Medizin etc. missbillige oder ihr gar abschwöre. Ich will Sie als Leser mit meinen Ausführungen nur dahingehend sensibilisieren, dass es *an uns allein* liegt, uns bewusster für ein Leben im Einklang mit Körper, Geist und Seele zu entscheiden.

Ich selbst bin das beste Beispiel dafür, wie ungesund es ist, wenn wir alle anderen Aufgaben und Pflichten als wichtiger ansehen als die Gesundheit unseres Körper-Geist-Seele-Systems. Wenn wir nicht in Beziehung und damit auch nicht in Harmonie mit uns selbst sind. Wenn wir uns vernachlässigt haben. Vernachlässigt wofür? – Hat es mich glücklich gemacht, so viel im

Außen zu sein und dafür so wenig bei mir selbst? – Klare Antwort darauf: „*Nein!*"

Soll es wirklich um tiefe Heilung gehen (und das wünsche ich mir), darf weder das eine, noch das andere vernachlässigt werden. Es gilt sich immer alle drei Bereiche anzusehen, denn in ihnen ist der Schlüssel für Heilung zu finden. Das habe ich inzwischen gelernt. Das eine bedingt das andere. Lasse ich einen Teil unberücksichtigt, kann *tiefe* Heilung viel zu wenig geschehen, weil alles so eng miteinander verbunden ist, dass bei Vernachlässigung eines Teilbereichs stets ein Ungleichgewicht bestehen bleibt. So entsteht in gewisser Weise eine Form von Disharmonie. Für mich war es wichtig mir dieses Beziehungsgeflecht zwischen meinem Körper, meinem Geist und meiner Seele anzuschauen und dieses wiederum in Beziehung zu setzen zu meiner Biografie. Diese vier strukturellen Einheiten sind es letztlich, die für mich einer intensiven Betrachtung bedürfen, wenn es darum geht, die eigene Krankengeschichte verstehen zu wollen, denn nur so kann ich effektiv und nachhaltig in die Selbstheilung gehen.

Ich für mich habe irgendwann in meinem Leben durch irgendeine Situation, einen Auslöser, einen „Schlüsselreiz" bedingt unbewusst ein Programm aktiviert, sodass sich mein Leben unter genau den Vorzeichen, die ich mir unbewusst erwählt habe, in eine ganz bestimmte Richtung entwickeln sollte. Ich werde es in meinem Buch immer und immer wieder erwähnen, weil ich ganz fest davon überzeugt bin und es von Gott auch mehrfach bestätigt bekam: In unserem Leben geschieht nichts umsonst. Alles unterliegt einem höheren Sinn. Ja, ich kann sogar sagen: Alles dient mir, denn nichts kommt von ungefähr. Auch wenn wir die Dinge zunächst nicht verstehen, auch wenn wir gegen sie laut oder leise aufbegehren, oder sie gar zu leugnen versuchen. Sie geschehen, weil wir mit ihrer „Hilfe" etwas zu lernen haben.

Als Seele haben wir uns in Absprache mit Gott bestimmte Aufgaben erwählt, um an ihnen zu wachsen, denn zur Entwicklung unsere Seele sind wir hier. Sie will bestimmte Erfahrungen machen und aus ihnen lernen. Manche dieser Aufgaben sind schön.

Manche nicht. Manche resultieren noch aus einem früheren Leben, weil wir sie damals – aus welchen Gründen auch immer – noch nicht bewältigen konnten. Diese bringen wir dann in dieses Leben mit, und neue Aufgaben kommen dazu, die wir uns für die neue Inkarnation zusätzlich erwählt haben.

Dass dies eine wesentliche Tatsache ist, nach der unser Leben funktioniert, haben wir nur leider vergessen, doch es ist wichtig, sich dies ebenfalls immer wieder bewusst zu machen. Es hilft besser zu verstehen, warum unser Leben ist, wie es ist, statt an den Gegebenheiten zu zerbrechen. Und dieses Rückerinnern an unseren Seelenauftrag hilft auch, sowohl den Sinn von diversen Grunderkrankungen, als auch den Sinn späterer Lebensereignisse wie Tod, Trennung, Krise, Krankheit usw. besser zu verstehen. Das Problem ist nur, wir können uns zwar an den schönen Dingen unseres Lebens erfreuen, doch alles andere negieren wir und lehnen es entschieden ab. Doch diesen Ereignissen kommt im Grunde genommen eine wichtige Bedeutung zu, weil sich für uns dahinter eine wichtige Aufgabe im Sinne des persönlichen Wachstums verbirgt. Nehmen wir jedoch die Herausforderung (egal welcher Art) an, setzen uns konstruktiv mit ihr auseinander, machen uns bewusst, was der Bedeutungsgehalt hinter entsprechender Situation ist, wachsen wir an ihr, finden Lösungswege, kommen nach und nach in unsere Kraft und werden so auch gegenüber neuen Lebensaufgaben widerstandsfähiger, resilienter.

Ist es uns jedoch nicht bewusst und verkennen wir die Tatsache, dass Leben lernen, Entwicklung und Wachstum heißt, *verweigern* wir uns unbewusst der Lernaufgabe, die hinter den Ereignissen steht, stoppen damit aber auch unsere Entwicklung, unseren Fortschritt. Treten unter Umständen so lange auf einer Stelle, bis sich uns das Thema zwar mit gleichen Vorzeichen, aber in einem neuen Gewand erneut zeigt. So lange, bis wir bereit sind genauer hinzusehen. Erst durch diese Bereitschaft (die leider sehr oft mit starken Schmerzen, sowie den Erfahrungen von Kummer und Leid einhergeht) lernen wir tiefer hinzuschauen, kommen ins Handeln, machen uns die Zusammenhänge bewusst. Und somit kann endlich das, was uns so lange – weil unbewusst – die klare

Sicht auf einen bestimmten Sachverhalt genommen hat, in Lösung und damit auch in Heilung gehen. Wir wehren uns nicht länger, eine bestimmte Erfahrung zu machen, sondern nehmen sie an, akzeptieren sie. Fragen nach, was sie uns zu sagen hat. Die Antworten, die wir darauf bekommen, helfen uns wiederum, den nächsten Schritt in der Betrachtung einer gewissen Thematik zu gehen. So lange, bis wir im Betrachten der Ursachen für eine bestimmte Sache angekommen sind. – In diesem Sinne habe ich gelernt, mich immer mehr zu fragen:

Was lehrt mich mein Körper?

„Geh du vor", sagte die Seele zum Körper,
„auf mich hört man nicht, vielleicht hört man auf Dich." –
„Ich werde krank werden", antwortete der Körper,
„dann wird man Zeit für Dich haben!"
Ulrich Schaffer

Hashimoto-Thyreoiditis, Alopezie, Schwankungen im Hormonhaushalt, chronische Entzündungen, Parodontitis, Verdauungsprobleme, Allergien, tränende Augen, trockene Haut, Lebensmittelunverträglichkeiten, Bandscheibenvorfall, Rückenschmerzen usw. – Egal bei welchem Arzt ich war: Die Erklärung, dass es sich bei meinen Symptomen noch um eine Schwächung meines Immunsystems aus der Zeit der Hodgkin-Erkrankung heraus handeln kann, dass z. B. der Hashimoto oder die Alopezie *Autoimmunerkrankungen* sind, die nicht heilbar sind, mit denen ich lernen müsste zu leben, stellte mich nie zufrieden, sodass für mich – neben all den Verpflichtungen, die ich sonst in meinem Leben eingegangen war – eine sehr lange Zeit mit der Suche nach einer Erklärung für meine Symptomatik begann. Doch mit dem Ergebnis war ich nie wirklich zufrieden. – Erst jetzt befasse ich mich intensiver damit und frage mich: Wie viele

Begleitsymptome brauche ich eigentlich noch, um endlich die Augen aufzumachen und hinzuschauen? Um endlich sehen zu lernen, worin diese *ganze* Symptomatik begründet ist? Um mich ganz offen und ehrlich mit meinen Themen auseinanderzusetzen und aus all dem zu lernen? Um in die Annahme all dessen zu gehen, was da ist, und von da aus dann Schritt für Schritt in die Heilung zu gehen? – Am besten fange ich bei dem Stichwort der Autoimmunerkrankung an.

Autoimmunerkrankung und Autoaggressionserkrankung – Was ist darunter zu verstehen?

Von der Schulmedizin werden unter dem Begriff der „Autoimmunerkrankung" Krankheiten zusammengefasst, „die auf der Grundlagechronisch-entzündlicher Prozesse basieren, bei denen es durch eine Fehlsteuerung des Immunsystems zur Zerstörung körpereigener Strukturen (Zellen und Organe) kommen kann." Wie und warum es jedoch zu solchen Fehlregulationen der Abwehrkräfte kommen kann, gilt trotz intensiver Forschungsarbeit als nicht geklärt. Stattdessen geht man davon aus, dass diese Erkrankungen unheilbar sind. Interessant ist auf jeden Fall, dass es in den letzten Jahren in den westlichen Industrieländern immer mehr Personen gibt, die von Autoimmunerkrankungen betroffen sind. Die Zahl der Erkrankten soll inzwischen bereits bei mehr als 5 % liegen. Demnach stehen nach den Krebs- und Herz-Kreislauf-Erkrankungen die Autoimmunerkrankungen bereits an dritter Stelle.

Fakten hin, Fakten her. – Ich kann und will es nicht glauben, dass es mein eigener Körper sein soll, der sich angeblich gegen mich selbst richtet. Tief in mir ist etwas, das dieser Erklärung des Begriffs Autoimmunerkrankung keinen Glauben schenken kann. Da muss es noch etwas anderes geben, was in diesem Falle gewichtiger zu sein scheint als mein Körper. Mein Immunsystem hat doch – so habe ich es zumindest einmal gelernt – jegliches

Interesse daran, dass ich wieder gesunden kann. Wozu also diese Fehlsteuerung? – Wo kommt sie her? – Gibt es etwas in mir, das diese Körperchemie so stark negativ zu beeinflussen vermag, dass diese so aus dem Ruder läuft und für Chaos sorgt, was sich mir letztlich dann mit dieser ganzen Symptomatik zeigt? – Und wo kommt denn meine auf mich selbst gerichtete Aggression her, die sich unter dem Begriff der Autoaggressionserkrankung verbirgt? – Warum kämpfe ich gegen mich? – Meine ich damit wirklich mich? – Wen bekämpfe ich wirklich? – Gegen wen befinde ich mich letztendlich tatsächlich im „Krieg"? – Egal ob bewusst oder unbewusst. – Wer ist es, gegen den ich meine Waffen richte, um mich vor Verletzungen – welcher Art auch immer – zu schützen? – Mit wem kämpfe ich hier indirekt um mein Leben? – Wer ist mein Gegenüber? – Wer ist stärker als ich, weil ich ihm unbewusst Macht über mich gegeben habe? – Wer entscheidet darüber, ob es mir gut geht oder nicht? – Von wem bin ich so abhängig, dass er oder sie – egal ob bewusst oder unbewusst – so sehr beeinflussen kann, wie es mir geht?

Inzwischen ist mir klar: Ich kann denken wie ich will und ich kann mich auch weiterhin vor den Antworten verstecken, wie ich es jahrelang getan habe, weil ich dem Wort „unheilbar" zu viel Glauben geschenkt habe. Will ich wirklich gesund werden, komme ich um eine klare und ehrliche Sicht auf die Dinge nicht umhin. Will ich all die Wunden, die da nach wie vor in mir „eitern", Gott mit der Bitte um Heilung übergeben, dann ist es jetzt meine Aufgabe hinzuschauen und mir die Wahrheit anzusehen. Mag sie noch so bitter sein. Manchmal muss die Medizin, die man hinsichtlich eines Genesungsprozesses einzunehmen hat, bitter schmecken. Hieß es früher nicht sogar: Je bitterer die Medizin, umso größer der sich daraus ergebende Heilerfolg. ... Dass meine Selbsterkenntnis hinsichtlich meiner Symptomatik so bitter ist: Gott möge mir dies verzeihen. Ich selbst möge mir dies verzeihen. – Ich kann nicht anders. Ich muss diesen Weg gehen. Ich muss hinschauen und somit meiner größten Angst und der Realität, die ich mir erschaffen habe, in die Augen sehen. Also beginne ich damit, mir das Ganze von Anfang an anzusehen, damit ich Antworten auf meine Fragen bekomme. Fragen wie: Warum bekämpfe ich mich? – Was lehne ich an mir ab? – Was hasse ich so sehr an mir, dass …? – Warum lebe ich dieses Selbstzerstörungsprogramm?

Wann und womit hat das alles angefangen? – Nun, zum Teil kennen Sie ja schon ein paar Details aus meinem Leben, um vielleicht besser zu verstehen, warum ich die bin, die ich bin.

Neugierig wie ich bin, starte ich bereits als Neugeborene alles andere als sanft in dieses Leben. Im Grunde genommen wird bereits mit dem Symbiosetrauma, das ich Ihnen im vorigen Kapitel vorgestellt habe, meine lebenslange Suche nach Halt, Vertrauen, Geborgenheit, Akzeptanz, einem Gefühl von Herzlich-Willkommen-Sein, einem Angenommen-Sein ganz so wie ich bin, nach Gesehen-Werden, nach Gehört-Werden, nach Wertschätzung und Liebe unbewusst durch das Fehlen der Verbundenheit mit meiner Mutter aktiviert. – Mein Verstand sagt mir zwar, dass weder sie noch ich etwas für diesen Umstand der längeren Trennung können. Genauso wenig wie ich selbst hat sich dies wohl meine Mutter für mich gewünscht. Ich kann mir vorstellen, dass sie das gerne anders gehabt hätte, wäre ihr damit doch eine Sorge um ein krankes Kind erspart geblieben. Und auch wenn wir uns dies nicht gewünscht haben, sollte es unser beider Schicksal werden, getrennt voneinander durch diese Zeit zu gehen. Ich kann verstehen, dass sie ihre Liebe dem Neugeborenen zuwandte, das nach wie vor bei ihr blieb. Meinem Bruder. Somit wurden – was auch ganz natürlich ist – zwischen ihm und ihr natürliche Bande aufgebaut, die sie beide ein Leben lang in einer guten Beziehung zueinander sein ließen.

Das ist ein Teil der Geschichte, die ich mit meiner Ratio sehr gut zu erfassen und zu verstehen vermag, und dennoch lebt in mir ein Schmerz, der sich mir immer und immer wieder zeigt, auch dann, wenn ich ihn zu verdrängen versuche. Es gelingt mir nicht ihn zu betäuben, auch wenn ich versuche, ihn mit Arbeit zu ersticken. Es gelingt mir nicht ihn loszuwerden. Zyklisch kehrt dieser Schmerz immer wieder zu mir zurück. Richtet sich häuslich bei mir ein, ohne groß zu fragen, wie mir dies gefällt.

Ist er da, ziehe ich mich mit dem Gefühl einer tiefen Ohnmacht und Einsamkeit beschämt und traurig zurück. Werde für andere nahezu unsichtbar, zumindest unerreichbar. Mache alle Türen zu. Zieh mich in mein Schneckenhaus zurück und lasse keinen wissen, wie es mir geht, weil ich keine Worte dafür finde, warum meine Gefühle gerade so sind, wie sie sind. Ich bin dann so verunsichert und gelähmt, dass ich nicht darüber sprechen kann. Mein Gehirn überschlägt sich zwar förmlich darin, Worte zu finden, mit denen ich versuchen will, diesen Zustand anderen zu beschreiben. Doch bleiben mir die Worte unausgesprochen im Halse stecken, so dass ich im Grunde genommen nicht weiß, wie ich mich dem anderen erklären soll, denn die richtigen Worte kommen mir nicht in den Sinn. Ich bleibe dann wie versteinert und gelähmt mit den Gefühlen des Verlassen-Seins, einer schmerzhaften Einsamkeit und tiefer Traurigkeit zurück. Während mein Herz bis hoch in meine Kehle pocht, was mir vor lauter innerem Aufgebracht-Sein zusätzlich meine Stimme nimmt, habe ich das Gefühl, als bohre sich mir ein Schmerzkörper in meinen Bauch. Direkt zwischen Bauchnabel und Herz. Ich habe erst sehr spät in meinem Leben erfahren, dass dies genau der Bereich ist, der Solarplexus Chakra heißt, das für unsere gesamte Lebenskraft und Vitalität steht und als Sitz des Verdauungsfeuers auch für die Funktion der Verdauungsorgane zuständig ist. Inzwischen kann ich von daher um vieles besser verstehen, warum ich mich in solchen Situationen meiner Lebens-Energie beraubt sehe.

Ist dieses Muster aktiv, erstarre ich förmlich, „friere ein", werde unfähig zu handeln und ziehe mich so lange zurück, bis ich wieder gleichmäßig und ruhig atmen kann. Das war in den ersten zwanzig Jahren meines Lebens so. Am stärksten ausgeprägt in der Zeit der Pubertät. Und speziell dann, wenn es irgendwelche Differenzen zwischen mir und meiner Mutter gab. Ein negatives Erlebnis aus dieser Zeit ist mir noch immer in Erinnerung. Es gehört zu meiner Biografie. Es hat mein Selbstbild als Frau sehr nachhaltig geprägt. Nur leider nicht in einem für mich positiven Sinn. Es beeinflusst mich heute noch, war mir aber jahrelang so nicht wirklich bewusst. Erst in den Jahren zwischen 20 und 48 fühlte sich mein Leben leichter an. Durch Studium, Partnerschaft und Beruf war ich auf anderes fokussiert. Erinnerungsbilder an die Zeit davor stellten sich für mich erst nach meiner Operation (2008) und verstärkt nach der Alopezie (2010) wieder ein. Ab dieser Zeit erlebte ich immer wieder Phasen, die mich sehr stark an Bilder von früher erinnerten. Die für mich auch mit dem eigenartigen Erleben einhergingen, zwar mit anderen zusammen zu sein, aber dennoch in mir einsam und irgendwie leer zu sein. Heute weiß ich, dass dies die ersten Anzeichen der Beziehungskrise zwischen meinem Ex-Mann und mir waren.

So wie er sich ab einem bestimmten Zeitpunkt nicht mehr wirklich gehört, nicht wirklich gesehen, nicht wirklich wahrgenommen, nicht ausreichend geliebt fühlte, so erging es auch mir. Nur dass wir uns unserer Krise nicht wirklich bewusst waren. Wir haben beide unsere unguten Gefühle aus dieser Zeit zu sehr auf Probleme im Außen übertragen, in die jeder von uns auf seine Art verstrickt war. Keiner hatte weder die Energie, noch den Mut, hinzuschauen oder gar zu thematisieren, was da gerade in unserem Leben alles in Unordnung war. Über Probleme zu sprechen war uns nicht in die Wiege gelegt. Vielmehr waren wir beide sehr stark auf Harmonie gepolt. So hat jeder auf seine Art und Weise zu verdrängen versucht, was letztlich dann doch unausweichlich war. Im Grunde genommen hatten wir uns schon viel zu lange emotional voneinander entfernt. Hatten jedoch große Schwierigkeiten damit uns einzugestehen, dass unsere Beziehung am Ende war. Dass da kein wirklich tiefgehender Dialog mehr zwischen uns war. Zu sehr hatten wir uns schon voneinander entfernt. Doch pflichtbewusst, wie wir beide waren, blieben wir noch bis 2013 zusammen, bis wenigstens einer von uns den Mut hatte, für sich die Konsequenz aus allem zu ziehen und sich aus der Beziehung herauszunehmen.

Ich habe in meinen Ausführungen zum Symbiosetrauma ja bereits darauf hingewiesen, dass sich die ursprünglich mit der Mutter erlebte Art von Beziehung mit dem Partner wiederholt, weil wir unbewusst genau den Partner anziehen, mit dem wir Gleiches erleben wie es bereits die Muster in früherer Kindheit waren. – Wie verrückt. Sowohl im Hinblick auf meinen Ex-Mann, wie auf meine Mutter gilt: Ich liebe sie und kann dennoch – aus welchen Gründen auch immer – weder eine gesunde Beziehung, noch die Liebe, die ich zu ihnen verspüre, leben. Und was mir mindestens genauso weh tut, ist die Tatsache, nicht miteinander sprechen zu können. Sich nicht wirklich verständlich machen zu können. Für mich ist das jedes Mal verbunden mit einem Gefühl tiefer Ohnmacht und Hilflosigkeit. Wie ein Schlag ins Gesicht. Ich möchte reden und sitze dann doch wieder dem anderen sprachlos gegenüber, als hätte mir jemand meinen Mund zugeklebt. – Warum? – Unbewusst hatte ich mir quasi in der Mitte meines Lebens nach zwanzig Jahren Partnerschaft und davon sechzehn Jahren Ehe eine Situation erschaffen, die – was unsere letzten gemeinsamen Jahre anging, die wiederum sehr stark von meiner gesundheitlichen und beruflichen Situation geprägt waren – in ihrer Unfähigkeit zum Dialog meiner Sprachlosigkeit aus Jungendjahren glich. Habe ich schon als Jugendliche versucht, dieser Sprachlosigkeit zu entfliehen, so holte sie mich jetzt in den mittleren Jahren noch einmal massiv ein. Viel mehr als mir lieb war. – Folglich stellen sich mir zwei Fragen: Was bitte soll ich aus all dem lernen? – Und was hat das Ganze mit Autoaggression denn überhaupt noch zu tun?

Die Frage „*Was soll ich aus all dem lernen?*" lässt sich inzwischen für mich leicht beantworten, denn heute weiß ich: Alles, was ich ablehne, kehrt auf seine Art so lange zu mir zurück, bis ich bereit bin, es anzunehmen. Bis ich bereit bin, es als eine Botschaft zu akzeptieren, die mir etwas Wichtiges zu sagen hat. Ich bekomme durch meine Umwelt so lange den Spiegel vorgehalten, bis ich bereit bin, hinzusehen und zu lernen, welche Aufgabe hinter den Ereignissen verborgen liegt. Die Sache an sich ist dabei zunächst einmal völlig neutral. Sie ist weder als positiv, noch als negativ zu bewerten. Der Einzige, der dem Ganzen eine Bewertung gibt, bin ich selbst. Ich entscheide, wie ich die Dinge sehen will. Dabei kommt es auf mich (aber letztlich auch auf meine Erziehung an), mit welchen Augen ich gelernt habe in die Welt zu sehen. Sind es die ängstlichen, verschreckten und traurigen Augen, die mich die Menschen und Ereignisse um mich herum als „gefährlich" benennen lassen, so dass ich ängstlich, zögerlich, verhalten, kritisch oder gar abwertend usw. reagiere? Oder sind es die Augen eines offenen, interessierten, neugierigen, weltzugewandten, positiven Menschen, der sich selbst der größten Herausforderung gegenüber noch interessiert zeigen kann, weil er wissen will, welche Lernchance sich dahinter verbirgt? Der offen ist für andere Meinungen und diese interessiert hinterfragt? Der sich damit weder der Welt, noch der Sache, noch den Menschen, die einen bestimmten Standpunkt vertreten, verschließt, sondern beherzt und aufgeschlossen versucht in Erfahrung zu bringen, was er für sich selbst noch dazulernen kann?

Die zweite Frage „*Was hat das Ganze mit Autoaggression denn überhaupt zu tun?*" ist für mich nicht ganz so einfach zu beantworten, dennoch will ich auch dies versuchen. Die Botschaft, die mir hier den entsprechenden Impuls dazu gab, das Ganze einmal aus einer völlig anderen Perspektive heraus zu betrachten, kam von Gott und lautete: „Ich habe gehört, dass du sehr hart mit dir selbst bist, und ich halte dich an und bitte dich, dich zu lieben, dich wertzuschätzen und zu akzeptieren." Gleichzeitig gab er mir den Impuls, über seine Worte zu meditieren, um weitere Antworten zu erhalten.

Während ich dies tat, sollte ich erkennen, dass ich mich quasi schon mein ganzes Leben lang neben all dem äußeren Stress, dem wir alle auf die eine oder andere Art einmal mehr, mal weniger ausgesetzt sind, selbst massiv und das auf eine sehr subtile und selbstzerstörerische Art und Weise unter Druck gesetzt habe. Das Problem ist nur, ich war mir dessen nicht bewusst. Beziehungsweise ich glaubte, das Leben hat so zu sein, weil ich es von Anfang an gar nicht anders kannte. Zudem habe ich die Welt um mich herum unbewusst ständig danach abgescannt, wo eine mögliche Gefahrenquelle für mich verborgen liegt, um mich sofort verteidigen zu können, wenn etwas zu erwarten war, das mir gefährlich werden könnte. Irgendwie hatte ich mir damit aber so etwas wie ein eigenes Gefängnis erschaffen, in dem ich vor mich hinlebte. So gesehen stand ich den Großteil meines Lebens – wenn auch unbewusst – ständig unter Strom.

Bewundernswert, dass mein Körper das überhaupt so lange mitgemacht hat. Schon beachtlich, wie groß das Durchhaltvermögen unseres Körpers ist. Umso schlimmer, dass ich diesem Wunderwerk an Schöpfung so lange Zeit nicht den Wert zugesprochen habe, der ihm als Wohnstätte, als Tempel für meine Seele gebührt. – So unbewusst wie ich gelebt habe, habe ich mich seiner nur wie einer Maschine bedient, ohne je darauf zu achten, wie es um die Wiederbeschaffung bestimmter Ersatzteile steht. Mit meinem Auto bin ich (im Vergleich dazu) pfleglicher umgegangen als mit meinem Körper. Es bekommt regelmäßig seinen Ölwechsel, sowie die anstehende kleine bzw. große Inspektion. – Was ich mir damit angetan habe, indem ich mich selbst derart vernachlässigt habe, macht mich heute noch ganz fassungslos. Wahnsinn! – Ich habe zwar auf meine Ernährung geachtet und lebe schon seit Jahren vegan, doch alles andere an Selbstfürsorge habe ich so ziemlich übersehen. Kann ich es meinem Körper da verdenken, dass er sich irgendwann meldet und reagiert, wie er reagiert? – Im Gegenteil: Ich sollte ihm dankbar sein, dass er immer noch zu mir hält, auch wenn er sehr an Kraft und Gesundheit verloren hat.

Nach und nach erklärte sich mir auch, warum ich ein inneres Bild von mir selbst hatte, in dem ich quasi eine Art von Rüstung trug. Selbst meinen Vornamen, Hermine, den ich entsetzlich fand (inzwischen habe ich mich mit ihm ausgesöhnt), steht für mich für diese Rüstung und erinnerte mich immer und immer wieder an die männliche Form Hermann, die in sämtlichen Büchern, die ich als junge Frau zur Namenskunde studiert hatte, immer wieder auf Hermann den Cherusker verwies, der als Arminius (geb. um 17 v. Chr.; gest. um 21 n. Chr.) den Römern im Jahre 9 n. Chr. in der Varusschlacht im Teutoburger Wald eine ihrer verheerendsten Niederlagen beibrachte.

„Meine Rüstung", mit der ich irgendwie durch mein Leben ging, trug ich vermehrt in der Zeit meiner Pubertät bis circa zum zwanzigsten Lebensjahr. Und ich legte sie mir – wenn auch völlig unbewusst – wieder an, als ich ab 2008 im Alter von 47 Jahren immer mehr mit den Herausforderungen diversester Art konfrontiert wurde. Leider hatte ich es in den Jahren dazwischen nie gelernt, mit derart vielen Schwierigkeiten auf einmal klar zu kommen. In allen Bereichen meines Lebens entbrannte ab dieser Zeit beruflich wie privat eine Art von „Flächenbrand", dem ich anscheinend nicht mehr anders „Frau" werden konnte, als mich in diverse Krankheiten zu flüchten. Zumal es aufgrund meiner Harmoniesucht einer meiner Kardinalfehler war, dass ich mich nach außen hin möglichst beherrscht, ruhig und verhalten zeigte, obwohl es in mir tobte. Kein Wunder, dass sich – ausgehend von diesem „Flächenbrand" im Außen – gleichzeitig auch immer mehr Entzündungsherde in meinem Körper zeigten. Ich habe nur den Zusammenhang nicht gesehen. Dabei war mir meine Umwelt die ganze Zeit ein Spiegel dafür, in welchem Ungleichgewicht sich mein Körper-Geist-Seele-System bereits befand.

Doch so, wie ich es schon in meiner Jugend gelernt hatte, wählte ich den Weg des scheinbar geringsten Widerstands und fand es auch noch „edel" von mir, nach dem erlernten Muster von „der Klügere gibt nach" auf all die Herausforderungen im Außen zu reagieren. Ich war tatsächlich davon überzeugt, dass es mir so gelingt, besser in meiner Kraft bleiben zu können, um all den Verpflichtungen entsprechen zu können, die ich beruflich eingegangen war. – Was für ein Irrsinn! – Statt meine Wut im Außen da zu leben, wo sie hingehörte, verlagerte ich den Schauplatz meiner Auseinandersetzungen, die ich innerlich (im Geiste) sehr wohl mit den anderen führte, in meinen Körper. Ich werde im Kapitel *Mit Haut und Haar* noch detaillierter auf diese Situation eingehen. Wundern Sie sich also nicht, wenn sich dann einige meiner bisherigen Aussagen in diesem Kapitel wiederholen.

Können Sie sich das vorstellen, wie das ist, dem anderen nicht bzw. viel zu wenig Paroli zu bieten und stattdessen alle diese Gefühle mit sich selbst auszumachen, sie in sich „hineinzufressen" und sie in sich zu ersticken? Im Grunde genommen habe ich mich selbst mit jedem Wort, das ich *nicht* sprach, mit jeder Situation, in der ich dem anderen zu wenig Widerstand bot und keine

Grenzen setzte, im Hinblick auf meine Gefühle belogen und betrogen. – Konnte ich irgendeinen Nutzen daraus ziehen? – *Nein!* Und nochmals *Nein!* – Ich habe mir so viel mehr geschadet, als wenn ich genau dann, wenn es von mir gefordert gewesen wäre, meine Stimme erhoben hätte und sie zu meinem Wohle eingesetzt hätte. Ich war viel zu sehr darauf bedacht, in Situationen, die ein energisches und kraftvolles Eintreten für mich und meine Interessen von mir verlangt haben, friedvoll zu bleiben und habe mir selbst damit am meisten geschadet. Mir fehlte sozusagen der Wille zu einem „*Ja*", zu einem bedingungslosen „*Ja*" zu mir selbst. Für mein zuvorkommendes, braves und überangepasstes Verhalten habe ich im Außen letztlich keine „Lorbeeren" geerntet, sondern immer mehr an persönlicher Substanz und an Selbstsicherheit verloren. Ich mag mein Brav-Sein, meinen scheinbaren Edelmut vielleicht als „nobel" angesehen haben, doch dies war die größte Lüge meines Lebens und endete im Selbstbetrug, dem letztlich sogar noch ein Betrug im Außen folgen sollte. Erst durch diese Demütigung bin ich aufgewacht und lerne seitdem mich meiner eigenen Haut zu wehren, statt anderen weiterhin so viel Macht über mich zu geben. Um alles über meinen jahrzehntelangen Selbstbetrug zu lernen, musste ich im wahrsten Sinne des Wortes „Federn lassen" (= Haare und finanzielle Sicherheit).

So vermehrte sich in mir von Jahr zu Jahr immer mehr eine Wut, die ich – ähnlich der Lava in einem Vulkan – letztlich als Aggression in mir trug. Da ich mir diese aber zu leben verboten hatte, richtete sie sich in Form von Entzündungen gegen mich selbst. Meine nicht gelebte Wut wurde so – mir selbst leider nicht bewusst – zu einer täglichen Dosis an Gift, das ich mir nach und nach selbst injizierte. Und wenn ich mir die Frage nach dem Motiv stelle, warum ich so und nicht anders gehandelt habe, dann bleibt mir nichts anderes übrig als mir ebenfalls einzugestehen, dass mich meine Suche nach Halt, Geborgenheit, Angenommen-Sein, Wertschätzung und nach Liebe in diese krasse Form von Harmoniesucht und Unterordnung brachte, die für mich selbst letztlich in dieser Form von partieller Selbstzerstörung endete. – Heute erscheint mir mein Verhalten nur noch als verrückt. Und doch kann ich nicht anders und muss es mir als Wahrheit eingestehen.

Die Auseinandersetzungen, die ich im Außen nicht gelebt habe, habe ich 1:1 nach innen verlagert und so gegen mich selbst – wenn auch unbewusst – jahrelang Krieg geführt. – Zu welchem Preis? – Heute weiß ich: Jede Form von Selbstzerstörung – egal ob (wie bei mir) auf Raten oder durch einen Suizid – zahlt sich definitiv nicht aus. Wenn ich eines daraus gelernt habe, dann dies: Es gilt sich mit jeder Herausforderung konstruktiv auseinanderzusetzen, statt zu resignieren und daran zu Grunde zu gehen. Und es gilt, *jedes* Gefühl dann zu leben und es angemessen auszudrücken, wenn die Situation dies verlangt. Harmoniesucht ist keine Option. Resignation ist keine Option. Unterordnung ist keine Option. – Niemals! Nie! – Lieber aussprechen, was gesagt sein will. Auch auf die Gefahr hin, dass die Harmonie (die dann aber ohnehin nur Schein war) und Beziehungen zu den anderen zerbrechen.

Lieber allein durchs Leben gehen, statt mit einem angepassten Verhalten sich selbst und der persönlichen Entwicklung weiterhin im Wege zu stehen. Zusätzlich wichtig war für mich, zu erkennen, dass ich mit meiner Bedürftigkeit nach Liebe, nach einem Gesehen- und Gehört-Werden meine Familie genauso überfordere wie Freunde bzw. einen Partner oder Kollegen. Inzwischen habe ich gelernt, dass es besser ist, keine Erwartungshaltung mehr an irgendwen im Außen zu haben, sondern einfach nur noch dankbar für das zu sein, was ist. – Nicht weniger! Aber auch nicht mehr! – Es kommt deutlich besser, sich selbst beste Mutter, bester Vater, bestes Geschwister, bester Partner, beste Partnerin zu sein. In unserem Leben kommt es so viel mehr auf Selbstverantwortung, auf Selbstfürsorge, sowie auf ein deutliches Mehr an *gesunder* Selbstliebe an. Auch auf ein Erkennen des eigenen Wertes verbunden mit Selbstakzeptanz und Selbstrespekt. Ich kann im Außen nur so viel von allem bekommen, wie ich mir selbst davon zu geben vermag. Die Welt im Außen, jede Person, egal ob groß oder klein, ist mir ein Spiegel, um mir aufzuzeigen, mit wie viel Respekt, Wertschätzung, Achtung bis hin zur Liebe wir uns selbst begegnen. Zudem sollte ich lernen, was mir von Anfang an gefehlt hat: Ein *bedingungsloses „JA"* zur mir selbst, sowie ein *entschiedenes „JA"* zu meinem Leben. Denn nur so kann ich aus ganzem Herzen dankbar sein für dieses Leben und letztlich auch meinem Gegenüber mit Wertschätzung, Respekt und Liebe begegnen.

Gott hat mir in diesem Zusammenhang auch erklärt, dass meine Seele in dieses Leben gestartet ist mit dem dringenden Wunsch, mehr über die *bedingungslose Liebe* zu erfahren. Doch damit ich diese besser verstehen kann, sollte ich zunächst lernen, was bedingungslose Liebe *nicht* ist. – Die Art, wie wir Menschen in aller Regel zueinanderstehen und uns lieben, ist viel zu sehr an irgendwelche Bedingungen geknüpft. Dies fängt schon in ganz jungen Jahren an, sobald das Kind beginnt seinen eigenen Willen zu bekunden, der dann mitunter sehr starke Reglementierungen erfährt. So lässt sich Liebe aber niemals frei und ungezwungen leben, ist sie doch stets an die Einhaltung bestimmter Regeln gebunden. So ist der Großteil der Menschen in Sachen *Liebe* viel zu sehnsüchtig und bedürftig geblieben, doch damit stehen wir uns selbst im Weg und können bestenfalls davon träumen, was wirkliche Liebe meint.

In diesem Zusammenhang kann ich gar nicht oft und laut genug sagen, wie wichtig es ist, dass wir bereits von klein auf lernen für unser eigenes Wohlergehen, unsere Gesundheit an Körper, Geist und Seele und für gesunde Beziehungen einzustehen. Dass wir früh genug lernen unsere Gefühle, Wünsche und Bedürfnisse mit Worten so auszudrücken, die unser Gegenüber jederzeit annehmen kann, sodass sich selbst im Falle einer Konfliktsituation ein gesunder Dialog mit anderen entwickeln kann. Doch damit dies gelingt, müssen wir beizeiten lernen, in einer gesunden Beziehung mit uns selbst zu sein. Denn wie will ich mir im Außen gesunde Beziehungen gestalten, wenn ich es nie gelernt habe, mit mir selbst in einem wirklich guten Kontakt zu sein? Dazu gehört es auch, sich so früh als möglich seiner ganzen Gefühle (der positiven wie der negativen) bewusst zu werden und schon von klein auf Mechanismen zu erlernen, wie wir diese sozialverträglich kommunizieren können. Damit fängt ein gutes Beziehungsleben an. Für mich ist dies heute das „A und O" für eine Beziehung auf Augenhöhe, mit Empathie, Respekt, Wertschätzung und Liebe für sich selbst und andere. – Beziehung fängt nicht im Außen an. Sie fängt bei uns selbst an. – Nur wenn wir uns selbst ein bedingungsloses „Ja" geben und uns selbst mitfühlend, respektvoll, wertschätzend und vor allen Dingen liebend begegnen, kann uns auch ein wahrhaft erfülltes, glückliches und zufriedenes Leben mit anderen gelingen.

„Krankheit als Symbol", wie Dr. Ruediger Dahlke es nennt. Lassen Sie mich hierzu ein paar Beispiele aus meiner Geschichte nennen. Ich werde dabei jedoch nur die Fakten anführen, die mir wichtig sind, weil sie dokumentieren, dass sich mein Grundthema der Autoaggression bereits durch alle meine Erkrankungen zieht. Selbst durch die Krankheiten meiner Kinder- und Jugendzeit: meine frühkindliche Darmerkrankung als Baby, Blinddarm, Prämenstruelles Syndrom (PMS), Kieferabzesse, Parodontose. – Entzündungen und Autoaggression: Themen, die mich also schon von klein auf begleiten. Nur schade, dass mich weder ein Arzt, noch Zahnarzt frühzeitig genug über diese Thematik aufzuklären wusste. Ich will ihnen dies hier jedoch keineswegs zum Vorwurf machen, sondern vielmehr dokumentieren, wie wichtig es ist, bereits als junger Mensch ganz und gar in die Verantwortung für sich selbst, seine Gesundheit und demzufolge für sein Leben zu gehen.

Entzündung – Inflammation

Entzündungen führen ihr Eigenleben in körperlichen Entzündungsprozessen. Eine akute Entzündung ist ein wichtiger Bestandteil des Immunsystems und der körpereigenen Abwehr. Will sich unser Körper eines unliebsamen Keims (Pilze, Viren, Bakterien …) entledigen oder eine Wunde (Verletzung) wieder verschließen, setzt ein körpereigenes „Notfallprogramm" ein. Wir sprechen dann von einer akuten Entzündung, einem Selbstheilungsprozess. Unser Körpersystem bringt sich aus eigener Kraft wieder in die Balance. Der Krankheiterreger wird dabei abgetötet und eventuell geschädigtes Gewebe wieder geheilt. Über mehrere Tage hinweg spüren wir die Entzündung: Wir sehen sie (Rötung, Schwellung) und fühlen sie (Übererwärmung, Schmerz). Die Entzündung stoppt, sobald der Auslöser (Erreger) beseitigt und der körpereigene Heilungsprozess abgeschlossen ist. Somit lässt sich eine akute Entzündung „biologisch sinnvoll" nennen, denn es gibt einen konkreten Auslöser mit klaren Symptomen, die es zu beseitigen gilt.

Als Hauptursache für chronische Entzündungen werden Infektionen genannt, wobei hier die Virusinfekte im Vordergrund stehen. Chronische, sogenannte unterschwellige bzw. stille Entzündungen (Silent Inflammation) können aber auch physikalisch, durch die Einwirkung *radioaktiver Strahlung* oder durch *Toxine/Gifte* begründet sein, die unser Immunsystem überfordern. Da gibt es zum Beispiel *Umweltgifte* wie Aluminium, Pestizide, Arsen etc. oder *Schwermetalle* wie Blei, Quecksilber, Kupfer, Zink. Diesen Toxinen sind wir vielfach ausgesetzt. Sie reichern sich in unserem Körper an und verursachen dort eine Art von „innerem Schwelbrand" (= Entzündung). Weitere Ursachen für eine chronische Entzündung können aber auch sein: Elektrosmog, Nikotin, Störungen des Mikrobioms bzw. der Darmschutzbarriere durch Antibiotika-Einnahme, Fehlernährung mit zu viel Zucker, zu wenig sekundäre Pflanzenstoffe in unserer Ernährung, ein Zuviel von Omega 6-Fettsäuren im Verhältnis zu den Omega 3-Fettsäuren, ein Leben im Dauerstress-Modus usw., um nur einige Beispiele zu nennen.

Statistiken belegen, dass die Anzahl der chronisch-entzündlichen Erkrankungen in den letzten Jahren drastisch zugenommen hat. Mittlerweile werden chronische Entzündungen in den Industrieländern sogar als Zivilisationsphänomen bezeichnet. Das

Heimtückische an einer chronischen Entzündung ist, dass wir sie oft nur als eine Befindlichkeitsstörung wahrnehmen, denn Symptome wie Schlaflosigkeit, morgendliche Müdigkeit, Schwindel, gesteigerte Reizbarkeit, Ohrgeräusche, Kopfschmerzen, Nackenschmerzen, Neurodermitis lassen sich hier genauso nennen wie mangelndes Konzentrationsvermögen, zunehmende Vergesslichkeit, *depressive Verstimmungen*. Magen und Darm reagieren mit Verdauungsbeschwerden und Nahrungsmittelunverträglichkeiten. Langfristig gesundheitliche Konsequenzen können sein: Morbus Crohn, Adipositas (Fettleibigkeit), Arteriosklerose, Herzinfarkt, Schlaganfall, Typ 2-Diabetes, Tumorerkrankungen, Arthritis, Asthma, viele Autoimmunerkrankungen wie Allergien oder Multiple Sklerose, Demenz, sowie ADHS und CFS (Chronic-Fatigue-Syndrom).

Es gilt, den Signalen unseres Körpers deutlich mehr Aufmerksamkeit zu schenken, um chronische Entzündungen frühzeitig zu erkennen, denn bleiben sie unentdeckt, schädigen sie mitunter unsere Organe und werden zum Nährboden für schwere Folgeerkrankungen. Das Gefährliche an dieser Art von Entzündung ist, dass unser Immunsystem nicht nur den Krankheitserreger bekämpft, sondern Botenstoffe mobilisiert, die unter Umständen auch gesundes Gewebe angreifen. Unser Lebensstil, ein ungesundes Essverhalten, sowie ein Mangel an Ausgleich (frische Luft, Entspannung, Bewegung & Sport) zu den umfangreichen Aufgaben unseres Privat- und Berufslebens, kann ebenso Ursache für chronische Entzündungen sein.

Dies gilt vor allem für *psychoemotionalen Stress* infolge eines inneren, oft unbewussten Widerstands gegen das, was ist. Dazu gehören auch „falsche" Glaubenssätze und Gedanken. Kurz gesagt: Entzündungen führen ihr Eigenleben auch in unserer Psyche. Sie sind sehr oft Hinweise auf unterdrückte Gefühle (Wut, Aggression, Groll, Verbitterung, Angst), die dann durch unseren Körper zur Sprache kommen. Wut findet zum Beispiel immer eine Form des Ausdrucks, egal wie sehr wir versuchen, sie zu unterdrücken. All der „Dampf", all die Wut, die sich aufgestaut hat, will irgendwie gelebt werden, sonst zerbersten wir eines Tages wie ein „Dampf-Drucktopf", der aufgrund von zu viel Energie explodiert.

Im Grunde genommen ist Wut nichts anderes als ein Konflikt mit uns selbst. Wenn wir innerlich „vor Wut kochen", diese aber nicht ausdrücken, führen wir „Krieg" gegen uns selbst. Wir tun uns selbst weh, werden hart und unbarmherzig. Verstricken uns unter Umständen in einem Teufelskreis sorgenvoller Gedanken. Der Zugang zu unseren Gefühlen und unseren intuitiven Kanälen ist blockiert. Wir scheuen es, uns unserer wahren Gefühle und Emotionen bewusst zu werden. Wären sie uns bewusst, müssten wir sie ja auch leben. Statt den Konflikt, die Auseinandersetzung im Außen zu wagen, verletzen wir uns lieber selbst (= Autoaggression).

Kern des Problems ist: Wir fürchten uns davor, unsere Wut auszudrücken, sie zu leben, weil wir verunsichert sind und Angst haben, dass wir damit andere Menschen verletzen bzw. unter Umständen private wie berufliche Beziehungen zerstören. Im Ergebnis lähmt und blockiert uns unsere Angst. Diese gewaltige Angst davor, die Wertschätzung, den Respekt bzw. die Liebe unseres Gegenübers zu verlieren. Und statt all die gebundenen Energien auszudrücken, vermeiden wir es kraftvolle, mutige und mitunter wichtige Entscheidungen zu treffen, die ihrerseits wiederum angebracht wären. Stecken wir in diesem Dilemma fest, haben wir weder als Kind, noch als Erwachsener gelernt, Wut und ihre „Geschwister" (die Vielfalt unserer Gefühle) sozialverträglich zu kommunizieren bzw. zu unseren Emotionen zu stehen und diese gebührend zu leben. Das war einfach nicht erwünscht. Doch was auch immer der Grund dafür ist, wir vermögen es nicht, Gefühle angstfrei und wahrhaftig zu leben. Damit nehmen wir ihnen ihre Daseinsberechtigung, ihre Existenz, und verbieten es uns, bestimmte Wesenszüge unseres „Selbst" zu leben. Im Nachhinein betrachtet kein Wunder, wenn so in unserer Innenwelt Frustration und Stress entstehen. Dabei gilt es, unseren Gefühlen ebenso viel Raum zu geben wie unseren Gedanken. Es gilt, …

- selbstbewusst zu unseren Emotionen zu stehen. – Im Grunde genommen gibt es keine „schlechten" Emotionen, denn sie alle haben ihren Sinn.
- uns selbst zu vertrauen, unseren Gefühlen zu vertrauen, die uns dann zur Richtschnur für unser Handeln werden können.
- unserer Natur treu zu sein; uns zu trauen, ganz wir selbst zu sein und somit integer und authentisch zu sein.
- Projektionen zurückzunehmen und mutig mit unseren Entscheidungen und all den daraus entstehenden Konflikten zu leben.
- die Konflikthaftigkeit des Menschseins grundsätzlich anzuerkennen.
- unserer inneren Autorität, sowie den klärenden und heilenden Kräften in uns zu vertrauen.

Dabei wäre die Wut so einfach aufzulösen, indem wir sagen: „Ich bin wütend über …" – nennen den Grund, und erklären unserem Gegenüber, wie es uns damit geht. –
Warum nur haben wir eine solch große Angst davor?

Krebs am Beispiel Morbus Hodgkin

Bei Krebs (allgemein), so schreibt Dr. Ruediger Dahlke in seinem Buch *Krankheit als Symbol* (S. 433ff), „wächst sozusagen etwas Neues und formt sich heraus. Es ist aber Wachstum, das auf der falschen Ebene stattfindet." – Wachstum, das sich auf der Zellebene des Körpers manifestiert hat, obwohl es doch auf einer ganz anderen Ebene stattfinden sollte, nämlich der geistig-seelischen Ebene. Die an Krebs erkrankte Person entzieht sich mehr oder weniger unbewusst diesem Wachstumsprozess, der notwendig wäre, um wieder zu gesunden. Der Krebs *lebt* sozusagen in krankhaft degenerierter Form in unserem Körper das, was der Mensch versäumt hat, an geistig-seelischem Entwicklungsprozess in sich selbst und auch nach außen hin bewusst zu leben.

Laut Dr. R. Dahlke beginnt der Krebs immunologisch nach einem Zusammenbruch der Abwehr. – Der Krebs steht dabei für ein uneingestandenes selbstzerstörerisches Lebensproblem. Die dabei erkrankte Körperebene gibt somit einem verdrängten Lebensthema Sprache und Raum und macht so darauf aufmerksam, was es zu heilen gibt. Des Weiteren führt Dr. Dahlke an, dass „tiefer Kummer, unverarbeitete Verletzungen, unerträglich gewordene Schuldgefühle (auch sich selbst und dem versäumten Leben gegenüber), sowie Schockerlebnisse die eigenen Abwehrkräfte blockieren und so zum Auslöser für eine Krebserkrankung werden."

Es geht aber auch darum: „Seinen Platz in der großen Ordnung zu finden. – Aus der Reihe zu tanzen, um das Ego überhaupt erst einmal kennenzulernen (Selbstdurchsetzung!). – „*Nein*" zu sagen, zu sich zu stehen – Den Kampf ums Überleben offen(siv) und aggressiv auf der inneren Bilderebene aufnehmen. – Eigene Fehler zu leben ist besser als fremde Tugenden zu übernehmen. – Ichstarre und Abgrenzung in Frage stellen. – Expansion des Bewusstseins …"

In spiritueller Hinsicht: „Die Grenzenlosigkeit und Unsterblichkeit der Seele anerkennen. – Rückverbindung: Wer bin ich? – Woher komme ich? – Wohin gehe ich? – Über das Ego hinauswachsen. – Zu den eigenen Uranfängen zurückkehren. – Rückverbindung *religio* zum Urgrund des Seins." Es würde den Rahmen des Buches sprengen, wenn ich noch mehr auf die Beschreibung der Symptomsprache *Krebs* nach Dr. Ruediger Dahlke eingehen würde. Zur weiteren Lektüre empfehle ich Ihnen sein Buch. Ich möchte es jedoch nicht versäumen, an dieser Stelle auf die Art von Krebs einzugehen, die meiner eigenen Geschichte zugrunde liegt. Nachfolgend eine knappe Zusammenfassung dessen, was der *Morbus Hodgkin* zu sagen weiß.

Morbus Hodgkin

Die Zusammenfassung, die ich Ihnen gebe, umfasst nicht alle Aussagen, die ich von Herrn Dr. Ruediger Dahlke übernommen habe. Ich konzentriere mich auf das, was mir besonders erwähnenswert erscheint. Eine umfangreichere Darstellung finden Sie in seinem Buch, S. 378ff.

- Abwehr und Verteidigung
- Mutig das eigene Leben in Angriff nehmen
- Grenzen überwinden, sich über selbst- und fremdgeschaffene Normen hinwegsetzen
- Sich kreativer und engagierter, grenzen- und respektloser verteidigen lernen
- Sich an frühe Träume vom eigenen Leben zurückerinnern und diese leben
- Die alle Grenzen überwindende Liebe entdecken
- Die unsterbliche Seele an erste Stelle setzen
- Die Regeneration der Lebenskraft steigern
- Expansives Wachstum im Hinblick auf Mut, Rückverbindung und Erneuerung
- …

In den Meditationen und Gesprächen mit Gott sollte ich erkennen, dass ich die Autorität viel zu sehr an die Umwelt abgegeben hatte. Dass ich viel zu brav und viel zu wenig selbstsicher bin, so als wäre ich mir meiner eigenen Fähigkeiten und Talente noch gar nicht wirklich bewusst. Zwar hatte ich es über die ganzen Jahre hinweg versucht mich sehr stark über die Leistung zu definieren, weil ich glaubte, dass ich nur so die Wertschätzung und die Liebe der anderen verdiene, doch liegt ein Teil meiner Probleme im starken Zweifel am eigenen Wert begründet. Was mir zu sehr schadet, ist, dass ich mir mein Leben so eingerichtet hatte, dass ich mich immer mehr an den Wünschen der anderen orientiert hatte, mich selbst dabei des Öfteren jedoch vergaß und insgesamt viel zu sehr von der Meinung der anderen abhängig bin, statt furchtlos mein Leben selbst in die Hand zu nehmen. Was ich folglich zu lernen habe, ist, selbst die Hauptrolle in meinem Leben zu spielen, statt mein Handeln viel zu sehr nach den Bedürfnissen der anderen auszurichten. Dass es für mich unerlässlich ist, mehr den Impulsen meines Herzens zu folgen, die mir helfen, den Weg meiner Seele zu gehen, die es mir auch ermöglichen mir mein Leben mehr auf der Basis meiner eigenen Autorität aufzubauen, anstatt anderen gefallen zu wollen. Zudem sollte ich mich so wertschätzen und lieben lernen, wie ich bin und mein Leben in allen Bereichen viel mehr nach der Maxime ausrichten: *Erkenne dich selbst! – Verwirkliche dich selbst!*

Die spirituelle Lehrerin Lise Bourbeau betrachtet in ihrem Buch *Dein Körper sagt: „Liebe dich!"* jede Erkrankung nach den Blockade-Bereichen physisch, emotional, spirituell und mental. Hinsichtlich der *physischen Blockade* stimmt sie mit Dr. Dahlke überein, dass die betroffene Körperstelle, sowie deren Funktion nähere Informationen dahingehend geben, was die Botschaft hinter der Erkrankung ist.

Als *emotionale Blockade* thematisiert sie, dass es bei den Menschen zu Krebs kommt, die sich in ihrer Kindheit von einem bzw. beiden Elternteilen tief verletzt fühlten und diese Verletzung mit sich selbst alleine zu durchleben hatten. Als Beispiele für derartige Verletzungen nennt sie Zurückweisung, Vernachlässigung, Erniedrigung, Verrat oder das Erleben von Ungerechtigkeit.

Die *mentale Blockade* sieht sie darin, dass sich der Betroffene durchaus eingestehen soll, dass er als Kind gelitten hat, und dass er durchaus das Recht hat, dies einem oder beiden Eltern nachzutragen. Probleme entstehen letztlich dadurch, dass man glaubt, das alte Leid allein verantworten und durchstehen zu müssen.

Zugleich thematisiert sie, dass die größte Schwierigkeit für den Kranken wohl darin besteht, sich den eigenen Hass bzw. Rachegefühle zu verzeihen, gerade dann, wenn uns diese Gefühle unbewusst sind. Von daher fordert sie die Betroffenen auf, sich das Vorhandensein dieser Emotionen selbst zu vergeben und zu verzeihen.

Im Hinblick auf die *spirituelle Blockade* verweist sie bei jedem Krankheitsbild immer wieder auf ihre Fragen am Ende des Buches, die dem Leser Aufschlüsse geben und helfen sollen, die gesundheitliche Situation individuell zu betrachten und zu klären. Ich kann Ihnen diese „Schlüsselfragen" nur ans Herz legen. Nachzulesen sind sie im oben genannten Buch auf S. 312/313. Des Weiteren finden Sie ebenda (S. 313/314) *Die sieben Schritte zur wahren Vergebung*. Lise Bourbeau verweist darauf, wie wichtig es ist, diese Schritte immer und immer wieder mit der verzeihenden Kraft des Herzens zu gehen, denn Heilung kann nur dann erfolgen, wenn wir uns selbst aus ganzem Herzen verzeihen. Nur so können Heilung und Transformation entstehen.

Schilddrüsenerkrankung

Was mich meine Schilddrüsenerkrankung lehren soll, ist, dass es notwendig ist, endlich alte Verhaltensweisen, Strukturen, Glaubensmuster, Überzeugungen loszulassen, damit in meinem Inneren wieder starke, freudvolle Energien fließen. Dass es wichtig ist, mein Leben nicht länger auf den Grundfesten meiner Erziehung aufzubauen, sondern mich weiter zu entwickeln und darüber hinaus zu wachsen. Egal ob dies den anderen gefällt. Dass es zudem wichtig ist, mich nicht länger leben zu lassen, sondern aus dem ureigenen Kern heraus zu leben, um so wieder in ein Gleichgewicht zwischen Intuition, Gefühlen und Ratio zu kommen. Die Lernaufgabe, der ich mich heute gegenübersehe, heißt für mich: Es gilt, nicht länger ein Leben zu führen, mit dem ich im Grunde nicht wirklich einverstanden bin, sondern genau dort Veränderungen herbeizuführen, wo es für mein eigenes Wohlbefinden von Bedeutung ist. Für mich heißt das zudem: Wertschätze und liebe dich selbst! Höre auf, noch länger ein Leben zu leben mit dem Gefühl ein Opfer zu sein, sondern nimm aus dir selbst heraus aktiv am Leben teil und intensiviere den Kontakt zu deinem göttlichen Selbst!

Die Gesundheit meiner Schilddrüse sagt mir indirekt, …

- dass ich ein unverwechselbares Individuum bin,
- dass Gott mich so haben will, wie ich bin,
- dass es wichtig ist, an mich selbst zu glauben,
- meine Kreativität, meine Fähigkeiten und Potentiale zu leben, die mir Gott gegeben hat, um sie mit der Welt zu teilen.

Nur wenn ich es vermag, aus diesem Bewusstsein heraus zu leben, kann meine Lebens-Energie wieder frei und ungehindert fließen.

Schilddrüsenerkrankungen nach Lise Bourbeau

Bei der *physischen Blockade* weist Lise Bourbeau (S. 242–244) darauf hin, dass die Schilddrüse die Form eines Schildes hat und im unteren Halsbereich liegt. Und dass die Hormone, die in der Schilddrüse gebildet werden, auf die verschiedensten Körperebenen Einfluss nehmen.

Hinsichtlich der *emotionalen Blockade* thematisiert sie, dass diese kleine Drüse die Verbindung zwischen dem Körper und dem Energiezentrum des Hals Chakras ist, und erklärt, dass dieses Chakra mit der Kraft unseres Willens, sowie der Fähigkeit zu tun hat, unsere Bedürfnisse zum Ausdruck zu bringen und diese zu leben, denn nur so kann sich unsere Individualität entfalten. Des Weiteren gibt sie den Hinweis, dass das Hals Chakra in direkter Verbindung mit dem Sakral Chakra (im Genitalbereich lokalisiert) steht, so dass ich daraus folgere, dass es letztlich auch wichtig ist, sich in diesem Zusammenhang mit den Themen zu befassen, die dem Sakral Chakra zugesprochen werden. Diese sind: Lebendigkeit und Lebensfreude, Verlangen und Begehren, Emotionen, Lust und Sexualität, Kreativität und schöpferische Kraft, Fluss der Lebens-Energie. Ihren Aussagen nach deutet die *Überfunktion* der Schilddrüse darauf hin, dass die Betroffenen zu viel arbeiten, statt ihr Leben zu genießen und zu gestalten, weil sie sich hinsichtlich der Menschen, die sie lieben, zu sehr in der Verantwortung sehen. So nehmen sie sich aber nicht die Zeit, um sich über ihre eigenen Bedürfnisse klar zu werden. Verlangen stattdessen viel zu viel, sowohl von sich selbst als auch von den anderen, versuchen anderen etwas zu beweisen und wollen für das, was sie tun, geliebt werden.

Hinsichtlich der *Unterfunktion* der Schilddrüse sagt sie, dass der Betroffene gerne handeln würde, seine Wünsche jedoch nicht wirklich zum Ausdruck bringen kann. So blockiert er sich selbst in seinem Handeln, da er Angst davor hat, nicht schnell genug zu sein, um das, was er sich wünscht, zu erreichen. Letztlich fehlt es ihm an Durchsetzungskraft, an einem *„Ich will"*, um sich seine Wünsche zu verwirklichen. Zusätzlich gibt sie zum Hals Chakra die Information, dass dieses Energiezentrum auch das *Chakra des Überflusses* (das „Füllhorn") genannt wird. In diesem Zusammenhang sagt sie, dass wir nur dann auf allen Ebenen (Gesundheit, Wohlstand, Liebe …) im Überfluss leben, wenn wir auf unser *„Ich will"* hören und unserem *„Ich bin"* Respekt zollen, denn nur so kann unser Ich ausgeglichen sein.

Bezugnehmend auf die *mentale Blockade* schreibt Lise Bourbeau, dass wir bei der *Überfunktion* der Schilddrüse zu lernen haben, uns zu mäßigen und in Ruhe zu überlegen, was wir wirklich wollen, um unser Leben auch wirklich nach den eigenen Wünschen zu gestalten. Ihren Worten nach ist es unsinnig zu glauben, dass wir immer handeln müssen, um anerkannt oder geliebt zu werden, bzw. zu glauben, dass alles immer wichtig und dringend ist. Nur wenn das *„Ich will"* unseren echten Bedürfnissen entspricht, können wir auf der Ebene der Seele wachsen und erkennen, wozu wir auf Erden sind.

Leiden wir hingegen an einer *Unterfunktion* der Schilddrüse, so ist es wichtig, sich klar darüber zu werden, dass nur wir allein sie wieder in einen Normalzustand bringen können. Und dazu gehört, dass wir erkennen, dass es uns nicht guttut zu glauben, dass wir unser Leben nicht nach unseren Wünschen gestalten oder unsere Bedürfnisse nicht in Worte fassen können. Auch wenn wir in der Jugend Angst davor hatten, unsere Wünsche auszudrücken, so sagt uns unser Körper jetzt, dass es wichtig ist, eine neue Lebensphase anzugehen und sich somit auch das Recht zu nehmen, das zu tun, was wir tun wollen und wofür wir letztlich dann auch die Konsequenzen tragen. Haben uns bestimmte Menschen durch ihre Worte und Taten verletzt oder uns glauben lassen, dass wir alleine zu nichts fähig sind, so ist es an der Zeit, ihnen dafür zu verzeihen. Sie waren nur unsere „Lehrer", damit wir lernen unsere Angst zu überwinden, für die eigenen Bedürfnisse einzustehen und unser Leben nach diesen Bedürfnissen gestalten.

Mit Haut und Haar

Etwas geht unter die Haut
Ich möchte aus der Haut fahren
Bei etwas Haut und Haar riskieren
Eine haarsträubende Situation
Dies ist zum Haare ausreißen
Etwas kostet Haut und Haare
Haarspalterei ist das …

Was es über die Haare zu lernen gibt: Unsere Haare symbolisieren unsere Freiheit, Vitalität und unsere Macht. Als äußerst empfindsame Antennen reagieren sie sehr sensibel auf alle uns umgebenden Energien. Das gilt sowohl für unsere eigenen Gedanken und Emotionen, als auch für all die negativen Emotionen und emotionalen Gifte, die wir durch unsere Mitmenschen resorbieren. Zudem reagieren sie sehr stark auf die ganzen Umweltgifte, die wir aus unserer Umwelt aufnehmen. Als Giftquellen sind hier zu nennen: Rückstände von Pestiziden, Herbiziden und Fungiziden in der Nahrung und in ungefiltertem Wasser, Schwermetalle und Chemikalien aus Zahnfüllungen und Impfstoffen, Chemikalien aus Kleidung, Wohntextilien, elektrischen Geräten und Möbeln, Chemikalien aus Kosmetika und Körperpflegemitteln

(Zahncreme, Hautcremes, Deos usw.), Chemikalien aus Medikamenten, Chemikalien aus Wasch-, Putz- und Reinigungsmitteln, Chemikalien aus Baustoffen (Imprägnier-Mittel, Farben, Klebstoffe, Bodenbeläge, Dämmstoffe usw.), Chemikalien aus Verpackungen, Kunststoffen, Plastikflaschen (Mikroplastik), Kochgeschirr usw.

Sind wir in unserer Kraft (vor allem auch unser Immunsystem), fühlen uns gut, sind glücklich und zufrieden, dann glänzt unser Haar. Ein friedvolles und harmonisches Leben mit uns selbst, sowie mit anderen trägt zu einem gesunden Haarwuchs bei. Positive Energien erzeugen ein positives Feld und lassen uns vielfach strahlen. Doch so, wie sich die positiven Energien in unserem Körpersystem zeigen, finden leider auch negative elektromagnetische Spannungen sehr schnell ihren Niederschlag in unseren Haaren. Sind wir zudem körperlich geschwächt, fühlen uns zermürbt oder gar gestresst, dann wirkt sich das über kurz oder lang auch auf unsere Haare aus. Zudem habe ich gelernt: Das Haar symbolisiert unsere unbewussten Kräfte. – Haare sind nicht einfach nur Haare. Sie versinnbildlichen die Art und Weise, wie wir mit dem Austausch unserer *unbewussten* und *bewussten* Welt umgehen. Sie signalisieren uns auf ihre Art, wenn es gilt, mehr Gleichgewicht zwischen dem Bewussten und Unbewussten anzustreben. Sie „ver-körper-n" die Harmonie, die Einheit zwischen den männlichen und weiblichen Anteilen in uns. Solange wir an Äußerlichkeiten, an Statussymbolen, Titeln, also am „äußeren Selbst" (an der sogenannten Materie) festhalten, erkennen wir nicht, dass das Haar die eigentliche Kraft von uns Menschen symbolisiert.

Unser *Bewusstsein* wird häufig als *männlich*, das *Unbewusste* hingegen als *weiblich* angesehen. Leben wir – beruflich wie privat – zu sehr die dominant männliche Seite, so führt dies in aller Regel zu einer zu starken Vernachlässigung/Unterdrückung unserer intuitiven, weichen, femininen Seite. Und dominieren über einen längeren Zeitraum hinweg zu viele männliche Hormone, so kann aufgrund dieser Dysbalance/dieses Ungleichgewichts in

Folge Haarverlust oder Kahlheit entstehen. Dies vor allem dann, wenn wir uns – durch welche Umstände auch immer – nicht bzw. zu wenig selbst vertrauen. Interessant ist es, sich zu fragen: Blockiere ich meinen energetischen Fluss durch Spannung, durch zu starre Strukturen, durch Ängste, Sorgen, Kummer, Stress usw.? – Beschränke ich mich in meinem Leben zu sehr auf das „Verstandesmäßige", das „Männliche"? – Wie umfassend lebe ich sowohl beruflich als auch privat meine weiblichen Anteile? – Lasse ich meine Weichheit, meine Verletzlichkeit, meine weichen, femininen Seiten überhaupt zu?

Was bedeutete das alles für mich und wie liest sich dazu meine Geschichte?

Mit dem Verlust der Haare habe ich nicht nur einen wesentlichen Teil meiner weiblichen Attribute und Reize verloren, sondern mir wurde darüber hinaus auch die Freiheit genommen, mich frei und unbefangen unter anderen Menschen zu bewegen. Mit dem Verlust meiner Haare ging ein wesentlicher Teil meiner Ausstrahlung als Frau verloren. Kurzum: die natürliche Schönheit war dahin. Mir war die Möglichkeit genommen, mein Gegenüber mit einer gesunden, selbstbewussten und natürlichen Ausstrahlung, sowie mit den Haaren zu „betören". Selbst mit den Wimpern konnte ich niemanden mehr beeindrucken oder gar „klimpern". Der Versuch, meine Kahlheit sowie den Verlust meiner Augenbrauen und Wimpern mit Hilfe einer Perücke und dezenter Kosmetik zu überdecken, trug leider keineswegs zu meiner Heilung bei. – Das Symptom wurde dadurch zwar abgemildert und trat für mein Gegenüber (privat wie beruflich) nicht mehr so offensichtlich in Erscheinung. Ich „übertünchte" (korrigierte) zwar nach außen hin den Gesichtsverlust, doch was blieb, war ein immenser innerer Leidensdruck. Und dieser zollte nach und nach immer mehr seinen Tribut. Doch das verloren gegangene Schönheitsideal wurde nach außen hin nur bestmöglich korrigiert und retuschiert.

Äußere Schönheitsattribute wie die Haare, Augenbrauen und Wimpern waren mir gänzlich genommen. Wie wichtig diese aber für unser selbstbewusstes Auftreten und den Wert, den wir uns als Frau oder auch als Mann selbst geben, sind, wurde mir erst dadurch so richtig schmerzhaft klar, als ich sie entbehren und erkennen musste, dass offensichtlich keine Aussicht auf Heilung besteht. Mein Körper warf mich mit Hilfe des Krankheitsbildes der Alopezie ungeschützt, „ungeschönt" und „ungeschminkt" auf meine natürliche Scham zurück und zeigte mir mit aller Unnachgiebigkeit und Radikalität auf, wie sehr ich mich in einer Welt der äußeren Attribute und des äußeren Scheins verloren hatte. Was blieb, war ein Gefühl tiefer, tiefer Ohnmacht, Schuld und Scham. Was war geschehen, dass ich meinen Körper *unbewusst* aufforderte, mir mittels dieser Realität aufzuzeigen, was in meinem Leben nicht mehr stimmte? – Was hatte ich getan, dass mein Körper so rigoros und gnadenlos zu mir sprach? – Wo hatte ich mich verloren? – Den Bezug zu mir selbst, zu meiner Innenwelt? –

Wo war ich von meinem Weg abgekommen? – Wessen war ich schuldig geworden? – Warum bedarf es scheinbar einer solchen „Strafe"? – War diese überhaupt gerechtfertigt? – Wer hat diese Strafe über mich verhängt? – War es Gott? – War ich es selbst? – Wenn ja, warum? – Wofür? – Schon wieder einmal Fragen über Fragen. Ich hatte den Eindruck, mein ganzes Leben bestand nur noch aus Fragen.

Die Ärzte, die ich bezüglich meiner Haut und des Haarausfalls aufsuchte, brachten die Alopezie meist in Verbindung mit der Strahlenbelastung der Hodgkin-Therapie. Eine andere Antwort fanden sie leider nicht. Erst meine eigenen Recherchen halfen mir nach und nach zu verstehen, was die Ursachen für meine extrem trockene Haut und den Haarausfall waren.

Hier in Kurzform meine *Geschichte* dazu: Der Prozess des Kahlwerdens wies mich darauf hin, dass ich mit Vollgas (mit dem *rechten* Fuß und damit mit einem zu viel an *männlicher Energie*) durchgestartet war, um mein Ich auf dem Weg, den ich betreten hatte, voranzubringen. 2007 wurde für mich das Jahr großer Veränderungen im Innen (privat) und Außen (Beruf). Doch auf einmal war nichts mehr so friedlich und harmonisch wie es in den Jahren zuvor noch war. Ich hatte nicht nur ein Problem, sondern ich hatte gleich drei. Plötzlich gab es Differenzen mit meiner Schwieger-Familie, die sich indirekt auch schon auf die Beziehung mit meinem Mann auswirken sollten. Nur war mir das damals so noch gar nicht wirklich bewusst. Beruflich stand ich an der neuen Schule vor einem Neuanfang, der auch Gefühle der Unsicherheit, Nervosität und Angst mit sich brachte, denn ich wollte ja bereits von Anfang an alles möglichst gut machen. Musste mich aber erst in ein ganz neues Aufgabengebiet einarbeiten und war dabei auf die Hilfe anderer angewiesen. Mit der Ratio versuchte ich das, was mir möglich war, in allen drei Bereichen zwar unter Kontrolle zu halten und so gut als möglich innere Ruhe zu bewahren, um mich von den Herausforderungen der Veränderung nicht unnötig mitreißen zu lassen. Doch Veränderungen haben ihre eigene Dynamik und folgen nicht unseren Vorstellungen und Wünschen.

Ein Vierteljahr nach Dienstantritt fiel ich wegen einer Operation, die nicht länger aufgeschoben werden konnte, für drei Wochen plus Weihnachtsferien aus, wofür ich von einigen Kollegen unerwarteter Weise Kritik erntete. Und auch wenn ich meine gesundheitliche Situation nicht bewusst herbeigeführt hatte, spürte ich bereits mit dem ersten Tag, an dem ich wieder im Dienst war, wie ich mich aufgrund der Kritik schuldig fühlte, weil ich es mir erlaubt hatte, überhaupt krank zu werden, sodass mein Aufgabenbereich, sowie mein Unterricht von den anderen vertreten werden musste.

Statt mich jedoch gegen die Kritik einiger Kollegen zur Wehr zu setzen, nahm ich sie mir zu Herzen und versuchte eine Lösung dadurch herbeizuführen, dass ich schwieg und schwieg. Weil ich keinen weiteren Ärger haben wollte, verhielt ich mich ruhig und versah so gut ich konnte meinen Dienst. Zwar war ich wegen dieser für mich ungerechtfertigten Kritik doch ganz schön verletzt, doch unterdrückte ich diesen Schmerz, obwohl mir mein Bauchgefühl signalisierte: „Lass alles stehen und liegen. Du bist hier scheinbar nicht willkommen. Verlass die ganze Situation. Kümmere dich ausschließlich nur noch um dich selbst und lasse alles andere los!" Innerlich rieb ich mich selbst aber immer mehr auf, denn mit gleich drei „Baustellen" im Außen hatte ich nicht gerechnet.

Jetzt hatte ich weder zuhause, noch in der Schule einen Platz der Ruhe und Erholung. Hätte ich beizeiten all die Themen angesprochen, die der Klärung bedurften, hätte ich zwar kurzfristig gleich „an drei Fronten Krieg führen" müssen. Hätte mich durch unangenehme Gespräche mit ungewissem Ausgang quälen müssen, doch dabei wäre wenigstens zur Sprache gekommen, was den anderen an mir missfiel und was auch mich an den anderen störte. So vieles hätte der Klärung bedurft, sowie dem offenen Ausleben so mancher Emotion. Doch genau diesen Kraftakt scheute ich, weil ohnedies alles schon so neu und kräftezehrend für mich war.

Ich glaubte tatsächlich mich besser weiterbringen und schützen zu können, indem ich so manchem Gespräch und damit einer offenen Kritik auswich. Stattdessen ertrug ich geduldig und ohne mich groß zur Wehr zu setzen die Gesamtsituation und versteckte mich hinter einem Paket diverser Aufgaben und Pflichten. Wenigstens da fühlte ich mich sicher. Heute weiß ich: So wie ich mich selbst mit meinem Schweigen in diese Situation gebracht hatte, hatte ich es versäumt, mir von meinem Gegenüber einen respektvolleren Umgang einzufordern. Natürlich war mir schon klar, dass es in mir innerlich brodelte und wütete, dass ich mich verletzt fühlte usw. Doch wurden manche Situationen allzu extrem und hart für mich, tröstete ich mich in aller Regel mit den Worten *„Der Klügere gibt nach!"* – Doch ob dies wirklich so klug war? – Heute bezweifle ich es. Den Grundsatz *„Der Klügere gibt nach!"* hatte ich als Kind gelernt. Früher hat er mich erfolgreich durch so manche Situation getragen. Doch dass mir diese Einstellung jetzt mehr schaden als nützen sollte, das war mir so nicht klar. Und was ich dabei in Gänze übersah, war, dass ich so nicht lernte, anderen frühzeitig Grenzen zu setzen oder *„Nein"* zu sagen, wenn ich Nein meinte. Oder gar für mich und meine Bedürfnisse einzustehen, statt zu schmollen und mich beleidigt zurückzuziehen. – Indem ich anderen keine klaren Grenzen setzte und sie zur Einhaltung dieser aufforderte, verschaffte ich mir nicht nur zu wenig Respekt, sondern gab dem anderen sogar noch unbewusst Macht über mich. Und das letztlich mit fatalen Folgen für mich und mein Selbstwertgefühl.

Ein blödes Spiel, das ich mir da unbewusst ausgesucht hatte. Als Kind hatte das ja noch ganz gut geklappt. Aber jetzt. Ich glaubte tatsächlich, dass es „klug" von mir war, mich der Konfrontation mit dem Gegenüber zu entziehen. Was ich dadurch jedoch nicht gelernt hatte, war, in unangenehmen oder gar kritischen Situationen voll und ganz die Verantwortung für mich und mein Wohlergehen zu übernehmen und so auch mit einem bedingungslosen „Ja" zu mir und meinen Bedürfnissen zu stehen. Außerdem lernte ich nicht zu allen meinen Emotionen zu stehen und diese sozialverträglich zu kommunizieren. – Das hatte mir keiner beigebracht. Und so, wie ich bis dahin mein Leben gelebt hatte, fiel es mir gar nicht auf, dass dies ein echtes Problem für mich war. Ich hatte es mir einfach angewöhnt, mich bei Differenzen den zur Klärung eines Sachverhalts notwendigen Gesprächen zu entziehen.

Heute weiß ich, dass ich mehr denn je mit dieser Unart zu brechen habe, die da heißt: Rückzug statt Verteidigung!

Es gilt, das erlernte Muster von „Der Klügere gibt nach!" aufzugeben und mir stattdessen gesündere Strategien für ein gutes Miteinander anzueignen. Vor allem geht es für mich aber darum, alle Emotionen im entscheidenden Moment zuzulassen und sie bewusst zu leben, statt Ungereimtheiten, sowie Verletzungen hinzunehmen und zu schlucken, die nicht nur wie eine bittere Pille schmecken, sondern in meinem Körper wie Gift wirken. Autoaggressionserkrankung heißt: Alle nicht gelebten Emotionen richten sich gegen mich selbst. Letztlich führe ich somit einen Krieg gegen mich selbst. Wenn Emotionen wie Aggression, Wut, Groll, Verbitterung usw. nicht ausgesprochen und gelebt werden, „fressen" sie sich in unserem Körper fest. Suchen sich dort die schwächste Stelle, siedeln sich in der Zellstruktur an und führen dann zu unangenehmen Begleiterscheinungen und Symptomen.

Was es über die Haut sonst noch zu sagen gibt: In der Literatur zum Thema *Haut und Haar* konnte ich lesen, dass nicht nur die Augen der „Spiegel unserer Seele" sind, sondern auch die Haut. Sie ist unser größtes Organ, das häufig zum Austragungsort für innerseelische Konflikte wird, was sich dann als Allergie, Neurodermitis, Schuppenflechte, Akne, Nesselsucht usw. zeigen kann. Ein Buch, das ich hinsichtlich des Themenkreises *Haut* empfehlen kann, ist *Die Sprache der Haut – Das Wechselspiel von Körper und Seele* von Uwe Gieler, Patmos Verlagshaus. Mit Hilfe der Ausführungen von Herrn Gieler erkannte ich, was mir meine Haut schon seit 2007/08 sagen wollte. Doch da ich lange Zeit nicht auf meinen Körper und seine Symptome hören wollte, wurde seine Sprache immer deutlicher, immer unnachgiebiger. Die ersten Anzeichen eines körperlichen Unwohlseins stellten sich bei mir mit einer extremen Trockenheit der Haut ein. Bei Herrn Gieler konnte ich nun endlich nachlesen, womit diese Symptomatik im Zusammenhang steht. Und im Abgleich mit meiner damaligen Lebensgeschichte erkannte ich, dass ich es schlichtweg verdrängt hatte, mich im Strudel des Alltags beizeiten um mich selbst zu kümmern und mir die Zeit für Ruhe und Erholung zu gönnen, die mein Körper gebraucht hätte, um ausreichend gegenüber all den Herausforderungen gewappnet zu sein, denen ich mich gerade gegenübersah. Für ein „die Seele baumeln lassen" nahm ich mir leider keine Zeit.

Körper und Seele fanden dies gar nicht gut, wurden müde und trockneten immer mehr aus. Auf gewisse Art und Weise fehlte es sowohl meinem Körper als auch meiner Seele an Nahrung. An einem „Genährt-Sein", an einem „Satt-Sein". Beide waren mehr als bedürftig, doch dies erkannte ich nicht, da ich mich nicht um meine eigenen Bedürfnisse kümmerte, sondern mich mehr auf das Außen konzentrierte. Was mir fehlte war die Fürsorge für mich selbst. Ich hatte meine Pflichten in den Vordergrund gestellt. So fand ich in mir selbst keine Ruhe mehr und fühlte mich andererseits aber auch angetrieben von zwei sehr gegensätzlichen Gefühlen: Einer starken Sehnsucht nach Wertschätzung, Anerkennung und Nähe. Gleichzeitig hatte ich aber auch Angst davor. Eine interessante Mischung, eine Zerrissenheit, die immer mehr dazu führte, dass in mir eine Art von innerem Kampf entbrannte (Entzündung!). Nach und nach wurde mein Leben immer anstrengender und meine Luft zum Atmen immer dünner. Eine Art von Erschöpfung, die sich mir in der Haut als Wassermangel und auf der Symptomebene als trockene Haut zeigte.

In dem Buch *Hinter die Symptome schauen – Die seelischen Ursachen der Krankheiten* von Ferenc Posa konnte ich lesen, dass die bekanntesten Ursachen für Haarausfall Entzündungen, Infektionen und radioaktive Strahlung sind. Auch Krebserkrankungen, Zuckerkrankheit und Schilddrüsenstörungen bedingen mitunter Haarausfall und können den Verlust der Körperbehaarung nach sich ziehen. Die Kahlköpfigkeit/Glatze kann seinen Aussagen nach durch männliche Sexualhormone hervorgerufen werden, was nicht nur Männer, sondern auch Frauen betrifft. Des Weiteren stand dort zu lesen, dass man nervösen und jähzornigen Menschen nachsagt, dass sie „sich die Haare raufen". Auch Störungen im Hormonhaushalt und der Nebennieren können seiner Meinung nach zu Haarausfall führen. – Letztlich bekam ich nun die Antworten, nach denen ich schon so lange suchte. Die Störfelder, die ich mir unbewusst sowohl privat wie beruflich erschaffen hatte, hatten ihre eigene Sprache, doch leider verstand ich diese damals nicht. Mein Geist war viel zu sehr damit beschäftigt, meinen Verbindlichkeiten und Pflichten nachzukommen und diesen zu entsprechen. Und mein Körper beantwortete meine innere Zerrissenheit und das Gefordert-Sein sowohl im Außen als auch privat mit einer anhaltenden Stresssituation, die aus der Unklarheit entstand zwischen dem Bedürfnis des in Wertschätzung und Liebe Angenommen-Werdens und der leider nicht zu verleugnenden Realität einer Ablehnung. So steckte ich ungewollt in einem Teufelskreis aus Ablehnung, Schuldgefühlen, Unsicherheit, Wut, partieller Erschöpfung etc. fest, aus dem ich mich nicht mehr zu befreien wusste. Der ganze psychische Stress, die ganze Situation bewirkte eine langanhaltende Aktivität von Stresshormonen, die zu genau der immunologischen Reaktion führte, die letztlich den Haarausfall provozierte. In diesem Zusammenhang heißt Alopezie heute für mich:

- Ich muss erkennen, dass ich mich schon länger nackt, schutzlos, gedemütigt und bloßgestellt fühlte, ohne mir dies jedoch eingestehen zu wollen.
- Ich muss mir die Freiheit nehmen, mich zurückzuziehen.
- Ich kann nichts mehr verbergen, ich muss der „nackten" Wahrheit ins Gesicht sehen.
- Ich muss alte Werte und Strukturen hinterfragen.
- Ich muss mich von bestimmten Gedankenmustern verabschieden, Altes und Überholtes loslassen, um für Neues Platz zu machen.
- Ich muss bestimmte Tendenzen der Selbstbestrafung erkennen, statt die Strafe weiterhin mit Haarverlust abzubüßen.

Wessen bin ich mir selbst gegenüber schuldig geworden? Die Alopezie forderte mich auf darüber nachzudenken, ob die Ursache für den Haarausfall darin begründet liegt, dass ich …

- mich in meinem Leben zu stark innerhalb bestimmter Strukturen einschränkte,
- mir selbst Verpflichtungen und strenge Regeln auferlegte,
- mir viel zu wenig Freiraum zum Atmen gab,
- dachte, es muss „so" sein und nicht anders,
- unbewusst alles zu sehr festhielt und kontrollierte, aus Angst etwas könnte mir entgleiten.

So liegt ein Teil meines Weges für meine Heilung darin, dass ich meinen Lebensstil, meine Einstellung zum Leben, sowie meine Denkweise nach und nach komplett verändere. Hilfreich sind mir dabei Gedanken wie …

- Leistung erbringen, Ehrgeiz etc. ist gut, solange es mit der Freude um die Entfaltung meiner kreativen Möglichkeiten Hand in Hand geht. – Aber nicht gut, wenn es Dauerstress mit sich bringt.
- Ich setze frühzeitig Grenzen, wenn ich merke, dass etwas nicht gut für mich ist.
- Ich lasse alles los, was mir nicht länger dienlich ist.

- Ich konzentriere mich auf mich selbst und achte auf mein Wohlergehen.
- Meine Gesundheit hat oberste Priorität.
- Ich wertschätze mich selbst.
- Ich erlaube es mir alle meine Gefühle wahrzunehmen und zu leben.
- Ich mache mich nicht länger abhängig von der Meinung anderer.
- Ich höre auf, mir zu viele Gedanken um das Wohlergehen anderer Menschen zu machen.
- Ich höre auf, ihre Lasten zu tragen. – Jeder trägt für sich selbst die Verantwortung.
- Ich lebe entspannt und gönne mir immer wieder Phasen der Ruhe und Stille.
- Ich entdecke meine Individualität und erkenne, wie wertvoll ich bin.
- Ich bin mir selbst treu und lebe mein wahres, authentisches Ich.
- Ich stehe bedingungslos zu mir, wertschätze und liebe mich aus ganzem Herzen. – Das heißt für mich: Ich liebe mich auch *OHNE* Haare!

Das Einzige, was für mich heute zählt und wichtig ist:

- Ein neuer Start, ein „bewussterer" Beginn!!!
- Ich baue mir ein *neues Leben* auf.
- Ich bin glücklich, froh und dankbar über das Leben selbst.
- Ich schaue neugierig und optimistisch auf all die Dinge in meinem Leben.
- Das Leben selbst ist mein Lehrer. Ich seine Schülerin.
- Ich höre auf die Stimme meines Herzens, folge dem Weg meiner Seele und höre auf meine Intuition.
- Ich gehe entspannt durchs Leben und genieße mein Leben so gut ich kann.

Den Weg der Heilung zu gehen bedeutet für mich, mir das Dickicht/den Urwald meines Unbewussten anzusehen, mit der Vergangenheit ins Reine zu kommen, all das, was war, loszulassen, mir meine *kindliche Ohnmacht* anzuschauen, meine Kindlichkeit auf einer höheren Ebene wiederzuentdecken, meine kindliche Neugier und Offenheit zurückzugewinnen.

Was sagt mir mein Geist?

Von dem indischen Yoga-Meister, Philosoph und Schriftsteller Paramahansa Yogananda, der von 1893 bis 1952 lebte, stammen nachfolgende Zitate[4], die ich an dieser Stelle als Einführung in das nächste Kapitel meines Buches zunächst sehr gerne mit Ihnen, liebe Leser, teilen will. Sie beinhalten in konzentrierter Form das Wesentliche, was es im Hinblick auf die Wirkweise unseres Geistes und über die Qualität unserer Gedanken zu sagen gibt. Ihnen wohnt eine große Weisheit inne.

Dass ich in den letzten Jahren dieses Wissen erlernen konnte, und immer mehr auch praktisch erfahren kann, ist ein Geschenk für mich. Ich bin sehr dankbar dafür, dass ich insgesamt auf mein Leben heute aus einer ganz anderen Perspektive schauen kann. Dieses Wissen hat in meinem Leben zu einer grundlegenden Veränderung geführt. Im Grunde genommen ist nichts mehr so wie es einmal war, aber ich bin voll und ganz im Frieden damit. Ja, sogar noch mehr. Ich bin sehr dankbar dafür, dass ich endlich aufwachen kann und Tag für Tag so viel Neues und Interessantes dazulernen kann. Nach und nach lernte ich alte Glaubenssätze, Überzeugungen, Handlungsweisen, nach deren Muster mein bisheriges Leben verlief, loszulassen und meinen Geist stattdessen mit neuen, positiveren Glaubenssätzen und Gedanken, sowie mit positiveren Gefühlen und Gewohnheiten zu füllen. Ein wahrer Segen für mich. Yoganandas wichtigste Worte im Hinblick auf Geist und Gedanken waren für mich:

---

4 Pramahansa Yogananda. Zitate und Weisheiten. Abrufdatum 06.01.2021, von https://www.sasserlone.de/autor/122/paramahansa.yogananda/

„Ändere deine Gedanken und du wirst die Bedingungen, in denen du lebst, ändern. Da nur du allein für deine Gedanken verantwortlich bis, so kannst nur du allein sie ändern."

„Ein Körper, der ruhig und entspannt ist, zieht den geistigen Frieden an."

„Ganz gleich, in welcher Lage sich ein Mensch befindet, er kann sich immer durch Selbstbeherrschung, Disziplin, richtige Ernährung und eine gesunde Lebensweise bessern. Euer höchstes Glück liegt darin, dass ihr ständig bereit seid, zu lernen und euch richtig zu verhalten. Je mehr ihr euch selbst vervollkommnet, umso mehr werdet ihr auch andere um euch herum aufrichten können. Wer sich vervollkommnet, wird immer glücklicher. Und je glücklicher ihr werdet, umso glücklicher werden auch die Menschen in eurer Umgebung."

„Bevor ihr irgendetwas Wichtiges unternehmt, setzt euch still hin, beruhigt eure Sinne und Gedanken und meditiert tief. Dann wird euch die große Kraft des Geistes richtig leiten."

„Unendliche Kraft – Ganze Minen an Kraft liegen unerforscht in eurem Innern. Unbewusst macht ihr bei allem, was ihr tut, von dieser Kraft Gebrauch und erlangt gewisse Ergebnisse.
Doch wenn ihr lernt, die in euch schlummernden Kräfte bewusst zu steuern, könnt ihr weit mehr vollbringen."

„Der Materialist nimmt das Leben ernst und verursacht selbst viele Sorgen, Leiden und Unglücksfälle. Der göttliche Mensch betrachtet das Leben als ein unterhaltsames Spiel. Der Geist des von Wünschen besessenen Menschen schwankt ständig zwischen Hochstimmung und Lustlosigkeit und leidet unter deprimierenden Launen, während der wunschlose Yogi immer glücklich ist, auch wenn er verschiedenen Beschäftigungen nachgeht."

„Ein sicherer Beweis für Selbstverwirklichung – für das göttliche Bewusstsein in euch – ist es, wenn ihr wahrhaft und bedingungslos glücklich seid. Wenn ihr eine ständig anwachsende Freude in der Meditation fühlt und wenn dieser Zustand anhält, dann wisst ihr, dass Gott euch seine Gegenwart offenbart."

Bewusst vs. unbewusst

Wussten Sie, dass wir unser Gehirn nur zu etwa 10% bewusst nutzen? – Dass Aktivitäten wie das Denken, Bewegen, Entscheiden, Planen, Sehen, Hören, Schmecken, Fühlen und Riechen lediglich 10% unserer Gehirnkapazität benötigen? – Circa 90% unserer Aktionen verrichten wir demnach *unbewusst,* aus einem Zustand mangelnden Bewusstseins heraus. – Doch um das zu bewirken, was wir haben oder sein wollen, müssen wir bewusst denken, sprechen, handeln und fühlen. In der Literatur wird das Unterbewusstsein immer wieder mit einem Computer verglichen, mit einer riesigen Datenbank. Einem „Speichergerät", das alle unsere vergangenen wie aktuellen Erlebnisse und Erfahrungen speichert und archiviert. Sowohl die guten als auch die weniger guten. Es spricht sehr stark auf Bilder an. Es glaubt, was es sieht, hört und empfängt. In all diesen Fällen stellt es seine Antennen auf Empfang. Und zusammen mit dem Gehirn speichert es nicht nur die Botschaften, die wir empfangen, sondern vor allem die Gefühle, die wir mit bestimmten Ereignissen verbinden. Die *unbewussten* Teile des Gehirns sind demnach damit beschäftigt, alles zu speichern und zu archivieren, was wir erleben. Sie haben einen tiefgreifenden Einfluss darauf, wie wir uns fühlen, was wir tun und wie wir uns verhalten. Sie steuern unsere Funktionskreisläufe sowie unser Organsystem.

Unser Unterbewusstsein will immer das Beste für uns, selbst dann, wenn wir glauben, dass dem nicht so ist, weil wir gerade nicht verstehen, warum es funktioniert, wie es funktioniert. – Es ist jener mächtige Teil, der mit seinen 90% Informationen viel schneller aufnehmen kann als unser bewusster Verstand. – Am nachhaltigsten speichern wir die Informationen ab, von denen wir fest überzeugt sind. Das sind in aller Regel die Aussagen, die wir immer und immer wieder hören. Allein schon dadurch, dass sie so oft wiederholt werden, halten wir sie irgendwann für wahr. Und wir sind vor allem dann von der Richtigkeit dieser Worte überzeugt, wenn uns diese von Menschen gesagt werden, die für uns wichtige Bezugspersonen sind: Eltern, Verwandte, Lehrer, um hier nur ein paar Beispiele zu nennen. Weil wir als Kind diesen Personen vorbehaltlos vertrauen, weil ihre Meinung/ihr Urteil für uns wichtig ist, schenken wir ihren Worten Glauben und speichern ihre Botschaften ungefiltert und unreflektiert in unserem Unterbewusstsein ab. Und je öfter und öfter wir diese hören, sind wir immer mehr davon überzeugt, dass die „Dinge" auch so sind, wie sie uns wiederholt gesagt werden. Wir kommen gar nicht auf die Idee, diese Aussagen bezüglich ihres Wahrheitsgehalts in Frage zu stellen bzw. zu überprüfen, da sowohl unser Bewusstsein wie auch unser kritischer Verstand noch gar nicht entwickelt sind. Unbewusst machen wir uns so sehr stark von der Einschätzung, sowie dem Urteil unserer Bezugspersonen abhängig. Soll heißen: Wir geben ihnen damit ziemlich viel Macht über uns.

So kann es sein, dass die Überzeugung der anderen für uns zu einem Glaubenssatz wird, der weitestgehend darüber bestimmt, wie wir über uns selbst denken und wie wir glauben, „wer wir sind". Diese Überzeugung bestimmt, wie wir uns in den verschiedensten Lebenssituationen verhalten und emotional reagieren. Sie beeinflusst die Entwicklung unserer Persönlichkeit. Nehmen wir als Beispiel ein Mädchen, dem der Mathematik-Lehrer eine Begabung für Mathematik abspricht. Mag sein, dass ihre Leistungen in diesem Fach gerade nicht zum Besten stehen, doch rechtfertigt diese Tatsache bereits von einer mangelnden Begabung in Mathematik zu sprechen? – Ist dies tatsächlich der einzige Grund?

Wenn wir anfangen den Worten des Lehrers zu glauben, dass wir mathematisch unbegabt sind, dann verhalten wir uns mit der Zeit tatsächlich so wie es unser Gegenüber von uns erwartet, weil unser Unterbewusstsein als Beweis all diese Lernsituationen aufzeichnet, die dazu dienen uns aufzuzeigen, dass wir mathematisch unbegabt sind. Mit diesen abgespeicherten Informationen erbringt uns unser Unterbewusstsein den Beweis, dass die Worte des Lehrers zutreffend sind. Dass es für die derzeit schlechten Leistungen in Mathematik aber auch noch andere Gründe geben kann, ignorieren wir und erschaffen uns somit einen sich selbst verstärkenden Zyklus im Sinne von „Mathematisch nicht begabt!".

Um diesen Zyklus zu durchbrechen, müssen wir uns immer und immer wieder die Frage stellen: „Bin ich mathematisch nicht begabt? – Stimmt das wirklich?" – Indem wir anfangen diese Überzeugung in Frage zu stellen, können wir den Gegenbeweis erbringen. Ein nächster Schritt wäre, verschiedene Belege dafür zu finden, die dem Unterbewusstsein zeigen, dass der Glaube, an dem es aufgrund der Beurteilung des Lehrers festhält, falsch ist.

Liefern wir uns selbst und letztlich dem Unterbewusstsein genügend Beweise dafür, dass wir in der Mathematik durchaus Fähigkeiten haben, dann hat es keine andere Wahl, als den zuvor angenommenen falschen Glaubenssatz von „Mathematisch unbegabt!" aufzugeben. Je mehr Beweise wir dabei dem Unterbewusstsein liefern, um den neuen Glaubenssatz mit „Mathematisch durchaus begabt" zu stärken, desto schwächer wird der Glaube an die Aussagen des Lehrers und umso stärker der neue Glaube an uns selbst. Wie gut und wie leicht ein solcher Glaube letztlich geändert werden kann, hängt davon ab, wie lange unser Unterbewusstsein an diesem Glauben festgehalten hat. Aus diesem Grunde sind Überzeugungen aus der Kindheit, an denen wir bereits seit frühester Jugend festhalten, schwieriger zu ändern als Überzeugungen, die sich erst später im Leben herausgebildet haben. Es dauert dann zwar mitunter länger, bis wir all diese alten Muster und Glaubenssätze durchbrechen und korrigieren, aber es ist nicht unmöglich. Das bedeutet: Wollen wir eine „alte" Überzeugung, ein Verhalten, einen Glaubenssatz, den wir im Unterbewusstsein gespeichert haben, im Nachhinein löschen, und soll diese Veränderung nachhaltig und im Ergebnis positiv sein, dann ist es wichtig, dass wir all das, was wir in unserer Kindheit gehört, geglaubt und erlernt haben, als Allererstes einem sogenannten „Realitätscheck" unterziehen. Damit meine ich, dass wir das, was unsere bisherige Prägung ist, unsere alte Überzeugung, unser altes Glaubensmuster, dahingehend prüfen, ob diese Überzeugung für uns heute überhaupt noch seine Richtigkeit und Gültigkeit hat.

Stellen wir dabei fest, dass dem nicht so ist, dann lässt sich zum Glück eine Veränderung unserer bisherigen unbewussten Prägungen und Überzeugungen dadurch erreichen, dass wir unserem Unterbewusstsein ab *jetzt* mehrmals am Tag neue, kraftvolle und vor allem positive Impulse senden. Doch diese gilt es *bewusst* mit möglichst vielen positiven Gefühlen zu verbinden. Nur so lässt sich unser Unterbewusstsein nach und nach neu programmieren.

Es wird bewusst ein „neuer Samen" gelegt. Damit dieser Samen aber anwächst und gedeihen kann, bedarf es bester Pflege, Hingabe und unserer Aufmerksamkeit. Doch mit unserem bewussten Denken, Sprechen, Fühlen und Handeln, sowie mit positiven Bildern und Botschaften, mit geführten Meditationen, mit Affirmationen etc. können wir unser neues Lernprogramm sinnvoll unterstützen und somit die Verantwortung für unser neues Denken und Sein Schritt für Schritt übernehmen.

> „Der Mensch ist das Wesen, das immer entscheidet. Und was entscheidet es? Was es im nächsten Augenblick sein wird."
> *Viktor Frankl*

Wenn wir in die Stille gehen und unsere Aufmerksamkeit einmal nur auf unseren Geist richten, dann bemerken wir, dass wir ununterbrochen denken. Doch wie ich es soeben mit Hilfe eines Beispiels ausgeführt habe, denken wir leider zu 90% *unbewusst*. Das heißt, wir nutzen die Macht unserer Gedanken viel zu wenig bewusst, obwohl dieser Macht eine große Schöpferkraft zugrunde liegt. Eine Kraft, mit deren Hilfe wir zusammen mit unserer Seele unseren Körper positiv beeinflussen und letztlich sogar die Selbstheilungskräfte in uns aktivieren und nutzen können.

Im Laufe unseres Lebens sind wir neben zahlreichen schönen Situationen auch vielfältigen Herausforderungen verschiedenster Art ausgesetzt. Das bringt unser Menschsein mit sich. Schließlich wollen wir lernen und haben uns von daher entschieden, als Seele die Schule des Lebens aufzusuchen, um neue grundlegende Erfahrungen zu machen bzw. uns noch einmal in all den Aufgaben zu üben, denen wir in einem Vorleben aus welchen Gründen auch immer noch nicht gewachsen waren. Diese ganzen Herausforderungen und Ereignisse, vor die uns das Leben stellt, sind zunächst einfach nur *neutral*. Soll heißen: Sie sind für sich genommen *weder gut, noch schlecht*. Erst die Art und Weise, wie wir darüber denken und wie gewohnheitsmäßig wir dabei reagieren, entscheidet darüber, ob wir die Ereignisse als gut oder schlecht bewerten. Und je nachdem wie unsere Erfahrung im Hinblick auf ein bestimmtes Ereignis ist, bewirkt dies in unserem Körper ein Gefühl verschiedenster Qualität. Mal ist es ein Gefühl des Wohlgefallens, des Glücks. – Wie schön! – Doch es gibt auch jede Menge an Gefühlen, die das gesamte Spektrum von Traurigkeit, Unzufriedenheit, Sorge, Verzweiflung, Angst, Wut etc. bedienen. Und so, wie es mit den Ereignissen selbst ist, dass sie für sich alleine gesehen zunächst neutral sind, ist es auch mit den Gefühlen. Auch sie sind für sich gesehen *neutral*.

Als Mensch haben wir jedoch im Laufe der Zeit und auf der Grundlage unserer bisher gemachten Erfahrungen gelernt, unsere Gefühle ebenfalls als positiv bzw. negativ zu bewerten. Wie wir sie letztlich sehen wird uns ebenfalls sehr stark durch unsere Erziehung mitgegeben, denn als Kinder schauen wir uns die Einschätzung einer Sache als gut, weniger gut oder schlecht von unseren Vorbildern (Eltern, Verwandte, Freunde etc.) ab. Wir orientieren uns an ihren Vorgaben und lernen fürs Erste durch „die Brille" ihrer Erfahrungen in die Welt zu sehen. Übernehmen dabei Muster, die bereits für sie ihre Gültigkeit hatten, ohne die Situation für uns selbst einer neuen Bewertung zu unterziehen. Wie wir reagieren wird uns somit ein Stück weit in die Wiege gelegt. Orientieren wir uns ein Leben lang an der Sichtweise unserer Eltern, leben wir ein Leben, das ganz ihren Gesetzmäßigkeiten und

Erfahrungen entspricht, denn unbewusst orientieren wir uns damit an ihren Richtlinien. Für uns ist gut, was für sie schön, gut, positiv und richtig war. Und für uns ist schlecht, was bereits für sie angsteinflößend, gefährlich, negativ und schlecht war. So leben in uns – wenn auch unbewusst – die Gedanken und Gefühle unserer Eltern und Ahnen fort. Ganz gemäß dem *Göttlichen Gesetz der Anziehung.* – Einem Naturgesetz, das besagt: *Gleiches zieht Gleiches an.* Ich gehe in einem späteren Kapitel noch genauer auf dieses Gesetz ein.

Die Umstände, mit denen wir uns *unbewusst* umgeben, sind nichts anderes als eine Folge der bereits in uns existierenden Gedanken und Gefühle, die ich nachfolgend als Emotion bezeichnen will. Ein *Gefühl* ist für mich etwas, das ich von Augenblick zu Augenblick *NEU* erleben kann. Auf der Grundlage einer bestimmten Situation mache ich die Erfahrung eines bestimmten Gefühls, das – sofern ich mir dessen bewusst bin – eine wichtige Botschaft für mich in sich trägt, die mitgeteilt, erfahren und gelebt werden will. Als *Emotion* bezeichne ich hingegen ein Gefühl, das tiefer liegt, das sich bereits in meinem Körper-Geist-Bewusstsein verfestigt hat, weil ich es immer und immer wieder re-inszeniert erlebe. Eine Emotion ist für mich somit die Manifestation eines *alten* Gefühls, das ich wiederholt erlebe, weil ich dessen Energie immer noch *unerlöst* in mir trage. Sie lebt unbewusst in mir fort und zeigt sich mir in verschiedensten „Kleidern" so lange, bis ich bereit bin, mich von ihr durch den Prozess der Bewusstwerdung zu lösen. Nur so lässt sich diese alte Energie transformieren. Gelingt es, mir der ursprünglichen Situation mit dem Gefühl von damals bewusst zu werden und ihm mit entsprechendem Mitgefühl die notwendige Beachtung (Akzeptanz) zu schenken, die ihm gebührt, kann ich dadurch den Bann einer negativen Emotion auflösen, um mich aus diesem selbstschaffenen „Gefängnis" zu befreien. So kann letztlich für alle an der ursprünglichen Situation beteiligten Personen Transformation und Heilung geschehen. Dem letztlich dann der darauffolgende Prozess der Vergebung eine völlig neue Richtung für unser Leben geben kann. Sofern wir bereits sind, diesen Weg zu gehen.

Nur ein Mensch, der an seine eigenen Kräfte glaubt, kann aus sich selbst heraus autonom und liebevoll leben und fühlt sich von Lebensfreude durchdrungen. Tut er dies nicht, dann fühlt er sich nicht mehr ganz, erlebt statt Erfüllung das Gefühl des Mangels, das ihn letztlich wiederum daran hindert ein freudvolles Leben zu leben. Für mich waren das zum einen die mangelnde Liebe zu mir selbst, sowie mein bereits aus den Anfängen meines Lebens begründeter Blick auf die Welt. Ich hatte es nicht gelernt, auf mich selbst und mein Leben mit den Augen der Freude zu sehen. Heute habe ich gelernt, wie wichtig es ist, sich dies alles selbst zu geben, anstatt sich die Erfüllung im Außen zu suchen. Von daher kann ich keinem auch nur irgendeinen Vorwurf machen. Weder meinen Eltern, Partnern, noch Freunden, Kollegen usw.

Schade, dass es an unseren Schulen kein Unterrichtsfach gibt, das uns bereits in jungen Jahren diese so wichtigen, weil grundlegenden Dinge für ein glückliches Leben zu lehren vermag. Da wir in dieser Hinsicht nicht auf das Leben vorbereitet werden, müssen wir erst durch Krankheit und Leid gehen, bevor wir lernen, den Sinn des Lebens besser zu verstehen.

Unsere Entwicklung als Mensch ist ein lebenslanger Reifeprozess, der sich vom Zeitpunkt unserer Empfängnis bis zum Tod vollzieht. Wie es bereits Hermann Hesse in seinem wunderschönen Gedicht *Stufen*[5] sagte, ist das Leben eine Abfolge von Lebensphasen, wobei jede auf ihre Art ganz bestimmte Herausforderungen an uns stellt.

---

5 Hermann Hesse. Gedicht Stufen. Abrufdatum 06.01.2021, von https://www.lyrikline.org/de/gedichte/stufen-5494

Stufen

Wie jede Blüte welkt und jede Jugend
Dem Alter weicht, blüht jede Lebensstufe,
Blüht jede Weisheit auch und jede Tugend
Zu ihrer Zeit und darf nicht ewig dauern.
Es muß das Herz bei jedem Lebensrufe
Bereit zum Abschied sein und Neubeginne,
Um sich in Tapferkeit und ohne Trauern
In andre, neue Bindungen zu geben.
Und jedem Anfang wohnt ein Zauber inne,
Der uns beschützt und der uns hilft, zu leben.

Wir sollen heiter Raum um Raum durchschreiten,
An keinem wie an einer Heimat hängen,
Der Weltgeist will nicht fesseln uns und engen,
Er will uns Stuf' um Stufe heben, weiten.
Kaum sind wir heimisch einem Lebenskreise
Und traulich eingewohnt, so droht Erschlaffen;
Nur wer bereit zu Aufbruch ist und Reise,
Mag lähmender Gewöhnung sich entraffen.

Es wird vielleicht auch noch die Todesstunde
Uns neuen Räumen jung entgegen senden,
Des Lebens Ruf an uns wird niemals enden,
Wohlan denn, Herz, nimm Abschied und gesunde!

Heute weiß ich, dass wir uns als Seele, die sich entwickeln und wachsen will, ganz bestimmte Aufgaben vor unsere Reise auf die Erde selbst ausgesucht haben. Nur haben wir dies leider vergessen und sind dann überrascht, wenn sie sich uns zu gegebener Zeit im Leben zeigen. Sie kommen nicht zu früh und auch nicht zu spät. Sie kommen genau zur richtigen Zeit in unser Leben, nämlich dann, wenn wir so weit sind, dass wir aus ihnen lernen können. Vielleicht könnten wir besser damit umgehen, wenn wir in der Schule bereits von klein auf neben Rechnen, Schreiben, Lesen in Fächern unterrichtet würden wie: Ernährungs- und Gesundheitslehre, Grundlagen der Pädagogik, Psychologie und Psychosomatik, Ethik und Spiritualität, Soziologie und Philosophie, Beziehungs- und Kommunikationsfähigkeit, die Lehre von der Energie sowie den Geistigen Gesetzen, den Naturgesetzen usw.

Wir sprechen neuerdings zwar von der Resilienz, übersehen dabei jedoch, dass uns diese Widerstandsfähigkeit im Umgang mit bestimmten Ereignissen nur dann gegeben ist, wenn wir sie schon sehr früh (am besten von unseren Erziehungsberechtigten) erlernen. Doch können nur Eltern, Erziehungsberechtigte und Lehrer, die selbst bereits ausreichend resilient sind, ihren Schützlingen dieses Wissen authentisch weitergeben und vermitteln.

Es wäre meiner Meinung nach sehr wichtig, schon früh zu lernen, wie wir uns die Gesundheit von Körper, Geist und Seele durch bewusste Ernährung und das Wissen um eine alters- und typgerechte Bewegung (westliche wie östliche Bewegungslehre), durch einen bewussten Geist und durch regelmäßigen Kontakt mit unserer Seele (verschiedene Arten der Meditation und Entspannung) erhalten können; dass wir uns dessen wirklich bewusst werden, was für ein Wunderwerk unser Körper ist und dass er es verdient, dass wir ihm dafür danken, dass er uns tagaus, tagein zu Diensten ist; dass wir nicht nur mit unserem Verstand denken, sondern vielmehr mit unserem Bauchhirn (Intuition), und dass es diese Kohärenz zwischen unserem Herzen, dem Bauchhirn und dem Kopfhirn ist, die über unser physisches wie psychisches Wohlergehen und somit letztlich auch über unser wahres Glück entscheidet; dass wir es uns früh genug bewusst machen, wie wichtig es ist, mit unseren Fähigkeiten, unserer Kreativität und unserem Schöpfergeist vertraut zu werden, um das Leben leben zu können, das unserer Einzigartigkeit am besten entspricht, damit wir uns selbst bestmöglich zur Entfaltung bringen und das Potential leben, das jedem von uns ganz individuell gegeben ist; dass wir uns dessen bewusst werden, über welch außerordentliche Fähigkeiten der Regeneration unser Körper-Geist-Seele-System verfügt, wenn wir mit uns selbst in einer guten Beziehung (Selbstakzeptanz, Harmonie, Friede und Liebe) sind; dass wir mehr über die Natur-, Schicksals- bzw. Geistigen Gesetze lernen, die für uns alle (ohne Ausnahme bzgl. arm oder reich, gesund oder krank) gelten; dass wir von klein auf verstehen lernen, wie wichtig ein gutes, harmonisches, friedvolles, faires, tolerantes und soziales Miteinander ist; dass wir uns beizeiten bereits in den wichtigsten Techniken der Kommunikation üben, da eine gute Kommunikation sowohl der Schlüssel für Erfolg, als auch für unsere Beziehungen (sowohl beruflich als auch privat) ist; dass wir lernen alle unsere Emotionen bewusst zu leben und diese sozialverträglich zu kommunizieren usw.

Ich bin davon überzeugt, dass wir uns auf der Grundlage eines derartigen Fächerkanons, der über die verschiedenen Jahrgangsstufen hinweg aufbauend unterrichtet werden kann, im Leben besser zurechtfinden könnten. Natürlich dürfen die klassischen Unterrichtsfächer deswegen nicht vernachlässigt werden. Stellt sich nur die Frage, ob wir all das, was wir im klassischen Sinne an der Schule lernen, wirklich für ein gutes und erfülltes Leben brauchen.

Hätten wir stattdessen mehr Einblick in das, was uns später das Leben lehren will, wären wir höchstwahrscheinlich resilienter und müssten nicht erst über Jahrzehnte hinweg unsere eigenen Erfahrungen oder gar Fehler machen, da wir schon beizeiten exemplarisch aus den Erfahrungen anderer lernen konnten. So könnten wir unter Umständen früher lernen, was uns so mancher Unfall, eine Krankheit oder ein anderer Schicksalsschlag zu sagen hat, bzw. worin hier die Lernaufgabe unserer Seele besteht. – Dann wären die Arztpraxen sowie die Praxen der Psychotherapeuten, Psychologen und Psychiater weniger überfüllt. Was letztlich auch einen positiven Einfluss hätte auf unser gesamtes Gesundheitssystem.

Wie es uns epigenetische Studien heute zeigen, sind unsere Gene nicht starr und fest, sondern flexibel und in hohem Maße von unserem Umfeld abhängig. Unser Lebensstil, Faktoren wie körperliche Aktivität, Ernährung, Umwelteinflüsse sozialer Art, aber auch Schadstoffe und Umweltbelastungen im Außen, sowie unsere negativen Emotionen (Ängste usw.) und Gedanken wirken sich auf unsere DNA aus. Verändern wir demzufolge unsere Emotionen und Gedanken, verändern wir nicht nur unser Verhalten, sondern greifen damit sogar in die biochemischen Abläufe unseres Körpers ein. Somit wirkt sich das, was wir fühlen und glauben, auf unsere Zellen aus und bestimmt letztlich nachhaltig darüber, ob wir krank oder gesund sind. Dazu gehört auch, ob wir uns selbst wertschätzen und lieben, sowie die Art, wie wir Selbstgespräche führen. Ob wir z. B. mitfühlend, liebevoll oder abwertend und kritisch mit uns denken und sprechen. Auch diese Art des So-Seins schauen wir uns von unseren engsten Vertrauten ab. In aller Regel von den Eltern, denn von ihnen lernen wir.

Was mir Gott bestätigt hat, ist, dass ein Mensch nicht einfach nur so auf gut Glück in eine Familie hineingeboren wird, sondern dass wir genau bei den Eltern geboren werden, die unsere besten „Spiegel- und Lernpartner" sind. Wir haben uns also selbst an genau den richtigen Ort und zu den Menschen gebracht, die uns helfen können, die Themen in uns zu lösen, die der Heilung bedürfen, um insgesamt gesehen ein glücklicherer Mensch zu werden.

In der Zeitschrift *NATUR & HEILEN* – Monatszeitschrift für gesundes Leben, München, Ausgabe Juli 7/2020, S. 14ff, habe ich unter dem Titel *Gedanken als Medizin* ein sehr interessantes Interview von Frau Anne Devillard (Chef-Redakteurin) mit Dr. Marcus Täuber (Neurobiologe), dem Autor des Buches *Gedanken als Medizin. Wie Sie mit Erkenntnissen der Hirnforschung die mentale Selbstheilung aktivieren.* Goldegg Verlag 2020, gelesen.

Dr. Marcus Täuber zeigt dabei auf, wie eng verzahnt Körper und Geist sind, und dass unsere Gedanken so mächtig sind, dass sie nicht nur unseren Gemütszustand beeinflussen, sondern auch die physiologischen Abläufe unseres Organismus steuern und verändern können. Wie ich es zuvor schon bei dem amerikanischen Mediziner und Neurowissenschaftler Dr. Joe Dispenza gelernt hatte, bestätigt auch Dr. M. Täuber, dass wir mit den Erkenntnissen der Hirnforschung unsere Selbstheilungskräfte aktivieren können, indem wir unsere Gedanken ganz bewusst als Medizin einsetzen, um chronische Erkrankungen wie Schmerzen, Allergien, Rückenschmerzen, Migräne, Herz-Kreislauf-Erkrankungen oder gar Krebs zu heilen.

Dr. Täuber erklärt, dass unsere Gedanken dabei immer mit Nervennetzen einhergehen, die Strom (elektrische Impulse) leiten und Chemie (Botenstoffe) freisetzen, die wir letztlich dann auf den Körper direkt übertragen. So wirkt das, was wir im positiven wie negativen Sinne denken, auf unsere Immunabwehr, auf Entzündungsreaktionen, auf unseren Hormonhaushalt, sowie auf die Muskelspannung.

Bezugnehmend auf die aktuelle Weltlage, in der sich viele Menschen sowohl um die eigene Gesundheit und um ihre wirtschaftliche Situation Sorgen machen, als auch um die nahestehender Menschen, geht Dr. Täuber auf die Fragen nach den Auswirkungen von Stress auf unsere Gesundheit ein, bzw. erläutert, was bei psychischen Belastungen im Kopf passiert. Mir gefällt dabei der Vergleich mit der Alarmanlage eines Autos, den er wählt, um mit wenigen Worten diesen Prozessablauf zu beschreiben: „Wenn die Ruhephase ausbleibt und der Stress uns förmlich permanent drückt, wird er chronisch. Es ist, als würde der Aufregungseinschaltknopf gedrückt bleiben. Stellen Sie sich die Alarmanlage eines Autos vor, die in der Nacht ständig losgeht, z. B. weil eine Katze immer wieder aufs Auto klettert. Die ganze Nachbarschaft wird aus dem Schlaf gerissen und findet nicht die nötige Erholung. So ist das, wenn ständig jemand auf unsere Alarmanlage im Kopf, die Amygdala, drückt. Dabei bedarf die Amygdala keiner echten Gefahr, allein der Gedanke daran reicht, um den Alarmknopf zu betätigen." (Zitatende)

Ferner erklärt er: „Die Amygdala aktiviert den Hypothalamus, unsere Hormonfabrik im Kopf, und Steuerzentrale des vegetativen Nervensystems. Über die Hirnanhangsdrüse (Hypophyse) und Nervenimpulse werden dann in der Nebenniere Adrenalin und Noradrenalin produziert und in den Blutkreislauf abgegeben, die uns u. a. an Erholung und Regeneration hindern. Das Immunsystem gerät infolgedessen aus dem Gleichgewicht. Einerseits wird die Abwehr über Immunzellen geschwächt, andererseits schießen die Antikörper über. Entzündungen klingen nicht wieder ab. Wir werden anfälliger für Infektionen durch Bakterien und Viren sowie für Autoimmunerkrankungen wie Allergien oder Asthma." (Zitatende)

Auf die Frage, ob uns Entspannung wieder gesund machen kann, wenn uns Stress krank macht, und was sich im Körper und Nervensystem verändert, wenn wir in den Entspannungsmodus gehen, antwortet Dr. Täuber, dass Entspannung den gesundheitlichen Schaden, den der chronische Stress angerichtet hat, durchaus zu reparieren vermag. Sobald sich die Amygdala wieder beruhigt, können die entsprechenden Entzündungen wieder ausheilen. Unterstützt wird dieser Heilprozess durch den Nervus Vagus, der den Prozess der Entspannung unterstützt. Sind wir im Stress-Modus, ist der Sympathikus aktiv. Im Modus der Entspannung, Erholung und Regeneration hingegen der Parasympathikus, dessen Aktivität zu rund zwei Viertel vom 10. Hirnnerv, dem Vagus-Nerv, übernommen wird. Beide (Sympathikus und Parasympathikus) sind wichtige Regler sowohl unserer Skelettmuskulatur, als auch der glatten Muskulatur, die unsere Eingeweide durchzieht und die Blutgefäße umspannt. So wie eine durch chronischen Stress verkrampfte glatte Muskulatur zu Reizdarm, Migräne oder Bluthochdruck führen kann, kann eine entspannte glatte Muskulatur letztlich auch wieder Heilung bringen. Die regelmäßige Praxis einer tiefen Entspannung, die bis in die Zellen geht und dabei Körper und Geist erfasst, vermag sowohl den Blutdruck zu senken, Immunsystem und Hormonhaushalt wieder in die Balance zu bringen, als auch Entzündungen zurückzubilden. Des Weiteren erklärt Dr. Täuber, dass es dabei nicht darum geht, den Stress im Kopf abzuwehren, sondern ihn in positive Energie zu transformieren. Zur Aktivierung des Parasympathikus eignen sich Meditation, Visualisierungen und

Entspannungsübungen. Zahlreiche wissenschaftliche Studien belegen inzwischen, dass vor allem die Achtsamkeitspraxis hilft, Ängste, Depressionen und Stress zu lindern bzw. loszuwerden. Meditationen helfen nicht nur das vegetative Nervensystem zu entspannen, sondern sie greifen direkt in die Hirnstruktur ein und verändern diese. Die höchste Instanz für die Selbstermächtigung eines Menschen sieht Dr. Täuber durchaus in der Spiritualität. Sie ist es schließlich, die den Menschen mit dem großen Ganzen zu verbinden und selbst einer Krankheit einen Sinn zu geben vermag. …

Ich habe Ihnen jetzt nur die – für mich – allerwichtigsten Textpassagen dieses Interviews wiedergegeben, kann es Ihnen aber nur empfehlen, den ganzen Artikel zu lesen. In diesem Artikel geht Dr. Täuber auch darauf ein, dass er und seine Kollegen am Institut für mentale Erfolgsstrategien in Wien die sogenannte GAM-Meditation (GAM = Gedanken als Medizin) entwickelt haben, die die drei wesentlichen Elemente der Meditation verknüpft: Entspannung, Visualisierung und Meditation. Eine sehr schöne Meditation, die ich Ihnen ans Herz legen kann. Das für mich Wertvollste an dem ganzen Artikel aber war, dass es nach den Ausführungen von Dr. Täuber Menschen gibt, bei denen nicht die dauerhafte Stressaktivierung, sondern die *mangelhafte Stressberuhigung* zum Problem wird. Ich zitiere: „Die Ursache für eine solche Neigung ist Stress in frühen Jahren. Es hat sich gezeigt, dass der vorgeburtliche Stress, wie auch der Stress in den ersten zwei Lebensjahren ganz entscheidend ist. Wenn die Mutter viel Stress erlebt, überträgt sich der hohe Cortisol-Spiegel auch auf den Embryo und beeinflusst die Entwicklung der Stressachse. Diese ist bis zum 2. Lebensjahr sehr empfindlich. Das heißt, Menschen, die in den ersten beiden Lebensjahren starke Stresserfahrungen bzw. Traumata erlitten haben, können sich aufregen, aber dann nicht mehr so gut abregen. Die Stressberuhigung kommt aus dem Takt. Das drückt sich im Verhalten der Person aus: Sie sind eher ängstlich, depressiv und introvertiert. Es fällt ihnen schwer, Probleme als Herausforderungen zu sehen. Entweder stellen sie eine große Last für sie dar und erdrücken sie oder sie weichen ihnen lieber aus. Das ist eine Neigung, die uns ein Leben lang begleiten kann, wenn wir unser Gehirn nicht grundlegend umkrempeln. Die richtige Balance aus Stressaktivierung und Stressberuhigung ist wesentlich – nicht nur für unser psychisches Wohlergehen, sondern auch für unsere Gesundheit im Allgemeinen." (Zitatende) – Damit bestätigt mir Dr. Täuber, was ich auch in anderer Literatur im Hinblick auf den Vagus-Nerv (siehe Literaturhinweis) bzw. auf den Zusammenhang von Darm und Psyche[6] gelesen habe, so dass meine Recherchen derzeit zu diesen Themenbereichen weiter gehen. Und es bleibt nach wie vor spannend, was es da noch so alles zu entdecken gibt. Vom Kopf eine kurze Reise zum Darm, denn es zeigt sich immer mehr, was bereits Hippokrates (460–370 v. Chr.) beobachtet hatte: „Jede Krankheit beginnt im Darm."

Was hat der Darm mit unserem Gehirn zu tun?

Der Darm – noch immer das *Stiefkind* unter den Organen? – Zum Glück nicht mehr. – Seitdem dieses Organ mit Hilfe des Buches *Darm mit Charme. Alles über ein unterschätztes Organ* von Giulia Enders (siehe Literaturverzeichnis) immer mehr an Bedeutung gewann und die Aufmerksamkeit der Mediziner und Wissenschaftler auf sich zog, werden immer mehr Studien und Bücher veröffentlicht, die den Darm heute aus seinem Schattendasein heraustreten lassen und uns wichtige Erkenntnisse darüber bringen, wie sich die Gesundheit unseres Darms auch auf die Gesundheit unseres Gehirns auswirken kann. Unser Darm ist facettenreicher und schlauer als gedacht. Wir werden ihm keinesfalls gerecht, wenn wir ihn nur als Verdauungsorgan bezeichnen.

---

6 Fanny Jimenez (2019). Stimmungsmacher im Darm. Abrufdatum 06.01.2021, von https://www.spektrum.de/news/wie-der-darm-die-psyche-beeinflusst/1691794

Immerhin handelt es sich bei dem rund sechs Meter langen Organ um das größte Immunsystem unseres Körpers. Aktuelle Forschungen bestätigen inzwischen, dass unser Darm in ständiger Verbindung mit unserem Gehirn steht und sich beide Organe gegenseitig mehr beeinflussen als uns das bislang bewusst war. Im Grunde genommen sollte uns dies nicht verwundern, wenn wir berücksichtigen, dass sich unser Gehirn bereits wenige Tage nach der Befruchtung der Ei- durch die Samenzelle in der Embryonalphase aus einem der drei Keimblätter entwickelt, auf die auch die Entwicklung unseres Darms zurückzuführen ist. Die Zellen des Embryoblast, aus dem der Embryo letztlich entsteht, falten sich zu drei Keimblättern: Dem *Endoderm*, aus dem sich später unsere inneren Organe entwickeln. Dem *Mesoderm*. Aus ihm entwickeln sich unsere Knochen, Muskeln, sowie das Bindegewebe. Und aus dem *Ektoderm*. Aus ihm entstehen unsere Haut, das zentrale Nervensystem und unser Gehirn.

Seit Jahren erforschen Wissenschaftler immer mehr die Verbindung zwischen unserem Gehirn und unserem Magen-Darm-Trakt, die sogenannte Darm-Hirn-Achse. Das Bestreben der Forscher liegt darin, herauszufinden, wie detailliert die Kommunikation zwischen unserem Darm und Gehirn funktioniert, da sich auf der Grundlage bisheriger Studien bereits zeigt, dass unser Verdauungssystem einen großen Einfluss auf unser Denken, Fühlen und Handeln hat. Bekannt ist, dass unser Verdauungstrakt von etwa hundert Millionen Nervenzellen durchzogen ist, die das sogenannte enterische Nervensystem bilden. Und es sind die Nervenzellen dieses Systems, die Signale zwischen Gehirn und Darm hin und her senden, was über den Vagus-Nerv geschieht. Wissenschaftlichen Untersuchungen nach sollen dabei 90% der Kommunikation vom Darm ausgehen und nur 10% von unserem Gehirn. Außerdem konnte inzwischen nachgewiesen werden, dass im Darm spezielle Zellen sitzen, die Immunbotenstoffe, sogenannte Zytokine, bilden, auf die unser Gehirn reagiert, und dass der Darm 90% des Glückshormons Serotonin produziert. Während man noch vor Jahren davon ausging, dass das Reizdarmsyndrom eine funktionelle Störung ohne eine organische Ursache ist, weiß man heute, dass bei einem Reizdarmsyndrom die Kommunikation zwischen Darm und Gehirn aus dem Takt geraten ist, was zu Störungen der Darmbewegung und zu einem erhöhten Schmerzempfinden führt. Neueste Studien sprechen sogar davon, dass Menschen, die an einem Reizdarm leiden, eine veränderte Zusammensetzung der Darmbakterien im Vergleich zu Gesunden haben. Dabei kommt es gerade auf die Zusammensetzung der Darmbakterien an, die die Darm-Hirn-Achse aktivieren und so einen entscheidenden Einfluss auf unsere Emotionen und unser Stressempfinden haben.

Das enterische Nervensystem (ENS) – ein Netz von Nervenzellen, das den Verdauungstrakt umspannt – gilt als der Wächter unserer Darmpassage. Sein neuronales Netzwerk löst Darmkontraktionen aus, die die Nahrung in den Verdauungstrakt befördern (= Peristaltik). Doch neben der Verdauung kontrolliert das ENS neben der Absorption und Sekretion auch die Immunabwehr im Darm. Aus funktioneller Sicht ähnelt das ENS sehr stark unserem Gehirn, arbeitet aber vollkommen unabhängig (autonom) und reguliert die Verdauung, indem es die verschiedenen Teile des Verdauungstraktes steuert (Speiseröhre, Magen, Dünndarm, Dickdarm). Aufgrund seiner Autonomie und weil es am Informationsfluss mit dem Gehirn wesentlich beteiligt ist, hat man ihm die Bezeichnung „*Darmhirn*" (zweites Gehirn) gegeben. Über den Vagus-Nerv kommuniziert es ständig mit dem Gehirn. Nicht von ungefähr erklärt es sich so, dass wir unsere Emotionen im Bauch spüren. Denken Sie zum Beispiel nur an ein Kind, das über Bauchschmerzen jammert, wenn es in den Kindergarten oder in die Schule gehen soll, da es dort vielleicht eine stressige Situation (Streit mit anderen Kindern oder eine Schulaufgabe usw.) zu erwarten hat.

Weniger bekannt ist, dass die Darmflora (Milliarden Mikroorganismen, die das Innere unseres Darms bewohnen) ebenfalls Informationen zum Gehirn sendet. Die meisten dieser Mikroorganismen (Bakterien) sind harmlos und sogar wichtig, damit unser Körper richtig funktioniert, was unsere Verdauung und die Synthese bestimmter Vitamine angeht. Unter dem Begriff der Dysbiose versteht man eine Störung der Zusammensetzung der Mikroorganismen, die möglicherweise die Ursache für eine Vielzahl von Krankheiten ist. Als Beispiel werden hier vielfach genannt: Allergien und Autoimmunerkrankungen, chronisch entzündliche Darmerkrankungen, Kolonkarzinome, Typ 2-Diabetes usw. – Mittels eines Experiments konnte z. B. nachgewiesen werden, dass nicht-depressive Mäuse Symptome einer Depression entwickelten, nachdem ihnen die Darmbakterien von depressiven Patienten transplantiert wurden. Ein Beweis dafür, dass die Chemie unseres Gehirns sehr stark durch Darmbakterien beeinflusst werden kann. Selbst bestimmte neurodegenerative Krankheiten wie Demenz, Alzheimer oder die autistische Störung werden immer mehr mit Darmbeschwerden in Verbindung gebracht. Und bei Patienten mit Parkinson zeigen sich neben den Schädigungen im Gehirn auch Veränderungen im ENS.

Der Darm – ein „Spiegelbild" unseres Gehirns? – Eine weitere Studie mit Mäusen erbrachte den Nachweis, dass die Darmflora unser Verhalten zu beeinflussen vermag. Bei dieser Studie erforschte man das Verhalten von „ängstlichen" und „nicht-ängstlichen" Mäusen. Nachdem man bei beiden Mäusestämmen untereinander die Darmflora ausgetauscht hatte, wurden die bis dahin „nicht-ängstlichen" Mäuse ängstlich und umgekehrt. Sie finden den Artikel *Die Beziehung zwischen Darm und Gehirn* auf der Internetseite der Redaktion SimplyScience.ch[7].

Unser Mikrobiom im Darm spielt sowohl eine bedeutende Rolle bei der Entwicklung unseres Immunsystems, als auch bei der Ausprägung späterer Krankheiten. Hinsichtlich der Entstehung einer Dysbiose gilt der Organismus eines Säuglings und Kleinkindes als besonders anfällig. Man geht heute sogar davon aus,

---

7 Redaktion SimplyScience.ch. Die Beziehung zwischen Darm und Gehirn. Abrufdatum 06.01.2021, von https://www.simplyscience.ch/teens-liesnach-archiv/articles/die-beziehung-zwischen-darm-und-gehirn.html

dass eine Störung der Mikrobiom-Konstellation in den ersten *drei* Lebensjahren eine ganze Reihe immunologischer Krankheiten nach sich ziehen kann. Als derartige Störung werden sowohl die Hygiene, als auch die steigende Zahl von Kaiserschnittgeburten genannt, denn wenn ein Kind nicht durch die Berührung der Bakterienflora im Geburtskanal seiner Mutter mit deren Bakterien in Berührung kommt, dann fehlen ihm diese ein Leben lang. Auch eine antibiotische Behandlung kurz nach der Geburt kann die mikrobielle Besiedlung des Darms des Neugeborenen nachhaltig stören, was sich im Erwachsenenalter dann durchaus als Diabetes Typ 2, Allergie oder chronische Entzündungsherde manifestieren kann. Wobei die zuletzt genannten Entzündungsherde wohl das häufigste und offensichtlichste Zeichen einer ineffektiven Signalübertragung durch den Vagus-Nerv sind. Funktioniert der Vagus hingegen optimal, kann er ausreichend Signale zur Eindämmung der Entzündungen senden, sobald die Krankheitsursache beseitigt ist.

Inzwischen habe ich einiges darüber gelernt, wie stark sich mein Geist und mein Darm gegenseitig beeinflussen und dass das Verbindungsglied zwischen den beiden – einer Brücke gleich – der Vagus-Nerv ist, dessen Funktionstüchtigkeit mir ebenfalls einen Hinweis darauf gibt, wie es um meine Darm-Hirn-Gesundheit steht. – Stellt sich mir nur noch die Frage: Wie sehr kann ich mit meinem Geist ganz bewusst Einfluss nehmen auf die Gesundheit meines Mikrobioms und damit auch auf die Funktionsfähigkeit meines Darms und meines Immunsystems, um meine gesundheitliche Situation nachhaltig zu verändern? – Kann es mir gelingen, meine Selbstheilungskräfte so zu aktivieren, dass es auch für mich einen ganz individuellen Weg der Heilung geben kann? Außerdem beschäftigte mich der Gedanke: Wenn ich es schon vermocht hatte, mich über all die Jahre hinweg in die Situation zu bringen, in der ich mich aktuell befand, so muss das Ganze ja auch in die andere Richtung wirken. – Mein Ehrgeiz war geweckt. – Reisen Sie mit mir also wieder zurück zum Gehirn, um zu sehen, wie die Realität, die ich mir erschaffen hatte, verändert werden kann.

Vom Darm zurück zum Gehirn

Von Dr. Joe Dispenza und anderen Neurowissenschaftlern hatte ich gelernt, dass unsere Biologie, die Funktionsweise unserer Nervenbahnen, Neurochemie, Hormone und sogar die Genexpresssion, *immer* unseren Gedanken, Gefühlen und Handlungen entspricht. – Und inzwischen ist mir auch bewusst, wie sehr mein Darm mit der Welt meiner Gefühle verbunden ist. Wie spannend, wenn ich daran denke, dass ich bereits als Neugeborenes so gravierende Darmprobleme hatte, dass ich über zwei Monate hinweg medizinischer Hilfe bedurfte und bereits im Alter von 5 Jahren am Blinddarm operiert werden musste. Doch was lange Zeit weder die mich behandelnden Ärzte, noch ich selber wusste, war, wie sehr die Emotionen in Beziehung zur Darm-Gesundheit stehen. Zumindest hatte mich bisher leider keiner dieser Ärzte auf dieses Zusammenspiel aufmerksam gemacht. Und ich selbst kam leider auch nicht auf die Idee, dass mein Darm so intelligent ist, dass er auf seine ganz spezielle Art mit mir und mit meinem Geist kommuniziert.

Heute höre ich auf seine Worte, denn heute habe ich die Sprache meines Körpers erlernt und bin mehr denn je davon überzeugt, dass die „*Körper-Sprache*" neben unserer Muttersprache die *erste* „*Fremd-Sprache*" sein sollte, die wir spätestens ab Beginn der Schulzeit erlernen sollten. Wir wachsen so unnatürlich und so fern von unserem eigenen Körper und unseren Gefühlen auf, statt von klein auf mit dem vertraut zu werden, was uns ausmacht und was uns ein Leben lang begleiten wird. Uns fehlt die wichtigste Beziehung überhaupt: die Beziehung zu uns selbst. – Doch wie will ich im Außen je eine gesunde Beziehung pflegen, wenn mir der Bezug zu mir selbst, der Bezug zu meinem Körper, meinem Geist und meiner Seele grundsätzlich fehlt? – Wenn es mir sozusagen an einer gesunden Basis fehlt, bevor ich auf die *Entdeckungsreise Leben* gehe? – Von Anfang an sind wir es gewöhnt, mit einem erwartungsvollen Blick immer auf die Dinge im Außen zu sehen, dabei gibt es in uns selbst eine so spannende Welt, die jedes TV-Programm auf das Beste zu ersetzen vermag. Uns wurde nur nie beigebracht, diese Welt zu bereisen und uns dabei selbst zu entdecken. Dabei kann dies so wohltuend, befreiend und spannend sein.

Es dauerte zwar seine Zeit, bis ich mir voll und ganz eingestehen konnte, dass ich selbst es war, die sich mit ihrem Denken, Fühlen und Handeln diese Realität so erschaffen hatte, wie ich sie erleben sollte. Dass es weder meine Eltern, noch die Lehrer meiner Schulzeit, weder mein Ex-Mann, noch Kinder oder Kollegen waren, sondern ganz alleine ich, die ich mir, wenn auch gänzlich unbewusst, mein Leben bislang so kreiert hatte wie es war. – Es wäre um so vieles einfacher für mich gewesen, wenn es auch weiterhin im Außen jemanden gegeben hätte, auf den ich alles hätte projizieren können, doch es sollte genau so *nicht* sein. Es war eine höhere Führung (oder nennen Sie es Schicksal), die mich ganz allein auf mich selbst zurückgeworfen hat, um endlich mal nicht mehr abgelenkt zu sein. Um es endlich zu begreifen und zu lernen, dass ich selbst es war, die alles zu verantworten hatte, egal ob mir das nun gefällt oder nicht. – Ich hatte in diesen Spiegel zu schauen. Ich sollte der neunköpfigen Hydra begegnen. Ich sollte meine Schatten kennenlernen, die wie fratzenhafte Gesichter aus den Untiefen meines Unterbewusstseins, aus meinem Darm, zu mir aufstiegen und nach mir riefen. Ich hatte in die Auseinandersetzung mit all dem zu gehen, was war. Und das fing letztlich bei meinen Gedanken an. – Also wieder zurück zum Gehirn.

Meine Startposition ins Leben kennen Sie bereits. Sie hat bei mir von klein auf bereits zu einer bestimmten Qualität von Gefühlen und Gedanken beigetragen, so dass ich mich Zeit meines Lebens immer viel zu wenig gesehen, gehört, wahrgenommen und geliebt fühlte. Dass ich mich benachteiligt fühlte, weil mir in diesen ersten zwei Lebensmonaten die Liebe meiner Mutter fehlte, denn die Liebe ist nun einmal die wichtigste Zutat zum Leben. Mit ihr fängt alles an. Fehlt sie, führen wir zeitlebens ein ziemlich entbehrungsreiches Leben und bleiben stets bedürftig und hungrig nach dieser Liebe. – Heute weiß ich, das Schicksal wollte es so, weil meine Seele in diesem Leben den gravierenden Unterschied zwischen einer *sehnsuchtsvollen, bedürftigen Liebe* und der *bedingungslosen Liebe* lernen will. Von klein auf erschuf ich mir mit meinen Gefühlen, meinen Gedanken, sowie meinem Verhalten (Handeln) im Außen genau die Realität, die ich im Grunde genommen gar nicht haben wollte. Doch da war niemand, der mir sagen konnte, dass es alleine meine Gedanken und Gefühle sind, die mich von den Menschen trennten, die ich liebe.

Wissenschaftliche Untersuchungen belegen, dass wir jeden Tag zwischen 60–70.000 Gedanken denken. Dr. Joe Dispenza spricht davon, dass 90 % unserer Gedanken dieselben wie am Vortag sind. Wenn unsere Gedanken folglich immer gleichbleiben, bleibt somit auch unsere Wahrnehmung immer gleich, bleibt unser Fühlen gleich, bleibt unser Handeln gleich, bleibt unser Leben gleich, denn die Gedanken führen unbewusst zu immer wieder denselben Entscheidungen, aus denen sich unsere Verhaltensweisen, Erfahrungen und Emotionen ergeben. Ein nicht enden wollender Kreislauf, der sich daraus ergibt. Und so erschaffen wir uns mit unseren Gedanken von heute die Realität unserer Welt von morgen. Wie positiv, neutral bzw. negativ unsere Gedanken dabei sind, bestimmt letztlich über unser Leben. Es sind unsere Gedanken, die genau die „Film-Spule" einlegen, nach der wir leben. Was immer dies auch ist: mag es die Angst oder die Liebe sein. Wenn uns nicht bewusst ist, dass es auf die Qualität unserer Gedanken ankommt, können wir uns noch so sehr anstrengen und versuchen uns ein glückliches Leben zu erschaffen. Wir werden das Glück nur sehr bedingt erleben, denn die Macht unserer unbewusst gedachten Gefühle und Gedanken holt uns immer und immer wieder ein. Und so erschaffen wir uns von Tag zu Tag immer wieder aufs Neue genau die Realität, die wir gestern bereits hatten, denn der Mensch ist nicht nur hinsichtlich seines Verhaltens ein „Gewohnheitstier", sondern auch im Hinblick auf Gefühle und Gedanken. Diese alten Prägungen und Muster sind es, die uns ein Leben lang begleiten.

Wachse ich noch dazu in einem Umfeld auf, in dem die gleiche Qualität der Gedanken zuhause ist, dann schleifen sich diese von Anfang an – vergleichbar den Rillen einer Schallplatte – in unsere neurologischen Bahnen ein und wir denken und denken und denken immer wieder aufs Neue das, was uns schon so vertraut geworden ist, dass wir bereits schon ganz automatisch danach denken, fühlen, sprechen und handeln. Und dies begleitet von immer den gleichen Gefühlen, nach denen unsere Körperchemie bereits „süchtig" geworden ist. Doch statt uns diese „süchtig machenden Substanzen" – die Emotionen, auf die wir inzwischen konditioniert sind – in unserer Innenwelt anzuschauen, ziehen wir es vor, im Außen nach irgendwelchen Ersatzsubstanzen zu suchen, egal ob dies unter Umständen dann ein zu Viel an Essen ist oder Nikotin, Alkohol, übersteigertes Konsumverhalten, vermehrter Medienkonsum, die Arbeitssucht, die Suche nach Anerkennung, Wertschätzung oder Erfolg. Das Mittel der Wahl ist hier sehr austauschbar, doch was allen entspricht, ist, dass wir allesamt auf die eine wie andere Art und Weise Suchende sind. Unbewusst wählen wir diese „Ersatzstoffe", statt uns darüber bewusst zu sein, dass unsere eigentliche Suche der Liebe gilt, nach der wir uns im Grunde genommen alle sehnen.

Nach einer Liebe, die wir wiederum – oft sehr verzweifelt – im Außen suchen, weil man uns nicht beigebracht hat, uns selbst zu lieben. Weil dies gar als unsittlich und verpönt galt, weil die Menschen irgendwann gelernt hatten, die *Liebe* nur noch mit dem Akt der sexuellen Liebe zwischen zwei Menschen gleichzusetzen, statt sich Gedanken darüber zu machen, wie viele verschiedene Arten von Liebe es überhaupt gibt und was die Liebe zu sich selbst denn überhaupt meint. An dieser Form von Liebe ist nichts unsittlich oder verpönenswert. Ganz im Gegenteil, sie ist die reinste und schönste und vor allem die wichtigste Zutat zu unserem Leben, denn sie beinhaltet ein *bedingungsloses „Ja"* zu sich selbst. Und erst indem ich mir selbst dieses „Ja" beherzt zu geben vermag, öffnet sich für mich der Tresor des Glücks, in dem auch all die positiven Selbst-Anteile zu finden sind. Als da sind: Selbst-Annahme, Selbst-Achtung, Selbst-Wert, Selbst-Respekt, Selbst-Akzeptanz, usw. sowie die Selbst-Liebe.

Ich bin davon überzeugt, der Mensch muss zweimal geboren werden, sonst steht er in seinem Leben statt auf zwei Beinen immer nur auf einem Bein und fühlt sich irgendwie nicht wirklich angekommen in sich selbst. Fühlt sich farblos, unsicher, wackelig, nicht in Balance, nicht in Harmonie mit sich selbst. Ob das Leben in Dur oder Moll spielt, wie viele Dissonanzen es aufzuweisen hat, hängt ebenfalls davon ab, wie geborgen und sicher – weil aus ganzem Herzen geliebt – wir in unserem Leben stehen. Ist ein zu Wenig an Liebe da, oder fehlt diese, tragen unsere Gedanken und damit auch unsere Gefühle – auch wenn uns dies nicht bewusst ist – einen mehr oder weniger dicht gewebten Trauerflor, der sich wie ein Schatten über unser ganzes Leben legt und damit auch unser Handeln bestimmt, weil wir hinsichtlich der Liebe so bedürftig geblieben sind. Wir suchen sie bei anderen statt sie in uns selbst zu suchen, mit uns selbst vertraut zu werden und mit uns selbst in Beziehung zu sein.

Erst mit der *grenzenlosen Selbst-Annahme* und der *bedingungslosen Liebe zu uns selbst* vermögen wir mit der Macht unserer Gedanken – einem Gärtner vergleichbar – den Samen unseres Lebens zu nähren und zu pflegen, damit aus diesem Samen die schönste aller Pflanzen erwachsen kann, von der wir unser ganzes Leben lang schon träumen. Damit unsere Individualität zur Gänze erblühen kann. Damit wir ganz die Person werden und sind, als die uns Gott gemeint hat, als er uns erschuf. Er hat uns alles Potential, das wir dazu brauchen, in unsere eigenen Hände gelegt. Es liegt allein an uns, wie verantwortungsbewusst wir mit diesen himmlischen Gaben umgehen und wie wir sie in unserem Leben einzusetzen vermögen. Der Schlüssel zu alledem liegt in uns selbst verborgen. Er ist nur so gut versteckt, dass viele von uns ein Leben lang danach suchen. Dabei liegt er so nah. – Nach einer langen und mitunter sehr verzweifelten Suche habe ich meinen Schlüssel in meinem eigenen Herzen gefunden, denn da wohnt schließlich auch Gott. Er hat uns nicht nur erschaffen, sondern er hat jedem Einzelnen von uns einen Funken seiner selbst für dieses Leben mitgegeben. So ist er uns niemals fern, sondern immer ganz nah. Es liegt nur an uns, Gott da zu suchen, ihn zu finden und dann in Beziehung zu ihm zu treten. Finden wir ihn, finden wir in eine tiefe Liebe zu ihm. Dann öffnen sich für uns die Türen zu seinem Himmelreich bereits hier auf Erden, denn da wo Gott wohnt, ist auch die Liebe zuhause. Im Internet habe ich dazu folgende Geschichte[8] gefunden. Der Verfasser der Geschichte gilt als unbekannt.

★ ★ ★

Das Versteck der Weisheit

Vor langer Zeit überlegten die Götter, dass es sehr schlecht wäre, wenn die Menschen die Weisheit des Universums finden würden, bevor sie tatsächlich reif genug dafür wären. Also entschieden die Götter, die Weisheit des Universums solange an einem Ort zu verstecken, wo die Menschen sie so lange nicht finden würden, bis sie reif genug sein würden.

Einer der Götter schlug vor, die Weisheit auf dem höchsten Berg der Erde zu verstecken. Aber schnell erkannten die Götter, dass der Mensch bald alle Berge erklimmen würde und die Weisheit dort nicht sicher genug versteckt wäre. Ein anderer schlug vor, die Weisheit an der tiefsten Stelle im Meer zu verstecken. Aber auch dort sahen die Götter die Gefahr, dass die Menschen die Weisheit zu früh finden würden.

Dann äußerte der weiseste aller Götter seinen Vorschlag: „Ich weiß, was zu tun ist. Lasst uns die Weisheit des Universums im Menschen selbst verstecken. Er wird dort erst dann danach

---

8 Das Versteck der Weisheit – eine kluge Geschichte. Abrufdatum 06.01.2021, von https://www.lichtkreis.at/gedankenwelten/weise-geschichten/versteck-der-weishe

suchen, wenn er reif genug ist, denn er muss dazu den Weg in sein Inneres gehen." Die anderen Götter waren von diesem Vorschlag begeistert und so versteckten sie die Weisheit des Universums im Menschen selbst.

★ ★ ★

Um voneinander zu lernen, spiegeln wir Menschen uns mit allem, was wir denken, sagen und tun. Doch bezieht sich dieser Spiegel nicht nur auf uns Menschen, sondern auf alles, was uns umgibt. Pflanzen, Tiere, Gegenstände, Beruf, das Auto, das wir fahren, der Ort, an dem wir wohnen, dies alles erzählt uns sehr viel, denn alles, was uns umgibt und was mit uns zu tun hat, trägt einen höheren Sinn in sich. Das bedeutet, dass uns jede Person und jede Situation etwas zu lehren weiß, und dass auch wir selbst für den anderen stets ein Lehrer sind. Die Kinder lernen von ihren Eltern. Die Eltern von ihren Kindern. Jung lernt von Alt. Alt lernt von Jung. Die Partnerin vom Partner. Der Partner von der Partnerin. Wir senden mit der Art und Weise, wie wir auf andere reagieren, indirekt Botschaften aus, denen eine wichtige Bedeutung innewohnt. Wenn wir uns unseres Verhaltens und unserer Gewohnheiten bewusst werden wollen, gilt es diese zu entschlüsseln. Ich kann also sehr viel von meinem Gegenüber lernen, um zu erkennen, wo ich selbst im Hinblick auf meine Gedanken, Worte, Gefühle und Verhaltensweisen stehe. Es ist in Wahrheit *nicht* der andere, der mich stört, wenn ich gerade ein Problem mit ihm habe. Was mich stört, ist allein die Tatsache, dass er mir durch seine Art, seine Worte und sein Verhalten aufzeigt, wo ich in mir selbst etwas zu lernen und zu heilen habe. Wo ich selbst in mir in Unordnung und damit in Dysbalance bin.

Wenn unsere Persönlichkeit, die auf der Basis unserer Gedanken und Gefühle entstanden ist, unsere persönliche Realität kreiert, und wir jetzt aber eine neue Realität, mit neuen Erfahrungen, erschaffen wollen, dann müssen wir unser altes Ich, unsere alte Persönlichkeit verändern, damit überhaupt ein Veränderungsprozess gelingen kann. Das ist der erste Schritt.

In diesem Falle müssen wir damit beginnen, uns Gedanken darüber zu machen, was wir hinsichtlich einer bestimmten Person oder Situation gedacht haben und dies, sofern es nicht positiv war, dahingehend verändern, wie wir uns das Miteinander mit der anderen Person im positiven Sinne wünschen. Dabei müssen wir uns unserer unbewussten Muster der Vergangenheit (Gedanken, Gewohnheiten und Verhaltensweisen) bewusst werden, um sie zu korrigieren. Müssen uns die entsprechenden Emotionen dazu anschauen, die uns an diese Vergangenheit binden, und entscheiden, ob wir diese in der Zukunft so weiterleben wollen wie bisher. – Wollen wir wirklich eine Veränderung in der Beziehung mit anderen oder mit uns selbst erfahren, dann müssen wir uns völlig frei machen von den alten Gedanken und Emotionen und das aufgeben, was uns zwar zur Gewohnheit geworden ist, was uns aber nicht länger dienlich ist. Dabei müssen wir uns buchstäblich in eine andersdenkende und andersfühlende Person verwandeln, denn nach dem *Gesetz der Resonanz* ziehen wir im Außen an, was in uns ist. Also das, was wir denken und fühlen. Doch wie entwickeln wir dieses neue Ich? – Ein neurowissenschaftliches Prinzip besagt, dass sich die Nervenzellen, die zusammen aktiviert werden, untereinander vernetzen. Indem wir also die neuen positiven Gedanken mit neuen positiven Gefühlen am besten auch noch mit neuen positiven Bildern etc. nähren und diese so oft als möglich immer und immer wieder denken, wird unser Gehirn hinsichtlich dieser neuen positiven Muster in einer ganz bestimmten Signatur neu verdrahtet. So können wir uns durch das ständige Aktivieren dieses neuen neuronalen Netzwerkes eine neue Gedanken-Struktur erschaffen, damit nach und nach unsere neue Persönlichkeit mit diesen neuen Gedanken, Emotionen und Verhaltensweisen entsteht.

Unser Gehirn speichert ausnahmslos alles, was wir bislang gelernt und erlebt haben. Es orientiert sich dabei nicht an wichtig oder unwichtig, gut oder schlecht. Es speichert einfach alles und dient somit der Aufzeichnung unserer Vergangenheit. Das heißt: Wenn wir stets das Gleiche denken, fühlen, tun und sagen, leben wir von Tag zu Tag auf der Grundlage der vom Gehirn erinnerten Verhaltensweisen und unbewussten Emotionen von gestern, die in unserem Gehirn bereits als ein bestehendes Muster abgespeichert sind. Unsere Art, wie wir auf bestimmte Ereignisse reagieren, läuft unbewusst je nach unseren Gewohnheiten ab und entspricht den Überzeugungen und Wahrnehmungen, auf die wir uns selbst über Jahrzehnte hinweg konditioniert haben. Wenn wir etwas schon sehr oft gedacht haben und immer wieder aufgrund unserer Emotionen auf die gleiche oder eine sehr ähnliche Weise reagiert haben, erzeugt das Gehirn eine Art Softwareprogramm, nach dem dieses Muster dann bereits ganz automatisch ablaufen kann. So bestehen etwa 90 % unserer Gewohnheiten aus diesen unbewussten Programmierungen der Vergangenheit. Das bedeutet aber auch: Wollen wir unser Denken verändern, dann stehen uns gerade mal 10 % bewusster Geist zur Verfügung, um gegen 90 % unbewusste Prägungen anzustehen. Das Ganze macht uns den Veränderungsprozess zwar nicht unbedingt leicht, aber auch nicht unmöglich. Wir müssen nur sehr klar darum wissen, was uns in der Veränderung unseres Denkens und unserer Verhaltensweisen blockieren kann. Diese Phase der Bewusstwerdung ist wichtig, damit ein neuer Gedanke überhaupt die Schwelle unseres Gehirnstammes überschreiten kann. Damit er auch tatsächlich Einfluss auf den Körper nehmen kann. Denn arbeiten Körper und Geist nicht zusammen, ist das kontraproduktiv.

Verstehen wir unter Evolution nicht nur die *biologische Evolution*, so ist im Hinblick auf eine allumfassende Entwicklung des Menschen auch das Erlernen neuer Denkmuster, Emotionen und Verhaltensweisen eine Art von Evolution, für deren erfolgreiches Gelingen es vor allem zweier menschlicher Qualitäten bedarf, die sich als Willensstärke und Disziplin benennen lassen. Wir müssen quasi über unseren Körper und Geist hinauswachsen, damit etwas völlig Neues entstehen kann, das auch wirklich von Dauer ist. Mitunter sind von uns hier – je nach Ausgangssituation – ganz neue Entscheidungen und Verhaltensweisen gefragt. Denn nur dann können auf der Grundlage neuer Erfahrungen neue Gefühle entstehen, die wiederum neue Gedanken erschaffen, die für sich gesehen wieder die neuen Gefühle aktivieren, die dann wieder die neue Gedankenspirale bedienen, sodass insgesamt ein ganz neuer Kreislauf für neues Denken, Fühlen und Handeln entsteht.

Haben Sie sich schon einmal beobachtet, was Sie morgens gleich nach dem Aufwachen denken? – Was sind Ihre ersten Gedanken, Gefühle und Impulse? – Wie starten Sie in den Tag? – Kuscheln Sie sich noch ein wenig schlaftrunken in Ihre Kissen hinein, räkeln sich entspannt von links nach rechts, träumen Sie von dem, was Ihnen der Tag wohl Schönes bringen mag, oder beginnen Sie den Tag damit, dass Sie gleich nach dem Aufwachen an Ihre Sorgen und Probleme denken und es von daher eher scheuen in den Tag hineinzugehen?

Nach Dr. Joe Dispenza sind Probleme nichts anderes als im Gehirn eingeprägte Erinnerungen, die mit bestimmten Leuten, Objekten, Zeiten und Orten zu tun haben. Sobald wir also an unsere Probleme denken, die nichts anderes als die Erinnerung an Vergangenes sind, sind wir nicht im Hier und Jetzt, sondern denken in der Vergangenheit und erschaffen uns so unsere Tages-Realität, die dann auf der Grundlage unseres Denkens auch mit einer bereits bekannten Emotion verbunden ist. Sobald dieser Emotions-Cocktail unseren Körper durchflutet und unsere Gedanken in den alten Mustern kreisen, fühlen wir uns bereits beim Start in den Tag unwohl, vielleicht sogar aufgebracht oder nervös. Furcht und Angst haben dann die Ruder des Bootes übernommen, mit dem wir durch den Tag gleiten wollen. Aufgrund der Emotionen von Angst und Furcht befindet sich unser Körper nicht mehr im Hier und Jetzt des neuen Tages, sondern in der Vergangenheit. Wir re-inszenieren sozusagen, was bereits war. Verlieren uns in den alten Gedanken, die die Sprache unseres Gehirns sind, sowie in den Gefühlen, die die Sprache unseres Körpers sind, und erzeugen so bereits früh am Morgen eine Befindlichkeit, die uns den lieben langen Tag begleiten wird. So unbewusst wie wir mit der Qualität unserer Gedanken und Gefühle in den Tag gestartet sind, haben wir in unserem

Gehirn bereits genau die Nervenbahnen aktiviert, die nur noch darauf warten, dass ihnen der Körper ebenfalls die entsprechenden Emotionen liefert. Unser Tag wird somit vorhersehbar und berechenbar. Um uns zu verändern müssen wir folglich über unsere Emotionen und Gewohnheiten hinauswachsen, die in unserem Körper gespeichert sind, und das Tag für Tag, so lange, bis wir so mit dem neuen Denken, den neuen Emotionen und neuen Verhaltensweisen verbunden sind, dass sie der neue Automatismus sind, der jetzt unser neues Leben zu bestimmen vermag. Doch wie führen wir diesen Veränderungsprozess herbei? – Meine Mittel der Wahl sind zum einen Affirmationen (siehe Kapitel 19) und zum anderen die Praxis der Meditation.

Meditation statt Medikation

Auch wenn es verschiedene Meditationstechniken gibt, bedeutet Meditation nichts anderes, als sich für eine bestimmte Zeit von der Außenwelt abzukoppeln, den Körper hinzusetzen, völlig egal ob im Yoga-Sitz oder auf einen Stuhl (den Rücken gerade, am besten nicht angelehnt, die Beine parallel, sodass beide Fußsohlen den Boden berühren), die Augen zu schließen, damit uns weniger Sinneseindrücke ablenken können, die Hände legen Sie am besten ganz entspannt mit den Handflächen nach oben auf Ihren Oberschenkeln ab und dann versuchen Sie in dieser Haltung über die Befindlichkeiten Ihres Körpers und Geistes hinauszuwachsen. Während Sie so sitzen, werden Sie feststellen, dass Ihnen sowohl der Körper als auch Ihr Geist – jeder auf seine Art – die unterschiedlichsten Geschichten erzählt, um Sie abzulenken, denn sowohl Ihr Körper als auch Ihr Geist wollen, dass Sie Ihre Aufmerksamkeit ganz auf ihn richten und nicht einfach nur so dasitzen. Er will, dass Sie das Meditieren wieder beenden, indem er Ihnen Geschichten erzählt wie zum Beispiel: „Ich habe Hunger. Wann gibt es endlich Frühstück?", „Wie lange muss ich noch so ruhig halten?" – „Was soll denn das lange Rumsitzen, ich, dein Geist, weiß doch schon längst um die Lösung deiner Probleme. Vom Sitzen werden die nicht besser. Du weißt, was du zu tun hast. Mache es einfach so wie immer. Punkt. Aus. Also steh jetzt endlich auf." usw.

Sie werden feststellen, dass sich sowohl Ihr Körper als auch Ihr Geist benehmen werden wie ein dreijähriges Kind, das gerade in der größten Trotzphase ist und gegen alles aufbegehrt, was ihm nicht gefällt. Sie werden körperliches Unwohlsein verspüren. Ihr Körper schickt Ihnen diese Signale, weil er will, dass Sie endlich diese Sitzposition verändern. Und Ihr Geist schickt Ihnen einen Gedanken nach dem anderen, um Sie aufzufordern sich doch bitte darin zu verlieren, damit er endlich etwas Handfestes zum Denken bekommt. Am besten so ein richtig schönes dickes, fettes Problem, denn dann fühlt er sich so richtig wohl.

Dr. Dispenza sagt dazu: „Trainieren Sie das „Tier". Sagen Sie Ihrem Körper, dass er stillsitzen soll." – Erst dann, wenn wir nicht mehr an den Terminkalender denken oder an das, was zu tun ist oder an das, was gestern war, gelangen wir in den gegenwärtigen Moment. Und erst wenn wir in dem angekommen sind, beginnt der Prozess der Transformation, in dem Veränderung geschieht. Es geht bei der Mediation also vermehrt um ein immer wieder Zurückkommen in den gegenwärtigen Moment. Nur wenn wir dies vermögen, ist unser Wille stärker als die Programme, in denen wir uns immer und immer wieder verlieren. Gelingt es uns durch Achtsamkeit und regelmäßige Meditation unseren Körper und Geist zu trainieren, werden diese früher oder später wie von selbst in den gegenwärtigen Moment (das Hier und Jetzt) finden. Dabei wird Energie freigesetzt, die uns darin unterstützt, Neues zu denken, Neues zu fühlen und Neues zu kreieren. Jetzt machen wir dem Neuen und Unbekannten in unserem Leben Platz und werden so zum Schöpfer einer neuen Innen-Welt, die sich uns dann immer mehr auch im Außen zu zeigen vermag.

Meditation heißt für mich aber auch so viel wie mich hinsetzen und aus einer anderen Perspektive heraus mein Leben betrachten, so als ob ich mir gerade einen Film ansehe. Ich schaue mir bestimmte Gewohnheiten an, finde heraus, wann und in welcher Situation ich sie mir angeeignet habe. Wann ich mich in diesen Mustern verfangen habe. Warum ich glaubte, sie immer und immer wieder wiederholen zu müssen, statt ein neues Verhalten auszuprobieren. Frage mich, welche Ängste, Unsicherheiten, Schuld- oder Schamgefühle es damals waren, warum ich gelernt habe so und nicht anders zu reagieren. Überlege mir, ob dieses Verhalten heute noch gut für mich ist, oder ob ich inzwischen um bessere und vor allem gesündere Alternativen für mich weiß. Schau mir sozusagen mein konditioniertes Selbst an. Überlege mir, was heute wichtig für mich ist. Wohin die Reise meines Lebens gehen soll. Träume mich in diese Welt hinein.

Das Schöne an der Meditation ist für mich, dass ich immer mehr die Fähigkeit entwickle, meinen eigenen emotionalen Zustand und die Gedanken, die diesen Zustand hervorrufen, objektiv zu betrachten ohne in die Bewertung dessen zu gehen, was ich sehe. Da, wo ich früher mitunter selbstvernichtend in die Abwertung gegangen bin und meinem Kritiker, sowie meinem inneren Richter viel zu sehr das Feld der Beurteilung meiner Person überlassen habe, kann ich heute viel gelassener, ja sogar mit einem Lächeln auf Abstand gehen und mir selbst freundlich, mitfühlend, wertschätzend und wohlwollend begegnen.

Und ich spüre, wie gut es mir tut, mit meinem Körper und Geist regelmäßig in Kontakt, in Beziehung zu sein. Ich stelle ihnen meine Fragen und sie antworten mir. So gesehen leben wir nicht länger nebeneinander her, sondern werden immer mehr ein Team, und das fühlt sich um so vieles besser an. Ich stelle immer mehr fest, wie gut es mir tut, mit mir selbst in tiefer Verbundenheit, in der Selbstannahme und damit auch in der Selbstliebe zu sein.

In dem „Dreigestirn", dem Team von Körper, Geist und Seele, hatte ich einen „Team-Player" – meine Seele – viel zu lange außen vorgelassen. Ich war viel zu sehr mit meinem Kopf durch mein Leben gerauscht. Habe viel zu wenig auf meinen Körper gehört, denn das Motto war ja selbst für mich als Mädchen: „Ein Indianer kennt keinen Schmerz." Doch je mehr ich meinen Körper unbewusst vernachlässigt hatte, umso mehr Schmerz und Krankheit erzeugte er, um mich eines Besseren zu belehren. Über all dies hatte ich den Kontakt zu meiner Seele so sehr verloren, dass ich eher nur noch wie ein Roboter funktionierte, als vom Leben „beseelt" zu sein. Heute danke ich meiner Seele, dass sie mich mitten hinein in diesen totalen Crash führte, damit ich endlich aufwache und mich darauf besinne, was das Leben wirklich von mir will. Und ich habe dabei die Erfahrung gemacht: *Es kann definitiv keine Gesundheit ohne die Seele geben!* Alles andere sind bestenfalls Schönheitsreparaturen, äußere Korrekturen mal hier, mal da. Solange wir uns der Ursachen nicht wirklich bewusst sind, kann es keine endgültige Heilung geben. Heilung bedeutet für mich …

- aufrichtig und ehrlich zu mir selbst sein.
- Projektionen und Übertragungen zurückzunehmen.
- den Menschen, die unsere Spiegelpartner waren und sind, zu vergeben.
- Bewusstwerdung und Integration all dessen, was wir die sogenannten Schatten-Anteile unseres Selbst nennen. Das, was wir am liebsten abspalten wollten, weil wir uns dafür schämen.
- zulassen, dass ich sowohl das eine (das Licht), wie auch das andere (der Schatten) bin.
- alte Verhaltensweisen, Glaubenssätze, Muster und Überzeugungen loszulassen.
- freiwilliger, bewusster Verzicht auf all die Dinge, von denen ich inzwischen weiß, dass sie mir nicht wirklich guttun.
- mit sich selbst im Kontakt, in einer guten Beziehung zu sein.
- Verantwortung für mich selbst und mein Leben zu übernehmen.
- sich selbst ein *bedingungsloses „JA"* zu geben.
- ein gutes Zusammenspiel von Darm-Hirn, Kopf-Hirn und Herz (= Kohärenz).
- Annahme der Situation so wie sie im Augenblick ist, auch wenn ich das Ergebnis der Heilung nicht immer sofort sehen kann.
- im Frieden sein mit dem, was war und ist.
- einer höheren Instanz, Gott, bedingungslos zu vertrauen, weil er weiß, was das Beste für mich ist.
- …

Heilung findet auf mehreren Ebenen statt. Für mich beginnt sie auf der Ebene der Seele. Entfaltet sich dann im Geist, um letztlich bis in den Körper hineinzugehen. Er hat im Prozess der Heilung die wohl aufwändigste Aufgabe, weil es für ihn viel an „Reparaturarbeiten" zu leisten gilt, bis alle Funktionskreisläufe wieder so gut miteinander harmonieren, dass auch wirklich von Heilung auf einer tieferen Ebene gesprochen werden kann. Verschiedenste Heiltechniken, Therapeuten, Ärzte, Heilpraktiker usw. können uns dabei begleiten und uns mit ihrem Fachwissen mit Rat und Tat zur Seite stehen. Doch ich bin davon überzeugt: Heilen können wir uns nur selbst, denn Heilung bedeutet in sich selbst wieder ganz zu werden. Ganz an Körper, Geist *und* Seele.

Energie folgt der Aufmerksamkeit

Was für den Prozess der Heilung ebenfalls wichtig ist, ist das Wissen darum, dass die Energie der Aufmerksamkeit folgt. – Was meine ich damit? – Lassen Sie es mich an dem Beispiel der Augen, mit denen ein Kind in die Welt sieht, erklären. Es ist so wichtig, dass wir uns früh bewusst darüber werden, mit welchen Augen wir in die Welt schauen. Sind es die fröhlichen, lebenslustigen, neugierigen, interessierten Augen des kleinen Kindes, das sich bereits beim Aufwachen fragt, was ihm der Tag heute wohl Schönes bringen wird, oder sind es eher die traurigen, müden, betrübten Augen eines Kindes, das eingeschüchtert und mutlos in den Tag schaut, weil es ängstlich ist? Ist das Glas des Kindes, aus dem es das Leben trinken wird, halbvoll oder halbleer? – Wie ist unsere Einstellung dazu? – Eine Einstellung, die wir zum Teil durch den Prozess der Erziehung und Sozialisation erworben haben, die sich in uns mit der Zeit dann aber auch immer mehr verfestigt hat, weil wir es eben durch die verschiedensten Vorkommnisse in unserem Leben gelernt haben, auf eine ganz bestimmte Art und Weise auf diese Ereignisse zu sehen und entsprechend zu fühlen und zu denken. Dabei fängt alles mit dem Fühlen an. – Ich habe Ihnen ja von meinem Start ins Leben oder von meinen ersten Erlebnissen im Kindergarten erzählt. Wenn wir die Dinge nicht bewerten, sind es einfach nur Erfahrungen, die man macht. Für sich gesehen sind sie weder gut, noch schlecht. Wir müssten sie nicht bewerten, aber wir tun es, weil sie ein Gefühl in uns auslösen, das etwas Bestimmtes mit uns macht. Zum Beispiel macht es uns traurig, oder wir fühlen uns einsam, unsicher, ängstlich. Je öfter wir nun eine solche oder ähnliche Situation in unserem Leben erleben, werden sich uns immer die gleichen Gefühle zeigen, die sich dann zusammen mit den Gedanken, die wir mit den Ereignissen verknüpfen, in unserem Geist manifestieren.

Unsere Gefühle erspüren wir in unserem Körper. Die entsprechenden Sensoren befinden sich dafür in unserer Körpermitte: im Herzen, im Darm und im Solarplexus. Nicht umsonst reagieren wir mit Magenschmerzen oder Bauchkrämpfen, wenn wir einer Situation ausgesetzt sind, die wir als unangenehm empfinden. Herz und Darm reagieren beide auf ihre Art. Da, wo das Herz für den Bruchteil einer Sekunde erschrickt und sich zu schützen beginnt, schickt der Darm Impulse im Hinblick auf das Gefühl an das Gehirn. In unserem Gehirn sind alle Erfahrungen, die wir je in unserem Leben gemacht haben, gespeichert. Es reagiert innerhalb kürzester Zeit, denn schließlich muss es möglichst schnell darüber entscheiden, wie sehr wir in Gefahr sind, ob wir die Flucht ergreifen oder uns verteidigen müssen. Auf die detaillierte Beschreibung der physiologischen Abläufe, die sich dabei vollziehen, gehe ich hier nicht ein. Das würde den Rahmen des Buches sprengen. Entsprechende Bücher finden Sie im Literaturverzeichnis.

Mit Hilfe bestimmter Botenstoffe und Neurotransmitter reagiert unser Körper über die Hypothalamus-Hypophysen-Achse auf die entsprechende Situation. Unser Gehirn fragt in rasender Geschwindigkeit den bereits bestehenden Erinnerungsspeicher ab. Es vergleicht, interpretiert und speichert das Ganze dann als einen Gedanken ab, den wir im Hinblick auf die Erfahrung gemacht haben. Gedanken und Gefühle stehen jetzt in wechselseitigem Bezug und erzeugen für sich gesehen eine bestimmte Form von Energie, die jedes Mal neu aktiviert wird, so oft wir in ähnliche Situationen kommen. Geschieht dies, beeinflussen Gedanken und Gefühle unsere Körperchemie, die ein bestimmtes energetisches Muster hat.

Durch die Häufung bestimmter Erlebnisse und Erfahrungen, sowie durch die regelmäßige Wiederholung entsprechender Gedanken und Gefühle fokussieren wir uns immer mehr auf die entsprechende Energie. Und genau das, worauf wir unsere Aufmerksamkeit richten, wird unsere Realität, weil wir uns mit unseren Gedanken und Gefühlen nun genau in der Denkspirale befinden, die dieses Muster immer und immer wieder wiederholt. So lange, bis wir diesen Kreislauf *bewusst* unterbrechen, indem wir uns ein neues Gedanken-Szenario erschaffen, das mit der Ausgangssituation und den Mustern der alten Erinnerungsschleife nichts mehr gemeinsam hat. Wir müssen also ganz bewusst einen neuen Film in unserem Kopf-Kino einlegen, der uns eine völlig andere Realität erschafft, als dies so lange Zeit unsere Gewohnheit war. Wenn wir unser Gehirn auf diese Art neu modellieren, kommt es sehr stark darauf an, worauf wir künftig unsere Aufmerksamkeit richten, wie wir etwas interpretieren, worauf wir uns fokussieren bzw. konzentrieren.

Wir können uns zum Beispiel hinsichtlich der Erfüllung eines Wunsches (z. B. dem Wunsch nach Gesundheit) auf das derzeit bestehende Defizit, den Mangel konzentrieren, weil unser Wunsch noch immer nicht in Erfüllung gegangen ist. Weil er noch so weit weg zu sein scheint. Weil er derzeit für uns noch nicht greifbar und sichtbar geworden ist. – Tun wir dies, befinden wir uns in einem Feld des Mangel-Denkens. Im Mangel-Bewusstsein. Zwar schauen wir sehnsuchtsvoll auf das, was wir uns wünschen, können es aber nicht Realität werden lassen, weil wir viel zu sehr das Gefühl des Mangels in uns tragen, das in den meisten Fällen auch damit gekoppelt ist, dass wir glauben, etwas nicht wirklich zu verdienen. Damit verhindern wir, etwas empfangen zu dürfen, weil wir nicht davon überzeugt sind, es wert zu sein, dass sich dieser Wunsch realisiert.

Freuen wir uns jedoch wie kleine Kinder darauf, dass unser Wunsch schon ganz bald in Erfüllung geht, bzw. glauben wir ganz fest daran, dass dieser bereits Realität geworden ist, und malen wir uns dies noch dazu in den schönsten Bildern und unter Beteiligung möglichst vieler Sinne mit wunderschönen Gefühlen aus, dann nähren wir den positiven Gedanken, stärken das Feld der positiven Energie, sodass dieser Wunsch immer mehr Realität werden kann. Unser Herz wirkt hinsichtlich unseres Wunsches wie ein Magnet. Letztlich ist es die Kraft der Liebe, die in unserem Herzen wohnt, die zusammen mit unseren positiven Bildern, Sinneseindrücken, Gefühlen und Gedanken unseren Wunsch von Tag zu Tag immer mehr Realität werden lässt. Wir können also auf zwei sehr unterschiedliche Arten auf unseren Wunsch schauen. Die Entscheidung darüber, auf welchen wir uns fokussieren, liegt allein bei uns. Wir müssen nur darum wissen, wie das Ganze funktioniert. Schauen wir auf das, was uns guttut oder konzentrieren wir uns auf das Gegenteil? – Mit welcher Art auf die Ereignisse und Herausforderungen des Lebens zu sehen sind wir aufgewachsen? – Wie haben wir selbst diese Muster weiterhin noch verstärkt und sie somit unbewusst am Leben erhalten? – Leben wir noch immer nach diesen Mustern? – Tun sie uns gut bzw. dienen sie uns? – Was, wenn wir sie loslassen und uns eines Neuen, eines Besseren, eines Gesünderen besinnen? – Es ist nie zu spät!

Lassen Sie mich das Ganze noch einmal mit etwas anderen Worten zusammenfassen, weil es wirklich sehr wichtig ist, dies zu verstehen. – Das, womit wir uns tagein, tagaus beschäftigen, das, woran wir denken, das, was wir fühlen, ist genau das, was wir verstärken, weil wir uns unbewusst darauf fokussieren. – Mit einem Beispiel erklärt: Wenn wir uns Sorgen machen, wird es in unserem Leben vermehrt Situationen geben, in denen wir dazu tendieren uns zu sorgen, denn mit der Art unseres Denkens verstärken wir dieses Feld. Das Gleiche gilt für unsere Ängste, unseren Ärger, unsere Wut. Wir ziehen uns *unbewusst* immer noch mehr von diesen Ereignissen an, die uns ängstlich, ärgerlich oder wütend sein lassen und nähren unbewusst somit sowohl das Angstfeld, als auch das Feld des Ärgers bzw. das Feld der Wut. Auch hierzu gibt es eine schöne Geschichte[9], die ich Ihnen nicht vorenthalten will. Was hätte ich darum gegeben, wenn ich diese Geschichte bereits als ein Teenager mit 17 Jahren gekannt hätte.

★ ★ ★

Von der Weisheit eines Indianers: Die zwei Wölfe

Ein Indianerhäuptling erzählt seinem Sohn folgende Geschichte:
„Mein Sohn, in jedem von uns tobt ein Kampf von zwei Wölfen.
Der eine Wolf ist böse. Er kämpft mit Hass, Zorn, Ärger, Neid, Eifersucht, Angst, Sorgen, Gier, Arroganz, Selbstmitleid, Lügen, Vorurteilen, Überheblichkeit, falschem Stolz, Egoismus, Missgunst.
Der andere Wolf ist gut. Er verkörpert die Liebe, die Freude, den Frieden, die Hoffnung, die Gelassenheit, die Güte, das Mitgefühl, die Großzügigkeit, die Dankbarkeit, die Aufrichtigkeit, das Vertrauen, den Glauben und die Wahrheit."
Der Sohn fragt: „Und welcher der beiden Wölfe gewinnt den Kampf?"
Der Häuptling antwortet ihm: „Der, den du fütterst."

★ ★ ★

---

9 Die Geschichte von den zwei Wölfen. Abrufdatum 06.01.2021, von https://einfachachtsam.de/geschichte-zwei-woelfe/

Jeder von uns trägt beide Anlagen in sich. Und je nachdem welche Erfahrungen wir im Leben machen, bzw. wie wir erzogen wurden, bilden sich bestimmte Charakterzüge heraus und verstärken sich. Doch auch wenn wir als Kinder und Jugendliche keinen bzw. nur einen sehr begrenzten Einfluss darauf nehmen können, welche Charaktereigenschaften sich überwiegend herauskristallisieren, können wir uns als Erwachsene dafür entscheiden, welchen Wolf wir weiterhin füttern wollen, vorausgesetzt, dass uns bewusst wird, dass wir sowohl den braven als auch den bösen Wolf in uns tragen. Doch wir können jederzeit mit diesen alten Gewohnheiten, Mustern und Gedanken brechen. Die Praxis der Achtsamkeit hilft uns dabei, uns unseres Verhaltens und der Automatismen, die wir leben, bewusster zu werden und diese gegebenenfalls zu korrigieren.

Füttern wir jedoch den bösen Wolf, dann befinden wir uns hinsichtlich unseres Energie-Niveaus in einer sehr niedrigen Schwingung mit hoher Energie. Je negativer dabei das Gefühl ist, umso unbewusster denken und handeln wir, weil hier Kräfte wirken, die sich unserem bewussten Verstand immer mehr entziehen. Die Frage ist: Wie vermögen wir es, unseren Fokus (unsere Aufmerksamkeit) so zu verändern, dass wir uns *bewusst* mit dem beschäftigen, was wir uns wünschen und was gut für uns ist?

Folgende Fragen helfen dabei. Wir müssen uns diese aber immer und immer wieder stellen und uns der Antworten wirklich *bewusstwerden*, damit wir unseren Geist *bewusst* trainieren anders zu denken und zu fühlen. Für den Anfang empfiehlt es sich, diese Fragen schriftlich zu beantworten. Stichpunkte genügen bereits. Mit Hilfe Ihrer Notizen können Sie später – sofern Sie dies wollen – den Weg Ihrer persönlichen Entwicklung besser nachvollziehen. Zudem hilft Ihnen das Schreiben, sich besser auf die Antworten zu den Fragen zu konzentrieren. Ein wichtiges Bewusstseinstraining, bei dem Sie sich selbst so viel mehr kennenlernen als Sie sich dies zu Beginn der Übung denken.

- Was denke ich gerade? – Welchem Gedanken schenke ich meine Aufmerksamkeit?

- Welcher Art ist dieser Gedanke? – Ist er positiv, neutral oder negativ?
- Was, wenn ich diesen Gedanken auch weiterhin so denke? – Was spricht dafür, was dagegen?
- Welche Emotionen begleiten ihn? – Will ich diese Emotionen weiterhin so leben?
- Wie könnte ich noch denken? – Welche Alternativen gibt es für mich?
- Was, wenn ich meinen Blickwinkel, meine Perspektive einmal verändere?
- Worauf möchte ich mich fokussieren? – Was ist mein größter Wunsch?
- Was könnten die Folgen daraus sein, wenn ich meinen Fokus verändere?
- Bin ich bereit, für diese Folgen die Verantwortung zu übernehmen und die Konsequenzen daraus zu tragen?
- …

Ob wir wollen oder nicht, die Wahrheit ist: Die Ursache für eine Autoimmun- oder Autoaggressionserkrankung liegt in uns selbst. Doch so, wie die Ursache in uns selbst begründet ist, in unserer Art zu denken, zu fühlen, zu handeln und zu sein, tragen wir zum Glück auch all das Wissen und all die „Hilfsmittel" in uns, so dass wir einen solchen Krankheitsprozess auch wieder umkehren können. Um jedoch im Prozess der Selbstheilung erfolgreich zu sein, gilt es, unsere derzeitige Lebenssituation, sowie die uns eigene Einstellung zum Leben (zum Teil anerzogen und erlernt, zum Teil aber auch als ein individuelles Muster/ein Charakterzug) mit all den Erfahrungen, die wir bislang gemacht haben, grundlegend zu überprüfen. – *Überprüfen* von dem Platz aus, an dem wir zurzeit stehen. Wir ziehen sozusagen (wie in einem Wirtschaftsunternehmen) Bilanz. Stellen wir dabei fest: Unsere Einstellung ist *nicht* gesund, so sollten wir diese umgehend revidieren. Der Weg der Heilung verlangt von uns absolute Ehrlichkeit gegenüber uns selbst. Wir brauchen mitunter viel Zeit, viel Disziplin. Viel Zuversicht und Geduld. Neugier und

Aufgeschlossenheit gegenüber dem „anderen", dem „neuen" Entwicklungsweg. Offenheit gegenüber *allen* Heilwegen und Heilmethoden (schulmedizinisch und alternativ), und letztlich aber vor allem ganz viel Mut.

Mut, alte Gedanken-Strukturen und Glaubenssätze über Bord zu werfen. – Mut zum Ehrlich-Sein. – Mut, sich selbst auszuhalten, mit dem, was da gerade ist. – Mut zur Auseinandersetzung mit sich selbst. – Mut, sich im „Spiegelbild" eines Gegenübers oder einer gesundheitlichen Thematik bzw. Einschränkung zu betrachten. – Mut, sich die eigenen Themen und Schatten-Anteile anzusehen. – Mut, notwendige Veränderungen herbeizuführen. – Mut, all das loszulassen, was dem Leben nicht mehr länger dienlich ist. – Mut, sich auf einen Weg, auf eine Reise einzulassen, wobei wir nicht wissen, wohin uns der nächste Schritt führt. Das Einzige, was wir hoffen, ist, dass uns diese Reise in die Heilung führt. Wir setzen dabei aber unseren nächsten Schritt ins Ungewisse. Und genau dafür brauchen wir so viel Mut. – Mut aber auch, um Verantwortung zu übernehmen. Verantwortung für uns selbst. – Verantwortung für den ureigenen Weg. – Verantwortung für den Prozess der Veränderung. – Verantwortung für das Leben im Jetzt und für alle Entscheidungen, die das künftige Leben betreffen. Meiner Erfahrung nach kann Heilung nur und ausschließlich unter diesen Voraussetzungen geschehen. Sind wir für all dies nicht bereit, dann ist alles andere letztlich Selbst-Verrat bzw. Selbst-Betrug.

Des Weiteren kommen wir während des gesamten Prozesses der Heilung nicht umhin, uns mit unseren Werten zu beschäftigen. Es gilt zu prüfen, ob sich diese im Laufe der letzten Jahre gewandelt haben. Doch es gilt hierbei auch zu prüfen, ob es denn überhaupt *meine* Normen und Werte sind, nach denen ich mein bisheriges Leben ausgerichtet hatte. – Und wenn es meine Werte waren, an denen ich mich so lange orientiert habe, so kann es dennoch sein, dass ich heute ganz andere Werte für richtig erachte als jene, an denen ich mich bislang orientiert habe. Nach denen ich bislang gelebt habe. Der Prozess der *Selbst-Zerstörung* (Autoaggression) kann zum Glück umgekehrt werden, wenn wir uns selbst zugestehen, „aufzublühen" und einfach nur zu sein. Für mich bedeutete dies in letzter Konsequenz:

- Ich befreie mich aus der Zwangsjacke allen Müssens, all meiner Pflichten.
- Ich verbanne jede „fremde" Macht, jeden Druck und Stress aus meinem Leben.
- Ich bin nicht länger dieser unerbittliche Tyrann, dieser Feind in mir.
- Ich ziehe meinen Schutzpanzer, meine Rüstung aus und lege alle Waffen nieder.
- Ich bestrafe mich nicht länger. Ich füge mir selbst nicht länger Schmerzen zu.
- Ich versuche zu ergründen, zu verstehen, woher dieser Selbst-Zerstörungs-Drang kommt. Wo hat er seine Wurzeln? – Gehört er überhaupt zu mir?
- Ich entwickle Mitgefühl für mich und meinen bisherigen Lebensweg.
- Ich fasse Mut und öffne mein Herz. – Werde weich und liebevoll.
- Ich entdecke all die Fähigkeiten und Qualitäten, die in mir ruhen.
- Ich entscheide mich für meine wahre Natur.
- Ich lerne mich selbst mit allen Bedürfnissen und Wünschen kennen.
- Ich gebe mir selbst die Zeit, die Erlaubnis, sowie den Freiraum dafür.
- Ich erlaube es mir, über diese Brücke zu gehen und einen Neuanfang zu wagen.
- Ich gehe meinen eigenen Weg der Heilung für Körper, Geist und Seele.
- Ich werde unabhängig von dem Wohlwollen oder der Meinung anderer.
- Ich erkenne meinen eigenen Wert. Ich bin liebevoll mit dir selbst.
- Ich ergreife diese neue Chance Leben. – Ich öffne mich voll und ganz für dieses Leben.

- Ich bin neugierig auf dieses Leben und auf alles, was es mir zu bieten hat.
- Ich lerne dieses Leben zu leben, mit allem, was dazu gehört.
- Ich sage mir jeden Tag: Nichts geschieht umsonst. – Das Leben ist immer *für* mich.
- Ich bin neugierig und verspielt wie ein Kind und verliebt in mein Leben.
- Ich erlaube es mir, glücklich zu sein.

Das Leben bedeutet in erster Linie Freude. – Und die Freude, die lade ich zu mir ein. Aus meiner Freude heraus erwächst meine Liebe für dieses Sein. Mit Hilfe der Liebe finde ich zu mir. Finde Frieden sowohl im Außen, als auch in mir. Und so werden die Freude, der Frieden und die Liebe die Säulen meiner Dankbarkeit. Die Stützpfeiler meines Lebens, meines Seins. Sie lassen mich mit allem verbunden sein.

Was sagt mir meine Seele?

„Schätze Dich selbst und ehre Deine Seele. Handle weise und glaube an Deine Werte. Beziehe Dich auf Deine *innere* Weisheit. Das ist Deine Stärke. Beeindrucke nicht andere, beeindrucke Dich selbst."
Verfasser unbekannt

Wie ich Ihnen ja bereits erzählt habe, habe ich in den letzten Jahren sehr viel gelesen. So konnte ich die Tage wieder mit Sinn füllen und erkennen, was es für mich zu lernen gab. – Und ob Sie es glauben oder nicht: Bei der Auswahl meiner Bücher fühlte ich mich stets von einer höheren Macht geleitet und geführt, denn die Bücher kamen so in mein Leben, wie ich mich selbst gerade auf meinem Weg der Selbst-Reflexion und Entwicklung befand. Ganz so, wie sich mir die „Themen" im Außen, in meinem sozialen Umfeld wie auch in meinem Inneren zeigten. – Die Zeit, die mir dafür gegeben war, wurde für mich eine kostbare Zeit. Ich betrachte sie heute als ein Geschenk Gottes für mich. Da gab es so viele wunderbare Autoren (siehe Literaturliste), die mich manchmal über mehrere Wochen oder gar Monate hinweg intensiv begleiteten. Dann gab es wieder Zeiten, in denen wechselte ich von Tag zu Tag das Thema und wurde dabei auf so viel Interessantes aufmerksam gemacht. Spannend war für mich die Erkenntnis, wie das *eine* mit dem *anderen* immer und immer wieder in einem engeren Zusammenhang stand. Und immer wieder erkannte ich das Geführt-Werden mit Hilfe der Literatur. Bücher waren zu dieser Zeit mein Lebenselixier. Sie halfen mir bei Tag und in der Nacht. Den Autorinnen und Autoren all dieser Bücher habe ich sehr viel zu verdanken. Sie waren für mich „Engel auf Erden". Ihnen allen gebührt mein aufrichtiger Dank! – Am aufregendsten und spannendsten waren für mich die Bücher aus dem Bereich der Epigenetik und Spiritualität. Einige meiner wichtigsten Wegbegleiter waren Pater Anselm Grün, Thich Nath Hanh, Dr. Chuck Spezzano, Dr. Joe Dispenza, Dr. Bruce Lipton usw. – Ich habe diese Literatur nahezu „inhaliert". Mit ihr erschloss sich mir eine so ganz andere Welt als die, in der ich aufgewachsen war. All dieses neue Wissen brachte Saiten in mir zum Schwingen, die ich bis dato nicht gehört und nicht beachtet hatte, weil sie mir gar nicht bewusst waren. Ich lernte die Dinge anders zu sehen, anders zu verstehen. Erkannte den Unterschied zwischen Gefühl und Emotion. Konnte vieles von dem, was mir passiert war, in einem anderen Zusammenhang sehen und lernte: Die Dinge sind nicht so wie sie uns offensichtlich erscheinen. Lernte, dass nichts ohne Grund in unser Leben tritt, sondern einzig und allein, weil wir es manchmal bewusst, manchmal unbewusst so wollten. Ich konnte gar nicht mehr anders als alles, was ich bisher gelernt hatte, in Frage zu stellen und mit all den Lebensanschauungen, Überzeugungen, Glaubenssätzen, Denkmustern aufzuräumen, mit denen ich aufgewachsen war, mit denen ich über fünfzig Jahre meines Lebens gelebt hatte.

Ich hatte zwar schon während meines Lehramt-Studiums ein gewisses Faible für Pädagogik, Psychologie und Philosophie, nahm mir damals aber nur im Rahmen meines erziehungswissenschaftlichen Studiums die Zeit dafür, denn ich wollte ja möglichst rasch meine Studienzeit beenden, das ersehnte Geld verdienen, um möglichst schnell unabhängig, frei und selbstständig zu werden. Jetzt hatte ich die Zeit, um mich diesem Interessensgebiet hinzugeben, mich all der neuen Fachliteratur zu widmen. Mich in dieses neue Wissen hineinzudenken. Bei der Auswahl der Thematik ließ ich mich ganz von meinem Bauchgefühl, meiner Intuition, meinem Herzen, meiner Seele führen. Sie wussten am besten, was gerade dran war. Und das Schönste für mich war: Ich „*musste*" nicht mehr – ich „*durfte*" und ich „*konnte*" mich in allem ganz frei entscheiden. – Was für ein schönes Gefühl. Und so erlebte ich mitten in der *Krise* eine mich zwar sehr fordernde, aber auch sehr interessante, abwechslungsreiche und inspirierende Zeit, in der ich nach und nach all das nachholen konnte, was mich schon immer interessierte, für das ich mir aber in meiner ersten Lebenshälfte weder die Zeit, noch die Erlaubnis gab. – So gesehen eine kluge Entscheidung meiner Seele, die immer mehr die Regie in meinem Leben übernahm, die mich auf meinem Weg führt.

Habe ich in der ersten Hälfte meines Lebens viel zu sehr auf die Erfüllung meiner *Ich-Befindlichkeit*, meiner *Ego-Anteile* Wert gelegt, so lehrt mich heute meine Seele gänzlich anderes. Damit dies aber geschehen kann, musste sich in meinem Leben erst einmal von Grund auf alles wandeln. Da blieb kein Stein mehr auf dem anderen. Das Puzzle meines Lebens war dahin. Der Sturm, der durch mein Leben fegte, riss so ziemlich alles mit. Das, was blieb, waren mehr oder weniger nur noch leere Versatzstücke, Hülsen. Im Grunde genommen ein völlig überwältigtes, zutiefst verletztes, eingeschüchtertes, verängstigtes Kind. Ja, Sie lesen richtig, ich spreche von mir hier als Kind. Auch wenn ich meinem Lebensalter nach eine erwachsene Frau bin. Mein ganzes System war wie auf Null gesetzt und ich erlebte mich retardiert in das kleine bedürftige Kind, das ich einmal war. Das traurige und hilfsbedürftige Kind. Heute weiß ich, dass ich so sehr gelitten habe, weil es mir physisch an der Gesundheit und Kraft und lebenspraktisch gesehen vor allem an den Tools, den Strategien, sowie dem richtigen Denken fehlte, um mich besser zu behaupten. Ich hatte in Schule und Studium zwar vieles gelernt, doch leider nichts, was mir jetzt geholfen hätte, all diesen Widrigkeiten ruhiger, gelassener, wohlbesonnener zu begegnen.

Erst nach und nach erschloss sich mir mit Hilfe der Literatur (m) ein Weg. Und mit der Zeit erkannte ich: Wenn ich nur ein wenig die Position verändere, aus der heraus ich auf all dies schaue, was meine sogenannten *Baustellen* sind, dann ergibt sich immer mehr aus einem anderen Betrachtungswinkel heraus ein neuer, ein ganz anderer, ein viel nachhaltigerer Sinn. Wenn ich das schaffe, diesen Weg zu gehen, dann vermag ich es sogar, meinen Frieden mit all den Menschen zu machen, die mir auf meiner bisherigen Lebensreise meine Wegbegleiter und oft auch Herausforderer waren bzw. sind.

Egal ob beruflich oder privat. – Dann vermag ich es sogar, ihnen dankbar zu sein, und dies nicht einfach nur oberflächlich dahingesagt, sondern ganz und gar aus tiefstem Herzen heraus aufrichtig und ganz liebevoll gemeint. Und das, was mir dabei unwahrscheinlich geholfen hat, war mein Rückzug aus einer mir viel zu laut gewordenen Welt. Ich konnte dem Ganzen um mich herum nichts mehr abgewinnen. Mein schmerzender Körper, mein aufgebrachter Geist, meine verwundete Seele, die des Lebens bereits so müde geworden war, dies alles sehnte sich nur noch nach einer Höhle, in die ich mich zurückziehen konnte. In der ich gerade noch so viel existieren konnte, wessen es bedarf, um die notwendigsten Funktionen am Laufen zu halten und gerade noch so viel Kontakt mit der Außenwelt zu halten, wie es erforderlich war, um mich bei manchen Menschen ab und an in Erinnerung zu bringen, damit ich noch so etwas wie einen Sicherheitsanker hatte. Wie ein Bär sich aufmacht für seinen Winterschlaf, so sehnte auch ich mich anfangs nur noch nach Schlaf, Schlaf und Schlaf. Dann wurde dieser nach und nach unterbrochen durch Schreib- und Lesephasen. Was mir den Atem des Lebens wieder einhauchte, war die Öffnung meines Geistes, meines Herzens und meiner Sinne für die Lehren der Spiritualität. Das war mein „Nektar", mein „Honig", meine „Medizin". Dies stellte zwar meine Glaubensüberzeugungen, mit denen ich aufgewachsen war, sowie mein gesamtes Weltbild auf den Kopf, aber hier war ohnedies und noch dazu unübersehbar Generalüberholung plus *Neustart* gefragt.

So wurde ich durch die Sinn- und Lebenskrise indirekt aufgefordert, mich mit den christlichen Lehren meiner Kindheit noch einmal zu beschäftigen, diesmal aber kritisch. Es gab Tage, da haderte und schimpfte ich mit Gott. Da stritt ich regelrecht mit ihm. Dann suchte ich wieder Hilfe und Unterstützung bei ihm. Und siehe da, er antwortete mir jedes Mal. Er sprach mit mir und er antwortete mir vielfach auch in Gestalt der Bücher, die er mich lesen ließ. Er nahm mich bei der Hand und führte mich meines Wegs. Half mir die bisherigen Überzeugungen meines Glaubens zu hinterfragen und zeigte mir einen neuen Weg einer „Re-ligio", einer Rück-Verbindung mit ihm, die tiefer und berührender war als alles, was ich bisher je in meiner Beziehung zu ihm erlernt und erfahren hatte.

So konnte ich immer mehr meinen Frieden mit Gott finden und machen. Heute sind die Zeiten meines Zwiegesprächs mit ihm die glücklichsten und schönsten Momente in meinem Leben. Ich liebe diese intensiven Gespräche mit Gott. Inzwischen sind sie für mich ein tägliches Ritual. Komme ich einmal nicht dazu, dann fehlt mir was. Und jedes Mal habe ich das Gefühl: Es gib noch so vieles zu lernen. Einfach spannend. Doch was das Wichtigste für mich war, dass ich durch diese *Gespräche mit Gott* mit der Zeit wie eine Nuss „aufgebrochen" wurde. Meine Gespräche mit Gott ersetzten jede andere Form von Therapie. Sie wurden meine Therapie, in der es immer wieder jede Menge an Hausaufgaben gab. Gott ist ein extrem guter Therapeut, aber auch ein sehr strenger. Es nützt nichts, ihm etwas vormachen zu wollen oder sich gar in einer von vielen „Geschichten" zu verlieren. Das hilft alles nichts.

Gott wusste, wie wichtig mir die Antworten auf meine Sinnfragen sind. Wenn ich schreibe, liest er zwischen den Zeilen; wenn ich spreche, hört er zwischen den Worten. Es gibt nichts, was er nicht mitbekommt. Sich ihn als Therapeut zu erwählen verlangt totale Offenheit und absolute Ehrlichkeit. Er findet jedes Krümelchen und deckt jedes Staubkorn auf, das schnell mal unter den Teppich gekehrt sein will. Vor ihm lässt sich nichts verbergen. Er blickt einfach tiefer. Mit ihm geht es an die Seelen-Essenz und das ist gut, denn hier findet letztlich erst die *wahre Heilung* statt. Nur so komme ich bis zur Ebene der Heilung des größten und tiefsten Seelenschmerzes. Und erst wenn diese Ebene gemeistert ist, dann bin ich wieder bei ihm. Dann gibt es nichts mehr, was uns trennt. Das ist dann die Ebene purer Magie! Hier findet göttliche Gnade statt! Hier finden Wunder statt! Hier öffnen sich Herz, Augen und Ohren für die wahren Lehren der Spiritualität. Es bedarf keines anderen Lehrers und Meisters mehr. Hier erkenne ich: Alles ist bereits in mir. – Alles, wonach ich suche, finde ich in mir! – Anfang und Ende sind in mir! – Der heilige Gral ist in mir! – Gott ist in mir! – Wir waren niemals getrennt! – Wahre Heilung findet auf der Ebene der Seele in unserem Herzen statt!

Gottes Hausaufgaben kamen zunächst in Form der Bücher zu mir. Sie halfen mir in einem ersten Schritt meine Themen konkreter, klarer, präziser zu benennen. Wie ein Detektiv lernte ich *meine „Tatorte"* zu umkreisen. Lernte *„Täter"* und *„Opfer"* besser zu benennen. Die Ursache ihres Handelns eindeutiger zu verstehen. Und mit Gottes Hilfe lernte ich, all die Verletzungen (beruflich und privat), all die alten Überzeugungen und Glaubenssätze zu benennen, sie mir nach und nach anzusehen, sie zu reflektieren, ja, sie auf ihren Wahrheitsgehalt hin zu überprüfen und – wann immer notwendig – sie auch zu beweinen und zu betrauern. Dann aber auch loszulassen, damit nach und nach ein neues Denken entstehen kann. Jetzt saß ich nicht mehr länger wie ein aufgeschrecktes „Beutetier" völlig erschöpft von der Hetzjagd vor Thema A, B oder C. – Irgendetwas in mir veränderte sich.

Meine Perspektive veränderte sich. – Ich beruhigte erst mal meinen aufgebrachten Geist, kümmerte mich im Anschluss daran so gut ich konnte um mein körperliches Wohlergehen. Schenkte mit selbst dabei all die Aufmerksamkeit, Liebe und Wertschätzung, die ich mir bislang zu wenig geschenkt hatte. Und in den anschließenden Zeiten der Stille und Ruhe (Meditation) oder bei meinen Spaziergängen in der Natur stellte ich in aller Regel einfach nur Fragen. Ich übergab sie Gott und bat ihn um ein besseres Verstehen, um andere Sichtweisen auf die Thematik; bat immer und immer wieder um Hilfe, um Führung und sie war da.

So wie es nur ein Vater kann, half mir Gott nach und nach mir meiner uralten aufgestauten Emotionen bewusst zu werden und sie mir mit seiner Hilfe noch einmal anzuschauen. Dabei kamen all die alten Emotionen hoch, die ich schon von frühester Kindheit an in mir trug, derer ich mir aber entweder nicht bewusst war oder die ich verdeckt halten wollte, weil sie so eine Kraft in sich trugen, dass ich nicht wusste, wie ich mit dieser geballten Energie umgehen kann. Als geduldiger Vater half mir Gott endlich Worte zu finden. – Was für ein Glück!

Erst mit seiner Unterstützung konnte ich mich voll und ganz meinem Schmerz öffnen, mir diese Wunden ansehen und so auch begreifen, was dahintersteht. Gott-Vater tröstete mich, nahm mich geduldig an die Hand und wenn ich mal wieder an irgendetwas zu zerbrechen drohte, dann trug er mich sogar über die schwierigste Schwelle hinweg. Nach und nach wurden so etliche alte Schalen, hinter denen ich mich bislang versteckt hatte, entfernt. Dadurch wurde ich zwar um eine Vielfaches verletzlicher, emotionaler und noch sensibler, aber Gott und das gesamte Universum arbeiteten Tag und Nacht mit mir. Sie waren rund um die Uhr für mich da. Ich konnte mich jederzeit an sie wenden und um Hilfe bitten. Die Unterstützung kam. Sie war stets da. Ich musste nur lernen mit einem wachen, aufmerksamen Geist durch den Tag zu gehen und mich stets darauf zu fokussieren, dass Heilung und Gesundheit mein Geburtsrecht ist.

Je mehr ich mich auf die Aktivierung meiner Selbstheilungskräfte besann und aktiv den Weg der Heilung von Körper, Geist und Seele beschritt, kamen wieder neue Bücher in mein Leben. Ich entdeckte weiterhin spannende, neue Literatur. Diesmal aus dem Fachbereich der Medizin (Darmgesundheit, Hormone, Schilddrüse, Nebenniere usw.), der Psychoneuro-Immunologie, Energetischen Psychologie, der Quantenheilung, der Ernährung, Hypnose. Und mit Techniken wie dem Neuro-Tuning, dem Access Consciousness (Access Bars), dem EMDR, dem EFT (Emotional Freedom Techniques) sowie der Meditation, dem Yoga und ChiGong begann ich mit viel Liebe und Geduld meine körperlichen und emotionalen Blockaden aufzulösen. Gleichzeitig beschäftigte ich mich mit der Thematik der Kriegskinder & Kriegsenkel und der Heilung der Ahnen. So „fütterte" ich nach und nach meinen Geist, öffnete mich wieder einem positiveren Denken. Lernte immer mehr aus einer anderen Perspektive heraus auf das zu sehen, was zu meiner Geschichte geworden war. – Eigentlich hätte ich damit bereits glücklich und zufrieden sein können, doch dem war nicht wirklich so.

Irgendetwas beschäftigte mich auf einer noch viel tieferen Ebene. Etwas, das ich zunächst nicht benennen konnte. Da war nur immer dieses Gefühl, dass es da noch mehr zu begreifen gilt, um für mich selbst mit all dem, was geschehen war, ein sauberes Ende zu finden, damit sich – so Gott will – für mich daraus ein Neuanfang kreieren lässt. Ich wollte um die *tiefere* Bedeutung hinter all dem wissen. Wollte verstehen, was der tiefere Sinn von all dem ist, was sich auf der Bühne meines Lebens, sowohl privat als auch beruflich, abgespielt hatte. Ich wollte verstehen, wie meine Seele mit meinem Lebensplan in Verbindung steht. – Und so blieb ich weiterhin eine Suchende und Fragende. Hatte ich mich bisher auf meinem Weg der Genesung intensiv mit meinem *Körper* und mit dem *Geist* befasst, so fehlte mir nach wie vor noch immer ein Mehr an Wissen und Verständnis dafür, was in der Einheit von Körper, Geist und Seele meine *Seele* betraf.

Hier, so spürte ich, gab es noch so einiges zu lernen. Also ließ ich mich auf das vorsichtige Drängen meiner Seele ein, forschte weiter und suchte noch mehr nach Antworten. Mir war klar, meine Seele würde mich dabei führen, denn sie wusste ja, was ich verstehen will. So fragte ich nach dem *wahren* Grund für dies alles nach und bat um mehr Erklärung. Und je mehr ich mich meiner Seele, meinen Engeln und Gottes Führung anvertraute und überließ, erhielt ich meine Antworten. Um mehr über das spannende Thema *Lebensplanung & Seele* zu erfahren, kamen die Antworten auch diesmal wieder in Form von Büchern zu mir. Sollten Sie sich ebenfalls für diese Thematik interessieren, so lege ich Ihnen ganz besonders die Bücher von Robert Schwartz *Mutige Seelen*, *Die Mission der Seele* und *Jede Seele plant ihren Weg* ans Herz. – Meine Seele hat mich geradewegs zu diesen Büchern geführt. Diese Bücher enthielten für mich den „Code", den „Schlüssel", um endlich zu verstehen, dass wir sowohl unsere Lebensaufgabe, als auch unsere Krisen und Herausforderungen schon *vor unserer Geburt planen*. – Ja, Sie lesen richtig, dass wir dies alles noch vor unserer Inkarnation als Seele mit den Seelen, die in diesem Leben unsere Spiegelpartner und Mitstreiter sind, bereits lange vor der Geburt absprechen und planen. Wir sprechen uns mit unserem Gegenüber (Eltern, Geschwister, Lehrer, Partner, Freunde, Nachbarn, Kollegen etc.) dahingehend ab, was wir als Seele in diesem Leben lernen, auflösen und heilen wollen. Dann legen wir wie in einem Theaterstück bereits vor unserer Geburt den Part und die Rollen fest, den der andere/die andere für uns übernimmt, damit wir in diesem Leben mit genau den Themen und Aufgaben konfrontiert werden, die wir uns anschauen und heilen wollen. Als vorgeburtliche Seele planen wir dies aber nicht mit der Absicht um zu leiden, sondern um innerlich an den Herausforderungen als Seele zu wachsen.

So gesehen lässt sich mit Shakespeare aus *Wie es euch gefällt* sagen:
„Die ganze Welt ist eine Bühne und alle Frauen und Männer bloße Spieler. Sie treten auf und gehen wieder ab, sein Leben lang spielt jeder manche Rollen."

Und so „*ver*-rückt" das Ganze im ersten Moment klingen mag, so erleichtert es den Blick auf unsere Lebensthemen ungemein. – Mir hat es zum Beispiel sehr geholfen, immer mehr in Frieden zu kommen mit meinen Spiegelpartnern und Herausforderern. Zugegeben, ich hatte in der ersten Zeit nach der Lektüre dieser Bücher auch so meine Zweifel damit, ob die Dinge wirklich so zutreffend sein mögen wie sie hier dargestellt sind. Doch nach und nach freundete ich mich immer mehr mit dieser neuen Art zu denken an. Außerdem hatte ich ja Gott an meiner Seite, dem ich immer wieder Fragen stellen konnte und der mir versicherte, dass dem wirklich so ist. Und siehe da, der größte Gewinn, den ich daraus ziehen konnte, war der, dass ich damit aufhören konnte andere Menschen und Situationen zu beurteilen oder gar zu verurteilen. Stattdessen fing ich an, mich bei ihnen zu *bedanken* für den Part, den sie in meinem Leben *als Mensch unbewusst,* aber *als Seele bewusst* übernommen hatten.

So bedankte ich mich nach und nach bei meinen Eltern, meinen Geschwistern, meinem Ex-Mann, meiner Schwiegerfamilie, bei Freunden, meinen Lehrern aus Kindertagen und der Gegenwart etc. und stellte fest, dass ich – je mehr ich mich dieser neuen Sichtweise öffnete – das Vergangene, das Alte in immer größeren Sinn-Zusammenhängen besser verstand. Und dieses Verstehen ermöglichte es mir, zwar nicht alles gut zu heißen, was geschehen war, doch jetzt konnte ich nach und nach mit der Vergangenheit aufräumen. Doch bevor ich jede Erfahrung aus dieser Zeit wirklich so annehmen konnte wie sie war, bedurfte es eines weiteren wichtigen Schrittes, dem Schritt der *Vergebung.* Vergebung sowohl für mein Gegenüber, als auch mir selbst. Hierbei wurde ich noch einmal so richtig durch die verschiedensten Prozesse geführt. Am schwierigsten war es mir selbst zu vergeben, was ich mir im Laufe meines bisherigen Lebens aufgrund meiner Unbewusstheit angetan hatte. Diesbezüglich lebte ein sehr strenger Richter in mir. Doch nach und nach fand ich mit Gottes Hilfe auch Ruhe und Frieden in mir. Jetzt erst konnte ich die Dinge auf sich beruhen lassen, sie gehen lassen, sie loslassen. Und ich kann Ihnen sagen: Wenn das gelingt, dann ist das wie Ostern, Weihnachten und Geburtstag zusammen. Denn dann fühlen Sie sich endlich frei! Vergebung ist ein unglaubliches Geschenk!

Nach und nach lernte ich so weniger mit meinen menschlichen Augen zu *schauen*, oder mit meinen Ohren zu *hören*, sondern mehr mit den Augen meiner Seele zu *sehen* und auf die Stimme meines Herzens zu *hören*. Und ich lernte, dass die Dinge *nie* so sind, wie sie uns aus rein menschlicher Sicht mit unserem menschlichen Verstand erscheinen. Doch all dieses neue Wissen und die Erkenntnisse daraus, die mir einerseits so guttaten und mir halfen wieder ins Leben zurückzufinden und in einen besseren Kontakt zu Menschen zu gehen, forderten mich andererseits noch einmal richtig heraus. – Hätte ich diese Zerrissenheit in mir früher beenden können, dann wäre dieses Buch bereits Ende 2019 erschienen, doch ich sollte erst noch erkennen, was für ein „Angst-Hase" ich bin, wenn es darum geht, ganz und gar zu mir zu stehen. Meine Wahrheit auszusprechen und dazu zu stehen.

Aus unserer Perspektive als Mensch gibt es gemäß unseren Richtlinien und Werten, nach denen wir erzogen und unterrichtet wurden, nur eine ganz bestimmte Art, wie die Dinge zu sein haben, ganz frei nach dem Motto: „So war es schon immer und so bleibt es!" Wir haben gelernt: Nur wenn es so bleibt, erhält sich die Ordnung im System. Dann ist alles okay. – Doch wehe, wenn dem nicht so ist, dann brüskieren und verurteilen wir den, der uns mit einer anderen Wahrheit konfrontiert, denn mit der Möglichkeit der Richtigkeit dieser anderen Wahrheit tun wir uns verdammt schwer, weil diese nicht mehr unseren alten Überzeugungen und Glaubenssätzen entspricht. Dann verlieren wir den Boden unter den Füßen. Dann gerät unser Schiff des Lebens allzu stark ins Wanken. Dann droht die Wahrheit, die wir uns über Jahrzehnte hinweg – der eine mehr, der andere weniger – mühsam aufgebaut, erschaffen und zusammengereimt haben, mit Pauken und Trompeten unterzugehen. Bei stärkerem Wind oder der nächsten Orkan-Böe drohen wir selbst gar unterzugehen. Angst macht ein Zulassen einer solch anderen Realität fürs Erste nahezu unmöglich. – „Angst essen Seele auf!"

Überkam mich die Angst, verlor ich mich in der Angst, prasselten Gedanken auf mich ein wie „Wenn ich mich mit all dem, wie ich jetzt denke und lebe, als spirituell oute, wie denkt meine Familie über mich? – Was denken, wie sprechen die anderen über mich? – Was sagen Freunde, Bekannte, ehemalige Kollegen?" – Ich musste erkennen, wie sehr ich abhängig von der Meinung anderer bin. Wie sehr ich mich durch äußere Einflüsse und durch die Wünsche anderer von meinen eigenen Bedürfnissen, Wünschen und Möglichkeiten abbringen ließ. Musste erkennen, wie sehr dies schon immer eines meiner Themen war. Mir wurde bewusst, welchen Verlust an Wertschätzung und Liebe ich befürchte, wenn ich nicht mehr das „Gewohnheitstier" bin, als das mich die anderen kennen, sondern wenn ich die bin, die ich wahrhaftig bin. Eine Seele in einem menschlichen Körper, die sich dieses Leben erwählt hat, um bestimmte Erfahrungen zu machen, die ich nur in einem menschlichen Körper erleben kann.

Irgendwann begann ich mich zu fragen: Nach wessen Vorstellungen und Prämissen lebe ich? – Lebe ich denn überhaupt *mein* Leben oder das der anderen? – Schön brav eingeordnet, so wie es ihnen gefällt? – Bleibe ich weiterhin die Brave, die Liebe, die Angepasste, die treu zu den alten verinnerlichten Lebenskonzepten steht, mit denen ich aber letztendlich alles andere als eine wirklich glückliche, zufriedene und erfolgreiche Frau geworden bin? Mit dem Schreiben dieser Textpassage überlege ich mir gerade: Was ist denn nun eigentlich wirklich das Allerschlimmste, was passieren kann? – Dass mich meine Familie für verrückt erklärt. Dass sie sagen, sie wollen mit mir nichts mehr zu tun haben, wenn ich an dies alles glaube, weil sie ihrerseits glauben könnten, dass ich die christliche Tradition unterwandere, in der ich aufgewachsen bin. Ich gebe zu, dass ich vor einer derartigen Reaktion Angst habe. Und das mit 59 Jahren.

Pubertät nie gelebt und sich bis heute vom Elternhaus nicht wirklich abgelöst, um ein freies, selbstständiges Ich, um ganz ich selbst zu werden. Der Gedanke, dass ich die restliche Familie auch noch verlieren könnte, dass ich mit ihnen aufgrund der unterschiedlichen Lebensansichten und der Tatsache, dass ich meine hier mit diesem Buch veröffentliche, unter Umständen in Streit bin, besorgt mich, aber ist es tatsächlich das Schlimmste, was mir passieren kann??? – Nein! – Mit dieser Angst vor unbekannten Reaktionen höre ich hier auf. – Warum?

Was für mich inzwischen weitaus schlimmer wäre, ist, dass ich mir weiterhin das Wort verbiete, dass ich mir selbst untreu bin. Dass ich nicht zu mir, meiner anderen Art zu denken und zu fühlen stehe. Dass ich nicht zu meiner Einzigartigkeit stehe. Dieses sich Anpassen, sich Unterordnen, dieses sich in die x-te Reihe-Stellen, um gesehen, gehört, respektiert und geliebt zu werden, es funktioniert nicht mehr. Ich kann nicht mehr und ich will nicht mehr.

Ich möchte mit den Menschen, die ich liebe, die mir wichtig sind, auf gleicher Augenhöhe sein, ein echtes Miteinander gestalten und leben. Ich möchte, dass jeder von uns dabei die Person sein kann, die er ist. Dass jeder er selbst sein kann. Und das mit allem, was ihn ausmacht. Was ihn so wertvoll und einzigartig macht. Gott hat uns als Unikate erschaffen. Er wünscht sich nichts mehr, als dass jeder von uns sich selbst findet, sich selbst liebt und achtet und dabei den Weg seiner Seele, den Weg des Herzens geht. – Dafür sind wir hier. Dafür stehe ich ein. Auch dafür sollte ich lernen, wie leicht alles, woran ich einst geglaubt und woran ich so lange festgehalten hatte, wie Eis im Sommer zwischen den Fingern zerrinnt. Wenn das Fundament unseres Lebens mittels eines so gewaltigen Sturms derart einzustürzen droht, dass das Schiff unseres Lebens zu kentern beginnt, dann hilft nur noch, die Segel einzuholen, ruhig zu werden, tief in uns zu gehen und uns zu fragen: Welche Wahrheit stimmt für mich?

Halte ich nach wie vor so sehr an meinem bisherigen Bewusstsein fest, dass es für mich nie und nimmer eine andere Wahrheit geben kann und darf als die, in der ich mir mein Leben bisher eingerichtet hatte? – Ganz so wie dies schon meine Eltern und deren Eltern und die Generationen davor gedacht und gelebt haben? Oder bin ich bereit, notfalls den sicheren Hafen zu verlassen und aus einer gänzlich anderen Perspektive auf mein Leben und meine Geschichten zu sehen und zu schauen, wo und wie ich wieder Land gewinnen kann? – Mit welcher Wahrheit gehe ich in der Tiefe meines Herzens in Resonanz? – An welcher Wahrheit halte ich fest? Bin ich bereit, mit meinem Denken neue Wege zu gehen? – Was ändert sich für mich, wenn ich diese neuen Wege gehe? – Was ändert sich dadurch in meiner Beziehung zu all den anderen? – Wie lebe ich weiterhin damit? – Wo führt mich diese neue Art zu denken hin? – Weiß ich, wo mich die alte Art zu denken hinführen wird und ob mir dies gefallen wird? – ???

Ich bin inzwischen felsenfest davon überzeugt, dass es einer gesunden Neugier, einer Konzentration auf das Wesentliche, einer Öffnung des Geistes und all unserer Sinne, einem Mehr an Intuition, einer Hinwendung zur Sprache unseres Herzens und einer Führung durch unsere Seele bedarf, wenn es darum geht, unseren menschlichen Horizont zu erweitern, unsere Bewusstwerdung, unsere persönliche Entwicklung und Evolution voranzubringen. Wenn uns dies gelingt, dann lässt sich auch die Perspektive ändern, mit der wir auf unsere Herausforderungen und Lebensthemen sehen. Interessant und spannend zugleich, was uns die Seele dann alles zu lehren weiß. Das alles heißt für mich:

Mensch, erkenne dich selbst

Die größte Aufgabe von uns Menschen besteht wohl darin, uns selbst zu erkennen. Darauf deutet schon die Inschrift auf dem Eingangsportal zum Tempel des Apollos von Delphi hin. Des Öfteren wird dieser berühmte Spruch Sokrates zugeschrieben, aber ob dem so ist, das wissen wir letztlich nicht. Bekannt ist nur, dass Sokrates diese Aufforderung sehr ernst genommen hat und selbst ein Suchender auf dem Weg zur Selbst-Erkenntnis war.

Erkenne dich selbst – diese Aufforderung, sich selbst in seinem Denken, Handeln und Sein zu prüfen, war somit schon eine Maxime in der antiken Philosophie, wenn nicht sogar schon seit Anbeginn der Welt. Schon damals erging der Appell an den Menschen, sich nicht in Worten und Äußerlichkeiten zu verlieren, sondern die Art und Weise, wie wir unser Leben führen, sorgfältig in den Blick zu nehmen. Ja, sogar noch mehr, darüber zu empfinden, ob unser Denken und Handeln und damit auch unser Sein moralisch und ethisch gesehen als gut bezeichnet werden können. Mit der Aufforderung *Erkenne dich selbst* stellt sich mir erneut die Frage, die ich noch einmal auf eine etwas andere Art kurz zusammenfassen will:

Was ist die wahre Essenz des Menschen?

Ist es der Körper, der Geist, das Höhere Selbst oder die Seele? Was mich der Tod gelehrt hat: *Unser Körper* ist nur unser physisches Gewand, das sich unsere Seele für diese Inkarnation erwählt hat. Haben wir unser Leben gelebt, wird die Zeit kommen, zu der wir dieses „Kleid" wieder ablegen. – Wenn wir sterben, bleibt unser Körper leblos zurück, wird entweder begraben oder verbrannt und so in den natürlichen Kreislauf von Mutter Natur zurückgeführt. – Das geht allen Lebewesen so. Und die Natur lebt uns diesen Kreislauf – diesen Prozess des „Stirb und Werde" – mit den Jahreszeiten von Jahr zu Jahr aufs Neue vor, damit wir uns stets daran erinnern: „Wir sind nur Gast auf Erden."

Nur hat sich diesbezüglich unsere Aufmerksamkeit gänzlich verschoben. Frühere Generationen lebten wesentlich bewusster mit den Zyklen von Geburt und Tod. Wir haben es mitunter schon so weit verdrängt, dass wir mit unserer Angst vor dem Tod nicht mehr umzugehen wissen, sobald uns dieses Schicksal ereilt. Egal ob in Form einer Krankheit, die unser eigenes Leben bedroht, oder in Form des Todes eines lieben Menschen. – Es gilt, schon während unseres gesamten Lebens frühzeitig und immer wieder das Loslassen zu lernen, damit wir es bis zu unserem eigenen „bewussten Heraustreten aus diesem Leben" zu einer gewissen Meisterschaft gebracht haben, damit wir uns statt des Traurig-Seins auf das freuen können, was der Tod wirklich ist: ein Zurückkommen, ein Nachhause-Gehen.

Doch lassen Sie mich noch einmal zurückkehren zu unserem „irdischen Gewand".

Ohne diesen Körper könnten wir hier auf unserem Planeten nicht sein. Damit unsere Seele inkarnieren kann, braucht sie diesen Körper, um sich mit dessen Hilfe zu materialisieren. Doch es ist wichtig zu erkennen: *Wir sind nicht unser Köper.* Er ist nur unser „Kleid", unsere physische Erscheinungsform, mit der wir durch dieses Leben gehen, tanzen, springen, hüpfen usw. – Und so, wie wir nicht unser Körper *sind*, sondern diesen nur *haben*, täuschen wir uns auch, wenn wir uns mit unserem *Verstand* identifizieren, denn *wir sind auch nicht der Verstand*, sondern *haben* bestenfalls Verstand. Beides gilt es grundsätzlich zu unterscheiden und zu verstehen. Wir mögen noch so viele Schulen und Universitäten besucht und uns Wissen angeeignet haben, aber das bedeutet noch lange nicht, dass wir uns selbst erkennen.

Dieser Lerninhalt steht leider nicht in den Lehrplänen unserer Bildungsstätten. Sollte dort aber unbedingt Eingang finden, um selbstbewusste, verantwortungsbewusste, mündige und vor allem auch resiliente Menschen in das Leben zu entlassen.

Unser Höheres Selbst: Viele Menschen glauben, dass Spiritualität etwas ist, das außerhalb von uns liegt, doch dem ist nicht so. Der „Schlüssel" zu unserem höheren Bewusstsein liegt tief in uns verborgen und will im Prozess der Bewusstwerdung von uns selbst gefunden werden. Dieser unsichtbare Teil von uns nennt sich Höheres Selbst und ist der „göttliche Funke", der uns mit dem Gott in uns verbindet. Verbinden wir uns wieder mit diesem Höheren Selbst, dann „rück-verbinden" wir uns wieder mit Gott, dem Universum, unserer Quelle.

Dieses Höhere Selbst ist dabei nicht einfach ein Teil von uns, sondern das sind wir. Anders gesagt: Das sind Sie, das bist Du, das bin ich. – *Es ist unser wahres Selbst.* Und wenn wir beginnen aus diesem Höheren Selbst heraus zu leben, dann erfahren wir die grenzenlose Welt der Unendlichkeit und sind dabei stets mit dem Göttlichen verbunden. In vielen spirituellen Schriften heißt es, dass die Selbst-Erkenntnis der Gott-Erkenntnis vorausgeht. Wer sich selbst erkennt, wird auch Gott erkennen, denn es ist allein die *unbegrenzte* Seele, die ihn erkennen kann, nicht der begrenzte Verstand. Man kann Gott nicht mit einem begrenzten Verstand erfassen.

Während unser *Verstand* mit seinem Sitz in der linken Gehirnhälfte *begrenztes* Bewusstsein ist, ein Werkzeug, mit dem wir unsere Erfahrungen und Erkenntnisse, sowie all das in Schule und Leben Gelernte speichern, ist *unser Geist* reines Bewusstsein, denn wir sind geistige Wesen, die aus mehreren Teilen bestehen: dem Höheren Selbst (dem Über-Bewusstsein), unserer Seele, unserem Verstand und unserem Ego. Unser Geist erstreckt sich über mehrere Dimensionen und ist sowohl mit der Urquelle allen Seins, als auch mit allem um uns herum verbunden. Das Höhere Selbst ist der Teil des Geistes, der sich auf der geistigen Seite befindet, mit dem wir uns verbinden können, um unser Schöpferpotential, das in uns allen angelegt ist, zur Entfaltung zu bringen. Während in unserem Verstand nur das Wissen aus diesem Leben gespeichert ist, weiß das Höhere Selbst alles über uns. In ihm, wie in der Seele, sind alle Informationen aus allen Inkarnationen (bisherigen Leben) gespeichert.

Im Vergleich zum Ego sprechen wir beim *Höheren Selbst* von unserem *Schöpferbewusstsein, unserem Schöpfergeist*, während *das Ego* unser irdisch beschränktes *Ich-Bewusstsein* ist, das sich circa ab dem zweiten Lebensjahr (der sogenannten *Phase der Ich-Entwicklung/der emotionalen Entwicklung* des Kindes) immer mehr entfaltet.

Während unser Höheres Selbst danach strebt, sich nach höheren Werten, sowie durch Kreativität und künstlerischen Selbst-Ausdruck zu entfalten, zeigt sich unser menschliches Ego sehr bestimmend (egoistisch), aber auch ängstlich. Ist leicht zu kränken, empfindet häufig Mangel und bewertet, außer der Mensch entwickelt sich durch Achtsamkeit und Bewusstseinstraining weiter und entfaltet so nach und nach immer mehr sein *göttliches Ego*, das auf die Stimme des Herzens und des Höheren Selbst zu hören vermag. Wir handeln dann weniger aus dem menschlichen Egoismus heraus, sondern im Sinne (im Gewahrsein, im Bewusstsein) der *Geistigen Gesetze*. Und richten wir unser Leben nach diesen kosmischen Gesetzen aus, kann der Fluss unseres Lebens wieder frei fließen. Wir finden zurück in die Balance, was sich uns dann auch wiederum im Außen zeigt durch mehr Leichtigkeit, Lebensfreude und Harmonie.

Wie kommen wir in den Kontakt mit unserem Höheren Selbst? – Suchen Sie die Ruhe. – Gehen Sie bewusst in die Stille. – Suchen Sie sich einen ruhigen Ort, an dem Sie sich wohlfühlen, an dem Sie sich geborgen fühlen. Das kann zuhause sein. Das kann und darf aber auch gerne in der Natur sein. Es sollte nur ein Ort sein, an dem Sie für die Zeit der Konversation mit Ihrem Höheren Selbst alleine sind. Konzentrieren Sie sich ganz auf sich selbst. Atmen Sie zwei- bis dreimal tief ein und aus, entspannen Sie sich und konzentrieren Sie sich auf Ihr Herz. Anfangs kann es sein, dass Sie unruhig werden, weil wir das *Mit-sich-in Stille-Sein* nicht mehr gewöhnt sind. In aller Regel müssen wir dies erst wieder lernen. Doch es ist wichtig, dass wir diesen *Raum der Stille* immer wieder aufsuchen und uns die *Zeit des Allein-Seins* schenken, um auf unsere innere Stimme zu hören und uns für uns selbst und unsere *wahren* Bedürfnisse zu öffnen, die in einem hektischen und lauten Alltag nur allzu leicht verdrängt werden, was mit der Zeit immer mehr zu Unzufriedenheit und Seelenschmerz führen kann. Wichtig ist, dass Sie vor Beginn des Gesprächs mit Ihrem Höheren Selbst Ihr Ego auf eine imaginäre Reise schicken. Ich mache es zum Beispiel so, dass ich die Engel um Unterstützung bitte, indem ich einfach nur sage: *„Liebe Engel, bitte nehmt mein Ego und geht mit ihm draußen spazieren. Ich möchte jetzt in aller Ruhe das tun, was für mich wichtig ist. Danke!"*

Habe ich mein Ego erst einmal weggeschickt – oft nehme ich auch noch den plappernden Verstand oder den inneren Richter dazu –, dann ist es gut, den Kontakt zu unserem Höheren Selbst ganz ohne jegliche Erwartungshaltung anzugehen. Mir gelingt es am besten, wenn ich dabei leicht und verspielt in die Anbindung gehe. – Erwecken Sie also ruhig wieder einmal den Träumer, das verspielte Kind in sich. Um Ihre Gedanken zu klären, damit ein von äußeren Einflüssen möglichst freier Raum für die

Begegnung/den inneren Dialog/die Meditation mit dem Höheren Selbst entstehen kann, bietet es sich an, ein Notizbuch zur Hand zu haben, in das Sie Ihre Fragen, Bedürfnisse, Träume usw. notieren. Indem Sie das, was Ihnen vor Beginn des Gesprächs in den Sinn kommt, niederschreiben, entleeren Sie den noch „plappernden" Verstand und können sich so auf Ihre Frage an das Höhere Selbst konzentrieren. – Zudem haben Sie schon Schreibmaterial in der Hand, um sich (sofern Sie dies wollen) die Antworten des Höheren Selbst zu notieren. Ihre Notizen dürfen ruhig kurz und stichpunktartig sein. Sie dienen allein dazu, sich auch später noch an die Informationen zu erinnern.

Vertrauen Sie Ihrem Höheren Selbst und folgen Sie Ihrem Herzen, denn es weiß am besten, was es tut. Empfehlenswert ist jedoch, den Kontakt mit Ihrem Höheren Selbst regelmäßig zu pflegen. – Es kennt uns sehr gut. Schließlich ist es ja unser *wahres Selbst*. Weiß bestens Bescheid um unsere schöpferische, göttliche Kreativität, kennt alle unsere Gaben und Talente und ist unendlich weise. Es ist jener Teil von uns, der in Kontakt mit dem Göttlichen ist, weil es ein Teil von ihm ist. Es steht in direkter Verbindung mit unserer Seele, die unsere Lebensaufgabe und die innigsten Wünsche unseres Herzens kennt und uns dabei behilflich ist, dass wir uns ihrer erinnern und sie letztlich auch leben. Ich könnte auch sagen, das Höhere Selbst ist ein Bindeglied, eine Brücke, ein Steg zwischen uns und unserer Seele.

Wenn Sie für diese Gespräche mit Ihrem Höheren Selbst ein schönes Notizbuch statt einer losen Blattsammlung wählen, dann haben Sie diese Schritte Ihrer inneren Entwicklung gebunden in einem schönen Journal. Gleichzeitig signalisieren Sie Ihrem Höheren Selbst und Ihrer Seele, wie wichtig für Sie diese Gespräche, diese inneren Dialoge, diese Kommunikation sind. Üben Sie sich aber bitte in *Gelassenheit und Geduld*, denn es braucht etwas Zeit – wie für eine gute, intensive und vertrauensvolle Freundschaft auch –, bis Sie diesen Kontakt mit Ihrem inneren Selbst hergestellt haben. Sie können Ihr Höheres Selbst auch darum bitten, in Ihren *Träumen* zu Ihnen zu sprechen. Legen Sie sich dafür Ihr Notizbuch neben das Bett, damit Sie sich Ihre Bilder und Träume unmittelbar nach dem Aufwachen notieren können, sonst gehen Sie Ihnen leider sehr schnell wieder verloren.

Das Höhere Selbst hört Ihre Fragen, die Sie ihm kurz vor dem Einschlafen stellen. Vertrauen Sie einfach darauf, dass die Antworten kommen. Vielleicht nicht immer sofort. Manchmal dauert es ein paar Tage. Bleiben Sie von daher aufmerksam. Wiederholen Sie gegebenenfalls immer wieder mal die Frage. Vertrauen Sie Ihrem Höheren Selbst. Die Antwort kommt dann, wenn Sie bereit dafür sind. – Ist der Schüler bereit, dann zeigt sich auch der Lehrer.

Unsere Seele: In der spirituellen Literatur wird immer wieder daran erinnert, dass unsere Seele ihrer Natur nach göttlich ist. Dass sie – metaphorisch (bildhaft) gesprochen – ein Tropfen des Meeres ist. Wobei das Meer Gott selbst ist. Und dass auch wir uns „göttlich" nennen dürfen, weil wir ein wichtiger Teil des Ganzen sind. Der spirituelle Autor Neale Donald Walsch spricht davon, dass Gott der Ozean ist und wir die Welle sind, die aus diesem Ozean hervorgeht. – Woran erkennen wir, dass es unsere Seele ist, die zu uns spricht? – Meist stellen wir uns dies viel komplizierter vor als es ist. Das Mittel der Wahl, mit dem die Seele zu uns spricht, sind unsere Gefühle. Leben wir achtsam und bewusst und lernen die Sprache der Gefühle richtig zu verstehen, zeigt uns die Seele unseren richtigen Weg. So sagt sie uns zum Beispiel mit jedem *schlechten Gefühl*: „Du bist auf dem falschen Weg." – „Halte inne, überleg noch einmal was du tust." – „Bist du dir auch wirklich sicher, dass du es so und nicht anders haben willst?" – Und mit jedem *guten Gefühl* bestätigt sie: „Deine Worte, dein Denken, dein Handeln ist gut." – „Du bist im Einklang mit mir und deiner Bestimmung." Wir sollten von daher nie vergessen, wie wichtig unsere Gefühle sind.

Bei unserer Reise nach innen geht es darum, den Weg unserer Seele zu finden und zu gehen. Indem wir in die Stille, in die Meditation, nach innen gehen, erkennen wir nach und nach unser wahres „geistiges" Selbst, den Wesenskern dessen, wer wir sind und was wir sind: Eine Seele, ein Funken Gottes, der eine menschliche Erfahrung macht. Schon in den alten spirituellen Schriften heißt es, dass wir nicht menschliche Wesen sind, die eine spirituelle Erfahrung machen, sondern *spirituelle Wesen*, die eine menschliche Erfahrung machen. Damit ist es der nicht-physische Aspekt von uns, der unsere wahre Essenz ausmacht: Unsere Seele, sie ist es, die ewig lebt.

Erkenne dich selbst fordert uns auf, unser „inneres", wahres, spirituelles Wesen zu erforschen, nicht den Menschen, der in der äußeren Welt heimisch geworden ist, auch wenn wir nach einem materialistischen Weltbild erzogen wurden, in dem die Rolle des wahren Geistes vernachlässigt wird. Um einen lebendigen Kontakt mit dem spirituellen Bereich herstellen zu können, brauchen wir unser ganzes Selbst, das in Übereinstimmung ist mit unserer Bestimmung: Bewusstsein, Unterbewusstsein und Überbewusstsein.

Mit Hilfe der Bücher von Dr. Wayne Dyer, Dr. Chuck Spezzano, Kurt Tepperwein, Diana Cooper, Lise Bourbeau u. a. (siehe Literaturliste) konnte ich mir so manche meiner Fragen beantworten. Und sind wir erst einmal auf diesem Weg, dann kommen die richtigen Bücher und Lehrer in unser Leben. – Aus dem Prozess des Verstehen-Wollens, des Erkennens unseres wahren Selbst gibt es – meiner Meinung nach – kein Zurück. Wir können hier und da zwar innehalten, stehen bleiben und somit unsere Entwicklung verlangsamen, hinauszögern, doch glauben Sie mir: Es gibt kein Zurück! – Sie würden es auch gar nicht mehr wollen. Ich bin davon überzeugt, Sinn jeder spirituellen Entwicklung ist es, eins zu werden mit dem Höheren Selbst, um so wieder den Zugang zu unserer Seele zu finden, denn sie ist es, die unseren Lebensweg kennt und uns bei der Erfüllung unseres Seelenplans und damit unserer Lebensaufgabe führt.

9

Gesundheit – unser höchstes Gut!

„Die größte aller Torheiten ist, seine Gesundheit aufzuopfern,
für was es auch sei, für Erwerb, für Beförderung, für
Gelehrsamkeit, für Ruhm, geschweige für Wollust und
flüchtige Genüsse: Vielmehr soll man ihr alles nachsetzen."
Arthur Schopenhauer

„Stellen Sie sich den Körper als eine Sinfonie vor.
Jede Zelle hat darin ihren eigenen Ton, ihr eigenes Instrument.
Ist man krank, ist diese Eigenmusik schräg,
schrill oder sonst wie daneben."
Christa Schyboll

Was ist Gesundheit? – Wie lässt sie sich definieren?

Je nachdem, aus welcher Perspektive (Medizin, Psychologie, Soziologie usw.) wir auf den Begriff der „Gesundheit" schauen, mag
es die verschiedensten Ansätze für eine Definition geben. Eine
sehr weitgehende Definition wird von der Weltgesundheitsor-
ganisation (WHO) vertreten, die eine ganzheitliche Sichtweise
vom Menschen zugrunde legt. Gesundheit ist demnach nicht nur
die Abwesenheit von Krankheit, sondern „der Zustand völligen
körperlichen, geistigen, seelischen und sozialen Wohlbefindens".
Sie gilt als ein wesentlicher Bestandteil des alltäglichen Lebens,
steht sie doch für Lebensqualität und ist Bedingung für die soziale, ökonomische und persönliche Entwicklung eines Menschen. Auf der Basis dieses ganzheitlichen Ansatzes von Gesundheit steckt die WHO in der Charta von Ottawa den Rahmen für

eine umfassende Gesundheitsförderung ab. Die *Ottawa-Charta zur Gesundheitsförderung* (Ottawa Charter for Health Promotion) ist ein Dokument, das 1986 im kanadischen Ottawa zum Abschluss der Ersten Internationalen Konferenz zur Gesundheitsförderung von der WHO veröffentlicht wurde. Auf der Zweiten Internationalen Konferenz zur Gesundheitsförderung (1988) in Adelaide wurde dieses Konzept der Gesundheit in allen Politikbereichen weiterentwickelt.

„Gesundheit wird von Menschen in ihrer alltäglichen Umwelt geschaffen und gelebt: dort, wo sie spielen, lernen, arbeiten und lieben. Gesundheit entsteht dadurch, dass man sich um sich selbst und für andere sorgt, dass man in die Lage versetzt ist, selber Entscheidungen zu fällen und eine Kontrolle über die eigenen Lebensumstände auszuüben, sowie dadurch, dass die Gesellschaft, in der man lebt, Bedingungen herstellt, die all ihren Bürgern Gesundheit ermöglichen." (Ottawa-Charta der WHO, 1986[10]) – Das gesundheitspolitische Leitbild der Charta wird als Umorientierung von der Verhütung von Krankheiten zur Förderung von Gesundheit beschrieben. Dabei beschreibt die Ottawa-Charta fünf Handlungsfelder für eine umfassende Gesundheitsförderung. Diese sind:

- Die Entwicklung einer gesundheitsfördernden Gesamtpolitik unter Berücksichtigung aller fördernden und hindernden Faktoren in der Politik und Verwaltung.
- Die Schaffung einer gesundheitsfördernden Lebenswelt um unterstützende Umweltbedingungen zu schaffen und die Ressourcen für Gesundheit zu fördern.
- Bürger und Patienten sollen durch gesundheitsbezogene Gemeinschaftsaktionen gestärkt werden, um so die Maßnahmen zur Selbsthilfe zu fördern.

---

10 Ottawa-Charta zur Gesundheitsförderung. Abrufdatum 06.01.2021, von https://gesundheits.de/gesundheit/ottawa-charta und https://www.euro.who.int/de/publications/policy-documents/ottawa-charter-for-health-promotion,-1986

- Die Entwicklung persönlicher Kompetenzen im Rahmen der Gesundheitserziehung ist wichtig. Persönliche und soziale Fähigkeiten sollten mehr Beachtung finden.
- Anzustreben ist eine Neuausrichtung der Gesundheitsdienste, die sich mehr an den individuellen Bedürfnissen der Menschen orientiert und sie als Persönlichkeiten ganzheitlich wahrnimmt.

Gesundheit ist laut der Verfassung der WHO von 1948 ein *Grundrecht* jedes Menschen und besitzt weltweit einen hohen gesellschaftlichen Wert. Sie beschreibt nicht nur den Zustand körperlicher Unversehrtheit, sondern auch einen als gut empfundenen psychischen Zustand, sowie ein Wohlbefinden auf der sozialen Ebene. Um gesund zu sein sind bestimmte Faktoren wichtig. Zum Beispiel …

- die Veranlagung des Menschen (genetische Disposition = genetische Grundlagen, welche die Konstitution und die Krankheitsanfälligkeit bestimmen),
- seine individuellen Verhaltens- und Lebensweisen (Ernährung und Bewegung, sowie Risiko- bzw. Suchtverhalten, Freizeitverhalten, sinnstiftende Tätigkeiten innerhalb einer Gemeinschaft usw.),
- die sozialen Rahmenbedingungen (Familie, Partner/-in, Freundschaften, Kollegen, Arbeitsbedingungen usw.),
- die soziale Integration,
- seine Lebensgeschichte mit den sich daraus ergebenden Erfahrungen und Gefühlen.

Weitere, die Gesundheit stark beeinflussende Faktoren sind sozioökonomische Bedingungen wie Bildung, Einkommen, Arbeitslosigkeit, Ungleichheit, Armut, Kriminalität, Wohnsituation, sozialer Zusammenhalt, sowie Umweltbedingungen wie Lärm, die Qualität des Trinkwassers sowie der Luft, Umwelteinflüsse, Schadstoffbelastung, Radioaktivität, Klima, …

Bei der Prävention geht es darum, Belastungsparameter für die Gesundheit zu reduzieren und stattdessen die Chancen auf Gesundheit durch Stärkung von Ressourcen zu verbessern.

Der Einzelne soll so Veränderungen in seinem Lebensalltag treffen können, die der Gesundheit förderlich sind. – In diesem Zusammenhang gewinnt zum Beispiel seit einigen Jahren die Salutogenese im Bereich der Gesundheitswissenschaften immer mehr an Bedeutung, zielt sie doch auf eine Stärkung der Kräfte im Menschen ab, die Gesundheit erhalten bzw. wiederherstellen sollen.

Was ist unter dem Begriff Salutogenese zu verstehen?

Der Begriff „Salutogenese" ist ein von Aaron Antonovsky gebildeter Neologismus, bestehend aus den Wörtern *salus* (lat. = Gesundheit, Glück) und *genesis* (griech. = Entstehung) und bedeutet so viel wie *Gesundheitsentstehung*. – Fragt die Pathogenese nach den Bedingungen von Krankheit, interessiert sich die Salutogenese für die Voraussetzungen von Gesundheit und deren Förderung.

In seiner Zeit als Medizinsoziologe wertete Aaron Antonovsky (1923–1994) am Institut für Sozialforschung 1970 eine Erhebung über die Anpassungsfähigkeit von Frauen verschiedener ethnischer Gruppen an die Menopause aus. Eine Gruppe dieser Frauen war 1939 zwischen 16 und 25 Jahre alt und zu dieser Zeit des Nationalsozialismus in Deutschland in Konzentrationslagern inhaftiert. Ihr psychischer und körperlicher Gesundheitszustand wurde mit dem einer Kontrollgruppe verglichen. Doch trotz dieser erschwerten Lebenssituation gaben 29% dieser ehemals inhaftierten Frauen an, dass es *gut* um ihre emotionale Gesundheit steht.

Dieses erstaunliche Ergebnis brachte Antonovsky zu seinen späteren Überlegungen, die er in sein Modell der Salutogenese[11] einfließen ließ. Dabei fasziniert ihn die Frage wie es möglich ist, dass Menschen auch unter den widrigsten Umständen gesund

---

11 Toni Faltermaier. Salutogenese. Abrufdatum 06.01.2021, von https://www.leitbegriffe.bzga.de/alphabetisches-verzeichnis/salutogenese/

bleiben können. Mit seinen Worten: „Warum befinden sich Menschen auf der positiven Seite des Gesundheits-Krankheits-Kontinuums oder warum bewegen sie sich auf den positiven Pol zu, unabhängig von ihrer aktuellen Position?" – Sein Interesse galt dabei der Frage nach den Ressourcen zur Erhaltung von Gesundheit für ein glückliches und erfülltes Leben in allen Bereichen, sowie einem Mehr an Verständnis, inwiefern die Ausprägung des Kohärenzgefühls dafür verantwortlich ist, in Schicksalsschlägen eine Herausforderung für das eigene Leben sehen zu können. Dabei interessierten ihn Fragen wie: „Wie und warum werden Menschen krank?" – „Wie bleiben sie trotz zahlreicher gesundheitsgefährdender Einflüsse gesund?" – „Wie entsteht Gesundheit und wie lässt sie sich erhalten?" – „Was ist das Besondere an Menschen, die trotz extremer Belastungen nicht krank werden?"

Nach seinem Modell der Salutogenese ist *Gesundheit* nicht als ein feststehender Zustand zu verstehen, sondern vielmehr als ein Prozess, bei dem sich Risiko- und Schutzfaktoren in einem Wechselwirkungsprozess gegenüberstehen. Das *Kohärenzgefühl* ist ein zentraler Aspekt in der Salutogenese von Aaron Antonovsky, wobei die Kohärenz seiner Auffassung nach drei Aspekte umfasst:

1. Das Gefühl der *Verstehbarkeit* (Sense of Comprehensivity) dessen, was zum Ist-Zustand geführt hat. Gemeint ist damit die Fähigkeit, die Zusammenhänge des Lebens zu verstehen.
2. Das Gefühl der *Handhabbarkeit* (Sense of Manageability), die Bewältigbarkeit der Ist-Situation bzw. der Lebensumstände, die in eine Problemsituation geführt haben.
3. Das Gefühl der *Sinnhaftigkeit* (Sense of Meaningfulness), bei dem es um das Bewusstsein geht, dass letztlich alles einer höheren Ordnung dient. Was demnach gleichzusetzen ist mit dem Glauben an den Sinn des Lebens.

A. Antonovsky stellte dieses Kohärenzgefühl, auch Sense of Coherence (SOC) oder *Sinn für Kohärenz* genannt, ins Zentrum seiner Antwort auf die Frage, wie Gesundheit entsteht, und entwickelte auf der Grundlage seiner Untersuchungen einen Fragebogen zur Lebensorientierung bestehend aus neunundzwanzig Items, der es ermöglicht, den individuellen SOC-Wert zu ermitteln. Gleichzeitig beschrieb er drei weitere große gesundheitsgefährdende Einflussfaktoren, die bei gleichzeitigem Auftreten von Stress zusätzlich Spannungszustände auslösen. Diese Faktoren sind: *Chemisch* durch Giftstoffe; *biologisch* durch Bakterien, Viren, Pilze etc., sowie *psychosozial* durch Leistungsdruck, verminderte soziale Bindungen und Kontakte etc. – Aaron Antonovsky war sich sicher, dass der menschliche Körper mit seinen Ressourcen versucht, die gesundheitsgefährdeten Faktoren zu überwinden. Schafft er dies nicht, wird der Mensch krank (Distress). Vermag er es, sich gegen die Stressoren zu wehren, bleibt er gesund (Eustress). – Gesundheit und Krankheit sind demnach sowohl von Subjektivität geprägte Erlebnisse, als auch von objektiven Faktoren bedingte Zustände, deren Ausprägung auf Gesundheits-Krankheits-Kontinuen gedacht werden kann. Jeder Mensch bewegt sich gewissermaßen auf einem Kontinuum und ist damit *nicht entweder* gesund *oder* krank, *sondern* immer im Prozess von *sowohl* gesund *als auch* krank. Des Weiteren betont Antonovsky, dass Gesundheit ein mehrdimensionales Geschehen ist, das stark mit den sozialen und kulturellen Kontexten verbunden ist. So stehen sich die Salutogenese als Wissenschaft von der Entstehung von Gesundheit und die Pathogenese als Wissenschaft von der Entstehung von Krankheit gegenüber bzw. ergänzen sich. Während der pathogenetisch orientierte Mediziner auf die Krankheiten, ihre Ursachen und die Gefahren, die es zu „bekämpfen" gilt, schaut, blickt der salutogenetisch orientierte auf möglichst attraktive Gesundheitsziele, die es zu „erreichen" gilt. Zusammen mit dem Patienten sollen dabei möglichst viele Ressourcen bewusst gemacht werden.

Im Gesundheitswesen wird heute dabei viel von der Resilienz (= psychische Widerstandskraft) gesprochen. Eine einheitliche Definition für diesen Begriff lässt sich jedoch kaum finden. Für mich lässt sich Resilienz am ehesten als eine Kompetenz beschreiben, die uns befähigt, sich an verändernde Umstände (ausgelöst durch

Krisen, Konflikte oder Krankheit) anzupassen und sich mit Hilfe eines prozess-, ressourcen- und lösungsorientierten Denkens neu auszurichten und zu orientieren. Am besten gefällt mir die sehr knappe und einfache Aussage von Frau Dr. med. Mirriam Prieß: „Resilient zu werden heißt, Schwäche zu lösen und Stärke zu entwickeln." Sie sieht die Resilienz als eine Schlüsselkompetenz für ein starkes Ich an. Wenn Sie sich eingehender mit der Thematik beschäftigen wollen, was uns psychisch stark macht, dann empfehle ich Ihnen die Lektüre ihres Buches *Resilienz. So entwickeln Sie Widerstandskraft & Innere Stärke*. Goldmann Verlag.

Bezüglich der Wechselbeziehung von Salutogenese und Pathogenese kann heute unter Zuhilfenahme der Neurowissenschaften vieles genauer erklärt werden. Auch hier gibt es eine Reihe wunderbarer Literatur, die uns die wesentlichen Prozessabläufe in unserem Organismus, vor allem im Gehirn, anschaulich zu beschreiben vermag. Ich finde es immer wieder faszinierend, wie unser Körper-Geist-System mit Hilfe beeindruckender Regelkreismechanismen auf so wundervolle und präzise Art und Weise zu funktionieren vermag. Einfach unglaublich, was für ein Wunderwerk unser Körper ist. Wir danken ihm dies viel zu wenig. – Hinweise zur entsprechenden Literatur finden Sie ebenfalls im Literaturverzeichnis. Merkmale einer salutogenetischen Orientierung beinhalten, dass die Menschen bzw. Methoden …

- sich an Stimmigkeit, aufbauender Kohärenz (Verbundenheit) orientieren,
- sich auf Gesundheit (attraktive Ziele und Vorstellungen) ausrichten,
- sich auf Ressourcen ausrichten,
- das Subjekt wertschätzen (Eigenaktivität, Selbstwahrnehmung usw.),
- aufgeschlossen sind für systemische Selbst-Organisation und Selbst-Regulation (z.B. Aktivierung der Selbstheilungskräfte),
- sowohl prozessorientiert, als auch lösungsorientiert denken,
- mehrere Möglichkeiten einschließen, z.B. sowohl salutogenetisch als auch pathogenetisch.

Salutogenese damals und heute: Als einer der ersten Pioniere der Salutogenese gilt der englische Arzt Edward Bach (1886–1936). Im Alter von 44 Jahren gab er 1930 seine gut gehende Praxis in London auf, zog aufs Land und entwickelte dort die nach ihm benannte *Bachblütentherapie*. Mit Hilfe dieser achtunddreißig Blütenessenzen vermag es der krank gewordene Mensch, sich wieder mit sich selbst und dem Kosmos in Einklang zu bringen, denn erst die Einheit von Körper, Geist *und* Seele zeichnet den gesunden Menschen aus. Seinen Beobachtungen nach führten sogenannte „geistige Irrtümer" (Fehlannahmen, falsches Denken) zur Erkrankung des Einzelnen. Unter Krankheit verstand er, dass sich die Seele eines Menschen aus ihrer Verbundenheit mit dem Körper und Geist immer mehr zurückzog, was letztlich zu Krankheiten führte, die sich immer mehr im Körper manifestieren.

Zusammen mit Dr. Bach lässt sich auch sein Zeitgenosse Rudolf Steiner (1861–1925) nennen, der ab 1920 die anthroposophische Medizin entwickelte, die ebenfalls auf einem ganzheitlichen, salutogenetischen Menschenbild fußt. Auch Rudolf Steiner nannte Krankheit ein Sich-Herausbewegen und Heilung ein Sich-Hineinbewegen in Gesundheit. Und wieder sind es Körper, Geist *und* Seele, die am Gesundwerdungsprozess des Menschen beteiligt sind. Jeder auf seine Art.

Salutogenese *heute* beschäftigt sich mit den Faktoren, die zur Entstehung und Erhaltung von Gesundheit führen. Dazu zählen Faktoren wie: Ernährung, Schlafhygiene, Entspannung, Stille, Achtsamkeit, Meditation, Gegenwärtigkeit, Berührbarkeit, Körperbewusstsein und Bewegung, Mentaltraining, Kraft-Aufbau, Aktivierung aller Körpersysteme, sowie Beziehungsfähigkeit, soziale Integration usw.

Auch der Mitbegründer der humanistischen Psychologie und Psychotherapie, Abraham Maslow (1908–1970), entdeckte in Untersuchungen zur seelischen Gesundheit, dass jene Menschen am gesündesten waren, bei denen Körper, Geist *und* Seele in Harmonie, in Verbindung sind. So fand er zum Beispiel bei seinen Untersuchungen heraus, dass Menschen mit einer gesunden seelischen Verfassung nicht ich-bezogen, sondern sach-bezogen handeln. Dass sie tolerant und wahrhaftig sind. Dass sie noch etwas bestaunen und bewundern können. Dass sie herzlich sind und noch das Gefühl von Demut und Hingabe kennen.

Gemeinsam scheint ihnen allen eine spirituelle Erfahrung zu sein, auf die sie zurückschauen können (Peak-Experience). Mit seinen Untersuchungen konnte Maslow zeigen, wie wichtig die Arbeit des Individuums mit sich selbst nicht nur für die Entwicklung der Persönlichkeit und die persönliche Reife ist, sondern dass diese auch einen großen Einfluss auf den Gesundheitszustand des Menschen hat.

„Heile zuerst die Seele; dann wird die Heilung des Geistes und des Körpers folgen. Erfülle zuerst die Seele; dann wird die Erfüllung des Geistes und des Körpers folgen."
Dr. Zhi Gang Sha

10

Friede beginnt bei mir – Liebe beginnt bei mir – Heilung beginnt bei mir

Ich kann mir diese drei Sätze nicht oft genug vorsprechen und sagen. Mal leise, mal laut. Immer und immer wieder. Diese Sätze unterstützen mich dabei im Hier und Jetzt zu sein, statt mich in der Vergangenheit zu verlieren oder allzu viel von der Zukunft zu träumen. Das Träumen darf zwar sein. Es hat seinen Platz, doch wichtig ist, immer mehr ganz im jetzigen Moment, im Augenblick zu sein. Diesen so anzunehmen, wie er sich mir gerade zeigt, und mir dabei meiner Gedanken und Gefühle vollkommen bewusst zu sein. Dazu lädt mich mein tägliches Mantra ein: *Friede beginnt bei mir. – Liebe beginnt bei mir – Heilung beginnt bei mir.*

Ob es mir gut geht oder weniger gut, ich selbst trage die *Verantwortung* dafür. – *Ich* ganz allein! – Ich bin mir bewusst, dass ich von Minute zu Minute, von Stunde zu Stunde mit den unterschiedlichsten Situationen konfrontiert werden kann. Egal ob beruflich oder privat. Die Entscheidung darüber, wie ich darauf reagieren will, liegt allein bei *mir*.

Der Dreh- und Angelpunkt für den ersehnten Frieden (in mir und in der Welt), die Liebe (zu mir selbst und zu anderen), sowie die Heilung (für mich und alle anderen) liegt bei mir, denn wir sind niemals „allein" (im Sinne von einsam), sondern „all-eins". In Wahrheit leben wir nicht einsam und isoliert vor uns hin, sondern sind immer mit dem größeren Ganzen, mit allem, was da ist, verbunden: *All-Eins!* Es ist so wichtig, das zu verstehen, denn es macht einen gravierenden Unterschied, mit welcher Art von Energie (positiv oder negativ) wir mit den anderen verbunden sind. Mit jedem Gespräch, mit jedem Telefonat, das ich führe, mit jeder E-Mail, die ich schreibe usw., die Verantwortung bleibt stets bei mir. Ich bin mir dessen vielleicht nicht bewusst, aber es liegt dennoch an mir, wie ich auf die Worte meines Gegenübers reagiere. Es liegt an mir, wie ich über meinen Gesprächspartner denke. Es ist an mir zu entscheiden, wie ich die Botschaft des anderen hören, lesen, annehmen und verstehen will. Es liegt an mir, ob ich entscheide, dass ich dem anderen gegenüber wohlgesonnen bin, mitfühlend und empathisch reagiere, oder ob ich aus Unachtsamkeit und Unbewusstheit heraus, oder gar aus einer bestimmten Laune heraus eine *Ich-Position* verfolge, ohne darüber nachzudenken, wie meine Worte vom Gegenüber empfangen und angenommen werden.

Noch bevor ich meine Botschaft ausspreche und sie meinem Gegenüber sende, entscheide ich bereits, wie er darauf reagieren wird. – Warum? – Meine Gedanken sind Energie. Meine Gefühle sind Energie. – All mein Denken, Handeln sowie meine Gedanken beruhen auf Energie. Und es ist diese Art von Energie, die letztlich darüber entscheiden wird, in was für einer Welt ich zuhause bin. Egal ob in meiner kleinen Welt oder in der Welt da draußen, im Kollektiv. Gemeinsam erschaffen wir uns unsere Realität. Wir entscheiden sowohl für uns allein, als auch innerhalb unserer Familie und Gemeinschaft, welchen Wolf wir füttern. Die Worte, die ich spreche, lassen mich hören, wie ich denke. Meine Gefühle zeigen mir meine Freude, aber auch meine Ängste. Sie zeigen mir meine Bedürfnisse, meine Wünsche, meine Sehnsüchte und Werte.

Wollen wir uns und unser Handeln besser verstehen, dann sollten wir öfters mal auf eine Reise gehen. Eine Reise besonderer Art. – Dazu bedarf es weder eines Dschungel-Camps, noch einer Luxusreise um die Welt. Weder einer Kreuzfahrt, noch eines „All-inklusive-Verwöhn-Urlaubs". – Diese Reise, zu der ich angetreten war, kam eher einer Expedition gleich. Zu Beginn meiner Reise war ich mir dessen so nicht bewusst, sonst hätte ich vielleicht doch lieber einen ruhigen Insel-Urlaub gebucht. – Oder war ich mir bewusst und habe diese besondere Reise dennoch gebucht? Hätte ich mich mit mehr Wissen im Hinblick auf das, was auf mich zukommt, auf diese Art von Expedition eingelassen? – Ja!

Ja, ja, ja! – Denn so neugierig wie ich bin, so interessiert wie ich bin, so wissenshungrig wie ich als *Seele* bin, gibt es nur eine Möglichkeit dies alles zu erfahren und daraus zu lernen. Und dazu bedarf es des menschlichen Körpers. Und ob die Reise uns nun in die Höhe der Berge oder in die Tiefen der Meere führt, bleibt letztlich gleich. Wichtig ist, was wir uns auf dieser Seelen-Reise anschauen und lernen.

In den letzten Jahren habe ich nicht nur tiefgreifende Erkenntnisse in der Welt der Berge, Täler und Höhen gemacht, sondern auch so manche Erfahrung als „*Tief-Seelen-Taucherin*". – Mir war anfangs gar nicht bewusst, dass ich über die Tiefen des Unterbewusstseins hinaus noch so viel tiefer und tiefer und tiefer tauchen kann. Zu Beginn musste ich den einen oder anderen Tauchgang sogar abbrechen, weil mir immer wieder mal die Luft ausging. Doch nach und nach lernte ich, mich auch in diesen ungeahnten Tiefen und Weiten des Ozeans vorsichtig zu bewegen. Hier konnte ich jedoch nur ganz langsam auf Entdeckungsreise gehen. Tastete mich oft nur Millimeter für Millimeter voran und versuchte mir neues Terrain zu erschließen.

„*Tief-Seelen-Tauchen*" wurde für mich noch einmal zu einer ganz anderen Art von Expedition. Die Herausforderung bestand hier vor allem darin, noch mehr in die völlige Hingabe und ins Vertrauen zu gehen. Hingabe ans Leben und absolutes Vertrauen in Gott.

Gott forderte mich auf zu springen, und ich bin gesprungen, nicht wissend, was kommen mag. – Das war oft alles andere als leicht, doch wenn Sie einmal diesen Weg betreten haben, dann wollen Sie nicht mehr zurück. Egal wo Sie zurzeit stehen. Dann gibt es nur noch ein Voran. Manchmal gelingt dies nur mit einem „Augen zu und durch". Doch ich weiß: Ich tue es für mich. Ich gehe für mich als Seele diesen Weg. Und lerne dabei zu heilen, was der Heilung bedarf. Von einem Menschen, den ich sehr schätze, stammen folgende Sätze, die mehr zu sagen vermögen als tausend andere Worte.

Albert Einstein hatte bereits erkannt: „Wir können unsere Probleme nicht auf der gleichen Ebene des Denkens lösen, auf der wir sie erschaffen haben." – *und* – „Die reinste Form des Wahnsinns ist es, alles weiter so zu tun wie bisher und gleichzeitig zu hoffen, dass sich etwas ändert."

Wenn aus mir nichts wird, dann sind die Eltern schuld. Fühle ich mich nicht geliebt, ist der Partner/die Partnerin schuld oder sind auch hier die Eltern schuld. In diesem Sinne ließen sich noch unendlich viele Beispiele finden. Doch was folgere ich daraus? In unser aller Leben geht es nicht nur wie in der Politik, beim Weltfrieden, Klimaschutz usw. um die Verschiebung der Verantwortung, sondern um die Erkenntnis, dass *Verantwortung* bei uns selbst beginnt.

Was heißt Verantwortung übernehmen?

Wenn wir uns das Wort „Verantwortung" anschauen, stellen wir fest, dass in diesem Nomen ein weiteres Nomen, *Antwort,* enthalten ist. Verantwortung will von uns, dass wir uns im Hinblick auf das, was ist, bestmöglich um eine Antwort bemühen. Dass wir innehalten, reflektieren, dass wir uns dessen *bewusst* werden, warum bestimmte Dinge sind, wie sie sind. Dass wir uns *ehrliche* Antworten geben, egal ob die Antwort dabei fürs Erste positiv oder negativ ausfällt. Es geht darum, dass wir erkennen, was es zu verändern gilt, damit wir wieder in ein gesünderes, freieres, selbstbestimmteres, autonomeres und an unseren eigenen Zielen ausgerichtetes Denken, Handeln und Sein kommen können. Dabei gilt es zunächst, das, was geschehen ist, die aktuelle Situation, so anzunehmen wie sie ist, denn an der Vergangenheit lässt sich nicht rütteln, sie lässt sich nicht ungeschehen machen. Geschehen ist geschehen. Wir können nur versuchen, das Beste daraus zu machen. Für das, was geschehen ist, mag es Gründe geben. Manchmal sind uns diese bewusst, doch sehr vieles geschieht unbewusst. Zwar sind wir auf irgendeine Art und Weise mit diesen Geschehnissen in Resonanz (*Gesetz der Resonanz*) gegangen, haben sie damit in unser Leben gezogen. Doch warum dies so ist?

Die Antwort zeigt sich uns, wenn wir in die Auseinandersetzung mit unseren individuellen Themen gehen. Denn es gilt: Wir leben unser Leben zwar vorwärts, doch verstehen können wir vieles nur rückwärts betrachtet. Und das auch nur, wenn wir uns bewusst damit auseinandersetzen und uns fragen, warum die Dinge sind, wie sie sind. Wenn wir uns ernsthaft bemühen, in Erfahrung zu bringen, was wir aus all dem lernen sollen. Dies wiederum setzt voraus, dass wir neugierig sind und danach streben Entwicklungswege zu gehen. Die Entscheidung darüber liegt allein bei uns und führt uns zum nächsten Schritt. Jetzt ist es wichtig, sich zu fragen: Wie entscheide ich mich zu reagieren? – Wie kann ich das Ganze noch sehen? – Kann ich dieser Situation auch etwas Positives abgewinnen? – Sie erinnern sich: Wir haben zwei Möglichkeiten, die Dinge zu sehen: „Ist unser Glas halbvoll oder halbleer?" – Die Entscheidung darüber liegt bei uns.

In einem dritten Schritt sind wir dann gefordert, aus der „Ohnmacht" heraus wieder in ein Tätigwerden, in ein Handeln zu kommen. Die Wege, die wir dabei gehen, können sehr verschieden sein, denn so vielfältig und verschieden wie unsere „Probleme" sind, sind letztlich ja auch wir. – Jeder von uns wird anders handeln. Jeder von uns muss seinen Weg erst suchen, um diesen dann Schritt um Schritt zu gehen. Was das Wichtige dabei ist, ist, dass wir durch unser Tun nicht länger ohnmächtig sind. Hat uns die Situation anfangs unter Umständen überfordert, uns mehr oder weniger handlungsunfähig gemacht, so holen wir uns jetzt mit unserem Aktiv-Werden wieder unsere Macht zurück. Diesen Schritt habe ich auf meinem Weg als so grundlegend wichtig, als so entscheidend erfahren, dass aus dieser Erfahrung heraus der Untertitel meines Buches entstanden ist: *Raus aus der Ohnmacht – rein in die Schöpferkraft!*

Dabei kommt es darauf an, wie wir – je nach Ausgangssituation und unter Berücksichtigung unserer individuellen Start-Bedingungen (frühkindliche Prägung, erlernte Verhaltensweisen,

Glaubenssätze, Überzeugungen etc.) – für uns selbst bestmöglich wieder in ein Handeln kommen. Jeder von uns muss dabei – will er erfolgreich sein – seinen ganz eigenen individuellen Weg suchen und gehen. Für manche von uns ist es dabei wichtig, sich von A bis Z professionell begleiten zu lassen. Und das ist völlig okay. – Andere benötigen zum Erkennen ihres eigenen Weges für eine mehr oder weniger bestimmte Zeit die Hilfe und Unterstützung durch einen Therapeuten, Mentor, Coach. Diesen Weg hatte ich in der Anfangszeit für mich selbst ja ebenso gewählt, weil mir fürs Erste der Zugang zu mir selbst völlig abhandengekommen war. Ich musste erst mit fremder Hilfe und Unterstützung das, was in ein heilloses Durcheinander und Chaos geraten war, einigermaßen gut auseinander sortieren und es in verschiedene Rubriken packen. Dabei sehen lernen, was thematisch zusammengehört, damit es mir später gelingen konnte, meinen eigenen Weg zu finden und zu gehen. – Andere vermögen es vielleicht bereits von Anfang an, ganz aus sich selbst heraus den entscheidenden Schritt zu tun und ihren Weg zu gehen. Die einen gehen dann vielleicht den Jakobsweg oder einen anderen Pilgerweg. Andere treten mit all diesem emotionalen Gepäck mitunter eine Reise an und erkunden dabei die Welt.

Ich denke, es kommt letztlich darauf an, wie viel gesunde Ich-Stärke, wie viel Selbst-Bewusstsein, wie viel Selbst-Wert, wie viel Selbst-Liebe wir haben und wie groß demgegenüber unser Sicherheitsdenken bzw. wie lebensbestimmend unsere Ängste sind. Und wir dürfen nicht vergessen, dass auch das „Angst-Denken" eine Geschichte hat und mitunter schon seit Generationen ebenso weitergegeben wurde wie all die guten Dinge, die wir von unseren Eltern und Ahnen weitergereicht bekommen haben. Wenn wir uns erst einmal der Verantwortung bewusst sind und wir zudem bereit sind, diese auch voll und ganz mit letzter Konsequenz zu übernehmen und den entsprechenden Preis dafür zu zahlen, dann ergibt sich allein schon aufgrund dieser bewussten Entscheidung eine gänzlich neue Situation. Denn es gilt: Wo auch immer sich eine Tür schließt, öffnet sich eine andere.

Dass dem so ist, darauf dürfen wir vertrauen. Bereits mit einem entschiedenen *„Ja, ich will verstehen! – Ja, ich will dazulernen! – Ja, ich will die Zusammenhänge begreifen!"*, öffnen wir eine Tür, signalisieren dem Universum, dass wir nicht stehenbleiben wollen, sondern den Weg der Entwicklung suchen und bereit sind, diesen letztlich auch zu gehen.

Was dafür aber notwendig ist, sind Gott-Vertrauen, Urvertrauen, Geduld, Willensstärke, Disziplin und eine ordentliche Portion Neugier, da wir nicht wissen, wohin uns dieser neue Weg führen wird. Solange wir die Verantwortung für unser Leben nicht voll und ganz übernehmen, bleiben wir mehr Kind – zumindest mental – statt ein verantwortungsbewusster, reifer und weiser Erwachsener zu sein. Wir müssen verstehen, dass einzig und allein *wir* für unser Leben verantwortlich sind.

Im Guten wie in all den herausfordernden Situationen, egal ob Verlust des Arbeitsplatzes, Krankheit, Trennung usw. Unsere „Hausaufgaben" tragen hier ganz unterschiedliche Namen und zeigen sich jedem Einzelnen von uns in ganz verschiedenem Format. Unser Leben ist unser Entwicklungsweg und für jede Entscheidung, sowie ihre Folgen daraus sind wir selbst verantwortlich, denn irgendwann haben wir diesen Weg so gewählt.

Von der spirituellen Lehrerin Lise Bourbeau habe ich in *Höre auf deinen Körper, deinen besten Freund* gelesen, dass das *Gesetz der Verantwortung* zum *Gesetz der Liebe* gehört. S. 32ff. Das *Gesetz der Verantwortung* gilt als ein sehr großes spirituelles Gesetz, das unsere Seele betrifft. So gilt zum Beispiel: Ob sich der andere uns gegenüber kritisch oder liebevoll, gewalttätig (das können auch Worte sein) oder sanft verhält, die Verantwortung darüber liegt nicht bei ihm, sondern allein bei uns. Kein Mensch ist für das Glück oder Unglück des anderen verantwortlich, weder für das seines Partners, seiner Freunde, seiner Eltern.

Ein anderes großes Gesetz des Lebens besagt: *„Du wirst ernten, was du säst."*

Halten wir demnach zum Beispiel Verpflichtungen anderen gegenüber nicht ein, so wird es uns genauso ergehen. Wir ernten morgen, was wir heute säen. Soll heißen, dass wir uns, bevor wir eine Entscheidung treffen, besser in aller Ruhe hinsetzen und uns fragen sollten: Was wird mich diese Verpflichtung, die ich einzugehen gedenke, in Bezug auf mein Glück, meine Gesundheit, meine Beziehung usw. kosten? Bin ich bereit, die Konsequenzen aus dieser Verpflichtung heraus zu tragen? Sowohl das *Gesetz der Verantwortung* als auch das *Gesetz der Resonanz* weisen darauf hin, wie wichtig es ist, dass wir alle anderen aus der Verantwortung uns gegenüber entlassen und uns selbst in die Pflicht nehmen. Das entspannt ungemein und macht das Leben um ein Vielfaches leichter, denn es klärt die Energien zwischen dir und mir. Wir müssen also wieder mehr lernen, die Verantwortlichkeiten und Dinge, die wir nur allzu gerne nach außen hin verlagert haben, wieder zu uns selbst zurückzuholen. Das gilt für jeden Einzelnen von uns. Denn nur so können auch persönliche Freiheit und Frieden entstehen.

Ich habe für mich gelernt: Kläre ich die Dinge für *mich*, klären sie sich auch im *Außen*. Es stimmt tatsächlich: Keiner im Außen ist dafür verantwortlich wie es mir geht. Weder Eltern, noch Partner, Geschwister, Freunde, Kollegen. Sie sind nicht verantwortlich dafür, dass ich gesund bin, dass ich glücklich, fröhlich, zufrieden bin. – Nein! – Ich habe Tag für Tag selbst dafür Sorge zu tragen, dass ich die Frequenz von Freude, Glück, Zufriedenheit usw. in mir erschaffe. Wie das geht? – Ich gehe im Kapitel *Macht der Gedanken* noch einmal darauf ein.

Und genauso ist es mit *Ich wünsche mir Frieden*.

Ein schöner Wunsch. Ein hehres Ziel. Ein erstrebenswertes Ziel. Ein wichtiges Ziel. Doch damit da draußen in der Welt Frieden entsteht, bin wiederum zunächst einmal ich selbst dafür verantwortlich. Und mit „ich" meine ich jeden Einzelnen von uns. Egal wie groß, wie klein. Egal wie jung, wie alt. Der Frieden beginnt allein in uns. Egal ob innerhalb einer Partnerschaft, Familie, sozialen Gemeinschaft, Kommune, Land usw. Es ist so wichtig, dass im Hinblick auf den Weltfrieden der Friede im Kleinen, erst einmal in uns selbst entsteht. Doch er entsteht nur, wenn wir alle zusammen unsere Lektionen lernen. Wenn wir alle *mutig genug* sind, wirklich *erwachsen zu werden*, uns unserer Alt-Lasten (persönliches Karma, Ahnen- und Familiengeschichte) bewusstwerden. Wenn wir all die vergrabenen „Schätze" unseres Unterbewusstseins heben und befreien.

Für den Frieden kommt es auf jeden Einzelnen von uns an, denn wir alle sind Teil des großen Ganzen. – Was ich in mir erlöse, das erlöse ich auch für meine Familie, meine Partnerschaft, meine Kinder. Was ich in mir befreie, braucht in meinen Kindern als Leid, als Drama, als Karma nicht mehr wiedergeboren zu werden. Unsere Kinder können sich dann den Aufgaben zuwenden, für die sie mit ihrem Seelenplan angetreten sind. Übernimmt jeder von uns für sich selbst in allen Bereichen seines Lebens (Bildung, Beruf, Gesundheit, Ernährung, Umweltbewusstsein, Kommunikation, Gedanken usw.) die Verantwortung und trägt auf positive Art und Weise zu seinem eigenen Wohlergehen bei, dann entspannt sich vieles auch im Außen. Dann wirkt das Resonanzgesetz im Großen wie im Kleinen.

Statt irgendetwas auf andere Menschen zu projizieren, gilt es sich zu fragen: Wie sieht es in mir aus? – Welche Gedanken und Gefühle sind da gerade da? – Warum sind diese Gedanken und Gefühle da? – Was fehlt mir? – Was bräuchte ich, um mich besser, gesünder, vitaler, positiver zu fühlen? – Fühle ich mich akzeptiert, angenommen, wertgeschätzt, geliebt? – Wie steht es um die Wertschätzung meiner selbst? – Wie um die Liebe zu mir selbst?

Verantwortung fängt bei mir an und hört bei mir auf! Verantwortung ist ein wichtiger Schlüssel für eine glücklichere und vor allem friedvollere Welt.

Verändere ich *mich*, indem ich bereit bin, die Verantwortung für alles in meinem Leben selbst zu übernehmen, verändert sich mein Kosmos, meine kleine Welt. Und wenn sich mein Kosmos verändert, dann verändert sich auch die äußere Welt. Und dies zeigt sich mir letztlich in der Partnerschaft, in der Familie, unter Freunden, in Gruppen, in der Nachbarschaft, in der Gemeinde, in der Gesellschaft, bis hinein in die große Welt. – Und dann sind wir bei dem, was uns *Mahatma Gandhi* schon wissen ließ: „Sei du selbst die Veränderung, die du dir für diese Welt wünscht."

Der Weg hinein in ein glücklicheres Leben, in eine humanere und friedvollere Welt fängt bei uns selbst an. Veränderung *muss* zuerst in uns geschehen! Wir sind dieser Dreh- und Angelpunkt, denn wir gestalten unsere Welt. Gestalten sie mit unserem Denken, Handeln und Sein. Mit jedem Wort, das uns über die Lippen kommt, mit unseren Gedanken und Gefühlen. Wir sollten es uns wert sein, viel bewusster zu leben. Wir sollten es uns wert sein, bewusst Veränderung herbeizuführen, denn ich kann immer nur das an Wertschätzung, an Akzeptanz, an Respekt und vor allem auch an Liebe von meinem Gegenüber erhalten, was ich in mir selbst bereits trage. So, wie ich mich selbst sehe und denke, so wird mich auch der andere sehen *(Gesetz der Resonanz, Gesetz der Verantwortung, Gesetz der Liebe).*

Sorge gut für dich! – Achte stets auf deine innere Balance!

Beidem widme ich derzeit meine Aufmerksamkeit, denn beides habe ich über Jahre hinweg derart sträflich vernachlässigt, dass es jetzt umso wichtiger für mich ist, wieder ganz zu mir selbst zurückzufinden. Auch wenn dies für mich bedeutet, mich von alten Gewohnheiten oder gar von lieben Menschen verabschieden zu müssen, um nicht wieder in die ewig alten Verhaltensweisen und Denkmuster zurückzufallen. Die Macht der Gewohnheit ist stark. Unendlich stark. Ich habe sie selbst so unermesslich stark werden lassen, indem ich sie über Jahrzehnte hinweg immer und immer wieder – wenn auch unbewusst – eingeladen habe.

Doch wenn man erst einmal um diese Fallstricke, Zusammenhänge und Abhängigkeiten weiß, dann gibt es im Grunde genommen kein Zurück mehr, denn dies wäre einfach nur ein fataler *Selbst-Betrug.* Da hilft es nur, sich mit viel Disziplin und Willensstärke immer und immer wieder bewusst zu machen, was ich denn von mir und meinem Leben tatsächlich will. Mein Denken entsprechend positiv auszurichten, mich an meinen Zielen und Werten zu orientieren und zu versuchen, den für mich gangbaren Weg zu gehen, der mich wieder zurückfinden lässt in die Balance und dies in allen Bereichen meines Lebens.

Heute bin ich mehr denn je davon überzeugt, dass es darum geht, die *„goldene Mitte"* zu finden. Die Mitte in uns, die uns trägt. Es geht nicht darum, pflichtbewusst nur auf ein Ziel hinzuarbeiten und dabei die Welt um sich herum zu vergessen. Das „Kraft-Pendel" will auch wieder zurückschwingen können. Es braucht diese Phase der Regeneration. – So wichtig! So unglaublich wichtig! – Ich habe es sehr schmerzhaft gelernt.

Aber man muss auch durch Erziehung und Sozialisation sowie durch frühzeitiges Lernen an guten Vorbildern erfahren haben, dass es bei allem stets um diesen Ausgleich in uns geht, um die Balance von männlicher und weiblicher Energie, um die Balance von Yin & Yang. Wenn man es – so wie ich – erst in höherem Alter lernt, dann bedarf es eines langen Atems und immer und immer wieder der Geduld, aber es lohnt sich. Heute weiß ich um so viel mehr, dass Gesundheit und Glück dadurch entstehen, dass wir *Eigenverantwortung* übernehmen. Niemand ist für meine Gesundheit verantwortlich. Niemand für mein Glück. Meine Lebensfreude, eine erfüllte Partnerschaft, mein privater wie beruflicher Erfolg, meine Gesundheit, mein Glück, alles hängt so sehr von der Beschaffenheit meiner Gedanken ab. Ich kann nur immer und immer wieder betonen, wie wichtig es ist, schon in frühen Jahren zu lernen, worauf es im Leben *wirklich* ankommt. Und ganz wichtig, mich mehr denn je zu konzentrieren und zu fokussieren auf die Liebe, die Intelligenz sowie die Weisheit, die in meinem Herzen wohnt. Was mir bis 2018/19 zu wenig bewusst war, ist, dass es die *Geistigen Gesetze* gibt. Diese Gesetze lenken die Welt. Verstoßen wir gegen sie, zeigt sich uns dies in Form von Krankheit, Unfällen, Unbehagen usw. Wieder einmal waren es die Bücher, die mir Lehrer waren und mit deren Hilfe ich erkennen sollte, wo ich *unbewusst* gegen einige dieser Gesetze „verstoßen" hatte. Schon wieder war eine neue Lernaufgabe da, für die ich nach wie vor sehr dankbar bin. Falls auch Sie sich für ein Mehr an Wissen hinsichtlich dieser *Geistigen Gesetze* interessieren, dann lege ich Ihnen die Bücher von Kurt Tepperwein, Diana Cooper und Lise Bourbeau (siehe Literaturverzeichnis) ans Herz. Ich werde im nachfolgenden Kapitel mit drei Beispielen noch etwas genauer auf diese *Geistigen Gesetze* eingehen.

Liebe ist und bleibt der kostbarste Schatz der Welt

Damit fängt alles an und hört auch alles auf. – Wir kommen aus der Liebe und zu ihr kehren wir eines Tages zurück. – Wir sind hier auf dieser Erde, in dieser Welt, um sie immer mehr zu einem Ort der Liebe zu machen. Und damit uns dies gelingt, fängt die Liebe im Großen mit der Liebe zu uns selbst an. Wertschätze ich mich selbst, akzeptiere ich mich, sehe ich mich selbst mit den Augen der Liebe, dann sehe ich mit den Augen meiner Seele, mit den Augen meines Herzens. Dann wohnt die Liebe in mir. Die Liebe zu mir selbst und zu allem, was ist (Mensch, Tier, Pflanzen, Natur). Lerne ich dies alles bereits von klein auf wertzuschätzen und zu lieben, dann ziehe ich ein so viel Mehr an Wertschätzung und Liebe an. Heißt es nicht: *Liebe ist das Einzige, was sich vermehrt, wenn man sie teilt?* – Liebe ist so kostbar. Wahre Liebe hört niemals auf. Sie ist ein Schatz, eine Quelle, die niemals versiegt. Je mehr Liebe wir uns selbst und anderen geben, umso mehr vermehrt sie sich. – Ist das nicht schön?

Liebe ist wie ein Magnet. – Mit einem offenen und liebenden Herzen ziehe ich mit meinem Herz-Magneten wiederum die Liebe an. Bin ich Liebe, lebe ich Liebe, denke ich mit Liebe, fokussiere ich meine Gedanken auf ein Mehr an Liebe, begegne ich den Herausforderungen des Alltags mit einem Mehr an Liebe, handle ich aus Liebe, arbeite ich in Liebe etc., dann ziehe ich immer auch ein *Mehr* an Liebe an. – Wir alle können das! – Ausnahmslos!

Wir können das, indem wir hinsichtlich der *Liebe* in die Verantwortung gehen, und die Kraft der Liebe nicht mehr scheuen.

Warum scheuen wir die Liebe so sehr? – Ist es, weil so viele sie in ihren Köpfen immer nur mit Sexualität gleichsetzen? Weil wir die Liebe auf diesen rein körperlichen Aspekt, auf dieses Ritual der Begegnung und des Miteinander-Seins reduzieren? Auch diese Form von Liebe leben ist wichtig. – Unbenommen!

Doch wenn ich hier von *Liebe* spreche, dann meine ich nicht die körperliche Liebe, die romantische Liebe und auch nicht die zwischen Eltern und Kind. Wenn ich hier von der Liebe spreche, dann beziehe ich mich auf die ursprünglichste und reinste Form von Liebe. Die Art von Liebe, die uns aus der Quelle heraus speist. Dann meine ich Gottes *bedingungslose Liebe*, die uns trägt. Ich möchte hier an dieser Stelle an diese Liebe erinnern, denn sie ist an keine Bedingungen geknüpft. Sie entbehrt jeglicher Bedürfnisse oder gar sehnsuchtsvoller Wünsche durch andere. Diese Liebe wird uns niemals vorenthalten oder gar entzogen. Sie wirkt uneingeschränkt und währt ewig.

Liebe ist wichtig, denn sie verzaubert die Welt. – Ohne die Liebe zu uns selbst leben wir im Grunde genommen nicht wirklich. Ohne die Liebe zu uns selbst fehlt uns ein bedingungsloses „*Ja*" zu uns selbst. Ein „*Ja*" zu unserem Leben und zu unserem Sein ganz so, wie wir sind. Erst mit diesem bedingungslosen „*Ja*" zu uns signalisieren wir unserer Seele: „Wie schön, dass es dich gibt! – Ich liebe dich! – Wie schön, dass ich als Mensch gemeinsam mit dir, Seele, durch mein Leben reisen und gemeinsam mit dir so viele menschliche Erfahrungen machen kann!" Erst mit diesem *bedingungslosen Ja zu MIR selbst*, werde ich zu der Person, als die mich Gott gemeint hat. Für mich ist es auch das, was sich hinter dem Wort der *Selbst-Annahme* zeigt. Ich nehme mich ganz so an, wie mich Gott erschaffen hat. Lernen wir wieder aufrichtig und bedingungslos zu lieben, dann lässt sich auch hier noch einmal *Gandhi* zitieren: „Liebe ist die stärkste Macht der Welt, und doch ist sie die demütigste, die man sich vorstellen kann."

Und auch bei uns im westlichen Kulturkreis findet sich für mich in der Person von *Antoine Saint-Exupéry* ein wahrer Held der „Liebe", der uns als sein Erbe die Botschaft des kleinen Prinzen hinterließ: „Man sieht nur mit dem Herzen gut. Das Wesentliche ist für die Augen unsichtbar." Erinnern Sie sich: Wir schauen mit den Augen und sehen mit dem Herzen, weil in unserem Herzen Gott, die Quelle wohnt. Der Ursprung unseres wahren Seins. – Was wäre, wenn wir alle „Helden der Liebe" wären? – Was wäre das für eine Welt?

Ich bin hoffnungslose Romantikerin und schon von klein auf eine Träumerin. Ich stehe dazu. Ich stehe aus ganzem Herzen dazu. Ich träume noch immer gern und viel. Vor allem von einem *Mehr* an Liebe, von einem *Mehr* an gegenseitigem Respekt und von einem *Mehr* an Wertschätzung in der Welt. Wie wäre es, wenn wir uns zur Abwechslung mal auf gleicher Augenhöhe begegnen könnten, dann kämen so auch unsere Herzen besser in Kontakt zueinander? Dann finden mitunter „Herzens-Umarmungen" statt. Dann „sehen" wir mit dem Herzen. Dann wird unser „Liebes-Muskel" geschult. Dann verändern wir zur Abwechslung mal mit unseren Herzen die Welt!

Ab wann sind wir denn wirklich *erwachsen*? Nicht vom Gesetz her, auch nicht im Sinne des Alters, sondern eine wirklich „*erwachsene, reife Seele*" im Vergleich zu einer „dürstenden, hungernden und bedürftigen Seele"? – Eine interessante Frage. Oder? – Ich habe schon so viele junge Menschen kennenlernen dürfen, die – bezogen auf ihr Lebensalter – schon so „reif und erwachsen" in ihrem Denken, Handeln und Sein waren. Im Vergleich dazu aber auch so viele Erwachsene, in denen noch ein „hungriges, bedürftiges", an nährender Liebe noch nicht satt gewordenes Kind wohnt. Ich nehme mich bei diesem Vergleich nicht aus. Ich stehe dazu, dass auch ich sehr lange Zeit zu dieser zuletzt genannten Kategorie gehörte. Von daher bewundere ich alle Menschen, in denen bereits eine sehr reife, alte und bereits an Liebe satt gewordene Seele wohnt.

Wir werden in aller Regel so erzogen, dass wir glauben, die Erwachsenen haben unsere Lehrer zu sein. Ich sehe das inzwischen mit anderen Augen, denn ich beobachte immer mehr, dass wir heutzutage auch bereits sehr viel von den Kindern und jungen Menschen lernen können, die unter uns sind. Sie leiten das ein, was wir eine *Spirituelle Revolution* nennen. – Wie gut, dass es diese wunderbaren Seelen gibt. Ich finde es gut, dass sie ihre Stimmen erheben. Dass sie nicht mehr nur die lieben, angepassten und braven Kinder sind. Denn ganz ehrlich: Wohin hat uns denn unser Brav-Sein geführt?

Wann sind wir eigentlich wirklich erwachsen? – Für mich beginnt unser wirkliches Erwachsensein damit, wenn wir voll und ganz die Verantwortung für unser Leben, für unsere Lieben, für andere Menschen, für unser soziales und gesellschaftliches Miteinander, für unsere Arbeit, die Tiere, die Natur, für Mutter Erde übernehmen und uns verantwortlich für all das fühlen, was uns Gott anvertraut hat.

Wenn Gott sagt *„Macht euch die Erde untertan",* dann meint er nicht Massentierhaltung, Waldrodung, unüberlegten Raubbau der Bodenschätze, Zerstörung des Klimas usw., um nur ein paar Beispiele zu nennen. Und wenn die Erdoberfläche weitestgehend unwirtlich gemacht wurde, dann geht der unersättliche Mensch auch noch in die Tiefen der Ozeane und Meere und sorgt dort für weitere Naturkatastrophen. Die Gefahren, die hieraus letztendlich für Meeresbewohner, für Mensch und Tier und überhaupt für unseren Planeten entstehen, dürften noch weit entsetzlichere Ausmaße annehmen (z. B. Erdkrustenverschiebungen, Eruptionen durch Vulkane, Tsunamis usw.), wenn wir nicht lernen, das alles zu stoppen.

Was treibt uns Menschen dazu? – Heißt es nicht, wir sind intelligente Wesen? – Sehen wir wirklich nur den Profit? – Sind wir wirklich so kurzsichtig und uneinsichtig. – Sorry, aber ich verstehe dies alles nicht. Für mich heißt Gottes Botschaft *„Macht euch die Erde untertan"* mit der Erde und all denen, die auf ihr leben, zu sein. Nicht gegen, sondern mit!

Nicht nur wir Menschen „er-leid-en" ein Burnout! Auch Mutter Natur. Zwar feiern wir nach wie vor das kirchliche Fest „Ernte-Dank", doch was genau dieses religiöse Fest meint, dessen sollten wir uns wieder bewusster werden. Für mich ist ein würdevoller und damit auch ein sehr wertschätzender und respektvoller Umgang mit unserer Natur und allen Lebewesen sehr wichtig. Für mich heißt *„Macht euch die Erde untertan"* so viel wie *„Macht sie euch zu Diensten";* im Sinne von *„Gebt ihr eure Aufmerksamkeit und ihr werdet empfangen".* Für mich bedeutet das, dass wir eingebunden sind in einen Prozess von *Geben und Nehmen.* Ganz so, wie es uns die Natur selbst lehrt. Wie es uns der sich stets wiederholende Kreislauf der Jahreszeiten lehrt. Nur so können wir die Schöpfung bewahren, genießen und uns allesamt an ihr erfreuen. Gemeinsam sollten wir ein Interesse daran haben, den Artenreichtum und die ganze Vielfalt von Mutter Natur auch für unsere Nachwelt zu erhalten und bewusster mit diesen göttlichen Gaben und Geschenken haushalten lernen. Für mich gehört zu Geben und Nehmen die Verantwortung dazu.

11

Leichter leben mit dem Wissen um die Geistigen Gesetze

„Wenn du nicht bereit bist, dein Leben zu ändern,
kann dir nicht geholfen werden."
Hippokrates

Eine sehr aufschlussreiche Lektüre ist Kurt Tepperweins Buch der *Geistigen Gesetze*, das ich nur jedem ans Herz legen kann. Diese *Geistigen Gesetze* sind nicht identisch mit den *Zehn Geboten Gottes*, aber genauso wichtig. Schließlich kommen auch sie von Gott und gehören von daher in Fächern wie Ethik oder Philosophie spätestens ab er fünften Klasse gelehrt. Sie stellen die innere Ordnung unseres Lebens und der Schöpfung dar.

Zwar kannte ich von mehreren Vorträgen von Dr. Ruediger Dahlke bereits das Gesetz *Wie oben so unten* und *Wie innen so außen*, muss aber gestehen, dass ich mich außerhalb seiner Vorträge nicht weiter damit befasst hatte, da es meist andere Verpflichtungen gab. Meine Aufmerksamkeit wurde erst jetzt wieder durch einen Zufall (Gibt es den überhaupt?) auf die Gesetze gelenkt. Und ich muss sagen: meine Neugier war geweckt. Dank des Buches von Kurt Tepperwein *Geistige Gesetze*, sowie der Werke von Diana Cooper *In Licht und Liebe leben* und *Begegne deiner Seele*, sowie der Bücher von Lise Bourbeau *Höre auf deinen Körper, deinen besten Freund* und *Heile die Wunden deiner Seele* wurde ich mit etlichen Beispielen in die Funktionsweise dieser Gesetze eingeführt, wofür ich sehr dankbar bin.

In dem Wissen um diese *Geistigen Gesetze* verbirgt sich ein besonderer Schatz. Und wenn ich um diesen weiß, dann lebt sich das Leben um so vieles einfacher, vorausgesetzt, dass ich mein

Denken und Handeln *bewusst* nach diesem Wissen ausrichte. Ich teile die beiden Aussagen von Kurt Tepperwein (Seite 10 und 12), dass es an der Zeit ist, das Erbe anzutreten und das Wissen um diese Gesetze zu sichern bzw. sie zu lehren, denn sie helfen uns ein bewussteres und erfüllteres Leben zu leben. Missachten wir sie jedoch, so führt uns dies unweigerlich in diverse Krisen (Unfälle, Krankheiten, Naturkatastrophen usw.).

Ich bin sehr froh, dass ich inzwischen mehr um diese *Geistigen Gesetze* weiß, auch wenn ich glücklich darüber gewesen wäre, wenn ich mich schon früher mit ihnen beschäftigt hätte. Das hätte mir so manche negative Erfahrung erspart. So gesehen wünsche ich mir, dass ein Ruck durch unsere Gesellschaft geht, und wir darüber nachdenken, wie wir Kinder und Jugendliche mit diesen Gesetzen bereits früh genug vertraut machen können.

Wie entspannt könnte auf der Grundlage dieses Wissens so manches Familienleben sein. Wie entspannt könnte Schule sein. Wie entspannt könnte das Heranwachsen der Kinder untereinander sein. Wie entspannt könnten unsere Beziehungen sein. Wie entspannt könnte unsere Gesellschaft sein. Wie entspannt könnte unsere Arbeitswelt sein. In keinem dieser spirituellen Gesetze sehe ich etwas, was man Kindern nicht vermitteln kann. Ganz im Gegenteil. Ich bin sogar davon überzeugt, dass Kinder – weil noch nicht so „verkopft" – mit viel mehr Leichtigkeit, Entdeckerfreude und Selbstverständnis an diese Lehren herangehen als wir uns dies denken, sind sie doch ihrem *Seelen-Bewusstsein* noch viel näher als die Erwachsenen.

Die *Geistigen Gesetze* zeigen uns, auf welche Art die Welt unser Spiegel ist. – Ob Buschfeuer, Tsunami, Erdbeben, Dürre-Katastrophen, Klimawandel, Konflikte, Machtgerangel, kriegerische Auseinandersetzungen im Kleinen (Familien- oder Nachbarschaftsstreit) oder im Großen (all die Krisen- und Unruheherde in der Welt), ob Verlust der Glaubwürdigkeit vieler Parteien und ihrer Politiker. – Stellt sich die Frage: Was braucht es noch, damit wir verstehen? Die Erde reagiert auf unser aller Denken, Handeln und Sein. Sie bäumt sich auf, weil sie angesichts all dessen, was mit ihr geschieht, ebenfalls vor einem Kollaps steht.

Ich habe an früherer Stelle im Buch schon einmal erwähnt, dass sich meiner Meinung nach auch die Erde in einem Zustand von „Burnout und Depression" befindet, wie weltweit schon viel zu viele Menschen. – Es geht einfach nicht mehr. Ich unterschreibe, was die spirituelle Lehrerin und berühmte Seelentherapeutin Diana Cooper in ihrem Buch *In Licht und Liebe leben* bereits zum Ausdruck gebracht hat: „Selbst so genannte Naturkatastrophen werden von uns Menschen verursacht. Riesige Wolken negativer Energie schweben um die Erde herum und erzeugen beispielsweise dort Erdbeben, wo sich eine Schwachstelle in der Erdkruste befindet. Ist ausreichend Wut vorhanden, entstehen Feuersbrünste. Ist genug sexuelle Angst vorhanden, entstehen auf sexuellem Wege übertragene Krankheiten. Selbst Überschwemmungen und Wirbelstürme werden durch die emotionale Energie erzeugt, die wir ausstrahlen. Und so wie sich eine Krankheit auch an einem anderen Ort im Körper manifestieren mag, so können sich auch Katastrophen an Orten abspielen, an denen niemand lebt. Wir leben nicht in einem chaotischen Universum, in dem es vor Zufällen wimmelt. Jede Form von Materie unterliegt dem Gesetz von Ursache und Wirkung. Wir sind individuell und kollektiv Meister unseres Schicksals. Wir sind nicht allein für unser eigenes Leben verantwortlich, sondern für die ganze Welt." (S. 84/85)

Für mich war die Erkenntnis, dass ich unbewusst und über Jahrzehnte hinweg gegen das *Gesetz von Ursache und Wirkung* verstoßen hatte, eine so wichtige und lehrreiche Erfahrung, dass ich sie Ihnen nicht vorenthalten mag. Nachdem ich mich inzwischen mit den *Geistigen Gesetzen* besser vertraut gemacht habe, kann ich um so vieles besser verstehen, wie auch ich durch mein Denken und Handeln unbewusst gegen einige der Gesetze verstoßen habe. Anfangs tat diese Erkenntnis ziemlich weh. Und es beschäftigt mich, weil wir unbewusst so ziemlich alle gegen diese Gesetze verstoßen. Von daher liegt es mir am Herzen, mit anderen Menschen dieses Wissen um die Gesetze zu teilen, weil ich für mich die Erfahrung gemacht habe, dass mein Leben dadurch leichter, sanfter, ruhiger und auch wieder friedvoller, glücklicher und gesünder wird, je mehr ich *bewusst* nach diesen

Gesetzen lebe. Lassen Sie mich an drei Beispielen aufzeigen, wie diese Gesetze funktionieren.

Die Macht der Gedanken

„Hüte dich vor deinen Gedanken,
denn sie könnten wahr werden.“
Ralph Waldo Emerson

Wir sind, was wir denken. – Die Wirkweise dieses Gesetzes erläutere ich Ihnen am besten wieder an einem Beispiel aus meinem Leben. Vielleicht können Sie dann auch umso besser verstehen, warum ich es mir so sehr wünsche, dass dieses Wissen um die *Geistigen Gesetze* bereits Kindern vermittelt wird. Denn ich habe bereits im zarten Kindergartenalter von 5 Jahren angefangen, unbewusst gegen dieses Gesetz zu leben und mir damit eine Realität erschaffen, die ich so nicht wollte. – Nur, das wusste ich nicht. Ich begann schon sehr früh damit zu glauben, dass ich *„nicht gut genug bin“*. *„Dass mich keiner mag“.* – Wie ich darauf kam?

Mir fehlte es an ausreichend positiver Bestätigung hinsichtlich dessen, was ich gemäß meinem Alter an Leistung erbrachte. Bereits im Kindergarten, aber auch später gab es für mich etliche Situationen wie zum Beispiel den Vortrag eines Gedichts, das Vorsingen, das Abfragen oder auch das Sich-Messen mit anderen Kindern, die mich glauben ließen, dass meine Leistung weniger gut als die der anderen war. Schon damals fing ich an, mir einzureden, dass ich im Vergleich mit anderen – vor allem mit meinem Bruder – niemals gewinnen kann. Statt die Dinge spielerisch und leicht zu nehmen, verglich ich mich stets mit den anderen und war infolge dessen natürlich unzufrieden mit mir, weil mir meine eigenen Leistungen nicht genügten.

Keine besonders gute Idee, mich in diesem Alter selbst bereits so kritisch zu sehen. Zumal ich mir mit dieser Art zu denken immer wieder Situationen im Außen erschuf, die dieses negative Selbstbild nährten. Warum ich bereits als Kind einen so hohen Leistungsanspruch an mich hatte, konnte ich mir lange Zeit nicht erklären. Jetzt im Nachhinein weiß ich, dass ich meinen Eltern damit gefallen wollte, um von ihnen genauso geliebt zu werden wie mein Bruder. Ich wollte, dass sie auf mich genauso stolz sind wie auf ihn.

Nun: Von meinen diversen Erlebnissen aus der Schulzeit habe ich Ihnen an anderer Stelle ja schon erzählt. – Und kaum fünfzig Jahre später meldeten sich bei mir ab meinem fünfzigsten Lebensjahr wieder die gleichen Gedanken von harscher Selbstkritik und Selbstzweifel, die ich schon im Alter von 5 Jahren unbewusst lebte. Und auch diesmal war ich mir dessen nicht bewusst, dass ich mir mit meinen Gedanken und Selbstzweifeln im Außen erneut eine Welt erschuf, in der der alte Glaubenssatz aus Kindertagen des Öfteren meinen Alltag dahingehend bestimmen sollte, dass ich mal wieder dachte: „*Ich bin nicht genug. Einfach nicht gut genug.*"

Ich hörte vermehrt auf die kritischen Stimmen, denen man ausgesetzt ist, wenn man ein solches Amt bekleidet, als auf die Personen, die meine Arbeit zu schätzen wussten. Glaubte so bestärkt (wenn auch im negativen Sinne) noch vielmehr dem Geplapper meines inneren Kritikers und konnte letztlich vor mir selbst nicht mehr bestehen. Dass es für mich und meine Arbeit auch wohlwollende Stimmen gab, hörte ich nicht mehr, weil ich mit meiner Aufmerksamkeit zu sehr auf ein Nicht-gut-genug ausgerichtet war.

Das Dramatische an der ganzen Sache ist, dass es allein meine Gedanken und Gefühle von Minderwertigkeit waren, die mir so sehr das Leben erschwerten, denn indirekt gab ich meinem Unterbewusstsein immer wieder mal den Befehl, mich in Situationen zu bringen, vor denen ich ungeheure Versagensangst hatte. Unser Unterbewusstsein vergisst nichts. Es zeichnet akribisch alles auf, was wir jemals erlebt haben. Speichert automatisch alles ab und meldet sich unverhofft zu einem späteren Zeitpunkt wieder, um zu prüfen und zu sehen, was wir hinsichtlich des einen oder anderen Themas bereits dazugelernt haben. Doch da ich zwischenzeitlich anscheinend meine „Hausaufgaben" bezüglich mehr Selbstwertgefühl, Selbstvertrauen, Selbstbewusstsein etc. noch zu wenig gemacht hatte, forderte mich mein Leben heraus, um mir diesen alten Schmerz der Vergangenheit endlich anzuschauen und die Dinge aufzulösen.

Mit dem Wissen von heute gehe ich noch einmal zu hundert Prozent mit den Worten von Diana Cooper mit, die in ihrem Buch *In Licht und Liebe leben* (S. 21) davon spricht, dass unsere Vorstellungskraft sowohl unsere größte Gabe, als auch unser größter Fluch sein kann. Und dass es allein an uns liegt, ob wir uns Erfolg oder Misserfolg, Gesundheit oder Krankheit, Glück oder Unglück usw. vorstellen.

Und ich kann aus eigener Erfahrung bestätigen, dass Menschen, die wie ich in so viel Angst-Energie zuhause sind und sich über nahezu alles viel zu viele Sorgen machen, eine ausgeprägte Vorstellungskraft besitzen. Laut Diana Cooper resultiert dies daher, dass wir bereits durch diverse Erfahrungen in unserer Kindheit darauf programmiert wurden, immer das Schlimmste, also das Negative zu befürchten. Wenn wir uns demnach vorstellen, dass etwas nicht funktioniert, dann wird dies ganz selbstverständlich auch so sein.

Leider habe ich ihr Buch erst 2019 gelesen, doch heute weiß ich nur zu gut: Je mehr ich erwarte, dass etwas geschieht, umso mehr wird es auch geschehen. Denn mit jedem Mal daran denken, verstärke ich die Energie, egal ob das zu erwartende Ereignis positiver oder negativer Natur ist. Unser Unterbewusstsein wird nach der passenden Gelegenheit suchen, unsere Gedanken Wirklichkeit werden zu lassen.

Diana Cooper verwendet zur Beschreibung dieses Phänomens ein sehr schönes Bild, das ich Ihnen nicht vorenthalten möchte: Sie vergleicht dabei unsere Gedanken mit Samen, aus denen neues Leben erwächst. Die Erwartungshaltung (positiv oder negativ), die wir demnach an den Samen haben, „bewässert" diesen gleichermaßen. Funktioniert also ein Bereich unseres Lebens nicht so, wie wir uns dies wünschen, müssen wir nach dem Gedanken suchen, der dafür verantwortlich ist, dass die Dinge sind, wie sie sind. (S. 23) Es sind demnach unsere Gedanken, die alles erschaffen, was in unserem Leben geschieht.

Das heißt dann aber auch, dass wir die *Macht unserer Gedanken* auch zum *Positiven* hin nutzen können, denn wenn diese gewaltigen Kräfte wirken, dann ist es letztlich allein unser Verstand, der unser Leben bestimmt. Zwar auf der Grundlage bestimmter Glaubenssätze und Überzeugungen, die sich darin festgesetzt haben. Doch erkennen wir frühzeitig, dass es da irgendwelche Glaubensmuster gibt, die sich negativ auswirken könnten, dann liegt es allein an uns zu entscheiden: *Will ich das weiterhin so denken?* – Wenn nein, weil der Glaubenssatz negativ ist, dann liegt es an mir diesen Gedanken ins Positive zu wandeln.

Wichtig ist, dass wir uns der Qualität unserer Gedanken (positiv oder negativ) bewusst sind, bevor wir uns auf etwas ganz Bestimmtes konzentrieren. Denn es gilt: Mit der Kraft der Gedanken erschaffen wir uns unsere Welt. Wäre es also nicht an der Zeit, dass wir dieses Wissen möglichst früh bereits mit den Kindern teilen, damit sie sich mit der Kraft positiver Gedanken das Leben erschaffen können, das sie sich von Herzen wünschen? Mit diesem Wissen, dass die Vorstellungskraft unsere größte Gabe ist, können wir uns alle eine Zukunft erträumen, die gesund und lebenswert für uns alle ist. Eine Beziehung, die liebevoll ist. Einen Beruf, der uns wahrhaftig erfüllt usw.

Mit Hilfe dieser einzigartigen Gabe können wir uns auch ein Mehr an Liebe und Frieden für die Welt erträumen, denn bereits ein einziger Gedanke sendet Energie aus. Um wie viel kraftvoller und mächtiger mag dies erst sein, wenn mehrere Menschen zum Beispiel den gleichen Wunsch-Gedanken hinsichtlich Frieden hegen? – Wenn genügend Menschen liebevolle und friedliche Gedanken denken, dann wird es Frieden geben, denn diese Energie potenziert sich und kann so einen mächtigen Einfluss ausüben. – Natürlich kann dies nicht von heute auf morgen geschehen, doch je intensiver wir diese Gedanken denken, je mehr Energie wir in sie investieren, umso größer ist die Wahrscheinlichkeit, dass aus unseren Gedanken unsere Wirklichkeit wird.

Erfolgreiche Menschen und große Sportler nutzen diese unglaubliche Macht ihrer Gedanken, indem sie immer und immer wieder ihr Ziel, den Erfolg, visualisieren. – Warum also nicht auch wir? – In Gottes Universum gibt es so viel an Fülle und Reichtum, sowohl materieller als auch immaterieller Art, dass sich jeder von uns seine Fülle und das Leben seiner Wahl kreieren kann. Es geht einzig und allein um das *gewusst wie*.

Das Gesetz von Ursache und Wirkung

Das *Gesetz von Ursache und Wirkung* entspricht dem Gesetz *Wir ernten, was wir säen*, das sich sehr gut mit einem Bumerang-Effekt vergleichen lässt, da wir stets das zurückbekommen, was wir aussenden. Auch hier gilt, dass wir das, was uns heute widerfährt, mit der Kraft unserer Gedanken vorab bereits *bewusst* oder *unbewusst* auf den Weg gebracht haben.

Macht der Sprache

Lassen Sie mich das Gesetz von Ursache und Wirkung am Beispiel der Macht der Sprache erklären. Denn neben der Macht der Gedanken gibt es auch die Macht der Sprache, die nicht unerwähnt bleiben soll, wenn es um das Erschaffen eines neuen Bewusstseins geht. Genauso wichtig wie das Beobachten unserer Gedanken ist das Beobachten der Worte, die wir sprechen. Wie denken wir über andere? – Wie sprechen wir über sie? – Mit welcher Energie sprechen wir? – Ist diese positiv oder negativ? – Welche Energie senden wir mittels unserer Worte aus? – Ist es wirklich das, was wir sagen/mitteilen/erreichen wollen? – Mit welcher Motivation sprechen wir? – Wie denken und sprechen wir mit uns selbst?

Falls Sie sich einmal bewusst darüber werden wollen, wie Sie Ihre Worte gebrauchen, empfehle ich Ihnen für einen Tag diese

Übung zu machen: Beobachten Sie, mit wem Sie sprechen und warum Sie mit dieser Person so sprechen wie Sie sprechen. – Gibt es einen bestimmten Grund dafür? – Mit welcher Intensität sprechen Sie? – Wie moduliert Ihre Stimme? – Was ist Ihre Absicht dahinter? – Ist diese Absicht positiv oder negativ? – Sprechen Sie nur mit Ihren Worten oder mit Ihrem ganzen Körper (Mimik und Gestik)? – Kommen Ihre Worte aus dem Kopf oder aus dem Herzen?

Es ist so unglaublich wichtig, dass wir uns neben der Macht unserer Gedanken auch der Macht unserer Worte bewusstwerden. Im Grunde genommen wäre es im Interesse eines guten Miteinanders unsere Pflicht, für jedes gedachte und gesprochene Wort, das über unsere Lippen kommt, ein Mehr an Verantwortung zu übernehmen. Für alle Arten von Beziehung wäre es so wichtig, sich der Energie beider Kräfte *bewusst* zu werden, denn unsere *Worte und Gedanken können wahre Giftpfeile sein.*

Wie schnell sprechen wir mit einem erhitzten Gemüt unbedacht Worte aus, die mitunter weitreichende Konsequenzen nach sich ziehen? Von daher ist es wichtig, sich dessen immer wieder einmal bewusst zu werden. Fakt ist: Mit Gedanken und Worten – positiv wie negativ – erschaffen wir unsere Realität. Mit beidem kreieren wir. Mit beidem rufen wir das für die Augen noch Unsichtbare in die Welt. Sprache und Gedanken besitzen eine Zauberkraft. Sie sind pure Magie. Leider richten wir zu oft mit unseren Worten und Gedanken Chaos an, sind uns dessen aber nicht bewusst. Wir sprechen in aller Regel über viel zu viel Bedeutungsloses, was wir gar nicht haben wollen, statt über das zu sprechen, was uns wirklich interessiert, was wir wirklich erleben wollen. Und wir denken und wiederholen viel zu oft, was uns nicht gefällt.

Als Kinder wurden wir hinsichtlich des Gebrauchs unserer Sprache mitunter falsch konditioniert. Wir lernten von denen, die uns Beispiel gaben: Eltern, Geschwister, Lehrer, Freunde. Doch auch der Einfluss der Medien wirkt sich hier nicht günstig aus. Wir verwenden Sprache sehr unbedacht, viel zu unbewusst. Häufig auch viel zu emotional. Wenn wir einmal genau

hinhören, stellen wir fest, dass unsere Sprache oft sehr problem-
und konfliktbehaftet ist. Wir vergessen bzw. wissen nicht, dass
Sprache ein sehr schöpferisches Werkzeug ist. Doch so vorsichtig wie wir im Umgang mit einem scharfen Messer sind, so bedarf es auch eines *bewussten* Gebrauchs unserer Worte. Im Grunde genommen sollten wir nur noch über das sprechen, was wir
wirklich erleben wollen.

Ist Ihnen schon einmal aufgefallen, dass weise Menschen kaum
bzw. wenig sprechen. Sie achten sehr stark auf ihre Sprache und
wählen ihre Worte bewusst, denn sie wissen, was für ein mächti-
ges Tool die Sprache ist. Sie gebrauchen die Sprache konstruktiv.
Nutzen die Kraft ihrer Worte, um Manifestationen entschieden,
klar und bewusst zu setzen und positive Ergebnisse zu erzielen.
Erfolgreiche Menschen besitzen ein ganz anderes Vokabular. Das
Vokabular der Sieger. Sie bedienen sich der Sprache des Erfolgs,
denn sie wissen, was sie denken und aussprechen wird Realität.
Wenn wir von ihnen lernen wollen, sind wir aufgefordert, *neu
denken und sprechen* zu lernen, denn beides will früh geübt sein.

Durchsetzungsvermögen vs. Harmoniebedürfnis

Lassen Sie mich das *Gesetz von Ursache und Wirkung* noch an einem anderen Beispiel aus meinem Leben erläutern. Meine innere Stimme sagt mir, dass dieses „Thema" nicht nur mir große
Schwierigkeiten bereitete, sondern dass ich es mit vielen Menschen teile, und dass es von daher wichtig ist, dass ich meine Erfahrungen darüber mit Ihnen teile.

Harmoniebedürfnis vs. Durchsetzungskraft – kein so leichtes
Thema. Wie gehe ich damit um? – Wo kommt es her, dass ich
so extrem harmoniebedürftig bin? Konflikt, Streit, Auseinandersetzung, laute, aggressive Worte, ja selbst geschimpft werden und
das Ganze noch mit einem bösen Blick tut mir bereits entsetzlich

weh. Tut meiner Seele weh. Das ist für mich jedes Mal wie ein Stich ins Herz. Das halte ich fast nicht aus. Es macht mich ohnmächtig. Lähmt mich. Blockiert mich. Macht mich handlungsunfähig. Bremst mich aus. Die Worte bleiben mir in der Kehle stecken. Mein Herz fängt an zu zittern.

Das Einzige, wie ich dem entgegenwirken kann, ist, dass ich mich aus der Affäre ziehe, so gut und sobald ich kann, denn mit dieser geballten Ladung an negativer Energie komme ich nicht zurecht. Sie schmerzt. Sie schwächt mich. Ich falle in ein Energieloch. Das Ganze nimmt mir die Luft zu atmen. In solchen Momenten hilft mir nur noch eins: Flucht und Rückzug! – Möglichst weit weg! Ich lasse meine inneren Rollos runter. Will niemanden mehr sehen und hören. Brauche ganz dringend Stille, um wieder einigermaßen in Kontakt zu mir selbst zu kommen. Das ist auch heute noch so. Und statt weniger sensibel zu sein, habe ich manchmal das Gefühl, ich werde von Jahr zu Jahr immer noch sensibler. Nur warum?

In meinem Leben habe ich noch nie so intensiv über mein *Harmoniebedürfnis* nachgedacht wie ich das jetzt gerade tue, indem ich Ihnen von mir erzähle. Als Kind und Jugendliche habe ich mich – sofern mir dies möglich war – in Konfliktsituationen möglichst schnell in mein Zimmer zurückgezogen. Habe still vor mich hin geweint. Erst wenn für mich das Schlimmste vorbei war und ich mich einigermaßen wieder beruhigt hatte, kam ich wieder aus der Versenkung heraus. Auch im Erwachsenenalter tue ich mich nach wie vor mit Konfliktsituationen sehr schwer und versuche sie – wo immer ich nur kann – zu vermeiden.

War mir dies beruflich wie privat nicht möglich, dann versuchte ich in aller Regel mit Konflikten dahingehend umzugehen, dass ich mich entweder an den Schreibtisch zurückzog, denn zu arbeiten gab es immer etwas, oder ich ging spazieren. Erst wenn ich für mich das Gefühl hatte, dass das Gewitter – zumindest der angsteinflößende Teil davon – im Außen vorbei ist, bin ich langsam wieder aus meinem Versteck, meiner Deckung, meiner „Höhle" herausgekommen. Habe mich wieder nach und nach ans Tageslicht getraut. Habe versucht das wahrzunehmen, was war. Die Dinge irgendwie auszuhalten, zu sichten und zu ordnen. Suchte nach einem Weg, um wieder zur alten Routine zurückzukehren. Bis dahin hatte ich mich insoweit beruhigt, dass ich wieder freier atmen und mit dem Gegenüber wieder im gleichen Raum sein konnte. Doch was mir fehlte, war eine Stimme, die ausspricht, was war bzw. was ist. Die thematisiert, was da gerade in der jeweiligen Sache mit mir geschieht. Die sich mitteilen kann. Die sich äußern kann. Die Gefühle zeigen kann. Die für sich eintreten und mit klaren Gedanken und Worten Position beziehen und sprechen kann.

Die Gewitterwolken waren zwar vorbei. In aller Regel war aber noch alles ziemlich nass, unfreundlich und eisig-kalt, doch – so mein innerer Impuls – wenn ich das wieder irgendwie aufräume, „glattbügele", dann wird es schon wieder irgendwie weitergehen. Konflikte auszuhalten und auszuleben hat bisher für mich in aller Regel so funktioniert. Anders kannte ich das nicht! Und da sich mein Gegenüber auf seine Art auch nicht viel anders verhielt, mitunter nur in eine andere Form betretenen Schweigens verfiel oder gar einer anderen Beschäftigung nachging, so wurde, wenn die Wogen so weit geglättet waren, dass ein ruhigeres Gespräch wieder möglich war, leider oft nur so viel begradigt und poliert, dass ein Miteinander wieder denkbar war. Doch die tatsächlichen Ursachen des Disputs wurden nie wirklich in Augenschein genommen und grundlegend thematisiert.

Nach und nach kehrte jeder für sich wieder zu seiner Tagesordnung zurück und versuchte mit seinen noch vorhandenen Gedanken und Gefühlen für sich selbst zurechtzukommen. Das *Geistige Gesetz,* das hier zusätzlich wirkt, heißt: *Gleiches zieht Gleiches an.* Die Lernaufgabe, die dahintersteht, lautet: Alle an der Situation beteiligten Personen haben hier etwas Entscheidendes zu lernen, nämlich: mit dem anderen ein offenes und ehrliches Gespräch auf Augenhöhe zu führen, dem anderen mit Respekt und Wertschätzung zu begegnen, reinen Tisch zu machen und das auf der Basis der Regeln einer gewaltfreien Kommunikation. Ist eine Beziehung wirklich gut, dann hält sie das

Groß-Reine-Machen aus. Egal ob zwischen Eltern und Kind, Partnern, Freunden, Kollegen.

Heute weiß ich, dass diese Mechanismen, die ich mir schon sehr früh angewöhnt hatte, nie und nimmer eine gute Lösung waren, weder für mich, noch für mein Gegenüber. Denn zurückbleibt, dass jeder, wenn vielleicht auch unbewusst, je nach Schwere des Themas und der Größe der Verletzung für sich, auch weiterhin dem anderen „schmollt", wenn der Zwist nicht vollständig bereinigt wird. Doch es bleibt auch eine mehr oder weniger große dunkle, fette Wolke an negativer Energie zurück, die leider aufgrund der unausgesprochenen Thematik bestehen bleibt, bis sich das nächste Konfliktthema anbahnt, auch wenn sich uns dies dann in einer anderen Maske zeigt.

Das Universum stellt uns so lange immer wieder die gleichen Aufgaben, bis wir Willens sind, sie endlich zur Gänze zu lösen. Solange bleiben Reste von Angst-Energie im Feld, bis der Mut aufgebracht wird, sich vollkommen offen und ehrlich der Thematik zu stellen, die die wirkliche Ursache dafür ist, dass A und B immer wieder mal in derartige Konfliktsituationen geraten. Jeder von uns kann diese Angst-Energie spüren. Beim einen rumort sie im Bauch bis hin zu Magenschmerzen. Der andere reagiert vielleicht mit Kopfschmerzen, Migräne. Wieder einem anderen verschlägt es den Appetit. Auch Gefühle von Schuld und Scham sind wahrnehmbar, weil im Grunde genommen jeder weiß, dass die „saubere" Klärung des wahren Sachverhalts noch aussteht. – Nur das Traurige an der Sache ist, man flüchtet sich in Ablenkung, statt miteinander in die konstruktive Auseinandersetzung zu gehen, statt sich gegenseitig zu helfen, aus gegebener Situation zu lernen, damit der Eklat beim nächsten Mal früher, positiver und nachhaltiger beendet werden kann. Ablenkung hilft zwar, um für den Moment auf bessere Gedanken zu kommen, doch hilft sie nicht, um grundsätzliche Dinge zu klären. Der Beziehung selbst ist sie auf alle Fälle nicht zuträglich.

Ich erinnere mich an zwei, drei Situationen, wo mich das Schweigen des anderen so abgrundtief verletzt und provoziert hatte, wo ich mir so abgelehnt, abgewertet und damit auch gedemütigt vorkam, dass mich diese Art, „die Dinge schweigend auszusitzen", derart provoziert und aus der Fassung gebracht hatte, dass ich, die ich sonst eher den Weg des Rückzugs wählte, wie ein Vulkan ausgebrochen bin. In diesen Momenten brodelte und dampfte, ja kochte es in Sekundenschnelle derart in mir, dass ich wie eine Rakete, wie eine Furie aus mir herausbrach. Dass ich dabei sehr viel Schutt und Asche hinter mir ließ, war mir in diesen Augenblicken nicht bewusst oder einfach nur noch egal. Denn ich hatte bei diesen Auseinandersetzungen nur noch das Gefühl, dass ich für mich ums Überleben kämpfen muss. Und das gab dem Ganzen natürlich noch mehr Energie. Warum ich in diesen Fällen so ausgerastet bin: Ich fühlte mich mit dem, was ich zu sagen hatte, nicht ernst genommen, als Person nicht wahrgenommen, nicht gesehen, nicht gehört, sondern wie oben bereits erwähnt nur noch abgelehnt, abgewertet, gedemütigt und verletzt.

Heute weiß ich, dass sich mit jedem „Vulkanausbruch" ein Teil aufgestauter Frust-Energie ihren Weg bahnte. Es ging bei diesen Ausbrüchen letztlich gar nicht mehr um die Sache selbst, die zu Unzufriedenheit und Verärgerung geführt hatte, sondern darunter lag noch so viel mehr. Es war wie ein Urschrei, ein Urschmerz, der sich entlud. Es war die geballte Ladung an Wut, Verbitterung, Aggression. Über die Jahre hinweg hatte sich scheinbar so viel Verletzung und Seelenschmerz hinsichtlich verschiedenster Dinge in mir aufgestaut, dass ich nach meinem letzten „Vulkanausbruch" – auf den ich ganz bestimmt nicht stolz bin – wie ein Häufchen Elend am Schreibtisch saß, mir mit beiden Händen in die Haare griff und sagte: „Ich kann nicht mehr, das Ganze ist für mich nur noch zum Haare ausreißen!" – Was für eine sich selbst erfüllende Prophezeiung.

Ich erzähle Ihnen meine Geschichte, um Ihnen noch einmal ein konkretes Beispiel zu geben hinsichtlich der Macht unserer Worte. Warum ich das tue? – Ich möchte Sie wissen lassen, wie mächtig und kraftvoll unsere Gedanken, Gefühle und Worte sind. Und dass wir sie von daher stets mit Bedacht wählen sollten, denn „*was sich im Kleinen zeigt, offenbart sich auch im Großen"*. Ebenfalls ein *Geistiges Gesetz.* Zudem wünsche ich mir für Sie, dass Sie nicht ähnliche Erfahrungen machen müssen wie ich. Vielleicht können Sie aus meinem „Fehler" für sich selbst vieles mitnehmen und lernen, dann hätte meine Geschichte einen Sinn. Was lerne ich daraus? – Ob ich will oder nicht, ob sensibel oder nicht, das Universum stellt mich immer und immer wieder vor derartige Situationen, es fordert mich auf durch diesen Lernprozess zu gehen, um mich zu *ent-*wickeln und fürs Leben dazuzulernen.

Wichtig ist, zu lernen sich in bestimmten Situationen und gegenüber bestimmten Menschen entschiedener für sich selbst einzusetzen, sich zu behaupten, den eigenen Standpunkt und die eigenen Interessen nachhaltig zu vertreten, auch dann, wenn es anderen nicht gefällt. Konflikte aushalten lernen, denn ein Vermeiden des Konflikts schränkt die Kommunikation ein. Die richtige Art der Kommunikation erlernen. Sich selbst die Wertschätzung und den Respekt zu geben, den man gerne von anderen erhalten möchte. Wie ein Löwe für sich selbst einzustehen und sein Revier zu verteidigen. Den anderen frühzeitig Grenzen zu setzen und Nein-Sagen lernen.

Sich unerfreulichen Aussprachen stellen, weil uns nur dadurch die Chance gegeben ist, Durchsetzungsvermögen zu entwickeln. Nur so können wir uns von dieser Aufgabe befreien, denn vermeiden wir sie, ziehen wir nach dem Resonanzgesetz weiterhin ein Mehr an unangenehmen Situationen an, weil wir uns der Selbst-Behauptung nach wie vor entziehen, statt *wahre* Durchsetzungskraft zu erlernen.

Laut Kurt Tepperwein kann sich ein Mangel an Durchsetzungsvermögen auch darin zeigen, dass betreffende Personen entweder bei Beförderungen übergangen werden oder andere Ziele nicht erreichen. Und dass sich die Symptomatik auf Körperebene auch in Form von *Muskelschwäche, Zahnfleischschwund oder Haarausfall* zeigen kann.

Na, wenn ich da mal keinen „Volltreffer" gelandet habe. – Sie können mir glauben, dass ich durch diesen Schmerz sehr viel dazugelernt habe. Es ist nur traurig, dass es in den meisten Fällen immer erst entsetzlich wehtun muss, bevor wir aufwachen und lernen. Ich will es nicht leugnen: Wachstumsschmerzen tun mitunter ziemlich weh, aber es lohnt sich durch diesen Schmerz zu gehen. Er sollte uns nicht davon abhalten, mit Hingabe zu lernen und neugierig darauf zu sein, was wir uns an Lektionen für dieses Leben noch so alles zusammengestellt haben. Heute weiß ich: Jede Erfahrung, die ich in diesem Leben mache, dient mir, egal ob positiv oder negativ. Auch wenn sie anfangs noch so schmerzt, ist sie im Grunde genommen wichtig und letztlich sogar gut, weil sie unserer persönlichen Entwicklung dient.

Indem ich mir die Aufgaben, die mir mein Unterbewusstsein stellt, genau anschaue, sie aus verschiedenen Perspektiven heraus betrachte, immer wieder nach dem Sinn des Ganzen frage und so zum Forscher nach der Ursache werde, klären sich nach und nach die Dinge und wir können immer mehr die wahren Zusammenhänge hinter all den Ereignissen und Vorkommnissen sehen. Außerdem sind wir in dieser Inkarnation nicht angetreten, um nur einen auf „Gaudi und Spaß" bzw. „Ernst und Arbeit" zu machen.

Wir sollten zwar spielerisch, vergnügt, neugierig, offen, mit Leichtigkeit und Freude durch unser Leben gehen, die Fülle des Lebens durch uns geschehen lassen und *selbst-bewusst* leben, doch der Sinn des Lebens ist *Bewusst-Werdung*, ist *Ent-faltung* unserer Fähigkeiten, unseres Potentials, so dass wir dieses mit anderen teilen können. Das Leben ist *Ent-wicklung,* ist *Evolution*. Das Leben ist nicht Stillstand, sondern ein immerwährender Lernprozess. Und der individuelle Sinn des Lebens besteht darin, dass sich jeder von uns immer mehr wieder an seine *Seelenaufgabe* erinnert, sich ihrer bewusst wird, die Verantwortung dafür übernimmt und diese bestmöglich erfüllt. Dafür sind wir angetreten. Dafür sind wir hier.

Vor dieser Aufgabe standen schon viele Generationen vor uns und werden auch all die künftigen Erdbewohner stehen. Wir sind eine Seele, die bestimmte Erfahrungen machen will, die leben und wachsen will. Der Körper, den ich mir für diese Lebenszeit ausgesucht habe, ist der Wohnort, der Tempel für meine Seele. Ich sollte ihn auch als einen solchen Tempel achten und ehren. Haben wir unsere Lernaufgaben gemeistert, für die wir zu dieser Zeit angetreten sind, dann kehren wir wieder in unsere wahre Heimat zurück. Auch dort machen wir als Seele weiterhin unsere Hausaufgaben, bereiten das auf der Erde Gelernte nach. Schauen uns an, wie weit wir gekommen sind, ob wir alle Aufgaben gemeistert haben, die wir uns für das Leben vorgenommen hatten. Wenn nicht, dann nehmen wir diese auf unserer nächsten Reise zur Erde mit und planen neue Seelenentwicklungsaufgaben für unseren nächsten Start ins *Abenteuer Leben*.

Gleiches zieht Gleiches an

Mein Ex-Mann ist mindestens genauso harmoniebedürftig wie ich. So gut wie ich ihn kennenlernen durfte, getraue ich mich das zu sagen. Es hat zwischen uns lange Zeit so gut funktioniert, weil wir uns gegenseitig die Wünsche von den Augen abgelesen haben und weil wir sehr vieles gemeinsam hatten. Zwischen uns gab es nicht viel zu diskutieren. Im Grunde genommen ein ideales Paar. Unsere Vorlieben waren das Reisen, die Liebe zu Literatur, Kunst und Musik. Wir lieben beide die „Schöngeisterei", wurden deswegen vielleicht von etlichen „Kopf-Menschen" nicht verstanden. Und wir liebten es in Ausstellungen, in Konzerte und in die Oper zu gehen. Jeder ging seiner Arbeit nach. Zugegeben, ich mit meinen Korrekturarbeiten (Deutsch) manchmal mehr als er, doch die freie Zeit gehörte uns.

Das veränderte sich erst mit dem Jahr 2007, als ich meine Berufung auf die Konrektoren-Stelle erhielt. Jetzt war ich privat nicht mehr ganz so frei und entspannt wie in den Jahren davor. Unterrichtsvorbereitungen sowie die Korrektur von Aufsätzen wurden von mir häufig auf den Abend, das Wochenende oder in die Ferien gelegt. Außerdem gab es ja auch noch den Haushalt, der Aufmerksamkeit einforderte. Zwar war ich sehr bemüht, dass es zumindest *einen* ganz arbeitsfreien Tag am Wochenende gab, doch da ich auch immer öfter zu den gemeinsamen Opernabenden und Konzerten nein sagen musste, konnte ich die Enttäuschung meines Mannes zwar verstehen, doch ich brauchte einfach mehr Zeit für mich, um mich an all das Neue im Alltag zu gewöhnen.

Und so begann sich unser Leben nach und nach immer mehr zu verändern, weil ich mich beruflich für einen anderen Weg entschieden hatte. 2013 trennten wir uns dann, nachdem ich 2011 meine Berufung zur Schulleiterin bekommen hatte. Soll heißen: 2013 wurde die Trennung im Außen vollzogen, die sich indirekt jedoch bereits früher mit entsprechenden „Stör-Kadenzen" angekündigt hatte. Was zunächst schleichend begann, setzte sich von Jahr zu Jahr immer mehr fort, bis wir uns immer mehr voneinander entfernt hatten. Irgendwie wussten wir beide nicht so recht, wie wir am besten im Hinblick auf unsere Gefühle, Bedürfnisse und Wünsche miteinander reden könnten.

Beruflich konnte ich powern, das hatte ich in den Jahren mehrfach bewiesen. Doch so sehr ich meine Kraft in der Schule ließ, umso mehr suchte ich privat nach Zeiten der Geborgenheit, Ruhe und Stille. Suchte nach einem Angenommen-Sein, nach Rückhalt und Liebe. Meine Ehe war lange Zeit dieser Wohlfühlort, nach dem ich mich Zeit meines Lebens immer sehnte. Mein Anker bei unruhigem Gewässer. In den Jahren zwischen 2008 und 2013 wurde unsere Liebe auf eine „Bewährungsprobe" gestellt, wie dies in anderen Ehen und Beziehungen ebenfalls der Fall ist, doch unsere hielt dem inneren Druck (individuelle Wünsche, Bedürfnisse, Gefühle usw.), sowie dem äußeren Druck (neue Arbeitsbedingungen und v. a. auch meine gesundheitliche Situation) nicht mehr stand, was einem weiteren *Geistigen Gesetz* entspricht: *Wie innen – so außen.* Was natürlich auch vice versa gilt: *Druck im Außen erzeugt Druck im Inneren.*

Meine Reaktion darauf war überwiegend der Rückzug in die Arbeit, denn zu korrigieren gab es immer etwas. Und als ich erkennen musste, in welcher Situation wir uns beide denn wirklich befanden, entlud sich meine Angst und Verzweiflung, sowie die ganze aufgestaute Energie wie der bereits thematisierte Vulkan. ... – Ich habe mich unserer Erde noch nie so nah gefühlt wie mit diesem Bild und kann inzwischen verstehen, wenn sie auf ihre Art ihren Groll und Ärger über unser menschliches Gebaren auf die gleiche Art und Weise zum Ausdruck bringt. Auch sie reagiert auf Druck und Raubbau mit Eruption oder einem Hurrikan, auf Trauer mit Starkregen und Überschwemmungen, auf Wut mit Feuersbrünsten usw.

Das Gesetz der Anziehung

Das *Gesetz der Anziehung* betont die Wichtigkeit unseres *bewussten Seins*, denn wir ziehen das an, worauf wir mit unserem Bewusst-Sein ausgerichtet sind. Das, worauf wir unsere Aufmerksamkeit richten und womit wir unsere Zeit verbringen, dem geben wir bewusst wie unbewusst viel an Energie. Denn: *Wir ziehen das an, was mit uns gleich schwingt!*

Beispiel: Befasse ich mich zu sehr mit *negativer* Berichterstattung wie sie uns in vielen Gesprächen, aber auch über Zeitung, Nachrichten, Filme etc. übermittelt wird, dann sehen und hören wir immer noch mehr Negatives um uns herum, weil wir – wenn auch unbewusst – auf diese negative Berichterstattung fokussiert sind und ihr Tür und Tor geöffnet haben. Wir laden so ein Mehr an Negativität in unser Leben ein. So entsteht für jeden Einzelnen von uns – aber auch kollektiv gesehen – wiederum ein Mehr an Angst-Energie, was unter Umständen viel Unsicherheit, Wut, Aggression, weiteres Konfliktpotential und Katastrophendenken mit sich bringen kann.

Für sensible Menschen kann sich dies unter Umständen verheerend auswirken, weil sie zu viel von dieser negativen Energie absorbieren, wenn sie sich zu lange in einer negativen Atmosphäre aufhalten. Es ist von daher wichtig, dass wir nach einem guten Ausgleich suchen, um das mit negativen Botschaften jeglicher Art emotional überfrachtete Körper-Geist-System wieder mittels Konzentration auf positive Erlebnisse in Balance zu bringen. Befassen wir uns hingegen mit *positiver* Berichterstattung, richten uns an Menschen mit positiver Grundstimmung aus, denken und senden wir positive, friedvolle, heilende, liebevolle Gedanken aus, dann konzentrieren wir uns auf positive Energie und ziehen immer mehr positive Erlebnisse an. Unsere Aufmerksamkeit ist ein so unglaublich schöpferisches Instrument, mit dem wir unsere Realität erschaffen und Zukunft kreieren, denn es gilt: Das, worauf ich meine Aufmerksamkeit richte, das hole ich in meine Welt. – *Unsere Energie folgt der Aufmerksamkeit.*

Unser Leben von morgen ändert sich, wenn wir mit mehr Positivität, Aufmerksamkeit und Achtsamkeit und einem Mehr an Verantwortungsbewusstsein für das persönliche Geschehen und Weltengeschehen in den Tag gehen, denn wir sind nicht nur für unser eigenes Leben verantwortlich, sondern auch für alle Ereignisse in der ganzen Welt. Mit unserer Art zu denken, zu handeln, zu sein, tragen wir alle dazu bei, was in der Welt geschieht. Es kommt auf jeden Einzelnen von uns an. Gemeinsam ist uns eine unglaubliche Macht gegeben, die Dinge zum Besseren hin zu wenden. Gemeinsam sind wir unglaublich stark. – Jeder von uns ist wichtig, wenn es um die Verbesserung unserer Lebenssituation geht. Jeder von uns kann dazu seinen Beitrag leisten. Wir müssen es nur wollen.

12

Hochsensibilität – Fluch oder Segen?

Bis zu meinem siebenundfünfzigsten Lebensjahr wusste ich nicht, dass ich zu dem Personenkreis gehöre, der mit dem Begriff der „Hochsensibilität" bezeichnet wird. Erst die entsprechende Literatur – die wieder wie ein göttliches Geschenk ihren Weg zu mir fand – ließ mich aufhorchen und machte mich neugierig, was die charakteristischen Merkmale von Hochsensibilität sind, wie sie entsteht und worin die Ursachen für dieses Mehr an Sensibilität liegen mögen. Meine Fragen, die ich diesbezüglich hatte, waren:

Was ist denn eigentlich mit mir los? – Wieso mache ich mir zu allem so viele Gedanken? –

Warum komme ich mir vor als wäre ich nicht von dieser Welt? – Warum fühle ich mich so anders? – Warum bin ich gar so verletzlich? – Warum nehme ich mir alles so zu Herzen? –

Warum ist die Welt um mich herum nur so entsetzlich laut? – Warum bin ich so nah am Wasser gebaut? – Warum sind mir Konflikte extrem unangenehm? – Warum bin ich so harmonie-bedürftig? – Warum habe ich eine solche Angst davor, andere zu verletzen? –

Warum nimmt mich das Schicksal anderer Menschen so sehr mit? – Warum geht mir alles so sehr unter die Haut? – Warum nehme ich die Stimmungen anderer Menschen auf wie ein Schwamm? – Warum fühle ich, was in den anderen Menschen vorgeht? – Warum fühle ich mich von den Mitmenschen oft nicht verstanden? – Warum fühle ich mich unter den Menschen oft so fremd? – Warum habe ich das Gefühl keiner kann oder will mich verstehen?

Warum? – Warum? – Warum?

Meine Umwelt reagierte sehr häufig auf mich mit:

„Nimm dir das doch nicht so zu Herzen!"– „Du solltest dir eine dickere Haut zulegen!" – „Sei nicht so empfindlich!" – „Du darfst das nicht so nah an dich rankommen lassen." …

Mit Sätzen dieser Art kam ich aber nicht zurecht. Fühlte mich noch mehr „anders" als die anderen. Und da mir eine positive Resonanz sowie das Mitgefühl meines Gegenübers fehlte, bewertete ich mich selbst häufig als „falsch", was dazu führte, dass ich die eine oder andere Wesensart meiner selbst ablehnte. So gut ich konnte versuchte ich stattdessen, mir ein Beispiel an den Verhaltensweisen der anderen zu nehmen. Doch wir können nicht auf Dauer negieren, was uns als Potential von Gott gegeben ist.

Erst seit einigen Jahren erforschen Wissenschaftler das Phänomen „Hochsensibilität" genauer, obwohl es bereits seit Jahrhunderten bekannt ist. Auf psychologischer Ebene setzte sich bereits C. G. Jung mit der Thematik der gesteigerten „Sensibilität" auseinander, weil er selbst ebenfalls als sehr sensibel galt.

Die amerikanische Psychologin Dr. Elaine Aron ist die erste Wissenschaftlerin, die das Phänomen der Hochsensibilität näher erforscht hat. Sie gilt als Pionierin auf dem Gebiet der Sensitivitätsforschung und hat den Begriff „Highly Sensitive Person" (abgekürzt „HSP") weltweit etabliert. In ihrem 1996 veröffentlichten ersten wissenschaftlichen Artikel betonte sie, dass es sich bei „Hochsensibilität" nicht um eine psychische Störung oder gar eine Krankheit handelt, sondern vielmehr um *ein vererbtes Persönlichkeitsmerkmal.*

Sylvia Harke führt in ihrem Buch *Wenn Frauen zu viel spüren* aus, dass Hochsensibilität eine Veranlagung des Temperaments ist, die sich bei circa 15–20 % der Menschheit finden lässt. Die meisten der Hochsensiblen (70 %) gelten dabei als schüchtern und in sich gekehrt. Man nennt sie auch introvertiert. Die anderen 30 % gelten als extrovertiert. Vielen wird überhaupt erst in der zweiten Lebenshälfte bewusst, dass sie zu dem Personenkreis der Hochsensiblen gehören.

Was habe ich über Hochsensibilität gelernt?

Hochsensible Menschen (= HSM) gab es schon zu allen Zeiten. Das Charakteristische an ihnen ist, dass sie eine hohe Empathie und ein außergewöhnliches Einfühlungsvermögen haben. Mit ihrem mehr fühlenden Denken haben sie einen anderen Blick auf die Welt. Unter ihnen gibt es viele Künstler, Erfinder, Vordenker, Reformer. Sie können Stimmungen bei anderen und/oder im Raum erfühlen und spüren, wenn etwas nicht stimmt. Sie gelten als vorausschauender und reflektierter. HSMs verfügen über eine hohe soziale Kompetenz, ein stark entwickeltes inneres Wertesystem, sowie über ein sehr starkes Gerechtigkeitsempfinden.

Sie haben einen anderen Wahrnehmungsfilter, sodass sie Sinnesreize und Emotionen um ein Vielfaches stärker wahrnehmen. Diese feine Wahrnehmung kann einerseits nützlich sein, weil diese Menschen so feine „Antennen" haben, dass sie Dinge bemerken, die anderen verborgen bleiben. Doch dieses zu viel an Reizen kann sie andererseits sehr stressen, da ihr Nervensystem viel sensibler reagiert als bei anderen Menschen. Das wiederum lässt sie mitunter sehr schnell überreizt sein. Ihr Leben pendelt in aller Regel zwischen Rückzug und angestrengten Versuchen, sich an die Welt im Außen (Familie, Beruf etc.) anzupassen.

Neben dem Stress sind ihre Begleiter häufig Selbstzweifel, Harmoniebedürfnis, Gewissenhaftigkeit und Perfektionismus. Weil sie sich selbst gegenüber sehr kritisch sind, leiden sie häufig unter mangelnder Selbstliebe. Den hohen Anspruch, den sie an sich haben, haben sie auch gegenüber Familie und Freundschaften. Sie werden oft angetrieben von einer undefinierbaren Angst vor Zurückweisung und nehmen auf vielen Ebenen die Dinge mehr, tiefer und intensiver wahr. Zu dem kommt, dass sie, je gestresster sie sind, umso empfindlicher reagieren. So entsteht ein Teufelskreis, in dem sie sich immer wieder verfangen, wenn sie sich ihrer selbst zu wenig bzw. nicht bewusst sind und über keine ausreichenden Strategien verfügen, um mit dieser individuellen Gabe leichter durch das Leben zu kommen.

Da sie sich häufig in einem Zustand chronischer Übererregung befinden, reagiert ihr Körper auf anhaltende Reizüberflutung und chronischen Stress sehr leicht mit Symptomen wie Dauerstress, chronischen Magen-Darm-Erkrankungen, chronischen Muskelverspannungen, Gedächtnisproblemen und Konzentrationsschwächen, erhöhter Schmerzempfindlichkeit, geschwächtem Immunsystem, Überreaktionen auf Therapien und Medikamente, Burnout, Depression, um nur ein paar Beispiele zu geben.

Hochsensibilität wird meist vererbt. Kann aber auch durch außergewöhnlich belastende Situationen, denen man bereits als Baby/Kleinkind ausgeliefert ist (Krankenhausaufenthalt, Trennung oder Tod eines Familienmitglieds), entstehen bzw. den Grad der Intensität der Sensibilität erhöhen.

Für hochsensible Kinder ist die Kindheit *ihrer* Wahrnehmung nach oft eine schwierige Zeit. Werden sie noch dazu in ein für sie schwieriges Umfeld hineingeboren, neigen sie sehr stark dazu, sich den Bezugspersonen anzupassen, um diese zufriedenzustellen und um ihre Aufmerksamkeit, Wertschätzung und Liebe zu erhalten, denn sie fürchten sich vor Liebesentzug, vor Ablehnung und Kritik. Werden HSM von ihren Eltern kritisiert, hat das mitunter gravierende Auswirkungen auf ihr Selbstbild, ihr Selbstwertgefühl. Das kann sogar so weit gehen, dass sie sich selbst als Erwachsene noch so verhalten, wie es die Eltern, der Partner, ihre Umgebung von ihnen erwarten, nur um nicht abgelehnt zu werden. Sie haben es mitunter so sehr gelernt, sich auf die Bedürfnisse anderer einzustimmen, dass sie sich schwertun, ihre eigenen Bedürfnisse und Gefühle überhaupt noch wahrzunehmen. Oft lassen sie sich in die Probleme anderer hineinziehen, weil sie vergessen Grenzen zu setzen und nein zu sagen.

Hochsensibilität – Was für eine Erkenntnis für mich. Half sie mir doch, so manches Urteil, das ich bis dahin über meine Person gefällt hatte, zu revidieren und loszulassen. Heute bin ich dankbar und froh, dass ich jetzt endlich eine Antwort darauf habe, warum ich bin, wie ich bin. Und dass ich durchaus in Ordnung bin, so wie ich bin, auch wenn ich vielleicht ein bisserl anders bin als so viele andere Menschen um mich herum.

Das heutige Wissen hilft mir zu verstehen, warum ich „ticke", wie ich „ticke", warum ich so sehr mit anderen fühle, warum ich ihre Befindlichkeit, ihre Emotionen um ein Vielfaches stärker wahrnehmen kann etc.

Es tut mir gut, diesen Wesenszug meiner Person nicht mehr länger in Frage zu stellen, sondern ihn immer mehr wertzuschätzen und das Kostbare an dieser Fähigkeit zu sehen. Inzwischen ist die erhöhte Sensitivität und die daraus resultierende Verletzlichkeit ein Freund, ein *Botschafter* für mich. Und indem ich die Sensibilität positiv interpretiere (reframe), wird sie zum besten Guide für mich. Dann „leide" ich nicht mehr unter ihr oder rätsle, warum ich bin, wie ich bin, sondern ich nutze sie wie ein Instrument, das mir frühzeitig genug sagt, wann ich es wieder vergessen habe, in erster Linie gut für mich selbst zu sorgen bzw. wann andere meine Grenzen übertreten. Ab jetzt klingelt die „innere Glocke" in mir.

Wichtig für mich ist: Ich schaue jetzt mit ganz anderen Augen auf mich. Kann meine Wesensart, mein Denken und Handeln um so vieles besser verstehen. Ich muss mich nicht mehr mit anderen vergleichen, darüber nachsinnen und reflektieren, warum sie so sind und ich so. Ich muss mich mit ihnen nicht mehr vergleichen und messen. Ich darf entspannen und mich mit all dem, was mich ausmacht, wertschätzen lernen. Ich schaue zurück und schaue auf das, was mir mit meinen Fähigkeiten alles geglückt ist. So betrachtet ist dieses Mehr an Sensibilität ein himmlisches Geschenk, eine kostbare Gabe für mich. Es ist nur wichtig, dass ich diese Gabe, dieses Instrument für mich richtig zu spielen und zu nutzen weiß.

Die Hochsensibilität, um die ich bislang nicht wusste, die mich aber oft von anderen Menschen trennte, wird so zum Segen für mich. Es war nur wichtig für mich, aus einer ganz anderen Perspektive auf dieses Potential zu sehen. Jetzt endlich verstehe ich, warum ich oft das Gefühl hatte, dass zwischen mir und anderen eine Art von Nebel-Wand besteht, die verhindert, dass wir auf gleicher Wellenlänge kommunizieren. Mit diesem Wissen kann ich jetzt daran arbeiten, mich anderen mit meinem ganzen Wesen zu zeigen und werde damit für sie hoffentlich auch greifbarer.

Und wenn die Angaben im Internet stimmen, dann teile ich diese besondere Gabe mit berühmten hochsensiblen Persönlichkeiten wie Marc Chagall, Pablo Picasso, Ludwig van Beethoven, Johann Wolfgang von Goethe, Arthur Schopenhauer, Friedrich Nietzsche, Albert Einstein, Albert Schweitzer, Winston Churchill, Abraham Lincoln, Sören Kierkegaard, Martin Luther usw. und bin damit in bester Gesellschaft.

Gibt es in meiner Familie eine genetische Veranlagung für Hochsensibilität?

Vielleicht ist die Sensibilität nicht bei allen gleichermaßen ausgeprägt, aber vieles spricht dafür. Mein Vater war für mich immer der Prototyp eines feinfühligen, ruhigen, in sich gekehrten, sensiblen Menschen. Bei Familienfesten war er immer der ruhige Beobachter bei Tisch. Unter seinen Freunden galt er als sehr gesellig und beliebt. War ihm irgendetwas zu viel, dann zog er sich gerne still und heimlich zurück. Ging spazieren oder widmete sich ganz seiner Musik. Er war kein lauter, herrischer, dominanter Vater. Ganz im Gegenteil. Bis er seine Stimme erhob und das Wort ergriff, dauerte es oft lange. Doch war es seiner Meinung nach notwendig, dann konnte er uns auch mit sehr energischem Ton die Leviten lesen.

Bei meiner Mutter musste ich erst genauer hinschauen, um mir die Frage zu beantworten: sensibel Ja/Nein? – Doch auch bei ihr entscheide ich mich letztlich für ein Ja. Sie wirkt zwar auf den ersten Blick sehr stark, doch ich glaube, sie überspielt mit diesem Naturell unglaublich viel. Für mich hat ihre Robustheit eher die Qualität eines Schutzpanzers, in den sie sich zurückgezogen hat. Meiner Beobachtung nach lebt in ihr ein sehr sensibles, weil verwundetes Kind, das sich nach außen hin sehr gerne unverletzlich zeigt.

Denke ich an die Jahre zurück, in denen Vater und sie ihre Freundschaften pflegten, dann war sie stets sehr gut gelaunt, temperamentvoll und lebensfroh. Von anderen wertgeschätzt und akzeptiert. Ein wahres Energiebündel. Hier spricht ganz ihr Sternzeichen für sich. Als Kind dachte ich mir oft: *„An ihr ist ein Alleinunterhalter verloren gegangen.“* Sie hat einen sehr durchsetzungsstarken Charakter, den sie sich wohl schon früh als Kind angeeignet hat, um in ihrer Herkunftsfamilie mit einer Schwester und drei Brüdern wahrgenommen, gehört und gesehen zu werden.

Wenn ich sie beobachte, dann denke ich mir immer wieder: *„Harte Schale – weicher Kern!“*

Das Traurige ist für mich: ich komme nicht wirklich an sie ran. Zwischen ihr und mir ist etwas, das für Distanz sorgt, etwas, was uns auf Abstand zueinander hält. Das ist weder für sie, noch für mich schön. Wende ich mich ihr zu, entgleitet sie mir. Wendet sie sich mir zu, entgleite ich ihr. Eine Situation, die uns beiden nicht wirklich guttut. Es ist, als hätten wir beide Ängste, uns auf Herzensebene zu begegnen. Als wäre da eine Wand, die uns voneinander trennt.

Dabei sind wir (sie und ich) keineswegs aus unterschiedlichem Holz geschnitzt. Darin besteht wohl unser größtes Problem, weil wir uns gegenseitig immer und immer wieder gegenseitig einen Spiegel vorhalten, egal ob wir das wollen oder nicht. Jeder von uns projiziert das, was er bei sich selbst nicht sehen will, auf den anderen. Wir tun uns beide schwer zu benennen, was gesagt sein will. Ich habe es zwar des Öfteren versucht, aber jedes Mal entwischt sie mir wie ein Fisch. Und da ich inzwischen nur noch selten nach Hause komme, liegt ihr viel daran die gemeinsame Zeit nicht auch noch mit Diskussionen hinsichtlich der Vergangenheit zu beschweren. Kann ich irgendwie auch verstehen.

Letztendlich ist mir inzwischen klar geworden, dass wir uns beide hinsichtlich eines klärenden Gesprächs von Angst blockieren lassen. Sie, dass ich sie als Mutter kritisieren könnte, dass ich ihr irgendwelche Vorhaltungen im Hinblick auf Vergangenes mache, denn meine Mutter ist mindestens eine genauso starke Perfektionistin wie ich, doch das Problem ist: eine Perfektionistin verträgt keine Kritik. Und zugleich ist sie auch jemand, der gerne die Kontrolle über alles hat. – Und das harmoniebedürftige Kind in mir ängstigte sich viel zu lange davor, mit dem, was es sagen wollte, nicht wirklich gehört und nicht verstanden zu werden. So ist unser Miteinander von der Formel geprägt: *„2 x Angst = Ohnmacht!"* – Für eine gute Beziehung zwischen Mutter und Tochter nicht gerade wirklich gesund.

Dabei habe ich mit meinen Eltern längst Frieden geschlossen. Ich kann heute beherzt sagen, dass ich sie beide liebe, und dass es für mich nichts mehr gibt, was ich ihnen nachtragen könnte, denn inzwischen schaue ich aus einer ganz anderen Perspektive auf all das Vergangene.

Ich weiß, dass wir alle nur Akteure/Schauspieler auf der großen Bühne des Lebens sind. Dass wir uns gegenseitig unsere Themen geben, weil im Grunde genommen jede Seele mit und durch den anderen lernen will. Außerdem gibt es keine „Fehler", sondern nur „Erfahrungen". Wir sind hier, um als Seele menschliche Erfahrungen zu machen, die wir sonst nirgends machen könnten. Wir wollen lernen und uns entwickeln. Aus diesem Grund sind wir hier. Und wenn ich aus diesem Blickwinkel heraus auf alles schaue, dann gibt es nichts wofür ich dem anderen noch böse sein müsste. Ganz im Gegenteil. Ich danke heute meinem Gegenüber, dass er für mich genauso Spiegelpartner ist wie ich für ihn. Und diese Art der Betrachtung befreit. Sie befreit sogar ungemein und erleichtert das Herz. Und nur auf diesem Weg, sowie durch gegenseitiges Vergeben und mit Hilfe der Kraft der Liebe kann nach und nach Heilung innerhalb unserer Beziehungen geschehen.

Außerdem verstehe ich heute so viel mehr, warum meine Eltern sind, wie sie sind. Meine Gefühle ihnen gegenüber haben sich von daher in manchen Dingen sehr stark gewandelt. Heute bin ich ihnen beiden sehr dankbar, denn ich weiß, dass sie zu jeder Zeit ihr Bestes gegeben haben. Die Erwachsene in mir schaut auf das Leben ihrer Eltern und sagt aus ganzem Herzen: „Danke und Chapeau vor dem, was ihr geleistet habt!"

Die Erwachsene in mir hat in den letzten Jahren vieles gelernt. Hat wesentliche Zusammenhänge erkannt. Die Erwachsene in mir weiß, dass es das Kind in mir war, das unter bestimmten Bedingungen (schulisch und privat) gelitten hat. Die Erwachsene in mir weiß, dass es *meine* Gefühle waren, die mich übermannt hatten, mit denen ich nicht umzugehen wusste. Die ich falsch interpretiert hatte. Die mich verletzt sein ließen, die mich schmollen ließen, die mich verzagt sein ließen, die mich frustriert sein ließen. Es waren *meine* Gefühle, die ich unterdrückte, weil ich mit ihnen nicht umzugehen wusste, weil ich sie nicht benennen konnte, weil ich sie nicht ausdrücken konnte.

Die Erwachsene in mir weiß inzwischen, dass ich hinsichtlich mancher Situationen den falschen Wolf gefüttert hatte, dass es *meine* Gedanken waren, mit denen ich so manches interpretierte und dass es *meine* Gedanken waren, mit denen ich mir im Außen immer und immer wieder genau die Welt erschuf (*Resonanzgesetz*), vor der ich mich am meisten gefürchtet hatte: Die Welt des einsamen, ungeliebten und verlassenen Kindes. Die Erwachsene in mir weiß, dass es *meine* Glaubenssätze, *meine* Überzeugungen und *meine* Gedanken (Grübel-Schleifen) waren, die ich mir immer und immer wieder wie ein Mantra vorgesagt hatte. Das Universum konnte gar nicht anders als mir meine Realität immer wieder so zu erschaffen, wie ich sie mir erdacht hatte. Schade für mich, dass ich die *Geistigen Gesetze* erst ab 2019 so richtig studiert und verstanden habe.

Heute weiß ich, wie mächtig unsere Gedanken sind und habe von daher das starke Bedürfnis meine Erfahrungen und Erkenntnisse mit Ihnen zu teilen. – Ich bewundere das Engagement, die Willenskraft, den Mut, die Stärke, mit der meine Eltern aus dem Nichts so viel erschaffen haben. Sie haben uns gegeben, was sie uns geben konnten. Mehr hatten sie selbst nicht. Ihr Leben war zum größten Teil einem unermüdlichen Arbeitseinsatz gewidmet. Auch meine Mutter hatte ihr Mantra. Passend für die Generation, die sich dem Wiederaufbau verschreiben hatte, lautete dies: *„Zuerst die Arbeit, dann das Vergnügen!"* – Die Generation unserer Eltern, Kinder der 30er- und 40er-Jahre, waren allem Anschein nach für die Arbeit prädestiniert. Wie hätte sonst der Wiederaufbau einer ganzen Nation gelingen können?

Wenn wir heute in der Pädagogik und Psychologie davon sprechen, dass die ersten zehn Lebensjahre die prägendsten für ein gesamtes Leben sind, dann gilt das auch für die Generation unserer Eltern. Meine Eltern waren mit Kriegsende 12 und 9 Jahre alt. Wenn sich *das Kind in mir* heute nach Liebe sehnt und traurig darüber ist, weil es glaubt zu wenig an Liebe durch die Eltern bekommen zu haben, so erzähle ich ihm die Geschichte meiner Eltern. Dann wird es ganz ruhig und hört aufmerksam zu. Und wenn es sich wieder beruhigt hat, weiß inzwischen *die Erwachsene in mir*, dass es jetzt an der Zeit ist, mein kleines Kind aus dieser unnötigen Gedankenschleife zu befreien. Dann schenke ich diesem nach Liebe bedürftigen Kind in einem ersten Schritt meine Aufmerksamkeit und höre ihm geduldig zu, was es mir mitzuteilen hat. Warum es fühlt, wie es fühlt. Warum es gerade so traurig ist. Im nächsten Schritt entscheidet aber die Erwachsene in mir, für dieses Kind jetzt selbst beste Mutter und bester Vater zu sein. Dann gibt es eine Runde verwöhnen und umsorgen usw. So lange, bis beide wieder lachen. Damit meine ich den erwachsenen und den kindlichen Anteil in mir.

Ich habe aufgehört meinen Eltern einen Vorwurf daraus zu machen, dass ich meiner Meinung nach von ihnen zu wenig Liebe, Zuwendung, Kuscheln, Streicheleinheiten, Aufmerksamkeit usw. bekommen habe. Ich nehme mich heute diesbezüglich selbst in die Verantwortung und lerne immer und immer wieder neu dazu, wie ich dieses kindliche Defizit auf kreative Art und Weise selbst beheben kann.

Schauen wir uns nämlich die Herkunftsfamilien unserer Eltern an, dann können wir nicht umhin uns einzugestehen, dass ihre Kindheit alles andere als schön, verspielt, verschmust usw. war. Vielleicht gab es hier und da mal für den kurzen Moment solch zärtliche Augenblicke und Momente, doch waren diese generell überschattet von einem schwarzen Monstergebilde, das sich Krieg nennt. Viele Väter, die nicht ausgemustert waren, waren im Krieg. In den letzten Kriegsjahren wurden sogar noch Kinder (Jungen) zum Kriegsdienst abgeordnet. Viele Väter und Söhne kamen nicht mehr zurück. Waren entweder im Krieg gefallen oder in Gefangenschaft. Und die wenigen, die das Glück hatten, zu ihren Familien heimkehren zu können, waren mitunter kriegsversehrt, seelisch und körperlich krank. Sie bedurften der Pflege durch ihre Frauen und Kinder (meistens die Töchter). Frauen und Kinder hatten auf ihre Art und Weise ein ebenso hartes Los.

Der Friede zählt für mich neben der Gesundheit und Liebe zu meinem allerhöchsten Gut und lässt sich noch am ehesten – weil auch sehr wichtig – um die persönliche Freiheit erweitern, denn schließlich will meine Seele endlich fliegen!

Ich will an dieser Stelle noch einmal daran erinnern, auf welche Geschichte unsere Großeltern und Eltern zurückblicken. Vielleicht könnte man ihnen vorwerfen, dass sie zu wenig mit uns über ihre Traumata im Hinblick auf den Krieg und persönliche Schicksalsschläge gesprochen haben. Dass sie eine Generation waren und sind, die sich zu sehr in betretenes Schweigen gehüllt hat (Zumindest einige von ihnen. Doch unter denen, die ich kennenlernen durfte, waren es viele.), statt ihren Schmerz auszusprechen und diesen mit anderen zu teilen.

Schweigen und Verdrängen betrifft aber nicht nur unsere Großeltern und Eltern. Es betrifft uns alle, wenn wir es nicht gelernt haben, über Gefühle, Gedanken, Vorkommnisse, Verletzungen etc. zu sprechen. Im Grunde genommen hat jeder von uns sein Päckchen an Schmerz, Lebensunzufriedenheit, persönlichem Trauma usw. mit sich zu tragen. Der eine zerbricht daran, ein anderer flüchtet sich in die Arbeit. Wieder ein anderer baut eine Welt der scheinbar perfekten Ablenkung um sich herum auf, nur um sich selbst nicht wahrnehmen und spüren oder sich gar mit sich selbst auseinandersetzen zu müssen. Eine Zeitlang funktionieren diese Mechanismen ziemlich gut. Doch so unbedacht und selbstvergessen wie unsere Handlungsweisen oft sind, holen uns die alten verdrängten Geschichten immer und immer wieder ein. Sie kleiden sich nur jedes Mal in ein anderes Gewand. Doch ihr Ziel ist und bleibt, uns so lange mit genau den Themen zu konfrontieren, vor denen wir mitunter ein Leben lang fliehen. Hier wirkt das Prinzip *(Geistiges Gesetz) Was du ablehnst, das gestaltet deine Realität*. Denn, egal ob wir uns der Dinge bewusst sind oder nicht, wir richten unsere Aufmerksamkeit darauf. Und das am allermeisten dann, wenn wir die Dinge verdrängen, statt uns ihrer bewusst zu werden.

Es sind genau die Muster der Ablehnung und Verdrängung, die dazu führen, dass wir um unser Herz eine Art von „Schutzwand" bauen, um nur ja von den Ereignissen des Alltags nicht mehr so verletzt zu werden wie als Kind. Doch es ist diese Schutzwand, die uns von den anderen trennt. Sie isoliert. Lässt den, der diese Erlebnisse hatte, mit seinen Gedanken und seiner Geschichte allein. Sorgt, wenn der Betroffene damit nicht umzugehen weiß, für eine Distanz zu seinen Nächsten, selbst dann, wenn er sie liebt. Was bleibt, ist „stille Ohnmacht" oder ein Gefühl von Traurigkeit, Frustration, innerer Leere usw.

Alle diese unausgesprochenen Gefühle schweben dann wie eine graue Wolke, wie ein nebulöser Teppich über dem Ganzen. Keine der beteiligten Personen versteht den anderen wirklich. Jeder rätselt auf seine Art, warum ein wirklich tiefes, von Herzen kommendes Miteinander gegebenenfalls nur bedingt oder gar nicht möglich ist. Und was das Ungesunde daran ist: Jeder versucht die Dinge für sich allein zu klären, statt sich anderen mitzuteilen und gemeinsam über die entsprechenden Ereignisse und die dazugehörigen Gefühle und Gedanken zu sprechen. So eignet sich jeder im Laufe der Zeit gewisse Schutzmechanismen und Abwehrstrategien an, die zu seiner Geschichte, zu seinen Glaubenssätzen und den dazu verinnerlichten Überzeugungen passen, die er sich immer und immer wieder selbst erzählt. Sein Blick auf die Welt bleibt so unter Umständen eingefärbt von den nicht aufgelösten Ereignissen, in denen er hängen geblieben ist.

Ich bin selbst das beste Beispiel dafür. Gebe es zwar nicht gerne zu. Doch die Geschichte, die ich mir jahrzehntelang hinsichtlich meines eigenen Geburts- und Entwicklungstraumas erzählt habe, hat sowohl beruflich als auch privat meine Realität geprägt. All die alten Überzeugungen und Glaubenssätze über „…" haben meinen Blick auf mein Leben mitunter ganz schön getrübt.

So schwer es für mich in den letzten vier Jahren war, mir immer und immer wieder eingestehen zu müssen, dass ich mir diese Welt mit all den Erfahrungen selbst erschaffen hatte, so bin ich heute überglücklich und froh, durch diesen Prozess der Bewusstwerdung gegangen zu sein. – Ich kann es nur jedem empfehlen! – Es hat mir zwar alle Puzzle-Bausteine meines Lebens mit einem heftigen Sturm durcheinandergewirbelt, so dass in den ersten Monaten nur noch Aufräumen, Aussortieren und Ordnen angesagt war, doch dieses „Groß-Reine-Machen" zahlt sich heute aus. Inzwischen bin ich mir um so vieles näher denn je. Endlich habe ich einen Bezug zu mir selbst. Lebe sozusagen in Beziehung mit mir selbst. Wenn ich heute in den Spiegel sehe, dann sehe ich mich. *Mein wahres Ich*. Nicht mehr eine der vielen Masken, die ich früher trug.

Ich habe tatsächlich jahrzehntelang gesucht. Aufmerksamkeit, gegenseitige Wertschätzung, Respekt, Beziehungen auf Augenhöhe usw. Und immer wieder war ich auf der Suche nach Liebe. Heute weiß ich, solange ich mit mir selbst nicht in einer wirklich guten Beziehung bin, mich selbst mit all dem, was mich ausmacht, nicht voll und ganz annehmen, achten und wertschätzen kann, solange ich mich selbst nicht lieben kann, solange kann ich die Liebe auch im Außen nicht wirklich finden und sie mit anderen teilen. Denn als die Suchende, die ich bin, ziehe ich wiederum Suchende bzw. „Bedürftige" an. Auch dies eine der Regeln im Spiel unseres Lebens. Hier gilt das *Resonanzgesetz*.

Wie gut, dass ich inzwischen an Erfahrung reicher, älter, erwachsener und reifer werde. Es mag schon sein, dass ich – was *„meinen Hunger"* nach Liebe als Kind anging – von den Eltern zu wenig bekommen habe. Doch inzwischen weiß ich auch hier: An Liebe haben mir meine Eltern – und Ihre ganz gewiss auch – mit Sicherheit gegeben, was sie zu geben hatten. Mehr war zu dieser Zeit und unter diesen Umständen nicht drin. Liebe kann nur der geben, der für sich selbst ausreichend Liebe erfahren hat. Der selbst an Liebe „satt geworden ist". Nur der kann sie so großzügig mit anderen teilen, dass sie sich letztlich vermehrt. Doch all diejenigen, die in ihrer eigenen Kindheit und Jugend selbst „bedürftig" geblieben sind, tragen ihr Los genauso mit sich herum wie ihre nach Liebe hungrigen Kinder.

Doch ich möchte noch einmal auf meine Mutter zurückzukommen, denn bei meinen Überlegungen, wie sensibel sie nun wirklich ist, ist mir noch etwas anderes Wichtiges aufgefallen, das ich mit Ihnen teilen will. Hinsichtlich meiner Mutter bin ich inzwischen überzeugt, dass sie eine *sensible Seele* ist. Nicht so ausgeprägt hochsensibel wie ich, aber so sensibel, dass sie sich so viel Schutzkleidung angezogen hat, um ja bestmöglich zu funktionieren und bloß keine Schwäche zu zeigen. Schwach zu sein geht für meine Mutter gar nicht. Schwäche hat für sie mit Feigheit zu tun. – Manchmal zeigt meine Mutter zwar auch ihre Verletzlichkeit, doch dann meldet sich innerhalb kürzester Zeit sofort ihr innerer Kontrolleur und erinnert sie daran, dass sie sich als Lebensmotto dem „*Stark-Sein*" verschrieben hat.

Während ich nachdenke und schreibe fällt mir auf, dass sowohl meine Mutter, als auch ich in bestimmten Phasen unseres Lebens immer nur eine Seite der Medaille lebten und die entsprach dem, wie wir es in den *ersten und prägendsten* Jahren unseres Lebens als für uns beste Überlebensstrategie erlernt hatten. Wo sie sich – um zu überleben – für die „*starke Seite*" der Medaille entschieden hat, wählte ich die „*sensible Seite*" und lebte diese.

Ja selbst wenn wir uns heute gegenübersitzen, pflegen wir – wenn auch unbewusst – diese „alten Muster", was es uns nicht leicht macht, den anderen in seiner Wesensart zu akzeptieren und zu verstehen, denn sobald wir uns sehen, schaut jeder in den Spiegel des anderen. – Wird Zeit, dass wir mit diesem Verhalten brechen, uns dieses Musters bewusst werden, um noch in diesem Leben einen Zugang zueinander zu finden. Was wir beide daraus lernen können, ist, dass es für ein ausgewogenes Leben der Annahme und Integration beider Hälften der Medaillen bedarf, denn sonst geraten wir immer und immer wieder in ein Ungleichgewicht und damit in die Dysbalance.

Wir alle tragen beide Seiten in uns, sowohl die starke als auch die sanfte, die sensible. Mal sind wir mehr „Kopf-Mensch", mal mehr „Herz-Mensch". Mal ist es wichtig, die eine Seite zu leben, dann will die andere wieder mehr gewürdigt und gelebt sein. Es gilt zu erkennen, dass weder die eine gut, noch die andere schlecht ist. Beide wollen gewürdigt und angenommen sein. Wir sind aufgefordert beide Qualitäten in uns so gut als möglich in ein Gleichgewicht, in die Balance zu bringen, denn leben wir nur eine Seite, dann sind wir hinsichtlich unserer Wesensart – weil eine wesentliche Komponente fehlt – in *Unfreiheit* gefangen, schränken unseren Handlungsspielraum ein. Dann begrenzen wir uns selbst anstatt *ganz* zu sein.

Während ich dies schreibe, muss ich ständig an eines meiner Lieblingsgedichte von Rainer Maria Rilke denken, das anscheinend hinsichtlich der Thematik „in sich selbst frei-Sein" und „unfrei-Sein" gehört werden will. Mein Herz sagt mir, dass ich es mit Ihnen teilen soll:

Gedicht Der Panther

Im Jardin des Plantes, Paris

Sein Blick ist vom Vorübergehn der Stäbe
so müd geworden, daß er nichts mehr hält.
Ihm ist, als ob es tausend Stäbe gäbe
und hinter tausend Stäben keine Welt.

Der weiche Gang geschmeidig starker Schritte,
der sich im allerkleinsten Kreise dreht,
ist wie ein Tanz von Kraft um eine Mitte,
in der betäubt ein großer Wille steht.

Nur manchmal schiebt der Vorhang der Pupille
sich lautlos auf –. Dann geht ein Bild hinein,
geht durch der Glieder angespannte Stille –
und hört im Herzen auf zu sein.

Der Panther[12] gilt als das berühmteste Dinggedicht R. M. Rilkes. Der Dichter wird hier zum Sprecher für Lebewesen oder Dinge, die er distanziert oder objektiv erfasst und beschreibt. Für mich war es immer das schönste Beispiel um Schülern den Gedichttypus „Dinggedicht" zu erklären. Das Gedicht will das Wesen, das Innere – für mich die Seele des jeweiligen Objektes bzw. Lebewesens – erfassen.

Um den Charakter des gefangenen Tieres mit dieser sprachlichen Präzision und Feinfühligkeit zu beschreiben, hat Rilke den Panther im Jardin des Plantes (Tierpark) in Paris wochenlang beobachtet und studiert und hat sich dabei ganz in das Empfinden dieses Tieres „hineingefühlt". – Rilke ist es nicht wichtig, uns ein Bild vom Äußeren des Tieres zu geben. Das setzt er voraus. Das, was ihn fasziniert und interessiert, ist die auf das Wesentliche reduzierte Beschreibung eines Tieres, eines Wesens in Gefangenschaft. Wir lesen von einem Raubtier, das müde in Gefangenschaft vor sich hinvegetiert. Da gibt es zwar noch eine Erinnerung an das stolze Wesen, das er einst war, aber es zeigt sich ihm nur noch als ein Bild, das er in seinem Herzen trägt. Er ist in doppelter Hinsicht ein Gefangener, denn neben der äußeren Gefangenschaft erlebt er gleichsam eine innere, weil er seine Wesensart nicht mehr ausdrücken und leben kann.

Der Panther hat durch äußere Rahmenbedingungen (hierfür steht das Bild des Käfigs) seine natürliche Art zu sein verloren. Durch die Gefangenschaft wurde er seiner selbst entfremdet, so dass er sich nur noch mit Hilfe eines Bildes in seinem Herzen

---

12 Rainer Maria Rilke. Gedicht: Der Panther. Abrufdatum 06.01.2021, von https://www.gedichte-zitate.com/rilke/der-panther.html

seiner ursprünglichen Qualitäten zu erinnern vermag. Der Panther wird so zum Symbol für alle Lebewesen, die „ohnmächtig", weil „gefangen" sind. Die nicht mehr so „mächtig" handeln können, wie es der eigenen Wildheit, dem eigenen Naturell, den individuellen Anlagen entspricht. Es thematisiert zugleich die Hoffnungslosigkeit und Traurigkeit all derer, deren Lebenswille gebrochen ist.

Es kann aber auch als ein Aufruf, als ein Appell verstanden werden, von Zeit zu Zeit die „Gitterstäbe" des eigenen Lebens zu überdenken. Wenn Rilke hier das Schicksal eines Tieres beschreibt, dann spiegelt dieses Gedicht doch die Situation vieler Menschen wider, die entweder durch äußere Sachzwänge (Rahmenbedingungen innerhalb Familie, Partnerschaft, Arbeit usw.) oder in sich selbst (durch bestimmte Glaubenssätze, Überzeugungen, Verhaltensweisen etc.) *unfrei* geworden sind.

Indem R. M. Rilke uns die Auswirkungen von *Gefangenschaft* am Beispiel eines so edlen, eleganten und stolzen Tieres wie des Panthers versinnbildlicht, spricht dieses Gedicht für mich auch das grundlegende Bedürfnis nach *Freiheit* in uns allen an.

Ich nehme es als einen Hinweis innezuhalten und das bisher gelebte Leben aus einer Beobachterperspektive heraus zu überdenken, mir all die alten Verhaltensweisen und Strukturen in meinem Leben anzusehen. Es ist wichtig, sie von Zeit zu Zeit immer wieder mal zu überprüfen, denn wir bleiben nicht ewig die, die wir vielleicht vor fünf, zehn oder zwanzig Jahren waren. Wir alle machen im Laufe unseres Lebens verschiedene Entwicklungsphasen durch. Und so, wie wir diesen in den einzelnen Lebensabschnitten Rechnung tragen, gilt es unsere Verhaltensweisen und Gedanken-Konstrukte immer wieder einmal einer Art von *Realitätscheck* zu unterziehen, um zu sehen, ob uns dies alles denn überhaupt noch dienlich ist. Stellen wir dabei fest, dass dem nicht mehr so ist, dann ist es an der Zeit das Alte loszulassen, damit überhaupt etwas Neues in unser Leben kommen kann.

Bleibe ich jedoch Zeit meines Lebens in meinen alten „Strickmustern" gefangen, dann erschaffe ich mir im Grunde genommen sogar selbst meinen „Käfig". Der mag in manchen Fällen vielleicht „vergoldet" oder „versilbert" sein, doch ich bin ganz fest davon überzeugt, dass ihn das nicht weniger zu einem Gefängnis macht, eher im Gegenteil. – Durch das Verhaftet-Sein mit alten Gewohnheiten, ja sogar mit bestimmten Menschen, die meine neue Art der Lebensauffassung nicht mehr teilen, schränke ich mich selbst hinsichtlich meiner persönlichen Entwicklung und eigenen Freiheit ein. Auch wenn das Loslassen in manchen Fällen extrem schwerfällt und unwahrscheinlich weh tut, so liegt es dennoch in meiner Verantwortung mir selbst gegenüber zu entscheiden, welches Leben ich für mich selbst erwählen mag: Bleibe ich in der *Abhängigkeit* oder entscheide ich mich für die *Freiheit* und erlaube es mir ganz ich selbst zu sein? – Denn nur wenn ich für mich, für meine Ideale und Werte frei bin, dann kann meine Seele fliegen.

Der Mensch ist ein „Gewohnheitstier", deswegen fällt uns eine solche Entscheidung ganz und gar nicht leicht. Doch eines Tages müssen wir sie treffen. Spätestens dann, wenn uns die Stimme unseres Herzens ruft. Unser Leben fordert uns so lange heraus, bis wir entweder wie der Panther in stiller Ohnmacht resignieren oder den Mut haben zu springen. Oft wissen wir nicht, wo wir nach dem Sprung landen werden, doch eines ist gewiss: Wenn wir bereit sind, in uns selbst zu erwachen und dem Ruf der Seele zu folgen, was unsere Seelenaufgabe ist, dann gibt es eine höhere Instanz, die uns trägt, die uns hält. Auf ihre Unterstützung und Hilfe können wir voll und ganz vertrauen. – Und dass dem so ist, dafür danke ich!

Was hinsichtlich unserer Eltern und Großeltern noch erwähnenswert ist, ist die Tatsache, dass sich im Laufe der Zeit im Bereich der Wertschätzung und Akzeptanz von Kindern sowie hinsichtlich ihrer Erziehung bereits in den letzten siebzig Jahren ein gravierender Wandel vollzogen hat. Unsere Eltern und Großeltern wurden nicht nur in den Krieg mit seinen Widrigkeiten hineingeboren, sondern ihre Stellung als Kind war damals noch eine ganz andere. Wenn wir heute von den Kindern sprechen, dann liegt der Fokus mehr darauf zu sagen, dass die Kinder heute unsere Ressourcen von morgen sind.

Erziehung damals und heute

„Solange deine Füße unter meinem Tisch sind, gehst du so nicht auf die Straße!", „Was auf den Tisch kommt, wird gegessen!" oder „Solange du deine Beine unter meinen Tisch streckst, habe ich hier das Sagen!" – Werden so mündige Bürger heranwachsen?

Mit wie viel Liebe, Zärtlichkeit, Zuwendung wurden unsere Eltern erzogen?

In der Zeitschrift Gehirn & Geist erschien am 12. September 2018 unter dem Titel *Warum Hitler bis heute die Erziehung von Kindern beeinflusst* ein sehr aussagekräftiger Artikel über die Erziehungsmethoden der Kinder in der Zeit des Nationalsozialismus auf der Grundlage des damaligen Erziehungsratgebers der Ärztin Johanna Haarer, *Die deutsche Mutter und ihr erstes Kind,* von 1934. Sie finden diesen Artikel[13] auch im Internet. Haarers Bücher galten in der NS-Zeit als Bestseller, die zum Teil noch nach dem Krieg in deutschen Haushalten zu finden waren. Frau Anne Kratzer, Psychologin und Journalistin, nennt einige dieser Erziehungsmethoden und führt Gründe an – die mit wissenschaftlichen Studien abgesichert sind –, warum diese Erziehungspraxis mitunter heute noch anzutreffen ist und vor allem welche Auswirkungen dies für den Einzelnen haben kann.

Nachfolgend ein paar Beispiele die Erziehungsphilosophie von Frau Haarer betreffend, damit Sie sich einen Eindruck davon machen können, unter welchen familiären Bedingungen unsere Eltern und Großeltern aufgewachsen sind. Natürlich trifft diese Erziehungspraxis nicht auf alle Familien zu, aber ein Großteil der Kinder dürfte davon betroffen gewesen sein.

---

13 Anne Kratzer (12. Sept. 2018): Warum Hitler bis heute die Erziehung von Kindern beeinflusst. Erschienen in Gehirn & Geist. Abrufdatum 06.01.2021, von https://www.zeit.de/wissen/geschichte/2018-07/ ns-geschichte-mutter-kind-beziehung-kindererziehung-nazizeit- adolf-hitler?utm_referrer=https%3A%2F%2Fwww.google.com%2F

In ihrem Ratgeber empfiehlt Frau Haarer Müttern, die Bedürfnisse ihrer Babys gezielt zu ignorieren, denn ein Baby galt in ihren Augen als ein Quälgeist, dessen Wille gebrochen werden muss. Es galt, Kinder möglichst bindungsarm aufwachsen zu lassen, damit sie selbst möglichst emotions- und bindungsarm werden. Wichtig war, übermäßige Zärtlichkeit zu vermeiden, damit das Kind nicht verwöhnt wird. Fängt es an zu schreien oder zu weinen, solle man es ignorieren. Selbst ein zu Viel an Körperkontakt galt es zu vermeiden. Mütter sollten ihre Kinder möglichst wenig berühren und ihnen nicht in die Augen blicken, wenn sie sie ansehen usw. Eine Erziehung dieser Art sollte *gefühlskalte Soldaten* hervorbringen.

Dass solche Erfahrungen traumatisieren könnten, darüber machte sich niemand Gedanken.

Erst heute interessieren sich immer mehr Wissenschaftler für die Spätfolgen und Ausmaße dieser Art von Erziehung. Und das nicht nur aus historischen Gründen, sondern weil viele *Kriegsenkel* (Kinder, die in den 50er-, 60er- und 70er-Jahren geboren sind) therapeutischer Unterstützung und Hilfe bedürfen, je nach persönlichem Schicksal und individueller Veranlagung. Bei vielen von ihnen zeigen sich Bindungsstörungen sowie psychosomatische Erkrankungen. Dafür spricht auch, dass Themen wie Entwicklungstraumata und Hochsensibilität immer mehr ins Interesse der Öffentlichkeit rücken.

Wundert es da, dass uns unsere Eltern nicht beibringen konnten, unsere Gefühle bewusst wahrzunehmen und zu äußern, wenn sie selbst aufgrund ihrer eigenen Erziehung unfähig waren zu fühlen? Verlangen wir zu viel von ihnen, wenn wir uns Verständnis sowie Mitgefühl/Empathie von ihnen erhoffen?

In der Zeit des Nationalsozialismus galt das Interesse ausschließlich Kindern, die manipulierbar und verführbar sind. Die selbst am besten *nicht* denken und *nicht* fühlen, weil sie dann am besten zu instrumentalisieren und zu führen sind. Wenn ein Kind aber auf diese Art und Weise lernt, dass die Mutter auf die Signale, die es aussendet, nicht reagiert, dann folgert es daraus, dass seine Äußerungen nichts wert sind. Ja mehr noch: Dass es selbst nichts wert ist. Außerdem erleben die Kinder Todesangst, wenn sie zum Beispiel in Situationen wie Einsamkeit oder Hunger spüren, dass sie von ihren Bezugspersonen weder gehalten, noch beruhigt werden. Solche Erfahrungen können bei den Betroffenen zu Entwicklungs- und Bindungstraumata führen. Diese verursachen wiederum Bindungsstörungen und machen es den Betroffenen schwer, Kontakte zu anderen Menschen zu knüpfen. Selbst zu den eigenen Kindern oder Enkeln, denn es ist davon auszugehen, dass diese Erziehungsmuster von Generation zu Generation weitergegeben werden. Zumindest so lange, bis sie bewusst durch andere Erziehungsideale abgelöst werden. Und selbst dann ist die Gefahr noch gegeben, dass die Eltern trotz bewusster Erziehungspraxis in stressigen Momenten wieder in die alten unbewussten Muster ihrer eigenen Kindheit und Erziehung zurückfallen.

Die *Erziehungsziele* entsprachen *früher* sehr stark sozialen, leistungsbezogenen und von der Religion geprägten Verhaltensstandards, wie eine ordentliche Arbeit verrichten, immer schön höflich und freundlich sein, brav und gehorsam sein, angepasst sein im Sinne von Unterordnung, rücksichtsvoll gegenüber anderen sein, bescheiden sein, ordentlich sein, ehrlich sein, diszipliniert sein, sparsam sein, auf das Geld achten, Vater und Mutter ehren und achten usw.

Erziehungsgrundsätze heute: Galten Babys/Kinder früher als „Quälgeister, deren Wille gebrochen werden muss" (siehe Text oben), so erfahren sie heute zum Glück deutlich mehr an Wertschätzung, Respekt und Liebe, was unter anderem vielleicht auch darin begründet liegt, dass viele Eltern diese elementaren Werte in ihrer eigenen Kindheit und Jugend zu wenig erfahren haben oder gar entbehren mussten. Heute wollen sie dies bei ihren Kindern besser machen.

Aber nicht nur in den Familien, sondern auch in Kindergärten und Schulen werden die Kinder hinsichtlich ihrer individuellen Fähigkeiten und Kompetenzen viel *bewusster* wahrgenommen und mehr in Ereignisse und Entscheidungsprozesse einbezogen, die heutzutage das Zusammenleben betreffen. Durch diese Beteiligung (Partizipation) erfahren sie, dass sie wichtig sind, dass sie wertvoll sind, dass ihre Meinung zählt, dass ihre Interessen gehört werden. So starten sie nicht nur mit besseren innerfamiliären Grundvoraussetzungen in ihr Leben, sondern mit viel mehr *Ich-Stärke*.

Damit ist aber nicht eine narzisstische Ich-Bezogenheit gemeint, bei der es nur noch um die Umsetzung der eigenen Bedürfnisse und Interessen geht. Vielmehr geht es darum ein *„gesundes Ich"* im Sinne von „ich bin wertvoll", „ich bin wichtig", „ich bin einzigartig" im sozialen Kontext zu entwickeln. Ein gesundes „in-Sich-stark-Sein". Denn im Leben geht es darum, dass wir uns vom *„ICH"* (von der Selbstverantwortlichkeit) zum *„DU"* (mit anderen partnerschaftlich und verantwortungsvoll umgehen) zum *„WIR"* (zum Miteinander im gesamten Weltengeschehen zwischen Menschen, Tier, Natur und Umwelt) entwickeln. Jeder von uns sollte hier seinen Beitrag leisten. Erziehung heute orientiert sich an den verschiedensten Kompetenzbereichen wie den ...

- *persönlichen Kompetenzen/Selbstkompetenz:* Selbstbewusstsein, Selbstwahrnehmung, Selbstvertrauen, Selbstorganisation, Verantwortungsbewusstsein,
- *sozial-kommunikativen Kompetenzen* wie Kooperationsfähigkeit, Teamfähigkeit, Motivation oder Kommunikationsstärke als sog. Schlüsselqualifikationen,
- Erwerb bestimmter *Fach- und Methodenkompetenzen.*

Allen gemeinsam ist das Erkennen der Fähigkeiten und Fertigkeiten des einzelnen. Wobei es gilt, das individuelle Potential nach und nach immer mehr zur Entfaltung zu bringen, sodass jedes Kind seine *inneren Stärken* erkennt und die Aspekte ausbilden kann, die ihm helfen, sich selbst zu entfalten, motiviert auf ein persönliches Ziel hinzuarbeiten und sich selbst authentisch zu leben. Hierzu zählen Aspekte wie Entschlusskraft, Eigeninitiative, Flexibilität, Kreativität, Willensstärke, Selbstdisziplin,

Kritikfähigkeit, etc. Diese Aspekte werden in der Literatur gerne unter dem Begriff der *Resilienz* (Widerstandsfähigkeit) zusammengefasst. Resilienz, die Schlüsselkompetenz für ein starkes Ich, für Erfolg und ein erfülltes Leben.

13

Was habe ich noch so alles über mich gelernt?

„Du hast deine Kindheit vergessen, aus den Tiefen
deiner Seele wirbt sie um dich.
Sie wird dich so lange leiden machen, bis du sie erhörst."
Hermann Hesse (aus *Narziß und Goldmund*)

In uns lebt das Kind, das wir einmal waren

Jeder von uns kennt Situationen, in denen er auf etwas allergisch reagiert. Egal ob dies ein Mensch ist, der eine bestimmte Reaktion in uns auslöst, oder eine Situation, die uns fordert. Etwas in uns lässt uns aufbrausend, mitunter sogar richtig wütend sein. Wir reagieren aufgebracht, impulsiv, obwohl wir das gar nicht wollten. Können es uns nicht wirklich erklären, warum wir jetzt gerade so überreagieren. Doch wir können es nicht verhindern, da die Emotionen schneller hochkommen und sich entladen als wir dies wollen. Etwas „brodelt" in uns, das wir nicht einmal richtig benennen können. Im Grunde genommen erschrecken wir vor uns selbst und scheuen vor dieser aggressiven Energie in uns zurück. Lehnen sie ab. Wissen nicht wirklich mit ihr umzugehen.

Es kann aber auch sein, dass wir uns zurückziehen, weil wir die Konfrontation mit dem anderen scheuen. Wir fühlen uns so tief gekränkt, dass wir uns fürs Erste abwenden und mit uns allein sein müssen. Wir sind zutiefst verletzt. Brauchen gebührenden Abstand. Müssen für uns sein, um das, was da gerade geschah, überhaupt erst einmal wahrzunehmen, um es überhaupt zu verstehen.

Egal wie wir situativ handeln, wir müssen uns fragen: Woher kommt diese starke Emotion? –Warum reagiere ich hinsichtlich dieses Themas oder der Person so allergisch? – Was löst das in mir aus? – Was tut hier so weh? – An was erinnert es mich? – Wird hier ein alter Schmerz aus meiner Kindheit wachgerufen? … Übertrage ich ein Problem, das ich im Alter von „…“ mit Papa, Mama hatte, auf meinen Mann, auf diesen Kollegen, auf den Nachbarn?

Das innere Kind ist Repräsentant für alles in der Kindheit Erlebte. Es hat Zugang zu unserem Unterbewusstsein, in dem – wie in einer Datenbank – alle Emotionen, Erinnerungen und Erfahrungen aus dieser Zeit gespeichert sind. Neben Erlebnissen sind dort unsere Glaubenssätze, Überzeugungen und Gefühle gespeichert, die noch heute maßgeblich beeinflussen, wie wir reagieren. Mit den positiven Erinnerungen zu leben ist einfach. Sie sind für jeden von uns bereichernd. Ganz anders schaut es da mit den negativen Erfahrungen, sowie den daraus resultierenden Glaubenssätzen und den damit einhergehenden belastenden Gefühlen unserer Kindheit aus. Ungefragt nehmen sie immer und immer wieder Einfluss auf unser Leben, bestimmen unser Denken, Handeln und Sein und transportieren vor allem unverarbeitete und somit auch ungelöste Emotionen und Ängste mit sich.
  Das innere Kind ist eine der vielen Teilpersönlichkeiten, die wir in uns tragen, so wie zum Beispiel den inneren Kritiker, den strengen Richter, den Berater, den Perfektionisten, den Rebellen, den Intellektuellen oder die Powerfrau, die sensible Sanfte, die aufopferungsvolle Mutter etc. – All diese Teile unseres Selbst agieren aus unserem Unterbewusstsein heraus und beeinflussen so unsere Erfahrungen, die wir im Laufe unseres Lebens machen.
  Egal wie alt wir sind, wir alle haben in uns dieses innere Kind. Uns mit seinen positiven Anteilen wie Freude, Stärke, Sicherheit, Kreativität, Harmonie, Leichtigkeit, Klarheit usw. zu identifizieren, die das „Sonnenkind“ in uns aufleben lassen, das fällt uns nicht schwer.

Was wir scheuen, ist die Auseinandersetzung mit den Anteilen des „Schattenkindes“, das sich uns je nach Situation im Gewand negativer Gefühle wie Trauer, Verletzung, Angst, Verzweiflung, Wut, Schuld, Ablehnung usw. zeigt. Wir werden diese Gefühle so lange erleben, uns selbst immer und immer wieder in entsprechende Situationen bringen, in denen wir mit den erlernten Mustern der Kindheit konfrontiert werden, bis wir uns ihrer bewusst werden und infolge davon beschließen, unser Verhalten von Grund auf zu ändern. Das Universum gibt uns ausreichend Gelegenheit dazu, uns ein Verhaltens- und Glaubensmuster nach dem anderen anzuschauen. Entwicklung heißt: unseren Ängsten zu begegnen, sie anzuschauen und zu transformieren.

Zudem gilt es zu verstehen, dass wir, gefangen in schmerzhaften Gefühlen und Ängsten, in aller Regel auch positive Gefühle nicht mehr richtig wahrnehmen und empfinden können. So verlieren wir nach und nach den Kontakt zu anderen, aber auch zu uns selbst.

Es entsteht eine innere Leere. Wir ziehen uns zurück. Die Gefühle der Einsamkeit, des Ungeliebt-Seins verstärken sich. Aufgrund von Isolation verhindern wir tiefere Begegnungen mit anderen. Bauen um unser Herz einen Schutzwall auf. Oder wir passen uns den Erwartungen anderer viel zu sehr an, um vielleicht doch noch irgendwie in ein soziales Netz eingebunden zu sein. Doch damit verstärken wir den „Teufelskreis" negativen Erlebens in uns selbst. Bleiben unter Umständen als „Gefangene dieser Emotionen" zurück und unterdrücken viel zu sehr unsere eigenen Wünsche, Bedürfnisse und Gefühle.

Ob wir wollen oder nicht: Je mehr wir negative Erinnerungen und Gefühle von Mangel an Liebe, Mangel an Aufmerksamkeit und Wertschätzung, Schmerz, emotionalem bzw. körperlichem Missbrauch usw. abspalten, desto mehr melden sie sich. Sie sind Teil unserer Geschichte und nicht nur dies. Sie sind mehr oder weniger auch Teil der Geschichte unserer Familie und Ahnen. Auch wenn jedes Familienmitglied seine ihm eigene Art hat, mit dieser Art von „Erbe" umzugehen, wirkt diese Energie unbewusst mit. Wie sehr sie sich uns jedoch zeigt und in uns lebt, steht im Zusammenhang mit unserer Seelenaufgabe, die wir vor unserer Inkarnation in Absprache mit den Mitgliedern unserer

Seelenfamilie getroffen haben. Haben wir damals entschieden, dieses „Familien-Erbe" anzutreten, um es zu lösen, dann besteht unsere Aufgabe heute darin, uns diese alten emotionalen Geschichten anzuschauen, uns ihrer bewusst zu werden, um sie letztlich in Liebe anzunehmen und zu integrieren, denn auch sie sind ein wichtiger Teil von uns. Sie gehören zu uns. Sind Teil unserer Biografie und haben uns zu genau dem Menschen gemacht, der wir heute sind.

Das heißt: Wir erschaffen uns – wenn auch unbewusst – so lange Situationen, in denen wir „leiden", bis wir gewillt sind, unsere Hausaufgaben zu machen und uns die Themen genauer anschauen, die uns im Hinblick auf unsere *Vergangenheit als Kind* hindern, in uns ganz heil und gesund zu werden.

Statt das Unangenehme weiterhin zu verdrängen, sollten wir als der *Erwachsene*, der wir heute sind, auf diese schmerzhaften Gefühle und Anteile schauen. Erkennen, was in Wahrheit ihre Botschaft ist. Uns bewusstwerden, was es zu verändern, zu lernen gibt und diese Anteile, die bislang unbewusst unser Verhalten gesteuert haben, integrieren. Um ein glückliches, befreites Leben zu führen, um Liebe empfangen als auch geben zu können, ist es wichtig, mit dem Kind in uns in Kontakt zu sein. Nur so können die alten Wunden nach und nach heilen und Neues kann entstehen.

Es gilt: Indem wir uns auf das Positive und Machbare statt auf das Problem fokussieren, nehmen wir ihm die Macht. Setzen damit ungeahnte Energien frei. Kommen wieder in unsere Kraft. Hier finden wir dann auch die Lösungen, derer es bedarf, weil wir nicht mehr aus der Angst heraus handeln, sondern aus Mitgefühl, Verständnis und Liebe.

So verändert sich das Spiel von Ohnmacht und Macht, indem wir als Spielleiter und Regisseur unseres Lebens die Regeln für dieses Spiel neu definieren und unseren Fokus auf das Spiel entscheidend verändern. Wie eine konkrete Situation im Leben wirklich zu deuten ist, ist eine Frage unserer Haltung und unseres Bewusstseins. Wir spielen das Spiel. Wir treffen die Entscheidungen. Wir erschaffen uns unsere Realität.

Eine DVD, die ich jedem Leser in diesem Zusammenhang nur empfehlen kann, ist die DVD *Wie wir werden, was wir sind* (siehe Literaturverzeichnis), in der der Zellbiologe und Pionier der prä- und perinatalen Entwicklung Dr. Bruce Lipton auf leicht verständliche Art und Weise neue wissenschaftliche Erkenntnisse mitteilt und mit einem bildreichen Vortrag die Mechanismen erklärt, wie sich die Überzeugungen und Emotionen unserer Eltern auf die Entwicklung des genetischen Codes der Kinder auswirken. Bruce Lipton zeigt auf, wie unsere prä- und perinatalen Erfahrungen eine Art biologische Vorgabe bilden, die für unsere Gesundheit, unser Verhalten, unsere Einstellungen und unsere Beziehungen von fundamentaler Bedeutung sind, da sie entweder bewusst oder unbewusst unser Leben bestimmen.

Ein „Spiel" über Generationen hinweg gespielt, das wir nur dadurch beenden können, indem wir selbst zum Regisseur, zum Hauptdarsteller, zum Akteur, zum Meister des Lebens werden. Um bei diesem Spiel erfolgreich zu sein und gewinnen zu können, gilt es, uns der unbewussten Anteile bewusst zu werden und sie in unser Dasein zu integrieren.

Ob wir uns letztlich als „Sieger" oder „Verlierer" sehen, darüber entscheiden wir ganz allein. Die Verantwortung darüber hat Gott in unsere Hände gelegt. Jeder von uns hat den freien Willen zu entscheiden, welche Rolle er einnehmen will. Wir sollten es uns wert sein, das Beste daraus zu machen. Finden Sie nicht auch?

Doch wie finden wir heraus aus Ohnmacht, Unzufriedenheit und Angst? – Ziel sollte es sein, eine gute Verbindung zwischen dem inneren Kind und dem mitfühlenden, liebevollen Erwachsenen in uns herzustellen. Dafür ist es nötig, dass sich der erwachsene Teil in uns bewusst dafür entscheidet, in einem ersten Schritt das Kind mit allem anzunehmen, was es in sich vereint, ohne irgendetwas davon zu bewerten.

In einem nächsten Schritt gilt es, aus der Perspektive des Erwachsenen heraus, zu prüfen, inwiefern diese ganzen negativen Glaubenssätze und Gedanken überhaupt noch eine Daseinsberechtigung haben. Entspricht diese „scheinbare Wahrheit" denn überhaupt meiner „inneren Wahrheit"? – Falsche Glaubenssätze können uns eine wunderbare Orientierungshilfe sein, um bessere Glaubensmuster und Überzeugungen zu formulieren, nach denen wir künftig leben wollen.

Sind wir als Erwachsene in einer bewusst liebevollen Verbindung mit unserem inneren Kind, erleben wir das ganze Leben anders. Dadurch, dass wir jetzt mit uns selbst verbunden sind, fühlen wir uns auch wieder mit den Menschen, allen Lebewesen und der Natur verbunden. Und genau diese Verbindung ist es, die uns letztlich Halt gibt und stärkt. Jetzt kommen wir wieder in unsere Kraft, können Verantwortung übernehmen und gut für uns sorgen. Durch diesen Einklang mit uns selbst werden wir zusehends auch wieder freier und unabhängiger vom Wohlwollen und der Meinung anderer und finden stattdessen wieder zurück in die Harmonie, die sich uns nach und nach dann auch immer wieder mehr im Außen zeigt.

In unserer geschäftigen und lauten Welt, in der wir heute leben, ist es kein Wunder, dass sich das Kind in uns immer wieder mal übergangen fühlt. Es will wahrgenommen, gesehen, wertgeschätzt und geliebt werden. Dafür steht es. Daran erinnert es uns. Arbeiten wir mit dem Kind zusammen, ist es glücklich und kooperativ, statt verstört, ängstlich und aggressiv. Wenn wir ihm zuhören, es wertschätzen und lieben, dann wertschätzen und lieben wir uns selbst.

Doch wie können wir einen guten Kontakt zu diesem kleinen Wesen aufbauen und pflegen? – Am besten fragen wir es selbst, denn so fühlt es sich nicht übergangen, sondern gehört. Ich habe mein Kind zum Beispiel gefragt, welchen Namen ich ihm geben soll. Die Antwort kam prompt. Seitdem heißt meine Kleine „Bella". – „Die Hübsche", „die Schöne". Dieser Name tut uns beiden gut, denn er erinnert mich stets daran, was für ein wunderbares Wesen dieses zauberhafte Kind ist.

Wir können unseren Kontakt zum inneren Kind auch dadurch beleben, dass wir Gespräche mit ihm führen und so unsere

Gedanken mit ihm teilen. Dass wir mit ihm spazieren gehen und ihm die Welt des Erwachsenen zeigen und erklären.

Wir können ihm einen Brief schreiben und auf diese Art Gefühle mit ihm teilen. Mit ihm tanzen, malen, singen, musizieren usw. Uns daran erinnern, was wir als Kind gerne getan haben. Wie wir damals ganz selbstvergessen unsere Zeit verbrachten. Es liebt es, wenn wir uns ihm wieder einmal kreativ und verspielt zuwenden. Wir können ihm aber auch in aller Stille begegnen mit Traumreisen und geführten Meditationen. Uns sind da keine Grenzen gesetzt.

Wichtig ist, allein mit dem Kind in Kontakt zu sein und diese gemeinsame Zeit zu genießen. Das muss nicht lange sein. Schon eine Viertelstunde „Kind-Zeit" am Tag tut gut. Es geht allein darum, uns als Kopf-Mensch die Erlaubnis zu geben, aus dem reinen im Kopf-Sein auszusteigen, zu entspannen und dafür wieder einmal ganz im Herzen zu sein.

Das kann vor allem für die unter uns wichtig sein, die keine eigenen Kinder haben. Ihnen fehlt manchmal der Zugang zu ihrem inneren Kind. Doch es erleichtert viel, wenn wir uns wieder daran erinnern, dass das Leben leicht, verspielt und verträumt sein darf. Wir dürfen fürsorglicher, sanfter und mitfühlender mit uns sein. Letztlich können wir in allen Lebensbereichen davon profitieren, weil wir dann viel mehr in Ausgeglichenheit und Harmonie mit uns selbst sind. Das zeigt sich uns dann auch im Kontakt mit anderen. Egal ob beruflich oder privat. Harmonie in mir zieht Harmonie im Außen an. Friede in mir zieht Friede im Außen an. Liebe in mir zieht Liebe im Außen an. Kurzum: Es wirkt das Resonanzgesetz!

Lassen Sie mich noch ein paar meiner Gedanken zum inneren Kind mit Ihnen teilen und Ihnen ein Beispiel geben, wie das innere Kind mit uns zusammenarbeiten kann.

Wie ich bereits zu Beginn dieses Kapitels erwähnt habe, handeln wir in vielen Dingen immer noch wie das Kind, das wir einst waren. Doch können diese Verhaltensweisen für den Erwachsenen sowohl beruflich als auch privat sehr kontraproduktiv

317

sein. Diese Muster haben uns in der damaligen Situation als Kind zwar gedient. Sie waren unsere Reaktion auf das erzieherische Verhalten unserer Eltern und sicherten in manchen Fällen vielleicht sogar unser Überleben. Doch so günstig sie für uns damals als Kind waren, sind sie heute sehr hinderlich.

Reagieren wir auf eine Situation oder die Wesensart eines Menschen (Stimme, Tonfall, Geruch, Mimik, Gestik, Körperhaltung) mit kindlicher Strategie, dann merken wir dies sehr schnell. Wir fühlen uns nicht gut, ärgern uns, sind irritiert, frustriert oder gar deprimiert. Haben im Bruchteil von Sekunden das Gefühl uns verteidigen zu müssen. In der *heutigen* Situation ist es jedoch nicht mehr angebracht, mit diesem kindlichen Schmerz-Bewusstsein zu reagieren.

Um zu einer wirklichen Klärung des Sachverhalts beizutragen, sollten wir unsere Probleme mit dem Bewusstsein eines Erwachsenen lösen. Das gilt für jeden von uns, denn es ist der Sache nicht zuträglich, wenn der eine aus der Ebene des Erwachsenen-Ichs heraus agiert, der andere jedoch in seinem kindlichen Schmerz feststeckt und mitunter mit Argumenten wie wild um sich schlägt. Um mit dem anderen wirklich in Beziehung zu sein, um Sachverhalte klären zu können, müssen beide Gesprächspartner auf *gleicher* Augenhöhe sein. Das ist eine der wesentlichen Voraussetzungen für ein gutes Gespräch.

Nachfolgend ein Beispiel, wie das innere Kind auf seine Art mit uns spricht. Unbewusst erschaffen wir uns immer die genau richtigen Situationen und begegnen dabei Menschen, die unsere Lehrer sind. Für mich waren das lange Zeit Menschen, vor allem Frauen, die sehr laut und schrill sind. Deren Stimmen einen sehr anklagenden, vorwurfsvollen, aggressiven Ton haben können. Die sich sehr selbstsicher gebärden, denen aber anzumerken ist, dass sie nicht wirklich selbstbewusst sind. Die sich gerne in Szene setzen, um die Aufmerksamkeit anderer zu erhalten.

Diesen Typ Mensch holte ich mir zu den verschiedensten Anlässen immer wieder einmal in mein Leben. Meist war mir die Begegnung mit ihnen so unangenehm, dass ich mich ihnen schnell entzog. Bei meinem letzten Zusammentreffen mit einer

Frau, die einige dieser Wesenszüge in sich trug, gelang mir diese Art von Rückzug nicht, weil wir für eine Viertelstunde eine gemeinsame Bootsfahrt vor uns hatten. Ich war also – wenn auch ungewollt – für geraume Zeit dieser Situation ausgesetzt, auf die ich sogar körperlich reagierte. Um mich abzulenken und mich auf mich selbst zu konzentrieren, versuchte ich das Beste aus dem Ganzen zu machen und fragte mich: Was *genau* ist es, das mich hier so massiv stört? – Warum ist es mir peinlich, wenn sie sich derart echauffiert? – Was erlebe ich an ihr, das mich so wütend sein lässt, dass ich darauf sogar körperlich reagiere? – Was *genau* gefällt mir hier nicht?

Es war ihre Art, wie sie sich ungeniert und ohne jegliche Selbstkontrolle ihrer Gefühle entlud. Und das so laut, dass andere gezwungen waren, sich ihr Getöse anzuhören. Es war mir peinlich, dass sie mit ihrer Art die Aufmerksamkeit anderer auf sich zog, andere Gespräche sogar zum Erliegen brachte. Ich war nicht die Einzige, die sichtlich irritiert war, wie sich die Frau ihrer Gefühle entlud.

Da mich die Szenerie noch später während meines Spaziergangs beschäftigte und mich die Arbeit mit dem inneren Kind seit geraumer Zeit faszinierte, fragte ich mein Kind, was denn hier *eigentlich* geschieht. Es waren Fragen wie: Was will mir diese Frau indirekt sagen? – Worauf will mich das Erlebte aufmerksam machen? – Was hat das Ganze mit mir zu tun? – Was mit mir als Erwachsene? – Was mit mir als Kind?

Als Antwort auf meine Fragen bekam ich verschiedene Bilder von mir als Kind. In der Erinnerung sah ich mich in ein paar Situationen, in denen ich sehr aufgebracht, erhitzt und wütend war. Innerlich so erregt, dass ich nicht anders konnte als diese Gefühle heftig und lautstark zu äußern. Für einen kurzen Moment hatte ich dann zwar die Aufmerksamkeit meiner Eltern auf mich gelenkt, doch entsprach *ihre* Reaktion nicht meinem Wollen. Ganz im Gegenteil.

Diese wenigen Erfahrungen führten letztlich dazu, dass ich früh lernte, dass es nicht angebracht ist, Gefühle von Frust, Wut, Angst, Enttäuschung etc. auf diese Art zu zeigen. Es brachte mir nicht das Angenommen-Sein, die Wertschätzung und Liebe ein, nach der ich mich im Grunde genommen sehnte. Ich hatte bezüglich der Mitteilung meiner Bedürfnisse die falsche „Sprache", die falsche Methode gewählt und bekam dies auch zu spüren.

Folglich lernte ich um und wählte stattdessen den Weg, zukünftig Konflikten und Sanktionen aus dem Weg zu gehen. Ich lernte still zu werden, auch wenn ich innerlich tobte. Machte mich unscheinbar und klein. Ging rechtzeitig in Deckung. Was ich ursprünglich einmal wollte war Aufmerksamkeit, Wahrgenommen-Werden, Geliebt-Werden. Was ich lernte, war, dass man – um diese Bedürfnisse erfüllt zu bekommen – am besten schweigt und seine Gefühle unterdrückt. Also lernte ich meine Gefühle zu kontrollieren. Und das tat ich so ziemlich mein Leben lang. Zumindest bis heute, denn zum Glück bin ich mir jetzt dieser Strategie bewusst und kann mich inzwischen darin üben, *alle* meine Gefühle zu leben.

So gesehen lernte ich viel aus der Begegnung mit dieser anderen Frau. Und ich lernte zusätzlich wie wichtig es ist, auf meinen Körper zu hören. Mein inneres Kind teilte sich mir in diesem Fall zunächst über die Sprache meines Körpers mit. Meine „übertriebene" körperliche Reaktion wies mich darauf hin, dass auf der Ebene des inneren Kindes ein verdrängtes Gefühl aktiviert wurde. – Ich staune immer wieder wie intelligent mein Körper ist. Bevor ich so manches mit meinem „*Kopf-Hirn*" erfassen kann, hat mein „*Herz-Hirn*" auf körperlicher Ebene schon längst wie bei einer Orgel alle Register gezogen und trompetet oder posaunt vor sich hin, dass da etwas gerade nicht stimmt.

Dieses Beispiel hat mich gelehrt, wie wichtig es ist, noch viel mehr mit meinem inneren Kind verbunden zu sein und mit ihm gemeinsam die Welt zu entdecken. Denn auch wenn es der kindliche Anteil in mir ist, so kann er mich vieles lehren.

In meiner anfänglichen praktischen Arbeit mit dem inneren Kind legte ich meinen Fokus noch sehr stark auf heilen, erlösen, befreien. Doch solange ich glaubte, dass dies die einzig zielführende Arbeit mit dem inneren Kind ist, erschuf ich mir immer wieder Situationen, in denen ich unter bestimmten Bedingungen/Menschen litt. Meine Aufmerksamkeit war zielgerichtet auf „Ich muss heilen, trösten, erlösen!". Erst im Laufe der Zeit erlaubte ich mir, dass ich gar nichts mehr „*muss*". – Es war unter anderem diese Erlaubnis, die ich mir gab, die meinen Blick auf die Arbeit mit dem inneren Kind veränderte.

Statt weiterhin einzusteigen in die Rolle des Kindes und so ein Teil/Opfer der Geschichte zu sein, sah ich mir die kindlichen Muster neuerdings wie einen Film an. So gelang es mir zu alledem auf gebührenden Abstand zu gehen. Und indem ich nichts mehr bewertete und mich mit den verschiedenen Rollen nicht mehr identifizierte, geschah so etwas wie Magie.

War ich zuvor noch eine „Gefangene", die hinsichtlich ihrer kindlichen Ohnmacht weiterhin handlungsunfähig blieb, gab ich mir durch die neue Position, die ich mir in der neuen Rollenverteilung gab, meine Macht nach und nach wieder zurück. – Was hatte ich anders gemacht? – Ich hatte eine *Beobachterposition* installiert. Auf dieser fühlte ich mich hinsichtlich der ganzen Szenerie sicher, denn von hieraus hatte mein *Erwachsenen-Ich* den Überblick. Aus dieser Position heraus hatte ich endlich den Abstand, um mir die Dinge neutral anzusehen und nicht länger in irgendeine Art von Bewertung zu gehen. Hier konnte ich – was besagten Film anging – frei schalten und walten. Die Fernbedienung dazu war in meiner Hand. Um besser zu verstehen, was in jedem einzelnen Protagonisten abging, konnte ich die Szenerie jederzeit unterbrechen, mir verschiedene Passagen wiederholt ansehen, den Film verlangsamen, rückwärts abspielen, den Ton leiser oder lauter stellen. …

Aus der Unfähigkeit zu handeln entstand so der Freiraum Regisseur meines Films zu sein. Nach und nach gelang es mir immer mehr alternative Wege zu suchen und diese vermehrt zu gehen. Die Ohnmacht meines Kindes forderte mich auf, mir meine Macht und Freiheit endlich wieder zurückzuholen. Und umso mehr ich mich darauf fokussierte, umso mehr kam ich wieder in meine Kraft.

Ich bin davon überzeugt, dass hinter den Strategien meines Kindes eine positive Absicht steht. Es hält mir auf seine Art einen Spiegel vor und zeigt mir, wie ich als Kind auf unliebsame und mich belastende Situationen bzw. Menschen reagiert habe. Es verrät mir die Strategie, die ich mir im Laufe der Zeit angewöhnt hatte, um mich in der Welt der Erwachsenen zurechtzufinden und zu behaupten.

Heute weiß ich: Die alten Muster haben ausgedient. Es ist an der Zeit ein Update zu machen. Glaubenssätze, Überzeugungen, Verhaltensmuster einem Realitätscheck zu unterziehen. Schauen, was bleiben darf, doch all der andere „Mist" muss raus. Für den gilt: „Spiel vorbei! Game over! Rien ne va plus! – Die Karten werden neu gemischt." – Altes funktioniert nicht mehr.

Die liebevolle innere Erwachsene in mir ist sich heute ihrer Verantwortung bewusst. Sie arbeitet inzwischen mit ihren diversen inneren Anteilen zusammen. Ganz besonders mit dem inneren Kind. Denn wurde die lichtvolle Seite unseres Kindes zu wenig gelebt, konnte sich diese nicht frei entfalten, dann ist es nur selbstverständlich, dass dieser Anteil auch noch nach Jahrzehnten in uns schreit. Unsere Sonnenseite will leben, will mit seinem ganzen Potential wahrgenommen, gesehen und gehört sein. Will ihre kreative Seite entdecken. Ihre Fähigkeiten entfalten, um sie mit der Welt zu teilen.

Das innere Kind trägt wichtige, kostbare Anteile in sich, die es allesamt zu würdigen gilt. Das Gleiche gilt für den inneren Erwachsenen. In beidem findet sich ein unermesslich großer Reichtum, den es zu bergen gilt. Bergen wir diesen Schatz, führen wir das glückliche, freudvolle, friedvolle, leichte Leben, von dem wir immer träumen. Das ist der besondere Reichtum in uns, der wahre Fülle erst entstehen lässt.

Es sind nicht die Schätze im Außen, die uns reich und erfüllt sein lassen. Sie machen uns weder glücklich, noch zufrieden. Wir bleiben ewig Suchende, wenn wir vergessen, den kostbaren Schatz in uns selbst zu entdecken.

Entdecke deine Einzigartigkeit und lebe dich

Was macht mich aus? – Sind wir nicht geboren, um das herauszufinden?

Wir laufen tagaus, tagein mit so vielen Masken herum. Dieses Korsett an Masken wird uns schon früh angepasst. Sozusagen „anerzogen". Doch wer wir wirklich sind, bleibt uns mitunter sehr lange verborgen.

Heute bin ich auf dem Weg, dies für mich herauszufinden und mich dabei neu kennenzulernen. Ich erforsche mich. Ich entdecke mich. Ich schaue mir an, wer ich noch so alles bin. Das ist nicht immer nur leicht, doch ein äußerst spannendes Programm. – Unter uns gesagt: Besser als jedes Fernsehprogramm. – Und obwohl ich inzwischen schon so manches gelernt habe, weiß ich noch immer viel zu wenig darüber, wer ich wirklich bin.

Doch ich lerne mich Tag für Tag besser kennen. Und das ist für mich derzeit mein allerbestes Studienprogramm. Ich freue mich schon sehr auf all die Kostbarkeiten, auf all das Schöne, das ich nach und nach noch so alles entdecken kann. Die Spannung steigt. Sie wächst mit jedem Tag. Mich selbst immer mehr und vor allem auch bewusster wahrzunehmen und zu leben, das ist es, worauf es mir heute ankommt.

Und dafür habe ich – so verrückt es auch klingen mag – meine Karriere als Schulleiterin inzwischen gerne aufgegeben. Auch wenn der Beruf mich lange Zeit erfüllt hat und mich finanziell gesehen „er-nährt" hat, so musste ich dennoch erkennen, dass er mich im Grunde meines Herzens viel zu wenig „ge-nährt" hat. Heute versuche ich für mich diesen kleinen, aber wesentlichen Unterschied zwischen „er- und ge-nährt" zu erkunden und zu leben.

War es früher mein Ego mit all seinen negativen Glaubensmustern, seinen „Lügengeschichten", die es mir immer und immer wieder erzählt hat, um nur ja die Illusion des Getrennt-Seins vom Ganzen aufrecht zu erhalten, so wende ich mich heute meiner Seele zu und *ent-decke* mein wahres Selbst.

Auf diesem Wege habe ich auch wieder zu Gott zurückgefunden. Er half mit, das Gottes-Bild meiner Kindheit endlich zu revidieren. Und ich kann Ihnen sagen, dies zu wandeln war dringend notwendig, denn es hielt mich in Selbstzweifel, Schuld, Scham und Angst gefangen. Eine fatale Kombination. Eine selbstzerstörerische Kombination. Und da die Angst das Gegenteil von Liebe ist, konnte ich irgendwann die Liebe zu Gott, die Liebe zu anderen und vor allem aber auch die Liebe zu mir selbst nicht mehr wahrnehmen, nicht mehr fühlen, nicht mehr spüren. Ich war gefangen in Angst, Zweifel und Unsicherheit. Am schlimmsten davon ist die Angst, denn sie macht den Körper krank. Macht den Geist krank. Und macht die Seele krank.

Das Ego ist ein falsches Selbst-Konzept, das wir erschaffen haben, als uns die Liebe vorenthalten wurde, die wir als kleine Kinder dringend gebraucht hätten. Damals hofften wir, mit dieser Strategie die Aufmerksamkeit und Liebe unserer Eltern zu gewinnen. Unser Ego ist ziemlich raffiniert und schlau. Es fürchtet stets um sein Überleben. Damit es die Macht über uns behält und uns in seinen Fängen hält, sorgt es dafür, dass wir uns selbst Geschichten erzählen wie: „Ich bin nicht in Ordnung. Ich bin schlecht. Ich bin nicht liebenswert. Ich verdiene keine Liebe. Ich bin wertlos. Ich kann das nicht. Ich bin voller Fehler. Ich genüge nicht." So trennt es uns von uns selbst (mangelndes Selbstwertgefühl, mangelndes Selbstbewusstsein, mangelnde Selbstliebe usw.) und damit aber auch von einer höheren Macht, die in jedem von uns wohnt, die der Funke Gottes in uns ist.

Unser Höheres Selbst ist mit der Wahrheit des Universums verbunden, mit der göttlichen Quelle in uns. Ist unser inneres Kind verbunden mit dem fürsorglichen, liebevollen Erwachsenen in uns, dann leben wir bereits vielmehr unser Höheres Selbst. Sind beide miteinander vereint, dann sind wir nicht mehr getrennt. Dann öffnet sich unser Herz. Und sobald wir mit der Quelle der bedingungslosen Liebe, mit Gott, verbunden sind, können wir die Liebe sowohl empfangen, als auch geben. Jetzt handeln wir nicht mehr aus der Angst, der Sehnsucht oder der Bedürftigkeit heraus, sondern aus der wahren Liebe heraus.

Sie sehen, in meinem Leben hat sich vieles verändert. Mein Denken ist ein ganz anderes geworden. Ich bin eine andere geworden. In den letzten dreißig Jahren hatte ich meinen Fokus ausgerichtet auf Arbeit und Erfolg. Wie so viele andere wollte auch ich wer sein, weil ich glaubte, dass mein Leben dadurch einen Sinn bekommt und bedeutungsvoll wird.

Mit 55 Jahren stellte ich fest, dass mich dies alles nicht an mein ersehntes Ziel führte, sondern nur immer noch weiter weg von mir selbst. Inzwischen weiß ich, dass ich mir mit diesem Karriere-Schritt im Außen das an Achtung und Wertschätzung geben wollte, was mir in meinem Inneren, in meinem Seelenleben an Selbstachtung, an Selbstwert, an Selbstbewusstsein und an Selbstliebe fehlte.

Heute weiß ich, dass es der Mangel an all diesen „*positiven Selbsten*" war, der meine Seele austrocknete und verhungern ließ. Die negativen Erfahrungen meiner eigenen Schulzeit, der stete Vergleich mit meinem Bruder sowie das Gefühl, die Wertschätzung durch andere nicht so zu bekommen, wie ich geglaubt hatte dies zu verdienen, bestätigten mich in meinem Denken von „Ich bin nicht gut genug. Ich kann das nicht." Was mir fehlte, war jemand, der an mich glaubte, der mir zusicherte: „Du kannst das sehr wohl. Schau dir an, wie weit du schon gekommen bist. Du gehst vielleicht einen anderen Weg, doch der ist genauso gut."

Mir fehlte dieser liebevolle, wertschätzende und wohlmeinende Blick auf mich. Der Leistungsdruck, den ich mir selbst gemacht hatte und die Angst zu versagen, hinderten mich mein eigenes Potential zu sehen. Statt mich auf mich selbst zu konzentrieren, war ich stets auf Vergleich gepolt. Keine günstige Voraussetzung um an sich selbst zu glauben, auf die eigenen Fähigkeiten zu vertrauen und den eigenen Wert zu sehen. Was mir fehlte, war der liebevolle Erwachsene in mir, um mir selbst zu sagen: „Liebe dich so, wie du bist! Du bist in Ordnung, wie du bist! Du bist gut so, wie du bist! Glaube an dich!"

Was mir fehlte, war dieses Selbst-Bewusstsein, dieses positiv mit mir selbst in Beziehung sein. Mir fehlte es an positiven

Verstärkern sowie an Rollen-Vorbildern, an denen ich mich hätte orientieren können. So gesehen habe ich den gesunden Zugang zu mir selbst schon sehr früh verloren. Kein Wunder, dass meine Seele mit lauter Stimme nach mir rief.

Die Aufmerksamkeit, Liebe und Wertschätzung, die ich ihr und mir jahrzehntelang nicht gab, die hole ich heute nach, denn Gesundheit beruht nun einmal auf den *drei* Säulen von Körper, Geist *und* Seele.

Wird einer dieser Bereiche vernachlässigt, dann fallen wir aus unserer Mitte und geraten in Dysbalance. Und genau in diesem Zustand befand ich mich. Es waren also nicht nur das Burnout, die Depression, die PTBS, der Stress usw., die mein mühsam und sorgfältig aufgebautes Kartenhaus zusammenfallen ließen. In mir stürzte mein gesamtes Weltbild und Ordnungssystem ein.

Heute lerne ich zum Beispiel viel von Mutter Natur und begreife, wie wichtig „Loslassen" ist. So wie die Bäume im Herbst ihre Blätter fallen lassen, ihre Energien bündeln und ihre Baum-Säfte immer mehr ins Innere zurückziehen, tief in ihr Wurzelwerk, um dort zu überwintern, so lasse auch ich nach und nach los, was mir nicht länger dienlich ist. Und lerne, mich stattdessen mehr auf das zu konzentrieren, was mich wirklich nährt. Was mich wieder in meine Kraft bringt und meine Energie-Reserven wieder stärkt.

Zurück zu den Helden meiner Kindheit

„Märchen sind Menschheitsträume, vom Gelingen
der Liebe und des Lebens und der Suche nach sich selber
und dem Anderen."
Eugen Drewermann

Die Arbeit mit dem inneren Kind führte mich zurück zu wichtigen Helden meiner Kindheit, sodass ich mir die Frage stellte: Was habt ihr mir *heute* Wichtiges zu sagen? – Dabei stellte ich fest: Die Auswahl der Märchen, Mythen und Erzählungen unserer Kindheit verraten uns bereits sehr viel über uns selbst. Es sind nicht einfach nur Geschichten, die wir in einem bestimmten Alter hören und lesen. – Ein Teil ihrer Magie besteht darin, dass wir mit ihrer Hilfe bereits sehr früh unsere persönlichen „Helden" finden. Wir ziehen sie quasi an. Unbewusst begleiten sie uns schon sehr früh durch wichtige Phasen unseres Lebens und erzählen uns die Geschichten unserer Seele.

Unserem Lesealter entsprechend geben sie uns Raum fürs Träumen oder für eine eigene Interpretation. Und indem wir sie zu deuten versuchen, können wir viel darüber erfahren, wie wir denken und wer wir sind. So begleiten sie uns auf ihre eigene Art und holen uns immer dort ab, wo wir mit unserem Bewusstsein gerade sind. Und indem wir uns für den Bedeutungsgehalt ihrer Symbolik interessieren, erschließen sie sich uns.

Es sind also nicht nur die Menschen (Eltern, Geschwister, Lehrer, Freunde, Partner usw.), die unsere „Spiegel" und „Lehrer" sind. Nein! – Gerade Märchen und Mythen tragen einen ganz besonderen Schatz in sich, den es in der tieferen Betrachtung und Auseinandersetzung mit den jeweiligen Helden und Dämonen zu verstehen und zu bergen gilt.

So fiel mir nach und nach auf, dass ich mich in den letzten Jahren der Selbsterforschung zu jeweils einem ganz anderen Märchen besonders hingezogen fühlte. Für mehrere Tage oder Wochen begleitete mich der „Geist" des einen, dann wieder der „Geist" eines anderen Märchens. Und mit ihrer Hilfe konnte ich in der Betrachtung meiner eigenen Themen auf Abstand gehen. Ich konnte die Helden & Heldinnen des Märchens ihre „Geschichte" erleben lassen und mir an ihrem Mut, an ihrer Tatkraft, an ihrem Handeln ein Beispiel nehmen.

Und was das besonders Schöne daran ist: Märchen wie Mythen haben den Vorteil, dass sie immer gut ausgehen. Das gab auch mir Hoffnung und stärkte mich in meinem Vertrauen, dass auch mir ungeahnte Kräfte/Ressourcen innewohnen, die ich nur wiederfinden und aktivieren musste, um mich ebenso vorbildlich zu behaupten wie mein Held/meine Heldin dies tat. Ich musste mich dieser Erfahrung nur wieder öffnen. Und je mehr ich mich öffnete, sagte ich mir: „Eine Heldin gibt niemals auf. Fällt sie hin, steht sie wieder auf. Sie übernimmt die Verantwortung und denkt lösungsorientiert."

Märchen und Mythen halfen mir die eine oder andere persönliche Situation besser zu verstehen, weil ich sie in einem größeren Sinn-Zusammenhang sehen lernte. Das machte das Ganze angenehm für mich. Ich entdeckte: Indem ich mich auf den Helden meiner Geschichte fokussierte und mich auf die Symbolsprache des Märchens konzentrierte, verstrickte ich mich nicht mehr in meiner Geschichte. Stattdessen blieb ich auf Distanz und behielt den notwendigen Überblick. Das genau war die Lösung für mich, denn so wurde ich viel offener für die Botschaft so mancher Themen. Letzten Endes stellte ich sogar fest, dass auf diese Art und Weise mein verletztes Ego, mein innerer Kritiker und der innere Richter immer mehr schwiegen. – Was für eine Erleichterung. Was für ein Gewinn.

Ein weiterer Gewinn war, dass ich mit Hilfe meiner Helden für mich auch einen besseren Zugang zu meinen eigenen Gefühlen finden konnte. Emotionen, die ich leider allzu oft nicht bzw. zu wenig selbst gelebt und ausgedrückt hatte, fanden jetzt mittels meiner Sympathie für meinen Helden/meine Heldin endlich ihre Sprache. Die „Welt" der Mythen und Märchen wurde für mich in mehrfacher Hinsicht zu einem „Sprachrohr" für eigenen Schmerz, für eigene Emotionen, für die eigene Geschichte.

Letztendlich erkannte ich: all diese Formen von Schicksal und Leid, die gibt es überall. Sie treffen heute den, morgen die. Keiner von uns bleibt im Grunde genommen davon verschont. Bei jedem zeigen sie sich, nur in unterschiedlicher Ausprägung, je nachdem mit wie viel emotionalem Gepäck er in dieses Leben gestartet ist und welche Aufgaben sich seine Seele für diese Inkarnation ausgesucht hat. Manch einer weiß nur besser damit umzugehen. – Diese veränderte Sichtweise half mir, irgendwann mich selbst mit meiner Geschichte nicht mehr wichtig zu nehmen. Beziehungsweise lassen Sie mich das zuletzt Gesagte noch etwas korrigieren: Die Geschichte, die Vergangenheit für sich gesehen nicht mehr wichtig zu nehmen. Mich selbst dafür aber umso mehr! – Doch dies im Sinne von positiver Selbstannahme, Selbstakzeptanz, Selbstfürsorge und Selbstliebe.

Die Märchen, die für einen Teil meiner Lebensgeschichte relevant waren, ermöglichten es mir, auf eine unkomplizierte und leichte Art über existentielle Fragen und Prozesse nachzudenken. Ich erkannte, dass *meine* Probleme allgemeinmenschlicher Natur sind. Früher oder später kommt jeder von uns in einen Lebensabschnitt, in dem er sich manchen dieser Themen und Prozessabläufe mehr oder weniger intensiv zu stellen hat. Wie gut er letztlich damit umgehen kann, kommt jeweils darauf an, wie er durch Primär- und Sekundärsozialisation, sowie durch Lernen am Modell darauf vorbereitet wurde.

Märchen und Mythen überdauern die Zeit. Sie haben uns auch im 21. Jahrhundert noch viel zu sagen. Vielleicht rührt gerade hieraus die „Renaissance", die diese Texte heute noch immer haben. Ihre Geschichten wiederholen sich von Generation zu Generation. Sie sind in ihrer Art einzigartig und immer wieder aktuell.

Wir Menschen haben uns zwar in den Bereichen der Technik, der Naturwissenschaft und des medizinischen Fortschritts enorm weiterentwickelt, doch die Märchen zeigten mir im Vergleich mit meiner persönlichen Situation, dass wir uns als Mensch im zwischenmenschlichen Bereich, sowie innerhalb unserer Kommunikationsstrukturen und eines fairen Miteinanders kaum weiterentwickelt haben. – Ist das nicht enttäuschend, dass wir so sehr auf die sichtbare Entwicklung im Außen Wert legen, dafür aber unsere innere Entwicklung oft wie ein „Stiefkind" behandeln?

Meine zwei größten Helden aus der griechischen Mythologie sind und bleiben Odysseus und Herakles. Von ihnen kann ich noch sehr vieles lernen. Die wichtigsten Märchen, die mir im Prozess meiner Selbstfindung und Selbstentfaltung geholfen haben, waren …

Vom Fischer und seiner Frau – Wie sich der Wunsch nach etwas Größerem, Neuem und vermeintlich Besserem in das Gegenteil umschlagen kann

Das Mädchen ohne Hände – Was Leid und Enttäuschungen bewirken und wie sie uns im Leben voranbringen

Schneewittchen – Vom uralten Konflikt zwischen Mutter und Tochter

Dornröschen – Nur dass mich kein Prinz wachgeküsst hat, sondern eine Krise

Der Froschkönig – Der Weg von der passiv duldenden zur aktiv handelnden Person

Aschenputtel – Der Traum vom verborgenen Königtum in jedem Menschen

Hans im Glück – Vom Weg über das „Haben" zum „Sein"

All diesen Märchen gemeinsam ist der Weg des Helden: Dieser Weg beginnt jeweils mit einer Phase der Unschuld, die auch als Naivität bezeichnet werden kann. Gefolgt von einer Phase von Kampf und Niederlage. In der Begegnung mit den sogenannten „Lehrern" gelangt der Held langsam zu einem Mehr an Erkenntnis, was ihm dazu verhilft, dass er nun das Alte aufgeben und loslassen kann. Doch unser Held kann sich nur dann erfolgreich aus der Asche (Phönix!) emporheben, wenn er zuvor in Gänze den „Tod des alten Selbst" gestorben ist. Erst dann naht für ihn im Sinne einer Wiedergeburt ein glückliches Ende. So entwickeln wir uns mehr oder weniger bewusst vom naiven Narren zum wahren Helden.

Der amerikanische Mythologe Joseph Campbell untergliedert in seinem Buch *Der Heros in Tausend Gestalten* die Heldenreise in drei Abschnitte, die sich benennen lassen als eine Phase der Trennung bzw. des Aufbruchs aus der gewohnten Welt, gefolgt von Phase zwei, der Initiation (Einweihung). Und in Phase drei, der glücklichen Rückkehr des Helden, der die inneren und äußeren Dämonen gebändigt und besiegt hat, sich aus den Ängsten und negativen Emotionen befreit hat und nun über sein Leben frei entscheiden kann. Alle Erzählungen von Heldenreisen folgen diesem sich wiederholenden Muster der *Metamorphose*.

Was hat eine Metamorphose mit Heldentum und Persönlichkeitsentwicklung zu tun?

Lassen Sie mich dieses Kapitel mit einer Geschichte[14] beginnen:

Die Geburt des Schmetterlings

Ein Wissenschaftler beobachtete einen Schmetterling und sah, wie sehr sich dieser abmühte, durch das enge Loch aus dem Kokon zu schlüpfen. Stundenlang kämpfte der Schmetterling, um sich daraus zu befreien. Da bekam der Wissenschaftler Mitleid mit dem Schmetterling, ging in die Küche, holte ein kleines Messer und weitete vorsichtig das Loch im Kokon, damit sich der Schmetterling leichter befreien konnte.

Der Schmetterling entschlüpfte sehr schnell und sehr leicht. Doch was der Mann dann sah, erschreckte ihn doch sehr. Der Schmetterling, der da entschlüpfte, war ein Krüppel.

Die Flügel waren ganz kurz und er konnte nur flattern, aber nicht richtig fliegen. Da ging der Wissenschaftler zu einem Freund,

---

14 Geburt des Schmetterlings – eine weise Geschichte. Abrufdatum 06.01.2021, von htpps://www.lichtkreis.at/gedankenwelten/weise-geschichten/geburt-des-schmetterling/

einem Biologen, und fragte diesen: „Warum sind die Flügel so kurz und warum kann dieser Schmetterling nicht richtig fliegen?" Der Biologe fragte ihn, was er denn gemacht hätte. Da erzählte der Wissenschaftler, dass er dem Schmetterling geholfen hatte, leichter aus dem Kokon zu schlüpfen. „Das war das Schlimmste, was du tun konntest. Denn durch die enge Öffnung ist der Schmetterling gezwungen, sich hindurchzuquetschen. Erst dadurch werden seine Flügel aus dem Körper herausgequetscht, und wenn er dann ganz ausgeschlüpft ist, kann er fliegen. Weil du ihm geholfen hast und den Schmerz ersparen wolltest, hast du ihm zwar kurzfristig geholfen, aber langfristig zum Krüppel gemacht."

* * *

Schmerz der Wandlung – Wir hören es nicht gern, weil wir unangenehme Erfahrungen lieber vermeiden wollen, doch nicht nur der Schmetterling braucht den Schmerz, um sich aus dem Kokon, der ihn begrenzt, zu befreien. Auch die Schildkröte, das Küken, der kleine Vogel usw.

Wenn wir im Verlauf unseres Lebens einem bestimmten Stadium unserer Entwicklung entwachsen sind, dann heißt es Abschied nehmen und sich dieser einst schützenden Hülle, dieser Haut, die nicht mehr länger zu uns passt, zu befreien. In der Natur finden sich viele Beispiele, die uns diese Art der „Häutung" zeigen: Schlange, Krokodil usw.

Wie die Tiere müssen auch wir durch diesen *Schmerz der Wandlung, der Metamorphose* gehen, um der bzw. die zu werden, der/die wir sein können. Das bleibt uns nicht erspart. Das beginnt bereits mit der Geburt. Und genauso gilt es, sich auch in späteren Phasen des Lebens immer wieder einmal ins Leben „*hineinzugebären*". Ein Schritt, der nicht unterbleiben kann, wenn wir ganz erwachsen werden wollen.

Metamorphose – Das Wort „Metamorphose" kommt aus dem Griechischen und bedeutet Umwandlung, Verwandlung. Mythologische

Metamorphosen findet man in fast allen Kulturen. Schon in der Antike befassten sich zahlreiche Autoren mit diesem *Motiv der Verwandlung,* aus denen der Dichter Ovidius Publius Naso hervorsticht, der uns als Ovid bekannt ist. Mit seinem Werk *Metamorphosen* (entstanden um Christi Geburt) fasste er die griechisch-römischen Sagen zu einem Gedicht zusammen, das bis heute nichts an Interesse verloren hat. Seine *Metamorphosen* thematisieren Liebe, Macht und Zorn der Götter, sowie die Verwandlungen der Menschen durch die Götter. Angesprochen wird in der Person des Pythagoras im fünfzehnten Buch letztlich das Prinzip des immerwährenden Wandels, das sich als Lebensprinzip in Natur und Menschenwelt findet.

Die Metamorphosen Ovids zählen wohl zu den meistgelesenen Werken der Antike und des Mittelalters. Der italienische Dichter Dante Alighieri *(Göttliche Komödie)* zählte Ovid zu seinen großen Vorbildern, und auch von Johann Wolfgang von Goethe wird gesagt, dass er in die *Metamorphosen* ganz vernarrt gewesen sein soll. In der deutschen Literatur gibt es viele Märchen und Sagen, die sich der Verwandlung widmen. Viele Autoren haben sich von Ovids Werk inspirieren lassen, entwickelten den Prozess der Verwandlung als literarisches Motiv im historischen Prozess weiter und passten es in der Erzählform der jeweiligen Epoche an. Ein bekanntes Werk verweist schon mit seinem Titel auf diesen Prozess: Franz Kafka *Die Verwandlung.* Erzählt wird hier das Leben von Gregor Samsa, der eines Morgens aufwacht und feststellt, dass er ein Käfer geworden ist. Die Geschichte thematisiert sehr klar, wie sich diese Verwandlung auf die Beziehung innerhalb seiner Familie auswirkt.

In der Renaissance bekamen die Metamorphosen nicht nur eine zentrale Stellung als Quelle alter Mythen und Sagen, sondern wurden auch in der *Bildenden Kunst* immer mehr zum zentralen Thema. So nahmen sich zum Beispiel Künstler wie Sandro Botticelli (*Die Geburt der Venus*), Rembrandt, Peter Paul Rubens, Pablo Picasso und Salvador Dalí der Darstellung dieser Geschichten an. In der Musik erinnern Jacques Offenbachs Operette *Orpheus in der Unterwelt* und das Musical *My Fair Lady* ebenfalls an Ovids Geschichten.

In der *Botanik* beschreibt die Metamorphose die erfolgreiche Anpassung der Pflanze an neue Standortbedingungen (das Efeu bildet Kletterwurzeln), die in aller Regel über mehrere Generationen hinweg erfolgt (= Evolution). In der *Zoologie* versteht man darunter den Prozess der Wandlung von einer Larve zum ausgewachsenen Tier (Kaulquappe – Frosch). Hier vollzieht sich der Wandel von der Larve zum erwachsenen Tier über einen Wandel in der Gestalt und Form.

Der *Schmetterling* durchlebt sogar mehrere Stadien der Verwandlung, bis wir ihn als einen einzigartigen und wunderschönen Falter bewundern können. Die Metamorphose verläuft hier vom Ei über die Raupe zur Puppe und dann zum Schmetterling. – Die einzelnen Stadien dauern je nach den äußeren Bedingungen (Jahreszeit, Temperatur, Licht) unterschiedlich lange. Schmetterlingsweibchen erkennen die Pflanze, auf der sie die befruchteten Eier für ihren Nachwuchs ablegen, mit Hilfe der Geruchsorgane, die sich an ihren Beinen und Fühlern befinden. In diesen Eiern wächst zunächst ein kleiner Embryo heran, der dann zur Raupe wird. Wird der Raupe das Ei zu klein, zerstört es die Ei-Haut und beginnt sofort zu fressen.

Fressen und wachsen scheinen der einzige Lebensinhalt der Raupen zu sein. Dabei nagen sie sich mit ihren kräftigen Kiefern durch die Blätter der Pflanze, die sie bewohnen. So unterschiedlich und faszinierend die Schmetterlinge in ihrem Aussehen sind, so sind dies bereits auch die Raupen. Sie zeigen sich in ganz unterschiedlichem Kleid: in verschiedenen Farben, manche sind behaart, andere nicht. Manche haben Stacheln, um ihre Fressfeinde abzuschrecken und um sich gekonnt zu tarnen. Wer Raupen über eine längere Zeit hinweg beobachtet, kann mitunter sehen, wie sie sich mit einem Seidenfaden an ihrer Wirtspflanze festhalten. Endet ihr Raupenstadium, dann weben einige Arten (Ausnahme: Tagfalter) um sich herum einen schützenden Kokon.

Da in der Phase des Wachstums die Raupenhaut nicht mitwächst, muss sich die Raupe im Verlauf des Raupenstadiums mehrfach häuten (circa fünf- bis sechsmal). Während sich unter der Schale der alten Haut ihre neue Haut bereits bildet, reißt die zu eng gewordene alte Hülle auf. Hat die Raupe diese erfolgreich abgelegt, dann hat sie nun wieder genügend Platz um zu wachsen und groß und stark zu werden für die neue Phase der Häutung. Erst nach der letzten Häutung beginnt das Stadium der Verpuppung. Doch zuvor sucht sich die Raupe den dafür geeigneten Ort. Je nach Schmetterlingsart graben sich manche Raupen in den Boden ein, andere hängen kopfüber an einem Ast. Während die Raupe scheinbar reglos an ihrem Platz verharrt, bildet sich unter der Raupenhaut die Puppe aus, deren Wachstum den Körper der Raupe grundlegend verändert. Erst wenn diese Phase der Entwicklung abgeschlossen ist, wird die Raupenhaut samt Kokon abgestreift. Während des Puppen-Entwicklungsstadiums findet nach und nach im Inneren der Puppe die letzte Stufe der Verwandlung (Metamorphose) zum Schmetterling statt, in der sich Flügel, Beine, Fühler und Rüssel des Falters entwickeln.

Erst wenn alle Entwicklungsschritte abgeschlossen sind, dann reißt die Verpuppung an mehreren Stellen ein. Der *Geburtsprozess* beginnt: Was dann hervorkommt, ist ein Schmetterling mit noch ganz weichen und gefalteten Flügeln, die sich erst nach und nach entfalten müssen. Bis Flügel und Haut ausgehärtet sind, und der junge Falter zum ersten Mal fliegen kann, dauert es mitunter bis zu zwei Stunden.

Wie der Schmetterling durchläuft auch der Mensch mehrere Phasen der Entwicklung:

Metamorphose – Transformation – Neubeginn

Unsere menschliche Entwicklung ist ein lebenslanger Prozess, der sehr stark geprägt ist von der Familie, dem Gesellschaftssystem und der Kultur, in der wir aufwachsen. Wir wachsen, reifen und lernen unser ganzes Leben lang. Jedem Lebensalter lassen sich dabei bestimmte Entwicklungsaufgaben zuordnen, die ich Ihnen nachfolgend vorstellen will. Dabei beziehe ich mich auf das *Stufenmodell der psychosozialen Entwicklung*[15] des deutsch-amerikanischen Psychoanalytikers Erik H. Erikson (1902–1994), das er gemeinsam mit seiner Frau Joan Erikson entwickelt hat.

Das Modell geht davon aus, dass sich jeder Mensch in Stufen entwickelt, die in jedem von Geburt an angelegt sind. Nach Erikson durchläuft der Mensch im Verlauf seines Lebens acht Stadien, in denen bestimmte Entwicklungsthemen oder Krisen vorherrschend sind. Diese gilt es erfolgreich zu lösen, um jeweils ein neues Entwicklungsniveau zu erreichen.

Wurde eine Entwicklungsaufgabe in einem Lebensabschnitt, wie zum Beispiel der Kindheit oder Pubertät/Adoleszenz, zu wenig bzw. nicht gelöst, wird sich diese Aufgabe in späteren Jahren noch einmal zeigen, um jetzt erfolgreich bewältigt zu werden, weil sie sonst eine gesunde Entwicklung hemmt. Das Thema zeigt sich als Krise, die bewältigt werden will, bevor die nächste Entwicklungsstufe folgt. Nach Erikson entfaltet sich die Entwicklung im Spannungsfeld zwischen den Bedürfnissen und Wünschen des Menschen und den sich im Laufe der Entwicklung verändernden Anforderungen der sozialen Umwelt.

Mit seinem Stufenmodell baut Erikson auf der psychoanalytischen Theorie nach Freud auf. Im Vergleich zu Freud gibt er dem Unbewussten der psychosexuellen Dimension jedoch weniger Raum. Der wesentliche Inhalt des Lebens besteht für Erikson im *Streben nach Identität*, in dem der Einzelne eine neue Orientierung zu sich selbst und zu den Personen seiner Umwelt findet, wobei es zu berücksichtigen gilt, dass sich das Gefühl der eigenen Identität von Lebensphase zu Lebensphase wandelt.

Erikson betont, dass die Entwicklung des Menschen einem *epigenetischen Prinzip* folgt, d. h.: die Entwicklung verläuft nach *angeborenen* Gesetzmäßigkeiten, die es dem Menschen ermöglichen mit Bezugspersonen und Umwelt zu interagieren. Je nach

---

15 Erik H. Erikson. Phasen der psychosozialen Entwicklung. Abrufdatum 06. 01. 2021, von http://www.lern-psychologie.de/skripte/erikson.pdf und www.wimmer-partner.at/pdf.dateien/lebenszyklus-entwicklungsweg.pdf

Alter lernt er neue Verhaltensweisen und Reaktionsweisen dazu. Außerdem fördern die Gesellschaft und die Kultur, in der das Kind lebt, sein Verhalten. Es passt sich an. – Jede Phase, die der Mensch durchlebt, baut auf der vorangegangenen auf und beeinflusst die nachfolgende.

Stufen der psychosozialen Entwicklung nach E. H. Erikson

Stufe 1: Vertrauen vs. Misstrauen (1. Lebensjahr)

„Ich bin, was man mir gibt."

Entscheidend für eine gesunde Entwicklung ist, dass sich das Vertrauen mehr entwickelt als das Misstrauen. Kann das Kind den Eltern/Erziehungsberechtigten vertrauen, entwickelt es Selbstvertrauen und Selbstsicherheit. Vertrauen entsteht aus der Erfahrung heraus, dass es eine Übereinstimmung gibt zwischen den Bedürfnissen des Säuglings und der Umwelt, in die er hineingeboren ist. Indem die Bezugspersonen einfühlsam auf die Bedürfnisse eingehen und dem Kind signalisieren, dass sie da sind, vermitteln sie Urvertrauen. Zur erfolgreichen Bewältigung dieser Stufe gehört das Erlernen eines gesunden Maßes an Misstrauen dazu, um später Gefahren und Risiken besser einschätzen und erkennen zu können.

Stufe 2: Autonomie vs. Scham und Zweifel (3. Lebensjahr)

„Ich bin, was ich will."

In dieser Phase lernt das Kind seinen eigenen Handlungsspielraum innerhalb der Regeln und Normen kennen, die ihm seine Umwelt vorgibt. Indem es sich ausprobiert, seine Autonomie (Selbständigkeitsstreben) lebt, gerät es in Konflikt mit anderen, bzw. erfährt, wie abhängig es von den anderen ist. Mit zunehmender körperlicher Unabhängigkeit (Gehen, Sprechen, Stuhlkontrolle) ergeben sich neue Möglichkeiten der Entwicklung für das Kind, aber im Prozess des Lernens läuft es auch Gefahr, Misserfolge zu erleben (Beispiel Sauberkeitserziehung). Das Kind lernt, dass es ein Einzelwesen ist. Im gesamten Lernprozess sind ihm die Bezugspersonen Vorbild. Bildet sich die Autonomie (Selbstständigkeit) deutlicher heraus als Schuld und Zweifel, gilt diese Stufe als erfolgreich bewältigt.

Stufe 3: Initiative vs. Schuldgefühle (4. und 5. Lebensjahr)

„Ich bin, was ich mir vorstellen kann zu werden."

Das Kind probiert sich spielerisch in verschiedenen Rollen aus und erforscht seine Umgebung. Es lernt Dinge aus sich selbst heraus (Eigeninitiative) ohne fremde Hilfe anzugehen und entwickelt immer mehr ein *Ich-Bewusstsein*. Es lernt Ziele zu entwickeln und diese zu verwirklichen, indem es Initiative ergreift, selbstständig handelt und mit anderen konkurriert. Gleichzeitig identifiziert es sich mit der Bezugsperson gleichen Geschlechts, übernimmt Einstellungen und geschlechtsspezifische Verhaltensweisen und erlernt so seine Geschlechterrolle (Identifikation).

Indem es Krisen durchlebt, bildet sich sein Gewissen aus. Nach und nach lernt es durch die verschiedensten Situationen geführt Schuldgefühle kennen. Diese Stufe gilt als erfolgreich erlebt, wenn das Kind gelernt hat, mit den Schuldgefühlen richtig umzugehen und von sich aus Initiative zu einem besseren Handeln zu ergreifen.

Stufe 4: Wertesinn vs. Minderwertigkeitsgefühl (6. Lebensjahr bis zur Pubertät)

„Ich bin, was ich lerne."

Das Kind ist lernbegierig. Sein Lern- und Entwicklungsraum verändert sich. Neben Familie lernt es sich nun in Schule, Freundeskreis,

Wohngegend usw. zu behaupten. In der Schule sieht es sich den Lernanforderungen und Leistungsbewertungen ausgesetzt, die ihm signalisieren, ob es den eigenen Fähigkeiten, dem erlernten Wissen vertrauen kann. Mitunter wird es mit Misserfolgserlebnissen konfrontiert, die im Vergleich mit anderen zu Gefühlen von Unfähigkeit, Unvollkommenheit und Minderwertigkeit führen können. Nur indem es Erfolg erlebt, fühlt es sich kompetent, entsteht das Gefühl, gut zu sein, etwas wert zu sein. Für eine gesunde Entwicklung und ein erfolgreiches Durchleben dieser Stufe ist es wichtig, dass den Kindern eine Vielfalt an Erfolgserlebnissen ermöglicht wird. Jedes Kind möchte seinen Beitrag leisten und etwas Zielführendes und Nützliches machen. Es möchte in die Welt der Erwachsenen hineinwachsen.

Stufe 5: Identität vs. Identitätsdiffusion/Rollendiffusion (13. bis 20. Lebensjahr)

„Ich bin, was ich bin."

Im Vordergrund steht das Finden der eigenen Identität. Die aus der Kindheit übernommenen Vorstellungen, Überzeugungen, Identifikationen müssen mit den neuen Impulsen zu einer eigenen Identität heranreifen, um sich selbst zu finden und sich in sich selbst wohl zu fühlen. Um ein eigenes Selbstbild/Selbstkonzept zu entwickeln, gilt es, sich mit Bezugspersonen und Gleichaltrigen gleichermaßen auseinanderzusetzen, um die eigenen Bedürfnisse, Interessen und Vorlieben kennenzulernen. Es stellt bisher Erlerntes in Frage und setzt sich mit dem anderen Geschlecht sowie den eigenen Vorstellungen hinsichtlich des Berufes, der Partnerschaft, der Familie etc. auseinander.

Das Finden einer Antwort auf die Frage *Wer bin ich?* ist wichtig und besteht darin, die bisher bewältigten Krisen mit den eigenen Fähigkeiten/Kompetenzen und Wünschen zu einer neuen Ich-Identität zusammenzufügen. Die Identitätsbildung gelingt dabei umso besser, je mehr der Jugendliche auf positive Erfahrungen zurückblicken kann und ein gesundes Selbstvertrauen besitzt. Ist dies nicht der Fall, spricht man von einer Identitäts- bzw. Rollendiffusion. Die Gefahr dabei ist, dass sich der Jugendliche/die Jugendliche bei mangelnder Ich-Identität und Instabilität unter Umständen Gruppen anschließt, die über klare Strukturen verfügen und ihm vorschreiben, wie er zu leben hat.

Stufe 6: Intimität vs. Isolation (20 bis etwa 45 Jahre)

„Wir sind, was wir lieben."

Erikson beschreibt diese Phase als ein Sich-Verlieren und Sich-Finden im anderen. Doch nur mit Hilfe einer gefestigten Ich-Identität ist es möglich in einer Paarbeziehung, Intimität zu erleben, ansonsten ist die Angst zu groß, sich in der Beziehung zu verlieren. Erst auf der Basis einer eigenen Identität ist es möglich, sich dem Partner/der Partnerin zu öffnen.

Zentrale Entwicklungsaufgaben dieser Phase sind der Zugang zu den eigenen Gefühlen und Gedanken, sowie die Pflege gleichgeschlechtlicher Freundschaften und einer Bindung zum anderen Geschlecht (Wir-Gefühl). Misslingt der Aufbau intimer Beziehungen, so besteht die Gefahr der Isolation. Es gilt, für sich selbst ein gutes Verhältnis zwischen Intimität und Isolation zu finden.

Stufe 7: Generativität vs. Stagnation (45 bis 65 Jahre)

„Ich bin, was ich bereit bin zu geben."

Entwicklungsziel dieser Stufe ist die Generativität: Erikson versteht darunter das Erziehen der nächsten Generation, der eigenen Kinder und/oder anderer junger Menschen. Generativität meint aber auch ein bewusstes Leben der eigenen Kreativität bzw. eines sozialen, beruflichen oder politischen Engagements. Damit diese Entwicklungsstufe erfolgreich verlaufen kann, bedarf es eines positiven Weltbilds und des Vertrauens in die Zukunft. Ein Mangel an Generativität führt zu Stagnation und dem Gefühl von innerer Leere.

Stufe 8: Ich-Integrität vs. Verzweiflung (65 Jahre bis Tod)

„Ich bin, was ich mir angeeignet habe."

Ziel dieser letzten Stufe ist das Erreichen der „Ich-Integrität",
was so viel meint, wie das bisherige Leben mit allen positiven
und negativen Erlebnissen und Ereignissen so zu akzeptieren,
wie es war. Der Mensch zieht Bilanz, akzeptiert den Lebensweg, für den er sich entschieden hat, sowie die eigene Unvollkommenheit und Begrenztheit seines Lebens. Durch diese Akzeptanz und Integration seiner Erfahrungen erfährt er inneren
Frieden und kommt in Harmonie, in Einklang mit sich selbst.
So erreicht er Integrität.

Gelingt es ihm nicht, sein Leben zu akzeptieren, stellen sich
Enttäuschung, Verbitterung, Unzufriedenheit und Verzweiflung
ein. Der Mensch trauert um das, was er versäumt hat und fürchtet sich gegebenenfalls vor dem Tod.

Es gilt, als Mensch unsere Entwicklungsstufen in den jeweiligen
Lebensaltersstufen erfolgreich zu meistern, um das Ziel der *Ich-
Integrität* zu erreichen. Dann können wir dankbar und erfüllt auf
unser Leben schauen und uns unserer Einzigartigkeit erfreuen.

Letztlich haben wir alle das gleiche Ziel. Es geht darum, unser wahres Selbst zur Entfaltung zu bringen und immer mehr
wir selbst zu werden. Wir sind hier, um uns als Mensch für den
Weg des Wachstums zu öffnen und in unserem Denken, Handeln und Sein für uns selbst in den verschiedenen Bereichen unseres Lebens die Verantwortung zu übernehmen.

Alles Leben strebt nach Wachstum. Wenn Pflanzen und Bäume nicht wachsen, dann sterben sie. Wenn Tiere nicht wachsen und in ihre Kraft finden, sind sie ein leichtes Opfer für ihre
Fressfeinde. Dann sterben auch sie.

Leben ist Entwicklung, Wachstum, Evolution. – Wachstum
ist der Motor für unsere Seele. Sie hat sich dieses Leben mit den
vielfältigen Aufgaben erwählt, um Entwicklung zu erfahren. Dabei kommt es ihr aber nicht auf eine bestmögliche Entfaltung im

Außen an. Für sie ist es nicht wichtig, ob wir arm oder reich sind, in einer Villa oder einer Wohnung leben, ob wir studiert haben oder nicht. Unsere Seele ist allein an unserer *inneren Entfaltung* interessiert, denn sie allein ist es, die den Tod überdauert. Unser Leben ist uns gegeben, um an unserer Individualität, unserem wahren Selbst zu arbeiten, um mit unserem Höheren Selbst zu verschmelzen. Dafür gilt es jedoch, die Persönlichkeit/das Ego zu überwinden. Nur so kann uns wahres Wachstum gelingen.

Unser Leben kann sich nur dann liebevoll, freudvoll, harmonisch und friedvoll entfalten, wenn wir bei uns selbst beginnen; Körper und Geist gesund erhalten, damit die Seele kraftvoll darin wohnen kann. Letztlich ist jeder für die eigene Entwicklung auf der Welt. Wir können nicht das Leben eines anderen leben. Es geht um unser Selbst.

Denken Sie noch einmal daran: Nur 10% von allem, was wir sagen, denken, tun, ist wirklich bewusst gesteuert. 90% unserer Aktionen verrichten wir unbewusst. Um das zu bewirken, was wir haben oder sein wollen, müssen wir also lernen, bewusst zu denken, zu handeln und zu fühlen.

14

Das kosmische Gesetz der Verwandlung

„Man sieht die Blumen welken und die Blätter fallen,
aber man sieht auch Früchte reifen und neue Knospen keimen.
Das Leben gehört den Lebendigen an, und wer lebt,
muss auf Wechsel gefasst sein."
Johann Wolfgang von Goethe

Die einzige Konstante, die es im Leben gibt, ist, dass Veränderung geschieht. Ob wir es wollen oder nicht: Veränderung geschieht in jedem Augenblick. Schon jetzt, wo Sie dies lesen, sind Sie nicht mehr der Mensch, der heute Morgen aufgestanden ist. – Wozu also sich sträuben?

Aus Macht der Gewohnheit, aus Angst vor Kontrollverlust sowie aus der Angst und Ungewissheit gegenüber dem Neuen heraus halten wir lieber am Alten/Überkommenen fest, statt uns in den Fluss des Wandels hineinzubegeben und uns dabei selbst zu begegnen.

Was daraus resultiert? – Scheuen wir zu lange die Veränderung, widersetzen uns dem persönlichen Wachstum, stockt unsere Lebens-Energie, fallen wir aus der Balance. – Was dann geschieht nennt sich Probleme, Krankheiten, Krisen. Wenn wir den Weg der Veränderung nicht freiwillig und rechtzeitig gehen, fordert uns das Leben mit Nachdruck heraus.

Die Aufforderung, die an uns ergeht, ist die völlige Hingabe in den Prozess des Lebens. Es gilt, vollkommen ins Vertrauen zu gehen, dass alles gut ist, wie es ist, und dass wir geführt sind. Unsere Seele will wachsen, deshalb fordert sie uns auf, ja zu sagen, wenn Veränderung notwendig ist. Und loszulassen, was nicht mehr länger zu uns passt bzw. zu uns gehört. Wachstum heißt loslassen. Loslassen, was uns nicht mehr dienlich ist, egal ob es sich dabei um einen Job, Partner, Freunde, Hobbies, Wohnort etc. handelt.

Unsere Lehrmeisterin für Veränderung ist die Natur. Mit Hingabe lehrt sie uns, dass auf jede Nacht ein neuer Tag und auf jeden Regentag ein Sonnentag folgt. Selbst nach einem noch so eisigen, kalten Winter zeigt sie uns, wie sie im Frühjahr wieder zu neuem Leben erblüht. – Wozu sich also sorgen?

Der Mensch ist ein „Gewohnheitstier". – Veränderung heißt für ihn „Frühjahrsputz", neue Tapeten, neue Wandfarbe, neuer Anstrich, Groß-Reine-Machen … – Heißt sich von Überkommenem trennen. Sich loszusagen von Dingen, die sich schon seit Generationen im Familienbesitz „eingenistet" und sich dort ihren Platz erobert haben. Dazu gehören zum Beispiel Gewohnheiten wie negatives Denken, negative Gefühle, Angst, Glaubenssätze wie „Das Leben ist ein einziger Kampf", schlechte Gewohnheiten usw.

Geben wir im Internet unter *aphorismen.de* das Stichwort *Veränderung*[16] ein, so zeigt es sich, dass dieses gewaltige Thema die Menschen bereits seit Jahrtausenden beschäftigt. Wir sind nicht die ersten, mit denen Veränderung geschieht. Bereits vor über zweitausend Jahren wusste Ovid „Alles ändert sich". Weitere Beispiele für Veränderungs-Aphorismen sind:

„Alle wollen die Welt verändern, aber keiner sich selbst."
Leo Tolstoi

„Nichts in der Geschichte ist beständiger als der Wandel."
Charles Darwin

---

16 Aphorismen zum Suchbegriff der Veränderung. Abrufdatum 06. 01. 2021, von https://www.aphorismen.de/suche?f_thema=Veränderung

„Wechsel ist das Los des Lebens,
und es kommt ein anderer Tag."

Theodor Fontane

„Allen Veränderungen, selbst jenen, die wir ersehnt haben,
haftet etwas Melancholisches an; denn wir lassen einen Teil
von uns selbst zurück; wir müssen in einem Leben sterben,
ehe wir ein anderes beginnen können."

Anatole France

„Das Alte stürzt, es ändert sich die Zeit,
und neues Leben blüht aus den Ruinen."

Friedrich von Schiller

Wie zutreffend! – Im Grunde genommen ist es egal, ob die Veränderung durch uns selbst oder durch die Dinge im Außen geschieht. Der einzige Unterschied ist: Geschieht sie durch uns
selbst, dann sind wir besser darauf vorbereitet, was aber nicht
heißen soll, dass wir sie dadurch leichter vollziehen. Der einzige kleine „Start-Bonus" ist, dass die erste Phase von Schock und
Überraschung nicht mit der Vehemenz über uns hereinbricht,
als wenn Veränderung durch die Gegebenheiten im Außen mit
uns geschieht. Doch in jedem Falle müssen wir die sieben Phasen des Veränderungsprozesses[17] durchleben, damit Wandlung
nachhaltig geschieht.

---

17 Dr. Georg Kraus. Die sieben Phasen eines Changeprozesses. Abrufdatum
06.01.2021, von https://www.3minutencoach.com/die-7-phasen-eines-changeprozesses/

Warum ist Veränderung wichtig?

Wäre ein Leben „*ohne*" nicht einfach wundervoll und so bequem? Leben wäre nicht l-e-b-e-n, wenn keine Veränderung geschieht. Ohne Veränderung würden wir ewig in einem Zustande von Gewöhnung, Stillstand, unter Umständen auch Resignation verharren. Veränderung ist notwendig. Sie fordert uns auf, mutig zu sein und weiterzugehen. Sie will, dass wir auf die Reise zu uns selbst gehen. Dass wir uns kennenlernen, mit allem, was in uns angelegt ist. Worauf es ankommt, ist, dass wir uns bewusstwerden, wie wir auf Veränderung reagieren. Warum reagieren wir so? – Was sollen wir lernen? – Ist es gesund für uns, so zu reagieren? – Wie könnten wir stattdessen reagieren? – Die Entscheidung darüber liegt in unserer Macht.

Veränderung will, dass wir erkennen, wie mächtig und kraftvoll wir sind. Dass wir in der Lage sind, bestimmte Situationen und Krisen zu überdauern. Dass uns bewusstwird, dass wir aus Krisen und Krankheit gestärkt hervorgehen können. Dass wir den inneren Heiler und Coach, den Therapeuten in uns selbst aktivieren. Dass wir uns für unsere Gesundheit an Körper, Geist *und* Seele interessieren. Dass wir ganz werden. Dass wir heil werden. Dass wir in die Rückverbindung gehen mit der Kraft, die uns erschaffen hat. Rückverbinden mit Gott, unserer Quelle. Dass wir erkennen, wer wir eigentlich sind, und dass wir uns mit der Kraft unserer Gedanken etwas Neues, etwas Gesundes kreieren. Dass wir erkennen, welches göttliche Schöpferpotential in uns ist. Dass wir es vermögen, unserem Leben einen neuen Inhalt, eine neue Form und einen neuen Sinn zu geben.

Veränderung will, dass wir erkennen, wie einzigartig und wertvoll jeder Einzelne von uns ist. Dass wir das Göttliche in uns und im Gegenüber sehen. Dass wir mitfühlend mit uns selbst sind. Dass wir liebevoll und gut für uns sorgen. Dass wir unsere Wunden heilen. Dass wir erwachsen werden. Dass wir unseren Blick auf das Leben ändern. Dass wir Verantwortung übernehmen. Dass wir bewusste Entscheidungen treffen. Dass wir all die Fülle und den Reichtum in uns selbst entdecken. Dass wir uns erlauben kraftvoll und selbstbewusst in die Fülle unseres Lebens zu gehen. Dass wir uns erlauben uns selbst anzunehmen und zu lieben, als die, die wir sind. Als die, als die uns Gott gemeint hat. Dass wir unser Leben lieben. Dass wir dankbar für jeden Tag unseres Lebens sind.

> „Manchmal bekommen wir im Leben nicht das,
> was wir wollen, sondern das, was wir noch brauchen,
> um unser ganzes Potenzial entfalten zu können und zu dem
> Menschen zu werden, der wir wirklich sein können.“
> *Laura Malina Seiler*

Die sieben Phasen des Veränderungsprozesses

Phase 1: Schock, Überraschung
Veränderung = Schock. Unser Nervensystem reagiert. Der Puls rast. Atemnot stellt sich ein. Unsere Angst meldet sich. Wir starren wie gebannt auf sie und versuchen sie zu verdrängen. Wir spüren, dass sie unser Denken und Handeln blockiert. Alles kreist um dieses „Thema“.

Die Schwere des Schocks ist davon abhängig, welche grundlegenden, gravierenden Auswirkungen diese Veränderung mit sich bringen wird. Hier zeigt sich uns, wie kompetent, wie erfahren, wie gut wir darin sind, mit außerordentlichen, schwerwiegenden und lebensverändernden Situationen umzugehen. Selbst dann, wenn wir hinsichtlich einer Veränderung eine gewisse Vorahnung hatten, sind wir in der Erst-Konfrontation mit der Situation selbst schockiert und fühlen uns machtlos. Mitunter sogar ohnmächtig, weil wir verdrängen wollten, was im Grunde genommen unausweichlich ist.

Phase 2: Ablehnung, Verneinung, Negation
Nach dem Schock klammern wir uns an die Vergangenheit. Halten fest. Wir wollen nicht wahrhaben, was geschehen ist. Wir fühlen uns ungerecht behandelt, reagieren emotional und rutschen in die Opferrolle ab. Wir leiden.

Phase 3: rationale Einsicht
Nach und nach fangen wir an, uns mit der Situation auseinanderzusetzen. Wir suchen nach Antworten auf die Frage „Warum?". Rational verstehen wir, dass die Änderung unumgänglich ist. Dies hilft uns besser mit der Situation umzugehen, führt aber noch nicht dazu, dass wir sie auf emotionaler Ebene akzeptieren.

Phase 4: Akzeptanz
In dieser Phase nehmen wir die Veränderung rational (mit dem Kopf) und emotional (mit dem Herzen) an. Unser Bewusstsein hinsichtlich der Situation verändert sich. Wir erkennen, was sich im Innen und Außen verändern muss. Ein wichtiger Schritt, ein Wendepunkt im Veränderungsprozess. Wir öffnen uns dafür, unsere Glaubenssätze, Denkmuster, Verhaltensweisen, Überzeugungen usw. in Frage zu stellen und sie zu verändern, damit etwas Neues geschieht. Wir sind zwar verunsichert und ängstlich, doch akzeptieren den Prozess der Wandlung.

Phase 5: Lernen, Ausprobieren
Neugier. Versuch und Irrtum. Aktive Auseinandersetzung mit den geänderten Bedingungen. Die Einstellung gegenüber der Veränderung ist zunehmend positiv. In dieser Phase gibt es zwar immer wieder mal Rückschläge, aber auch erste Erfolgserlebnisse. Wir werden mutiger, weitere neue Schritte zu gehen und probieren neue Verhaltensweisen, Muster aus.

Phase 6: Erkenntnis
Weitere Erfolge führen zur Erkenntnis, dass die Veränderung etwas Gutes mit sich bringt. Wir lernen nach wie vor dazu und erweitern unsere Fähigkeiten/Kompetenzen im Umgang mit der

neuen Situation. Mit der Zeit gewinnen wir wieder an Selbstsicherheit und sind zusehends positiver gestimmt. Unser Blick in die Zukunft öffnet sich und wird klarer.

Phase 7: Integration
Die neuen Sichtweisen, Überzeugungen, Denk- und Verhaltensweisen werden immer mehr zur Gewohnheit. Positive Erfolge sowie mehr Selbstsicherheit führen dazu, dass die Veränderung vollständig akzeptiert und ins Leben integriert wird. Die Veränderung wird Normalität.

Wie können wir Veränderung meistern?

Indem wir die Dinge so annehmen, wie sie sind. Indem wir unseren Ängsten mit Mitgefühl und einem offenen Herzen begegnen. Indem wir hinsichtlich der Veränderung aufgeschlossen und neugierig sind. Indem wir offen sind für die Antworten auf Fragen wie: Wie groß ist die Veränderung? – Wen betrifft sie? – Wer muss in diesen Veränderungsprozess miteinbezogen werden? – Was ist dank dieser Veränderung möglich? – Was verändert sich dadurch insgesamt für mein Leben? – Bin ich bereit dazu?

Je *bewusster* wir loslassen und durch den Veränderungsprozess gehen, desto mehr an Wandlung kann und darf geschehen. Im Nachhinein kann ich sagen: Der ganze Veränderungsprozess erinnert mich nach wie vor sehr an eine intensive, anstrengende, „mehrjährige" Bergtour. Ein stetes Auf und Ab. Kaum dass wir den einen Gipfel erklommen und kurz mal pausiert haben, heißt es auch schon wieder neue Kräfte sammeln und weitergehen. Das nächste Ziel will angestrebt und erreicht sein, egal wie weit es vor unseren Augen entfernt liegt. Doch diese Art der Integration von Veränderung braucht Zeit. Und es ist wichtig, dass wir uns diese Zeit auch geben und währenddessen gut für uns sorgen. Denn die Veränderung ist etwas, die wir mit jeder Faser unseres Körpers und Geistes machen. Und von der wir uns wünschen, dass auch unser Herz bei jedem Schritt mithält und sich dem gesamten Prozess hingibt, öffnet, weitet. Denn alles, was wir hier erleben, will mit dem Herzen gefühlt, wahrgenommen, gehört und gesehen werden.

Je nachdem, wie gravierend die Veränderung für uns ist und wie routiniert wir im Umgang mit derartigen Veränderungsprozessen generell sind, dauern die einzelnen Phasen ganz unterschiedlich lang und sind mitunter ziemlich intensiv. Doch es lohnt sich diese einzigartigen Wege zu gehen, hier und da mal innezuhalten, den Weg der eigenen Entwicklung zu betrachten und zu staunen, über das, was da gerade so alles geschieht. Wir erfahren sehr viel über uns selbst, wofür wir sonst vielleicht nicht zugänglich sind, weil wir uns im Alltag immer nur auf den altbekannten und bewährten Wegen fortbewegen und unsere Komfortzone ungern verlassen.

Eine solche „Bergtour" kann sehr spannend sein. Sie wird es auf alle Fälle dann, wenn wir uns immer mehr in das Ziel verlieben, das wir anstreben. Wer den Weg einmal begonnen hat, will auf keinen Fall mehr zurück. Und haben wir den Weg gemeistert, dann stellen wir fest, dass jede dieser Phasen unglaublich wertvoll und wichtig für unser persönliches Fortkommen war. Auch dann, wenn uns unterwegs an der einen oder anderen Stelle die Luft zum Atmen dünn wurde, weil wir bestimmte Wegstrecken vielleicht zu unbedacht und zu schnell gegangen sind.

Jede dieser Phasen ist kostbar, auch wenn wir zwischendurch immer wieder einmal das Gefühl hatten, dass uns die Kräfte ausgehen. Denn das Ungeahnte und Schöne daran ist, dass wir über die Kräfte-Zone hinauswachsen, die uns bislang bekannt ist. Stattdessen erleben wir, was noch so alles an Potential, Ressourcen und bisher ungeahnten Kräften in uns ist. All dies will entdeckt werden. – Im Nachhinein stellen wir fest: Es lohnt sich. Es lohnt sich sogar sehr. Jetzt können und dürfen wir so richtig stolz auf uns sein und uns von Herzen lieben, weil wir uns mutig auf diese Reise eingelassen haben, vertraut haben und immer wieder aufs Neue weitergegangen sind. Weil wir an uns und unser Durchhaltevermögen, an unsere Willensstärke geglaubt haben.

Weil wir uns selbst ganz neu erfahren haben. Jetzt sind wir in einer ganz anderen Verbindung zu uns selbst. Und das tut nicht nur uns gut, sondern allen Menschen, mit denen wir in Beziehung sind. Mit denen wir privat und beruflich in Beziehung, in Kontakt sein wollen. – Sozusagen ein doppelter Gewinn.

Was mir geholfen hat, meine Berge zu erklimmen und „Gipfelstürmerin" zu werden, sind zum einen ein „10-Punkte-Plan" sowie das Wissen um meine „Ressourcen-Tankstellen". Lassen Sie mich erklären, was ich damit meine und Ihnen ein Beispiel geben:

„10-Punkte-Plan"
Meditation, Gespräche mit Gott, Jesus, mit den Engeln, Gebet, schreiben, lesen, malen, spazieren gehen, tanzen, Yoga, ChiGong, „Detox-Programme" für Körper, Geist und Seele, Affirmationen sprechen, Spiegelarbeit, Selbstliebe, positive Selbstgespräche, Traumreisen durch meinen Körper, Hypnose/Selbst-Hypnose, EMDR/Tapping/Klopfen, Psychologische Astrologie, Quantenheilung usw.

„Ressourcen-Tankstelle"
Beantworten Sie sich in einer ruhigen Stunde nachfolgende Fragen und Sie fühlen sich viel sicherer, wenn Sie einmal Hilfe und Unterstützung brauchen. Nähere Informationen hierzu bietet das Buch im Kapitel 17, hier: *Kraft- und Ressourcen-Tankstelle Vergangenheit*.

Wie bin ich bisher mit herausfordernden Situationen umgegangen? – Was hat mir dabei geholfen? – Was kann ich besonders gut? – Was sind meine Fähigkeiten? – Wo liegen meine Stärken? – Wer kann mir unter Umständen helfen? – Wem kann ich jederzeit vertrauen? – Wer ist stets bei mir? – Was brauche ich, damit es mir im Augenblick gut geht? – Was sind Orte, die ich aufsuchen kann, damit es mir wieder gut geht?

Ohne spirituelle Entwicklung kann es keine Heilung geben

„Wir sind keine Menschen, die eine spirituelle Erfahrung
machen, sondern wir sind spirituelle Wesen,
die erfahren, Mensch zu sein."
Pierre Teilhard de Chardin

Ich erlebe meinen Veränderungsprozess, meine *Metamorphose* wie
eine *„neue"* Geburt.

So wie sich die Raupe zurückzieht, verpuppt und innerlich
verwandelt, bevor sie zum Schmetterling wird, löse auch ich
mich – nach außen hin unsichtbar – in mir selbst auf, um eine
andere zu werden. Zum Glück weiß ich, dass es im Quantenfeld
einen *Blueprint*, eine Blaupause von mir als der *gesunden* Hermine
gibt. Und an diesem Blueprint kann ich mich orientieren. Kann
mich mit ihm verbinden und so in das Feld der Heilung gehen.
Wann die „Geburt" abgeschlossen sein wird? – Ich weiß es nicht.
Meine Lernvokabeln heißen: Geduld, Hingabe, Vertrauen, Zuversicht. – Ob ich dann fliegen kann? Ich wünsche es mir, denn
schließlich heißt der Titel meines Buches nicht umsonst: *Meine
Seele will endlich fliegen*.

Ich gebe mich dem Prozess hin. Und es dauert, so lange es
dauert. 55 Jahre Leben unter den Voraussetzungen wie ich es
gelernt hatte und gewohnt war zu funktionieren, die bedürfen
in der Phase des Umlernens wohl etwas mehr an Geduld, doch
ich gehe weiter meinen Weg. Es dauert einfach, bis all die alten
Wunden, Glaubenssätze, Emotionen, Überzeugungen, Verhaltensweisen, der gesundheitliche Status von damals soweit rege-
neriert sind, dass in allen Bereichen meines Lebens wieder etwas Neues geschieht.

Doch wenn ich eines weiß, dann ist es dies: Ein Zurück gibt
es nicht! Die *alte* Hermine gibt es nicht mehr. – Es ist schon spannend, wie das Leben so spielt. Als mein Zwillingsbruder vier
Wochen vor unserem fünfundfünfzigsten Geburtstag verstarb,
da durchlebte ich nicht nur durch seinen Tod eine der Krisen

meines Lebens. Nein. Parallel zu seiner gesundheitlichen Situation spitzte sich auch meine Situation (beruflich wie privat) immer mehr zu, so dass der Crash unausweichlich war. Mit noch so viel Kraft und Aufwand hätte ich nichts stoppen können. Alles sollte und wollte so in mein Leben kommen, wie es damals (2016) war. Es bedurfte bei mir genau all der Auslöser, die ich meine „Roten Ampeln" nenne, damit ich mich endlich in das Unvermeidliche hineinbegab.

So starb mein Bruder auf seine Art den physischen Tod, um wieder heimzukehren und zu sagen: „Es ist genug!" – Und für mich begann mein Weg. Der Weg in meinen Prozess der Veränderung hinein. Doch damit ich dazu endlich bereit war, musste im Außen erst alles in die Brüche gehen. Bildlich gesprochen fuhr ich sozusagen mit 200 km/h frontal gegen die Wand, was wohl nötig war, damit ich mir meine „Hörner" (Aszendent Stier) abstoße, um mich von all dem zu trennen, was mir einst so lieb, teuer und wichtig war. So verrückt es ist, hatte ich unbewusst den Weg der Selbstsabotage und partiellen Selbstzerstörung gewählt, um endlich aufzuwachen und in diesen Veränderungsprozess zu gehen. – Wohin meine „Reise" geht? Ich weiß es nicht. Wie Hilde Domin es einst so schön sagte, vertraue auch ich ganz der Kraft, die hinter ihren Worten steht: „Ich setzte meinen Fuß in die Luft … und sie trug."

Heute – vier Jahre später – brauche ich meine Diagnosen nicht mehr. Ich habe erkannt, dass sie nicht mein Feind sind. Ganz im Gegenteil: Inzwischen sind sie mir Weggefährten geworden. Sie lassen mich wissen, wo ich zurzeit stehe. Wo ich es gerade mal wieder versäume, gut für mich selbst zu sorgen. Wo ich mich mal wieder mehr um das Wohlergehen anderer bemühe als um mein eigenes. Wo ich es vergesse, Nein zu sagen und Grenzen zu setzen. Wo ich über meine eigenen Bedürfnisse hinweggehe. Sie zeigen mir, welche Wunden des Körpers wie der Seele noch der Heilung bedürfen. Sie sprechen sehr klar und direkt mit mir. An diese Direktheit musste ich mich erst gewöhnen. Doch heute gehe ich über diese Stimmen nicht mehr hinweg. Ganz im Gegenteil, ich bin sehr dankbar dafür, dass sie so ehrlich mit mir sind. Und so wie sie ehrlich mir gegenüber sind und mir aufzeigen, was in meinem Leben nicht mehr oder noch nicht stimmt, so bin auch ich mir gegenüber um vieles ehrlicher geworden.

Heute weiß ich, wann, wo und wie ich mich selbst in meinem Leben verletzt habe, wo ich mich selbst belogen und betrogen habe. Wie sehr ich mich selbst nicht respektiert, wertgeschätzt oder geliebt habe. Wie sehr ich mir selbst nicht genügt habe. Wie sehr ich mich selbst mitunter sogar richtig gehasst habe. Wie sehr ich mich selbst unter Druck gesetzt habe. Wie sehr ich mein Frausein abgelehnt habe. – Nicht schön. Ich weiß.

Mein Entsetzen war groß, als ich mir eingestehen musste, dass es meine eigenen negativen Gedanken, meine negativen Selbstgespräche usw. waren, die ich mir von Kindheitstagen an einverleibt und unbewusst antrainiert hatte. Als Perfektionistin war ich ziemlich gut darin, mir die Welt im Außen wie in mir selbst so zu erschaffen, wie ich sie letztlich in den Farben Schwarz und Grau erlebte. Andere Farben blendete ich nahezu aus.

Heute ist für mich die Verwandlung ein Prozess, bei dem der Mensch aus sich selbst heraus wie „neu" entsteht, weil wieder Kontakt zur Seele besteht. Auch Körper und Geist werden neu geboren. Heilung erwächst für mich somit aus uns selbst heraus. Sie wird uns gegeben, sobald wir uns wieder mit unserem Ursprung, unserer Quelle, dem Höheren Selbst, dem Gott in uns rück-verbinden. Das meint *Re-ligio(n)* = Wiederverbindung.

Und um Körper, Geist *und* Seele wieder miteinander zu verbinden, so dass in allen Bereichen Heilung geschieht, müssen wir uns der Macht unserer Gedanken und Worte bewusst sein, und diese Macht vollkommen neu einsetzen und gebrauchen.

- *Heilung* entsteht zum einen aus mir selbst heraus, wenn ich mich zu hundert Prozent für mein Ziel „Gesundheit" klar entscheide, wenn ich in allen Bereichen, die mir möglich sind, zu hundert Prozent die Verantwortung übernehme, und wenn ich mich mit all meiner Schöpferkraft ganz bewusst darauf fokussiere und dieses neue Bewusstsein täglich übe.

- *Heilung* bedarf aber auch der Verbindung meines persönlichen Wollens mit dem göttlichen Willen. Nicht umsonst sprechen wir im *Vater unser* „Herr, *Dein* Wille geschehe!"
- *Heilung* geschieht, indem ich mich mit jeder Faser meines Seins voller Hingabe und Vertrauen dem Prozess der Heilung durch Gottes Gnade und Liebe anvertraue.

Auch wenn es letztlich Gottes Gnade und bedingungslose Liebe sind, die mich heilen, legt er diesen Prozess gleichzeitig auch mit in meine Verantwortung, denn er will, dass ich für mich selbst auf das Liebevollste und Beste sorge und erkenne, dass ich die Verantwortung an niemand anderen abgeben kann. Gott ist immer und jederzeit für mich da, dennoch wartet er geduldig darauf, bis ich ihm sage, dass ich mir aus ganzem Herzen Heilung wünsche und ihn dabei um Hilfe und Unterstützung bitte. – Erst mein eindeutiges „JA" sowie die Tatsache, dass ich mir selbst Heilung erlaube und mir selbst vergebe, dass ich mich in diese Situation gebracht habe, öffnen die Türen für den Prozess der Heilung in göttlicher Zeit. Es hat seine Zeit gedauert, bis mein Körper mit bestimmten Symptomen auf die Dysbalance, auf das Ungleichgewicht in mir reagiert hat, und es wird seine Zeit dauern, bis Heilung geschieht.

- *Heilung* muss dabei nicht unbedingt das Verschwinden körperlicher Symptome bedeuten. Heilung kann auch ein tiefer innerer Friede sein.
- *Heilung* hat mit innerer Ausrichtung, mit Klarheit, mit Bewusstwerdung, mit Selbsterkenntnis, mit Ehrlichkeit sich selbst gegenüber zu tun.
- *Heilung* findet auf verschiedenen Stufen statt. Die wichtigste davon ist die Stufe eines neuen Seelen-Bewusstseins, weil sie die Rück-Verbindung zur göttlichen Quelle in uns möglich macht. Damit ist die Wiederherstellung der körperlichen und seelischen Integrität gemeint, der Übereinstimmung zwischen den eigenen Idealen und Werten und der tatsächlichen Lebenspraxis. Lebe ich gegen meine eigenen Ideale und Werte, kann Heilung letztendlich nicht geschehen.

- *Heilung* bedarf unseres *JAs*, unserer kraftvollen Entscheidung für einen neuen Lebensweg in Verbindung mit Gott. Erst mit dieser Rückverbindung können Wunder geschehen, denn es gilt: *MIT GOTT IST ALLES MÖGLICH!* – Mein allerwichtigster Glaubenssatz!

Spirituelle Entwicklung heißt für mich wieder zu den Wurzeln unseres Seins, unseres göttlichen Ursprungs zurückzukehren. Mir kommt dabei auch immer wieder das *Gleichnis vom verlorenen Sohn* (Lukasevangelium: 15,11–32) bzw. das *Gleichnis vom verlorenen Schaf* (Matthäusevangelium: 18,12–13) in den Sinn. Gott ist immer für uns da. Er ist der gute Hirte. Er hat uns für unser Leben den freien Willen gegeben. Lässt uns unsere ganz persönlichen Erfahrungen machen und gewährt uns dabei unseren individuellen „Spielraum Leben". Für ihn gilt: „Dir geschehe nach deinem Willen!"

Wie ein geduldiger und liebevoller Vater begrenzt er uns nicht in unseren menschlichen „Ego-Spielen". Selbst wenn wir uns darin verlieren, wartet er, bis wir von selbst wieder zu ihm finden. Doch mit den *Göttlichen Gesetzen* gibt er uns ganz klar einen Rahmen vor, nach dem wir in Übereinstimmung mit seinem Willen leben sollten. Die *Zehn Gebote*, die uns die Kirche lehrt, sind für mich dabei das Fundament meines Lebens mit Gott, doch sie sind nur ein Teil der *Göttlichen Gesetze*. Heute bin ich froh, dass ich nun endlich auch um die anderen Gesetze weiß, denn diese Gesetze gelten für uns alle. Sie sind das Regelwerk, die Richtschnur für unser Leben. Und wie bewusst wir uns nach ihnen ausrichten und leben, auch das liegt letztlich in unserer Hand.

Der Weg zu unserem Selbst und zu unserer Seele ist ein Prozess, der nach und nach geschieht. Diesen Weg finden wir nicht im Außen. Er befindet sich in uns selbst. Letztendlich ist es für mich der Weg, der mich über das menschliche Ego (mit seinen begrenzenden menschlichen Erfahrungen) hinaus führt hin zu innerem Frieden, zu Gesundheit an Körper, Geist und Seele und zur allumfassenden Liebe.

Was ich an der Metamorphose von der Raupe zum Schmetterling so sehr liebe, ist, dass sich die Raupe irgendwann *bewusst* und *angstfrei* entscheidet und „verpuppt", um ihr Dasein als Raupe zu beenden. „Genug gefressen." – „Genug Wissen angehäuft." – „Genug konsumiert." – „Genug ist einfach genug!" – „Immerzu nur fressen macht nicht wirklich glücklich. Macht nicht einmal wirklich satt."

Irgendwann ist sie so mutig und so couragiert, dass sie dennoch wissen will, was für ein wunderbares Wesen das ist, von dem sie ständig träumt. Und um dies zu erfahren, entzieht sie sich der „Raupen-Welt", sucht sich ein sicheres Plätzchen, einen für sie passenden stillen Ort. Und auch wenn sie nicht weiß, was letztlich aus ihr wird, gibt sie sich voller Vertrauen dem Prozess der Transformation hin, den die Natur für sie vorgesehen hat. Und so wie sie an ihrem Ort der Stille den „Ego-Tod" als Raupe stirbt, kehrt sie, wenn ihre Zeit gekommen ist, als ein wunderschöner und einzigartiger Schmetterling in die Welt zurück und beginnt eine neue Phase voller Leben. Jetzt tanzt sie ihr Leben als Schmetterling und dient anderen zur Freude. Das ist ihr *neuer Lebenssinn*.

15

Wessen Werte lebe ich eigentlich?

Nichts im Leben bleibt so wie es einmal war. Alles verändert sich. Die einzige Konstante, die es im Leben gibt, ist die *Veränderung*. Wir sind morgen schon nicht mehr die Person, die wir heute noch sind. Die Natur lebt es uns vor. Auch in uns vollzieht sich dieser stete Wandel. Auf körperlicher, auf geistiger *und* seelischer Ebene.

Um zu wachsen, dafür sind wir hier. Das ist das Ziel unseres Lebens. Wir sind hier, weil unsere Seele wachsen will. Dafür hat sie sich dieses Leben ausgesucht. Dafür hat sie sich all diese Aufgaben in den „Lehrplan Leben" geschrieben, wohl wissend, dass Veränderung und Wachstum nur durch Schmerz geschehen kann. Wenn wir ganz ehrlich sind, wissen wir: Ohne diesen Entwicklungsschmerz würde uns nichts im Leben nach vorne drängen. Das ist bereits mit unserer Geburt so vorgesehen. Nur indem wir uns dem Schmerz der Geburt und der Trennung von unserer Mutter hingeben, kann Wachstum und Leben geschehen. Das liegt von Anfang an in der Natur der Sache.

Leben ist Wachstum. – Damit Wachstum geschieht bedarf es der Veränderung. Veränderung bedeutet Wandlung. Für viele von uns beginnt der Prozess der Wandlung scheinbar im Außen, doch ist der Wandel bereits tief in uns angelegt. Da schauen wir nur nicht so gerne hin. Das eine bedingt das andere. Der Fluss der Wandlung fließt. Von Zeit zu Zeit fordert er uns auf loszulassen, was uns nicht mehr dienlich ist. Dann heißt es innezuhalten, Resümee zu ziehen. Zu schauen, was war. Was wir daraus lernen können. Das, was für uns wichtig ist, in unser bewusstes Sein zu integrieren. – Doch da der Fluss der Wandlung kein stehendes Gewässer ist, treibt er uns an, nicht ewig in den Geschichten der Vergangenheit zu verweilen, sondern wieder nach vorne zu blicken, uns neu auszurichten und ein neues Lebensziel/Etappenziel zu wählen.

Es gilt, die *Orientierung* wieder neu zu finden. Im Hier und Jetzt anzukommen und neue Dinge geschehen zu lassen. Nur indem wir uns voller Hingabe und Vertrauen diesem *Fluss der Verwandlung* übergeben, kann Neues geschehen. Unser Leben steht dann wie unter einem neuen Stern. Wir richten uns an neuen Zielen aus. Ein *Wertewandel* findet statt.

Das Leben will jetzt mit den veränderten Bedingungen angenommen und gestaltet sein. Werte, die wir nach wie vor für wichtig und gut befinden, bleiben. Gleichzeitig rücken neue in den Mittelpunkt unseres Interesses. Das Neue drängt in den Vordergrund. Das Neue wird erstrebenswert. Wandel heißt neugierig sein. Neugierig sein auf das, was kommt. Neugierig zu sein auf das Leben. Wandel heißt Neues geschehen lassen und sich selbst durch das Neue neu entdecken.

Werte sind wie ein Wegweiser, ein Kompass auf unserem Lebensweg. Indem wir uns unserer Werte bewusst sind, navigieren sie uns durch unser Leben. Wir richten unser Denken und Handeln nach ihnen aus.

Früher hat man von den 35 „Tugenden" und „Lastern" der Seele gesprochen, die über Glück und Unglück bzw. über Gesundheit und Krankheit entschieden haben. Heute finden wir diese Worte *Tugend und Laster* nicht nur altmodisch, antiquiert, sondern wir scheuen uns sie auszusprechen. Zumindest den Teil der Laster bzw. Sünden, die für die dunkle Seite in uns stehen. Die schlechten Gedanken und inneren Überzeugungen und Haltungen, die uns von Zeit zu Zeit unbewusst überkommen und sich dann wie „Gift-Zwerge" gebärden. Ich nenne sie inzwischen „Rumpelstilzchen", weil sie sich nur allzu gerne wie ein solches gebärden.

Mit den hellen Seiten in unserem Leben, den Tugenden, den Werten, fällt es uns leicht, uns zu identifizieren. Schließlich kommt das deutsche Wort „Tugend" von „taugen" und meint soviel wie dem Leben dienlich sein. Wertvoll sein.

Neben den 35 Tugenden der Seele, wie sie einst Hildegard von Bingen benannt und beschrieben hatte, finden sich heute im Internet weit über dreihundert Werte, nach denen wir leben können. Unsere Werte zu kennen ist nicht nur wichtig, sondern sinnvoll, denn sie sind der Motor unseres Handelns. Mit ihrer Hilfe befinden wir darüber, was für uns lebensrelevant, wichtig, erstrebenswert und gut ist. Unsere Werte sind wie eine Richtschnur. Indem wir uns an ihnen orientieren, werden sie zur Basis für unser Weltbild. Werden zu einem Kaleidoskop, durch das wir unsere Welt betrachten. Es lohnt sich also, sich der eigenen Werte bewusst zu werden und sie zu verinnerlichen. Im Spiel des Lebens können wir gewinnen, wenn wir unsere *persönlichen* Werte kennen. Sie sind unverzichtbar für ein *bewusstes* Leben.

Beispiele für Werte sind:

Aufrichtigkeit, Ehrlichkeit, Fairness, Nächstenliebe, Gelassenheit, Gerechtigkeit, Mut, Zivilcourage, Sanftmut, Großzügigkeit, Disziplin, Willensstärke, Offenheit, Vertrauen, Achtsamkeit, Hilfsbereitschaft, Bescheidenheit, Toleranz, Ordnung, Einfühlungsvermögen, Verständnis, Liebe, Mitgefühl, Sicherheit, Erfolg, Freiheit, Gesundheit, Zuverlässigkeit, Treue, Intimität, Innerer Friede, Harmonie usw.

Werte werden uns anerzogen. – Von klein auf wachsen wir in sie hinein. Die Ersten, die uns Beispiel geben, welche Werte wichtig sind, sind unsere Eltern. Wir lernen, was für sie wichtig ist, was *sie* für positiv befinden. Sie zeigen uns, wie Leben ihrer Meinung nach gelingt. Wir erfahren Lob, Zuwendung und Liebe, wenn wir ihrer Norm/ihren Werten entsprechen. Gleiches wird uns aber auch entzogen, wenn wir uns nicht normgerecht verhalten. Wenn wir nicht angepasst sind. Später erweitern Institutionen wie Kindergarten und Schule, die Zugehörigkeit zu einer bestimmten Glaubensgemeinschaft, sowie die Gesellschaft an sich unser Verständnis von Werten, die gesamtgesellschaftlich gesehen wünschenswert sind.

Bewusst wie unbewusst folgen wir all diesen Werten. Solange es uns gut damit geht, stellen wir sie kaum in Frage. Wir übernehmen sie und leben nach ihnen, selbst dann, wenn wir uns vorgenommen haben niemals so werden zu wollen wie unsere Eltern. Warum? – Weil sie uns in Fleisch und Blut übergegangen sind. Sie sind der Rahmen, nach dem wir erzogen worden sind. Selbst wenn wir später unseren eigenen Werte-Kanon festgelegt haben, kann es uns passieren, dass wir in bestimmten Situationen – und das schneller als uns lieb ist – nach dem altbekannten „Schema F" unserer Kindheitstage handeln, denn diese Werte und Muster sind in unserem Unterbewusstsein festgeschrieben. Und unser Unterbewusstsein bestimmt nun einmal zu 90 % unser Denken und Handeln, während es gerade einmal 10 % Bewusstheit sind, die unser Leben navigieren. Soll heißen: Solange wir uns unserer persönlichen Werte nicht bewusst sind, leben wir unbewusst und unreflektiert nach den Idealen, die bereits unsere Eltern und Großeltern und Urgroßeltern usw. kannten.

Um aus dieser steten Wiederholungsschleife herauszufinden und unser Leben nach unseren eigenen Wünschen, Zielsetzungen und Idealen auszurichten, bedarf es des Wissens um unsere *eigenen* Werte, sowie des Mutes und der Tatkraft für diese voll und ganz einzustehen und sie zum Ausdruck zu bringen. Jedoch selbstsicher können wir nur für etwas einstehen, dessen wir uns bewusst geworden sind. Und es gilt zu verstehen:

• Werte können manchmal in Konkurrenz zueinander stehen.
  Zum Beispiel Erfolg im Beruf vs. privates Glück.
• Werte sind niemals festgeschrieben. So wie wir uns im Laufe
  unseres Lebens von Lebensabschnitt zu Lebensabschnitt verändern, so können auch sie sich mit der Zeit wandeln.
• Sie bilden einen Rahmen für unser Leben, aber sie sind nicht
  in Stein gemeißelt und folglich nicht über Jahrzehnte hinweg
  festgeschrieben/festgelegt.

Unsere Werte zu kennen, erleichtert unser Leben. – Wissen wir dazu noch um die Werte unseres Gegenübers (Familie, Partner,

Freunde, Kollegen), dann hilft uns dies verständnisvoll, mitdenkend, mitfühlend mit den Werten anderer zu sein, was ein soziales Miteinander wesentlich erleichtern kann. Denn so haben wir einen Referenzrahmen, über den wir gemeinsam sprechen können.

Werte dienen uns als Hilfe in schwierigen Situationen oder in Zeiten der Unsicherheit. Unsere Werte zu kennen hilft uns wichtige Entscheidungen im Hinblick auf unsere Ziele zu treffen sowie Prioritäten zu setzen. Sie sind zugleich auch der Orientierungsrahmen für persönliche Bedürfnisse und Wünsche. Werte klären unseren Blick für das Wesentliche und verschaffen uns persönliche Freiheit. Sind wir im Einklang mit unserem *eigenen* Wertesystem, sind wir nicht nur glücklicher und zufriedener, sondern verfügen über mehr Lebensfreude und Energie.

Unsere Werte zu kennen, lässt uns wissen: Lebe ich selbstbestimmt oder fremdbestimmt? Kenne ich meine Werte, dann bin ich in Verbindung mit mir. Sie helfen mir den Sinn *meines* Daseins zu erkennen und ein Ziel für *mein* Leben zu formulieren. Authentisch und integer sein heißt für mich: Wie sehr lebe ich in Übereinstimmung mit *meinen* Vorstellungen, Idealen, Zielen und Werten?

Jede Familie braucht ihre eigene *Wertekultur*. Jede Beziehung braucht ihre *Wertekultur*. Freundschaften brauchen ihre *Wertekultur*. Jeder Betrieb, jedes Unternehmen braucht seine eigene *Wertekultur*. Ist das nicht der Fall, leben wir aneinander vorbei. Dann können wir uns noch so sehr bemühen, doch wir sprechen dann leider nicht von Herzen her die gleiche Sprache. Von daher ist es wichtig, dass sich jeder erst seiner persönlichen Werte bewusstwird, aus denen heraus sich dann die gemeinsamen Werte bestimmen lassen. Werte, nach denen wir *miteinander leben* wollen, und die Dinge, die uns gemeinsam wichtig sind, gestalten wollen.

Wie finden wir heraus, was die eigenen Werte sind? – Heißt es nicht immer wir finden alle Antworten in uns selbst?

- Nehmen Sie sich für eine erste „*Werte-Bilanz*" circa 30 Minuten Zeit, in denen Sie ungestört sind. Notieren Sie sich alles, was Ihnen zum Thema „*Meine Werte*" in den Sinn kommt. Schreiben Sie auf, was Ihnen wertvoll und wichtig ist. Alles, was Sie glücklich und zufrieden sein lässt. Gibt es Bereiche in Ihrem Leben, in denen Sie sich noch „unerfüllt, unzufrieden" fühlen? Notieren Sie auch dies, ohne groß darüber nachzudenken oder zu bewerten. Schreiben Sie unzensiert alles nieder, was Ihnen in den Sinn kommt. Auch das, wovon Sie gerne noch mehr hätten. Überlegen Sie, was es braucht, um dieses Mehr zu bekommen. Notieren Sie auch dies. Lassen Sie dann die Liste ein oder zwei Tage ruhen. Ihr Unterbewusstsein arbeitet währenddessen weiter.
- Nehmen Sie sich weitere 30 Minuten Zeit. Lesen Sie sich Ihre Werte-Liste durch und streichen Sie jetzt alles, was nicht *Ihre* Werte sind. Alles, was sich mit „sollen" und „müssen" in Ihre persönliche Werte-Skala eingeschlichen hat. Gönnen Sie sich im Anschluss daran eine Pause.
- Nachfolgend ergänzen Sie die Liste mit den Werten, die bisher nicht aufgeschrieben sind, die aber ebenfalls noch wichtig für Sie sind.
- Unterstreichen Sie dann die Werte, die Ihnen am Herzen liegen, die Ihnen am allerwichtigsten sind und lassen Sie Ihre Liste noch einmal ruhen.
- Im nächsten Schritt ordnen Sie Ihre unterstrichenen Werte nach persönlicher Priorität und treffen somit die Entscheidung, nach welchen Werten Sie *bewusst* leben wollen.
- Um im Alltag Ihren Werten Rechnung zu tragen, empfiehlt es sich die Liste der persönlichen Favoriten auf *die fünf wichtigsten Werte* zu begrenzen. Ordnen Sie diese so, dass an erster Stelle der Wert steht, der für Sie der allerwichtigste ist.

Die intensive Beschäftigung mit Ihren Werten lässt Sie Ihre Ziele für Ihr Leben leichter finden und gibt Ihnen zusätzlich Sicherheit, Orientierung und Halt für anstehende Entscheidungen in Ihrem Leben. Dennoch sollten Sie sich bei der Ermittlung Ihrer

Werte auch fragen: Ermöglicht mir dieser Wert wirklich das Leben zu leben, das ich führen möchte? – Hilft er mir meine Ziele zu erreichen? – Stimmt die Priorisierung meiner Werte? – Sind meine Lebensumstände noch die gleichen wie vor fünf, zehn oder zwanzig Jahren? – Gebe ich heute unter Umständen anderen Werten meine Priorität? – Stehen Werte zueinander in einem Widerspruch? – Gelten meine Werte nur für mich oder auch für meinen Partner, die Familie usw.? – Gibt es einen Konflikt zwischen meinen Bedürfnissen und Werten und denen meines Umfelds? Wenn ja, wie löse ich den Konflikt?

Überprüfen Sie immer wieder einmal, wie gut Ihre Werte noch in Ihre aktuelle Lebenssituation passen. Denken Sie daran, dass Sie sie jederzeit verändern können. Sie müssen nicht warten, bis Sie eine Krise auffordert, Ihre Werte und Lebensziele zu überprüfen und gegebenenfalls zu ändern.

Die Verantwortung darüber, wie bewusst Sie Ihr Leben nach Ihren Werten ausrichten, liegt allein bei Ihnen. Sie entscheiden über Ihre persönliche Freiheit sowie Ihr Glück. Geht es Ihnen gut, sind Sie gesund, rundum glücklich und zufrieden mit Ihrer derzeitigen Lebenssituation (beruflich und privat), dann können Sie davon ausgehen, dass Sie auch im Einklang mit den Werten Ihrer Seele sind.

Vom Mut, die Fesseln zu sprengen und eigene Weg zu gehen

Ziele helfen dabei. – Es gilt nicht nur, sich immer wieder einmal im Verlauf des Lebens seiner eigenen Werte bewusst zu werden, sondern auch seiner *Ziele*. Diese können kurz-, mittel- und langfristig formuliert sein. Ziele lassen uns interessiert, aufgeschlossen, neugierig und motiviert sein. Ohne Ziele ist das Leben farblos und leer. Mit Zielen ist es sinnerfüllt. Ziele sind für mich so etwas wie Leitplanken, die uns gut positioniert den Weg durch das Dickicht und Gestrüpp unseres Alltags weisen. Sie geben uns Orientierung und Halt. Mit Zielen geben wir dem Leben eine

Ausrichtung und einen Sinn. Um uns unserer Ziele bewusst zu werden, sollten wir uns regelmäßig fragen: *Gibt es Bereiche in meinem Leben, die der Veränderung und Neuausrichtung bedürfen?*

- Ist das, was ist, weiterhin wünschens- und erstrebenswert?
- Lebe ich erfüllt? – Bin ich im Einklang, in guter Beziehung mit mir?
- Bin ich in einer erfüllten, bereichernden, guten, friedvollen Beziehung mit anderen?
- Was bin ich nicht mehr bereit zu akzeptieren im Hinblick auf mich selbst?
- Was bin ich nicht mehr bereit hinzunehmen, zu tolerieren im Hinblick auf meine Familie, Beziehung, Freunde, Beruf, Finanzen, Gesundheit, Wohnraum usw.?
- In welchen Lebensbereichen bedarf es konkret einer Veränderung?
- Wer außer mir ist noch davon betroffen?
- Wo stehe ich? – Wie möchte ich mich fühlen? – Wer möchte ich sein?
- Was soll, was muss anders werden? – Was will ich stattdessen?
- Was ist mein Ziel? – Wo will ich hin? – Gibt es ein Herzensziel?
- Welche Ziele verfolge ich kurzfristig? (bis zu 1 Jahr)
- Welche Ziele verfolge ich mittelfristig? (bis zu 3 Jahren)
- Welche Ziele verfolge ich langfristig? (5 Jahre und mehr)

Wie im Erstkontakt mir den persönlichen Werten verschaffen Sie sich einen ersten Überblick, indem Sie sich zunächst alles notieren, was Ihnen in den Sinn kommt.

Schreiben Sie auf was Sie verändern wollen. Seien Sie dabei ganz ehrlich zu sich selbst. Notieren Sie sich auch Verhaltensweisen, Glaubenssätze, Überzeugungen, die Sie an sich selbst verändern wollen. Bringen Sie alles zu Papier. Sowohl die kleineren, als auch die größeren Vorhaben. Überprüfen Sie auch Ihre sozialen und beruflichen Kontakte. Welche sind weiterhin so, dass Sie sie behalten und pflegen wollen? – Welche behindern Sie mehr, als dass sie gut für Sie und Ihre Lebensziele sind?

In der Literatur wird davon gesprochen, dass Ziele *„SMART"* sein sollen:

Spezifisch – Formulieren Sie Ihr Ziel so genau wie möglich.
Messbar – Woran erkennen Sie, dass Sie Ihr Ziel umgesetzt haben?
Attraktiv – Wie sehr motiviert Sie Ihr Ziel? „Verlieben" Sie sich in Ihr Ziel.
Realistisch – Ihr Ziel sollte Sie inspirieren, herausfordern *und* umsetzbar sein.
Terminiert – Bis wann wollen Sie Ihr Ziel erreicht haben?

Schenken Sie sich die Zeit, derer es bedarf, sich Gedanken zu machen hinsichtlich Ihrer eigenen Wünsche, Bedürfnisse und Ziele, egal wo Sie in Ihrem Leben im Augenblick stehen. Das Besondere, das Magische daran ist, dass Sie immer mehr in einen gesunden und erfüllenden Kontakt mit sich selbst kommen, umso mehr und umso besser Sie ganz klar um Ihre Ziele wissen. – Was sich dadurch verändert? – Ihr Leben widerfährt Ihnen nicht mehr. Es geschieht nicht nur, sondern Sie haben es selbst in der Hand. Sie bestimmen, wo Sie hinwollen und wie Sie es haben wollen.

Sie sind nicht länger der/die „Erduldende", das Opfer, sondern Sie richten Ihr Leben nach Ihren eigenen Wünschen und Zielen aus. Sie gestalten es. Und in Bereichen, in denen Sie eingebunden sind in Ihr soziales wie berufliches Netz, wissen Sie ebenfalls, was Sie sich hinsichtlich dieses Miteinanders erhoffen und wünschen. Das tut sowohl Ihnen gut, als auch Ihrem Gegenüber. Sie sind ehrlich mit den anderen und mit sich selbst. Diese Ehrlichkeit und Offenheit befähigt Sie zum Handeln und macht frei. Außerdem lösen Sie sich damit aus den Begrenzungen Ihrer Kindertage, übernehmen die Verantwortung für Ihr Leben und leben selbstbestimmt.

Sie funktionieren nicht länger nach den übernommenen Vorstellungen und Idealen anderer, sondern Sie bringen sich entweder aktiv in die gemeinsamen Lebenskonzepte mit Partner, Familie, Beruf ein, oder Sie leben für sich allein. Ihre eigenen Ziele zu definieren macht Sie frei. Sie werden überrascht sein, was Sie dabei an Fähigkeiten, Potentialen und Möglichkeiten in sich selbst entdecken. Sie kommen auf einer viel tieferen Ebene in Beziehung mit sich selbst. Ihr positiver Selbstausdruck lässt Sie Ihr Leben lieben. Sie begegnen Ihrem Lebensglück. Und je mehr Sie nach Ihren eigenen Idealen und Vorstellungen leben, umso mehr kommen Liebe und Glück auch von außen auf Sie zu. Wiederum gilt: Das eine bedingt das andere. Balance im Inneren zieht Balance im Außen an. Glück im Inneren zieht Glück im Außen an. Liebe im Inneren zieht Liebe im Außen an. Innen und außen ziehen sich magisch an. *Resonanzgesetz! – Oder das Geheimnis eines erfüllten Lebens.*

Nicht die anderen begrenzen uns. Wir begrenzen uns selbst.

Wir behindern uns und erschweren uns unnötigerweise unser Leben, wenn wir uns selbst gegenüber nicht eingestehen wollen, wer wir in Wahrheit sind, nämlich Töchter und Söhne Gottes, unseres himmlischen Vaters. Wir begrenzen uns selbst, indem wir uns auf unser Menschsein mit all seinen Schwächen, Irrtümern und Gepflogenheiten reduzieren, statt anzuerkennen, dass wir in Wirklichkeit göttlichen Ursprungs sind. Dabei gilt es, dieses Erbe *bewusst* anzutreten, um es hier auf Erden *bewusst* zur Entfaltung zu bringen, indem wir unser gesamtes Potential leben, das uns gegeben wurde, um aus uns selbst heraus immer mehr zu erblühen. Wir machen uns klein, weil wir alten Geschichten über uns, die uns irgendwann einmal erzählt wurden, mehr Glauben schenken, als auf unser göttliches Erbe zu vertrauen. Wir leben ein künstliches Ich (Ego), statt unser wahres Ich (unser göttliches Selbst) *bewusst* zu leben.

Ich habe hierzu ein paar schöne Geschichten gefunden, die durchaus das Potential haben, mit diesem Irrglauben zu brechen, dem wir hier als Mensch aufgesessen sind, und dafür ein Mehr an Wahrheit und Ordnung in unser Leben zu bringen. Lassen Sie die Erzählungen einfach auf sich wirken.

Eine Erzählung, die mir besonders am Herzen liegt. Die Geschichte des argentinischen Autors und Psychotherapeuten Jorge Bucay, die er uns in seinem Buch *Komm, ich erzähle Dir eine Geschichte* (siehe Literaturverzeichnis) zu lesen gibt. Eine Parabel, die ein wenig traurig macht, die uns aber auch den Mut fassen lässt, etwas im Leben beherzt anzugehen, und vor allem die Dinge zu ändern, auf die wir selbst Einfluss nehmen können. Für mich ist es eine wunderschöne Erzählung, gerade weil sie nachdenklich macht und uns auf ihre Art damit auch hilft, wieder einmal über den Sinn unseres Lebens zu reflektieren. Ihre Absicht wird im Untertitel des Buches klar benannt: *Kindern erzählt man Geschichten zum Einschlafen – Erwachsenen, damit sie aufwachen.* Mit dieser Geschichte möchte ich beginnen, weil sie sehr gut zu der Frage passt, was uns begrenzt.

✶ ✶ ✶

Der angekettete Elefant

Als ich ein kleiner Junge war, war ich vom Zirkus fasziniert und am meisten gefielen mir die Elefanten. Während der Vorstellung stellte das riesige Tier sein ungeheures Gewicht, seine eindrucksvolle Größe und seine Kraft zur Schau.

Nach der Vorstellung, aber auch in der Zeit bis zur Vorstellung blieb der Elefant immer am Fuß an einem kleinen Pflock angekettet. Der Pflock war jedoch nichts weiter als ein winziges Stück Holz, das kaum ein paar Zentimeter tief in der Erde steckte. Und obwohl die Kette mächtig und schwer war, stand für mich ganz außer Zweifel, dass ein Tier, das die Kraft hat, Bäume mitsamt der Wurzel auszureißen, sich mit Leichtigkeit von einem solchen Pflock befreien und fliehen konnte. Dieses Rätsel beschäftigt mich bis heute. Was hält ihn zurück? Warum macht er sich nicht auf und davon?

Als Kind vertraute ich noch auf die Weisheit der Erwachsenen. Also fragte ich nach dem Rätsel des Elefanten. Einer antwortete mir, der Elefant mache sich nicht aus dem Staub, weil er dressiert sei. Meine nächste Frage lag auf der Hand: „Und wenn er dressiert ist, warum muss er dann angekettet werden?" Ich erinnere mich nicht, je eine schlüssige Antwort erhalten zu haben.

Vor einigen Jahren fand ich heraus, dass zu meinem Glück doch schon jemand weise genug gewesen war, eine Antwort auf das Rätsel des Elefanten zu haben: Der Elefant flieht nicht, weil er schon seit früher Kindheit an einen solchen Pflock gekettet ist.

Ich schloss die Augen und stellte mir den wehrlosen, neu geborenen Elefanten am Pflock vor. Ich war mir sicher, dass er in diesem Moment schubst, zieht und versucht, sich zu befreien. Und trotz aller Anstrengung gelingt es ihm nicht. Ich stelle mir vor, dass er erschöpft einschläft und es am nächsten Tag wieder versucht und am nächsten und übernächsten wieder und wieder. Bis eines Tages, eines für seine Zukunft verhängnisvollen Tages, das Tier seine Ohnmacht akzeptiert und sich seinem Schicksal fügt.

Dieser riesige und mächtige Elefant, den wir aus dem Zirkus kennen, flieht nicht, weil der Ärmste glaubt, dass er es nicht kann! Allzu tief hat sich die Erinnerung daran, wie ohnmächtig er sich kurz nach seiner Geburt gefühlt hat, in sein Gedächtnis eingebrannt.

Das Schlimmste daran ist, dass er diese Erinnerung nie wieder ernsthaft hinterfragt hat. Nie wieder hat er versucht, seine Kraft auf die Probe zu stellen.

★ ★ ★

Statt sich dem Gefühl seiner kindlichen Prägung und Ohnmacht hinzugeben und heute noch zu glauben, schwach und handlungsunfähig zu sein, müsste sich der Elefant nur auf seine Kraft besinnen, die er in so vielen anderen Situationen gekonnt einzusetzen weiß. Ein einziger Ruck und er wäre frei. – Was hindert dieses mächtige, würdevolle, kraftvolle Tier? – Das Gleiche, was auch uns begrenzt.

Vielen von uns geht es wie diesem Zirkuselefanten. Wir glauben, bestimmte Dinge nicht zu können, bloß weil wir sie vor langer Zeit einmal ausprobiert haben und vielleicht dabei gescheitert sind. Dabei ist der einzige Weg um herauszufinden, ob wir etwas können oder nicht, diese Sache so lange immer wieder zu wiederholen und uns ihr mit so viel Hingabe zu widmen, um uns in der Technik zu verbessern, derer es bedarf, um darin wirklich gut zu werden, egal ob unsere Leidenschaft dem Singen, Tanzen, einem Instrument, dem Malen, dem Sport usw. gewidmet ist.

Wir sind Gefangene unseres Denkens. – Unser *mentaler* Pflock, unsere Fesseln aus Kindertagen sind sehr vielschichtig, sehr komplex, mitunter sehr dominant und prägend. Dahinter verbergen sich negative Glaubenssätze, Überzeugungen, Gedanken wie „Ich bin nicht gut genug! – Ich kann das nicht! – Ich verdiene das nicht!" usw. Sätze, die wir in verschiedenen Situationen als Kind gehört haben, die wir aufgrund damaliger Erfahrungen geglaubt und abgespeichert haben. Sätze, die wir uns unter Umständen heute noch erzählen, wenn wir in bestimmte Herausforderungen geraten, die der damaligen Situation ähnlich sind. Ob sie stimmen, das haben wir bis heute nicht wirklich überprüft. Mit kindlicher Unschuld und Naivität haben wir ihnen damals Glauben geschenkt und tun dies auch heute noch, ohne zu bemerken, wie diese Überzeugungen und Muster unser Denken bestimmen und uns damit begrenzen.

Die Energie hinter solchen Gedanken ist jedoch nicht nur negativ, sie ist fatal, selbstzerstörerisch, gefährlich und aggressiv. Dieses Urteil und die unreflektierten Worte von damals haben – je nach psychischer Stabilität – unter Umständen heute noch die Macht, uns glauben zu machen, dass wir nichts wert sind. Dass wir nicht gut genug sind. Dabei ist es alles andere als gesund, wenn wir derart negativ über uns selbst denken und uns in diesen alten Denkschablonen gefangen halten. Wir berauben uns selbst unserer Lebensfreude und Energie. Verlieren an Selbstvertrauen. Mindern unseren eigenen Wert. Das Ungesunde daran ist: So kritisch, wie wir uns selbst begegnen, begegnen uns letztlich auch die anderen. Wir erschaffen uns beruflich wie privat Situationen, die uns wieder und wieder beweisen, dass die frühere Einstellung von zum Beispiel „Ich bin nicht gut genug" auch weiterhin stimmt. Ein Teufelskreis, der so niemals enden wird *(Resonanzgesetz).*

Was bleibt? – ??? – Negative Gedanken sind nicht nur frustrierend. Sie sind pures, reines Gift. Gift, das wir uns mit jeder Wiederholung immer wieder selbst einflößen. Gift, das sich mit der Zeit in jede Zelle frisst. Egal ob Körperzelle oder Nervenzelle, irgendwann ist unser ganzes System davon infiziert. – Und Körper, Geist und Seele reagieren dann auf ihre Art. Was letztlich sogar wieder gut ist, weil es uns endlich auffordert innezuhalten und uns dessen bewusst zu werden, was hier im Grunde genommen wirklich geschieht. Somit trägt jeder Zusammenbruch, jede Krankheit und Krise ihren tieferen Sinn in sich. Hier müssen wir ansetzen und uns der alten Muster bewusstwerden, damit Heilung geschieht.

Egal wie alt wir sind: Hören wir immer nur auf diese alten Gedanken und unsere Ängste und lassen uns von negativen Glaubenssätzen, Erfahrungen und Fehlschlägen verunsichern oder gar lähmen, werden wir nie wissen, wie „mächtig", kraftvoll, stark und einzigartig wir im Grunde genommen sind. Was uns jedoch helfen kann, uns unseres unbewussten Verhaltens bewusster zu werden, ist die Beantwortung von Fragen wie: Was hindert mich daran, positiv über mich selbst zu denken? – Was verhindert einen liebevollen Blick auf mich selbst? – Was behindert meinen positiven Selbst-Ausdruck? – Wo habe ich dieses ganze angstbesetzte und negative Denken her? …

16

Wie Erfahrungen unsere Gene steuern

Unsere Erziehung ist mitunter sehr angstbesetzt. Wenn Sie ängstlichen Eltern zuhören, dann hören Sie Sätze wie: „Pass bloß auf!" – „Mach das nicht!" – „Komm da sofort runter!" …

Das Kind wird bereits von klein auf auf Angst und Vermeidungshaltung konditioniert. Es

lernt nicht, sich etwas zuzutrauen. Aus der Angst der Eltern wird die Angst des Kindes. Es ist verunsichert, eingeschüchtert und verlernt aus sich selbst heraus neugierig und motiviert zu sein, die eigenen Grenzen auszuloten und in Erfahrung zu bringen, was es kann, was nicht. Sätze wie die Beispiele oben schüchtern das Kind ein und begrenzen es in seiner Freiheit.

Es fühlt sich unsicher und schwach. Wenn es noch dazu sehr autoritätshörig ist, traut es sich unter Umständen nicht gegen die Worte der Eltern und Erzieher aufzubegehren. Es nimmt sich mit seiner natürlichen Neugier, Lebens- und Entdeckerfreude zurück und folgt brav, weil „angepflockt" den Erwartungen des Gegenübers. Es lernt sich nicht energisch, mutig, kraftvoll auszuprobieren, sich kennenzulernen, sich zu behaupten. Die Angst der Erwachsenen überträgt sich mit angsteinflößenden Worten, sowie über Blickkontakt, Mimik und Gestik auf das Kind. Angst kann ein überaus mächtiger Pflock in unserem Leben sein.

Es ist wichtig, sich von den Fesseln der Angst zu befreien. Es ist wichtig, sich von den „Fesseln" der Erziehung zu befreien. Es ist wichtig, den Mut zu haben, den begrenzenden Mustern und Überzeugungen aus Kindertagen *keinen* Glauben mehr zu schenken. Es ist wichtig, herauszufinden, was wirklich in uns steckt, denn nur so können wir das Leben führen, nach dem wir uns sehnen.

Sind wir in Beziehung mit uns selbst, dann begegnen wir uns mit Mitgefühl und Liebe. Sind kraftvoll, vital, voller Lebens-Energie, erfreuen uns unseres Lebens. Dann sind unsere Tage *er-füllt*. Wir geben dem Leben einen Sinn. Wir handeln freudvoll und inspiriert. Wir wissen: Glück lässt sich weder käuflich erwerben, noch durch einen anderen Menschen in unser Leben bringen. Glück liegt allein in unseren Händen.

Wollen wir ein glückliches, freudvolles, erfülltes, friedvolles Leben, *muss* die Veränderung in uns selbst beginnen. Der Schlüssel dazu findet sich nicht im Außen, sondern in uns. Sehnen wir uns nach diesem anderen Leben, dann ist es unsere Aufgabe einzutauchen in diese „Welt in uns". Nur dort können wir den Schatz heben und so unserem wahren inneren Reichtum begegnen.

Auch die nachfolgende Erzählung ist ein Beispiel dafür, wie sehr uns negative Gedanken blockieren und am wahren Leben hindern, weil sie starken Einfluss auf unser Handeln nehmen. Gleichzeitig drängen sich mir Fragen auf wie: Liegt es in der Natur des Menschen, Ängste, Zweifel, negative Gedanken und Erinnerungen ein Leben lang mit sich herumzutragen? – Wenn ja, warum? – Warum befreien wir uns nicht früh genug von diesen Hemmnissen und führen stattdessen ein freudvolles Leben? – Was hindert uns daran? – Wie sieht das Gewicht aus, das uns niederdrückt und uns so oft die Luft zum Atmen nimmt? – Existieren diese Beschränkungen hinsichtlich unserer Person und Fähigkeiten nur in unseren Vorstellungen/Köpfen oder tatsächlich auch in unserer Realität? – Und: Gehören diese Blockaden und Muster überhaupt zu mir?

Ein wichtiger Satz in der Geschichte *Der Korb des alten Mannes*[18] von Shad Helmstetter ist die Frage: „Weshalb ist denn dein Korb so schwer?" Wir würden heute zwar eher von einem Rucksack sprechen, aber das tut nichts zur Sache. Worauf es ankommt, ist, dass wir uns dessen bewusstwerden, was wir da ein Leben lang mit uns herumtragen. – Muss das wirklich sein? – Wenn ja, wie lange?

---

18 Shad Helmstetter. Der Korb des alten Mannes. Abrufdatum 06.01.2021, von https://intaka.de/der-korb-des-alten-mannes/

Der Korb des alten Mannes

Dies ist die Geschichte eines alten Mannes und eines kleinen Jungen. Der alte Mann hieß Sartebus und der Junge Kim. Kim war ein Waisenkind und lebte ganz für sich allein. Er zog von Dorf zu Dorf auf der Suche nach Essen und einem Dach über dem Kopf. Doch es gab noch etwas, nach dem er suchte. Kim suchte nach einer Einsicht.

„Warum", fragte er sich, „sind wir ein Leben lang auf der Suche nach etwas, das wir nicht finden können? Machen wir es uns selbst schwer oder soll es einfach so sein, dass wir uns so plagen?"

Auf seinem Weg traf er eines Tages einen alten Mann und der, so hoffte Kim, kann ihm vielleicht eine Antwort geben. Der alte Mann trug auf seinem Rücken einen großen, zugedeckten, geflochtenen Korb, der sehr schwer zu sein schien. Eines Tages machten sie Rast an einem Bach.

Der alte Mann stellte erschöpft seinen Korb auf den Boden. Er schien so schwer zu sein, dass selbst ein viel jüngerer und stärkerer Mann ihn wahrscheinlich nicht sehr lange hätte tragen können.

„Weshalb ist denn dein Korb so schwer?", fragte Kim Sartebus. „Ich würde ihn gerne für dich tragen." „Nein, den kannst du nicht für mich tragen", antwortete der alte Mann. „Den muss ich ganz alleine tragen."

Viele Tage und Wege gingen Kim und der alte Mann zusammen. So sehr er sich auch bemühte, er konnte nicht herausfinden, was für ein schwerer Schatz sich wohl in dem Korb befand. Erst als Sartebus nicht mehr weitergehen konnte und sich ein letztes Mal zur Ruhe legte, erzählte er dem jungen Kim sein Geheimnis.

„In diesem Korb", sagte Sartebus, „sind all die Dinge, die ich von mir selbst glaubte und die nicht stimmten. Auf meinem Rücken habe ich die Last jedes Kieselsteines des Zweifels, jedes Sandkorns der Unsicherheit und jedes Mühlsteines des Irrweges getragen, die ich im Laufe meines Lebens gesammelt habe. Ohne sie hätte ich die Träume verwirklichen können, die ich mir so oft ausgemalt habe."

★★★

Wie können wir unseren Korb, unseren Rucksack entleeren? – Wie schaffen wir es, unsere Sorgen, Zweifel, Überzeugungen rechtzeitig über Bord zu werfen, bevor sie uns niederdrücken und uns die Freude am Leben mindern?

Wir alle wissen: Das Leben ist nicht nur „Sonnenschein". So viele Tage Sonne es hat, gibt es auch Tage mit Regen, Gewitter, Hagel und Sturm. Das Leben zeigt uns beide Seiten der Medaille. Das Schöne und das weniger Angenehme. Aber ist das Letztere deswegen schlecht?

Es liegt an unserer Einstellung, wie wir über die Dinge denken und ob wir sie als positiv oder negativ befinden. Von klein auf lernen wir, wie die Menschen in unserem Umfeld auf bestimmte Erlebnisse reagieren und diese interpretieren. Diese Art zu denken und zu handeln prägt sich uns ein. Was nun besonders gut oder was schlecht daran ist, dass so gedacht und gehandelt wird, darüber denken wir in aller Regel nicht nach. Zumindest so lange nicht, solange wir der Überzeugung sind, dass das Leben so funktioniert. Erst nach und nach beginnen wir durch bestimmte Erlebnisse im Außen unser eigenes Denken und Verhalten in Frage zu stellen. Beginnen zu reflektieren und auszusortieren, was uns nicht länger dienlich ist.

Auch wenn es uns nicht gefällt, so erleben wir die Redensart „Aus Schaden wird man klug!" durch unser eigenes Denken und Handeln bestätigt. Allem Anschein nach lernen wir erst durch den Schmerz der eigenen bitteren Erfahrungen. Es ist als würden wir durch die Enttäuschungen endlich von all den falschen Gedanken *ent-täuscht* werden, damit letztlich aber auch *befreit* werden. So wird das ursprünglich vermeintlich Negative zu einem unnachgiebigen und strengen Lehrer, der uns hilft, dass wir uns künftig hinsichtlich unseres Denkens und Handelns um gesündere und bessere Alternativen bemühen. Dem „vermeintlich" Negativen kommt so letztlich eine wichtige Bedeutung zu.

Die Dinge sind so oft so ganz anders als wir meinen. Nichts geschieht ohne eine bestimmte Absicht. Nichts geschieht einfach so. Das, was passiert, ist im Grunde genommen erst einmal neutral. Sie erinnern sich: Erst mit unserem Denken und auf der

Grundlage unserer Erfahrungen und Erinnerungen machen wir es zu dem, von dem wir meinen, dass es das ist. Ohne die Dinge erst einmal neutral auf uns wirken zu lassen, urteilen wir vorschnell, handeln emotional, unreflektiert und unbewusst.

Natürlich müssen wir uns mit den Herausforderungen des Alltags und den weniger angenehmen Seiten des Lebens auch auseinandersetzen. Sie holen uns überall ein. Es wäre falsch zu glauben, wir könnten vor ihnen fliehen. Mal lauern sie in der einen, mal in der anderen Gestalt auf uns. Unsere Lernaufgaben sind unsere treuesten Begleiter. Wir nehmen sie ständig mit. Sie heften sich so lange an unsere Fersen, bis wir gelernt haben, was es im Umgang mit einer bestimmten Thematik oder Person für uns zu lernen gibt. Schließlich sind wir als Seele hier, um zu lernen, und da gehören diese Erfahrungen dazu.

Um sich das lebenslange Lernen leicht zu machen, gilt es, Wege zu finden, sich von unnötigem Ballast, Glaubenssätzen, Gedanken, Sorgen, Ängsten zu befreien, die wir uns immer wieder selbst erzählen; mit denen wir uns unsere Identität und Realität erschaffen, denn wir ziehen im Außen an, was wir über uns denken. Es liegt allein in unserer Verantwortung mit diesen alten Geschichten aufzuräumen und diese „Gespenster" endlich loszulassen. Eine grundlegende Veränderung können wir jedoch nur bewirken, indem wir das „Groß-Reine-Machen", den „Hausputz" in unserer Welt der Gedanken nicht länger scheuen, damit sich etwas zum Positiven verändern kann.

Worauf es ankommt, ist, dass wir uns hinsichtlich der Vergangenheit unserer Gedanken, Gefühle, Entscheidungen, Erfahrungen bewusstwerden, die uns zu der Person gemacht haben, die wir heute sind. Bewusstwerdung meint aber nicht, dass wir uns ewig diese Geschichten erzählen, sondern dass wir sie neutral zur Kenntnis nehmen. Annehmen, was war. Akzeptieren, was ist. Eine Bestandsaufnahme machen. Was dabei gut tut und entspannend wirkt, ist, immer wieder mal über sich selbst zu lachen und so mancher Geschichte mit einer ordentlichen Portion Humor ☺ zu begegnen. Das schafft die nötige Distanz und hilft in einer Beobachterposition zu bleiben. Aus dieser Position heraus können wir dann eine optimistische Haltung einnehmen, uns auf Lösungen fokussieren und uns mit dem Wissen um die Macht unserer Gedanken nach und nach die Lebensumstände erschaffen, die wir uns wünschen.

Für mich sah dieser Prozess der Bewusstwerdung unter anderem so aus: Da war zum einen die Diagnose, die mir von Seiten der Schulmedizin attestiert wurde, doch zum anderen hatte ich den Eindruck, dass mit jedem Arztbesuch mehr neue Krankheiten dazukamen, als dass sich auch nur im Ansatz eine nachhaltige Verbesserung meiner gesundheitlichen Situation ergab. Zunächst blieb mir folglich nichts anderes übrig, als mir die Vielfalt der Symptome anzuschauen, mit der mein Körper zu mir sprach. Es war alles andere als leicht, mir eingestehen zu müssen, dass ich über einen sehr langen Zeitraum hinweg diesen Körper sträflich vernachlässigt hatte. Doch nicht nur ihn. Auch den Bedürfnissen meines Geistes und meiner Seele habe ich nicht entsprochen. Gänzlich verunsichert durch die Herausforderungen und widrigen Umstände der letzten Jahre hatte ich meinen Geist immer mehr mit *falschen* Gedanken gefüttert und glaubte infolge nicht mehr an mich. Zog mir damit selbst – bildlich gesprochen – den Boden unter den Füßen weg. Und all die traurigen „Geschichten", die ich mir erzählte, wurden nach und nach traurige Wirklichkeit für mich.

Für meine beiden Klinikaufenthalte (zweimal sechs Wochen) war ich dankbar. Sie halfen mir insofern so stabil zu werden, dass ich wieder so weit auf eigenen Beinen stehen konnte, um für mich selbst zu sorgen. Doch ich spürte auch, dass ich meine Freiheit brauche und nicht länger an irgendein Therapiekonzept gebunden sein will. Für mich war es sehr wichtig, meinen eigenen Weg der Heilung zu finden und diesen zu gehen. Ich wollte endlich meine eigenen Ressourcen entdecken. Wollte auf die Stimme meines Herzens hören, das mir sagte: „Alles, was du für deine Heilung brauchst, findest du in dir! – Vertraue auf dich!"

Heute weiß ich, dass ich in den Jahren zwischen 2008 und 2016 immer mehr zu einer Gefangenen meiner eigenen

Glaubensüberzeugungen und Gedanken geworden war. Ich erschuf mir quasi eine Welt, die meine war und doch nicht meine war.

Erst in den letzten vier Jahren ist es mir dank Meditation und Bewusstseinstraining gelungen, diese negative Programmierung aus dieser Zeit wieder rückgängig zu machen.

Hatte ich erst einmal verstanden, dass es mir möglich war, meinen Geist derart fehlzuleiten und mir im Innen wie Außen diese Vielfalt an Problemen zu erschaffen, wollte ich jetzt den Beweis antreten, dass es mir auf gleiche Art und Weise – diesmal aber mit einem *positiven* Ergebnis – möglich ist, meine Gedanken wieder „umzuprogrammieren" und den aufgewühlten Geist in einen Zustand der Ruhe und des Friedens zu bringen. Und umso mehr mir dies nach und nach gelang, kehrten Zufriedenheit, Zuversicht sowie der Glaube an mich selbst wieder zurück.

Und so wie ich von Anfang an wusste, dass ich keine Medikamente einnehmen will, um irgendwie durch den Tag zu kommen und mich über Befindlichkeiten wie Trauer, Angst etc. hinweg zu retten, lernte ich stattdessen mir selbst, sowie dem Universum Fragen zu stellen, auf entsprechende Antworten zu hören und mein Verhalten danach auszurichten. Ich konzentrierte mich auf die Dinge, von denen ich wusste, dass sie mir Freude bereiteten.

Was mir außerdem half immer wieder einmal aus einer anderen Perspektive auf die Vielfalt meiner Themen zu sehen, waren die *Systemischen Aufstellungen*, die ich an anderer Stelle im Buch bereits erwähnt habe. So manche Erkenntnis daraus, sowie mein persönliches Interesse an der *Psychologischen Astrologie* gaben mir zusätzlich Hinweise auf etliche meiner Fragen. Auf Fragen wie:

• Warum scheint mir Lebensfreude und Glück nicht ebenso in die Wiege gelegt worden zu sein wie den anderen?
• Warum fällt es mir so schwer, das Leben einfach nur zu genießen?
• Wer verbietet mir das? – Warum?
• Was ist das Undefinierbare, das Schwarze, das Schwere in meinem Leben?

- Wo kommt diese tiefsitzende Angst vor dem Leben überhaupt her?
- Was haftet dieser Angst an? – Was will sie mir sagen?
- Was ist das überhaupt für ein zähes Erbe, mit dem ich da angetreten bin?
- Warum habe ich das Gefühl mir immer alles so hart *„erkämpfen"* zu müssen?
- …

Da wir bei den *Systemischen Aufstellungen* immer wieder mit den Themen von Krieg, Trauer und Tod konfrontiert wurden, suchte ich außerdem nach einer Antwort auf die Frage: Ist es möglich, dass die Ereignisse, die nun schon über siebzig Jahre zurückliegen, derart stark in unser Leben hineinwirken, dass wir von diesem Schmerz, von diesen Ängsten betroffen sind?

Transgenerationale Vererbung – Was ist darunter zu verstehen?

Wie viele Steine in meinem Korb/Rucksack entstammen diesem Gepäck? – *und* – Was ist das für ein Erbe, mit dem ich in diesem Leben angetreten bin?

Bei meinen Recherchen stieß ich auf zahlreiche Berichte, Selbsthilfegruppen und Internetforen zur Thematik *„Kriegsenkel"*. Vielfach wurde als Kern des Problems das Schweigen der Elterngeneration genannt, die den Krieg noch miterlebt, ihre traumatischen Erfahrungen jedoch nie verarbeitet haben. Heute sind es ihre Kinder, die sogenannten „Kriegsenkel", die die Traumata der Eltern aufarbeiten und sowohl in der Therapie als auch über Selbsthilfegruppen nach einem Weg der Bewusstwerdung und Heilung suchen.

Ein erstes Buch, das mir Antworten hierzu gab, war das Buch *Kriegsenkel – Die Erben der vergessenen Generation* der freien Journalistin und Autorin Sabine Bode. Frau Bode beschreibt darin, wie die Schrecken des Zweiten Weltkrieges noch immer in vielen

Familien fortwirken und verdeutlicht die weitreichenden transgenerationalen Auswirkungen auf die Erziehung, die Entwicklung und die Beziehungen der Kriegsenkel.

Ein Buch, das mich ebenfalls sehr faszinierte, war das Buch *Die Seele fühlt von Anfang an* der Psychotherapeutin Bettina Alberti. Frau Alberti beleuchtet in diesem Buch (S. 75) den Zusammenhang zwischen vorgeburtlichen Erfahrungen und späterer seelischer Entwicklung, besonders in Bezug auf unsere Beziehungsfähigkeit.

Sie zeigt auf, wie sich durch die Überwindung von pränatalen Traumatisierungen ungeahnte Wege aus Lebenskrisen anbieten. Erklärt wird, wie vom Moment der Zeugung an das Körpergedächtnis des ungeborenen Kindes vorgeburtliche Erfahrungen wie positive Gefühle von Geborgenheit, Sicherheit und Verbundenheit speichert. Doch sie zeigt auch auf, wie in diesem allerersten Lebensraum durch störende Einflüsse oder traumatisierende Ereignisse Empfindungen von Ohnmacht und Hoffnungslosigkeit entstehen können.

Das Thema, mit dem ich am meisten in Resonanz ging, waren ihre Ausführungen in Anlehnung an einen Vortrag von der *Melodie des Lebens* der amerikanischen Psychotherapeutin Barbara Findeisen, Präsidentin der Amerikanischen Gesellschaft für Pränatale Psychologie (APPAH). Ich zitiere: „Diese Melodie, die wir im Mutterleib lernen, prägt unser weiteres Leben und kann Vertrauen und Lebendigkeit oder aber Rückzug und Isolation vermitteln. Sie trägt Gefühle von Liebe und Gefühle von Verzweiflung. Sie zeigt sich später in der Art unserer Beziehungsgestaltung zu anderen. Sie hat kalte und warme Töne, erzählt von Freude, Trauer und Ablehnung. Ob ein Mensch sich später selbst annehmen kann oder sich verachtet und verurteilt, hat hier eine Wurzel. Welche Melodie ein vorgeburtliches Kind erfährt und welche sich nach der Geburt fortsetzt, hängt auch mit der Beziehung zur Mutter zusammen und mit ihrer Gestimmtheit. Auch die Mutter trägt ihre eigene Melodie in sich, und diese wiederum ist entstanden aus ihrer Geschichte und beeinflusst von ihrer Lebensumwelt.

Die vorgeburtliche Beziehung zwischen Mutter und Kind entsteht auf eine ganzheitliche Weise. Die Mutter teilt dem Kind auf organische und seelische Weise mit, wie es versorgt ist. Ist es erwünscht? Wie sieht sein Lebensraum in ihrem Körper aus? Die Bindung zwischen Mutter und Kind ist die wichtigste und prägendste im Leben eines Menschen.

Wo früher der Embryo und Fötus als Zellhäufchen betrachtet wurde (es herrschte die Vorstellung, das vorgeburtliche Kind sei blind, taub und gefühllos), entpuppt es sich nach heutigem Wissensstand als kleines kompetentes menschliches Wesen. Millionen von neuronalen Zellen werden produziert, im zweiten Schwangerschaftsdrittel sind sie über den gesamten Körper verteilt. Der ganze Körper des vorgeburtlichen Kindes ist für Berührungen empfänglich. Im sechsten Monat reagiert das Kind deutlich auf Signale von außen und innen. Es reißt bei lauten Außengeräuschen die Arme hoch und erschrickt – erzählt die Mutter belastende Ereignisse, beschleunigt sich sein Herzschlag." (Zitatende)

Auf ARTE findet sich der Hinweis auf eine Dokumentation aus dem Jahr 2017 mit dem Titel *Vererbte Narben – Generationsübergreifende Traumafolgen*[19] – Ich zitiere aus diesem Artikel: „Familiengeheimnisse, frühe Prägungen von Angst und Gewalt, körperliche und seelische Traumata, familiärer Stress oder Druck und zementierte Glaubenssätze wirken sich nicht nur auf diejenigen aus, die es selbst erleiden, es kann sich sogar auf die nachfolgenden Generationen auswirken. Diese entwickeln dann Symptome, als hätten sie das Leid der Eltern selbst erlebt: unerklärliche Ängste, quälende innere Leere, Beziehungsstörungen, Alpträume und psychosomatische Erkrankungen. Und sie inszenieren die Schrecknisse der Eltern und Großeltern unbewusst immer

---

19 ARTE Dokumentation (Deutschland 2017 | arte 02.09.2017): Vererbte Narben – Generationsübergreifende Traumafolgen. Abrufdatum 06.01.2021, von https://programm.ard.de/TV/arte/vererbte-narben/eid_28724272671862

wieder neu. Die schlimmsten Verursacher von Traumafolgestörungen und deren Übertragung auf die nachfolgenden Generationen sind Kriege. Sie produzieren Schmerz, Verlust und großes Leid auch bei den Kriegskindern, obwohl ihnen doch die Gnade der späten Geburt zuteil wurde." (Zitatende)

Krieg ist demnach mit dem Friedensschluss noch lange nicht vorbei. Er hinterlässt schwerwiegende Verletzungen, Narben, Wunden, die bis in die zweite und dritte Nachkriegsgeneration hinein noch deutliche Spuren zeigen können.

Werden die erlebten Erfahrungen von den Kriegskindern nicht aufgearbeitet, dann übernehmen die nachfolgenden Generationen unbewusst diese traumatischen Prägungen. Erleben die Kriegsenkel in ihrem Leben zudem ein Schock-Trauma, wie Verlust des Arbeitsplatzes, Trennung und Tod eines geliebten Menschen usw., dann reagieren sie mitunter sehr stark darauf, denn durch das transgenerationale Erbe sind sie in ihrer Psyche bereits sehr fragil.

Auch *Entwicklungstraumata* (frühkindlich erlebte Traumata) schränken das Leben ein und führen zu chronischem Stress in der Seele, sofern diese bis ins höhere Alter hinein immer noch unverarbeitet und unerlöst sind. Warum? – Der verdrängte Seelenschmerz wurde abgespalten, bahnt sich aber immer und immer wieder einen Weg aus dem Unterbewusstsein heraus, denn das Erlebte will angenommen und erlöst sein. Wird der Schmerz zu lange verdrängt, kann er sich in körperlichen Symptomen zeigen.

Volltreffer!!! – Erinnern Sie sich an meine Situation? – Auf einmal bekam ich weitere Antworten, warum ich in der Mitte meines Lebens vor diese Herausforderungen gestellt war. Gleichzeitig hatte ich das Gefühl, dass ich damit aber auch den Schlüsselbund in Händen hielt, der es mir möglich macht, die vielen „Gefängnistüren" aufzuschließen, in die ich mich eingesperrt sah.

Auf die Umwelt kommt es an

Die noch relativ neue Wissenschaft der Epigenetik verändert das Verständnis davon, wie das Leben von Grund auf gesteuert wird. Dr. Bruce Lipton, Zellbiologe und Pionier der prä- und perinatalen Entwicklung, lehrte an der medizinischen Fakultät der Universität von Wisconsin und arbeitete als Forscher an der medizinischen Fakultät der Stanford Universität. Seine bahnbrechenden Erkenntnisse über die Zellmembran machten ihn zu einem Pionier der neuen Wissenschaft der Epigenetik. Heute reist er durch die ganze Welt und hält Vorträge und Seminare über die Neue Biologie.

In seiner DVD-*Intelligente Zellen – Der Geist ist stärker als die Gene* (siehe Literaturverzeichnis) räumt Bruce Lipton auf mit der überkommenen Lehrmeinung, dass der Mensch ein Gefangener seines genetischen Erbguts ist. Er vertritt stattdessen die Meinung *Nicht Gene prägen den Menschen – der Mensch prägt die Gene!* Mit anschaulichen Bildern vermittelt er in dieser DVD die neuen Erkenntnisse der Epigenetik und erklärt, dass es unser Denken und Fühlen ist, das in jede Zelle hineinwirkt und unser Leben bestimmt. Die Art und Weise, wie wir unsere Umwelt wahrnehmen, kontrolliert unsere Gene. Geist und Materie korrespondieren.

Obwohl uns Wissenschaftler und Pharmakonzerne glauben machen wollen, dass unser Schicksal (Aussehen, Intelligenz, Gesundheit, Gemüt) weitgehend in den Erbanlagen unserer Gene liegt, erklärt Bruce Lipton, dass der menschliche Geist stärker ist als eine genetische Programmierung. Bei seinen Studien über das Verhalten der Zellen entdeckte er: „Plötzlich erkannte ich, dass das Leben einer Zelle durch ihre physische und energetische Umgebung bestimmt wird, und nicht etwa durch ihre Gene." Diese Erkenntnis brachte Lipton vom obersten Grundsatz der Biologie, dem genetischen Determinismus, ab. Zitat Lipton: „Die Überzeugung, wir seien störanfällige biochemische Maschinen, die durch unsere Gene gesteuert werden, weicht der Erkenntnis, dass wir machtvolle Erschaffer unseres eigenen Lebens und unserer Welt sind."

Die Erkenntnisse seiner jahrzehntelangen Forschung auf dem Gebiet der Zellbiologie fasst er folgendermaßen zusammen: „Wir wurden nach dem Bilde Gottes erschaffen, und wir müssen unseren Geist wieder in die Gleichung mit einbringen, wenn wir unsere physische und psychische Gesundheit verbessern wollen." – „Nicht die gen-gesteuerten Hormone und Neurotransmitter kontrollieren unseren Körper und unseren Verstand, unser Glaube und unsere Überzeugungen kontrollieren unseren Körper, unser Denken und damit unser Leben."

Das heißt: Uns allen ist die Fähigkeit gegeben, uns selbst zu heilen. Wir können uns vom Schicksal befreien, von Generation zu Generation die Leiden unserer Vorfahren übernehmen zu müssen. Wir selbst haben den Schlüssel in der Hand, uns ein Leben voller Gesundheit, Glück und Liebe zu erschaffen!

Laut Dr. Lipton gibt es keine einzige Funktion in unserem Körper, die nicht schon bereits in der Einzelzelle angelegt ist. Wie der Mensch sind auch Zellen in der Lage, durch die Erfahrungen mit ihrer Umwelt zu lernen, zelluläre Erinnerungen zu speichern und diese an ihre Nachkommen weiterzugeben.

Dass dem so ist, das erklärt der Wissenschaftler auch in seinem Buch *Intelligente Zellen – Wie Erfahrungen unsere Gene steuern*, S. 53. Dabei verweist er auf die Worte seines ehemaligen Professors und Mentors Irv Konigsberg, dem es als einem der ersten Wissenschaftler gelungen ist, die Kunst des Klonens von Stammzellen zu meistern. „Wenn deine Zellkulturen vor sich hin kümmern, dann suche die Ursache zuerst in der Umgebung der Zellen, nicht bei den Zellen selbst." – Wenige Sätze später schreibt Lipton: „Wenn ich meinen Zellen eine gesunde Umgebung bot, dann gediehen sie; war die Umgebung nicht optimal, kümmerten sie vor sich hin. Doch sobald ich ihre Umgebung dann verbesserte, erholten sich die Zellen."

Auf S. 71 heißt es: „Die Epigenetik hat festgestellt, dass die DNA in unseren Genen zum Zeitpunkt der Geburt noch nicht vollständig festgelegt ist. Gene bestimmen also nicht unser Schicksal! Umwelteinflüsse, darunter auch Ernährung, Stress und Gefühle, können unsere Gene verändern, ohne die grundlegende Zusammensetzung infrage zu stellen. Zudem haben die Epigenetiker festgestellt, dass diese Modifizierungen ebenso an die Nachkommen weitergegeben werden können, wie es bei der DNA über die Doppelhelix der Fall ist."

Auch in seiner DVD-*Wie wir werden, was wir sind* erläutert er in einem bildreichen und leicht verständlichen Vortrag den Mechanismus, durch den sich die Überzeugungen und Emotionen der Eltern auf die Entwicklung des genetischen Codes der Kinder auswirken. Er bestätigt damit, dass die Programmierungen durch unsere Eltern eine fundamentale, grundlegende Bedeutung für unsere Gesundheit, unser Verhalten, unsere Einstellungen und unsere Beziehungen haben.

Mit diesen neuen Erkenntnissen erschloss sich mir nach und nach eine gänzlich neue Welt. Je mehr Informationen ich bekam, umso mehr beruhigte sich mein aufgebrachter Geist, der schon so lange nach Antworten suchte. Jetzt hatte ich so ziemlich alle Puzzle-Steine gefunden, so dass ich mir selbst Antworten auf so viele meiner Fragen geben konnte. Was für eine Erleichterung für mein aufgewühltes Herz. Nun konnte ich mein Puzzle, das Mosaik meines bisherigen Lebens, zusammenlegen. Hatte genügend Material, um noch kleinere Lücken zu füllen. Und so wurde mein Mosaik immer mehr zu einem Bild, das mir die Zusammenhänge erklärte.

Endlich war ich nicht mehr ohnmächtig und hilflos. Jetzt hatte ich Fakten in der Hand, mit denen ich arbeiten konnte. Ich konnte mir erklären, was vorgefallen war. Ich durfte endlich verstehen. Und je mehr ich verstand, umso mehr konnte ich das, was war, annehmen, damit meinen Frieden machen und wieder in meine Kraft kommen. Was für eine Erleichterung. Mehr denn je konnte ich nun in allen Bereichen die Verantwortung für meine Heilung übernehmen.

Auch wenn ich manchmal das Gefühl hatte, dass ich noch viel zu lernen habe, konnte ich nun meinen „Geistern", die ich so lange nicht benennen konnte, kraftvoller entgegentreten. Konnte mir meiner größten Ängste bewusstwerden und mich ihnen stellen. Interessanterweise waren die Dinge auf einmal nicht mehr so überwältigend groß, übergewichtig und schwer verdaulich wie zuvor. Ich hatte einen besseren Überblick. Wusste besser, was ich tun kann, wenn mich doch mal wieder der „Blues" überkam. Nach wie vor nutze ich die Zeit, um aus verschiedenen Perspektiven heraus auf meine Lebensthemen zu schauen und lerne täglich noch so viel dazu.

Warum werden wir überhaupt krank?

In einem zehnminütigen Video, das Sie auf YouTube finden, erklärt Bruce Lipton wie Stress[20] funktioniert. Zuerst bei Zellen, dann beim Menschen. Seine Erklärungen bestätigten mir, wie uns Angst und der daraus resultierende Stress am wahren Leben hindern. Das entsprach auch meiner Erfahrung, dass negative Gedanken pures, reinstes Gift sind, das sich in jede unserer Zellen frisst und dort dafür sorgt, dass wir krank werden. – Im Grunde genommen ist das, was sich hinter den negativen Gedanken verbirgt, Angst. Und auch das, was sich hinter negativen Emotionen verbirgt, nichts anderes als Angst. Und aus zwei Mal Angst entsteht sehr viel Stress. Diesen Vorgang erklärt Bruce Lipton leicht verständlich in diesem Video.

Für das Experiment gibt er Zellen in eine Petrischale und teilt die Zellgruppen in zwei Abteilungen auf. Eine Gruppe versorgt er mit Nährstoffen. Die andere Gruppe konfrontiert er mit Giften/

---

20 YouTube Video: Bruce Lipton über Stress. Abrufdatum 06.01.2021, von https://www.youtube.com/watch?v=kygE15O4Zrc

Toxinen. Im Anschluss gibt er beide Gruppen in den Inkubator und beobachtet, was passiert. Nach einer bestimmten Zeit kontrolliert er das Ergebnis und stellt fest:

„Wenn Nährstoffe in der Schale sind, dann bewegen sich die Zellen auf diese Nährstoffe, auf diese Signale zu. Aber wenn Toxine/Giftstoffe in der Schale sind, dann bewegen sich die Zellen weg von diesen negativen Signalen. Dann trennen sie sich davon." Ergebnis: „Wenn die Zellen etwas sehen, das Wachstum bringt, dann bewegen sie sich mit offenen Armen auf dieses Signal zu, um es reinzunehmen. Aber wenn die Zellen Toxine sehen, bewegen sie sich vom Signal weg und verschließen sich. Zellen können nicht gleichzeitig offen und geschlossen sein. Zellen können sich nicht gleichzeitig nach vorn und zurück bewegen." Die Schlussfolgerung für Lipton ist: „Zellen können im Wachstum sein oder im Schutzmodus. Aber nicht in beidem gleichzeitig."

Der Zellbiologe folgert daraus, dass Zellen von einem positiven Signal (Nährstoff) angezogen werden und sich in Richtung Wachstum bewegen. Von einem negativen Signal (Toxin) werden sie hingegen abgestoßen. Gleiches – so Lipton – findet im Menschen statt: „Der Geist nimmt die Umwelt wahr. Wenn er etwas sieht, von dem er glaubt, dass es bedrohlich ist, dann schickt er ein Signal an die Zellen und dieses Signal sagt: Diese Umwelt ist nicht unterstützend. Dieses System heißt die Hypothalamus-Hypophysen-Nebennierenrinden-Achse (= HPA-Achse). Sie beschreibt einen komplexen endokrinologischen Regelkreis zwischen Hypothalamus, Hypophyse und Nebennierenrinde. Dieser beeinflusst zahlreiche Körperfunktionen und Körperreaktionen, u. a. die Stressreaktion."

Lipton nennt den Hypothalamus die „*Meisterdrüse*", den Teil des Gehirns, der das Wachstum steuert und kontrolliert. „Wenn der Hypothalamus Stress sieht, dann möchte er dem ganzen Körper mitteilen „Da ist etwas los." Dann schickt er ein Signal davon in die Hypophyse und das ist die Meisterdrüse. Und diese Meisterdrüse schickt dann Signale zu 50 Billionen Zellen. Aber wenn es eine Bedrohung ist, dann wird das Signal an die Nebennieren geschickt und das herkömmliche Verständnis der Nebennieren ist entweder kämpfen oder Flucht. Und dann setzen die Nebennieren Stresshormone in den Körper frei."

Im Kampf-Flucht-Modus bringen die Stresshormone die Blutgefäße dazu, sich zu verschließen, so dass das Blut in die Peripherie des Körpers gepresst wird, damit der Körper entweder kämpfen oder weglaufen kann. Das erklärt auch, warum wir bei hitzigen Debatten oder in Streitgesprächen mitunter einen roten Kopf bekommen.

Stresshormone schalten aber auch das Immunsystem ab. Bakterien und Parasiten, die von einem aktiven Immunsystem unterdrückt werden, können nun bei einem abgeschalteten Immunsystem ungehindert wachsen, so dass Krankheiten entstehen. Der wahre Grund für die Erkrankung liegt aber nicht im Immunsystem, sondern im Stress. Um heilen zu können, muss folglich als Erstes der Stress behandelt werden. Neuerdings wird sogar vermutet, dass 75 bis 90 % aller Arzttermine mit Krankheiten zu tun haben, deren Ursache Stress ist.

Wenn wir uns wieder mehr auf die natürliche Intelligenz unseres Körpers besinnen, auf unsere Intuition hören und der Stimme unseres Herzens folgen, anstatt zu glauben ständig wie ein „Duracell-Männchen" im Dauerbetrieb funktionieren zu müssen, dann stünde es um unsere Gesundheit deutlich besser. Leider haben wir von klein auf gelernt, uns mit unserem Denken und Handeln an den Werten der Leistungsgesellschaft zu orientieren, statt uns unserer eigenen Werte und Bedürfnisse bewusst zu werden. Ich kann uns nur allen wünschen, dass wir uns wieder mehr rückbesinnen und uns mit den wahren Wurzeln verbinden, statt ein Leben lang Idealen nachzueifern, die für den Einzelnen gar nicht wirklich erstrebenswert sind. Da sie der Gesundheit des Einzelnen nicht zuträglich sind.

Arbeitet der Mensch um zu leben, oder lebt er um zu arbeiten?

Auch hierzu gibt es eine schöne Geschichte. Die Kurzgeschichte *Anekdote zur Senkung der Arbeitsmoral* von Heinrich Böll. Ich finde sie sehr lesenswert. Aufgrund ihrer Länge finden Sie diese Erzählung hier nicht abgedruckt. Dafür gebe ich Ihnen eine kurze Inhaltsangabe:

In der Kurzgeschichte *Anekdote zur Senkung der Arbeitsmoral* erzählt Heinrich Böll von einem Gespräch zwischen einem einheimischen Fischer und einem Touristen. Dabei geht es um die unterschiedlichen Auffassungen der Männer, wie man die Fischerei betreiben soll. Der Tourist fragt den ruhig in seinem Boot liegenden Fischer, warum er angesichts bester Wetterverhältnisse den Tag nicht nutzt, um noch einmal zum Fischfang rauszufahren. Als ihm der Fischer erklärt, dass er bereits genug gefischt habe, wird der Tourist ganz unruhig und schwärmt dem Fischer vor, was geschehen würde, wenn er täglich mehrmals aufs Meer hinausfahren würde, statt völlig untätig in der Sonne zu liegen. Er solle doch aufs Meer hinausfahren und Fische fangen, dann könne er sein eigenes Unternehmen gründen und erfolgreich sein. Ziel dabei sei, dass er sich nach getaner Arbeit auf den eigenen Lorbeeren ausruhen könne, um dann in aller Ruhe am Hafen zu sitzen, aufs Meer hinauszuschauen und die Sonne zu genießen. – Erst die Antwort des Fischers, dass er das doch jetzt schon könne, macht den Touristen sehr nachdenklich und mit einem Mal empfindet er mit dem Fischer kein Mitleid mehr, sondern Neid.

In dieser Geschichte treffen zwei völlig konträre Vorstellungen von einem glücklichen und erfolgreichen Leben aufeinander. Während der Tourist dem Fischer moderne Arbeitsmoral beibringen will, nach Besitz und Reichtum strebt und dieses Streben als Voraussetzung für ein erfolgreiches, zufriedenes und glückliches Leben ansieht, benötigt der Fischer keinerlei materielle Güter und Besitz, um bereits jetzt glücklich und zufrieden zu sein und sein Leben zu genießen.

Während der als reich bezeichnete Tourist sich ganz einem arbeitsreichen Leben sowie dem Streben nach Erfolg und Gewinnmaximierung verpflichtet hat, um später auf sein Lebenswerk schauen und irgendwann in der Zukunft entspannen und genießen zu können, lässt ihn der Fischer wissen, dass er bereits jetzt ein schönes Leben führt. Ein Leben im Einklang mit der Natur *und* seinen individuellen Bedürfnissen. Ein Leben, in dem er bereits jetzt glücklich und zufrieden ist. Im gegenwärtigen Moment, nicht im Denken an das, was die Zukunft bringen wird.

Die Kurzgeschichte thematisiert sehr schön, wie der Tourist nur an die Arbeit und sein Streben nach Gewinn denkt und somit den Reichtum im Außen sucht. Der Fischer scheint diesen Reichtum (einen inneren Reichtum) bereits in Fülle zu leben, indem er sich ganz einer natürlichen und gesunden Lebensweise hingibt, statt sich dem Stress und der Hektik eines arbeitsreichen Lebens zu verschreiben.

Stressfalle „Hamsterrad"

Das Hamsterrad wird oft als Metapher genutzt um die berufliche Situation zu beschreiben. Wir versuchen dabei die Situation schön zu reden, unterschätzen jedoch die Auswirkungen eines Lebens im Hamsterrad auf unsere Gesundheit. Ein Fehler, den wir hinterher sehr bereuen. Ein Leben im Hamsterrad gibt uns zwar Sicherheit, vielleicht auch Anerkennung und Wertschätzung, doch es fordert uns auch viel ab. Ein ständiger Zeit- und Termindruck, Besprechungen/Konferenzen, Verantwortung für Mitarbeiter, wenig Pausen, keine ausreichenden Erholungsphasen usw., wenn dann noch außerordentliche Belastungsparameter dazukommen wie soziale Konflikte, Tod, Trennung, Krankheit usw., dann spürt man nur noch, dass irgendwann das Konzentrationsvermögen, die Kraft und die Ausdauer nachlassen. Man möchte sich zwar immer noch beweisen, die eigenen Grenzen nicht wahrhaben, aber irgendwann ist es dann doch so weit, und der Körper sagt laut und deutlich Stopp! – Es ist genug! Es reicht! – Wann willst du endlich damit aufhören, ständig über deine eigenen Grenzen zu gehen? Siehst du denn nicht, dass … usw.

Wie schaut eine gesunde, natürliche Alternative hierzu aus?
Sowohl der rechtzeitige Ausstieg aus dem Hamsterrad, als auch die Besinnung auf ein anderes Leben ist gekoppelt an die Frage: *Wie viel bin ich mir wert?*

Auf der Suche nach einer Antwort hinsichtlich der „Arbeitsmoral" helfen Fragen wie: Welche Werte sind mir in meiner Arbeit wichtig? – Warum sind mir diese so wichtig? – Welche Bedürfnisse stecken dahinter? – Nach welchen Werten möchte ich privat leben? – Wie lassen sich diese Werte mit den beruflichen vereinen? – Welche Konsequenz habe ich daraus zu ziehen?
Um beruflich und privat Visionen und Träume leben zu können *und* glücklich, erfüllt und zufrieden zu sein, sollten die beruflichen Wünsche, Ziele und Werte mit den privaten korrespondieren. Diese müssen aber auch mit den Werten, Zielen, Wünschen und Bedürfnissen des Partners/der Partnerin bzw. der Familie abgestimmt sein. Ansonsten lässt sich beides nur schwer vereinen. Versäumen wir dies, dann triften mit der Zeit die Interessensgemeinschaften auseinander und ein erfülltes Leben in innerer Zufriedenheit und Balance ist nicht mehr möglich.
Doch um es gar nicht erst so weit kommen zu lassen, gibt es wunderbare Tools aus dem Bereich der Persönlichkeitsentwicklung, mit denen wir uns selbst durch Prozesse der Veränderung coachen können. Sie sind außerdem hilfreich, um sich von Zeit zu Zeit der eigenen Werte, Ziele und Bedürfnisse immer wieder einmal bewusst zu werden. Ein hilfreiches Tool dabei ist:

Das Rad des Lebens – die gesunde Alternative zum Hamsterrad

Wie finden wir aus der Dysbalance heraus wieder zurück in die Balance?

Das Rad des Lebens hilft dies zu visualisieren. Es zeigt, wie „rund", wie ausgewogen unser Rad derzeit überhaupt funktioniert. Es hilft zu erkennen, wie zufrieden wir in den einzelnen Lebensbereichen sind und veranschaulicht die Bereiche, die in letzter Zeit vernachlässigt worden sind. Es zeigt, wo wir derzeit stehen, und welcher Ziele und Maßnahmen es konkret bedarf, um Veränderungsprozesse anzugehen, damit letztlich in allen Bereichen wieder ein Mehr an Entspannung, Ausgleich, Gesundheit und Balance entstehen kann.

Die Anzahl der Speichen Ihres Rades, bzw. die Vielfalt der Lebensbereiche, die Sie sich anschauen wollen, ist von Ihrer derzeitigen Situation abhängig. Worauf wollen Sie sich zunächst konzentrieren? – Welche Bereiche haben für Sie die höchste Priorität?

Nachfolgend sind ein paar Beispiele aufgeführt, doch das Lebensrad lässt sich ganz individuell gestalten. Wichtig ist nur, dass genau die Bereiche genannt sind, die für Sie relevant sind, damit Sie Ihren eigenen Veränderungsprozess beginnen können. Außerdem sollte bei der Interpretation der Ergebnisse berücksichtigt werden, dass es sich bei der Beschreibung des Ist-Zustands um eine Momentaufnahme handelt, die auch davon abhängig ist, aus welcher Stimmung heraus (zufrieden – unzufrieden; entspannt – erschöpft; glücklich – traurig; nicht gestresst – gestresst) das Rad gerade betrachtet wird.

Mit Hilfe des Rades lässt sich sehr anschaulich zeigen, wie intensiv und bewusst Sie die einzelnen Lebensbereiche bereits leben. Auch hier helfen Fragen wie: Wo stehe ich gerade? (= Ist-Zustand) – Wie zufrieden bin ich damit? – Wo will ich in den genannten Bereichen hin? (= Ziel-Zustand). Für die Arbeit mit dem Lebensrad brauchen Sie etwas Zeit, ein Blatt Papier und Buntstifte.

Schritt 1: Benennen Sie die einzelnen Bereiche, die Sie sich genauer anschauen wollen.

Diese Bereiche bilden die „Speichen Ihres Rades". Je nach Interesse können das vier, sechs, acht oder gar zwölf Segmentfelder sein. Es darf natürlich auch eine ungerade Zahl sein. Ihr Rad orientiert sich an Ihren Werten und könnte zum Beispiel wie eines der folgenden Muster aussehen. Sie können Ihre „Speichen" selbstverständlich auch anders nennen.

Rad 1: Familie und Partnerschaft – Freunde und soziale Kontakte – Beruf und Berufung – Bewegung und Ernährung – Körper und Sexualität – Freizeit und Kreativität – Finanzen – Spiritualität

Rad 2: Partnerschaft – Familie – Freundschaften privat – Freundschaften beruflich – Zufriedenheit im Beruf – Zeiten für sich – Kommunikationsfähigkeit – Selbstbild – Gesundheit – Ernährung – Finanzen

Rad 3: Lebensfreude – Selbstwert – soziale Kontakte – Beruf – Wohnort – Kreativität – Unabhängigkeit

Rad 4: Gesundheit – Fitness – Sicherheit – berufliche Erfüllung – Partnerschaft – Familie – Freizeit – Religion/Spiritualität

Schritt 2: Erstellen Sie nun Ihr Lebensrad. Die Grundlage dafür ist ein Kreis. Je nachdem, wie viele Segmentfelder Sie gewählt haben, teilen Sie diesen nu in die einzelnen Bereiche ein. Jede einzelne „Speiche" Ihres Rades versehen Sie mit einer Skalierung von 0 bis 10. Der Mittelpunkt des Kreises ist die Null.

Schritt 3: Schätzen Sie Ihre derzeitige Situation auf dem Rad des Lebens ein. Markieren Sie auf der Skalierung (von 0 bis 10 bzw. von 0% bis 100%) wie zufrieden Sie derzeit sind. „0" = gar nicht zufrieden (= 0%)/„10" = absolut zufrieden (= 100%).

Verbinden Sie anschließend die markierten Punkte untereinander und malen Sie die sich daraus ergebende Form mit einer Farbe aus. Nach der Bewertung zeigt das Lebensrad den Status-Quo Ihrer Zufriedenheit (Ist-Zustand) hinsichtlich der einzelnen Bereiche an.

Schritt 4 ermöglicht Ihnen eine erste Interpretation und gibt Antworten auf Fragen wie:
Wie beurteilen Sie Ihre Lebenssituation im Augenblick? – Welche Bereiche sind stark und gesund? – Welche Bereiche bedürfen der Veränderung? – Wie viel Energie investieren Sie in den jeweiligen Lebensbereich? – Wie viel Energie gibt er Ihnen zurück? – Stehen die Lebensbereiche zueinander in Balance?

Bevor Sie in die weitere Arbeit am Lebensrad gehen, berücksichtigen Sie: Kann es erstrebenswert sein, in allen Bereichen die „absolute Zufriedenheit" (= Skalenwert 10 bzw. 100 %) zu erreichen? – Liegt dies allein in Ihrer Hand oder handelt es sich dabei um gemeinsame Ziele mit anderen? – Kann es unter Umständen zu Zielkonflikten kommen? – Betrifft dies nur Sie allein?

Schritt 5 beantwortet Ihnen die Frage: Wohin soll die Reise gehen? – Tragen Sie nun mit einem anderen Farbstift für jeden einzelnen Bereich wiederum Ihre Skalenwerte für den *Ziel-Zustand* ein. Verbinden Sie im Anschluss daran erneut die markierten Punkte und schauen Sie sich Ihr Ziel-Ergebnis an. Sie können es ausmalen oder nicht. Letztlich ist dies unwichtig. Viel wichtiger ist das Ergebnis, das sich Ihnen zeigt, denn nun wissen Sie, in welchen Bereichen Sie sich entwickeln wollen. Mit dem Bild, das sich Ihnen jetzt zeigt, haben Sie den *Ist- und den Ziel-Zustand* im direkten Vergleich und können sich nun überlegen, wohin Ihre „Reise" gehen soll. Nachfolgend ein Muster, wie das Ganze aussehen kann.

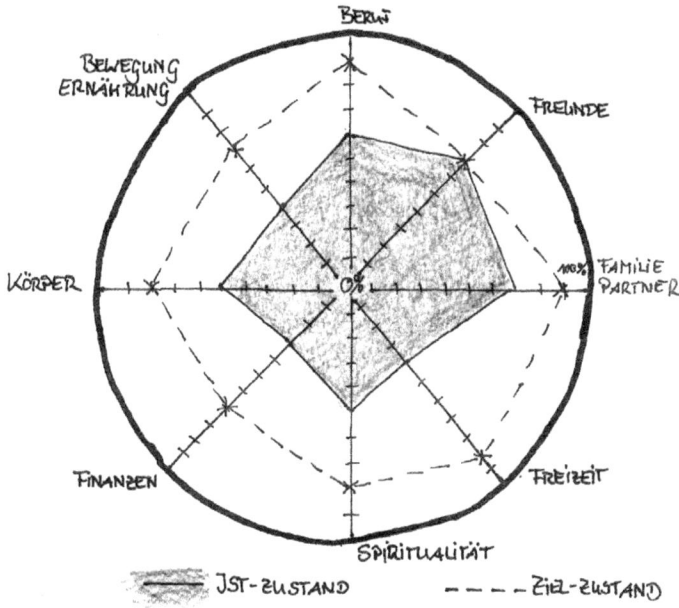

Beruf · Freunde · Familie Partner · Freizeit · Spiritualität · Finanzen · Körper · Bewegung Ernährung · 0% · 100%

──────── IST-ZUSTAND   – – – – – ZIEL-ZUSTAND

Beispiel für ein Rad des Lebens mit Ist- und Ziel-Zustand

Je nachdem, wie tief Sie im Anschluss daran in die *Selbstreflexion* gehen wollen, können Sie sich durch Beantwortung folgender Fragen selbst durch Ihren Entwicklungsprozess coachen.

• Welche Bereiche möchte ich ändern? – Was ist der Grund dafür?
• Was bräuchte ich, um im Bereich … eine Veränderung zu bewirken?
• Was ist meine Motivation, die Veränderung anzugehen?
• Wie definiert sich mein Ziel? – Gibt es Teilziele auf dem Weg zum Ziel?
• Was müsste passieren, dass sich meine Zufriedenheit im Bereich … verbessert?
• Woran würde ich es merken, dass die Veränderung zum Positiven hin geschieht?
• Was davon liegt in meiner Hand?

395

- Was könnte der erste kleine Schritt auf dem Weg zum Ziel sein?
- Wer kann mich gegebenenfalls unterstützen?
- Wie viel Zeit will ich für die Veränderungen in diesem Bereich aufbringen?
- In welche Bereiche möchte ich mehr Zeit und Energie investieren?
- Welche Bereiche geben mir Kraft?
- Welche Ressourcen, Fähigkeiten habe ich, um mein Ziel zu erreichen?
- …

Mein Rad des Lebens schaut heute so ganz anders aus als dies vor ein paar Jahren noch der Fall war. Es dokumentiert wie wichtig es ist, sich des Ist- und Ziel-Zustandes bewusst zu werden, damit nachfolgend überhaupt eine Veränderung zum Positiven hin erfolgen kann. Mehr als wir glauben spielt dabei unser Unterbewusstsein eine wichtige Rolle. Wir nennen es Schicksal, was scheinbar mit uns geschieht. Doch aus einer anderen Perspektive heraus betrachtet ist es unsere Seele, die uns zusammen mit dem Unterbewusstsein durch tiefgreifende Veränderungsprozesse in ein neues Rad des Lebens führt.

Heute bin ich meinem Körper, meinem Geist und meiner Seele dankbar, dass mich mein System auf „*NULL*" gesetzt hat, damit ich mich noch einmal darauf besinnen kann, was mir für meine zweite Lebenshälfte wichtig ist. Diesen Werten, Idealen, Zielen und Visionen strebe ich heute nach. Sie definieren meinen neuen Lebenssinn und bringen mich jeden Tag meiner Heilung ein Stückchen näher. Neben Werten wie Friede, Liebe und Nächstenliebe, Toleranz, Hilfsbereitschaft, Mitgefühl, Verständnis und Einfühlungsvermögen, Gerechtigkeit usw. steht für mich der Wert der *Gesundheit* ganz oben auf. Wenn ich weiterhin all das, was ich in den letzten Jahren gelernt habe, übe und praktiziere, dann freue ich mich heute schon auf die nächsten sechzig Jahre meines Lebens. Die werden ein Traum. *MEIN TRAUM!* ☺

„Wenn wir nicht mehr in der Lage sind die Situation
zu ändern, besteht die Herausforderung darin,
uns selbst zu ändern."
Viktor E. Frankl

17

Resilienz – das Immunsystem der Seele?

Hinsichtlich des Begriffs der „Resilienz" bietet Wikipedia auf www.de.wikipedia.org folgende Definition an: „Resilienz oder psychische Widerstandfähigkeit ist die Fähigkeit, Krisen zu bewältigen und sie durch Rückgriff auf persönliche und sozial vermittelte Ressourcen als Anlass für Entwicklungen zu nutzen." Das Wort selbst leitet sich vom lateinischen Wort *resilire* ab, das „zurückspringen, abprallen" meint.

Resilienz ist für mich ein Weg, der von innen nach außen gegangen und gelebt sein will. Viktor Frankls Biografie und seine Lebensmaxime „*… trotzdem ja zum Leben sagen …*" sind ein herausragendes Beispiel dafür, wie der Mensch mit der „Wirkkraft seines Geistes" selbst die schwierigsten und herausforderndsten Situationen im Leben überwinden und bewältigen kann. Von ihm können wir viel lernen, wenn es darum geht, die Geschichte, die in uns lebt, zu akzeptieren, sowie kraftvoll und mutig den Weg des Lebens weiterzugehen, im Vertrauen und in die Hingabe an eine höhere Macht, die mit und durch uns wirkt.

Statt auf Vergeltung aus zu sein, plädiert er dafür, dass uns vor allem die Kraft der Versöhnung einen Weg aus der Katastrophe weisen kann. Viktor Frankl gibt uns Beispiel dafür, dass es ihm selbst unter den inhumansten Bedingungen (Konzentrationslager) noch möglich war, dem Leben einen tieferen Sinn zu geben. Durch Beobachtung der Mithäftlinge und durch eigenes Erleben fand Frankl heraus, dass diejenigen, die Sinn und Bedeutung in ihrem Leid finden konnten, diejenigen waren, die letztlich in der Lage waren, zu überleben.

In seinem Buch „*… trotzdem ja zum Leben sagen: Ein Psychologe erlebt das Konzentrationslager*" setzt er sich mit den traumatisierenden und schrecklichen Erlebnissen im Konzentrationslager auseinander. Mit diesem Buch wird er für viele Menschen zur Quelle der Inspiration, um mit herausfordernden Situationen umzugehen.

> „Wenn Leben überhaupt einen Sinn hat,
> muss auch Leiden einen Sinn haben.
> Es kommt nicht
> darauf an, was man leidet,
> sondern wie man es auf sich nimmt."
> *Viktor E. Frankl*

In den zahlreichen Büchern und Lebensratgebern, die es im Hinblick auf das Erlernen von Resilienz gibt, beschreiben die Autoren meist sieben Stationen. Auch wenn sie den einzelnen Stationen mitunter unterschiedliche Namen geben, so ist letztlich allen gemeinsam, dass wir dann ein Mehr an Widerstandskraft, innerer Stärke und Resilienz entwickeln, wenn wir aus einer anderen Perspektive heraus auf die Vergangenheit schauen, uns mit ihr aussöhnen und uns wieder voll und ganz dem Leben anvertrauen.

Meine acht Säulen der Resilienz heißen Verantwortung übernehmen, Vertrauen in Gott und meinen Lebensweg, Selbstfürsorge, Zukunft bewusst gestalten, Lernaufgaben akzeptieren, optimistisch sein, lösungsorientiertes Denken sowie Kontakte und Beziehungen pflegen.

Ich bin davon überzeugt, dass es im Hinblick auf die Entwicklung von Resilienz so viele Wege wie Menschen gibt, und dass jeder Einzelne von uns seinen eigenen Weg suchen und diesen dann in seinem Tempo gehen muss. Da lässt sich nichts vorgeben und nichts erzwingen. Dieser Weg geht definitiv nicht über den Kopf. Er geht von innen nach außen. Unser bester Ratgeber ist dabei unser Herz, denn Herz und Seele kennen den Weg. Resilienz entwickeln, bzw. resilienter werden beginnt für mich mit einem Innehalten und aus verschiedenen Perspektiven auf die Vergangenheit-Schauen. Heißt, die eigene Rolle in der Geschichte sehen, den eigenen Standort bestimmen, die eigenen Anteile sehen. Heißt aber auch den Mut aufbringen, einmal mit den Augen des anderen auf die Geschichte zu schauen. Bedeutet alle Gefühle anzuerkennen und sie sozialverträglich zu leben. Bedeutet (vorausgesetzt der andere ist dazu bereit) zur Klärung der Situation notwendige, offene und vor allem ehrliche Gespräche mit dem Gegenüber führen. Bedeutet sich selbst und anderen zu vergeben, sowie den inneren Frieden zu finden mit dem, was ist.

Und indem wir den „Korb" oder den „Rucksack des Lebens" (Sie erinnern sich an die Geschichte?) durch Loslassen entlasten, finden wir Platz, um die eigenen Kraftquellen bzw. Ressourcen zu integrieren. Indem wir bewusst die Verantwortung für alle unsere Gedanken, Worte, Entscheidungen, Handlungen übernehmen, können wir letztlich neue Handlungsspielräume entdecken und neue Wege gehen. Können neue Beziehungen pflegen und wieder zurück in ein glückliches, freudvolles und sinnerfülltes Leben gehen.

Kraft- und Ressourcen-Tankstelle Vergangenheit

Ressourcen sind unsere inneren Potentiale, unsere persönlichen Stärken, unsere Fähigkeiten, Talente, Interessen, Neigungen etc., die uns oftmals gar nicht so wirklich bewusst sind. Mit Fragen können wir uns unserer Ressourcen bewusstwerden und sie dann als Kraftquellen nutzen, um Heilprozesse zu unterstützen. Zum Beispiel: Was hilft mir? – Wie bin ich bisher mit herausfordernden Situationen umgegangen? – Was habe ich gemacht, damit es mir wieder besser geht? – Was habe ich dabei über mich gelernt? – Welche Strategien habe ich genutzt, um mich in dieser

Situation erfolgreich zu behaupten? – Welche Stärken/welches Wissen konnte ich aus dieser Situation mitnehmen? – Was habe ich gemacht, um meine Ziele zu erreichen? – Was kann ich besonders gut? usw.

Um die Geschichte unseres Lebens nachhaltig zum Positiven verändern zu können, müssen wir zuerst einmal auf eine Reise in die Vergangenheit gehen, denn in ihr liegt viel Kraft und Weisheit verborgen.

Beschäftigen uns negative Erlebnisse aus der Vergangenheit noch immer und kommen wir von ihnen nicht los, dann tragen wir diese ungünstigen Erfahrungen samt ihrer negativen Energie leider immer und immer wieder mit in die Gegenwart hinein und erschaffen uns so – auch wenn wir dies nicht wollen – Situationen, die denen der Vergangenheit inhaltlich und emotional sehr ähnlich sind. Sind wir uns dessen nicht bewusst, dann erleben wir in der Gegenwart und erschaffen wir uns für die Zukunft das, was wir schon in der Vergangenheit erlebt haben und sind frustriert, weil wir glauben, das Leben meint es nicht gut mit uns. Doch das stimmt nicht. Das Leben meint es *immer* gut mit uns. – Wir sind es, die unseren Fluss des Lebens durch Steine und Geröll aus der Vergangenheit begrenzen und den freien Flusslauf mit den stets gleichen Hindernissen blockieren.

Letztlich geht es darum, unserem ganzen Leben mit *Wertschätzung* zu begegnen und dankbar dafür zu sein, dass wir aus allen Erlebnissen so vieles lernen können, was unserem Wachstum bzw. unserer Entfaltung dient. Wir leben in einer Welt der Dualität, d. h. zum Leben gehören die negativen Ereignisse genauso dazu wie die schönen, freudvollen und glücklichen Augenblicke. Oft sind es sogar die schwierigsten Momente, die das größte Entwicklungspotential in sich tragen.

Die Aufgaben, vor die uns das Leben stellt, wiederholen sich, bis wir die „Prüfung" erfolgreich bestanden haben. Ein Weglaufen gibt es da nicht. Wir nehmen diese Aufgaben überall hin mit. Wenn es sein muss, dann sogar rund um die Welt. Wir können nicht vor ihnen fliehen.

Haben wir – um ein Beispiel zu geben – bestimmte Themen/Herausforderungen in einer Beziehung nicht gelöst, dann wird uns der nächste Partner/die nächste Partnerin gleichermaßen wieder Lernpartner/Lernpartnerin sein, bis wir entscheiden, die Dinge anders und vor allem bewusst anzugehen. Doch unser Leben ist dabei niemals gegen uns. Im Gegenteil. Es ist immer für uns, denn es weiß, welches Potential, welches Wissen, welche Weisheit, welche Schöpferkraft in uns liegt. Und es will uns helfen, unser ganzes Potential zu entdecken, zu leben und uns von all dem zu befreien, was einem freien und erfüllten Leben im Wege steht.

Um unsere „Hausaufgaben" erfolgreich zu meistern, gilt es, mit einem wertschätzenden, liebevollen Blick auf die Vergangenheit zu schauen und dem zuzustimmen, was unsere Geschichte ist. Denn nur, wenn wir die Geschehnisse als Lernaufgabe sehen und akzeptieren, was war, können wir unsere alten Gedanken und Gefühle über die Ereignisse dadurch verändern, dass wir aus einer anderen Perspektive heraus auf sie sehen. Indem wir uns selbst dadurch aus dem Leid und damit aus der Opferrolle befreien, werden die Energien freigesetzt, die bisher an die negative Betrachtung des Geschehens und damit auch an die daran gebundenen Emotionen und Gedanken gebunden waren. Letztlich führt uns dies wieder in unsere Kraft zurück. – Und aus Ohnmacht wird Macht!

Biografie-Arbeit –
Wie wurde ich zu dem Menschen, der ich heute bin?

Eine wundervolle Selbst-Coaching-Übung um die Vergangenheit zu reflektieren und den Schatz, der in der Vergangenheit liegt, zu bergen, ist die Reflexion der Lebenslinie (Zeitlinie/Timeline). Alles, was Sie dazu brauchen, ist Ruhe, Zeit, Mitgefühl mit sich selbst (nicht Mitleid!) und – je nach Thema – eine Portion Mut. Ein paar Bogen Papier und verschiedenfarbige

Stifte. Falls Perfektionismus Ihr „Begleiter" ist, dann vielleicht noch ein Lineal.

Während in einem Bewerbungsschreiben auf eine neue Stelle der Lebenslauf nur die wichtigsten Ausbildungsstationen, den bisherigen beruflichen Werdegang, Sprachkenntnisse usw. umfasst, vermag die *Biografie-Arbeit* die ganze Lebensgeschichte zu skizzieren. Doch wie tief wir dabei ins Detail hineingehen wollen, bestimmen wir selbst.

Das Besondere daran ist, dass wir mit ihrer Hilfe sehr viel aus der Vergangenheit für die Gegenwart und Zukunft lernen können, denn sie gibt Einblicke in unser Beziehungsleben. Gibt deutliche Hinweise darauf, wie wir bestimmte Situationen in unserem Leben interpretieren (positiv oder negativ bzw. neutral). Erzählt, welche Bedeutung wir bestimmten Ereignissen geben und mit welcher Einstellung (optimistisch bzw. pessimistisch) wir darauf reagieren. Sie hilft, sich der einzelnen Stationen/Wendepunkte im Leben noch einmal bewusst zu werden und die Ursachen für bestimmte Ereignisse mit zeitlichem Abstand noch einmal anzuschauen und zu hinterfragen. Hilft auch kulturelle und familiäre Einflüsse besser zu verstehen. Außerdem lassen sich aus ihr unsere individuellen Werte und Ziele herauslesen und je nach Bedarf neu formulieren. Und last but not least hilft sie die eigene Lebensgeschichte zu akzeptieren.

Bei dieser sehr wirkungsvollen Arbeit geht es auch darum, den bisherigen Lebensweg zu reflektieren, um sich der eigenen Stärken und Schwächen *bewusst* zu werden. Ziel ist, das eigene Potential, die eigenen Kompetenzen noch viel besser kennenzulernen, persönliche Ressourcen herauszuarbeiten und die *Stärken zu stärken*.

Was dabei unerlässlich ist, ist den eigenen Schwächen liebevoll zu begegnen. Manche vermeintlichen Schwächen lassen sich in der Auseinandersetzung mit ihnen sogar in Stärken wandeln. Die Beschäftigung mit den Schwächen ist vor allem auch dahingehend interessant, weil es uns hilft, unser Verhalten sowie die alten Glaubensmuster, Überzeugungen und Ursachen dahinter besser zu verstehen. So können wir auch von ihnen fürs weitere Leben lernen und bewusst in Auseinandersetzung damit gehen.

Es ist wichtig, dass wir uns für die Betrachtung der Lebenslinie viel Zeit lassen (mehrere Tage oder gar Wochen) und dies jeweils mit viel Ruhe und Wertschätzung tun. Für mich war neben dem Schreiben diese Art von Biografie-Arbeit eine sehr wertvolle Investition an Zeit in mich selbst.

Als ich damit anfing, genügten mir *im ersten Schritt* drei DIN A4-Blätter aneinandergeklebt und mehrere Farbstifte, um einen ganz einfachen Zeitstrahl zu zeichnen, der mit der Geburt beginnt und sich in Fünfer-Schritten bis zum gegenwärtigen Alter erstreckt. Innerhalb dieser 5-Jahres-Intervalle trug ich mir mit Stichworten alles ein, was mir beruflich und privat in den Sinn kam und wichtig erschien. Zum Beispiel: Geburt, Kindergarten, Einschulung, Freunde, Schulzeit, Studium, Beruf, Eheschließung, Lebensziele, Krankheiten, Krisen etc.

Dabei markierte ich mit einem Plus (+/++/+++) bzw. Minus (–/––/–––) wie ich mich zu den einzelnen Zeiten jeweils fühlte.

Nach und nach kamen für mich jedoch Fragen dazu, die ich mir ebenfalls ins Skript schrieb, so dass mein einfacher Zeitstrahl nicht mehr ausreichte. Also klebte ich mir zwei Flip-Chart große Plakate in Querformat zusammen, um so ausreichend Platz für das entsprechende Ereignis plus diverser Fragen zu haben und pinnte mir dies für ein paar Wochen an die Wand.

In einem *weiteren Schritt* zeichnete ich mit Hilfe der Skalierung von 1 bis 10 sowohl im positiven als auch im negativen Bereich die *ups and downs* meines Lebens ein. Auf diese Art und Weise konnte ich mit Hilfe der Kurve, die sich daraus ergab, meine Gefühle visualisieren und erkennen, wo sich noch Themen mit entsprechend ungelöster Energie befanden. Auch bei dieser Übung halfen mir wieder Fragen, um die Dinge klarer zu sehen.

Und um sich insgesamt einen besseren Überblick zu verschaffen, können Sie pro Frage einen anderen Farbstift wählen, um sich die jeweiligen Ereignisse stichpunktartig zu notieren.

- Was waren besonders schöne Erlebnisse?
- Was waren meine Erfolge?
- Was waren die Ereignisse, bei denen ich das Gefühl hatte, „nicht gut genug zu sein", „nicht gesehen zu werden", „den anderen nicht wichtig zu sein" usw.?
- Was waren die Ereignisse, bei denen ich mich einsam oder verlassen bzw. im Stich gelassen fühlte?
- Wann stand beruflich oder privat ein Wohnortwechsel an?
- Welche Krankheiten zeigten sich wann?

Parallel dazu beantwortete ich mir in einem *letzten Schritt* in meinem Tagebuch (Journal) Fragen wie: Mit welchen Menschen bringe ich bestimmte Ereignisse in Verbindung? – Was habe ich in diesen Situationen über mich und die anderen gedacht? – Gibt es bestimmte Vorkommnisse/Krisen, die in einem zeitlichen Zusammenhang mit meinen Erkrankungen stehen?

Falls Sie Interesse an der Biografie-Arbeit haben, dann beachten Sie bitte, dass es durchaus sein kann, dass Gefühle von Traurigkeit, Wut, Ärger, Zorn usw. hochkommen, wenn Sie negative Erlebnisse in Ihr Lebensskript eintragen. Das kann vor allem dann der Fall sein, wenn Ereignisse zu einer bestimmten Zeit gehäuft aufgetreten sind. Erlauben Sie es sich, dass Sie diese Gefühle fühlen, aber gehen Sie nicht zu sehr in dieses Fühlen hinein. Stellen Sie sich vor, dass Sie aus einer Beobachterposition heraus auf diese Erinnerung schauen. Gehen Sie möglichst *neutral* an die entsprechende Situation heran. Nehmen Sie einfach nur wahr, dass Sie jetzt in diesem Moment so fühlen. Akzeptieren Sie dieses Gefühl. Es darf sein. Es ist gut, dass es sich Ihnen zeigt, denn so wissen Sie, dass dieses Thema noch der Heilung bedarf, weil es Energie und Ressourcen bindet, die durch bewusstes Betrachten noch befreit werden wollen.

Je nachdem mit wie vielen Fragen Sie in die Biografie-Arbeit gehen, zeigen sich in Ihrem Skript verschiedene Kurven, die Sie – je nach Interesse – sogar noch einmal untergliedern können in die einzelnen Lebensbereiche Familie, Partnerschaft, Beruf …

Sie können hier schalten und walten wie Sie wollen. Skizzieren Sie Ihre eigenen „Fieber-Kurven". Seien Sie kreativ. Sie können nichts falsch machen. Stellen Sie so viele Fragen wie Sie wollen.

Begrenzen Sie sich nicht. Formulieren Sie Ihre Fragen und geben sie diese ans Universum ab. Zu gegebener Zeit werden die Antworten kommen, dann, wenn Sie bereit dazu sind, Ihre Botschaften anzunehmen. Je klarer Ihre Fragen, umso eindeutiger die Antworten. Hören Sie dabei gut auf Ihr Herz. Schalten Sie den Kopf aus, aber dafür Ihr Bauch-Gehirn (Intuition) umso mehr ein. Sie finden die Antworten nicht im Außen. Sie finden sie in sich selbst. Öffnen Sie Ihr Herz für all die Botschaften. Seien Sie neugierig und vertrauen Sie einer höheren Intelligenz. Lassen Sie sich durch Ihr Leben führen. Sie werden sehen, Ihnen fallen genau die richtigen Fragen zu Ihren Themen ein. Und da, wo es besonders weh tut und Sie die Antwort gar scheuen oder nicht hören wollen, da liegt Ihr ganz persönliches größtes Geschenk bzw. Entwicklungspotential. Vertrauen Sie. Beschäftigen Sie sich mit sich selbst. Schenken Sie sich diese Zeit. Es lohnt sich, denn in alledem liegt Ihr größter Schatz. Ein Goldschatz, den es nach und nach zu bergen gilt.

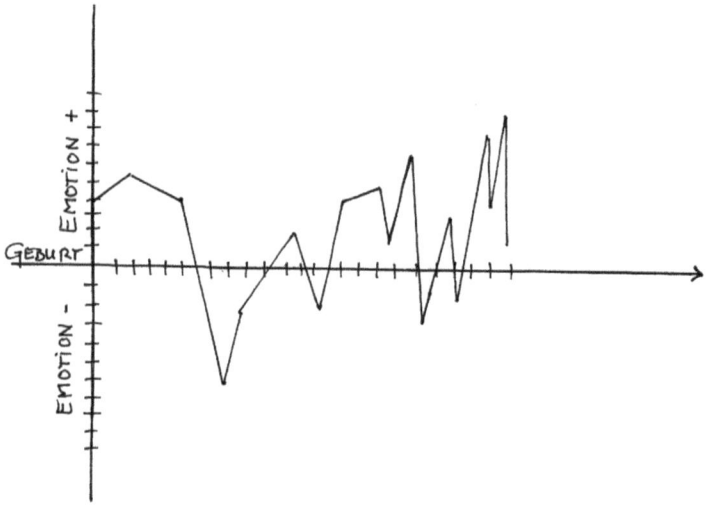

Biografie-Arbeit – Beispiel für eine einfache „Fieber-Kurve"

Skizzieren Sie in der Waagrechten (horizontal) einen Zeitstrahl in 5-Jahres-Intervallen. Tragen Sie senkrecht (vertikal) dazu eine weitere Achse ein und markieren Sie auf ihr für Ihr „Gefühls-Barometer" positiv/gut und negativ/schlecht die Skalenwerte von 1 bis 10. Konzentrieren Sie sich zunächst in der bildhaften Darstellung der Fragen auf die allerwichtigsten bzw. markantesten Ereignisse und Wendepunkte in Ihrem Leben.

Gehen Sie erst in einem *nächsten Schritt* auf für Sie zusätzlich wichtige Erlebnisse ein und beantworten Sie Fragen, die Ihnen während der Arbeit an der Lebenslinie in den Sinn kommen, am besten schriftlich. Interessant ist auch die Frage, ob sich im Lebensskript hinsichtlich bestimmter Ereignisse ein sogenannter „roter Faden" finden lässt. Wiederholen sich bestimmte Ereignisse? – In welchen Zeitintervallen? – Was geht diesen Ereignissen (z. B. Krankheiten) an bestimmten Lebenssituationen (Tod, Trennung, Verlust Arbeitsplatz etc.) voraus? – Stehen diese mit bestimmten Menschen in Verbindung? …

Der *rote Faden* kann sich uns sowohl hinsichtlich der negativen Ereignisse zeigen, aber auch im Hinblick auf die positiven Erlebnisse und Erfolge. Von daher gilt es für beides sensibel, empfänglich und offen zu sein. Es kann auch sein, dass Sie durch die Arbeit am Zeitstrahl vermehrt Antworten finden auf ressourcenorientierte Fragen wie …

- Welche meiner positiven Eigenschaften sind besonders gut ausgeprägt?
- Welche Stärken, Fähigkeiten, Kompetenzen sind mir durch die Arbeit mit meiner Lebenslinie nochmals oder auch neu bewusst geworden?
- Welche hatten Einfluss auf die Jahre mit beruflichem und privatem Erfolg?
- Welches Talent besitze ich, das mich *einzigartig* sein lässt? – Was ist *meine* Begabung?
- Was motiviert mich? – Was bereitet mir Freude? – Was macht mir Spaß?

- Was fällt mir leicht? – Wobei muss ich mich anstrengen?
- Was gibt mir Kraft? – Was kostet mich Kraft?
- Was sind meine privaten und beruflichen Träume und Visionen?
- Auf welche Art und Weise kann ich diese verwirklichen und leben?
- Was sind meine Interessen, Neigungen, Hobbies?
- Wer unterstützt mich? – Wer behindert mich in meiner Selbstentfaltung?
- Welche Ziele kann ich aus der Betrachtung meiner Lebenslinie ziehen?
- Stimmen diese Ziele mit meinen Werten überein? …

In der Biografie-Arbeit reisen wir auf einer gedachten Linie in die Vergangenheit zurück auf der Suche nach kräftigenden Momenten oder Situationen, die unsere Kraftquellen, unsere Ressourcen sind, um problematisch empfundene Situationen in der Gegenwart besser bewältigen zu können. Mit Hilfe dieser Ressourcen gelingt es uns, dem Leben und zukünftigen Herausforderungen kraftvoll zu begegnen, weil wir darum wissen, dass wir schon so viele Situationen erfolgreich gemeistert haben, dass es uns auch diesmal gelingen wird lösungsorientiert zu denken. Damit lassen sich auch Emotionen und Bewertungen, Interpretationen vergangener wie derzeit bestehender Situationen zum Positiven hin verändern, wenn wir es gewohnt sind, positiv und ressourcenorientiert zu denken, statt uns von Emotionen mitreißen und uns gar überwältigen zu lassen.

Auf diese Art und Weise kontrollieren uns nicht unsere Gedanken und bestimmen unser Handeln, sondern wir sind Herr/Herrin, Meister/Meisterin unserer Gedanken. Wir bestimmen unser Denken, Fühlen und Handeln und werden so zum Schöpfer/zur Schöpferin unseres Lebens. Wir werden nach wie vor im Leben bestimmte Erfahrungen machen und uns vor diverse Herausforderungen gestellt sehen, doch wie wir darüber denken, darüber bestimmen wir selbst. Und das nicht unbewusst, sondern *bewusst*.

Durch die Biografie-Arbeit sind wir uns unserer Ressourcen bewusst geworden. Wir wissen, dass es im Grunde genommen keine Fehler und keine negativen Erlebnisse gibt, sondern nur Situationen, aus denen wir fürs weitere Leben lernen können. Mit diesem Wissen können wir positiv auf die Gegenwart und in die Zukunft sehen.

Positive Erlebnisse standen uns schon immer als „Kraft-Spender" zur Verfügung. Doch durch die bewusste Auseinandersetzung mit all den „vermeintlich" negativen Situationen konnten wir sie gleichermaßen in *neue* „Quellen der Kraft" transformieren, so dass wir jetzt über unendlich viel mehr an Ressourcen/ an Potential verfügen, um entsprechend der Situation angemessen zu reagieren und in unserer Kraft zu bleiben. Handeln wir immer mehr aus dieser Bewusstheit heraus, verändert sich nach und nach unsere Innenwelt und mit ihr auch unsere Welt im Außen, denn es gilt das Gesetz *Gleiches zieht Gleiches an*. Und da wir uns in unserem Denken und in der Welt unseres Fühlens vermehrt zum *bewusst positiven Denken* gewandelt haben, ziehen wir gemäß dem Gesetz auch im Außen immer mehr positive Erlebnisse, Situationen und Menschen an. Und unser Leben wandelt sich. – Was für ein Gewinn.

Die Biografie-Arbeit ist, je nachdem, wie tief Sie in die Beantwortung der einzelnen Fragen hineingehen, mitunter zeitintensiv, aber diese Zeit ist gut genutzt, denn es ist eine Investition in Ihr Leben, die Ihnen keiner mehr nehmen kann, ganz egal wo Sie im Augenblick stehen. Mit Hilfe dieser Arbeit lernen Sie sich selbst um so vieles besser kennen, finden den Schlüssel zu Ihrem wahren Selbst. Außerdem schließen Sie Frieden mit der Vergangenheit, weil Sie aus einer ganz anderen Perspektive heraus auf sich selbst und auf die Ereignisse in Ihrem Leben sehen. Ein zusätzlicher Gewinn ist, dass Sie die Energie, die Sie in diese Arbeit investieren, x-fach zurückbekommen, weil Sie die ganze Energie, die an bestimmte unschöne Ereignisse und Menschen in Ihrem Leben bislang gekoppelt war, wieder für sich zurückgewinnen.

Das belebt nicht nur, sondern macht so richtig frei. Sie gewinnen mehr an Ausdauer, Konzentration und Lebenskraft. Sie setzen Ihre Energien viel besser ein, weil Sie um Ihre persönlichen Ressourcen wissen. Und indem Sie sich mit den Menschen versöhnen, sowie ihnen und sich selbst vergeben, öffnen Sie Ihr Herz, finden wieder in Ihr Vertrauen und in die Liebe gegenüber sich selbst und Ihrem Leben zurück. – Ein weiterer Gewinn.

Wenn Sie mein Buch bis hierher gelesen haben, dann ist Ihnen mit Sicherheit nicht entgangen, dass ich – egal welches Thema – sehr viele Fragen stelle.

Fragen – Fragen – Fragen: Immerzu Fragen – Warum so viele Fragen?

Erinnern Sie sich: Kleine Kinder im Alter von 3 bis 5 Jahren stellen unglaublich viele Fragen. Sie „löchern" die Erwachsenen mit tausend Fragen. Sie erschließen sich ihre Welt mit Fragen. War es nicht Jesus, der sagte: „Wahrlich, ich sage euch, wenn ihr nicht umkehrt und werdet wie die Kinder, so werdet ihr keinesfalls in das Reich des Himmels hineinkommen." (Matthäus 18:3) – Was will uns Jesus damit sagen? – Was fasziniert ihn an den Kindern? – Was zeichnet die Kinder gegenüber den Erwachsenen aus?

*   Kinder vertrauen uneingeschränkt dem Leben. (Urvertrauen)
*   Sie leben freudvoll und unbeschwert aus ihrem Herzen heraus. (innere Freiheit)
*   Für sie zählt nur der jeweilige Augenblick. (Sie leben im Hier und Jetzt)
*   Ihre Herzen sind noch rein. (Frei von Schuld, Angst und Schmerz)
*   Sie sind offen und neugierig für alles, was sich ihnen zeigt. (Freude am Lernen)
*   Sie sind noch verträumt und verspielt. (Hingabe an ihren kreativen Schöpfergeist)

- Sie lieben und geben bedingungslos. (bedingungslose Liebe)
- Sie sind noch ganz sie selbst. (authentisch)
- Sie leben aus dem Bauch heraus. (Intuition)
- Sie leben noch alle ihre Gefühle. (natürlich)
- Sie sind nicht nachtragend. (Versöhnung und Vergebung)
- Sie glauben an das Schöne, Edle, Wahre und Gute (Hingabe und Glaube)
- …

Gott, Jesus und die Engel haben mir in den letzten Jahren immer wieder zu verstehen gegeben, wie wichtig es für unsere Gesundheit ist, sich dem Leben wieder mehr so hinzugeben wie Kinder dies tun. Ich sollte von den Kindern lernen. Manchmal saß ich einfach nur auf einer Parkbank, beobachtete die Kinder bei ihren Spielen und stellte an meine himmlischen Begleiter Fragen. Ganz so, wie Kinder dies tun. Aus dieser Zeit heraus resultiert meine Begeisterung für Fragen. – Und ich muss sagen: Das Universum ließ mich mit den Antworten auf meine Fragen nie im Stich.

Die Antworten kamen. Nicht immer sofort. Aber sie waren regelmäßig da. Sie kamen sehr oft im Schlaf. (Für diesen Fall empfehle ich ein Notizbuch neben dem Bett.) Manchmal kamen die Antworten durch Menschen, die ich während des Spazierengehens oder in einem Café sitzend traf. Ein andermal war es ein Tier (Pferde, Hunde, Vögel), von dem ich etwas Bestimmtes lernen konnte. Auch Pflanzen und Bäume. Im Grunde genommen die Natur selbst. Und da das Universum um meine Leidenschaft für Literatur, Kunst und Musik weiß, kamen natürlich ganz viele Antworten auch auf diesem Weg zu mir. Die Bücher fielen mir dabei förmlich in die Hand. Ich entdeckte zum Beispiel wieder mein Interesse an Biografien. Auf einmal interessierte ich mich für Frida Kahlo, die ich zwar dem Namen nach kannte, doch ich hatte mich bis dahin noch nie bewusst mit ihr beschäftigt. Ihr Name blieb mir aber so lange im Gedächtnis, bis ich mich entschied, mir eine Biografie zu kaufen, um zu sehen, was sie mir zu sagen hat. Und ich stellte fest, dass ich von ihr noch sehr viel lernen kann.

Ich finde es unglaublich spannend, auf welchem Weg die Antworten zu uns kommen. Wir müssen nur offen dafür sein. Das, was uns gerade beschäftigt (die Frage), kommt im Außen als Antwort zurück *(Wie innen – so außen)*. Im Grunde genommen tragen wir alles Wissen in uns. Und indem wir Fragen stellen, kommen die Antworten automatisch zu uns. Das Universum hilft uns dabei. Darauf können Sie vertrauen.

Wir tragen das Wissen in uns um gesund zu werden, um Heilung an Körper, Geist und Seele zu erfahren. – Wir tragen aber auch das Wissen in uns, um uns mit unserem göttlichen Kern/ Ursprung zu verbinden, die beste Version von uns selbst zu werden, um unser Potential zu leben und es mit der Welt zu teilen:

Wer bin ich? – Was macht mich aus? – Was ist meine Bestimmung?

In den beiden unterschiedlichen Versionen der *Geschichten vom Adler*[21] geht es um nichts Geringeres als darum, eine Antwort hinsichtlich der eigenen *Identität* zu finden. Wir erfahren hier noch einmal, was für ein machtvolles Instrument unser Denken ist.

Die Geschichte vom Adler – Version I

Einst fand ein Mann einen jungen Adler und nahm ihn mit nach Hause auf seinen Hühnerhof. Dort lernte der Adler bald, Hühnerfutter zu fressen und sich wie ein Huhn zu verhalten. Nach einigen Jahren erhielt der Mann den Besuch eines naturkundigen Menschen. Als sie miteinander durch den Garten

---

21 James Aggrey: Die Geschichte vom Adler – eine kluge Geschichte. Abrufdatum 06.01.2021, von https://www.lichtkreis.at/gedankenwelten/weise-geschichten/der-adler/

gingen, sagte dieser: „Der Vogel dort ist kein Huhn, er ist ein Adler!" „Ja", sagte der Mann, „das stimmt. Aber ich habe ihn zu einem Huhn erzogen. Er ist kein Adler mehr, sondern ein Huhn, auch wenn seine Flügel drei Meter breit sind." „Nein", sagte der andere. „Er ist immer noch ein Adler, denn er hat das Herz eines Adlers. Und das wird ihn hoch hinauf fliegen lassen in die Lüfte." „Nein, nein", sagte der Mann, „er ist jetzt ein richtiges Huhn und wird niemals wie ein Adler fliegen." Die beiden Männer kamen überein, diese Sache näher zu ergründen. Behutsam nahm der naturkundige Mensch den Adler in die Höhe und sagte: „Du gehörst den Lüften, nicht der Erde. Breite Deine Flügel aus und fliege." Doch der Adler war verwirrt; er wusste nicht, wer er war und als er sah, wie die Hühner Körner pickten, sprang er hinab, um wieder zu ihnen zu gehören.

Unverzagt nahm ihn der naturkundige Mensch am nächsten Tag mit auf das Dach des Hauses und drängte ihn wieder: „Du bist ein Adler. Breite Deine Flügel aus und fliege." Doch der Adler fürchtete sich vor seinem unbekannten Selbst und sprang wieder hinunter zu dem Hühnerfutter. Am dritten Tag machte sich der naturkundige Mensch früh auf und nahm den Adler mit auf einen hohen Berg. Dort hielt er den König der Vögel hoch in die Luft und ermunterte ihn wieder zu fliegen.

Der Adler schaute sich um, sah zurück zum Hühnerhof und hinauf in den Himmel. Noch immer flog er nicht. Da hielt der Mensch ihn direkt gegen die Sonne, und da geschah es: Der Adler begann zu zittern und breitete langsam seine Flügel aus. Dann endlich schwang er sich mit einem triumphierenden Schrei gen Himmel.

Es mag sein, dass der Adler vielleicht hin und wieder noch ein wenig Heimweh hat, wenn er an die Hühner denkt. Doch soweit irgendjemand weiß, ist er nie zurückgekehrt um das Leben eines Huhns wieder aufzunehmen. Er war ein Adler – König der Lüfte – obwohl er wie ein Huhn gehalten und gezähmt worden war. – *James Aggrey*

★★★

Es gibt aber noch eine andere Fassung der Geschichte vom Adler in Anlehnung an eine *afrikanische Fabel* von Petra Schneider[22].

Die Geschichte vom Adler der glaubte ein Huhn zu sein – Version II

Ein Mann fand eines Tages ein Adler-Ei, nahm es mit nach Hause und legte es in das Nest einer ganz gewöhnlichen Haushenne. Ein kleiner Adler schlüpfte parallel mit ein paar Hühnerküken aus dem Ei und wuchs zusammen mit diesen auf. Sein ganzes Leben lang versuchte der Adler sich wie ein Huhn zu benehmen, was ihm aber nicht immer gelang. Manchmal fühlte er sich fremd unter all den Hennen. Doch ohne Zweifel, der Adler dachte, er sei ein Huhn wie alle anderen Hühner auf dem Hof. Er kratzte und scharrte in der Erde nach Würmern und Insekten. Er gluckte und gackerte halbwegs wie die anderen Hühner.

Nur ab und zu hob er ein wenig seine Flügel und flog ein Stück über den Hühnerhof, ähnlich wie die anderen Hennen. Einmal jedoch, er hatte sich völlig vergessen, flog er plötzlich höher als je zuvor … höher als die anderen Hennen. Für einen kurzen Augenblick genoss er es, so hoch durch die Lüfte zu fliegen, für einen Moment lang begann er zu träumen und war glücklich.

Doch schnell bekam er es mit der Angst zu tun und kehrte zurück auf den Hof.

Die Jahre vergingen und der Adler wurde sehr alt, aber nicht glücklich. Eines Tages sah er einen herrlichen großen Vogel hoch oben am wolkenlosen Himmel seine Kreise ziehen. Anmutig und hoheitsvoll schwebte dieser beeindruckende Vogel in den Lüften, fast ohne seine riesigen, kräftigen Flügel zu schlagen. Der

---

22 Petra Schneider: Die Geschichte vom Adler, der glaubte ein Huhn zu sein! Abrufdatum 06.01.2021, von https://www.hochsensibilitaet-netzwerk.com/die-geschichte-vom-adler-der-glaubte-ein-huhn-zu-sein/

Hühnerhofadler blickte sehnsüchtig zu ihm empor und wusste gar nicht, warum dieser Vogel da oben ihn so tief berührte.

„Wer ist das?", fragte er ganz aufgewühlt eine Nachbarhenne. „Ach, das ist der Adler, der König der Vögel", gackerte die Henne. „Wäre es nicht schön, wenn wir auch so fliegen könnten?", fragte der Adler. „Das können wir nicht", sagte die Henne, „mit dem darfst du dich nicht messen. Er gehört dem Himmel. Doch du und ich, wir sind von anderer Art, wir gehören dem Boden. Wir sind Hühner."

Der Adler schämte sich leise für den unbescheidenen Traum vom freien Flug und für dieses komische Gefühl in der Brust, das sich in ihm breit gemacht hatte. Ein Gefühl, so weit und luftig, so frei. So blieb der Adler das, wofür er sich hielt und starb eines Tages als Huhn unter Hühnern.

Sein Glaube an sich selbst hat ihn daran gehindert, seine wirkliche Bestimmung zu leben!

★★★

Entspricht das, *was wir über uns denken* immer der Wahrheit? Entspricht das, *was wir von anderen über uns erzählt bekommen* immer der Wahrheit?

Wollen wir die Wahrheit über uns herausfinden, dann gibt es nur einen Weg: Es gilt, sich freizumachen von den Überzeugungen und Glaubensmustern, die wir in unserem Denken mit uns herumtragen. Erst losgelöst von all dem eigenen und generationenübergreifenden (transgenerationalen) Ballast entdecken wir unser eigentliches Sein und nähern uns unserer wahren göttlichen Essenz. Nur so erkennen wir, wer wir wahrhaftig sind und können aus dem Potential, das in uns angelegt ist, die beste Version von uns selbst erschaffen. Es gilt, unsere Möglichkeiten, Anlagen, Talente zu entfalten, statt die Kopie von Mutter, Vater, Großeltern usw. zu sein. Nur so können wir erfahren, ob wir ein Huhn oder der Adler sind.

Dabei ist es wichtig, Menschen an der Seite zu haben, die an uns glauben, die jederzeit bereit sind, uns darin zu unterstützen herauszufinden, wer wir wirklich sind. Die uns ermutigen unseren eigenen Weg zu gehen. Die uns helfen groß zu träumen und unserer Vision Flügel zu verleihen. Die uns im Glauben an uns selbst motivieren und stärken.

Egal ob wir uns für ein Dasein als „Huhn" oder „Adler" entscheiden: Beide sind gleichermaßen wichtig! Keines der Leben zählt im Vergleich mit dem anderen mehr. Worum es geht ist unsere Einstellung, unsere Beziehung zu uns selbst. Um uns selbst annehmen und lieben zu können, müssen wir für uns selbst kostbar, wichtig und einzigartig sein. Wir sind hier, um uns selbst kennenzulernen und im Hinblick auf unser Bewusstsein zu wachsen.

Erkenne dich selbst! – Das ist auch heute noch das Ziel. Wichtig ist, dass wir uns nicht durch andere verunsichern oder uns gar von unserem Weg abbringen lassen. Jeder wird früher oder später der Stimme seines Herzens folgen, denn unsere eigene Wahrheit zu leben ist in uns angelegt. Jeder von uns ist unter einem ganz besonderen Stern geboren. Bringt Potential mit, das so einzigartig ist, dass nur er/sie dies leben kann. Es ist unsere Aufgabe, diese Gaben und Talente im Laufe des Lebens immer besser zu entfalten, um sie letztlich mit anderen, mit der Welt zu teilen. Erst dieses Miteinander, dieser Dienst am anderen gibt unserem Leben seinen tieferen Sinn, lässt es bedeutungsvoll und einzigartig werden. Das meint *Selbstentfaltung Selbstverwirklichung.*

Beides ist aber nur möglich, wenn wir in Beziehung mit uns selbst sind. Was uns dabei hilft, sind Zeiten der Ruhe und Stille. Zeiten des Rückzugs, der Meditation. Zeiten, in denen wir uns selbst Fragen stellen und auf die Antwort hören. Wir können über diese Fragen meditieren, mit ihnen aber auch spazieren gehen oder sie schriftlich beantworten. Ein anderer putzt währenddessen vielleicht die Fenster, die Wohnung, ordnet seinen Schrank. – Die Art und Weise, wie wir dies tun, ist egal. Entscheidend ist, uns die Zeit zu nehmen und vor allem den Mut zum Fragen zu haben. Zu Fragen wie:

- Wer bin ich? – Was ist das Besondere/das Einzigartige an mir?
- Was sind meine Fähigkeiten? – Was kann ich gut?
- Was begeistert mich? – Was gefällt mir?
- Was habe ich als Kind schon immer gerne gemacht?
- Was ist das Besondere, bei dem mir mein Herz aufgeht?
- Was ist meine Lebensvision? – Was sind meine Werte? – Was sind meine Ziele?
- Wie sieht mein Leben in drei, in fünf, in zehn, in zwanzig Jahren aus?
- Was sind meine Freizeitinteressen?
- Wie gut kann ich mit mir alleine sein?
- Was sind meine Bedürfnisse und Wünsche? – Wie erfülle ich sie mir?
- Wie sieht die liebevollste Version meiner selbst aus? – Wie kann ich sie leben?
- Was schätze ich an meiner Familie, meinem Partner, meinen Freunden?
- Wer ist für mich da, wenn es mir einmal nicht gut geht?
- Wie gehe ich mit Konflikten um?
- Wie bewusst bin ich mir meiner Gefühle und Emotionen?
- Wie bewusst bin ich mir meiner Gedanken und Worte/Kommunikation?
- …

Die Beziehung zu uns selbst sollte die höchste Priorität in unserem Leben haben, denn keiner kann uns diese Beziehung ersetzen. Weder Kinder, noch Partner. Und schon gar nicht die Arbeit. Wer sich eine wirklich gute Beziehung mit anderen wünscht, sollte mit sich selbst beginnen und sich selbst bester Vater/Mutter, Partner/Partnerin, Freund/Freundin sein. Erst wenn wir mit uns selbst aus ganzem Herzen verbunden sind, können wir die Herzen der anderen wirklich erreichen. Erst wenn wir uns selbst lieben, können wir auch die anderen wahrhaft lieben. Dann sind das keine der Liebe bedürftigen Beziehungen mehr, denn diese sind über kurz oder lang letztlich immer eine Form von Selbstbetrug. Sie helfen uns nicht auf Dauer glücklich, zufrieden und in Wertschätzung und Liebe mit uns selbst und mit dem anderen zu sein.

Wenn wir uns *wahrhaftig lieben*, dann ist es ganz egal, ob wir Adler oder Huhn sind, denn in beiden Fällen leben wir die liebevollste und beste Version von uns. In dieser prachtvollen Version können dann sowohl der Adler, als auch das Huhn fliegen. Doch wer auch immer wir sein wollen, wir müssen uns entscheiden. Die Entscheidung kann uns keiner abnehmen. Irgendwann fordert uns unsere Seele auf, absolut ehrlich zu uns selbst zu sein und uns dessen bewusst zu werden, nach welchen Grundsätzen, Vorgaben und Idealen wir wirklich leben wollen.

Wollen wir die Kopie unserer Eltern, Partner, Vorbilder usw. sein, oder wollen wir nach einem Leben ganz aus uns selbst heraus streben und unsere eigenen Qualitäten leben? –

Was wollen wir von *unserem* Leben? – Was will ich Gott sagen, wenn er mich eines Tages fragt: *Was hast Du aus dem Geschenk Leben gemacht, das ich Dir gegeben habe?*

Spätestens dann, wenn uns die Seele vor die Frage stellt *Lebst du wirklich das Leben, das für Dich gedacht war?* gilt es innezuhalten, zur Ruhe zu kommen und sich die Zeit zu nehmen, um sich noch einmal beherzt das Fundament anzuschauen, auf das wir das „Haus unseres Lebens" gebaut haben.

Wie weiß ich, ob ich das richtige Leben lebe?

Wenn ich ein glückliches, erfülltes und erfolgreiches Leben führen will, dann hilft es mir mich an Menschen zu orientieren, die bereits ein glückliches, erfolgreiches und erfülltes Leben führen. Sie wissen sehr genau um ihre Wünsche und Bedürfnisse und kennen ihre Werte und Ziele. Sie haben sich schon früh auf die Reise zu sich selbst gemacht und sich gefragt: Was ist mir wichtig? – Was gibt meinem Leben Sinn? – Was kann ich mit meinem

Leben erreichen? – Was kann ich tun, um die beste Beziehung, den besten Job … zu haben?

Sie wissen, dass sie für alles selbst verantwortlich sind. Sie leben bewusst im *Hier und Jetzt*. Sind sich der Kraft ihrer Gedanken sowie der Macht ihrer Worte bewusst und wissen, wie wichtig es ist, in allen Bereichen ihres Lebens gut für sich selbst und ihre Gesundheit zu sorgen. Sie denken lösungsorientiert, schauen wohlwollend auf ihr Leben. Denken bewusst an die schönen Dinge und sind dankbar für all das Gute in ihrem Leben. Sie wissen, dass Glück und Freude aus ihnen selbst heraus resultiert.

Fragen sind für mich das Ticket, der Fahrschein in ein sinnerfülltes und bewusstes Leben. Mit Fragen wie *Wer bin ich? – Was macht mich aus? – Was ist mir wichtig?* zeige ich dem Universum, dass ich interessiert bin mehr über mich und den Sinn meines Daseins zu erfahren. Was dann kommt, sind die ersten positiven Antworten auf das Leben.

Die Kraft, die diesen Antworten innewohnt, ist, dass sie mich zuversichtlich und positiv stimmen und noch mehr neugierig machen auf das, was mich ausmacht. Und irgendwann kommt dann der Punkt, wo man sich sagt: *Ich möchte wissen, was das Universum für mich bereithält. – Ich möchte erfahren, wie stark ich meinen Weg gehen kann.* Und indem ich kraftvoll diese Entscheidung treffe, ändert sich nach und nach mein Leben.

Es sind die Fragen, die uns helfen, uns von den Fesseln der Vergangenheit zu befreien und uns stattdessen eine Orientierung für die Zukunft geben. Fragen, um sich der eigenen Wünsche und Bedürfnisse bewusst zu werden. Fragen wie …

- Was macht mich aus? – Was kann ich richtig gut?
- Wer möchte ich sein? – Warum möchte ich diese Person sein?
- Wovon träume ich? – Was sind meine Visionen?
- Was brauche ich, um meine Visionen Wirklichkeit werden zu lassen?
- Was heißt es für mich, erfüllt und erfolgreich zu sein?

- Wie lautet der Glaubenssatz, der mich im Hinblick auf meinen Erfolg begrenzt?
- Wie sieht mein erfolgreiches Leben aus, wenn es diesen Glaubenssatz nicht gibt?
- Woran sehe ich, dass ich erfolgreich bin?
- Wie fühlt es sich an, erfolgreich zu sein?
- Wie spreche ich mit mir? – Wie denke ich über mich?
- Was würde ich tun, wenn Geld dabei keine Rolle spielt?
- Welche Ziele will ich erreichen?
- Welche Erfolge will ich feiern?
- Was sind die Dinge, die ich noch unbedingt erleben will?
- …

Es sind die Fragen, die uns helfen zu klären, was wirklich wichtig ist. Außerdem bringen sie uns dazu, uns im positiven Sinne mehr mit der Zukunft zu beschäftigen als ewig der Vergangenheit nachzutrauern.

Nach dem Tod meines Bruders und in Erinnerung an ihn und die letzten Gespräche, die ich mit ihm geführt hatte, habe ich das Buch *5 Dinge, die Sterbende am meisten bereuen. Einsichten, die Ihr Leben verändern werden* der Australierin Bronnie Ware (siehe Literaturverzeichnis) gelesen. Sie arbeitete acht Jahre lang als Palliativ-Krankenschwester und begleitete Sterbende bis zu ihrem letzten Atemzug. Von diesen Menschen konnte sie lernen, was diese in ihrem Leben im Nachhinein gerne anders gemacht hätten. Bei diesen Gesprächen erfuhr sie, dass es die meisten bedauerten, dass sie nicht den Mut hatten, sich selbst treu zu bleiben und ihre eigenen Wünsche zu verwirklichen, dass sie zu viel gearbeitet, nicht ausreichend Zeit mit der Familie und mit Freunden verbracht haben. Und dass sie nicht den Mut hatten ihren Gefühlen Ausdruck zu verleihen. Bronnie Ware hat aufgrund dieser Erfahrung für sich beschlossen, nur noch das zu tun, was sie wirklich will.

Auch mich inspirierte dieses Buch, die bewusste Beschäftigung mit meiner Vergangenheit, sowie die Überprüfung und

Neuausrichtung meiner Werte und Ziele, mir meiner Bedürfnisse und Wünsche für die zweite Hälfte meines Lebens bewusst zu werden und diese neu zu formulieren. Seitdem wünsche ich mir …

- privat wie beruflich Beziehungen auf Augenhöhe mit gegenseitiger Anerkennung, Wertschätzung und Respekt.
- den Mut zu haben, mir selbst treu zu bleiben, statt so zu leben, wie es andere von mir erwarten oder gar abhängig von der Meinung der anderen zu sein.
- den Mut zu haben, alle meine Gefühle zu leben und ihnen eine klare Stimme zu geben.
- mir selbst und anderen gegenüber in jeder Situation offen und ehrlich zu sein und rechtzeitig klärende Gespräche zu führen.
- einen besseren Kontakt zu meiner Familie und zu meinen Freunden zu haben.
- dass ich meine kostbare Lebenszeit nicht mehr nur mit Arbeit verbringe.
- anzuerkennen, was ist; lösungsorientiert zu denken und das Beste aus allem zu machen.
- mir selbst gegenüber mitfühlender zu sein, mich selbst wertzuschätzen und zu lieben.
- besser auf mein Wohlergehen und meine Gesundheit zu achten.
- mir einen besseren Lebensstil anzugewöhnen.
- bewusster zu denken und die richtigen Worte zu wählen.
- den Augenblick zu genießen und ein glückliches und freudvolles Leben zu führen.
- eine liebevolle und erfüllte Partnerschaft aktiv zu gestalten und bewusst zu leben.
- ein erfülltes, glückliches und erfolgreiches Leben.
- dies alles und noch so viel mehr …

Und mir ist bewusst geworden:

Wenn ich als Adler leben will, dann muss ich mich auch wie ein Adler verhalten. Will ich jedoch als Huhn leben, dann ist auch das gut und berechtigt. Wenn ich es jedoch anders will, gilt es ins Handeln zu kommen und Entscheidungen zu treffen, die mich zu meinem wahren Wesenskern und zu den Zielen führen, die ich neu leben will. Vielleicht bin ich dann weder Adler noch Huhn, sondern Hund, Löwe, Hase oder Maus. – Wer weiß?

Irgendwann wird jeder von uns vor diese Entscheidung gestellt. Und es kann sein, dass wir sie sogar mehrmals im Leben treffen. Die Zeiten, in denen wir von Ausbildungsende bis ins Rentenalter hinein nur einer einzigen Tätigkeit nachgegangen sind, sind schon längst vorbei. Heutzutage ist Flexibilität mehr gefragt als Sicherheit. Doch was bleibt, ist:

Jedes Leben ist kostbar und wertvoll. Jedes will auf seine Art gelebt werden. Leben will von mir, dass ich meine Einzigartigkeit, meine Individualität entdecke und entfalte. Es will, dass ich mein gesamtes Potential *selbst-bewusst* lebe und es gemäß meinen Möglichkeiten kreativ mit der Welt teile. Das Leben will von mir, dass ich die Strahlkraft meiner ganz persönlichen Sonne kraftvoll lebe. Unser Licht und unsere Sonne leben, das ist unser Lebensziel. Und dass uns das gelingt, das wünsche ich Ihnen und mir.

In den Buchkapiteln *Metamorphose* und *Werte* habe ich bereits über das *Gesetz der Verwandlung* geschrieben und die einzelnen Phasen des Veränderungsprozesses erklärt, die wir dabei durchlaufen. Stellt sich als nächstes die Frage:

18

Wie kann ich Veränderungsprozesse bewusst angehen?

Wie kann ich einen Veränderungsprozess aktiv und positiv gestalten? – Wenn wir unsere neuen Werte und Ziele kennen und uns mit Hilfe des Rads des Lebens, der Biografie-Arbeit und der Stärken- und Ressourcenaktivierung intensiv mit uns selbst beschäftigt haben, dann will man irgendwann wissen, was an Fähigkeiten und Potential in einem angelegt ist, weil man inzwischen auch auf bewusster Ebene verstanden hat, dass wir selbst Schöpfer unserer eigenen Realität sind. Und das nicht nur für einen Tag, sondern im Hinblick auf unser ganzes Leben und auf alle Beziehungen, die wir führen.

Haben wir uns schon so weit in den Veränderungsprozess hinein geöffnet, sind die Neugier und die Motivation groß, so dass letztlich auch der Wunsch besteht, bedingungslos „JA" zu sich und zum gesamten Prozess des Wandels zu sagen. Jetzt sind wir auch bereit, die Konsequenz aus allem zu tragen. Das ist dann der Punkt, an dem wir wieder *ein klares Ja zu uns und zum Leben sagen.*

So erging es zumindest mir, als ich mich 2019 im Leben wieder angekommen fühlte. Der Weg dazwischen war mit einer Odyssee vergleichbar, doch heute kann ich sagen: Es lohnt sich durch diesen Prozess zu gehen und einen Neuanfang – wie auch immer er ausschauen mag – zu wagen. Nachdem ich in den letzten Jahren den sogenannten *Worst Case* bereits erlebt habe, kann es im Grunde genommen ja nur noch aufwärts gehen.

Inzwischen habe ich mich meiner alten Maske „Selbstbewusstsein" entledigt, weil ich mir endlich meiner selbst *bewusst* geworden bin. Jetzt kann ich frei und authentisch leben, und stelle fest, dass ich mir in meinem ganzen Leben noch nie so nah war, wie ich das heute bin. Und dass dem so ist, dafür danke ich.

Ich habe gelernt: *Das Leben ist immer für mich!* – Was auch geschieht. Auch wenn es anfangs nicht so ausschaut, ergibt im Nachhinein dann doch wieder alles einen Sinn. Wir müssen nur bereit sein, *aufmerksam* und *bewusst* durch die Schule des Lebens zu gehen.

Damit Veränderung erfolgreich geschieht, müssen wir bereit sein, durch den größten Schmerz hindurch zu gehen, denn: Ohne Schmerz keine Wundheilung. Ohne Wundheilung keine Heilung. Ohne Heilung keine Schmerz-Freiheit. Wenn wir frei sein wollen, müssen wir als Erstes akzeptieren, dass es diesen Schmerz in unserem Herzen gibt. Wir haben ihn selbst dort verankert und jahrelang alles Mögliche dafür getan, um ihn dort zu halten. Wir haben uns schon viel zu lange an ihn gewöhnt. Doch wenn wir auf die andere Seite des Schmerzes gelangen wollen, die Freiheit, Freude, Frieden und Liebe heißt, dann gibt es nur einen Weg. Dann müssen wir bereit sein den Schmerz zu akzeptieren und mitten durch ihn hindurchzugehen.

Der Schmerz will gesehen werden. Er will gespürt werden. Nur so können wir uns letztlich von ihm be-*frei*-en. Bevor Veränderung geschieht, muss und will unser Herz von dem Schmerz geheilt sein. Es ist bereit mit uns gemeinsam durch das Feuer dieser Befreiung zu gehen. Der Schmerz ist dabei als der Preis für die Freiheit anzusehen. Doch haben wir uns von ihm gelöst, können wir jeder Situation des Lebens entgegentreten, weil wir uns von der Angst vor dem Schmerz befreit haben und ab jetzt den Weg der Veränderung nahezu freiwillig gehen.

Was ist die Voraussetzung dafür, dass ein Veränderungsprozess gelingt? – Veränderung kann nur dann erfolgreich gelingen, wenn der Betroffene weder aktiv, noch passiv Widerstand leistet, sondern mit dem Wissen um seine Wünsche und sein Potential den Prozess des Wandels bewusst mitträgt. Was es hier jedoch zu berücksichtigen gilt, ist, dass jeder Einzelne von uns innere Anteile hat, die in Sekundenschnelle in Kommunikation zueinander treten, wenn sie das Wort „Veränderung" nur hören. In unkomplizierten Situationen vollzieht sich das Selbstgespräch in wenigen Sekunden und ist uns meist nicht bewusst. Richtig interessant wird es aber, wenn es um so wichtige Dinge geht. Von daher finde ich es sehr wichtig zu wissen, was sich da in unserem Inneren abspielt und was da so geschieht.

Wer spricht denn da? – Eine Konferenz unseres inneren Teams

Wenn wir in uns hineinhorchen, entdecken wir oft mehrere Stimmen, die sich bezüglich eines Themas zu Wort melden. Diese „inneren Stimmen" sind ganz normal und spiegeln unter anderem auch das wieder, was wir in der Kindheit gehört und verinnerlicht haben.

Sie repräsentieren unsere Glaubenssätze und inneren Überzeugungen, aber auch unsere Ängste, Befürchtungen, Bedürfnisse und Motive. Nur wenn ich für all diese Stimmen und Anteile in mir Verständnis entwickelt und im Gespräch mit ihnen zu einer *gemeinsamen Lösung* gefunden habe, finden wir in die Kraft um unseren Weg zielstrebig weiterzugehen. Der Mensch ist ein „Gewohnheitstier", das seine Komfortzone liebt. Aus diesem Grund wollen die meisten dieser Anteile, dass die Dinge bleiben, wie sie sind. Sie wollen das Gewohnte und Vertraute bewahren, da es scheinbar Sicherheit gibt. Deshalb leisten sie aus ihrer Position heraus verständlicherweise Widerstand, wenn sie vor gravierenden Veränderungen stehen.

In den seltensten Fällen sind die Teammitglieder im Hinblick auf ein bestimmtes Thema einer Meinung. Meist konkurrieren sie sehr stark, so dass es eines Verantwortlichen bedarf, der die Regie übernimmt und das *Selbst-Gespräch* in vernünftige, ordentliche und konstruktive Bahnen lenkt. Dieser Teamleiter (wir selbst!) hat dafür zu sorgen, dass jedes Teammitglied gehört wird, selbst dann, wenn die Impulse noch so widersprüchlich sind. Schließlich hängt der Erfolg des Gesprächs davon ab, dass besagte Anteile in uns gehört und hinsichtlich ihrer Kommentare ernst genommen werden.

Das „Innere Team" ist ein Modell, das Prof. Dr. Friedemann Schulz von Thun (Psychologe und Kommunikationswissenschaftler) entworfen hat. Es ist eine Metapher für die verschiedenen Persönlichkeitsanteile, die *inneren Stimmen*, in uns. Schulz von Thun geht von der Annahme aus, dass jedes Teammitglied im Hinblick auf eine bestimmte Situation nur das Beste erreichen will. Wie in einem richtigen Team stehen die Mitglieder dabei stellvertretend für unterschiedliche Bedürfnisse und arbeiten entweder konstruktiv und gut zusammen oder schränken sich gegenseitig ein. Manchmal bekämpfen sie sich auch. Es gibt also wie im Leben auch hier „Engelchen", „Bengelchen" und „Teufelchen".

Wissen wir zu wenig über diese widersprüchlichen Bedürfnisse der einzelnen Mitglieder oder bekämpfen sie sich gar, dann senden wir nicht nur widersprüchliche Impulse nach außen, sondern dieser innere Disput raubt uns jede Menge Energie. Und es ist unsere innere Zerrissenheit, die sich uns letztlich dann auch im Außen zeigt.

Arbeitet das Team jedoch konstruktiv zusammen, zeigt sich das in der Klarheit unserer Kommunikation und wirkt sich positiv auf die gesamte Situation und unser Leben aus. Nach Schulz von Thun können wir nur dann nach außen hin klar, authentisch und der Situation gemäß gut reagieren, wenn wir im Inneren alle Teammitglieder miteinander vereint haben.

Es gibt verschiedene Varianten, wie mit dem „Inneren Team" gearbeitet werden kann.

Im Internet gibt es hierzu viele gute Informationen. Meine drei Favoriten, mit denen ich auf „Innere Team-Reise" gehe, finden Sie nicht im Internet. Doch sie funktionieren genial.

Variante 1: Sie ist die denkbar einfachste und unkomplizierteste Version, die ich sehr gerne und regelmäßig praktiziere. Sie ist so einfach, dass man nur allzu leicht denkt: Wie soll das denn funktionieren? – Doch es funktioniert! Und es sind oft die allereinfachsten Dinge, die uns am besten dienlich sind. Wir müssen uns dieser Hilfsmittel nur bedienen.

Worin diese Technik besteht? – Sie als Teamleiter wissen um Ihr Thema und laden Ihr gesamtes Team bewusst zu einem Spaziergang ein. Formulieren Sie im Geiste Ihre Frage. Sprechen Sie diese leise oder laut aus und sagen Sie ganz bewusst: „Wer von euch zu diesem Thema/dieser Situation etwas zu sagen hat, der ist herzlich eingeladen, mit mir jetzt spazieren zu gehen und mir beratend zur Seite zu stehen." Je nachdem, wie oft Sie einen solchen Spaziergang initiieren und wie gut Sie Ihre Team-Player bereits kennen, können Sie schon hören oder fühlen, wer sich angesprochen und gerufen fühlt. Lassen Sie mich hierzu ein kurzes und simples Beispiel geben:

„Gehe ich ab Montag kommender Woche morgens um 6:00 Uhr wieder täglich joggen?" Kaum ausgesprochen, sind sie da: der Langschläfer, die Gesundheitsbewusste, der Faulpelz, die Disziplinierte, der Antreiber, der Sportler, die Kreative usw. und jeder von ihnen hat sehr viel zu sagen. Alle reden gleich drauf los. Dieses quirlige Treiben muss erst einmal eingebremst werden, denn alle reden heillos durcheinander. Jetzt ist es an Ihnen, als Teamleiter für Ordnung zu sorgen, die aufgebrachten „Geister" in ihre Schranken zu weisen und ihnen zu sagen: „Schon gut! Ich höre mir jeden Einzelnen von euch an. Ich will hören, was ihr zu sagen habt. Doch solange einer von euch spricht, hören die anderen aufmerksam zu. Ich verspreche euch, ihr kommt alle dran. Ihr dürft alle sagen, was ihr zu sagen habt."

Jetzt können Sie spazieren gehen und sich nach und nach die Argumente jedes Einzelnen anhören. Haben Sie alle gehört, können Sie Ihre Team-Konferenz entweder irgendwo draußen gestalten oder dann, wenn Sie wieder zuhause sind. Sie entscheiden darüber. Wichtig ist, dass Sie alle Ihre Anteile zu Wort kommen lassen und ihnen zuhören. Fragen Sie am besten nach: „Habe ich euch alle gehört? Habt ihr alle gesprochen? Fühlt sich jemand benachteiligt?" – Hören Sie gut hin, ob sich da noch irgendwo ein zartes Stimmchen meldet, das auch gehört werden will, das bis jetzt aber noch nicht Ihre Aufmerksamkeit auf sich ziehen konnte. Wie im Leben so gilt auch hier: Jede einzelne Stimme ist wichtig. Jeder hat etwas zu sagen, was aus einem bestimmten Grund heraus (Prinzip Ursache und Wirkung) wichtig ist. Wir sollten uns von daher die Zeit nehmen auch wirklich auf alle zu hören. Umso mehr sich jeder gehört und wertgeschätzt fühlt, umso besser stehen wir dann hinter den Entscheidungen, die wir treffen. Umso besser das Ergebnis. Und umso näher sind wir unserem Ziel.

Im nächsten Schritt sind Sie als Teamleiter gefragt. Sie haben alle Stimmen gehört. Jetzt liegt es an Ihnen, die richtige Entscheidung zu treffen und dementsprechend zu reagieren. Folgende Fragen helfen Ihnen dabei: Wessen Meinung überzeugt mich? – Wer soll in dieser Situation Vorrang haben? – Wie schaut gegebenenfalls eine Kompromisslösung aus? – Was ist der nächste Schritt? – Kann ich diesen Schritt aus mir selbst heraus gehen oder bedarf es der Hilfe durch andere? …

In einem letzten Schritt danken Sie Ihrem „Berater-Team" und teilen ihm Ihre Entscheidung mit. Lassen Sie Ihr Team wissen, aus welchen Gründen Sie sich für genau diese Lösung entschieden haben.

Beim Thema „Joggen" ist es noch einfach, alle Stimmen zusammenzuführen und eine Lösung zu finden, die uns befähigt ins Handeln zu kommen. Vielleicht entscheiden wir uns für einen Kompromiss. Gehen nicht täglich joggen, finden aber – kreativ wie wir sind – einen Weg, der möglichst alle Anteile zufriedenstellt, denn sonst haben wir immer einen Quertreiber dabei, der uns letztlich dann doch wieder die Freude an der Sache nimmt.

Solange im Hinblick auf ein Thema noch innere Zerrissenheit, Unentschlossenheit, ein ewiges Hin und Her und Unklarheit herrscht, sind wir unfähig zu handeln und fühlen uns blockiert. Was liegt also näher als durch Spazierengehen wieder Bewegung in die Angelegenheit zu bringen und die innere Blockade aufzulösen? Als Teamleiter wissen Sie um die Wichtigkeit Ihres Themas. Sie geben die Länge der Runde und damit auch die Zeit für die *„Diskussion in Bewegung"* vor. Ich kann Ihnen nur empfehlen: Nehmen Sie sich die Zeit. Seien Sie es sich wert. Es ist ein Akt der Liebe und Wertschätzung gegenüber sich selbst.

Je öfter und je besser wir mit unserem inneren Team kommunizieren, umso mehr kommen wir wieder in Kontakt mit uns selbst und lernen unsere Bedürfnisse und Prioritäten kennen. Wir werden zusehends zufriedener, flexibler, sind kreativ, denken lösungsorientiert und spielen im Geiste verschiedene Lösungsansätze durch. Dabei erfahren wir, was uns wichtig ist. Mitunter kann es sein, dass Sie noch Tage später Informationen zu einem bestimmten Thema bekommen, das Sie gerade beschäftigt.

Ich finde es einfach genial, dass wir alles Wissen, das wir zur Lösung einer bestimmten Situation brauchen, in uns haben. Ich nenne es *Selbst-Kompetenz*. Vielleicht die wichtigste Kompetenz für ein *selbst-bewusstes Leben*. Wir müssen nur lernen, uns wieder Zeit für uns selbst zu nehmen und auf diese inneren Reisen zu gehen. Wir müssen uns selbst wichtig sein. Und es gilt, dankbar für all das Potential zu sein, das in uns angelegt ist. – *Vorteil dieser Methode:* Bewegung tut insgesamt gut. Sie belebt Körper und Geist. Und dank der Bewegung lösen sich Energieblockaden auf.

Nachteil: Sie haben nichts zum Schreiben dabei, falls Sie sich zu einem wichtigen oder umfangreicheren Thema Notizen machen wollen, um sich die Argumente Ihres inneren Teams später noch einmal detailliert anzusehen.

TIPP: Nutzen Sie doch einfach die Sprachfunktion Ihres Handys. Das entspannt ungemein. Sie sichern sich somit Ihre Ergebnisse und können sich in aller Ruhe zuhause das Wichtigste noch einmal anhören und reflektieren.

Variante 2: Sie visualisieren und schauen sich Ihr Thema auf einer *inneren Bühne* an.

Empfehlung: Legen Sie sich für diese Übung Papier und Stifte bereit. Jedes Teammitglied bekommt ein extra Blatt Papier. Machen Sie sich zu allen Informationen, die Sie von Ihren inneren Stimmen erhalten, stichpunktartig *Notizen*, dann können

Sie die wesentlichen Aussagen (Argumente) hinterher noch einmal reflektieren.

Wie im Beispiel oben eröffnen Sie auch hier als Teamleiter das Geschehen. Denken Sie an Ihr Thema. Schließen Sie die Augen. Atmen Sie dreimal tief ein und aus. Richten Sie Ihre Aufmerksamkeit auf Ihr Herz. Falls Sie sich damit schwertun, weil es ungewohnt für Sie ist, dann legen Sie Ihre schreibende Hand auf Ihr Herz. Konzentrieren Sie sich nun auf die Stelle, an der Ihre Hand aufliegt, und sagen Sie: „Ich habe diese Frage, dieses Thema, dieses Problem „…". Ich bin bereit gut hinzuhören, um all die Botschaften zu empfangen, die hinsichtlich dieses Themas/Problems/dieser Frage wichtig für mich sind. Ich öffne mein Herz und bin dankbar für die Antworten, die zu mir kommen." Dann gehen Sie in die Stille, hören und empfangen. Geben Sie sich Zeit. Es kann ein paar Minuten dauern, bis Sie die ersten Antworten wahrnehmen. Sie können fragen:

1. *Wer meldet sich zu Wort? Was hast du (innere Stimme) im Hinblick auf … zu sagen? -*

In diesem *ersten Schritt* identifizieren Sie im Hinblick auf das Thema die einzelnen Mitglieder Ihres Teams und geben ihnen Namen wie zum Beispiel „die Vorsichtige", „der Visionär", „der Macher", „die Neugierige", „die Liebevolle", „die Ängstliche" usw. Wählen Sie Bezeichnungen, die für Sie stimmig und richtig sind. Wichtig ist darauf zu achten, dass Sie nicht nur auf die lauten, aggressiven Teilnehmer hören, sondern auch auf die leisen und verhaltenen Stimmen, denn Sie wissen ja: Jedes Mitglied ist wichtig. Jeder Beitrag zählt.

2. *Was habt ihr einander zu sagen?* – Im *zweiten Schritt* wird diskutiert. Sie hören sich die unterschiedlichen Sichtweisen an und achten darauf, dass jeder jeden hört.
3. *Was ist genau dein Beitrag zu …?* – Wenn Sie den Eindruck haben, dass jede Stimme ihren Beitrag geleistet hat, dann

beenden Sie die Team-Sitzung und bedanken sich bei Ihren Teammitgliedern: „Danke, dass ich jetzt weiß, wie ihr über „…" denkt. Danke, dass ihr mir all die Informationen gegeben habt." Als Teamleiter würdigen Sie mit diesem *dritten Schritt* den jeweils positiven Kern der einzelnen Beiträge und integrieren sie in die Gesamtlösung.

4. *Wessen Meinung überzeugt? – Welche Ideen sind neu? – Wer soll in dieser Situation Vorrang haben? – Welche Erkenntnis habe ich gewonnen? – Was hat sich für mich geklärt? – Welche Lösung liegt nahe? – Was ist ein erster Schritt?*

Mit diesem *vierten Schritt* sind Sie als Teamleiter gefragt. Notieren Sie sich alle Erkenntnisse und Erfahrungen. Ziehen Sie ein Resümee. Sie haben alle Bedürfnisse, alle Stimmen, alle Motive gehört. Nun liegt es an Ihnen, die richtige Entscheidung zu treffen und dementsprechend zu reagieren.

„Die reinste Form des Wahnsinns ist es, alles beim Alten zu belassen und zu hoffen, dass sich etwas ändert."
Albert Einstein

Warum schieben wir Veränderungen vor uns her?

Oft wissen wir und spüren wir, dass eine Veränderung notwendig ist. Oft möchten wir etwas ändern, können es aber nicht. – Warum?

- Warum nehmen wir manchmal lieber ein Unglücklich-Sein in Kauf als etwas zu verändern?
- Was habe ich generell in meinem Leben hinsichtlich Veränderungen gelernt?
- Wie denken meine Eltern, Familie, Partner/Partnerin über Veränderung?

- Wie denke ich selbst über Veränderungen? (Chance oder Risiko?)
- Welche Erfahrungen (positiv bzw. negativ) habe ich bislang mit Veränderungen gemacht?
- Was sind Glaubenssätze, Gedanken, die unter Umständen die Veränderung blockieren?
- Wie sehr glaube ich an mich selbst? – Wie steht es um mein Selbstvertrauen und meinen Mut?
- Wie gut kenne ich meine Fähigkeiten, mein Potential?
- Was sind meine Bedürfnisse? – Aus welchen Motiven heraus handle ich?
- Wer bestimmt mein Verhalten? – Die Komfortzone oder die Freude am lebenslangen Lernen?
- Was ist mir meine Veränderung wert? – Was bin ich mir wert?
- Wie sehr kommt es mir auf die Meinung und Wertschätzung der anderen an?
- Wie wichtig ist es mir, den Weg meiner Seele zu gehen?
- …

Wie kann ich die Angst vor Veränderung loswerden?

1. Welches Programm läuft da in meinem Kopf? – Ist es erlernt oder mein eigenes?
2. Was ist das Schlimmste (Worst Case) und das Beste, was mir passieren kann? – *Wie schlimm ist schlimm wirklich?* (Entdramatisieren!)
3. Ich denke realistisch und wäge bewusst zwischen den Vorteilen (Chancen) und Nachteilen (Risiken) ab.
4. Der Weg der kleinen Schritte: Wer sagt denn, dass es gleich die ganz große Veränderung sein muss? – Manchmal ist es besser in kleinen Schritten vorwärts zu gehen als große Schritte zu machen und dabei zu stolpern. Ich kann mir konkrete und gut erreichbare Teilziele setzen, die mich motivieren und mir den Mut geben, Schritt für Schritt weiterzugehen. Wie schnell ich mein Ziel erreichen will, liegt letztlich in meiner Hand.

5. Ich erinnere mich bewusst daran, was mir im Leben schon alles geglückt ist. – Was habe ich getan, damit es ein Erfolg wurde? Was habe ich über mich gedacht? Welche Gefühle resultierten aus diesen Gedanken? Wie war es, diesen Schritt getan zu haben?

6. *Wo will ich hin? – Wer will ich sein?* – Welche Gedanken, welche Gefühle wähle ich jetzt? – Welche Worte geben mir Kraft? – Welche Bilder geben mir Kraft? – Was kann ich konkret tun, um mir die Freude auf den Veränderungsprozess zu sichern?

7. Wie schaut mein *neues Kopf-Kino* aus?
Wie werde ich mutig? Wie werde ich stark? – Wie werde ich „…“? – Wie werde ich ein Visionär?

Möglichkeit 1: Ich kann mich mit der Kraft positiver Gedanken und Worte durch den gesamten Prozess hindurch *schreiben*. Ich orientiere mich dabei an meinen Zielen und schau mir detailliert an, wie ich von A nach B nach C usw. komme. Indem ich mir meine Wünsche (zum Beispiel *strahlende Gesundheit),* meine Ziele (tägliches Training und Teilnahme am Halbmarathon zu einem bestimmten Datum) und meinen Weg (meinen Ernährungs- und Fitnessplan) noch einmal möglichst konkret benenne, werde ich mir klar darüber, was als nächstes wirklich wichtig ist und kann dann entsprechende Maßnahmen ergreifen, um alles zu einem positiven Ergebnis zu bringen. Diese erste kreative Phase der Umsetzung hilft mir ins Handeln zu kommen. Ich bin fokussiert und treffe eine wichtige Entscheidung. Dieses „JA“, dieses Versprechen, das ich mir damit selbst gebe, weckt meinen Ehrgeiz. Motiviert. Gibt positive Energie und lässt mich selbstsicher, selbstbewusst und souverän dem Ziel entgegensehen.

Möglichkeit 2: Mit einem *Vision Board* oder einem *selbst gemalten Bild* kann ich den Prozess malen und gestalten. Kann dabei den Gefühlen Ausdruck geben und mal so richtig farbenfroh und kreativ in die „Schatzkiste der Ideen“ greifen. Ich kann mir sogar zu Affirmationen (Kapitel 19) ein Bild malen. Meinem Schöpfergeist sind keinerlei Grenzen gesetzt. Der Einzige, der mich begrenzt, bin ich selbst. Je mehr ich mich konkret mit meinen Zielen beschäftige, umso mehr positive Energie wird frei. Umso mehr visualisiere ich mein zukünftiges Ich und habe viel Freude, mir dieses Bild zu erträumen und zu gestalten. Schenken Sie sich diese Zeit.

Variante 3: Wie werde ich mein eigener Regisseur?

Das *Mentale Drehbuch* eignet sich zur Vorbereitung auf ein Gespräch (egal ob beruflich oder privat), eine Konferenz, ein Meeting, aber auch zur Umsetzung Ihrer Ziele. Bei dieser Methode nehmen Sie ein erwünschtes Verhalten oder die Umsetzung guter Vorsätze und Ziele bildhaft vorweg und erhöhen so die Chance souverän zu handeln und erfolgreich zu sein. Außerdem können Sie Ihren emotionalen Zustand durch bildhafte Vorstellungen positiv beeinflussen.

Dabei entwerfen Sie mit Ihren Gedanken einen Film, der Sie in der entsprechenden Situation zeigt. Stellen Sie sich vor, Sie sitzen im Kino und schauen sich diesen Film an mit dem Bewusstsein: Sie sind der Regisseur. Sie haben das Drehbuch in der Hand. Sie sitzen im Kinostuhl und haben eine Fernbedienung in der Hand, mit der Sie den Film ganz nach Ihren Wünschen gestalten können. Sie können entscheiden, ob der Film langsam oder schnell abläuft. Sie bestimmen die Lautstärke, die Hintergrundmusik. Entscheiden über den Drehort und die Personen. Vielleicht läuft gerade eine Szene, in der nur Sie als Hauptdarsteller/Hauptdarstellerin zu sehen sind. Eine Szene, in der Sie die entsprechende Situation gerade souverän meistern. Beobachten Sie sich dabei, wie Sie selbstsicher und freundlich sprechen. Achten Sie darauf, wie positiv Ihr Gegenüber auf Sie reagiert. Sie können den Film jederzeit anhalten, um ganz bewusst wahrzunehmen, was sie gerade sehen, sagen, hören oder fühlen. Achten Sie auf jedes Detail und stellen Sie sich die Situation, die auf Sie zukommen wird, so gut Sie können bildlich vor. Je bunter, je facettenreicher, umso besser. Bleiben Sie mit Ihrer Aufmerksamkeit so lange in der Szenerie, bis Sie sich selbst glücklich, erfolgreich und zufrieden im

Hinblick auf Ihre Ausgangssituation erleben. Lächeln Sie. Genießen Sie Ihren Erfolg mit all Ihren Sinnen. Atmen Sie das positive Ende regelrecht ein. – Genießen Sie Ihr *Happy End*!

Wenn Sie diesen Film regelmäßig vor Ihrem inneren Auge ablaufen lassen, dann prägen sich diese Bilder des Erfolgs in das Unterbewusstsein ein und unterstützen Sie dabei, in der realen Situation gelassen und souverän zu handeln. Sie erschaffen sich so im Außen die Realität Ihrer inneren Bilderwelt. – Doch es gilt: *Die Übung macht den Meister!* – Es lohnt sich, denn es gilt: Die Art und Weise, wie wir denken und worauf wir unsere Aufmerksamkeit richten, bestimmt unser Leben!

Warum haben wir Angst vor Veränderungen?

Wo kommt diese Angst her? – Was will sie mir sagen? – Worauf macht sie mich aufmerksam?

Wir sind den Weg der Bewusstwerdung und Veränderung bis hierher gegangen und stellen dennoch auf einmal fest: Bis hierher und nicht weiter! – Warum? – Warum scheuen wir es weiterzugehen? – Was ist da noch im Argen? – Was haben wir unter Umständen übersehen?

Fühlen wir uns im Hinblick auf unsere Sicherheit bedroht, dann interessiert uns nichts mehr als diese Sicherheit wiederherzustellen. Bis diese aber wieder gewährleistet ist, kann das eine gewisse Zeit dauern. Durch Auslöser wie Krankheit, Trennung, Verlust des Arbeitsplatzes usw. fühlen wir uns mehr oder weniger stark unserer Sicherheit beraubt.

Diese Verunsicherung lähmt. Führt zu Ohnmacht und Angst. Erhält unser Gehirn die Botschaft: „Stopp – Grundbedürfnis Sicherheit verletzt!", dann läutet unser inneres Alarmsystem. Wir sehen nur noch Gefahr. Die Angst wird umso größer, je mehr wir davon überzeugt sind, dass uns die Sicherheit genommen ist. Wie realistisch diese Einschätzung dabei ist, ist uninteressant, denn entscheidend sind allein unsere subjektive Einschätzung der vermeintlichen Bedrohung und Gefahr, sowie die sich daraus ergebende Interpretation der Situation.

Spüren wir trotz Wunsch nach Veränderung einen Widerstand, der die erfolgreiche Umsetzung blockiert, dann macht es durchaus Sinn sich zu fragen: Inwieweit sind meine Bedürfnisse erfüllt? – Wo bedarf es erst einer Verbesserung, bevor ich in die Veränderung gehen kann? – Was kann ich selber dafür tun? – Wo bedarf ich gegebenenfalls der Hilfe anderer? … Veränderungen können nur dann erfolgreich sein, wenn unsere zentralen Bedürfnisse gewährleistet sind.

Ein weiterer Stolperstein, der so manchen Veränderungsprozess erschwert oder gar scheitern lässt, sind unsere *limitierenden Glaubenssätze und Überzeugungen*. Sie wollen erkannt und transformiert sein, bevor eine Veränderung gelingt, denn sie sind – wie unsere Werte – Ausdruck von etwas, an das wir glauben. Sie erzählen uns, was wir für wahr halten und wie wir die Welt sehen. Sie bestimmen, worauf wir unsere Aufmerksamkeit richten, welche Erfahrungen wir machen, welche Informationen wir aufnehmen und wie wir diese letztlich interpretieren.

19

Glaubenssätze und Überzeugungen – Wo kommen sie her?

Was sind Glaubenssätze und Überzeugungen? – Unsere Glaubenssätze und Überzeugungen sind ein sehr machtvolles Instrument, das bestimmt wie wir fühlen, über uns selbst denken und wie wir handeln. Im Grunde genommen sind es Geschichten, die wir uns von klein auf erzählen in Anlehnung an das, was wir erfahren haben, was wir über uns, über andere und die Welt denken. Diese Geschichten erschaffen unsere Realität.

Wenn wir zum Beispiel überzeugt sind, dass wir nicht intelligent genug sind, etwas nicht können, nicht sportlich sind usw., werden wir *unbewusst* immer einen Weg finden und uns in Situationen bringen, die uns die Gültigkeit dieses Glaubenssatzes beweisen. Doch damit berauben wir uns der Chance auf eine Veränderung zum Positiven hin. Unsere Wirklichkeit wird so, wie wir sie aufgrund unseres Wahrnehmens, Denkens und Fühlens in einem Glaubenssatz definieren. Wir machen bestimmte Erfahrungen und interpretieren die Ergebnisse dann so, dass sie mit unseren Überzeugungen letztlich wieder übereinstimmen. Diese ganzen Muster können uns motivieren oder demotivieren, glücklich oder unglücklich machen. Je nachdem, worauf wir unsere Aufmerksamkeit richten.

Es gibt zwei Arten von Glaubenssätzen: Positive und negative. Bei den negativen spricht man auch von limitierenden Glaubenssätzen, weil sie uns behindern, blockieren und begrenzen.

Positive Glaubenssätze geben uns Kraft und Mut. Sie stärken unser Bild, das wir von uns haben. Schenken uns Selbstvertrauen. Lassen uns an unsere Fähigkeiten, an unser Potential glauben und motivieren uns, unser Bestes zu geben. Sie lassen uns optimistisch in die Welt blicken. Lösungsorientiert denken und den Weg der Lebensfreude und des Glücks gehen. Sie motivieren uns, über uns selbst hinauszuwachsen und unser Licht leuchten zu lassen.

Negative Glaubenssätze bewirken genau das Gegenteil. Sie begrenzen uns. Sie führen dazu, dass wir uns minderwertig fühlen. Sie können uns in allen Bereichen unseres Lebens einschränken und uns glauben machen, dass wir nicht gut genug sind, nicht schön genug, nicht begabt genug, nicht groß genug usw. Sie sind die Fesseln an unseren Füßen. Fesseln, die wir uns aufgrund unserer Gedanken und Worte selbst angelegt haben. Sie lassen uns sogar – je nachdem wie dominant sie sich in unserem Leben zeigen und wie stark negativ sie ausgeprägt sind – an uns und dem Sinn unseres Daseins zweifeln. Haben letztlich sogar die Macht, uns in die Unfreiheit zu führen und eine positive Entwicklung und Veränderung zu verhindern.

Jeder von uns hat hin und wieder mal schlechte Tage, negative Gedanken. Dann „spuken" vermehrt limitierende Glaubenssätze in unserem Gehirn herum. In aller Regel können wir uns innerhalb kurzer Zeit wieder von diesen „Geistern" befreien und unsere Aufmerksamkeit auf Erfreuliches, Schönes, Positives richten. Kritisch wird es jedoch, wenn wir uns aufgrund widriger Lebensumstände und zahlreicher Herausforderungen immer mehr in deprimierenden und negativen Gedankenmustern verstricken und verlieren. Lehrt doch die Quantenphysik: Die Energie folgt der Aufmerksamkeit.

Um uns von negativen Glaubensmustern zu befreien, müssen wir sie als solche erst einmal erkennen, d. h. uns ihrer *bewusst* sein. Wir müssen sie identifizieren, um sie durch positive ersetzen zu können. Doch allein der Austausch des einen Satzes durch einen anderen kann noch nicht ganz des Rätsels Lösung sein. Irgendwo kommen diese Glaubenssätze ja her. Und diese ursprüngliche Situation gilt es zu finden. Die Geschichte, die wir uns da immer wieder erzählen, gilt es umzuschreiben und mit einer neuen, positiven Überzeugung zu verstärken.

Wir entscheiden, welche Glaubenssätze wir wirken lassen. Auch dies liegt in unserer Verantwortung. Unser Leben hält uns

Tag für Tag den Spiegel vor und lässt uns sehen, mit welchen Gedanken wir unsere Realität erschaffen. Unser Leben ist definitiv nicht gegen uns, sondern *FÜR* uns. Es will, dass wir *bewusster denken, sprechen und handeln.*

Hier ein paar Beispiele, um negative Glaubenssätze leichter zu identifizieren:

- Ich bin wertlos.
- Ich bin unattraktiv.
- Ich bin zu dick/zu dünn.
- Ich kann das nicht.
- Ich habe immer nur Ärger mit meiner Familie/meinen Freunden.
- Mein Partner/meine Partnerin liebt mich nicht.
- Ich bin nicht liebenswert.
- Ich bin nicht gut genug.
- Ich habe mal wieder keinen Erfolg.
- Ich habe immer Pech.
- Erst die Arbeit, dann das Vergnügen.
- Ohne Fleiß kein Preis.
- Erfolg ist etwas für andere, nicht für mich.
- Geld verschlechtert den Charakter des Menschen.
- Geld muss man sich hart erarbeiten.
- Das Leben ist ein einziger Kampf.
- Im Leben bekommt man nichts geschenkt.
- Ich darf meine Gefühle nicht zeigen.
- Ich kann nichts verändern. Es will mir nicht gelingen.
- …

Wo kommen denn diese Geschichten bloß her? – Als soziale Wesen beeinflussen wir uns ein Leben lang. Wenn wir Kindern beim Spielen zusehen, können wir beobachten wie sie in verschiedene Rollen schlüpfen. Sie lieben es, mal der liebevolle Papa oder die strenge Mama zu sein. Oder gar den Lehrer, die Tante, den Nachbarn usw. zu imitieren. Mit diesem kindlichen Spiel üben sie aber nicht nur verschiedene Rollenmuster ein, sondern wenn wir ihnen genau zuhören, fällt auf, dass sie neben dem Verhalten und den Sprachgepflogenheiten der Erwachsenen bereits deren Glaubenssätze und Denkmuster übernehmen. Sofern dies positive Glaubenssätze sind, ist das selbstverständlich kein Problem. Doch wie die guten werden natürlich auch die begrenzenden, limitierenden Glaubenssätze und Überzeugungen übernommen. Wie soll ein Kind von Anfang an bereits um die Unterschiede (positiv bzw. negativ) und deren nachhaltige Wirkung auf das eigene spätere Verhalten und Denken wissen?

Es gibt aber auch Glaubenssätze, die aus unseren eigenen Erfahrungen heraus entstanden sind. Da gibt es zum Beispiel den überkritischen Vater oder unsensiblen Lehrer, der uns mit Worten wie „Stell dich nicht so an. Kannst du das immer noch nicht? Das geht noch viel besser." – „Deine Leistung ist noch immer nicht gut genug." kritisiert. Hören wir dies immer wieder und gegebenenfalls sogar über Jahre hinweg, dann prägt uns diese unliebsame Erfahrung. Der Glaubenssatz frisst sich förmlich in unser System. Ist er noch dazu mit einer bestimmten emotionalen Energie verknüpft, kann dies zusätzlich negativ und extrem belastend sein.

Im Ergebnis kann uns ein solch negatives Erleben ein Leben lang verunsichern und begleiten, wenn wir nicht gelernt haben, diese negativen Denkmuster früh genug aufzulösen, indem wir sie durch ausreichend positive Erlebnisse entkräften. Werden wir unter Umständen dann Jahre später in einer anderen Situation getadelt oder kritisiert, kann es sein, dass uns diese negativen Kommentare aus der Kindheit so sehr beeinträchtigen, dass wir an unseren eigenen Fähigkeiten zu zweifeln beginnen, denn in unserer Erinnerung existiert ja noch immer „Das geht noch viel besser." Dies führt dann dazu, dass wir selbst mit unserer Leistung nie wirklich glücklich und zufrieden sind. Denn da ist ja diese innere Stimme, die selbst Jahrzehnte später noch immer sagt, dass ein „Gut" nicht gut genug ist, weil es immer noch ein „Sehr gut" gibt.

Glaubenssätze wie „Ich werde nicht gesehen/gehört." – „Ich werde nicht wahrgenommen." – „Ich werde nicht wertgeschätzt." – „Niemand interessiert sich für mich." oder „Mich liebt hier eh keiner." reden wir uns mitunter sogar selbst ein, wenn wir zum Beispiel die Aufmerksamkeit und Liebe unserer Eltern mit Geschwistern zu teilen haben. Beobachten wir, dass der andere scheinbar mehr Liebe und Zuwendung bekommt als man selbst, und kommen hier noch entsprechende Gefühle dazu, dann sind wir als Kind leider schnell dabei, uns in der Rolle des Außenseiters zu fühlen. Ob unsere Wahrnehmung der Situation – so wie wir sie bewerten – überhaupt zutreffend ist, wissen wir letztlich nicht. Doch was bleibt ist tiefe Traurigkeit, ein Gefühl von Nicht-Verstanden-Sein, Nicht-Gewollt-Sein, von Allein-Sein und jede Menge Herz- und Seelenschmerz, der sich mitunter durch das gesamte Leben zieht.

Es gibt aber auch Glaubenssätze, die werden von Generation zu Generation weitergegeben. Die haben wir schon unsere Eltern, Großeltern und Urgroßeltern sprechen hören. Glaubenssätze wie „Das Leben ist hart und ungerecht." – „Mein Leben ist ein einziger Kampf." – „Erst die Arbeit, dann das Vergnügen." – „Entweder reich oder glücklich." – „Ohne Fleiß kein Preis." – „Geld will hart verdient sein." – „Im Leben bekommt man nichts geschenkt." usw.

Die Art und Weise, wie wir denken und reden, sowie unsere Erfahrungen (positive wie negative) bilden unsere Glaubenssätze aus, die dann fest in unserem *Unterbewusstsein* verankert sind und dort unsere Wahrnehmung, unser Selbstbild, sowie unser Weltbild prägen. Damit beeinflussen sie auch, wie wir mit neuen Situationen und Herausforderungen umgehen. Unser Unterbewusstsein sorgt dafür, dass wir immer wieder genau das sehen, hören und erleben, was unsere Glaubenssätze und Überzeugungen bestätigt. Doch unser Unterbewusstsein ist nicht unser Feind. Es meint es gut mit uns. Letztlich will es, dass wir mit Hilfe dieser Situationen lernen, uns unseres Denkens und Handelns bewusst zu werden. Es will, dass wir die ungesunden Muster endlich auf ihre Realität hin überprüfen und transformieren. Denn es sind – egal wie alt wir sind – nach wie vor diese uralten Geschichten, die uns unsere Energie und Vitalität rauben und uns so auf unserem Lebensweg behindern. Und wir bekommen vom

Leben so lange die Hausaufgaben gestellt, bis wir sie erfolgreich gemeistert haben.

Einen Glaubenssatz ändern heißt unser Selbstbild ändern

Haben wir den Glaubenssatz erst einmal konkret benannt/identifiziert, können wir anhand einer aktuellen Situation schauen, ob dieser Gedanke überhaupt noch seine Gültigkeit hat. Wollen wir das alte Gedankenmuster vollständig auflösen, müssen wir uns selbst beweisen, dass es genügend positive Erfahrungen in unserem Leben gibt, die dieses alte Muster widerlegen. So lernen wir wieder an uns zu glauben und können den Glaubenssatz nachhaltig transformieren. Nur indem wir uns den neuen, positiven, verstärkenden Glaubenssatz immer und immer wieder bewusst machen und uns auf ihn fokussieren, können wir auch im Außen nachhaltig positive Ergebnisse erzielen *(Wie innen – so außen)*.

Je häufiger wir positive Erfahrungen machen oder uns ihrer erinnern, hilft uns dies alte Gewohnheiten, altes Denken loszulassen, um nach und nach wieder in die eigene Kraft, in unser ursprüngliches Potential, in den Glauben an uns selbst zurückzufinden. Dabei werden im Gehirn neue synaptische Verbindungen geknüpft, sozusagen eine „neue Daten-Autobahn positiver Denkstrukturen geschaffen" (sehr vereinfacht ausgedrückt), doch Geduld sollte hierbei ein treuer Begleiter sein, denn es dauert seine Zeit, bis der Boden bereitet ist, auf dem neues, kraftvolles Denken und damit positiver Selbstausdruck wachsen können.

Wir ernten, was wir säen. – oder *– Mit unseren Gedanken erschaffen wir uns unsere Realität.*
Was uns dabei hilft, ist eine positive Grundhaltung dem Leben insgesamt gegenüber im Sinne von *Das Leben ist immer für mich!* Gedanken-Disziplin, auf unsere Wortwahl achten, Achtsamkeit, Innehalten und Realitätscheck machen, wenn sich uns

mal wieder ein „Ausreißer" zeigt. – Ja, es bedarf der Übung. – Aber es lohnt sich!

Wenn wir für einen limitierenden Glaubenssatz einen neuen, positiven, förderlichen formuliert haben, können wir uns diesen zum Beispiel auf ein *Post-It* schreiben und genau wie Affirmationen an den Badezimmer-Spiegel kleben. Alternativ dazu an den Notizblock am Schreibtisch, an den Küchenschrank usw. So füttern wir nach und nach unser Unterbewusstsein mit positiven neuen Gedanken, wenn wir sie neben dem Zähneputzen, Start des Computers, beim Abtrocknen usw. immer und immer wieder lesen. Sprechen wir diese noch dazu *bewusst* laut aus und fühlen kurz in ihre positive Botschaft hinein, dann wirken sie umso besser. Ich habe mir meine Glaubenssätze und Affirmationen zum Beispiel mit der Sprachfunktion meines Handys aufgenommen. So habe ich sie immer bei mir. Ich höre sie zum Beispiel während ich spazieren gehe oder koche. Es gibt viele Gelegenheiten, um unser Unterbewusstsein mit positiven Gedanken zu nähren. Das Wartezimmer beim Arzt, die Bahnfahrt usw.

Techniken zur Auflösung von limitierenden Glaubenssätzen und Überzeugungen

Ein erster Schritt auf dem Weg zur Heilung ist, sich Notizen zu machen zu Fragen wie:

- Wo funktioniert mein Leben nicht so, wie ich mir das wünsche?
- Was denke ich in diesen Bereichen über mich und die anderen?
- In welchem Lebensbereich bin ich unzufrieden?
- Wann und durch wen fühle ich mich zurückgewiesen bzw. habe ich mich früher zurückgewiesen gefühlt? – Wie habe ich mich dabei gefühlt?
- Wann hatte ich als Kind das Gefühl nicht wahrgenommen, gesehen, gehört zu werden?
- Wann und durch wen habe ich mich ungeliebt gefühlt?

- Was habe ich in diesen Situationen gedacht?
- Wo bin ich unsicher und ängstlich?
- Wo fühle ich mich als Versager?
- Wie denke ich in diesen Situationen über mich?
- …

Byron Katie und The Work – Wie funktioniert der Prozess?

Wer wäre ich ohne diesen limitierenden Gedanken? – Eine Technik, die bestens geeignet ist, negative Glaubenssätze aufzulösen, stammt von Byron Katie und nennt sich *The Work*. Die US-Amerikanerin hat diese Methode in den 70er-Jahren des 20. Jahrhunderts entwickelt, nachdem sie selbst aufgrund psychischer Probleme längere Zeit in Therapie war. Eines Tages stellte sie fest, dass es ihre eigenen Gedanken waren, die sie jahrelang krank gemacht hatten. Mit dieser Erkenntnis war für sie ein wichtiger Schritt in Richtung Heilung getan. Daraufhin entwickelte sie auf der Grundlage von vier Fragen diese Technik, die sich ihrer Erfahrung nach sehr erfolgreich in den verschiedensten Situationen bewährte, z. B. bei Depressionen, bei Stress, zur Klärung von Beziehungsthemen innerhalb Partnerschaften, Freundschaften, Familie. Die Fragetechnik bringt selbst Wutanfälle und Aggressionen zum Verschwinden.

Bereits seit 1986 lehrt Byron Katie diese Methode der Selbstreflexion sehr erfolgreich überall auf der Welt. Wenn Sie mehr über diese Methode erfahren wollen, empfehle ich Ihnen das Buch *Lieben was ist. Wie vier Fragen Ihr Leben verändern können*. Arbeitsblätter dazu finden Sie auf der Internetseite.[23]

---

23 Byron Katie: The Work auf Deutsch. Wer wärst du ohne deine Geschichte. Abrufdatum 06.01.2021, von https://thework.com/sites/de/

Wie funktioniert der Prozess?

So einfach *The Work* in der Anwendung ist, bedarf es mitunter doch einer gehörigen Portion Mut, um die Glaubenssätze und Überzeugungen zu hinterfragen und umzukehren, vor allem, wenn diese sehr schmerzhaft sind. Wir halten uns quasi selbst einen Spiegel vor, um mehr über uns (Denkmuster, Gewohnheiten) zu erfahren. Mit Hilfe der Umkehrungen wechseln wir nach der Selbstbefragung (Innenschau) die Perspektive. Dieser Perspektivenwechsel ist es letztlich, der unsere bisherigen „Denk-Schablonen" insoweit durcheinanderbringt, dass es uns leichter fällt, bisherige Einstellungen und Gedanken auf Stimmigkeit/ Richtigkeit hin zu überprüfen und diese zu verändern. Die Arbeit mit *The Work* deckt sozusagen einen „blinden Fleck" in uns auf, doch nicht um uns zu schaden, sondern vielmehr mit der Absicht unsere Beziehung mit uns selbst, sowie unsere Beziehungen untereinander besser zu gestalten. *The Work* hebt Begrenzungen auf und macht frei. Ich erlaube es mir, die alten abgetretenen Pfade zu verlassen und neue Wege zu gehen (Perspektivenwechsel). Außerdem hole ich mir die Energie zurück, die an all diese alten Muster gebunden ist. Damit bringt uns diese Arbeit wieder in unsere eigene Kraft und sorgt für mehr innere Balance und Frieden. Für mich ist *The Work* heilsame Energie-Arbeit.

Es empfiehlt sich, diese Arbeit schriftlich zu machen und sich stichpunktartig alles zu notieren, was an Gefühlen, Stimmungsbildern, Empfindungen etc. kommt. Schreiben Sie alles auf, doch bewerten Sie nichts. Schauen Sie sich diese innere Welt nur an.

Teil 1 von *The Work* sind die 4 Fragen:

1. Ist das wahr?
2. Kann ich mit absoluter Sicherheit sagen, dass das wahr ist?
3. Wie reagiere ich, was passiert in mir, wenn ich diesen Gedanken glaube?
4. Wer wäre ich ohne diesen Gedanken/Glaubenssatz?

Teil 2 von *The Work* sind die Umkehrungen:

Bei diesem Schritt geht es darum, mindestens *drei Umkehrungen* zu finden, die uns aus einer anderen Perspektive heraus auf den Glaubenssatz schauen lassen. Ihr Ziel ist es, unsere alten Denkstrukturen aufzubrechen und auch andere Sichtweisen zuzulassen.

Zu Teil 1: Die Fragen – ein Beispiel: Mein Partner hat mich verletzt.

Frage 1: Mein Partner hat mich verletzt. – *Ist das wahr?*

Frage 2: Mein Partner hat mich verletzt. – *Kann ich mit absoluter Sicherheit sagen, dass das wahr ist?* – „... *mit absoluter Sicherheit ...*" lässt mich innehalten. Irritiert. Rüttelt mich wach. Fordert mich zum Nachdenken auf: „Ist es wirklich so?" – „Könnte es auch anders sein?"

Frage 3: Mein Partner hat mich verletzt. – *Wie reagiere ich, was passiert in mir, wenn ich diesen Gedanken glaube?*

An dieser Stelle lohnt es sich innezuhalten und noch *weitere Fragen* zu stellen:

- Wie fühlt sich das an? – Welche körperlichen Empfindungen tauchen auf?
- Wo nehme ich sie wahr? Wie nehme ich sie wahr? Was macht es mit mir?
- Wie denke ich in dieser Situation über mich?
- Wie denke ich über die andere Person?
- Welche Bilder aus der Vergangenheit und der Zukunft sehe ich, wenn ich diesen Gedanken glaube?
- …

Frage 4: Mein Partner hat mich verletzt. – *Wer wäre ich ohne diesen Gedanken?*

Visualisieren Sie. Phantasieren Sie. Spüren Sie in sich rein:

- Welche Wünsche tauchen auf?
- Wie denke ich, wenn ich den alten Gedanken *NICHT* länger denke?
- Was tue ich dann? – Wie fühle ich mich? – Wie verhalte ich mich? – Wie erlebe ich mich?
- Wie erlebe ich meinen Partner?
- Welche Möglichkeiten ergeben sich für uns? – Wie fühlt sich das an?
- Wie können mein Partner und ich ganz offen über Gedanken und Gefühle sprechen?
- Was tut uns beiden gut?
- …

Indem wir unseren Glaubenssatz hinterfragen, finden wir Beispiele, die belegen, dass unser Glaubenssatz nicht wahr sein muss. Erlauben Sie sich einmal *ganz bewusst FREI* von diesen blockierenden Gedanken zu sein. Erschaffen Sie sich mit neuen Gedanken eine neue Welt. Phantasieren Sie. *Er-denken* Sie sich die Beziehung Ihrer Träume. Fühlen Sie sich – so gut Sie können – in diese neue Beziehung hinein. Speichern Sie diese Bilder in Ihrem Herzen ab. Denken Sie sie immer und immer wieder. Erschaffen Sie sich in Ihrer Innenwelt bereits die Beziehung, die Sie im Außen gerne leben wollen. – Diese Art von „Traumreisen" machen glücklich, entspannen Körper und Geist. Helfen Ihnen, lösungsorientiert zu denken und die Dinge einmal ganz anders zu sehen. Sie werden sehen, Sie erweitern Ihren Beziehungsalltag und Handlungsspielraum ungemein.

Zu Teil 2: Die Umkehrungen

Die *Fragen* öffnen unseren Geist. Brechen alte Muster/Gewohnheiten auf. Wir spüren in uns rein. Lassen neue, ungewohnte Sichtweisen zu. Statt eines Tunnelblicks weiten wir unser Blickfeld. Öffnen uns für neue Lösungsansätze. Hören mehr auf die

Stimme unseres Herzens als auf das, was uns unser innerer Antreiber ständig diktiert.

Die *Umkehrungen* stellen unser bisheriges Denken einmal grundlegend auf den Kopf. Mit ihrer Hilfe nehmen wir eine neutrale Position ein. Verlassen unsere eigene Befindlichkeit und fühlen uns stattdessen in die andere Person ein. Erlauben uns mitfühlend, empathisch zu sein. Wir lassen die neuen Gedanken auf uns wirken, suchen nach Beispielen um zu überprüfen, ob sie wahr sein könnten. Statt blockiert zu sein, werden wir kreativ und erlauben es uns, einmal ganz anders über „..." zu denken. Unter Umständen stellen wir fest, dass die Wahrheit eine ganz andere ist, als wir uns das bislang eingeredet haben.

Lassen Sie das Gedankenspiel einfach mal zu und fragen Sie sich: *Wie viel Wahrheit steckt mitunter in diesen Umkehrungen?* – Erlauben Sie es sich mit diesen neuen Gedanken zu spielen im Sinne von „Kann es sein, dass ..."

So wird zum Beispiel aus „Mein Partner hat mich verletzt.":
Mein Partner hat mich *nicht* verletzt. Er zeigt mir, wie verletzt er ist. Ich habe ihn verletzt. Ich habe ihn mit irgendetwas so traurig gemacht, dass er jetzt so handelt wie er handelt. Ich verletze meinen Partner. Womit verletze ich meinen Partner? ...
Ich verletze mich. Wodurch verletze ich mich? Wenn ich die Dinge so und so sehe, verletze ich mich und meinen Partner. ...

Vielleicht können Sie nach und nach sehen, wie sehr Sie sich selbst verletzen, denn die Wahrheit ist: Ihr Partner hält Ihnen *nur* einen Spiegel vor.

Es tut zwar verdammt weh, wenn wir entdecken, dass wir unser ganzes Leben lang einem falschen Gedanken Glauben geschenkt haben, doch seien Sie es sich wert, durch diesen Schmerz der Glaubenssatz-Arbeit hindurchzugehen. Unter Umständen haben wir uns jahrzehntelang mit einem Glaubenssatz wie „Ich bin nicht gut genug." identifiziert. Sind aufgrund dieser Falschannahme weit unter unseren Möglichkeiten, unserem eigentlichen, wahren Potential geblieben. – Wollen wir wirklich noch länger Opfer eines falschen Gedankens sein? – Befreien Sie sich und leben Sie das Leben, das Sie in Wahrheit verdienen.

Hinter den Umkehrungen zu unseren Glaubenssätzen verbergen sich *Geschenke*, die es nach und nach „auszupacken" gilt. Seien Sie es sich wert und holen Sie sich diese Geschenke ab.

EFT – Tapping – Klopfen: Was kann ich mir darunter vorstellen?

Klopfen Sie Ihre negativen Glaubenssätze und Überzeugungen weg. EFT (Emotional Freedom Techniques) – auch bekannt als Tapping oder Klopfen – ist eine Kombination aus alter chinesischer Akupressur und moderner Psychologie (energetische Psychologie), die als therapeutisches Verfahren oft mit anderen Methoden kombiniert wird, die aber auch als Selbsthilfe-Instrument immer mehr zum Einsatz kommt. Die Methode wurde in den 1980er-Jahren von Roger Callahan entwickelt und einige Jahre später von Gary Craig modifiziert und erweitert. EFT gilt als eine unglaublich effektive Methode, um innerhalb kürzester Zeit energetische Blockaden aufzulösen, die sich in unserem Körper zeigen.

Die Methode lässt sich beschreiben als eine Form von psychologischer Akupunktur ohne Nadeln, um psychischen Stress und negative Emotionen aufzulösen. Inzwischen gilt es als wissenschaftlich erwiesen, dass EFT Tapping – vereinfacht ausgedrückt – das Gehirn neu verdrahtet und Körper und Geist wieder ins Gleichgewicht bringt. In den letzten zehn bis fünfzehn Jahren wurden bereits hunderte von Studien durchgeführt, die die positiven Auswirkungen des Tappens auf gesundheitliche Probleme belegen. Und die Wissenschaft (Neurologie und das neue medizinische Fachgebiet der Psychoneuroimmunologie = PNI) beweist immer mehr, dass unsere Gedanken und Glaubensmuster chemische Reaktionen erzeugen, die unseren Körper, unser Verdauungs- und Hormonsystem, sowie unseren Energiehaushalt und unser Nervensystem beeinflussen.

Immer mehr Studien zeigen, dass regelmäßiges Tappen unsere psychische Gesundheit, Depressionen, Angstzustände, Schmerzen und die Funktion des Immunsystems zu verbessern vermag. Auch Stresssymptome und Leistungsprobleme in Schule und Arbeit, sowie soziale Probleme können damit erfolgreich behandelt werden. Außerdem erhöht Tappen das Energieniveau und verbessert so die Vitalität.

Wie funktioniert EFT in der Praxis? – Bevor wir mit dem praktischen Teil beginnen, erst noch ein Hinweis: Sollten während des Tappens Tränen kommen, dann lassen Sie diese fließen. Es kann auch sein, dass Sie einen Druck in der Magengrube oder eine Enge im Hals spüren. Kann sein, dass Ihr Körper auf diese Art oder eine andere auf die Lösung der emotionalen Blockaden reagiert. Diese Reaktionen Ihres Körpers müssen Sie nicht ängstigen. Sie zeigen Ihnen nur, wie belastend das Thema für Sie ist. Diese Emotionen sind vorübergehend und lösen sich wieder auf.

Außerdem sind unsere Tränen genauso wie die Emotionen dahinter an sich nichts Negatives. Sie wollen einfach erfahren und gelebt sein. Dafür sind sie da. Wie die Krankheiten sind auch sie die Sprache unseres Körpers und geben Alarm, dass etwas im Argen ist, und dass wir uns dessen bewusstwerden sollen, wie blockierend/wie lähmend eine bestimmte Situation, ein bestimmtes Thema in uns noch immer wirkt. Wir müssen nur die Entschlüsselung dieser Körpersprache wieder erlernen. Das zu tun, liegt in unserer Verantwortung. In der Verantwortung im Hinblick auf unsere Gesundheit und auf „gesunde" Beziehungen.

Mit den Emotionen ist es wie mit dem Wetter. Es kann nicht nur Sonnenschein geben. Zwischendurch bedarf es auch einmal eines Regentages oder gar Gewitters. Manchmal sogar mit Hagel und Sturm. Das macht unser Leben erst lebendig und gibt ihm

Farbe. Verbieten Sie sich nicht länger Ihre Emotionen zu leben. Sie haben ein Recht darauf, Ihre Gefühle zu leben.

Dieses Recht soll und darf Ihnen keiner nehmen. Ich kann Ihnen ein Lied davon singen, wie ungesund es ist, Emotionen zu unterdrücken und sie nicht zu leben. „Harmoniesucht" ist bequem, aber nicht gesund! Letztlich ist mit ihr niemandem gedient. Im Gegenteil. Sie macht alles umso schlimmer, denn irgendwann sind Sie Gefangener der Harmoniesucht und haben das Gefühl, es gibt kein Zurück. – Wenn Sie – aus welchem Grund auch immer (Arbeitswelt, Schule, Kunden-Gespräch etc.) – Ihre Gefühle gerade nicht ausdrücken und leben können, dann tappen Sie sie. Spätestens in der Mittagspause oder abends, bevor Sie nach Hause gehen. Lassen Sie den ganzen Stress, Unmut etc. da, wo er hingehört. Tragen Sie ihn nicht länger mit sich herum. Probieren Sie es aus und erleichtern Sie sich, befreien Sie sich mit Klopf-Meditation von all den Dingen, die Ihnen nicht länger guttun, klären Sie Ihre Gedanken und Ihre Energie und steigern Sie so wiederum Ihre Vitalität. Bereits 3 bis 5 Minuten tappen bewirken Wunder. Hilft auch, wenn Sie mit dem Auto im Stau stehen. Ent-stresst ungemein.

Indem wir bestimmte Sätze sprechen und dabei die Meridian-Punkte (siehe Bild 3) „antippen", werden nach und nach bestehende Blockaden gelöst. Sie wissen ja: Ziel des Tappens ist, Gehirn und Körper neu zu programmieren, um einschränkende Verhaltensweisen zu verändern, sowie negative Emotionen und limitierende Glaubenssätze zu transformieren.

Ich stelle Ihnen zwei Varianten vor, nach denen ich Tapping praktiziere. Sie haben sich für mich als sehr effektiv herauskristallisiert. Das soll aber nicht heißen, dass ich andere Varianten für weniger gut halte. Ausschlaggebend für die Wahl meiner Methode war: Ich liebe Geschichten, also tappe ich die Geschichten, die ich mir schon so lange erzähle. Die immer und immer wieder in meinem Kopf „rumspuken". Ein anderer sagt vielleicht: „In der Kürze liegt die Kraft!" – Mag auch sein. Mag für ihn richtig sein. – Für mich liegt das Geheimnis darin, dass hier jeder zu seiner Methode finden muss. Also seien Sie kreativ. Machen Sie das, womit Sie sich gut fühlen. Intuition und Herz wissen schon, was gut für Sie ist. Hören Sie auf diese Stimmen, denn beide haben zum Ziel, Sie in die Selbstannahme, in die Selbstliebe und in den inneren Frieden zu führen. Das mit der Frage nach der passenden Methode ist wie die Frage beim Wandern: „Welchen Weg wähle ich, um den Gipfel zu erreichen?" – Antwort: „Welchen Weg Sie wählen ist egal, Hauptsache er führt Sie zum Gipfel." – Das Einzige, worauf Sie sich konzentrieren sollten, ist der Weg. Heißt es doch so schön: *Der Weg ist das Ziel*.

Nehmen Sie sich die Zeit, um immer wieder mal kurz innezuhalten und gegenüber all den Dingen aufmerksam zu sein, die sich Ihnen unterwegs zeigen. „Genießen" Sie, als wollten Sie sich an der schönen Landschaft erfreuen, durch die Sie wandern. – Genießen Sie das Tappen, denn es befreit. Sie können dabei so viele wertvolle Informationen bekommen, die Ihnen helfen vieles anders zu sehen und zu verstehen. Lassen Sie Ihre Angst vor dem Unbekannten los, das sich Ihnen zeigt. Sie wissen ja, das Unbewusste ist Ihr Freund. Machen Sie Tappen wie Zähneputzen zu Ihrer täglichen Routine. Bereits eine kurze Klopfsequenz bewirkt Wunder. Glauben Sie an diese Wunder.

Doch nun in die Praxis: Lassen Sie mich ein Beispiel geben. Ich versuche mich dabei kurz zu fassen und schreibe mitunter sehr stichpunktartig. Mit dem Beispiel geht es mir allein darum, Ihnen zu zeigen, was während des Tappings alles geschehen kann. Weitere Details interessieren nicht. – Im Anschluss daran wünsche ich Ihnen, dass Sie mit Ihrem eigenen Thema erfolgreich sind. – Welche Punkte klopfen Sie?

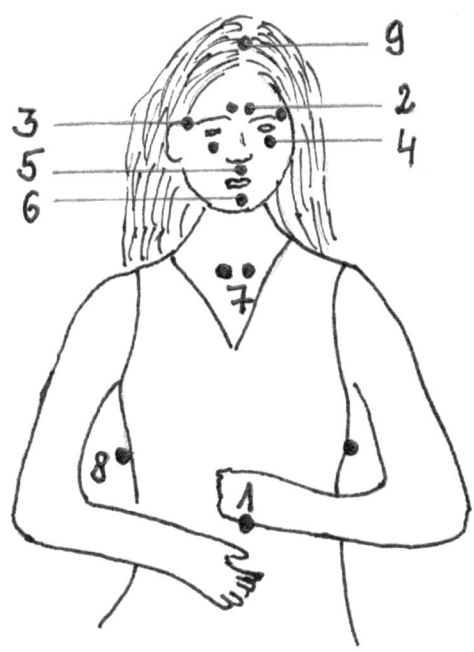

Die EFT-Klopf-Punkte sind:

1 – Handaußenkante links *oder* rechts außen (= Dünndarmmeridian)

2 – Augenbrauenpunkt innen (= Blasenmeridian)

3 – Augenbrauenpunkt außen/Schläfe (= Gallenblasenmeridian)

4 – Unter den Augen/Jochbein (= Magenmeridian)

5 – Unter der Nase (= Regierender Schiffsmeridian)

6 – Unter dem Mund/Kinn (= Mittelmeridian)

7 – Schlüsselbeinpunkt/Thymusdrüse (= Nierenmeridian)

8 – Unter dem Arm (= Milzmeridian)

9 – Oberseite des Kopfes/Scheitelpunkt (= Kronen Chakra)

Tapping-Beispiel 1: Der Glaubenssatz „Ich bin nicht gut genug."

Gestern hatte ich beim Schreiben eine solche Blockade wie schon lange nicht mehr. Ich saß stundenlang vor dem PC. Wälzte meine Gedanken hin und her. Nichts war gut genug. Ich kam einfach nicht vorwärts. War total blockiert. Warum? Ich fühlte mich energielos, war müde, deprimiert. Hatte mich mal wieder in einem Wollknäuel negativer Gedanken verstrickt. Und das ausgerechnet beim Kapitel „EFT – Tapping – Klopfen" (Hören Sie mein Lachen?) – Also weg mit dem Buch und stattdessen rein in die Praxis.

Ich bin nicht gut genug! – Was macht's mit mir? – Was heißt es überhaupt, gut genug zu sein? – Wer definiert, wie „gut" gut ist? – Wo kommt diese Erwartungshaltung her?

Als allererstes bitte ich Gott, das Universum, den Kosmos – wie auch immer Sie es nennen wollen – um Unterstützung und Hilfe, um all die Botschaften zu erhalten, die für mich wichtig sind um zu verstehen, woher der Glaubenssatz kommt und zu welcher Zeit ich ein Erlebnis hatte, das mich so nachhaltig beeinflusst hat, dass ich heute noch glaube, dass dieser Glaubenssatz meine Realität ist.

Dann spüre ich in das Gefühl hinein und frage mich: Welche Intensität hat das Gefühl? Im Anschluss daran ordne ich es auf einer Skala von 0 bis 10 ein („10" = das Gefühl ist sehr stark! – „0" = das Problem ist aufgelöst!). Die erste Zahl, die mir dabei in den Sinn kommt, ist die „8". Sie ist mein Skalenwert, mit dem ich heute zu diesem Thema das Tappen beginne.

Erste Runde:
Ich atme tief ein und aus und frage mich: Warum ist das Thema jetzt da? – Was hat es mir zu sagen? – Worauf will es mich aufmerksam machen?

Ich atme noch zwei-, dreimal tief ein und aus. Schließe die Augen. Mit den drei Mittelfingern meiner rechten Hand beklopfe ich die Handaußenkante meiner linken Hand. Dabei sage ich mir: *„Auch wenn ich glaube, nicht gut genug zu sein, liebe und akzeptiere ich mich voll und ganz."* – Diesen Satz wiederhole ich dreimal.

Dann atme ich noch einmal tief ein und aus und beginne mit dem Klopfen an den Augenbrauen innen (im Bereich der Nasenwurzel). Danach klopfe ich den Punkt am Ende meiner Augenbrauen (im Bereich der Schläfen) usw. – *siehe Bild.*

Wie lange ich jeden einzelnen Punkt klopfe entscheide ich ganz intuitiv. Meine Hand weiß, wie lange sie an jedem einzelnen Punkt verweilen mag. Sie weiß, was sie tut. Ich klopfe automatisch weiter. Runde um Runde. Über das Klopfen selbst denke ich nicht nach. Das führe ich automatisch aus. Was für mich viel wichtiger ist:

Welche Gefühle sind da? – Traurigkeit. Dicker Kloß im Hals. Druck im Solarplexus. Mein Gedanke: *„Ich habe nichts zu sagen."* – Ein Kälteschauer durchrieselt mich. – Seelenschmerz. Ich schließe die Augen. Hab sofort ein Bild. Innerhalb von Sekunden retardiere ich zu einem verletzten kleinen Kind im Alter von 5 Jahren. – Szenerie: Kindergarten. – Ich erlebe mich als Fünfjährige, die deprimiert, frustriert, ängstlich und verunsichert in einer Ecke sitzt und wie gebannt vor sich hinstarrt. – *Angst!* – *„Angst essen Seele auf!"* – Ich frage nach: „Was ist los? Was machst du hier?" Die Kleine antwortet: „Ich möchte mich am liebsten verstecken. Mich dem Ganzen entziehen, doch wohin? Wie ein verängstigter Hase sitze ich da und mache mich ganz klein, in der Hoffnung, dass mich dann keiner sieht." – „Warum?" – „Wenn sie mich sehen, dann bin ich dran. Dann muss ich das Gedicht aufsagen und singen, doch ich kann nicht sprechen. Irgendetwas schnürt mir die Kehle zu. Die Stimme. Ich habe solche Angst. Ich kann nur krächzen. Ich will hier weg. Hab nichts zu sagen. Kann nicht klar denken. Hab nur diese Leere im Kopf. Alles andere ist weg. Gelöscht! Ich fühle mich unfähig, klein und dumm. Bin nicht genug. Bin einfach nicht genug. Ich kann das niemals so gut wie …"

SZENENWECHSEL! – Erste Runde Tapping vorbei. Ich atme mehrmals tief ein und aus und schüttle währenddessen meine Hände aus. Trinke etwas Wasser.

Zweite Runde: Wie möchte ich mich denn gerne fühlen? Ich schließe meine Augen und beginne mit dem Tappen wieder an der Handaußenkante und sage mir: *„Auch wenn ich immer wieder mal glaube, nicht gut genug zu sein, liebe und akzeptiere ich mich voll und ganz."* – Wiederholung dreimal!

Trotz all dieser Gedanken entscheide ich mich zu lächeln, denn schließlich habe ich inzwischen gelernt, dass Lächeln hilft, positiv zu denken und dass es die Chemie meines Körpers positiv beeinflusst. – Lächeln und atmen! Lächeln und atmen! – Ich lasse meine Schulter kreisen. Rechts. Links. – Dann öffne ich meinen Brustkorb, indem ich meine Schulterblätter bestmöglich im Rücken zusammenführe. Öffne damit mein Herz und frage mich: *Wer wäre ich ohne diese negativen Gedanken über mich?*

Dreimal Atmen. – Ich entspanne mich in den Atem hinein. Dann geht's wieder weiter mit Tappen, wieder mit den Augenbrauen innen beginnend usw. – Ich höre auf die Worte, die kommen und betrachte die Bilder, die ich sehe: Ich sehe mich lebenslustig, voller Freude. Bin motiviert, interessiert, inspiriert und kreativ. Noch immer eine Träumerin, aber eine erfolgreiche Träumerin. Intelligent, beliebt, lebe mit Leichtigkeit und Freude mein Potential. Bin neugierig auf das Leben und alles, was es mir bringen mag. – Ich genieße, genieße, genieße. – Atme jedes dieser Bilder in mich ein. Inhaliere sie. Mache sie bunt. Untermale sie mir in Gedanken mit Musik. Träume weiter und male mir aus, was ich alles noch erleben kann. – Ich fühle mich ganz tief in diese schönen Gefühle hinein und schicke sie mit einem Lächeln in jede meiner Zellen.

Welche Zahl zeigt sich mir jetzt auf meiner Skala von 0 bis 10? – Mein Skalenwert nach dieser zweiten Runde ist die „3". Kurze Pause. – Trinken. – Hände ausschütteln, bevor es weitergeht.

Wie lange diese zweite Runde dauert? – So lange, wie Sie wollen. Es liegt an Ihnen, wie tief Sie in das Thema hineingehen. Sie entscheiden. Bei diesem Film führen Sie die Regie.

Dritte Runde:

Ich beginne wieder beim Handaußenpunkt, doch diesmal wiederhole ich dreimal meinen *neuen Glaubenssatz* und klopfe ihn in die Handaußenkante hinein. *„Egal wie sich mir die Situation im Außen zeigt, zu jeder Zeit liebe und akzeptiere ich mich voll und ganz genau so, wie ich bin."* – Wiederholung dreimal!

Danach folgt wie gewohnt das Klopfen der Körper-Meridian-Punkte. Diesmal mit neuen Fragen. *Was ist da noch so alles in mir verborgen, das ich derzeit noch gar nicht sehen kann? – Wie lebe ich, wenn mich nichts begrenzt? – Was sind die Wünsche an mein Leben?* Während ich klopfe, visualisiere ich die Antworten auf diese Fragen so gut ich es vermag.

Wie tief Sie in die Welt Ihrer Antworten auf diese oder ähnliche Fragen einsteigen wollen, bleibt Ihnen überlassen. Vergessen Sie jedoch nicht, sich nach der dritten Runde EFT zu fragen: Was ist mein neuer Skalenwert? Bei mir war's letztendlich die „0,5". Diesen kleinen Rest übergebe ich dann dem Universum mit der Bitte um Unterstützung und Transformation des alten Glaubenssatzes und danke für diese.

An dieser Stelle verrate ich Ihnen noch nicht *meine* Träume, denn noch sind es Träume. Sie wollen noch ein bisschen gehegt und gepflegt sein. Doch ich gebe Ihnen den Hinweis: *Denken, träumen und fühlen Sie groß!* Hier dürfen Sie mal so richtig nach den Sternen greifen. Erlauben Sie sich groß zu träumen. Bunt und facettenreich zu träumen. Wie intensiv Sie diesen Bereich ausgestalten wollen, liegt bei Ihnen und der Zeit, die Sie sich für Ihre Vision und Ziele geben.

Überlegen Sie auch: Wo stehe ich heute? – Wie lebe ich in drei Jahren? – Wo bin ich in fünf oder zehn Jahren? – Setzen Sie sich keine Grenzen. Alles ist erlaubt. Genießen Sie den Augenblick des Träumens, denn letztlich gehört den Träumern die Welt. Was ich heute träume, kann morgen, in drei Monaten, in zwei

Jahren Realität sein. Wichtig ist nur: Wir dürfen nur nicht im Träumen steckenbleiben, sondern müssen irgendwann auch ins Handeln kommen.

Wenn Sie sich jetzt fragen, wie lange diese Tapping-Runde gedauert hat: circa 35 Minuten. Ich habe aber sehr intensiv geträumt und wollte mir von Anfang an viel Zeit gönnen, denn schließlich geht es dabei um mich. Um mich, meine Gesundheit und mein Lebensglück. – Heute bin ich es mir wert und nehme mir die Zeit, um gut für mich zu sorgen. Heute weiß ich, dass ich selbst für mein Wohlergehen verantwortlich bin. Niemand im Außen, weder der Partner/die Partnerin, weder die Familie, noch der Arzt usw. ist dafür verantwortlich, wie gut es mir geht. Ich kann diese Verantwortung nicht abgeben. Sie beginnt im Grunde genommen mit dem ersten Atemzug und endet mit dem letzten. Wir vergessen das nur immer und immer wieder. Und da, wo ich mir früher diese Zeit zum Träumen nicht mehr erlaubt habe, weil ich mich so sehr im Außen und meinen Pflichten verloren hatte, genieße ich es heute umso mehr, endlich wieder Zeit für mich zu haben und „erträume mir meine Welt so, wie sie mir gefällt."

Wenn ich Ihnen in den kommenden Beispielen die Struktur der Klopf-Runde noch einmal vorgebe, dann mit der Absicht, dass Sie von jedem Beispiel aus in Ihre Klopf-Praxis hineingehen können, ohne lange blättern zu müssen und sich zu fragen: Wie war das gerade noch einmal?

Und! – Auch wenn ich Ihnen Fragen als Beispiel vorgebe, heißt das nicht, dass Sie sich streng nach meinen Fragen zu richten haben, um eigene Tapping-Ergebnisse zu erzielen. Vertrauen Sie Ihrer eigenen Intuition. Vertrauen Sie darauf, dass die richtigen Fragen kommen. EFT tut gut, befreit und bringt Sie wieder in die Kraft.

Das Universum hilft Ihnen dabei. Ich will Ihnen mit meinen Fragen nur eine kleine Orientierung geben. Doch Sie wissen selbst am besten, was gut für sie ist. – Der Einzige, der Ihnen mehr über Sie selbst erzählen kann, ist Gott. Wenn Sie wollen, fragen Sie ihn. Er freut sich, wenn Sie ihn um Unterstützung und Hilfe bitten und antwortet Ihnen auf jede Frage. Manchmal vielleicht ein bisschen zeitversetzt, aber die Antwort kommt. Darauf dürfen Sie vertrauen.

★★★

Tapping-Beispiel 2:
Klopfen Sie jetzt Ihr eigenes Thema, sofern Sie dies wollen. Zur Einstimmung ein paar Hinweise, bevor Sie in die eigene Praxis des Klopfens gehen.

Suchen Sie sich einen ruhigen Ort, um für circa 15 bis 30 Minuten ungestört zu sein. Stimmen Sie sich auf Ihr Thema ein. Erlauben Sie sich das Gefühl wahrzunehmen, das hinter Ihrem Glaubenssatz oder der Überzeugung steht, auch wenn es vielleicht schmerzt. Akzeptieren Sie das Gefühl. Es ist wichtig, dass es sich Ihnen zeigt, denn dahinter verbirgt sich ja genau die emotionale Ladung, die Sie mit dem Klopfen neutralisieren/lösen wollen. Denken Sie daran: Sie haben zwar das Gefühl (z. B. „Ich fühle mich traurig, deprimiert, wütend" usw.), aber Sie sind nicht das Gefühl. Sie sind so viel mehr als dieses Gefühl.

Hier noch einmal eine Erinnerung an die EFT-Klopf-Punkte:

1 – Handaußenkante links *oder* rechts außen (= Dünndarmmeridian)
2 – Augenbrauenpunkt innen (= Blasenmeridian)
3 – Augenbrauenpunkt außen/Schläfe (= Gallenblasenmeridian)
4 – Unter den Augen/Jochbein (= Magenmeridian)
5 – Unter der Nase (= Regierender Schiffsmeridian)
6 – Unter dem Mund/Kinn (= Mittelmeridian)
7 – Schlüsselbeinpunkt/Thymusdrüse (= Nierenmeridian)
8 – Unter dem Arm (= Milzmeridian)
9 – Oberseite des Kopfes/Scheitelpunkt (= Kronen Chakra)

Hinweis: Auch hier gibt es drei Runden. Lesen Sie sich die Anleitung am besten erst einmal ganz durch, bevor Sie mit dem Tappen beginnen. Dann kann es losgehen mit:

Werden Sie sich Ihres Themas bewusst: „… (Ihr Thema) …"

Denken Sie kurz über das Gefühl nach und fragen Sie sich: Welche Intensität hat das Gefühl? Ordnen Sie dies dann auf einer Skala von 0 bis 10 ein („10" = das Gefühl ist sehr stark! – „0" = das Problem ist aufgelöst!). Die erste Zahl, die Ihnen in den Sinn kommt, ist die „…". Sie ist Ihr Skalen-Richtwert, mit dem Sie das Tappen beginnen. Wenn Sie wollen, notieren Sie sich diese Zahl. – Im Anschluss daran beginnen Sie mit dem Klopfen.

Erste Runde:
Atmen Sie tief ein und aus. Schließen Sie die Augen. Stellen Sie sich Fragen wie: Warum habe ich diesen Glaubenssatz/diese Überzeugung? – Was macht's mit mir? – Warum halte ich an diesem Glaubenssatz fest? – Woher habe ich ihn? – Wann hat er sich mir zum ersten Mal gezeigt? – Welche Erinnerung habe ich daran? – …

Atmen Sie noch zwei-, dreimal tief ein und aus. Schließen Sie die Augen. Mit den drei Mittelfingern Ihrer Schreibhand beklopfen Sie die Handaußenkante Ihrer anderen Hand. Sprechen Sie dabei folgenden Satz dreimal aus:

„Auch wenn ich glaube, dass, ich … (Ihr Thema) …, liebe und akzeptiere ich mich voll und ganz."

Atmen Sie noch einmal tief ein und aus und beginnen Sie dann mit dem Klopfen auf der Augenbrauen-Innenseite (Nasenwurzel). Danach klopfen Sie den Punkt am Ende Ihrer Augenbrauen (im Bereich der Schläfe) usw. – Entscheiden Sie intuitiv, wie lange Sie jeden einzelnen Punkt klopfen wollen. Gehen Sie in Ihrem Tempo weiter. Es kann sein, dass ein Meridianpunkt nur drei- bis fünfmal geklopft sein will. Dafür verlangt ein anderer mehr

Aufmerksamkeit und will bis zu zehn- oder x-mal geklopft sein. Ihr Körper ist intelligent. Ihre Hand weiß, wie lange sie an jedem einzelnen Punkt verweilen mag. Sie weiß, was sie tut. Vertrauen Sie der Intelligenz Ihres Körpers und klopfen Sie weiter. Vielleicht nur eine Runde, vielleicht aber auch zwei. Denken Sie nicht groß über das Klopfen nach. Machen Sie es vielmehr automatisch.

Konzentrieren Sie sich stattdessen auf Ihr Herz und verlassen Sie sich ganz auf Ihre Intuition. In aller Regel sind es die ersten Worte, Ideen, Hinweise, die kommen, mit deren Hilfe Sie weitere Fragen für sich formulieren können, um sich Ihr Thema anzusehen. Arbeiten Sie entweder mit dem aktuellen Ereignis, das diesen Glaubenssatz in Ihnen aktiviert hat oder fragen Sie nach einer früheren Situation oder nach der Ursprungssituation in Ihrer Kindheit, denn in aller Regel haben sich unsere Glaubensmuster ja bereits in den ersten zehn Lebensjahren ausgeprägt und sich in unserem Unterbewusstsein verankert. Bleiben Sie solange in der Szenerie, bis Sie circa drei/vier Informationen erhalten haben, die Ihnen erklären, was hinter dieser Überzeugung steht. Achten Sie darauf, dass Sie sich nicht allzu tief im Schmerz der Ursprungssituation verlieren. Nehmen Sie sie zur Kenntnis. Falls nötig, dann weinen Sie. Akzeptieren Sie, dass sich Ihnen in dieser ersten Klopf-Runde der Schmerz zeigt, doch sagen Sie sich ganz klar „Stopp", sobald Sie spüren, die erste Runde ist jetzt vorbei. Entscheiden Sie sich ganz *bewusst* für einen Szenenwechsel.

Ist diese erste Runde des Tappings vorbei, dann atmen Sie mehrmals tief ein und aus und schütteln Sie währenddessen Ihre Hände aus. Trinken Sie etwas Wasser.

Zweite Runde:
Schließen Sie erneut Ihre Augen und beginnen mit dem Tappen wieder an der Handaußenkante. Sprechen und wiederholen Sie dreimal den Satz:

„Auch wenn ich immer wieder einmal glaube, dass … (Ihr Gedankenmuster) …, liebe und akzeptiere ich mich voll und ganz."

Entscheiden Sie sich trotz vorheriger Gefühle ab jetzt für ein Lächeln, denn Sie wissen: Lächeln hilft, positiv zu denken. Es beeinflusst die Chemie Ihres Körpers positiv. – Lächeln und atmen Sie! Lächeln und atmen Sie! – Bringen Sie etwas Bewegung ins Spiel und lassen Sie Ihre Schultern kreisen. Rechts. Links. – Öffnen Sie Ihren Brustkorb, indem Sie Ihre Schulterblätter so weit als möglich im Rücken zusammenführen. Damit öffnen Sie auch Ihr Herz, um positive Botschaften zu empfangen. Wenn Sie wollen, bitten Sie das Universum um Hilfe und Unterstützung im Hinblick auf Antworten bezüglich der Frage: *Was wäre ich ohne diese negativen Gedanken über mich?*

Dreimal Atmen. – Entspannen Sie sich in den Atem hinein. Jetzt beginnt die zweite Runde Tappen. Inzwischen sind Sie bereits so routiniert, dass Sie wissen, welche Meridianpunkte aktiviert sein wollen. – Während das Klopfen fast schon automatisch erfolgt, hören Sie auf die Worte und achten auf die Bilder, die in Ihrem Inneren aufsteigen. Ihr Unterbewusstsein hilft Ihnen dabei. Zeigen Sie sich offen und neugierig für alles, was kommt. Wie lange Sie in dieser Runde klopfen, bleibt Ihnen überlassen. Entscheiden Sie selbst. Vielleicht sind Sie bereits mit drei bis fünf Antworten zufrieden. Sie wissen das selbst am besten. Es liegt an Ihnen, wie tief Sie in das Thema eintauchen wollen. Sie entscheiden über die Länge des Films und damit über die Zeit, wie lange die zweite Runde dauert. Sie führen die Regie.

Welche Zahl zeigt sich Ihnen jetzt auf Ihrer Skala von 0 bis 10? – Wenn Sie wollen, dann notieren Sie sich auch diesen Skalenwert „…". Im Anschluss daran gibt es eine kurze Pause. Trinken Sie etwas und schütteln Sie Ihre Hände aus, bevor es weitergeht.

Dritte Runde:
Auch diesmal beginnen Sie wieder mit dem Handkantenaußenpunkt, doch diesmal sprechen und wiederholen Sie dreimal Ihren *NEUEN Glaubenssatz* und klopfen Sie ihn in Ihr Zell-Bewusstsein. Vielleicht lautet er:

„Egal wie die Situation ist, zu jeder Zeit liebe und akzeptiere ich mich voll und ganz."

Aber vielleicht formulieren Sie Ihren Glaubenssatz auch ganz neu. Sie müssen für sich die Worte wählen, mit denen Sie Ihr Unterbewusstsein am besten von der neuen Realität überzeugen können. Die Entscheidung darüber liegt bei Ihnen. Auf alle Fälle sollten Sie sich die Erlaubnis geben, sich immerzu und jederzeit selbst lieben und akzeptieren zu dürfen. Und das ohne eine Einschränkung. Und so ergibt sich für Sie in dieser dritten Runde Ihr Part mit:

„… (Ihr Thema positiv formuliert) … liebe und akzeptiere ich mich voll und ganz."

Danach folgt wie gewohnt das Klopfen der Körper-Meridian-Punkte. Und wenn Sie wollen und die Zeit dafür erübrigen können, dann stellen Sie sich ruhig noch weitere Fragen wie: Was ist da noch so alles in mir verborgen, was ich derzeit noch gar nicht sehen kann? – Wie lebe ich, wenn mich nichts begrenzt? – Wer ist es überhaupt, der mich begrenzt? – Was sind die Wünsche an mein Leben? – Wie gesund bin ich? – Wo lebe ich? Wie lebe ich? Mit wem lebe ich? Partnerschaft, Familie, Freunde – Wie sehen diese Beziehungen aus? Wie möchte ich sie leben? – Welchem Beruf gehe ich nach? – Bin ich beruflich erfüllt? – Lebe ich meine Berufung? – Wie gestaltet sich meine freie Zeit? …

Wie tief Sie in die Welt dieser oder ähnlicher Fragen einsteigen wollen, bleibt Ihnen überlassen. Sie sind Ihr Herr und Meister bzw. Ihre Herrin und Meisterin.

Vergessen Sie jedoch nicht, sich nach der dritten Runde EFT zu fragen: Was ist Ihr neuer Skalenwert? Wenn da noch ein Rest da ist, dann übergeben Sie – vorausgesetzt Sie wollen dies tun – diesen dem Universum mit der Bitte um Unterstützung und Transformation Ihres alten Gedankenmusters und danken Sie.

★★★

Tapping-Beispiel 3: Wir können mit EFT ein bestimmtes Thema sowie unsere Glaubenssätze tappen, wir können uns aber auch insgesamt in eine höhere Frequenz bringen, indem wir unsere Emotionen tappen.

Bevor ich mit der Beschreibung des Prozessverlaufs beginne, lassen Sie mich den folgenden Hinweis geben: Ich habe für mich festgestellt, dass *der erste Schritt der wichtigste* ist, weil ich hier all die alten Verkrustungen aufbreche und in die radikale Ehrlichkeit mir selbst gegenüber gehe. Ich schaue nicht mehr weg, sondern ich schaue hin. Genau auf das, was weh tut, weil mir genau das am meisten zu sagen hat.

Auch wenn ich tief in den Prozess einsteige, haben sich meine Skalenwerte nie verschlechtert, sondern immer deutlich verbessert. Verschlechtert sich der Wert, kann es sein, dass Sie sich gegebenenfalls zu sehr mit dem Thema und den dazugehörenden Gefühlen identifizieren. Dann reagieren Sie nur noch und ausschließlich emotional, aber nicht mehr rational. Mit „rational" meine ich hier: Fragen Sie Herz und Bauch-Hirn (Intuition) nach dem Grund. Lassen Sie Ihren Kopf außen vor. Vielleicht ist es die Angst, die sich im Zusammenhang mit Ihrem Thema zeigt, dann will auch sie vorübergehend gehört und akzeptiert werden. Schenken Sie in diesem Falle auch ihr Ihre Aufmerksamkeit, stellen Sie Fragen und klopfen Sie weiter, bis Sie spüren, dass Sie mit Ihrer Angst besser umgehen können als das auf den ersten Blick zu erkennen war.

Wiederum gibt es drei Runden. Und auch hier ist es empfehlenswert, sich die Anleitung erst einmal ganz durchzulesen, bevor Sie mit dem Tappen beginnen.

Was genau ist der Konflikt, den Sie in sich spüren? – Welche Emotionen löst er aus?
    Wichtig: Die Gefühle wahrnehmen, aussprechen, klopfen, aber sich *nicht* mit ihnen identifizieren.

Denken Sie kurz über das Gefühl nach und fragen Sie sich: Welche Intensität hat das Gefühl? Ordnen Sie dies dann auf einer Skala von 0 bis 10 ein („10" = das Gefühl ist sehr stark! – „0" = das Problem ist aufgelöst!). Die erste Zahl, die Ihnen in den Sinn kommt, ist die „...". Sie ist Ihr Skalen-Richtwert, mit dem Sie das Tappen beginnen. Wenn Sie wollen, notieren Sie sich diese Zahl. – Im Anschluss daran beginnen Sie mit dem Klopfen.

Runde 1: Annehmen, was ist. Sich der Gefühle bewusstwerden. Akzeptieren, was sich zeigt.

Atmen Sie noch zwei-, dreimal tief ein und aus. Schließen Sie die Augen. Mit den drei Mittelfingern Ihrer Schreibhand beklopfen Sie die Handaußenkante Ihrer anderen Hand. Sprechen Sie dabei folgenden Satz dreimal aus:

„Auch wenn ich … (Ihr Gefühl) …, liebe und akzeptiere ich mich voll und ganz."

Beginnen Sie dann wieder mit dem Klopfen auf der Innenseite der Augenbrauen. Danach klopfen Sie den Punkt am Ende Ihrer Augenbrauen (Bereich der Schläfe) usw. – Entscheiden Sie wiederum intuitiv, wie lange Sie jeden einzelnen Punkt klopfen wollen. Gehen Sie beim Klopfen der einzelnen Punkte in Ihrem Tempo weiter.

Akzeptieren Sie, dass die Situation gerade so ist, wie sie ist, auch wenn Sie Trauer spüren, weinen oder gar wütend sind. Sie wissen inzwischen ja, dass Sie nicht die Trauer sind, sondern nur das Gefühl von Traurigkeit haben. Lassen Sie also ruhig die Tränen der Traurigkeit fließen. Weinen tut gut. Es reinigt den Körper und „entgiftet". Wenn Sie wütend sind, dann sprechen Sie Ihre Wut einfach mal aus. Es ist jetzt sogar in dieser ersten Runde wichtig, Ihre Wut auszusprechen und zu klopfen, statt sich diese Gefühle weiterhin zu versagen. Auch hier gilt: Sie sind nicht die Wut. Sie lassen nur zu, dass dieses Gefühl endlich Worte bekommt, die Ihre Gefühle von Wut, Ohnmacht oder Verzweiflung zum Ausdruck bringen. Erzählen Sie sich also nun z. B. die

Geschichte Ihrer Wut (oder eines anderen Gefühls). Befreien Sie sich davon. Gehen Sie noch einmal durch diese Situation und reinigen Sie sich von diesem emotionalen Schmerz.

Fühlen Sie sich in das Thema ein. Stellen Sie Fragen, je nachdem wie belastend das Thema für Sie ist bzw. wie tief Sie in den Heilungsprozess hineingehen wollen. Laden Sie mittels der Fragen Ihr Unterbewusstsein ein, Ihnen Antworten zu geben. Hören Sie auf die Antworten. Fragen Sie weiter. – *Jede Frage enthält eine göttliche Antwort!*

Zum Beispiel: Wo kommt dieses Muster ursprünglich her? – Wann habe ich das zum ersten Mal erlebt? – Was hat's damals mit mir gemacht? – Was steht hinter diesem Thema, das sich mir immer wieder zeigt? – Wie denke ich im Hinblick auf das Thema über mich? – Wie reagiert mein Körper? usw. – Achten Sie auf die Informationen, die zu Ihnen kommen. Gehen Sie aber nicht allzu sehr ins Detail. Konzentrieren Sie sich auf das Wesentliche. Benennen Sie die Fakten. Bleiben Sie so lange in der ersten Tapping-Runde, bis Sie hinsichtlich Ihrer Emotionen eine Auflösung der Blockade (der negativen Energie) wahrnehmen können.

Das kann unter Umständen etwas dauern, doch bleiben Sie dabei. Bleiben Sie beharrlich. Alles, was sich Ihnen jetzt bereits als „Geschichte" hinter dem Thema zeigt, alles, was Ihnen bewusst wird, hilft Ihnen, die Energieblockade zu durchbrechen, um dann mit den nächsten beiden Schritten nach und nach in die Transformation, in die Heilung zu gehen.

Bevor Sie in die zweite Tapping-Runde gehen, atmen Sie einmal tief ein und aus. Entspannen Sie sich. Fühlen Sie in sich hinein. Schütteln Sie kurz Ihre Hände aus, bevor Sie sich Schritt zwei zuwenden.

Runde 2: Perspektivenwechsel – Wie würde ich gerne denken, fühlen?

Nachdem Sie Ihrem Gefühl im ersten Durchgang Ihre Aufmerksamkeit geschenkt haben, ändern Sie jetzt Ihre Perspektive, mit der Sie bislang auf das Thema geschaut haben.

Beginnen Sie die zweite Tapping-Runde wieder mit der Handaußenkante, fragen Sie sich diesmal aber, welchen Zweck das Thema für Sie heute noch erfüllt. Beginnen Sie diese Runde ganz neutral mit: „Es ist in Ordnung, dass das Gefühl „…“ da ist. Ich akzeptiere es. Ich weiß inzwischen, dass es mich etwas lehren will. Ich frage nach und höre aufmerksam zu."

Stellen Sie sich während Sie klopfen Ihre Fragen. Zum Beispiel: Auf was will mich mein Gefühl aufmerksam machen? – Was ist die positive Absicht dahinter? – Was hat es mir zu sagen? – Was soll ich daraus lernen? – Wie könnte ich in dieser Situation noch reagieren? – Wie stehe ich zu dieser Lösung? – Was genau brauche ich, um dieses Gefühl, das an dieses Thema gebunden ist, loszulassen? – Was wäre ein erster kleiner Schritt? – Wie bereit bin ich, diesen Schritt zu gehen? – Seien Sie neugierig im Hinblick auf die versteckte Botschaft hinter Ihrem Problem.

Reflektieren Sie. Lernen Sie Ihr Thema von verschiedenen Seiten aus zu betrachten, ohne es zu bewerten. Seien Sie einfach nur ehrlich sich selbst gegenüber. – Bevor Sie zu Schritt drei gehen, schütteln Sie Ihre Hände aus. Stehen vielleicht einmal kurz auf, schütteln sich, kreisen mit Ihren Schultern, bevor es weitergeht.

Runde 3: Mit positiven Affirmationen den Energiefluss kraftvoll lenken

Spüren Sie zu Beginn des dritten Schrittes noch einmal in sich hinein und beobachten Sie, mit welcher Rest-Intensität sich Ihnen Ihr Gefühl nun zeigt. Hatte es zu Beginn den *Skalenwert 7*, hat es sich inzwischen vielleicht auf die 3 dezimiert/verringert. Arbeiten Sie nun mit diesem Richtwert weiter. Wenn Sie wollen, notieren Sie sich diesen Wert um zu sehen, wohin die Reise geht.

Klopfen Sie nach wie vor alle Punkte und sprechen Sie nebenbei positive Gedanken und selbstbestärkende Affirmationen aus, die zu Ihrem Thema passen. Damit lenken Sie Ihre Energie in eine neue, positive, kraftvolle Richtung. Klopfen Sie so lange weiter, bis Sie das Gefühl haben, jetzt bei einem Skalenwert von 1, 0,5 oder 0 angekommen zu sein. Sollte da unter Umständen noch ein Rest an Unsicherheit zu spüren sein, dann lassen Sie diesen los und geben ihn ans Universum ab mit der Bitte um Heilung und Transformation. Bedanken Sie sich. Danken Sie auch sich selbst, dass Sie sich die Zeit und Aufmerksamkeit für diesen Transformationsprozess geschenkt haben.

Die *positiven Verstärker* sind wichtig, denn sie sind Gute-Laune-Macher und bringen Sie in eine positive Frequenz (Energie). Zudem geben sie die Kraft und den Mut, die Veränderungen herbeizuführen, die notwendig sind, um den Weg der Transformation und Bewusstwerdung zu gehen. Drücken Sie mit diesen positiven Gedanken und Affirmationen Ihr Wohlwollen, Ihre Wertschätzung und Liebe sich selbst gegenüber aus. Genießen Sie diesen Prozess. Atmen Sie währenddessen immer wieder tief ein. Stellen Sie sich vor Sie würden jeden einzelnen dieser Sätze „inhalieren". Lassen Sie die kraftvollen Botschaften ganz bewusst in jede Ihrer Zellen fließen. Nehmen Sie das ganze Spektrum der positiven Gefühle wahr, die sich Ihnen zeigen. Vielleicht sehen Sie sogar Bilder, dann klopfen Sie auch diese in Körper und Geist. Alles, was der positiven Selbstverstärkung dient, ist erlaubt. Wenn Ihnen danach ist, dann singen Sie Ihre Affirmationen. Mit jedem positiven Verstärker erlauben Sie sich Ihren eigenen Wert zu sehen, zu fühlen, was sich letztlich positiv auf Ihr Selbstbild und Ihre Selbstliebe auswirkt. Seien Sie es sich wert, hier ganz groß zu denken und zu fühlen. Sie haben es verdient.

Ich will aber auch ganz ehrlich sein und Sie darauf hinweisen, dass sich die meisten unserer Themen nicht mit einer Sitzung lösen lassen. Der Prozess ist vergleichbar mit Zwiebel schälen. – Schicht um Schicht. – Denn so, wie wir uns lange Zeit eine bestimmte Geschichte erzählt haben, ist es jetzt wichtig, sich die *neue Geschichte* zu besagtem Ursprungsthema zu erzählen und dabei Schicht um Schicht die *alte Ge-SCHICHT-e* aufzulösen. Und um hier ein gutes Ergebnis zu erzielen, sind Optimismus, ein langer Atem, Ausdauer, Beharrlichkeit, Disziplin, Willensstärke und Geduld gefragt. – Sie wissen ja: *Ohne Fleiß kein Preis!* ☺

> „Die größte Entdeckung meiner Generation war,
> dass Menschen ihr Leben verändern können,
> indem sie ihre Einstellungen verändern."
> *William James*

Affirmationen – ein Wundermittel gegen negative Glaubenssätze und Gedanken?

Affirmationen sind ebenfalls *Gute-Laune-Macher*. Sie sind eine der *effektivsten* Methoden, um negative Glaubenssätze durch positive zu ersetzen. Doch es gilt, diese Affirmationen täglich mehrmals zu sprechen, damit sie ihre volle Kraft entfalten. Dort, wo wir uns über Jahre bzw. Jahrzehnte hinweg aufgrund unserer negativen Gedanken eine Art von negativer „Daten-Autobahn" im Geiste erschaffen haben, gilt es jetzt ein neues „Mind-Set" zu installieren und diese alte „Daten-Autobahn" komplett *NEU* zu „asphaltieren", zu überschreiben. Doch so wie jede Autobahn-Baustelle auf mehrere Wochen oder gar Monate hin ausgerichtet ist, dauert es auch seine Zeit und bedarf täglicher Praxis, bis die positiven Verstärker sowohl in unserem Geist, als auch im Unterbewusstsein angekommen sind.

In jedem von uns ist ein einzigartiges und wunderbares Leben angelegt und dennoch haben es viele von uns aufgrund der Erfahrungen, die wir im Leben gemacht haben, gelernt, sich immer und immer wieder Sätze wie „Ich kann das nicht." – „Ich bin nicht sportlich genug." – „Ich bin nicht schön genug." usw. einzureden und haben uns so eine Realität erschaffen, die wir gar nicht wollten. Bleiben wir in diese negativen Gedanken verstrickt, beeinflussen sie auch weiterhin unser Fühlen und Handeln. Erschaffen uns im Außen das, was wir in uns fühlen und bestätigen wieder einmal, was wir eh schon glaubten zu sein. Ein wahrer Teufelskreis, denn dadurch, dass wir uns auf diese Gedanken (wenn auch unbeabsichtigt und unbewusst) fokussieren, verstärken sie sich. – *Gesetz der Manifestation: Wir erschaffen das, woran wir denken.* Oder wie Jesus sagt: „Dir geschehe nach deinem Glauben." (Matthäus 15:28)

Affirmationen sind positive Aussagen in Bezug auf uns selbst und unsere Fähigkeiten. Haben sich diese erfolgreich im Unterbewusstsein verankert, werden wir dies an den positiven Ergebnissen im Außen sehen, denn diese reflektieren ja unsere inneren Überzeugungen und Gedanken. Jede Affirmation hat zum Ziel, uns wieder in unsere Kraft zu bringen, den Glauben an uns selbst zu stärken, sowie unsere Gefühle und unser Verhalten dauerhaft zum Positiven hin zu ändern.

Doch wie bei der Vorbereitung auf einen Halbmarathon, den wir vielleicht in einem Vierteljahr laufen wollen, bedarf es auch bei den Affirmationen guter Vorbereitung, damit diese nachhaltig wirken. So wie unser Körper und unsere Lauf-Muskeln für den Halbmarathon mit dem richtigen Lauftraining und der richtigen Ernährung gut aufgebaut und trainiert sein wollen, so wollen auch die Affirmationen bis zu sechsundsechzig Tage täglich mehrmals gesprochen sein. Wie schnell und gut sie wirken, ist abhängig vom Thema und von der Intensität, mit der wir die Affirmationen täglich sprechen. Wir sollten uns also eine tägliche Routine erschaffen, um diese Sätze positiv in uns zu verankern. Auch hier gilt: Seien Sie kreativ und finden Sie Ihren eigenen Weg.

Mit Affirmationen durch den Tag:

- Es empfiehlt sich, das Sprechen der Affirmationen mit der Morgen- oder Abendroutine zu verbinden. Zeitaufwand circa

5 bis 15 Minuten, je nachdem mit wie vielen Affirmationen Sie gleichzeitig arbeiten wollen.

- Schreiben Sie sich Ihre Affirmationen auf und legen Sie Ihre Notizen neben Ihr Bett. So haben Sie sie morgens verfügbar und können sie gleich nach dem Aufwachen sprechen, oder Sie sprechen sie, wenn Sie abends zu Bett gehen.

- So wie Sie sich vor oder nach dem Zähneputzen vielleicht eine Kurzrunde Tappen angewöhnen wollen, so könnte dies auch mit Affirmationen-Sprechen verknüpft sein. Im Grunde genommen können Sie beide Techniken sogar miteinander kombinieren und die Affirmationen sowohl sprechen als auch klopfen.

- Schreiben Sie Ihre Affirmationen auf Post-Its und kleben Sie diese auf den Badezimmer-Spiegel oder an häufig frequentierte Stellen in Ihrem Wohnraum, um während des Tages immer wieder daran erinnert zu werden, diese auch zu sprechen.

- Nehmen Sie Ihre Affirmationen mit der Sprachfunktion Ihres Handys auf, dann sind sie jederzeit verfügbar, und Sie können sie hören, während Sie mit dem Auto oder der U-Bahn fahren, während Sie kochen, bügeln oder Gartenarbeiten verrichten. Sie werden nach und nach immer mehr Gelegenheiten finden, um sie bestens in Ihren Alltag zu integrieren.

- Machen Sie es sich zur Routine, Ihre Affirmationen immer und immer wieder mal zu schreiben. Sprechen Sie die Affirmationen dabei laut aus, denn verbunden mit dem Klang Ihrer Stimme wirken diese besonders gut.

Was gilt es bei der Formulierung der Affirmationen zu beachten?

1. Affirmationen müssen immer in der Gegenwart (im Präsens) formuliert werden.
2. Affirmationen müssen *positiv* formuliert sein.
3. Affirmationen sollen auf keinen Fall Negationen enthalten, denn mit Negativformulierungen wie „nicht" oder „kein" kann unser Unterbewusstsein nichts anfangen.
4. Affirmationen sollen so formuliert sein, als hätten wir das, was wir uns wünschen, bereits erhalten.

5. Wir verstärken Affirmationen, indem wir uns dafür bedanken, dass sie bereits wirken.
6. Affirmationen müssen zu Ihnen passen. Wenn Sie mit einer Affirmation arbeiten, die Ihnen inhaltlich zwar gefällt, aber sie fühlt sich nicht ganz stimmig an, dann formulieren Sie sie entsprechend um. Wenn Sie zum Beispiel mit der Affirmation „Ich wähle Lebensfreude" arbeiten, doch Sie fühlen, dass das mit Ihnen so nicht harmoniert, dann formulieren Sie die Affirmation entsprechend Ihrer Bedürfnisse einfach um und sagen Sie: „Mit jedem Tag kehrt nach und nach meine Lebensfreude zurück." – oder – „Ich erlaube mir Lebensfreude und Glück." – „Mit jedem Tag erstrahlt meine innere Sonne und bringt mir meine Lebensfreude zurück." usw.
7. Geben Sie Ihren Affirmationen die Erlaubnis, dass sie wirken, und sie wirken.

Affirmationen lassen sich in direkte und indirekte Affirmationen unterscheiden. Eine *direkte* Affirmation ist zum Beispiel: *„Ich bin erfolgreich."* Ist das zwar Ihr Wunsch, doch Sie spüren, dass sich beim Sprechen dieser Affirmation ein innerer Widerstand meldet, dann ändern Sie die Affirmation ab und formulieren Sie sie so, wie Sie besser zu Ihnen und Ihrer derzeitigen Situation passt. Dann könnte die *indirekte* Variante lauten: „Erfolg steht mir zu!" – „Ich habe Erfolg bei allem, was ich mache." – „Von Tag zu Tag wachse ich immer mehr in meinen Erfolg hinein." – „Ich gebe mir die Erlaubnis, erfolgreich zu sein." – „Durch bewusstes Denken und Handeln erschaffe ich mir Erfolg." …

Sie gestehen sich damit zu, derzeit noch nicht ganz so erfolgreich zu sein, wie Sie sich das wünschen, doch Sie sind auf dem Weg zu diesem Ziel. Sie durchlaufen nur gerade den Prozess vom „Ist-Zustand" zum „Ziel-Zustand". Ihr Unterbewusstsein wird die indirekte Variante leichter und schneller akzeptieren als die direkte. Es gilt also, die Affirmationen immer auf Ihre eigenen Bedürfnisse hin zu überprüfen und sie so umzuformulieren, dass sie stimmig für Sie sind. Wählen Sie diesen Weg, dann haben die Affirmationen die Kraft, Ihr persönliches Wachstum, Ihren Veränderungsprozess oder gar Ihren Heilungsverlauf positiv zu unterstützen. Im Folgenden habe ich einige Affirmationen für verschiedene Lebensbereiche aufgeführt:

Affirmationen um glücklich zu sein

Das Leben beschenkt mich.
Ich bin erfüllt von Lebensfreude und Glück.
Ich lebe mein Leben mit Leichtigkeit und Freude.
Mein Leben ist erfüllt von Freude,
Leichtigkeit und Dankbarkeit.
Ich bin ein Magnet für freudvolle Erfahrungen
und liebevolle Menschen.
Ich entscheide mich in jedem Augenblick für die Leichtigkeit.
Ich bin in der Freude. Freude ist mein wahres Sein.
Es fällt mir ganz leicht, in der Freude und Leichtigkeit zu sein.
Ich bin in der Energie der Freude.
Ich bin ein Glücksmagnet.
Mein Leben darf leicht sein.

Affirmationen für ein besseres Selbstwertgefühl

Ich bin mehr als genug.
Ich liebe mich so, wie ich bin.
Ich bin einzigartig.
Ich bin einzig und *nicht* artig.
Ich bin wertvoll.
Ich weiß um meinen Wert.
Ich erkenne meine Stärken an und glaube an mich.
Wenn ich lache, geht die Sonne auf.
Ich weiß mich sicher und beschützt.

Ich bin sicher und weiß, was ich will.
Voller Selbstvertrauen gehe ich meinen Weg.
Ich bin ein Kind der Sterne.
Ich bin authentisch und lebe mein wahres Selbst.
Ich bin heute einfach ich.
Ich bin die Schöpferin/der Schöpfer meines Lebens.
Ich vertraue in meine Stärke und sorge gut für mich.
Ich bin liebevoll und geduldig mit mir und anderen.

Affirmationen für mehr Lebenskraft

Ich lasse Vergangenes los.
Ich entscheide mich für ein Leben im Hier und Jetzt.
Heute ist ein wunderbarer Tag.
Ich bin voller Energie.
Ich will vertrauensvoll durchs Leben gehen.
Ich bin mit der Stimme meines Herzens verbunden.
Ich lebe aus dem Herzen heraus.
Ich erwarte immer nur das Beste.
Ich denke, spreche und handle positiv.
Ich bin flexibel und aufgeschlossen.
Ich bin achtsam und gelassen.
Ich entdecke jeden Tag neue Möglichkeiten,
um mir ein neues Leben zu gestalten.
Ich bekomme wichtige Zeichen für meinen Herzensweg.
Ich gehe meinen Herzensweg.
Ich bin stark und motiviert.
Ich vertraue und entspanne.

Affirmationen für Gesundheit

Ich fühle mich stark, gesund und bin voller Zuversicht.
Ich bin gesund und strahle voller Lebenskraft.
Mein Körper ist gesund und ich liebe mich.
Lebenskraft durchströmt mich und
erfüllt alle Organe mit Energie.
Meine Knochen sind stark und
geben mir Festigkeit und Stabilität.
Mein Atem durchströmt meinen Körper frei und durchlässig.
Mein Gehirn arbeitet zu hundert Prozent.
Beide Gehirnhälften harmonieren miteinander.
Ich bin gesund. Durch und durch strömt Lebens-Energie.
Alle meine Körpersysteme funktionieren
reibungslos zu hundert Prozent.
Alle meine Zellen sind voller Lebens-Energie.
Alle Gelenke sind beweglich und stark zugleich.
Meine Nerven sind stark und stabil.
Mein Hormonsystem funktioniert zu hundert Prozent.
Alle meine Organe funktionieren zu hundert Prozent.
Ich erlaube, dass ununterbrochen Heilungs-Energie
aus dem Kosmos in meinen Körper fließt.
Mein Körper dient mir und ich diene meinem Körper.
Ich genieße es, meinen Körper mit bewusster Ernährung
und Bewegung fit zu halten.
Ich sorge gut für ihn und er sorgt gut für mich.
Jeden Tag unternehme ich Schritte,
um zu vollkommener Gesundheit zu gelangen.
Mein Körper und Geist stimmen perfekt überein.
Ich vertraue der Weisheit meines Körpers.
Ich denke liebevoll an mich, denn Liebe heilt mich.

Affirmationen für mehr Erfolg und Fülle/Reichtum

Erfolg steht mir zu.
Ich danke für meinen Erfolg.
Ich habe Erfolg bei allem, was ich mache.
Von Tag zu Tag wachse ich immer mehr in meinen Erfolg hinein.
Ich gebe mir die Erlaubnis, erfolgreich zu sein.
Durch bewusstes Denken und Handeln erschaffe ich mir Erfolg.
Das Universum führt mich direkt in den Erfolg.
Ich bin offen für den Erfolg.
Mit Leichtigkeit und Freude empfange ich den Erfolg.
Ich bin erfolgreich und lebe in Fülle.
Ich bin dankbar für all den Reichtum in meinem Leben.

Affirmationen für die Liebe

Ich liebe mein Leben. Ich danke für mein Leben.
Ich liebe und werde geliebt.
Liebe und Freude begleiten mich.
Ich bin dankbar für jeden Tag.
Ich bin umgeben von liebevollen (wundervollen) Menschen.
Ich bin ein wunderbarer Ausdruck der Natur.
Ich öffne mein Herz für die Liebe.
Ich liebe mich so, wie ich bin.
Ich erlaube es mir, anderen Menschen in Liebe zu begegnen.
Ich schätze, ehre und liebe mich dafür,
dass ich bin, wie ich bin.
Ich fühle mich geliebt und erlaube es,
dass Liebe durch mich fließt.
Ich lebe in Frieden und Harmonie mit mir selbst und anderen.

Affirmationen für die Beziehung

Ich ziehe nur gesunde Beziehungen an.
Ich entscheide mich, mit den Augen der Liebe zu sehen.
Was ich sehe, ist Liebe.
Ich erlaube der Liebe mich zu finden.
Ich ziehe Liebe und Romantik an.
Ich verdiene Liebe, Romantik und Freude.
Ich verdiene eine erfüllte und liebevolle Partnerschaft.
Ich bin von Liebe umgeben.
Liebe ist überall.
Mein Partner/meine Partnerin ist die Liebe meines Lebens.
Das Leben ist ganz einfach: Was ich an Liebe aussende,
kehrt zu mir zurück.
Ich finde genau den/die richtige(n) Partner(in) für mich.
Ich lebe in einer liebevollen und ehrlichen Beziehung.
Danke für den/die liebevolle(n) Partner(in) an meiner Seite.
Ich danke für diesen wundervollen Menschen an meiner Seite.

Affirmationen für Lebenssinn und Spiritualität

In mir ist eine unendliche, liebevolle und göttliche Kraft.
Gott unterstützt mich.
Das gesamte Universum unterstützt mich.
Gott liebt mich. Die geistige Welt liebt mich.
Gott liebt mich bedingungslos.
Mein Leben entfaltet sich in göttlicher Ordnung.
Mein Leben ist im Einklang mit den Gesetzen des Kosmos.
Ich fühle tiefe Dankbarkeit für all das, was ich bin.
Meine äußere Welt spiegelt meine Innenwelt.
Ich bin mir meiner selbst zu hundert Prozent bewusst.
Mit der Erfüllung meiner Träume gebe ich
meinem Leben einen Sinn.

Gott gibt mir Kraft, Klarheit, Weisheit, Selbstvertrauen und
Mut.
Ich bin geführt. Ich bin inspiriert.
Ich vermag es, hinter allem die spirituelle Wahrheit
zu sehen und zu verstehen.
Ein unglaublicher Segen wirkt in meinem Leben.
Ich bin verbunden mit meinem Schöpfergeist.
Ich öffne mich für mein Höheres Selbst.
Ich bin mit meiner Seele verbunden.
Das Universum liebt mich.
Ich schenke der Welt mein Licht.
Ich bin Liebe, ich gebe Liebe und ich werde geliebt.
Ich danke für all das Schöne, für all das Gute, für all das Wahre.
Ich kann alles erschaffen, was ich mir vorstelle.
Ich bin bereit, mich selbst zu finden.

„Wir brauchen nicht so fortzuleben, wie wir gestern gelebt
haben. Machen wir uns von dieser Anschauung los, und
tausend Möglichkeiten laden uns zu neuem Leben ein."
Christian Morgenstern

Folgen wir diesem Rat von Christian Morgenstern, dann empfiehlt es sich, dass wir uns unserer Selbstsabotage-Programme bewusst werden, die wir immer und immer wieder mal in der einen, mal in der anderen Form pflegen, um uns „normiert" und
„klein" zu halten. Sind wir uns jedoch ihrer Mechanismen bewusst, können wir sie loslassen und immer mehr in unser wahres Sein hineinwachsen. Ich lade Sie von daher zur Betrachtung
einiger Muster der Selbstsabotage ein.

20

Selbstsabotage – Wo kommt sie her? – Was macht sie mit uns?

„Morgen, morgen, nur nicht heute! Sagen alle faulen Leute."

Sind Sie auch mit einem Spruch wie diesem aufgewachsen? Dem ersten Spruch folgte dann eine klare, deutliche Ansage: „Was du heute kannst besorgen, das verschiebe nicht auf morgen!"

Doch warum schieben wir immer wieder mal Dinge vor uns her, beginnen Projekte, ohne sie in der ursprünglich dafür geplanten Zeit zu beenden? Warum stehen wir uns manchmal selbst so im Weg? Sollten eigentlich lernen, telefonieren stattdessen aber lieber mit der Freundin. Sollten Hausaufgaben machen, gehen stattdessen lieber freiwillig für Mama oder Papa die eine oder andere Besorgung machen. Wollen für die Prüfung lernen, doch gleichzeitig verspüren wir so einen Heißhunger auf …, dass an Lernen gar nicht zu denken ist, bevor wir uns nicht etwas zu essen gemacht haben. Wie wäre es im Anschluss daran noch mit einem Espresso? Für manche wird's die Zigarette. Kaum, dass wir uns entschieden haben, jetzt mit der Arbeit zu beginnen, fällt uns ein, wir wollten noch nach der Post sehen, E-Mails abfragen, die Wohnung saugen, noch kurz tanken fahren usw. Beim nächsten Anlauf, den wir nehmen, um uns unserem eigentlichen Projekt zuzuwenden, verspüren wir eine bleierne Müdigkeit. Beginnen zu gähnen. Wo kommt das denn auf einmal her? – Noch ein kurzes Power Napping?

Auch wenn ich jetzt mit Absicht etwas übertrieben habe, Beispiele wie diese gibt es viele. Das Muster, das hinter allem steht, nennt sich: *Selbstsabotage*.

Selbstsabotage[24] wird von Psychologen definiert als ein Verhalten, bei dem jemand im Voraus versucht, sein Ego gegen einen potentiellen Misserfolg zu schützen, indem er die Umstände erschafft – real oder imaginiert –, die seiner Fähigkeit schaden, eine stressende Aufgabe auszuführen.

Woran erkennen wir, dass wir uns selbst sabotieren?

Einige Beispiele habe ich schon genannt. Lassen Sie mich diese noch besser gliedern:

1. Aufschieberitis (= Prokrastination) – Wie in den Beispielen oben schieben wir die Dinge auf, statt ins Handeln zu kommen. Doch mit diesem selbstboykottierenden Verhalten schaden wir uns mehr als uns lieb ist. Nur sehr oft ist uns nicht bewusst, was wir da gerade tun. Im Grunde genommen arbeiten wir gegen uns selbst, gegen Zufriedenheit und Glück, gegen Erfolg, gegen Erfüllung. Hinzu kommen noch die schlechten Gefühle und das schlechte Gewissen, das uns noch mehr unserer Kräfte beraubt, anstatt uns auf unsere Arbeit/unsere Projekte zu fokussieren und sie zielstrebig anzugehen.

2. Sich ablenken – Um negative Gefühle nicht aushalten zu müssen, lenken wir uns oft mit ungesunden Verhaltensweisen wie Medienkonsum, Alkoholkonsum, Shoppen, emotionalem Essen usw. ab. Werden zu Gefangenen dieser Mechanismen. Wir betäuben uns, lenken uns von Frust, Ärger, Wut etc. ab, anstatt klar, entschieden und souverän zu handeln.

3. Wir denken, denken, denken – reden, reden, reden – kommen aber nicht ins Handeln!
   Auch eine Form von Selbstboykott. Mit Denken und Reden gaukeln wir uns vor, wie aktiv wir sind. Was bleibt: Gedanken- und

---

24 PSYLEX.de – Quellenangabe: Universität Indiana, Experimental Social Psychology (2016.07.010; August 2016) Selbstsabotage (Psychologie). Abrufdatum 06.01.2021, von https://psylex.de/psychologie-lexikon/positiv/selbstsabotage.html

Wortakrobatik, aber kein Handeln. – Die Phase der Umsetzung fehlt. Auch so verhindern wir gute Gefühle, Glück, Zufriedenheit, Erfolg.

4. Wir vermeiden es, Entscheidungen zu treffen – Was wir dabei übersehen, ist: Sich nicht zu entscheiden, ist im Grunde genommen auch eine Form von Entscheidung. Wenn auch eine sehr destruktive, die uns nachhaltig blockiert. So schieben wir zum Beispiel wichtige Entscheidungen vor uns her, anstatt sie mutig und engagiert anzugehen. Das kann dann unter Umständen bedeuten, dass andere die Entscheidungen für uns fällen. Damit geben wir aber einen wichtigen Teil unserer eigenen Souveränität und Macht an andere ab.

5. Wider besseres Wissen handeln – Eine Form von Selbstsabotage kann auch sein, dass wir in Lebensumständen (beruflich wie privat) ausharren und bleiben, selbst dann, wenn unser körpereigenes Warn-System bereits mit den verschiedensten Registern (Allergie, Migräne, Gelenkschmerzen, Juckreiz, trockene Haut usw.) zu uns spricht. Doch wir trauen uns nicht, beruflich etwas zu verändern oder die Beziehung zu beenden, obwohl wir bereits genau wissen, dass eine Veränderung letztlich doch unausweichlich ist.

6. Angepasst-Sein vs. Individualität leben – Wir entscheiden uns zum Beispiel für Sicherheit im Beruf, werden Angestellter oder Beamter bzw. studieren Medizin oder Jura, um einmal die Praxis oder Kanzlei der Eltern zu übernehmen, dabei liegt unser wahres Talent im kreativen Bereich, im Schreiben, im Malen, im Musizieren. Doch pflichtbewusst wie wir sind, ziehen wir die Ausbildung, das Studium durch, um später einer Tätigkeit nachzugehen, die mit unserem wahren Wesen wenig zu tun hat. Wir bleiben angepasst und brav und um die Wertschätzung der anderen nicht zu verlieren, steigen wir ein in den Kreislauf des bloßen Funktionierens. Doch macht uns das auf lange Sicht wirklich zufrieden und glücklich? – Wie lange bleiben wir in diesen Mechanismen verstrickt, anstatt uns zuzugestehen, dass es unser Leben ist, das uns gegeben ist, damit wir unser Potential entdecken und zur Entfaltung

bringen, statt die Kopie unserer Eltern zu sein und nach ihren Wünschen oder denen des Partners/der Partnerin zu leben. – Wo bleibt da unsere Individualität? – Können wir mit diesem Verhalten auf Dauer zufrieden sein und gewinnen?

7. *Ja* sagen, obwohl wir *Nein* meinen – Die Interessen anderer über die eigenen stellen. Doch wie steht es um unsere eigenen Bedürfnisse, Werte und Ziele? – Leben wir sie trotz alledem oder kommen sie zu kurz? – Wessen Leben leben wir dann eigentlich? – Selbstboykott?

8. Falle Perfektionismus – „Das geht noch viel viel besser!" – „Streng dich mehr an!" – „Hier und da – da sind noch Fehler!" – „Du willst das so aber nicht abgeben, oder?" – … und schon schnappt die Falle zu. – Hallo? – Wer spricht da gerade? – Wie heißt dieser innere Antreiber? Hören wir bei solchen Sätzen Stimmen aus unserer Kindheit? – Ist nicht „gut" auch schon genug? – Man kann's auch übertreiben. Perfektionismus raubt nicht nur Zeit und Energie, denn auf lange Sicht demotiviert er, denn er *be*-raubt uns der Freude am Ergebnis, das wir erschaffen haben. Konzentriere ich mich auf Fehler, dann finde ich auch Fehler. Es gibt immer etwas, was man noch besser, anders, schöner usw. machen könnte. Doch gibt es überhaupt ein sogenanntes „*Perfekt*"? – Ist „perfekt" nicht irgendwie auch langweilig, weil nur noch normiert? – Wo bleibt da die Individualität, die persönliche Handschrift/die persönliche Note?

9. Fokus auf Misserfolg und Angst – Sie erinnern sich: Wir bekommen vom Leben immer das, worauf wir uns konzentrieren. Fokussieren wir uns auf Misserfolg und Angst, so werden sie auch unsere Begleiter sein. Doch Angst lähmt. Angst paralysiert. Denken wir ständig über das nach, was uns nicht geglückt ist, verhindern wir den Erfolg. Versagensängste, Angst vor Ablehnung, Kritik und Zurückweisung … In diesen Ängsten gefangen, blockieren wir uns selbst. Können nicht mehr frei handeln und werden alles tun, um uns selbst und unsere Ziele klein zu halten, gegebenenfalls auch um gar nicht erst wirklich gesehen zu werden. – Frühkindliche Erlebnisse, mangelndes Selbstbewusstsein, zu geringes Selbstwertgefühl.

10. Selbstkritik statt Selbstmitgefühl – Kennen Sie diese innere Stimme, diesen inneren Kritiker, diesen gestrengen Richter, der uns oft negative Gespräche mit uns selbst führen lässt? Dessen Ziele manchmal so hochgesteckt sind, dass sie – was deren Umsetzbarkeit angeht – mitunter sogar unrealistisch sind? – Als stünde sein Beitrag darin, uns fühlen zu lassen, dass wir unvollkommen, dass wir Versager, dass wir minderwertig sind? – Vor dessen Urteil wir einfach nicht bestehen können, auch wenn wir uns noch so anstrengen? – Eine „Ausgeburt" unseres Leistungsdenkens?

Und warum haben so viele von uns das Gefühl, als stimme etwas nicht mit uns, als genügten wir nicht? Entweder resignieren wir, sind deprimiert, fühlen uns überfordert oder wir versuchen Tag für Tag zu der Person zu werden, von der wir glauben, sie sein zu müssen, um uns selbst akzeptieren zu können und um von anderen akzeptiert zu werden, statt aus uns selbst heraus einfach nur zu sein.

Kennen Sie dieses Gefühl permanenter Selbstzweifel, das einen manchmal kaum noch atmen lässt? – Dieses Gefühl, trotz allem, was Sie tun, minderwertig, ja gar nutzlos zu sein und sich dafür sogar zu hassen? – Warum leiden so viele von uns unter diesem geringen Selbstwert, dieser geringen Selbstachtung und einem so geringen Selbstvertrauen? – Wie können wir anderen vertrauen bzw. wie können wir unserem Leben vertrauen, wenn wir uns selbst nicht einmal vertrauen? – Wo kommt das her? – Wann und wie wird dieser Kritiker in uns geboren? – War es nicht vielmehr so, dass wir als Kleinkinder noch das Bewusstsein von Genialität und Großartigkeit in uns hatten, weil wir uns mit allem und jedem verbunden gefühlt haben und gar nicht auf die Idee gekommen sind, überhaupt an uns zu zweifeln? – Wann hat dieses andere Denken angefangen, sich in uns einzunisten und dort diesen inneren Kritiker und Richter zu erschaffen?

Durch Kommentare und Bewertungsmaßstäbe unserer Eltern, Erziehungsberechtigten und Lehrer, die beginnen mit „Du musst!", „Du sollst!", „Das hast du so und so zu machen!" usw., durch ihr Urteil über unsere Fehler und Schwächen, sowie durch deren eigene negativen Gespräche mit sich selbst ist dieses Gefühl von nicht gut genug und nicht in Ordnung zu sein schon so früh so tief in uns eingebrannt/verwurzelt, dass wir es letztendlich als selbstverständlich ansehen, dass auch wir uns für ein bestimmtes Fehlverhalten oder gar Ungenügend-Sein verachten und sogar selbst bestrafen. Hoffen wir durch diese Art der Selbstbestrafung der Kritik und Ablehnung durch andere zu entgehen? – Werden wir deshalb zu unserem eigenen schärfsten Kritiker und Richter? – Glauben wir durch Selbstbestrafung und Selbstkritik zu besseren Menschen zu werden?

Wir vergessen, dass dieses Regelwerk unserer Erzieher früher vielleicht eine bestimmte Funktion hatte, die es sinnvoll erscheinen ließ, danach zu handeln, doch wie viel Sinn macht dieses Regelwerk heute noch, wo wir erwachsen sind? – Haben wir uns immer noch an diese alten überkommenen Strukturen zu halten, oder dürfen wir uns endlich die Erlaubnis geben, nach unseren eigenen Werten, Richtlinien und Prinzipien bewusst zu leben, auch wenn wir dabei den einen oder anderen „scheinbaren" Fehler machen? – Was letztlich für unser Leben richtig oder falsch ist, das können wir nur erfahren, indem wir uns erlauben, uns Schwächen und Fehler zuzugestehen. Das Leben basiert auf Versuch und Irrtum nicht auf „So war es schon immer und so hat es zu sein!" – Wie wäre es stattdessen mit einer gehörigen Portion Selbstmitgefühl und vor allem einem gesunden Mehr an Selbstliebe?

11. Der ständige Vergleich mit anderen – Wir können nur verlieren, wenn wir uns mit negativem Selbstdialog und einem Gefühl der Wertlosigkeit nicht den Wert zuschreiben, den wir allein schon aufgrund unseres In-der-Welt-Seins verdienen. Wir sollten lernen, uns wieder viel mehr unserer Einzigartigkeit bewusst zu werden. Lernen, unsere Individualität zu leben, statt uns stets mit anderen zu vergleichen. Das Fatale am Sich-Vergleichen ist, dass dieses Verhalten im negativen Sinne Eifersucht und Neid begünstigt und unser

Selbstwertgefühl, unsere Achtung vor uns selbst stark mindert. Wie will ich mir etwas zutrauen, wenn ich mich letztlich doch wieder nur mit ... vergleiche und meine eigene Leistung abwerte? Sich vergleichen ist von Vorteil, wenn wir uns an einem Idol, einem Vorbild orientieren und selbst danach streben so gut zu werden wie ... – Ansonsten raubt uns der stete Vergleich mit anderen unserer Lebensfreude und Energie.

12. Angst vor dem eigenen Erfolg – „Darf ich denn überhaupt erfolgreich sein?" – „Darf ich besser sein als meine Eltern und Geschwister?" – oder gibt es da so etwas wie eine Art von „Klassen-Bewusstsein"? Heißt es nicht: „Schuster bleib bei deinen Leisten!" – „Sei mit dem zufrieden, was du hast!" – „Du sollst nicht nach den Sternen greifen!" – „Hör auf zu träumen. Träume sind Schäume!" usw.

Ob wir's wahrhaben wollen oder nicht, auch familiäre Verstrickungen können unseren Erfolg mindern oder gar behindern. Dieses Phänomen trifft vor allem auf die sehr braven und überangepassten Kinder zu, umso mehr, wenn noch die Angst in ihnen lebt, gegebenenfalls die Liebe und Wertschätzung der Familie, des Partners/der Partnerin zu verlieren, wenn sie beruflich ihre Wege gehen. Auf alle Fälle ist es sehr interessant, sich die Wurzeln dieser Ängste anzusehen. – Ich kann ein Lied davon singen. – Diese Muster rühren tief, doch auch sie lassen sich überwinden.

Warum befinden wir uns immer wieder einmal in Situationen, in denen wir uns sabotieren?

Dies geschieht sehr unbewusst. Ganz einfach ausgedrückt: Unser Gehirn ist – bei allem, was wir tun – immer darauf aus, dass das, was wir machen, für uns sicher ist. Eine sehr positive Absicht, denn es will, dass wir uns in unserem Handeln sicher fühlen. So „scannt" es in einem Bruchteil von Sekunden, was wir vorhaben und überprüft auf der Grundlage früherer Erlebnisse und Erfahrungen, ob das, was wir zu tun gedenken, gut für uns ist. Auch unser Körper reagiert darauf. Dabei bedient er sich der Gefühle und Emotionen und spricht mit den verschiedensten Symptomen zu uns.

Sehen wir uns vor eine bestimmte Aufgabe, ein Projekt gestellt, fragen wir uns also unbewusst, was alles passieren kann, wenn wir jetzt dieser Tätigkeit nachkommen, die von uns gefordert ist. Und je nach Erwartungshaltung gehen wir unter Umständen vorauseilend bereits in eine Vermeidungshaltung, eine Art von Schutz- oder Schonhaltung, damit das, was wir uns als vermeintliche Realität vorstellen, gar nicht erst eintreten kann. Das Ganze nennt sich dann Sabotage. Und weil dies ausschließlich aus uns selbst heraus geschieht: Selbst-Sabotage.

Sabotieren wir uns selbst, sind wir in einer Spirale von Selbstzweifeln und Selbstkritik gefangen. Und je mehr wir uns darin verlieren, umso geringer wird unser Selbstwertgefühl. In der Konsequenz sinkt auch unser Selbstvertrauen und wir verlieren uns immer mehr in Versagensängsten. Ein wahrer Teufelskreis aus sich selbst erfüllenden Prophezeiungen entsteht, denn da wir uns zu viel in dieser negativen Gedankenwelt verlieren, erschaffen wir uns im Außen genau die Situationen, die wir innerlich am meisten fürchten, anstatt mit Souveränität über den Dingen zu stehen und einfach unser Bestes zu geben. Die Zweifel sind mitunter stärker als unser Selbstvertrauen, und genau das mindert den Erfolg. Zweifel nähren Zweifel. Angst nährt Angst. – Wir erleben, worauf wir unsere Aufmerksamkeit richten. Und: *Wie innen – so außen.* Zweifle ich an mir selbst, zweifeln auch die anderen an mir. Wenn ich mir selbst nicht vertraue, wie sollen mir dann die anderen vertrauen?

Was können wir gegen das Selbstsabotage-Programm tun?

Wenn wir besser um die verschiedenen Mechanismen der Sabotage wissen und uns dahingehend beobachten, welche Sabotage-Programme wann bei uns „laufen", können wir diese Mechanismen im Hinblick auf Bedürfnisse und Ängste besser hinterfragen und bewusst Entscheidungen treffen, die unser weiteres Handeln bestimmen.

Im Hinblick auf einen Misserfolg können wir uns zum Beispiel fragen: Welche Lebensumstände und Faktoren (bewusst/unbewusst) haben dazu beigetragen, dass die Situation ist, wie sie ist? – Wir können uns fragen: Welche Ängste und Erwartungen haben zu diesem Ergebnis geführt? Waren diese Ängste real? – Welche inneren Konflikte gibt es, die letztlich zu dieser Selbstsabotage beigetragen haben? – Wie kann ich diese Konflikte lösen? – Ist dieses Scheitern nur von Nachteil oder gibt es auch Vorteile, die ich bislang nur noch nicht sehen kann? – Je mehr wir verstehen, je klarer wir sehen, je besser wir uns selbst kennenlernen, desto besser finden wir in unsere eigene Identität und lernen immer mehr nach unseren wahren Bedürfnissen, Werten und Zielen zu handeln.

So, wie es keine Fehler gibt, gibt es letztlich auch kein Scheitern, sondern nur ein Lernen und Erfahren, ein Bewusst-Werden und ein Erkennen unser selbst. Und das ist letztlich das, was das Leben von uns will. Im Grunde genommen nicht viel mehr, aber auch nicht weniger.

Egal, was ist: Es hilft kein Weinen und Klagen. Das mag fürs Erste erlaubt sein, bis die erste Phase, der Schock, überwunden ist, doch dann will das Leben von uns, dass wir uns dem Fluss des Lebens wieder anvertrauen und nach und nach wieder in ein Handeln kommen nach dem Motto: *Ich lerne an dieser Situation. – Ich wachse an dieser Situation. – Ich bin in Sicherheit.*

Was ich an dieser Stelle noch einmal extra betonen möchte, ist, dass wir uns der Macht unserer Gedanken, Gefühle und Worte *bewusst* sein müssen, wenn es darum geht, Selbstsabotage zu verhindern. Egal wo wir heute stehen. Es sind einfach unsere Gedanken, Gefühle und Worte, die unser Sein von Moment zu Moment bestimmen. Daran lässt sich nichts rütteln. Sie entscheiden, wohin unsere Reise geht, denn mit ihnen erschaffen wir unsere Realität. Sie wirken in unsere berufliche Welt genauso hinein wie in die private. Wollen wir also etwas nachhaltig zum Besseren bewenden, müssen wir uns dieser Wirkung bewusst sein und Gedanken, Gefühle und Worte wählen, die uns helfen, das Leben zu erschaffen, von dem wir im Grunde alle träumen.

Es hat uns in jungen Jahren nur leider niemand erklärt, wie sehr es auf Bewusstheit und Achtsamkeit, auf Gedanken-Hygiene, gute Gefühle und die Klarheit unserer Worte ankommt, um uns das Leben unserer Träume zu erschaffen. Umso wichtiger, dass wir uns selbst diesbezüglich immer mehr in die eigene Verantwortung nehmen und üben, üben, üben. – Es ist noch kein Meister vom Himmel gefallen. Doch das Universum hilft uns dabei, in unserem eigenen Tempo durch den Prozess zu gehen und unser wahres Selbst immer mehr zu entdecken. Diese Reise findet aber nicht im Außen statt, sondern ausschließlich in uns selbst. Von daher gilt es, sich mehr auf sich selbst zu besinnen und zu schauen, was unsere ureigenen Bedürfnisse, Werte und Ziele sind.

Was können wir tun, um die Mechanismen des Selbstboykotts aufzulösen? – Für mich heißt dieser Schlüssel *Bewusstwerdung! Bin ich mir Freund oder Feind?* – Aufhören, gegen sich selbst zu kämpfen. Sich der eigenen Sabotage-Muster bewusst werden und sich fragen: Was mache ich hier? – Was macht's mit mir? – Warum mache ich das? – Was bringt es mir? – Wie fühlt es sich an? usw. – Um etwas nachhaltig zum Besseren verändern zu können, bedarf es erst der liebevollen Annahme dessen, was ist, denn diese Programme wurden uns nicht in die Wiege gelegt. Sie sind auch nicht vom Himmel gefallen. Wir haben sie uns selbst irgendwann in bestimmten Situationen angeeignet. In der damaligen Situation mögen sie vielleicht kurzfristig von Vorteil gewesen sein, doch heute sind sie das nicht. In aller Regel sind sie mit bestimmten

Lebensereignissen und Gefühlen verknüpft, die unserer Aufmerksamkeit bedürfen, die bewusst wahrgenommen werden wollen, bevor wir sie loslassen und heilen können. Folglich besteht der erste Schritt zur Heilung darin, sich das selbstboykottierende Verhalten genau anzuschauen und sich zu fragen, woher es rührt, welche Erinnerung gegebenenfalls damit verknüpft ist, bzw. was das eigentliche Bedürfnis ist, das gerade erfüllt werden will.

Wie schaue ich auf mich selbst? – Was für ein Bild habe ich grundsätzlich von mir? – Wie gehe ich mit mir selbst um? – Vor allem in schweren Zeiten? – Stehe ich mir in allen Lebenslagen wohlwollend gegenüber? – Kann ich mich trotz Misserfolge, Fehler und Schwächen annehmen und mir selbst mit Güte und Verständnis begegnen? – Wie wertschätzend und freundlich spreche ich mit mir selbst? – Fokussiere ich mich auf Defizite, Misserfolge und Fehler oder konzentriere ich mich auf meine bisherigen Erfolge? – Wie steht es um meine Selbstannahme und Selbstakzeptanz? – Wovon ist dieses Bild geprägt?

Selbstmitgefühl statt Selbstboykott – Als soziale Wesen, die wir sind, fühlen wir schnell mit anderen. Bringen mehr Verständnis für deren Bedürfnisse, Belange und Wünsche auf als für uns selbst. Doch es gilt zu lernen, zuerst für sich selbst auf eine gesunde Art und Weise zu sorgen. Geduldig, wertschätzend und liebevoll zu sich selbst zu sein. Nur so können wir die Stimmen der inneren Antreiber (Kritiker, Richter, Saboteur) in uns beruhigen und für ein inneres Gleichgewicht/innere Balance sorgen. – Was, wenn unser Saboteur nur so entsetzlich laut ist und nach Aufmerksamkeit schreit, weil wir es zu sehr verlernt und versäumt haben, liebevoll mit uns selbst zu sein? – Hatten wir in unseren Eltern positive Rollenvorbilder, wenn es um die *Liebe zu sich* selbst geht? – Haben wir an ihrem Beispiel gelernt? – Wie steht es bei ihnen um Empathie und Mitgefühl? – Wie bei uns selbst?

Wo bin ich mit meinen Gedanken? – Bin ich im Hier und Jetzt? – Verliere ich mich mit meinen Gedanken und Gefühlen ständig in den Geschichten der Vergangenheit, kann ich unmöglich ein Leben im Hier und Jetzt führen. Wenn ich die Erinnerungen an die scheinbar besseren Zeiten von früher verherrliche, wie will ich da die Verantwortung für ein Leben in der Gegenwart – so wie sie jetzt ist – bewusst leben und gestalten? Ich trauere stattdessen Dingen nach, die schon längst nicht mehr existieren.

Vorbei ist vorbei. Es war einmal. Aus der Vergangenheit heraus kann ich kein souveränes und selbstbewusstes Leben führen. Es darf zwar sein, dass wir uns schöner Augenblicke und Momente erinnern, uns ihrer erfreuen und dankbar dafür sind, dass wir sie erleben durften, doch dann heißt es wieder zurückzukehren in den gegebenen Augenblick. Ein bewusstes Leben können wir nur in der Gegenwart führen. Hierauf gilt es sich zu fokussieren. Ich kann mir zwar aus all den positiven Erinnerungen, den guten, den erfolgreichen Zeiten Optimismus und Kraft für das Jetzt ziehen, doch bleibe ich dem Vergangenen allzu sehr ver-*haft*-et, dann lege ich mir selbst immer wieder die Ketten der Vergangenheit an, die letztlich verhindern, dass ich etwas Neues er-leben und gestalten kann.

Dann habe ich der Vergangenheit die Macht über mein Leben gegeben und aktiviere mir immerzu das Vergangene mit seinen schon längst überholten Geschichten. Das beraubt uns aber vehement unserer Freiheit und bremst und blockiert unser Tun.

Das Gleiche gilt auch für die Zukunft. Das Einzige, was zählt, ist der Moment, in dem wir gerade existent sind. Wenn wir uns hinsichtlich unserer Zukunft ängstigen und sorgen, bestimmen genau diese Ängste und Sorgen auch unser Morgen.

Das, worauf wir unsere Aufmerksamkeit richten, ziehen wir an. – An dieser Tatsache lässt sich nun einmal nicht rütteln. Ein Leben im gegenwärtigen Moment können wir von den Tieren lernen. Sie leben instinktiv, glücklich und zufrieden im Jetzt. Sie leben noch, was wir immer mehr verlernt haben: ein bewusstes Sein im Hier und Jetzt.

Müssen selbstsabotierende Muster grundsätzlich negativ sein?

Könnte ihre Absicht auch positiver Natur sein? – Mir ist zum Beispiel aufgefallen, dass sich bei mir manche Muster besonders dann zeigen, wenn ich zu sehr auf die Dinge im Außen fokussiert bin und den Kontakt zu mir selbst wieder einmal verloren habe, weil mir alles andere wichtiger ist als mit meinem Herzen, mit meiner Seele verbunden zu sein. Wenn ich zu sehr von meinen ureigenen Bedürfnissen abschweife bzw. diese viel zu wenig wahrnehme und zu wenig gut für mich sorge, dann springt bei mir so manches Muster an, damit ich lerne, auf die Botschaft dahinter zu hören und mich wieder mit meinem Herzen zu verbinden.

Seitdem ich immer mehr lerne, meinen Sabotage-Mechanismen etwas Positives abzugewinnen, stelle ich fest, dass sie durchaus mit mir zu kommunizieren versuchen. Es liegt allein an mir, auf ihre Botschaft zu hören. Zum Beispiel: Bin ich im Frieden und in Harmonie mit mir selbst? – Inzwischen weiß ich, dass bei mir so manches Muster wie eine „Rote Ampel" aufleuchtet, wenn ich mit mir und dem, was ich gerade tue, zu wenig im Frieden und in der Harmonie bin. Wie eine Katze springt es mich an und hält mich so lange fest, bis ich bereit bin, seine Botschaft zu empfangen. Dabei fordert es mich auf, innezuhalten, genauer hinzuschauen, zu erspüren und zu fühlen, was mich gerade wirklich stört oder blockiert. Es will, dass ich mir selbst gegenüber ehrlicher bin mit dem, was ich denke, fühle und tue. Es will, dass ich mir der Motivation für mein Handeln bewusster werde. Diese „Ampeln" springen an, wenn ich zu oberflächlich, zu unbewusst in den Tag hineinlebe und mir meiner tatsächlichen Ziele für diesen Tag oder die Woche etc. nicht bewusst bin. Wenn ich zu wenig darauf fokussiert bin, was ich wirklich tun und erreichen will, oder wenn ich den Sinn hinter dem, was ich zu tun gedenke, noch nicht wirklich sehen kann. Ich habe für mich festgestellt: Je klarer meine Ziele sind und je besser ich weiß, was ich will, löst sich der Selbstboykott ganz von alleine auf.

So lehrt mich der Boykott indirekt, Antworten darauf zu finden, was ich wirklich will, wie bewusst ich mir meiner Ziele für mein weiteres Leben bin. Mit den „Aus-Zeiten", die er mir indirekt schenkt, ermöglicht er es mir, darüber nachzudenken: Wie gut passen meine Ziele zu mir und wie realistisch sind sie? – Springt die „Sabotage-Ampel" an, dann kann es durchaus sein, dass ich die Ziele für diesen Tag wieder einmal viel zu hoch gesteckt habe und mich dann selbst mal wieder unter Druck (Stress) setze, weil ich mir wieder einmal sage: „Das muss jetzt aber so und so sein." – Habe ich mir für den Tag zu viel vorgenommen oder habe ich mir insgesamt ein viel zu hohes Ziel gesteckt, dann fordert mich mein Selbstsabotage-Muster durchaus auf, mir das große Ganze in kleinere und erreichbarere Etappenziele mit einer gewissen Erfolgsgarantie umzuformulieren und mir dafür einen für mich passenden Zeitplan zu erstellen. Das macht nicht nur frei, es hilft mir im Hinblick auf das, was ich tun will, motiviert zu bleiben und zu entspannen.

Und – wenn ich den Begriff „Selbstsabotage" durch „Passivität" oder gar „Ruhe" ersetze, dann nehme ich ihm etwas von dem „Schrecken", den ich dem Begriff der Selbstsabotage irgendwann einmal zugesprochen habe. Vielleicht muss es manchmal einfach so sein, dass uns die Sabotage-Muster bremsen, bevor wir uns noch mehr und noch mehr irgendwo verlieren. Für mich ist inzwischen viel wichtiger geworden zu erkennen, wie ich auf die Dinge schaue und darüber denke. Ob ich sie bezüglich der Lebenserfahrungen, die ich bislang erworben habe, positiv oder negativ interpretiere oder sie einfach mal als das ansehe, was sie im Grunde genommen sind: *etwas Neutrales.* Es wird immer zwei Seiten einer Medaille geben: oben – unten, schwarz – weiß, laut – leise, dünn – dick, Lärm – Ruhe, Traurigkeit – Freude, Tag – Nacht, Erfolg – Misserfolg, Licht – Schatten, Passivität – Aktivität usw.

Ich lerne, mich der alten Gewohnheiten und Denkweisen zu entwöhnen, die ich bewusst wie unbewusst irgendwann in meinem Leben übernommen habe. Was ich dabei für mich gewinne ist persönliche Freiheit, denn ob etwas gut oder schlecht ist, ich habe es nach alten Mustern und Vorlagen gelernt. Doch muss das so alles richtig gewesen sein? – Wer sagt das? – Wer gibt das vor? – Ich merke, dass ich mich gewisser Zwänge und Kontrollmechanismen entledigen kann, wenn ich es mir erlaube, das, was tagaus, tagein geschieht, mehr aus der Perspektive eines Beobachters und von einem Zustand der Neutralität heraus anzuschauen, statt es immer bewerten zu müssen.

Ich bin in dieses Leben gekommen, um zu lernen. Um aus allem zu lernen. Und indem ich mich allem gegenüber neutral und offen verhalte, habe ich den für mich höchsten Freiheitsgrad und Lernzugewinn. Mein neues Lebensmotto heißt: *DAS LEBEN IST IMMER FÜR MICH!* – Folglich lässt sich hinter allem, was geschieht, etwas Positives finden. Nicht immer sofort ersichtlich, das gebe ich zu, aber schon der dänische Schriftsteller, Theologe und Philosoph Sören Kierkegaard stellte fest: „Verstehen kann man das Leben rückwärts; leben muss man es aber vorwärts."

Lässt sich ein Selbstsabotage-Programm mit EFT und Affirmationen überwinden?

Wie kann ich diese Blockade überwinden, die mich daran hindert, einen bestimmten Wunsch (bester Sportler in der Disziplin „…", Tänzerin, erfolgreicher freischaffender Künstler …), ein Projekt (Buch, Ausstellung, Seminar, YouTube-Video …), ein positives Ergebnis (neuer Job, erfolgreiches Bestehen einer Prüfung, Schulabschluss …) zu erreichen?

EFT kann helfen, die Mechanismen der Selbstsabotage zu überwinden. Wir klopfen uns von diversen Blockaden frei und geben uns die Erlaubnis, aus einer anderen Perspektive heraus auf die uns begrenzenden Sabotage-Muster zu sehen. Werden wir uns dessen bewusst, was hinter dem Ganzen steht, gewinnen wir an persönlicher Freiheit und brauchen letztlich die Blockade nicht mehr. Doch bitte seien Sie sich dessen bewusst, dass auch dies ein Prozess ist, der regelmäßiger Praxis bedarf, um im Hinblick auf Ihren Wunsch/Ihr Projekt erfolgreich zu sein.

Ich gebe Ihnen hier ein sehr ausführliches Beispiel, das Sie so 1:1 nicht übernehmen müssen. Entscheiden Sie selbst, was für Ihre EFT-Praxis von Bedeutung ist. Lesen Sie mein Skript einmal im Ganzen durch und streichen Sie, was im Augenblick für Sie nicht relevant ist. Konzentrieren Sie sich auf das, was für Sie wichtig und damit auch richtig ist. Sehen Sie meinen Vorschlag als den Versuch an, an möglichst viele Beweggründe für das Entstehen von Sabotage-Mustern zu denken. Ich wünsche Ihnen ein gutes Gelingen für Ihr eigene Praxis.

Wie gehen Sie vor? – Werden Sie sich Ihres Projektes (Ihres Wunsches) und der Blockade bewusst. – Welches Muster leben Sie gerade? – Noch schnell einen Café trinken, eine Zigarette rauchen, etwas essen, Fenster putzen, einkaufen gehen, E-Mail abfragen usw.

Schließen Sie Ihre Augen, fühlen Sie sich in Ihr *Wunsch-Projekt* ein. Stellen Sie sich Ihre Vision kurz vor, um sie zu erleben, um sie zu fühlen. Wo stehen Sie gerade? – Wo wollen Sie hin?

- Werden Sie sich bewusst, was Ihrem Traum/Ihrem Wunsch derzeit im Weg steht.
- Fühlen Sie dies in Ihrem Körper. – Wo fühlen Sie es? – Wie nehmen Sie es wahr?
- Was ist der Nachteil von all dem?
- Wie hoch ist Ihr Ausgangswert auf einer Skala von 0–10?
- Öffnen Sie Ihre Augen und beginnen Sie zu tappen.

Tapping-Punkte:

1 – Handaußenkante links *oder* rechts außen (= Dünndarmmeridian)
2 – Augenbrauenpunkt innen (= Blasenmeridian)
3 – Augenbrauenpunkt außen/Schläfe (= Gallenblasenmeridian)
4 – Unter den Augen/Jochbein (= Magenmeridian)

5 – Unter der Nase (= Regierender Schiffsmeridian)
6 – Unter dem Mund/Kinn (= Mittelmeridian)
7 – Schlüsselbeinpunkt/Thymusdrüse (= Nierenmeridian)
8 – Unter dem Arm (= Milzmeridian)
9 – Oberseite des Kopfes/Scheitelpunkt (= Kronen Chakra)

Beispiel:
Sie beginnen wieder an der Handaußenkante: „Obwohl ich mich gerade selbst sabotiere, liebe und akzeptiere ich mich so, wie ich bin." – „Obwohl ich wichtige Dinge wie … („eigenes Thema") … mal wieder vor mir herschiebe, liebe und akzeptiere ich mich so, wie ich bin." – Klopfen Sie auf die Handaußenkante weiter, während Sie nachfolgenden Text sprechen:

„Selbstsabotage. – Mich an diesem Muster festzuhalten ist frustrierend.
   Ich bin wütend. Ich bin wütend auf mich selbst.
   Ich möchte dieses Selbstsabotage-Programm loslassen.
   Und auch wenn es sich schwer anfühlt, es gehen zu lassen, liebe, akzeptiere und vergebe ich mir selbst. Trotz aller Blockaden und Selbstvorwürfe liebe, akzeptiere und vergebe ich mir selbst. Diese Blockade ist meinen Träumen im Weg. – Wie kann ich sie loslassen?
   Ich kann meinen Traum … („eigenes Thema") … direkt vor mir sehen. – Ich kann ihn fühlen.
   Und weil mir mein Traum wichtiger ist als diese Blockade, entscheide ich mich jetzt, sie aufzulösen. – Ich liebe, akzeptiere und vergebe mir selbst."

Ab hier folgen Sie der Klopf-Sequenz der Körperpunkte 2 bis 9. Wenn Sie bestimmte Textpassagen gestrichen haben, dann klopfen Sie einfach in Ihrem Rhythmus und mit Ihren Textbausteinen weiter. Keine Sorge: Sie können das Klopfen nur richtig machen.

Phase 1: Annahme/Akzeptanz dessen, was ist:

2 – Da ist diese Blockade, die vor meinem Traum steht.
3 – Was, wenn ich sie gehen lasse?
4 – Was, wenn ich die Selbstsabotage endlich loslasse?
5 – Was, wenn ich stattdessen meinen Traum verwirkliche?
6 – Was, wenn ich mich von all den Dingen befreie, die mich zurückhalten?
7 – Es ist an der Zeit, diese Muster endlich loszulassen.
8 – Ich weiß, dass nur ich allein es bin, der/die mich bremsen und begrenzen kann,
9 – oder der/die sich jetzt entscheidet, sich in sein/ihr Potential hinein zu entfalten.

2 – Ich erkenne an, dass es diese Selbstsabotage-Muster gibt.
3 – Ich danke ihnen, aber jetzt habe ich genug.
4 – Ich brauche sie nicht mehr.
5 – Für meinen Traum bin ich bereit sie loszulassen.
6 – Bin bereit, diesen alten Stress loszulassen.
7 – Dieses alte Muster. – Dieses alte Programm.
8 – Es ist an der Zeit es loszulassen. – Ich lasse los.
9 – Ich lasse alles los, was damit im Zusammenhang steht.

Phase 2: Die Botschaften des Selbstsabotage-Programms bewusst wahrnehmen:

2 – Was hat mir dieses Selbstsabotage-Programm zu sagen?
3 – Es verhindert, dass mein Wunsch wahr wird.
4 – Es verhindert ein gutes Selbstwertgefühl.
5 – Es verhindert, dass ich zufrieden, glücklich und erfolgreich bin.
6 – Es schränkt mich in meinen Möglichkeiten ein.
7 – Es schränkt meine Selbst-Entfaltung ein.
8 – Es schränkt meine Kreativität ein.
9 – Es schränkt meine Freiheit ein.

2 – Es schränkt den Glauben an mich selbst ein.

3 – Selbstzweifel – Bin ich gut genug?

4 – Unsicherheit – Stress – Nerven angespannt – Gehirn im Angst-Modus.

5 – Angst – Ist es meine Angst zu scheitern?

6 – Ist es die Angst vor der Zukunft? – Angst davor, was dann kommt?

7 – Wie steht es um meine Angst davor, sichtbar zu werden, sichtbar zu sein?

8 – Muss ich erst noch viel besser werden, bevor ich …?

9 – Bin ich noch nicht bereit dafür, mich selbst zu lieben und zu leben?

2 – Wie sehr bin ich denn überhaupt davon überzeugt, dass ich das kann?

3 – Habe ich genug Willenskraft und Disziplin?

4 – Wie steht es um meine Energie?

5 – Wie definiere ich Erfolg?

6 – Verdiene ich überhaupt Erfolg?

7 – Warum muss ich mich immer mit anderen vergleichen, statt zu sagen: Ich bin *ICH!*

8 – Warum diese Angst vor Kritik?

9 – Warum fühle ich mich durch Kritik so verletzt?

2 – Kritik und Wertschätzung

3 – Muss Kritik schlecht sein?

4 – Hat nicht jeder ein Recht darauf, seine eigene Meinung zu sagen?

5 – Wer kritisiert hier überhaupt wen?

6 – Sind es denn wirklich die anderen, die mich kritisieren?

7 – Kritisiere ich mich selbst?

8 – Was, wenn ich all die Selbstvorwürfe und Selbstkritik loslasse?

9 – Ich entscheide mich jetzt, Selbstvorwürfe und Selbstkritik loszulassen.

2 – Perfektionismus
3 – Muss ich perfekt sein?
4 – Wie perfekt ist perfekt?
5 – Wer gibt das überhaupt vor?
6 – Was denken und sagen bloß die anderen?
7 – Familie, Freunde, Kollegen?
8 – Werden sie über mich reden?
9 – Was macht's mit mir, wenn sie über mich reden?

2 – Ich darf erfolgreicher sein als meine Eltern und Geschwister.
3 – Ich bin auf meine Art erfolgreich und sie auf ihre Art.
4 – Ich darf anders sein als meine Familie.
5 – Ich darf anders sein als meine Freunde.
6 – Ich darf anders denken und fühlen als sie.
7 – Ich darf anders leben als sie. Ich bin ich! – Einzigartig!
8 – Ich lasse all die Angst los.
9 – Ich lasse all die Kontrolle los.

2 – Warum bin ich so abhängig von der Meinung anderer?
3 – Bin das wirklich ich? – Zu wem gehört diese Abhängigkeit?
4 – Warum fokussiere ich mich überhaupt auf Misserfolg statt auf Erfolg?
5 – Fehler sind *keine* Fehler, sondern Erfahrungen, die mich etwas lehren.
6 – Was, wenn ich aus all dem für mich und mein Leben lerne?
7 – Was wäre, wenn ich mit positiven Gedanken auf all diese Erfahrungen blicke?
8 – Was, wenn ich einfach mal ganz anders denke?
9 – Was ist es, das mich noch begrenzt?

Kurze Pause. – Hände ausschütteln. – Wie lautet jetzt Ihr Skalenwert?

Phase 3: Loslassen, was mir nicht länger dienlich ist. – Perspektivenwechsel.

2 – Ich lasse die Vergangenheit los und konzentriere mich auf das *Hier und Jetzt.*
3 – Ich erlaube mir, das gesamte Spektrum an Gefühlen zu fühlen und zu leben.
4 – Ich atme Positivität ein und atme Negativität aus.
5 – Ich entscheide mich, sowohl meinen Schatten, als auch mein Licht zu lieben.
6 – Ich entscheide mich, mir zu vergeben, dass ich mich in diese Situation gebracht habe.
7 – Ich entscheide mich, mit der derzeitigen Situation positiv umzugehen.
8 – Ich weiß, dass es für alles eine positive Lösung gibt.
9 – Ich weiß, dass ich nie tiefer fallen kann als in Gottes Hand.

2 – Statt mich zu sabotieren, entscheide ich mich jetzt zu handeln.
3 – Ich weiß, dass nur ich allein es bin, der/die mich bremsen und begrenzen kann,
4 – oder der/die sich entscheidet, sein/ihr gesamtes Potential zu entfalten.
5 – Ich entscheide mich, in kleinen Schritten vorwärts zu gehen.
6 – Ich entscheide mich, mit meiner Angst bewusster umzugehen.
7 – Ich entscheide mich, meine Angst nach ihrer positiven Absicht zu befragen.
8 – Ich entscheide mich, sie in Liebe zu verwandeln.
9 – Ich entscheide mich, mich so zu lieben und zu akzeptieren wie ich bin.

2 – Ich wähle neu! – Ich erlaube es mir erfolgreich zu sein.
3 – Ich schau mir alle meine früheren Erfolge an.
4 – Ich konzentriere mich auf diese.
5 – Ich verfüge sehr wohl über die Kompetenzen, derer es bedarf,
6 – um mein gesamtes Potential und ein glückliches und erfolgreiches Leben zu leben.

7 – Ich weiß, dass nur ich meine Individualität leben und sie mit der Welt teilen kann.

8 – Ich lasse los, was ich nicht ändern kann,

9 – und konzentriere mich auf das, was ich ändern kann.

Kurze Pause. – Hände ausschütteln. – Wie lautet jetzt Ihr Skalenwert?

Phase 4: positive Affirmationen *(Sie müssen nicht alle sprechen. Wählen Sie die aus, die Ihnen entsprechen.).*

2 – Ich verliebe mich jeden Tag aufs Neue in mein Leben.

3 – Ich verliebe mich in das Ungewisse, in das Neue hinein,

4 – und weiß mich stets verbunden mit der universellen Energie.

5 – Ich vertraue in mein Potential. – Ich vertraue in meine Stärke.

6 – Ich bin sicher und weiß, was ich will.

7 – Ich kenne meine Passion/meine Leidenschaft/meine Berufung.

8 – Ich vertraue der göttlichen Führung in mir,

9 – und höre auf die Stimme meines Herzens.

2 – Ich bin, was ich wähle zu sein.

3 – Ich weiß, was der größte Wunsch meiner Seele ist.

4 – Ich fokussiere mich auf meine Wünsche, Werte und Ziele.

5 – Ich weiß, was mein Herz so richtig erfreut.

6 – Ich bin es mir wert, den Weg meines Herzens zu gehen.

7 – Ich lasse mich dabei von meiner Seele führen.

8 – Ich bin es wert, erfolgreich zu sein.

9 – Ich verdiene es, erfüllt, glücklich und zufrieden zu sein.

2 – Ich verdiene es, mit Leichtigkeit und Freude durch mein Leben zu gehen.

3 – Ich konzentriere mich auf das, was mir wichtig ist.

4 – Ich schaue auf mein Projekt,

5 – und freue mich über meinen Erfolg.

6 – Ich visualisiere,

7 – und gebe alles, um meine innere Kraft zu erwecken.

8 – Der Erfolg steht mir zu.
9 – Der Erfolg tut mir gut.

2 – Mit Leichtigkeit und Freude gelingt mir das Heute.
3 – Mit Leichtigkeit und Freude erreiche ich mein Ziel.
4 – Es ist sicher für mich, mich dem Fluss des Lebens hinzugeben.
5 – Ich kann alles erschaffen, was ich will.
6 – Ich erschaffe mir die besten Bedingungen für mein Leben.
7 – Ich manifestiere mit Leichtigkeit alles, was ich mir erträume.
8 – Ich schwinge auf der Frequenz von Liebe und Freude.
9 – Und vertraue darauf, dass alles zur richtigen Zeit in mein Leben kommt.

2 – Ich bin ein Geschenk für die Welt.
3 – Ich schenke der Welt mein Licht.
4 – Ich lebe mein gesamtes Potential.
5 – Was ich tue gibt meinem Leben einen Sinn.
6 – Ich genieße es, diese Arbeit zu tun.
7 – Aus ganzem Herzen nehme ich meinen Auftrag an.
8 – Ich nehme an und akzeptiere, was gerade ist.
9 – Ich wähle inneren Frieden und Dankbarkeit.

Wie lautet jetzt Ihr Skalenwert? – Geben Sie den restlichen Wert mit positiven Gedanken im Hinblick auf die Verwirklichung Ihres Ziels an das Universum ab, bitten Sie um Hilfe und Unterstützung und danken Sie. – Danke! Danke! Danke!

21

Vergebung – der Schlüssel zur Heilung aller Wunden?

„Vergebung ist in erster Linie heilend für den, der vergibt.
Denn du befreist dich von etwas, das deine Freude zerstört
und dich daran hindert, wirklich bedingungslos zu lieben."

Paul Young

Warum sollen wir vergeben?

Keiner von uns kann die Vergangenheit ungeschehen machen.
Weder die aus einem früheren, noch aus diesem Leben. Und doch
ist es notwendig, dass wir alles, was jemals geschehen ist, befrieden und loslassen, denn alle Verletzungen, die unsere Seele irgendwann erfahren hat, mindern nicht nur unser Seelenheil. Wir
tragen diese negativen Energien, diesen ganzen Ballast ewig mit
uns herum. Wir nehmen sie sogar als Aufgabe, die erlöst werden will, von Leben zu Leben mit und wundern uns, dass es da
immer und immer wieder persönliche Baustellen und Blockaden gibt, die uns an einem glücklichen und erfolgreichen Leben
hindern. Negative Emotionen belasten uns. Sie wirken wie ein
Löffel Gift, den wir täglich zu uns nehmen, der unser körperliches und seelisches Immunsystem lahmlegt und im wahrsten
Sinne des Wortes vergiftet.

Vergebung hingegen ist ein Zaubertrank, der immer zum
Wohle aller geschieht. Ein Zaubertrank, der unsere Selbstheilungskräfte aktiviert und befreit. Sie ist die Medizin, die auf ganz
natürliche Art und Weise hilft, damit Körper, Seele und Geist
wieder gesunden. Befreien wir uns nach und nach von all diesem emotionalen Unrat und dem Gift, dann reißen wir wie ein

Gärtner, der in einem verwilderten Garten Unkraut jätet, dieses nach und nach aus. Lockern den Boden. Tragen neuen Humus mit neuen, gesunden Nährstoffen auf. Können neuen Samen ausbringen und säen, diesen regelmäßig bewässern und auch drum herum für ein Klima sorgen (Sonne, Licht und viel Liebe), das unseren Samen wachsen und gedeihen lässt, damit je nach Saatgut wieder etwas Schönes sprießen, und sich unser Herz wieder daran erfreuen kann.

So öffnet sich für uns mit dem Wunsch zu vergeben die Tür zurück in den Fluss des Lebens und zurück zu einem Leben in Verbundenheit und Liebe mit Gott, denn Vergebung ist nur möglich mit und durch Gott. Bleibt Vergebung nur ein Lippenbekenntnis, dann ist es nicht mehr als eine Formel, eine hohle Phrase ohne Wirkung, doch wahre Vergebung will mehr.

Wahre Vergebung bricht alte Gedankenmuster und Strukturen auf. Manche kommen nicht einmal nur aus diesem Leben. Manche werden von Generation zu Generation weitergegeben, so lange, bis die Seele beschließt, dass es jetzt an der Zeit ist, Gott um die Gnade und Gunst der Heilung von all diesen Mustern zu bitten. Wann durch den Akt der Vergebung Heilung geschieht, unterliegt Gottes Willen und göttlicher Gnade. Wichtig ist dabei zu verstehen: Vergebung ist ein Prozess. Wie lange dieser dauert, wissen wir nicht. Wir können uns diesem nur demütig hingeben und darauf vertrauen, dass er geschieht. Doch sobald wir Gott um Hilfe bitten, unterstützt er uns, damit auf tieferer Ebene Heilung geschieht. Und dabei unterstützt uns letztlich auch die Welt, denn sie spiegelt uns im Außen unsere Beziehung zu uns selbst und lässt uns wissen, wo wir stehen. So werden andere Menschen, ja selbst Tiere und Pflanzen, sowie Mutter Erde zu einem Spiegel unserer selbst.

Die Art und Weise, wie wir mit anderen oder mit bestimmten Themen in Resonanz gehen (positiv, negativ, neutral), zeigt uns im Außen auf, was wir in unserem Inneren zu heilen haben. Alle Themen, alle Situationen, alle Menschen, mit denen ich negativ in Resonanz gehe (von denen wir getriggert werden), lassen uns wissen, dass es da in uns etwas gibt, das der Vergebung bedarf, damit Heilung geschieht. Vergebung ist aber kein Akt, der damit abgeschlossen ist, dass ich ein paar Mal ein Vergebungsritual (ein Gebet oder die vier Sätze des Ho'oponopono) spreche. Damit tiefe, wahre Vergebung geschieht, bedarf es der Herzöffnung und Bereitschaft, dass ich auch wirklich aus ganzem Herzen mir selbst und der anderen Person vergeben will.

Vergebung meint nicht, dass ich einverstanden sein muss, dass es zwischen uns „dieses Thema" gibt. Ich muss es auch nicht schönreden oder gutheißen, sondern einfach nur anerkennen, dass es zwischen mir und der anderen Person diese Differenz gibt. Indem ich vergebe, entscheide ich mit meinem freien Willen, dass ich nicht länger bereit bin, diesen Sachverhalt nachzutragen und ihn mit negativer Energie zu nähren. Ich beschließe, das, was war, zu befrieden, damit durch Gottes Gnade und Barmherzigkeit alle beteiligten Personen aus dem Feld destruktiver Energie und negativer Gedanken befreit werden. Tun wir dies nicht, tragen wir selbst dann, wenn wir über die negativen Vorkommnisse nie sprechen, negative, toxische Gedanken weiter mit uns herum, was sich auf unsere Beziehung sowie auf unsere körperliche, geistige und seelische Gesundheit negativ auswirkt.

Entscheide ich mich jedoch für Vergebung, schaue ich mir die Situation mit meinem Gegenüber noch einmal genau an. Ich schaue aber nicht nur darauf, was mir geschehen ist und bleibe dann in der Verteilung der Rollen von „Täter" und „Opfer" stecken. Wäre das der Fall, dann bleibt das Drama zwischen uns bestehen, und ich zeige keinerlei Bereitschaft an dem ursprünglichen „Bild" mit seiner Rollenverteilung etwas vom Herzen her verändern zu wollen.

Wahre Vergebung bedeutet, dass ich bereit bin, sowohl den Part des anderen, als auch meinen eigenen im Hinblick auf die Situation zu sehen. Wahre Vergebung bedeutet, dass ich bereit bin, Verantwortung für meinen Beitrag an der Sache zu übernehmen. Ich sehe mich *und* den anderen. Ich erkenne an, was meine Motivation war so zu denken, zu fühlen, zu handeln, aber ich schaue auch auf die andere Person und überlege mir, was sie veranlasst haben könnte, so zu denken, zu fühlen, zu handeln. Indem ich dies tue und damit das Geschehene reflektiere, werde ich mir der verschiedenen Motive/Beweggründe bewusst, die uns beide in diese Situation gebracht haben. Und indem ich dies *wertfrei* anerkenne, signalisiere ich meine Bereitschaft, meinerseits das „Spiel" von Unschuld und Schuld, sowie von Macht und Ohnmacht zu beenden und mich stattdessen aus dieser emotionalen, mentalen und seelischen Gebundenheit/Verstrickung zu befreien. Ohne diesen Schritt kann Vergebung nicht geschehen.

Damit Vergebung möglich wird, urteile ich nicht über den anderen, sondern versuche ihn und sein Handeln besser zu verstehen und frage mich zum Beispiel: Was veranlasst ihn, sich so zu verhalten? – Warum macht er das? – Was schmerzt ihn so, dass …? – Was hat er erlebt, dass …? – Welche Gedanken, Gefühle bringen ihn dazu, dass …? – Wie sieht er sich selbst? usw. – Mit diesen oder ähnlichen Fragen erlaube ich es mir, meinen eigenen Standpunkt zu verlassen und mich in mein Gegenüber einzufühlen. Je nachdem, was ich dann noch um die Biografie des anderen weiß, erklärt sich mir sein Verhalten und so kann ich leichter vergeben, weil ich mir rational besser erklären kann, worauf sein Verhalten begründet ist. Das entschuldigt zwar nichts, denn es ist auch die Pflicht des anderen verantwortungsbewusst zu handeln und zu sein, doch es erleichtert mir in die Vergebung zu gehen.

Diese Phase der Reflexion ermöglicht es mir, mir meiner eigenen Fehler und Schwächen und denen des anderen bewusst zu werden, sowie sein Verhalten besser zu verstehen. Indem ich erkenne, dass keiner von uns perfekt ist, dass wir alle unsere Schattenseiten haben, werde ich mitfühlender und weicher und erkenne letztlich auch an, dass wir alle schon einmal die Rolle als Täter, sowie als Opfer innehatten. Wenn nicht in diesem Leben, dann mit Sicherheit in einem früheren, denn keiner von uns ist hier ohne Schuld. Und allein das schon zu erkennen befreit. Befreit sogar ungemein, hilft erlittenes Leid und Ungerechtigkeit zu überwinden und vermag das Herz für den Prozess der Vergebung zu öffnen, so dass auch wirklich auf Herzens- und

Seelenebene Vergebung geschehen kann. Erst wenn wir wieder ganz im Kontakt mit unserem Herzen und unserer Seele sind, können unsere Wunden heilen.

Für mich war es meine Rückerinnerung an Gott, sowie meine Bitte, er möge mir alle meine Fehler und Schwächen verzeihen und mir dabei helfen, dass ich mir selbst diese auch vergeben kann, die mich wieder in Kontakt gebracht haben mit Herz und Seele und damit mit meinem wahren Sein. Vergebung ist für mich dabei – ganz profan gesagt – vergleichbar mit einem „Groß-Reine-Machen", einem „Frühjahrsputz" in der Seele, bis in die hintersten dunklen Ecken hinein. Diese Art der Tiefenreinigung braucht zwar ihre Zeit, doch sie entfesselt und erlöst von all den energetisch ungesunden Verstrickungen, sowie von all den negativen Mustern und Toxinen, die uns schon über viele Jahre und zahlreiche Leben hinweg begleiten. Und es wird allerhöchste Zeit, dass wir uns mit dem Start in ein neues Zeitalter (Wassermann-Zeitalter) hinein endlich von all diesen alten Giften, Begrenzungen und sabotierenden Mustern befreien.

Rational gesehen, also vom Verstand her, war ich mir meiner Schatten-Aspekte seit der Lektüre von Ruediger Dahlkes Bücher *Schatten-Prinzip* und *Schicksalsgesetze* bewusst, doch erst mit dem Ritual der Vergebung akzeptiere und integriere ich diese, indem ich sie im Gespräch mit Gott *ihm* hinhalte und um Vergebung bitte und mir auch selbst mein bewusstes wie auch unbewusstes Fehlverhalten und meine menschlichen Schwächen vergebe. Erst seitdem ich mich für diesen Weg tiefer Reue aus ganzem Herzen entschieden habe, kann und darf ich auch erfahren, wie durch Gottes Gunst und Gnade Heilung geschieht. Und wenn *seine* Gnade wirkt, birgt diese viele Geschenke in sich: Geschenke wie persönliche Freiheit (Ungebundenheit), mehr inneren Frieden, gesündere Beziehungen, mehr Leichtigkeit und Lebensfreude, Kraft und Vitalität.

„Vergebung ist keine einmalige Sache,
Vergebung ist ein Lebensstil."
Dr. Martin Luther King

Für mich ist es das Ritual der Vergebung, das mich daran erinnert, dass wir *alle* Seelen in einem menschlichen Körper sind. Und dass wir in erster Linie inkarniert sind, um menschliche Erfahrungen zu machen, die dem Wachstum unserer Seele und unserer persönlichen Entwicklung/Reifung als Mensch dienen. Jeder von uns hat sich seinen Seelenplan selbst erwählt. Von Inkarnation zu Inkarnation wollen wir bestimmte Erfahrungen machen. Die wurden uns nicht auferlegt, sondern die haben wir uns selbst ausgesucht. Haben Verabredungen mit anderen Seelen, mit unseren Eltern, Geschwistern, Partnern, Kindern, Freunden, Kollegen etc. getroffen, um die Zeit auf Erden gut zu nutzen und als Seele möglichst viel zu lernen. Zugegeben, was ich hier sage, klingt in Ihren Ohren vielleicht *ver-rückt*, weil ungewohnt. Aber dies ist es nur für das Ego, unser menschliches Bewusstsein, unseren rationalen, begrenzten Verstand, der es in aller Regel nicht erlaubt, dass es überhaupt solch ein Denken gibt. Haben wir aber wieder Zugang zu Herz und Seele und fühlen uns mit Gott verbunden statt getrennt, erinnern wir uns und lernen Schritt für Schritt wieder mehr zu verstehen, wie dieses Welten-Theater in Wirklichkeit funktioniert.

Gott hat es mir so erklärt: Als Seele kann ich bestimmte Themen einfach nur in einem menschlichen Körper erfahren. Will ich jetzt zum Beispiel als Seele etwas über die wahre Liebe, die bedingungslose Liebe lernen und habe mir dieses Thema zusammen mit anderen Themen wie z.B. gute Freundschaften pflegen, wahre Herzensverbundenheit in einer Beziehung erleben, den Wert von Gesundheit und guter Kommunikation erfahren, Erfolg, Leichtigkeit und Lebensfreude usw. für mein kommendes Erdenleben ausgesucht, dann frage ich als Seele – noch bevor ich inkarniere – innerhalb meiner Seelenfamilie nach, wer bereit ist, mir in diesem Leben zu helfen, damit ich dies alles lernen kann und so meine Erfahrungen (sowohl positiver als auch negativer Art) auf Erden machen kann. Auf diese Art und Weise treffen wir als Seelen auf der Grundlage unserer Seelenwünsche Verabredungen, wie wir miteinander und voneinander lernen können. Wir beschließen uns gegenseitig Spiegelpartner zu sein und für einen gewissen Zeitraum gemeinsam durch bestimmte Erfahrungen und Lektionen zu gehen. Haben wir diese gelernt, haben wir uns in aller Regel gegenseitig gedient und die Beziehung ist vorbei. So werden wir wieder frei und wenden uns wieder neuen Freunden, Bekanntschaften und Aufgaben zu. Ganz nach unserem Seelenplan, denn um diesen zu erfüllen sind wir hier.

Durch Vergebung und Rückverbindung mit Gott, der Quelle, dem Ursprung allen Seins, erkennen wir an, dass alles göttlichen Ursprungs ist. Ausnahmslos. So wird es uns immer mehr möglich, das Wahre, das Göttliche in uns selbst und in den anderen zu sehen. Vergebung ist für mich eine Vorreiterin, eine Wegbegleiterin der Liebe, die eine gesunde Beziehung zu uns selbst und zu anderen möglich macht.

Vergebung ist somit vielleicht das wichtigste Kapitel im ganzen Buch, denn so wie uns die Liebe heilt, ist es die Vergebung, die uns befreit. Sie befreit uns aus dem Gefängnis von Schuld und Scham. Sie befreit uns von alten Buß- und Reueprogrammen. Sie befreit uns von den Fesseln, die wir uns im Laufe unseres Lebens mit unseren Gedanken und Gefühlen selbst angelegt haben. Sie löst Karma auf *(Gesetz des Ausgleichs)* und befreit aus emotionalen und energetischen Verstrickungen sowohl aus diesem, als auch aus früheren Leben. Friede im Innen wie im Außen kann nur entstehen, wenn wir sowohl den anderen, als auch uns selbst vergeben *und* verstehen. Friede kann nur entstehen, wenn wir gemeinsam in die regelmäßige Praxis der Vergebung gehen und auch dafür voll und ganz Verantwortung übernehmen. Vergeben und Verantwortung übernehmen bedeuten für mich, dass ich mir dessen bewusst bin, aus welcher Motivation und aus welchem Gefühl heraus ich etwas denke, sage und tue.

Sie erinnern sich: Zu 10% leben wir bewusst, zu 90% unbewusst. Wir agieren tagaus, tagein also viel mehr mit unserem unbewussten Geist als wir dies vielleicht wollen und sind mitunter dann sehr überrascht, wenn unser Verhalten die eine oder andere Konsequenz bzw. Beziehungskrise nach sich zieht.

Das Problem: Die Erinnerungen unserer Kindheit sind mit einer bestimmten Qualität an Gefühlen verknüpft, die ihrerseits wiederum unser aktuelles Denken und Handeln beeinflussen. So handeln wir aber eben nicht nur nach den alten Mustern, sondern reagieren auch mit den Gefühlen von damals. Unser Gehirn unterscheidet dabei jedoch nicht zwischen Gut und Böse, sondern es reagiert, wie es gelernt hat zu reagieren. Das bedeutet: Wir handeln so lange unbewusst nach den frühen Mustern, die wir in der Kindheit erlernt haben, ohne uns wirklich bewusst darüber zu sein, ob diese Verhaltensweisen heute noch aktuell, noch altersgemäß sind. In sehr vielen Fällen trifft – unabhängig vom biologischen Alter – ein verletztes Kind auf ein verletztes Kind. Was sich uns gesamtgesellschaftlich gesehen auch in vielen Beziehungskrisen, Unruheherden, ja sogar in Kriegen zeigt. Im Grunde genommen reagieren wir allesamt zu wenig aus unserem *bewussten* Geist heraus. Und dieses unbewusste Verhalten erzeugt dann all die Spannungen, denen wir uns täglich gegenübersehen. So liegt der wahre Ursprung für viele Beziehungsprobleme, egal ob beruflich oder privat, sehr häufig in unserem „verletzten Miteinander" und der Unfähigkeit zu klarer Kommunikation.

Lassen Sie mich hierzu ein ganz allgemeines Beispiel formulieren: Das, was uns unser Gegenüber (Partner, Kind, Kollege usw.) da gerade sagt, oder tut, verletzt uns, triggert uns. Schneller als wir wollen erfolgt darauf unsere Reaktion (*Aktion und Reaktion*). Doch was geschieht bei alledem wirklich: Unser Gehirn scannt die Situation. Sämtliche Erinnerungslichter leuchten auf. Geist und Unterbewusstsein sind aktiv. Reagieren auf die gesprochenen Worte, aber sehr stark auch auf Blicke, Mimik und Gestik. Schneller als wir denken können übernimmt unser Unterbewusstsein die Regie und sagt: „Da gibt es doch diese „alte Geschichte" von damals, als … (Name)… gerade mal 3 Jahre alt war. Diese alte Verletzung ist noch immer nicht geheilt. Im jetzigen Problem liegt eine reelle Chance, sich der Ursache des Problems bewusst zu werden, um die ursprüngliche Verletzung von damals aufzulösen und zu heilen. Die Person, mit der … (Name) … heute das Problem hat, ist zwar eine andere als die Person von damals, aber die Geschichte hinter der Verletzung von damals ist der heutigen sehr ähnlich. Also eine gute Gelegenheit, sich des Schmerzes und der Emotion von damals bewusst zu werden und das Ganze zu heilen."

Was geschieht: Genau mit dieser Verletzung reagieren wir auf unser Gegenüber, obwohl wir heute nicht mehr „3", sondern vielleicht schon 30 oder gar 60 oder 90 Jahre alt sind. Voila, was ist geschehen: Wir haben im Jetzt und damit in dem Lebensalter, in dem wir heute sind, nicht mit unserem bewussten Verstand reagiert, sondern unser Unterbewusstsein hat entschieden, dass wir uns die Situation von damals mit Hilfe der aktuellen Situation noch einmal anschauen sollen, um diese ursprüngliche Verletzung von damals endlich zu heilen. Das Problem ist nur, dass wir uns dessen nicht bewusst sind, dass diese ganzen Wiederholungsschleifen unserer Probleme mit dieser Absicht funktionieren.

Solche Muster ziehen sich durch unser ganzes Leben. Und je nachdem, welchen Schwerpunkt wir gerade leben, zeigen sich uns die Probleme dann einmal im Beruf, das nächste Mal privat. Das Unschöne daran ist: Durch dieses uralte und ungelöste Verletzt-Sein samt unserer Unbewusstheit fügen wir uns selbst immer und immer wieder sehr viel Leid und unnötigen Seelenschmerz zu, vor allem dann, wenn wir nicht gelernt haben, frei von gegenseitigen Vorwürfen zu sein und wenn wir es versäumt haben, offen über alles, auch über unangenehme Dinge, miteinander zu sprechen, und Probleme dann zu klären, wenn sie aktuell zur Bereinigung anstehen, egal mit wem (Eltern, Geschwister, Partner, Kollegen, Freund). Ein ewiger Hemm-Schuh, den wir wie eine Eisenkugel in unserem selbsterschaffenen Gefängnis mit durchs ganze Leben ziehen.

Indem wir jedoch verstehen, wie wichtig Vergebung ist, und wie wichtig auch das Erlernen von Strategien einer wertschätzenden und liebevollen Kommunikation sind, können wir uns selbst und dem anderen Gutes tun und schaffen so einen festen Rahmen für mehr gegenseitiges Verständnis und damit auch für mehr Frieden und Liebe. Seien Sie es sich wert, sich selbst Gutes zu tun. Selbstvergebung und Selbstliebe wirken sich positiv auf unser physisches Herz und unser Herz Chakra aus. Beides bewirkt innere Transformation und fördert Heilungsprozesse.

Zu allen Zeiten, in allen Kulturen und in allen heiligen Schriften wird das Ritual der Vergebung erwähnt, mit dem der Mensch sich selbst und andere aus den Verstrickungen von Schuld, negativen Emotionen etc. durch Vergebung, Sühne und Reue befreien kann, um so wieder den Weg zurück zu Gott und zum eigenen Herzen zu finden. Jesus selbst hat uns das *Vater unser* gelehrt und uns aufgefordert einander zu vergeben und zu verzeihen.

Egal, ob wir aus der christlichen Tradition kommend das *Vater unser* oder unser eigenes Vergebungsgebet sprechen, wichtig ist allein, dass wir das Gebet zum Wohle aller sprechen.

Ho'oponopono – ein hawaiianisches Vergebungsritual

Bekannt geworden ist bei uns in den letzten Jahren das hawaiianische Vergebungsgebet Ho'oponopono. Der Name bedeutet so viel wie wieder etwas ausgleichen, etwas korrigieren, was nicht mehr in der Balance und somit in der Harmonie ist.

Dieses Gebet wurde ursprünglich von den Kahunas und Priestern Hawaiis gesprochen, gilt heute aber weltweit als ein Schlüssel zu Gesundheit, Glück und Frieden, da es hilft sich von belastenden Gefühlen, negativen Emotionen, Blockaden und Verletzungen zu befreien. Und es hilft, sich selbst seine Fehler einzugestehen und zu verzeihen, die dem Fluss des eigenen

Lebens und dem inneren und äußeren Frieden entgegenstehen. Es empfiehlt sich auch als ein sehr schönes, einfaches und unkompliziertes *Familienritual*, weil es den Mitgliedern der Familie ermöglicht, sich selbst sowie den anderen zu vergeben und sich frühzeitig von den bedrückenden Gefühlen des Schuldig-Geworden-Seins zu befreien.

Regelmäßig praktiziert hilft es – im Sinne einer Familienkonferenz – negative Gedanken, Gefühle und Verletzungen frühzeitig anzusprechen und zu heilen. Auch wenn nur die vier Kernsätze des Ho'oponopono von Herzen kommend gesprochen werden, besitzen sie die Kraft, den Zusammenhalt und die Liebe im Familiensystem aufrechtzuerhalten, weil sich alle Familienmitglieder – egal ob jung oder alt – jederzeit ihrer eigenen Fehler und Schwächen bewusst sind, damit offen und neutral umgehen und sich im Hinblick auf ihr Fehlverhalten angstfrei verzeihen.

Mit Ho'oponopono ist es möglich, den Weg des Friedens und der persönlichen Heilung zu gehen. Im Sinne eines liebevollen, respektvollen und wertschätzenden Miteinanders, einer wohlwollenden Beziehung auf Augenhöhe, sowie dem Erhalt eines guten, herzlichen Klimas innerhalb der Familie, unter Freunden und Kollegen kann ich Ihnen diese vier Sätze nur ans Herz legen. Wie ein Dank-Gebet können diese Sätze regelmäßig gesprochen Wunder wirken und Beziehungen heilen. Vertrauen Sie darauf. Gott hilft Ihnen dabei.

Wie praktizieren Sie das Ho'oponopono Vergebungsritual?

Je öfter das Ritual gesprochen wird, desto mehr gewinnt es an Kraft und umso intensiver wirkt es. Sie können dies so oft Sie wollen für sich alleine tun oder gemeinsam mit Ihrem Partner/ Ihrer Partnerin, den Kindern usw. Sollten Sie regelmäßig Gebete sprechen, können Sie mit diesen vier Sätzen Ihr eigenes Gebet entweder beginnen oder beenden. Sie können dem Vergebungsritual aber auch seine ganz eigene Zeit innerhalb Ihres

Tages geben. Es dauert nicht lange diese vier Sätze zu sprechen, und selbst wenn Sie es etwas ausführlicher praktizieren wollen, dann ist dies auf alle Fälle immer eine sehr gut investierte Zeit zum Wohle aller. Nutzen Sie die Kraft dieses Gebetes für sich und andere so intensiv wie Ihnen möglich. Ihre innere Stimme, Ihr Herz lässt Sie wissen, wie lange Sie das Ritual sprechen sollen. Je nach Thema können das durchaus mehrere Tage, Wochen oder Monate sein. Sind Sie mit der anderen Person befriedet, stellt sich das wohlige Gefühl von Frieden und Freude ein. Wie lauten die vier Sätze des Ho'oponopono?

„Es tut mir leid. – Bitte verzeihe mir. – Ich liebe dich. – Danke."

Sie können es nicht glauben, dass diesen vier Sätzen diese Magie der Vergebung innewohnen soll? – Denken Sie an die Homöopathie. Es sind oft die ganz einfachen Dinge, die am wirksamsten sind. – Täglich zwei Tropfen der Bachblüte *Holly* in ein Glas Wasser gegeben und schluckweise getrunken, hilft ebenso denen, die den Mut haben, all die Geschichten der Vergangenheit aufzulösen und zu vergeben. Alles, was Sie sonst noch brauchen, finden Sie in Ihrem Glauben. – Ein sehr einfaches „Drei-Gestirn". Oder?

Was ist die Bedeutung hinter diesen vier Sätzen?

Es tut mir leid. – Ich nehme wahr, dass ich leide. Ich erkenne an, dass es zwischen dir und mir etwas gibt, was unsere Beziehung behindert/erschwert. Ich akzeptiere, dass es dieses Thema, diesen Konflikt, diese negative Emotion gibt. Ich bereue, dass ich dich bewusst oder unbewusst verletzt habe.

Bitte verzeihe mir. – Ich entschuldige mich und ich bitte dich, mir zu verzeihen, dass ich zu dieser Situation zwischen uns beigetragen habe und somit ein Teil dieses Problems bin. Ich fühle mich schuldig. Bitte verzeihe mir.

Ich liebe dich. – Ich danke dem Problem, das mir zu erkennen hilft, dass es zwischen uns etwas zu heilen gibt. Ich liebe dich und ich liebe mich auch mit unseren Fehlern und Schwächen. Ich sehe das Göttliche in dir und ich sehe das Göttliche in mir.

Danke. – Ich danke Gott für die Transformation. Ich danke für die Heilung zum Wohle aller. Ich bin bereit aus dieser Situation zu lernen und künftig besser zu handeln. Ich danke für die Erkenntnis und übernehme die Verantwortung.

★ ★ ★

Wenn Sie sich noch intensiver mit der Entstehung und Anwendung von Ho'oponopono beschäftigen wollen, empfehle ich Ihnen das kleine Büchlein *Ho'oponopono – Das hawaiianische Vergebungsritual* von Ulrich Emil Duprée.

Weitere Bücher zum Thema „Vergebung" finden Sie im Literaturverzeichnis. Ich selbst bin davon überzeugt, dass es so viele Techniken wie Menschen gibt, denn meiner Erfahrung nach muss hier jeder seine eigene Praxis finden, die am besten zu ihm und zur jeweiligen Thematik passt. Für mich ist eine gute Vergebungsarbeit die Basis für eine erfüllte Beziehung zu sich selbst (Selbstliebe) und zu anderen, denn nur sie lässt uns in unserem Herzen ruhen und lässt uns dort die wahre Liebe entdecken. Und letztlich gilt: *Es ist allein die Kraft der Liebe, die alles zu vergeben vermag und heilt.*

„Wer unfähig ist, zu vergeben, der ist auch unfähig, zu lieben."
Dr. Martin Luther King

Vergebung und Gesundheit

Lassen Sie mich aber noch auf die gesundheitlichen Themen eingehen, die sehr stark mit der Thematik der Vergebung im Zusammenhang stehen. Hierbei beziehe ich mich auf die Erläuterungen, die die Autorin Lise Bourbeau in ihrem Buch *Körper – Freund* (S. 184ff) gibt.

Im Hinblick auf *Krebs-Erkrankungen* sieht sie eine wichtige Ursache in der Unfähigkeit des Erkrankten sich selbst zu vergeben. Krebskranke fühlen sich oft sehr schuldig und können sich nicht verzeihen, dass sie als Kinder auf den Vater oder die Mutter zornig waren. Es fällt ihnen schwer, sich die Gefühle von jahrelanger Verbitterung, Groll bis hin zum Hass einzugestehen, die sie gegenüber ihren Eltern hatten. Als Kinder haben sie ihre negativen Gefühle (Enttäuschung, Zorn, Wut usw.) verdrängt. Waren stattdessen sehr brav und angepasst, um sich so die Liebe der Eltern zu sichern. Doch dieser jahrelange Ärger und die stille Wut haben sie krank gemacht, um sich jetzt bewusst zu werden, dass sie mit ihrem Brav-Sein gegen sich selbst und ihre wahren Gefühle gelebt haben. Im Grunde genommen haben sie ihre ganze Wut gegen sich selbst gerichtet. Mehr oder weniger sich selbst bestraft, daher auch die Bezeichnung Autoaggression.

Vergeben sie sich selbst, können sie sogar vom Krebs genesen. Als Ursache für die Verbitterung, den Groll und den Hass gelten schmerzliche Erlebnisse in der Kindheit, die einhergehen mit Gefühlen der Ungerechtigkeit, der Demütigung, der Ablehnung oder gar des Betrogen-Seins. Gefühle, die sich im Gehirn und Unterbewusstsein des Kindes eingenistet haben, weil diese Gefühle nie ausgesprochen und ausgelebt wurden. Hier hat die Angst vor dem Verlust der Liebe der Eltern das Verhalten der Kinder dominiert und ließ sie brav und angepasst sein. Laut Lise Bourbeau muss ein Krebskranker erkennen, dass Hass einer tiefen Liebe entspringt, wenn auch einer enttäuschten Liebe.

Auch *Erschöpfung, Burnout und Depression* sind Folgen, wenn man sich selbst und anderen nicht vergibt und in diesem emotionalen Gefängnis verhaftet bleibt. Auf der Grundlage ihrer jahrzehntelangen praktischen Erfahrung erkannte Lise Bourbeau, dass *erschöpfte Menschen* auf den Elternteil wütend sind, der das gleiche Geschlecht hat wie sie, während *Depressive und Manisch-Depressive* dem Elternteil des anderen Geschlechts grollen. Menschen, die an *Burnout* erkrankt sind, gelten als unnachsichtig mit sich selbst. Sie verlangen zu viel von sich und respektieren ihre Grenzen nicht. Sie wollen unbedingt beweisen, dass sie etwas leisten können. Um anerkannt zu werden, streben sie stets überdurchschnittliche Leitungen an. Fühlen sich jedoch gefangen in einem System, das immer mehr Einsatz verlangt. Dem versuchen sie mit ihrem Arbeitseifer zu entsprechen, doch ihnen fehlt die Wertschätzung und Würdigung ihrer Arbeit. Da es ihnen an Selbstvertrauen mangelt, nehmen sie Fehler und Kritik viel zu ernst, fühlen sich sehr schnell ausgenutzt und glauben gegenüber ihrem Vorgesetzten machtlos zu sein. Lise Bourbeaus Beobachtung nach haben diese Menschen als Kinder bereits beschlossen, dass sie *den Elternteil mit dem gleichen Geschlecht beeindrucken* müssen, um geliebt zu werden. So verlangen sie sich ständig Höchstleistungen ab. Ein Problem, das damit im Zusammenhang steht ist häufig, dass die Eltern – der Erinnerung der Kinder nach – die Leistung dieser mehr kritisierten als lobten, was letztlich dazu führte, dass diese glaubten, sich ständig beweisen zu müssen, um die Wertschätzung und Liebe des gleichgeschlechtlichen Elternteils zu verdienen.

Depressive und manisch-depressive Menschen sind hingegen zornig auf das Elternteil vom anderen Geschlecht, weil sie selbst im Erwachsenenalter immer noch glauben, dass sie die Anerkennung der Mitmenschen nicht verdienen, weil sie nicht gut genug sind. Zu dieser Überzeugung kam es, weil sie als Kinder und Jugendliche das Verhalten, sowie die Worte des gegengeschlechtlichen Elternteils als ein Zeichen der Missbilligung deuteten. Aus dieser Erinnerung heraus reagiert der Depressive noch Jahrzehnte später mit Gefühlen von Enttäuschung und Wut. Lebt diese aber nicht bewusst, sondern agiert auch sie unbewusst gegen sich selbst und andere aus. Er projiziert dann mitunter seinen Groll auf seinen Partner/seine Partnerin, bleibt jedoch unfähig sich die Wut auf Vater bzw. Mutter zu vergeben. Letztlich weigert er sich sogar zuzugeben, dass er diese Wut noch heute empfindet. Doch diese Einstellung versagt ihm ein glückliches, freudvolles Leben.

Lise Bourbeau ist davon überzeugt, dass die beste Therapie für Depressive darin besteht, sich selbst und den Eltern zu vergeben. Zwar wird ein starkes Ich Schwierigkeiten haben zu vergeben, weil es davon überzeugt ist, dass die anderen die Schuldigen sind. Doch die Betroffenen müssen einsehen lernen, dass es in ihrer Verantwortung liegt zu entscheiden, wie sie als Erwachsener die Ereignisse in ihrem Leben beurteilen und sehen wollen und dass nur sie selbst sich zu heilen vermögen, denn Heilung kommt immer von innen heraus.

Selbst wenn es Ihnen anfänglich schwerfällt, zu vergeben, sollen Sie sich regelmäßig in der Praxis der Vergebung üben. Es dauert einfach seine Zeit, bis der ganze Prozess abgeschlossen ist. Hier gilt es zu akzeptieren, dass das Ich ziemlich hartnäckig und stark ist und gegebenenfalls gegen die Vergebung arbeiten will, ja diese sogar zu sabotieren versucht. Bleibt die betroffene Person jedoch im Herzen mit dem Wunsch der Seele nach Vergebung verbunden, kann bereits dies Veränderungen bewirken. Was dabei hilft, ist, sich ein offenes Herz zu bewahren und sich tief im Inneren mit dem göttlichen Selbst zu verbinden. Damit Vergebung geschieht, muss der gesunden Liebe zu sich selbst mehr Raum im Leben gegeben werden. Heißt es doch: *„Je mehr Liebe du gibst, desto mehr erhältst du zurück!"* – Das betrifft auch die Eigenliebe, denn was ich an tiefer Liebe zu mir selbst habe, das zeigt sich mir letztlich auch im Außen, denn es gilt: *Wie innen – so außen.*

„Der Schwache kann nicht verzeihen.
Verzeihen ist eine Eigenschaft der Starken."
Mahatma Gandhi

22

Was habe ich aus allem gelernt?

Mit Dankbarkeit verändert sich der Blick auf unser Leben

Stimmt! – Jeder weiß es, und dennoch praktizieren wir die Dankbarkeit im Alltag viel zu wenig. – Zwar ist es leicht, für all die schönen und guten Dinge im Leben dankbar zu sein, doch wie steht es mit all den Herausforderungen, Krankheiten und Krisen, die unter Umständen unsere Wegbegleiter sind? – Mit ihnen fällt es uns nicht so leicht, ihnen dafür zu danken, dass sie in unser Leben gekommen sind und dieses vielleicht sogar für immer verändern. Sich mit ihnen auf irgendeine Art und Weise auszusöhnen bedarf seiner Zeit. Und es ist, als würden wir dabei jedes Mal aufs Neue durch einen Sterbe- und Trauerprozess gehen. Meiner Meinung nach sterben wir nicht nur einmal, sondern mehrfach im Leben. Ganz so, als sollten uns diese *kleinen Tode,* hinter denen meist die Aufforderung des Loslassens steht, auf den größeren Sterbeprozess vorbereiten, der am Ende unseres Lebens steht.

Doch wenn es uns gelingt, zwar *mitfühlend,* aber nicht mitleidend mit uns selbst zu sein, dann können wir ganz anders auf diese Veränderungsprozesse sehen. Indem wir ihnen erlauben ein Teil unseres Lebens zu sein, akzeptieren wir was ist, und lernen wie ein Kind, das beim Laufen lernen hingefallen ist, wieder aufzustehen und weiterzugehen. Ändern wir unseren Blick auf das, was ist, geben wir nicht länger den Ereignissen die Macht über uns, sondern bleiben viel mehr in unserer Kraft und können dann auch wieder Chancen und Lösungsmöglichkeiten hinter allem sehen. – Zugegeben, vielleicht nicht sofort, aber nach und nach kann und darf so Heilung geschehen.

Doch ich bin ganz ehrlich und gebe zu, dass es seine Zeit gedauert hat, bis ich es vermochte, aus einer anderen Perspektive heraus auf das zu sehen, an dem mein Leben komplett zerbrochen war. Anfangs fühlte ich mich nur noch verletzt und war so überfordert und irritiert, dass ich mich über jeden nur noch wundern konnte, der mir zu sagen versuchte, dass jeder Krise eine Chance innewohnt.

Ich war so eine Drama-Queen, dass ich mir – so oft ich diesen Satz hörte oder las – nur noch dachte: *„So ein Quatsch! – Krise ist Krise. Krise ist Drama. Krise ist Leid. – Wo ist da bitte die Chance?"* – Und ja, es dauerte jeweils seine Zeit, bis ich erkennen konnte, dass sich hinter meiner Diagnose Krebs (im Alter von 36 Jahren), sowie hinter meiner Lebenskrise der mittleren Jahre mit all der Erfahrung von Krankheit, Tod und Trauer, Trennung, Betrug, Demütigung, Kränkung, Burnout und Depression doch tatsächlich auch etwas Positives verbirgt.

Manchmal dauert es sehr lange, bis es uns gelingt, unseren Frieden mit diesen Ereignissen und Menschen, die hinter einer Krise stehen, zu machen. Doch inzwischen habe ich gelernt, dass es bedeutend besser ist, mich nicht mehr länger gegen dies alles zu wehren, sondern es anzunehmen und nach der Lernchance in allem zu suchen. Und so wie ich versuchte, das Beste daraus zu machen, veränderte sich nach und nach auch mein Leben.

Heute weiß ich dank meiner Gespräche mit Gott und dem, was er an Hilfestellung in Form von Büchern in mein Leben brachte, dass diese ganzen Ereignisse *nur Lebenslektionen* sind. Sozusagen mein ganz persönlicher Lehrplan, den ich mir für dieses Leben zusammengestellt habe. Und wenn ich es zulasse, dass mich diese Krisen etwas lehren, dann verändert sich zum einen mein Blick auf diese Krise und ich lerne zudem tatsächlich hinter jeder Krise eine Chance zu sehen.

Krankheiten und Krisen ängstigen uns. Ohne Zweifel. Das gebe ich ganz offen zu. Sie ängstigen uns, weil sie uns auf so vielen Ebenen unseres Seins fordern. Doch wenn ich die Angst nicht mehr länger scheue, sondern ihr mutig und offen gegenübertrete, dann öffnet sich eine Tür. Und wenn es mir dann noch gelingt, der Herausforderung neutral und wertfrei zu begegnen und das, was ist, mehr zu beobachten als darauf zu reagieren, dann zeigt sich uns mit der Zeit und mit den Fragen, die wir hinsichtlich des Ereignisses stellen, die Botschaft, die hinter allem verborgen liegt.

Es ist also viel besser, geduldig wie ein „Goldgräber" nach dieser Botschaft (Ursache) zu *graben*, statt sich auf das Leid und den Schmerz zu fokussieren. Vergangen ist vergangen. Wir können im Nachhinein die Dinge niemals ungeschehen machen. Doch graben wir als Goldgräber lange genug, dann enthüllt sich uns nach und nach ein tieferer Sinn, der hinter dem Ganzen liegt, und wir lernen die Zusammenhänge um so vieles besser zu verstehen.

Wenn wir nicht wollen, dann müssen wir nicht einmal allein nach dieser Botschaft graben. Es gibt viele gute Therapeuten und Coaches, die uns sehr gerne bei dieser Arbeit begleiten. Die helfen, so viel alten Humus, so viel verbrannte und verkrustete Erde abzutragen, dass wir mit der Zeit und mit Geduld immer besser, immer leichter an den Ursprung, an die Essenz des „Schatzes" herankommen, der hinter der vermeintlichen Krise liegt.

So können wir mit einem Wechsel der Perspektive und mit einem neuen Verständnis für die Ausgangssituation (die Krise) immer mehr zu einem Goldgräber werden und mit der Zeit einen immensen Schatz für unser Leben bergen. Einen Schatz, der tief in uns selbst verborgen liegt, und nur darauf wartet, geborgen zu werden. Doch die Entscheidung für eine solche „Expedition" hat jeder für sich selbst zu treffen. Das kann kein anderer für uns tun. Es liegt allein an uns, diese Reise zu uns selbst zu buchen, um zu schauen, wo sie uns hinführen mag. Eine „Abenteuer-Reise" besonderer Art. Aber es lohnt sich, sie zu machen, auch wenn wir dabei Neuland zu betreten haben. Es gibt immer einen, der uns führt und hält.

Und das lässt sich wohl kaum schöner sagen als mit folgendem Gedicht von Margaret Fishback Powers[25].

---

25 Margaret Fishback Powers: Gedicht. Spuren im Sand. Abrufdatum 06.01.2021, von https://www.zeitgeschichte.de/gedichte/margaret-fishback-powers/spuren-im-sand.html

Spuren im Sand

Eines Nachts hatte ich einen Traum:
Ich ging am Meer entlang mit meinem Herren.
Vor dem dunklen Nachthimmel erstrahlten,
Streifenlichtern gleich, Bilder aus meinem Leben.
Und jedes Mal sah ich zwei Fußspuren im Sand,
meine eigenen und die meines Herren.

Als das letzte Bild an meinen Augen vorübergezogen war,
blickte ich zurück. Ich erschrak, als ich entdeckte,
dass an vielen Stellen meines Lebensweges
nur eine Spur zu sehen war.
Und das waren gerade die schwersten Zeiten meines Lebens.

Besorgt fragte ich den Herren:
„Herr, als ich anfing dir nachzufolgen,
da hast du mit versprochen, auf allen Wegen bei mir zu sein.
Aber jetzt entdecke ich, dass in den schweren Zeiten
meines Lebens nur eine Spur im Sand zu sehen ist.
Warum hast du mich alleine gelassen,
als ich dich am meisten brauchte?"

Da antwortete er:
„Mein liebes Kind, ich liebe dich
und werde dich nie alleine lassen,
erst recht nicht in Nöten und Schwierigkeiten.
Dort, wo du nur eine Spur im Sand gesehen hast,
da habe ich dich getragen."

Eines habe ich inzwischen gelernt: Indem wir uns auf die Suche nach dem Schatz, dem Gold oder dem Diamanten in uns machen, entdecken wir ganz viele wunderbare Ressourcen in uns, die uns immer wieder weiterhelfen noch tiefer nach all den anderen Schätzen in uns zu suchen. Ich nenne das „Ressourcen-Orientierung" oder „lösungsorientiertes Denken". Im Prinzip ist es egal wie es heißt. Viel besser ist die Erfahrung dahinter. Die Erfahrung, dass dieser Wechsel der Blickrichtung auf eine Krise tatsächlich funktioniert.

„Sieh, was du hast – nicht, was dir fehlt."
Rupert Sheldrake

Von der Drama-Queen zur Goldgräberin – Von der Goldgräberin zur Gastgeberin

Was hierbei von Vorteil ist: Als Goldgräber finden wir viel leichter und schneller wieder aus dem vermeintlichen Drama heraus. Frei nach dem Motto: Weg von der *Drama-Queen* hin zur *Goldgräberin*. Das gilt natürlich auch für den Mann: Weg vom *Leidens-Hero* zum *Goldgräber*.

Ich habe für mich entschieden künftig nur noch „Schatzgräberin" sein zu wollen und in mir nach Gold und Diamanten zu suchen, die gefunden werden wollen. Soll heißen: Eine strittige bzw. kritische Situation, in der ich mich unter Umständen mit einer anderen Person befinde, stets dahingehend zu hinterfragen: Worauf macht mich entsprechende Person bzw. Situation gerade aufmerksam, was mein Bewusstes Ich noch nicht sehen kann oder nicht sehen will? – Worum geht es eigentlich? – Was ist die Lernaufgabe dahinter? – Was soll mich diese Situation lehren?

So anstrengend und fordernd meine Reise zu mir selbst oft war – das will ich nicht leugnen – liebe ich es inzwischen, Schatzgräberin zu sein. – Heute bin ich mir das wert, denn es befreit ungemein.

So vieles kommt auf unser *bewusstes Denken* an. Oft tapsen wir sowohl beruflich als auch privat immer wieder in die vom

Unterbewusstsein ausgelegten (vermeintlichen) „Fallen". Dabei meint es das Unterbewusstsein nur gut mit uns und will uns ausschließlich dabei helfen, uns von den alten Mustern zu befreien, die uns persönlich nicht mehr guttun.

Es will uns helfen, dass wir uns selbst aus den „Fallstricken" (den falschen Glaubenssätzen, Selbstvorwürfen und Überzeugungen) früherer Prägungen befreien, in denen wir uns verloren haben. Manche davon haben wir selbst kreiert, andere wiederum sind Lernmuster aus unserer Erziehung, denn in aller Regel sehen wir die Welt, wie sie uns unsere Eltern zeigten. Wir interpretieren sie wie sie. Wir fühlen, sprechen, denken und handeln wie sie. Mit der Zeit ziehen wir uns immer mehr die gleichen bzw. sehr ähnlichen Erlebnisse in unser Leben wie es unsere Eltern bereits taten. Dies alles soll aber kein Vorwurf an unsere Eltern, Großeltern und Ahnen sein. Sie wussten es ja auch nicht besser. Sie sind auf ihre Art den Erziehungsmustern und Idealen ihrer Eltern gefolgt. – Schließlich werden diese ganzen Muster von Generation zu Generation weitergegeben.

Doch jetzt ist es an der Zeit, uns von diesen alten Prägungen zu befreien und stattdessen unser eigenes Potential zu finden und zu leben. Gefragt sind dabei eine gute Portion Neugier, eine feste Absicht bzw. der Wille zur Veränderung, sowie Willensstärke und Disziplin. – Was ich vornehmlich zu lernen hatte, war: *loszulassen und zu vertrauen.* Loszulassen, was mir nicht länger dienlich ist, und stattdessen darauf zu vertrauen, dass da immer eine höhere Macht ist, die jederzeit bereit ist, mir zu helfen, die Dinge anzuschauen und zu transformieren, die der Heilung bedürfen. Und es gilt außerdem zu erkennen, dass die einzige Konstante in unserem Leben stets die *Veränderung* ist.

Wichtig ist, sich *bewusst* zu sein: Wir sind *nicht* dieses Drama. Wir sind *nicht* diese uralte Geschichte. Mit unseren Gedanken aktivieren wir sie nur immer und immer wieder und erleben sie von Tag zu Tag neu. Wir holen sie so lange als ein uns unbewusstes Muster in unser Leben, bis wir bereit sind, uns diese Muster und die Ursachen dahinter anzuschauen.

Wir sind sowohl die Regisseure, als auch die Akteure. Wir entscheiden. Wir gestalten. Wir kreieren und tragen die Verantwortung dafür, was in unser Leben kommt. Wir sind sozusagen die „Gastgeber" in unserem Leben. Und als solche sollten wir beherzt und freimütig (kommt von Mut!) entscheiden, mit wem wir unser Leben, diesen Tag, dieses Fest unseres Lebens feiern.

Ich für mich begreife immer mehr: Es kommt ganz auf mich an. Auf mich allein. Darauf, dass ich mir bewusst darüber bin, was ich jetzt im Augenblick gerade denke, was ich sage, was ich tue bzw. auch wie ich fühle. Kurzum: Welchem Gedanken gebe ich gerade die Macht über mich? – Welchen Gedanken „nähre" ich? Welchem „Gast" (Gedanke) erlaube ich es, sich in meinem Heim „einzunisten"?

Ich bin die Gastgeberin. Ich bin der Gastgeber.
Ich bin der „Schöpfer"/die „Schöpferin" meines Lebens.

Ich wünsche Ihnen, ab sofort eine beherzte und entschiedene Gastgeberin bzw. Gastgeber zu sein. Feiern Sie Ihr Leben. Feiern Sie jeden Tag. Feiern Sie mit den richtigen „Gästen". Feiern Sie diesen Augenblick, diesen Moment, in dem Sie erkennen, dass es in unserem Leben im Grunde genommen so vieles zu feiern gibt. Indem Sie erkennen, dass es allein die Macht Ihrer Gefühle, Ihrer Gedanken, Ihrer Worte, Ihrer Taten ist, mit denen Sie ganz für sich selbst entscheiden können, ob Sie lieber „feiern" oder „???".

Doch bevor die „Party" (im übertragenen Sinne gemeint!) richtig losgeht, will die mir bis dahin noch „un-bewusste Botschaft" natürlich erst entdeckt und entschlüsselt sein. Ganz klar. Jedes Fest ist umso schöner, wenn wir uns beseelt und von Herzen gerne auch all den Vorbereitungsarbeiten widmen. Laden Sie von daher nicht einfach nur einen „Catering-Service" ein, sondern entdecken Sie selbst, was Ihre Party zu einem ganz besonderen, außerordentlichen Fest werden lässt. Ich „feiere" und gestalte heute – nach jahrelanger Durststrecke – endlich auch wieder mein Leben. Und was das Schöne daran ist: Es gelingt mir immer mehr. Ich werde immer souveräner, weil ich es für mich endlich begriffen habe, wie wichtig ein *bewusstes Denken* ist.

„Gestern war ich schlau und so wollte ich die Welt verändern.
Heute bin ich weise und verändere mich selbst.“
Islamischer Mystiker Rumi

Mein himmlisches Dream-Team

„Wer einen Engel zum Freund hat,
braucht die ganze Welt nicht mehr zu fürchten.“
Dr. Martin Luther King

Heilung geschieht nicht nur. Sie ist für mich ein Akt göttlicher Gnade. Ein Geschenk Gottes, das ich erfahre, wenn ich aus ganzem Herzen mit ihm verbunden bin. Wenn ich mich immer wieder auf ihn besinne. Wenn ich mit ihm wie mit einem guten Freund in Beziehung bin. So kann ich seine Liebe für mich auch am allerschönsten erfahren, denn Gott liebt die Vertrautheit mit mir genauso wie ich meine mit ihm. Und er schätzt es, wenn ich aufmerksam und dankbar bin für das, was ist. Er hilft mir dabei, die Dinge so anzunehmen wie sie sind, ohne sie zu bewerten. Und lässt mich wissen, dass letztlich alles zu meinem Wohle geschieht.

Heute weiß ich, dass ich für alles selbst die Verantwortung trage und dass mich sowohl die Dinge im Außen, als auch meine Gefühle immer wissen lassen, wie ich gerade mal wieder denke und fühle.

Das Universum ermöglicht es uns zu lernen, indem wir in bestimmte Situationen geführt werden, damit wir aus unserem noch sehr unreflektierten und unbewussten Denken und Handeln heraus immer mehr zu einem bewussteren Denken und

Handeln kommen, auch wenn es bedeutet, aus Erfahrungen *und* Fehlern zu lernen. – Erst durch Bewusstwerdung und den achtsamen Umgang mit allem, was ist, schulen wir so unseren Geist und üben nach und nach ein neues Denken und Verhalten ein.

Doch neben dem Prozess der Bewusstwerdung geht es in unserem Leben vermehrt auch darum, uns selbst viel mehr wertzuschätzen und zu lieben, sowie unsere Seele zu ehren und ihren Seelenplan zu achten.

Wichtig ist hier zum Beispiel zu wissen, dass sich jede Seele für diese Inkarnation ganz bestimmte Aufgaben entsprechend ihrem Seelenplan vorgenommen hat, die es im Verlauf unseres Erden-Daseins zu verwirklichen gilt. Diese suchen wir uns danach aus, welche Eigenschaften wir besonders stärken wollen, damit sie unserer weiteren Entwicklung dienen. Für den einen kann dies z. B. bedeuten, dass er die Kraft der Vergebung noch besser erlernen will. Für den anderen heißt die Aufgabe mehr in die Selbstliebe zu gehen. Für den nächsten gilt es, vermehrt zur Ruhe zu kommen und den inneren Frieden zu finden. Ein anderer hat es sich vielleicht zur Aufgabe gemacht mehr Vertrauen zu erlernen. Welche Aufgaben es im Einzelnen sind, erkennen wir in aller Regel daran, was uns noch am schwersten fällt bzw. welche Situationen sich in unserem Leben sehr häufig wiederholen.

Bei mir geht es zum Beispiel sehr stark um Vertrauen. Ein Thema, das sich mir von Anfang an in meinem Leben immer wieder zeigt. Mal heißt es, dem Leben vertrauen. Ein anderes Mal meinen Fähigkeiten und Talenten. Oder es gilt, das Vertrauen wieder in die Menschen zu finden. Wichtig ist für mich außerdem ein bedingungsloses Vertrauen in Gott, auch wenn ich nicht weiß, was mir der morgige Tag, geschweige denn das Übermorgen oder die Zukunft bringen mag.

Gott liebt es, wenn ich ihm vollkommen vertraue. Für mich nicht immer ganz leicht, weil hier gerne mein Ego mit einem ausgeprägten Kontrollbedürfnis reagiert, aber zum Lernen bin ich ja hier. Also ausprobieren und Erfahrungen sammeln.

Des Weiteren geht es bei mir darum, den Glauben an mich selbst zu stärken. Hier habe ich mit meinen Erfahrungen als Zwilling-Geborene einen gewissen Nachholbedarf. Heißt folglich den Selbstwert verbessern und darauf vertrauen, dass ich alle Aufgaben meistern kann, vor die mich Gott stellt. Es geht um das Erkennen dessen, wer ICH wirklich bin. Dass ich noch so viel mehr bin als das, was ich mich bis jetzt zu leben getraut habe. Dass ich meine wahren Stärken erkenne. Dass ich mich immer mehr an meinen göttlichen Ursprung und damit an meine wahre Essenz erinnere und diese wieder in mein Leben bringe. Dass ich mich wieder erinnere an all das, was da noch so an Potential und Fähigkeiten in mir ist. Dass ich über meine Schatten springe und mich an all dem Licht erfreue, das da wieder in mein Leben kommen mag.

Gott wünscht sich für uns, dass wir wieder mehr die Verantwortung für unser gesamtes Leben und somit für unser Wohlergehen (körperlich, geistig *und* seelisch) und Glück übernehmen. Dass wir wieder herausfinden aus der persönlichen „Ohnmacht", die uns in Krisen führt und gefangen hält. Und dass wir uns stattdessen wieder an unsere Macht (im positiven Sinne!) und unseren kreativen Schöpfergeist erinnern. Dass wir wieder lernen in beides zu vertrauen und unser Potential auf eine gesunde Art und Weise zu leben. Dass wir wieder ganz wir selbst werden und zur wahren Quelle unseres Seins zurückkehren. Das Göttliche in uns und in den anderen Menschen entdecken und gemeinsam in Frieden leben.

Es geht um die Wieder-Bewusstmachung unserer Individualität. Um das, was jeden Einzelnen von uns zu etwas ganz Besonderem macht. Es geht darum, sich wieder aus der „Masse" herauszulösen und sich stattdessen selbst mehr anzunehmen Es geht darum, unsere eigene Schönheit, Sprache und Ausdrucksmöglichkeit zu erkennen, unser eigenes Licht zum Leuchten zu bringen und nicht länger die „Kopie" von irgendwas oder irgendwem zu sein.

Es geht darum, unsere ganz persönlichen Fesseln zu sprengen. Unser selbst geschaffenes Gefängnis zu verlassen. Wieder in unsere persönliche Freiheit zurückzufinden und unsere Vielfalt, unsere „Buntheit", den Künstler in uns vermehrt zu leben. Es geht darum, uns selbst wieder mehr *Macht* und damit die Erlaubnis zum Selbstausdruck und zur positiven Selbstverwirklichung zu geben. Wieder ein freier Geist zu werden und die Türen des Käfigs, in dem wir so lange festsaßen, zu öffnen. Frische Luft hereinzulassen, dem Leben wieder so viel mehr an Farbe, an Musik, an positivem Tatendrang zu geben. Es geht darum, wieder neugierig zu werden auf das Leben. – Dem Leben selbst wieder mehr Sinn zu geben. Zu erkennen, dass wir selbst es sind, die uns durch unsere Ängste Fesseln anlegen und uns in unserem Selbstausdruck, in unserer Schaffenskraft beschränken. Es geht darum, wieder den *ATEM* des Lebens in sich aufzunehmen, einzusaugen und tatsächlich zu *LEBEN*.

> „Das Leben will belebt, die Seele beseelt,
> der Geist begeistert werden."
> *Elazar Benyoez*

Mein Leben – Ein steter Traum von der Liebe

Aufgrund meines Starts in dieses Leben bin ich schon als Baby mit einer unwahrscheinlichen Sehnsucht und Bedürftigkeit nach Liebe in diese Welt gekommen. Wollte unbedingt lernen, wie es ist, geliebt zu werden und selbst zu lieben. Wollte lernen, wie es ist, von der Liebe beseelt zu sein und ganz aus der Liebe heraus zu handeln. Habe dabei – wie Sie vermutlich auch – eine Vielzahl der verschiedensten Erfahrungen gemacht. Dabei suchte ich ständig nach Geborgenheit, nach Zugehörigkeit, nach Sicherheit, Nähe und Halt, und vor allem nach einem Berührt-Werden von der Liebe.

Ich wollte die Liebe, die in mir war, weitergeben, doch ich wusste nicht wie. Sah ich mir bei meinen Freundinnen und Freunden aus der Schulzeit die Liebe an, sah dies – so glücklich und verliebt wie sie waren – so leicht und beschwingt aus. Wie wunderschön für sie, doch leider nicht für mich. – Irgendwann fing ich dann an, meiner Träumerei von der Liebe mit allen Gefühlen abzuschwören und ihr immer weniger an Aufmerksamkeit und Bedeutung zu geben.

Ich wollte dieses sehnsuchtsvolle Verlangen nach der Liebe nicht mehr spüren. Wollte nicht mehr fühlen. Schaute mir an, wie andere, denen es – meiner Meinung nach – genauso erging wie mir, sich ihren Weg durch diesen Dschungel „Leben" bahnten. Habe von ihnen gelernt. Sagte mir immer und immer wieder, dass es nicht gut ist, eine derart verträumte und romantische Seele zu sein, die viel zu sehr von einer Liebe träumt. Sagte mir: „Leben verlangt von dir möglichst gut zu überleben. Da ist kein Platz für deine Träumerei. Für ein zu Viel an „romantischem Design und Geflitter". So viel von der Liebe zu träumen, wie du es tust, ist schlichtweg kindlich und naiv. Schau dir an, wie die anderen Menschen durchs Leben gehen. Die träumen und reden nicht ständig von der Liebe wie du. Wenn du erwachsen werden willst, dann halte dich also an ihre Regeln. Vergiss die Liebe. Du bist nicht zum Träumen hier, sondern zum Arbeiten und Funktionieren wie alle hier."

Doch irgendetwas in mir sagte mir auch: „Gib nicht auf, nach der *wahren Liebe* zu suchen. Sie ist es wert. Sie ist wunderschön. Sie wird auch dir gefallen, weil sie in ihrer Art einzig ist!"

Und so suchte ich. Suchte und suchte jahrzehntelang. Doch jedes Mal, wenn ich dachte, dass ich sie gefunden hatte, entschwand sie mir.

Schon bald merkte ich, dass ich, wenn ich mehr gebe, ein gewisses Maß an Liebe zurückbekam. – *Doch ist dies die wahre Liebe?* – War es damit schon genug? – In meinem Herzen blieb ich nach wie vor eine nach der wirklichen Liebe Suchende.

Zwar teilte ich das, was an Liebe in mir war, so gut ich konnte mit den anderen (Partner, Freunde, Familie), doch mein ungestilltes

Sehnen und Verlangen blieb. Und mit ihm mein Hunger nach der wahren, bedingungslosen Liebe. Doch das Paradoxe ist: Je mehr ich sie suchte, umso mehr entzog sie sich mir.

Erst nachdem mein Traum vom Leben wie eine Seifenblase zerplatzt war und nichts mehr blieb so wie es einmal war, fing ich an nichts mehr im Außen zu wollen und zu suchen, sondern nur noch in mir. Die Welt an sich war nur noch bitter, kalt und fremd. Und so wie mir die Welt nichts mehr zu geben hatte, hatte auch ich ihr nichts mehr zu geben. Also zog ich mich zurück und wurde mitten unter den Menschen so etwas wie ein Eremit. – Mitten unter den Menschen und doch „mutterseelenallein".

„Mutterseelenallein" – der Zustand, den ich bereits als Säugling fernab von Mutter und Bruder erlebte und der sich noch des Öfteren in meinem Leben wiederholen sollte. Dieses Gefühl hatte sich mir irgendwie in meine Seele eingebrannt.

Dabei hatte mir meine Mutter mit Sicherheit alles an Liebe gegeben, was sie an Liebe und Zuwendung zu geben vermochte. Kann sie etwas dafür, dass ich – so bedürftig wie ich war – von ihrer Art Liebe zu geben nicht satt werden konnte? – Nach allem, was ich heute weiß, darf ich davon ausgehen, dass sie stets ihr Bestes gab. – Und das gleiche gilt natürlich auch für meinen Vater.

Heute weiß ich wie wichtig es ist, trotz unserer Bedürfnisse und Wünsche keine Erwartungshaltung mehr an andere Menschen zu haben. Das trifft sowohl auf Vater und Mutter, als auch auf Partner/Partnerin und Freunde zu.

Die Eltern sind bis zur Volljährigkeit ihrer Kinder vielleicht noch am ehesten in der Pflicht, doch spätestens dann, wenn Sohn und Tochter auf eigenen Beinen stehen und durchs Leben gehen, sollte uns damit auch bewusst sein, dass es dann auch heißt die Verantwortung für unser Wohlergehen in allen Bereichen selbst immer mehr zu tragen. Zwar ist es schön, wenn die anderen ihre Liebe und Wertschätzung mit uns teilen, doch sollte dies auf allen Seiten frei von irgendwelchen Verpflichtungen, Erwartungshaltungen oder gar Schuldgefühlen sein.

Um wirklich erwachsen zu werden, müssen wir früh genug lernen, uns selbst bester Vater, beste Mutter zu sein. – Erst wenn wir es vermögen, glücklich und zufrieden, sowie in Harmonie und Liebe mit uns selbst zu sein, löst sich jede Art von Erwartungshaltung an den anderen auf und macht uns frei. – Ein Zustand, der nicht nur mir guttut, sondern auch dem anderen.

Ich stelle fest: Frei-Sein gibt jedem von uns seinen Raum. Raum zur Entdeckung der eigenen Individualität. Raum zur Selbstentfaltung und zur Kreativität. Die Freiheit, die ich mir gebe, gebe ich ganz selbstverständlich auch dem anderen. – *Jeder DARF!* – *Keiner MUSS!* – Ich sehe das Beste in mir und das Beste im anderen. Und das Leben antwortet bereits auf diese grundlegend positive Energie, indem es viel leichter, freudvoller und liebenswerter wird.

Erst wenn jeder die Wertschätzung und Liebe in sich selbst gefunden hat und sich in seinem So-Sein genügt, wenn er mit sich selbst in Balance ist, in sich selbst stimmig, rund, harmonisch und ausgeglichen, werden Beziehungen auf gleicher Augenhöhe möglich. Nur so kann es Beziehungen geben, in denen jeder den anderen so annimmt, wertschätzt, respektiert und liebt, wie er ist. Erst wenn wir uns selbst lieben, werden wir wirklich unabhängig von der Meinung der anderen und müssen uns nicht mehr mit ihnen vergleichen, denn dann genügen wir uns selbst.

Inzwischen bin ich davon überzeugt, dass eine *gesunde* Liebe (egal ob zwischen Eltern und Kind oder Partnern) dieses Freiraums bedarf, indem es für jeden möglich ist, einfach nur zu sein. Denn nur so können wir auch in Liebe sein. Da gibt es kein „nur weil du mir gegeben hast, gebe ich dir" usw. – Eine solche Art von Liebe bleibt immer unerfüllt. Diese Rechnung mit einem Hin und Her geht niemals auf. – Ich kann und darf Liebe niemals in Rechnung stellen. Liebe ist kein Tauschgeschäft. Sie ist nicht mit irgendetwas zu bekommen. Ich kann und darf sie mir auch nicht erkaufen. Das wäre letztlich sogar eine gewisse Form von Manipulation.

Liebe ist oder sie ist nicht! – Liebe *WILL* frei sein! – Liebe *MUSS* frei sein! – Liebe lässt sich nicht erzwingen. – Und ist durch den anderen, aus welchen Gründen auch immer, keine Liebe mehr da, dann ist es besser sich zu trennen als in irgendeiner Art von Erwartungshaltung vor sich hin zu schmollen und sie auf die eine oder andere Art einzufordern. Dies alles kann Liebe niemals sein. – Liebe muss *ATMEN!* – Liebe braucht *RAUM!* – Liebe braucht *FREIHEIT!*

Erzwinge ich die Liebe nicht, sondern lasse sie frei und sehe sie dafür in allen Dingen, dann kann sie sich vermehren, wird *bedingungslos* und *frei!* – So soll Liebe sein! – Ist Liebe frei, wachsen ihr Flügel! – Das ist dann der Moment, in dem sie gemeinsam mit der Seele lernt zu fliegen.

Bin ich in *wahrer* Liebe, dann bin und fühle ich mich frei. Sowohl in mir, als auch im Außen. Brauche weder Konsum, noch Medien, noch irgend andere Süchte, um mich an ihnen zu „berauschen". Mit Liebe im Herzen bin ich ganz und gar ich! – Genüge mir. – Danke mir. – Erfreue mich an mir. – Bin glücklich und zufrieden mit mir. – Bin in Beziehung mit mir. – Bin angekommen in meinem Leben.

Liebe darf sein! – Liebe darf in *ALLEM* sein! – Liebe ist für mich die alles umschließende und heilende Kraft, die *ALLES* möglich macht. – *Das ist für mich wahre, bedingungslose Liebe.*

Woher sind wir geboren? – Aus Lieb.
Wie wären wir verloren? – Ohn' Lieb.
Was hilft uns überwinden? – Die Lieb.
Kann man auch Liebe finden? – Durch Lieb.
Was soll uns stets vereinen? – Die Lieb.
Johann Wolfgang von Goethe

Was ist für mich das Schönste am Träumen?

Wenn ich träume, dann bin ich in Verbindung mit meiner Seele und fühle mich Gott sehr nah. Wenn ich träume, dann träume ich von einer anderen Welt. Von einer schöneren Welt. Einer ruhigeren Welt. Einer liebevolleren Welt. Von Menschen, die sich mehr denn je wieder mit der Kraft ihrer Herzen verbunden haben und aus dieser Verbundenheit und Sanftheit heraus miteinander leben. Deren Denken, Fühlen, Sprechen und Handeln erkennen lässt, dass sie in sich selbst ruhen und mit sich im Frieden sind. Die aus diesem Frieden heraus auch mit anderen mitfühlend, empathisch und friedvoll zusammenleben. Die gesunde Beziehungen leben, in denen Wertschätzung, Respekt und Liebe nicht einfach nur Worte sind. Die Beziehungen auf gleicher Augenhöhe anstreben und leben.

Menschen, die zu sich gefunden haben. Die darum wissen, wie wichtig es ist, mit sich selbst im Einklang, in Harmonie, im Frieden und in der Liebe zu sein. Die ihr Leben mit viel Leichtigkeit und Freude gestalten. Die ihre Freiheit, ihre Einzigartigkeit, ihre Kreativität leben und ihr Potential gerne mit anderen teilen. Die sich ihrer Verantwortung gegenüber allen Lebewesen und Mutter Natur bewusst sind. Die nicht nur Erdbewohner, sondern Erdbewahrer sind und von daher mit allem respektvoll, wertschätzend und liebevoll umzugehen wissen. Die die Liebe als eine friedvolle Quelle in sich selbst gefunden haben und darum wissen, dass Liebe in allem immer lichtvolle Lösungen zu finden weiß.

Mit Träumen kommt die Erinnerung an unser wahres Sein zurück, daran, dass wir in erster Linie „Spirit" (Geist) sind. Dass wir als Seele hier sind, weil wir Gott versprochen haben, beim Aufstieg der Welt in ein neues Zeitalter, das sogenannte *Goldene Zeitalter* hinein mitzuhelfen. – Ja, das haben wir. – Wir alle! Ausnahmslos! – Wir haben's nur leider vergessen oder verdrängt, weil uns die Welt mit all ihrer Wichtigkeit, ihrer Geschäftigkeit, mit all ihrem Hauen und Stechen so sehr gefangen hält. Doch als Seelen sind wir nicht hier, um nur miteinander zu konkurrieren,

Spaß zu haben, zu konsumieren. In unserem Menschsein haben wir – dem Ego verhaftet – den Bogen überspannt. Haben bei der Einheit von Körper, Geist *und* Seele Letztere immer mehr vergessen und dabei das Wesentliche übersehen.

Jetzt bedürfen wir der Erinnerung daran. – Dieser geplante Aufstieg der Welt in ein neues Zeitalter hinein ist nicht aufzuhalten. Doch es ist wichtig für uns, dass wir uns wieder bewusstwerden, dass wir Seelen in einem menschlichen Körper sind. Und dass wir hier auf Erden sind, um unseren Beitrag zu leisten, damit dieser Aufstieg gelingt.

Worum geht es bei unserem Weg?

Wenn wir innehalten, ruhig werden und aufmerksam sind, können wir in vielen Bereichen unseres Lebens sehen, dass wir Menschen nicht erst seit Corona in einer Krise stecken. – Der Krise, die wir derzeit erleben, geht weltweit schon seit Jahren eine bahnbrechende *Sinn-Krise* voraus. Millionen von Menschen leben schon seit Jahren mit ihr. Bedürfen regelmäßig der Therapie, um überhaupt noch einigermaßen gut durch das, was sich für sie noch Leben nennen lässt, zu kommen. Allein in Deutschland sind es derzeit bereits über 5 Millionen Menschen, die sich wegen ihrer Depression (Sinn-Krise!) regelmäßig in Behandlung befinden und so für das Gesundheitswesen enorm hohe Kosten verursachen. Und für viele endet auch *diese* leider tödlich! – Können oder wollen wir diesen Zusammenhang nicht sehen?

Doch nicht nur die Menschen befinden sich in der Krise. Bei allen Lebewesen, ja selbst in Mutter Erde findet derzeit ein tiefgreifender Prozess der Reinigung, Veränderung und Wandlung statt. – Ich möchte behaupten, dass wir zu lernen haben, den Blick weg vom Einzelnen auf das große Ganze zu richten, denn in Wahrheit geht es um so viel mehr. Denken Sie an das Artensterben. Im Tierreich verlassen uns immer mehr die Blaumeisen, Delfine und Wale, um nur ein paar Beispiele zu nennen. Sie sterben. In der Pflanzenwelt können wir mit dem Absterben von Korallenriffen, Fichten und Tannen usw. ebenfalls gewaltige Veränderungen beobachten. Wir sind uns dessen anscheinend nicht oder zu wenig bewusst, wie dies alles zusammenhängt. Auch Mutter Natur zeigt uns mit ihren Stürmen, Wald- und Flächenbränden, Flutkatastrophen, Vulkanausbrüchen usw., dass auch hier Veränderung geschieht. – Altes muss sterben, damit etwas Neues geboren werden kann. – Das war schon immer so.

Tod und Leben gehören zusammen. Wir werden geboren. Doch mit jedem weiteren Tag Leben bereiten wir uns indirekt und unbewusst dann aber auch schon wieder auf den Abschied von dieser Welt vor, der für den einen früher, für den anderen später erfolgen mag. Je nachdem, was sich die Seele für dieses Erdenleben an Lebenszeit und Lebensaufgaben erwählt hat. Nichts in dieser Welt geschieht absichtslos. Wir verstehen es nur nicht, weil wir uns zu wenig damit befassen, doch hinter allem verbirgt sich ein viel höherer Sinn. Alles fügt sich in einen viel größeren Zusammenhang ein. Und alles unterliegt nicht unserem menschlichen Wollen, sondern untersteht einer höheren Macht.

Auch wenn sich das jetzt vielleicht sehr fremd für Sie anhören mag, oder Sie sich gar denken: Was fällt dieser Autorin ein, uns mit solchen Aussagen zu konfrontieren? Hat die nichts Besseres zu tun? Ist die verrückt? … Was bildet die sich ein? … Sprechen Sie's ruhig aus. … Denken Sie's. – Bei dem, was ich Ihnen hier sage, geht es nicht um mich. Ich habe mich darauf vorbereitet, dass das Buch nicht nur Gefallen finden wird. Bei alledem geht es nicht um mich.

Ich als „Mensch" muss hier keine bestimmte Rolle mehr haben, denn die habe ich zur Gänze sowohl beruflich als auch privat über fünfzig Jahre gelebt. Habe dabei meine Erfahrungen gemacht und neben manch Positivem auch meine Schwächen und Fehler gelebt. Bin immer und immer wieder auf mein Ego reingefallen und habe mir unbewusst mein Leben auch fremd bestimmen lassen. – Ich habe viel zu lange nicht bewusst gelebt. Hab mir lange Zeit überhaupt keine Gedanken darüber gemacht, was es überhaupt heißt, bewusst zu leben. Ich habe funktioniert so wie ich glaubte, dass es sich gehört. Hatte an den Beispielen anderer gelernt und war mehr als überrascht, als mein Leben zerbrach. Seitdem versuche ich täglich aufs Neue dazuzulernen und die Dinge besser zu machen, die mir früher nicht bewusst waren.

Jetzt, in den letzten vier Jahren, hat sich mein Leben von Grund auf gewandelt. Ich lernte immer mehr zu unterscheiden zwischen einem bewussten und unbewussten Lebensstil. Und wurde dabei nach und nach immer mehr daran erinnert, warum ich genau zu dieser Zeit hier auf Erden bin. Was mein Leben wirklich von mir will. – Heute verstehe ich, warum ich mich in meinem alten Leben oft so fremd gefühlt habe. Irgendwie falsch angekommen in dieser Welt. Fremd unter den Menschen, von denen ich manche einfach nicht verstehe. Heute erst kann ich nachvollziehen, warum es immer wieder Zeiten in meinem Leben gab, in denen ich in dieser materiellen Welt den wirklichen Sinn für mein Dasein nicht sah. – Das soll nicht heißen, dass ich in all den Jahren nicht auch schöne und gute Momente hatte. Auch die waren reichlich an der Zahl und für jeden einzelnen davon danke ich. Ich möchte keinen davon missen, denn viele waren wunderschön.

Und dennoch musste ich erkennen, dass mich dies alles nicht wirklich *erfüllte*, denn sonst hätte ich mich anders glücklich und zufrieden gefühlt. Mir fiel immer mehr auf, wie „hungrig" ich geblieben war in einer Welt voller Möglichkeiten, Wirtschaftswachstum, Reichtümer, Überfluss, Freizeit- und Spaß-Programmen. Ich konnte wählen, welche davon ich in meinem Leben haben wollte. Konnte von ihnen kosten, doch sie haben mich nicht genährt. Wie unseren heutigen Ackerböden fehlten auch all diesen bunten und facettenreichen Angeboten die Nährstoffe, derer es bedarf, um ein wirklich glückliches und erfülltes Leben zu führen, um in Körper, Geist *und* Seele ausbalanciert und gesund zu sein.

Obwohl wir die gleiche Sprache sprechen, bin ich immer wieder auch in meinen Beziehungen mit den Menschen (Familie, Partner, Freunde, Kollegen, …) gescheitert. Trotz all der Worte, die wir ausgetauscht haben, konnten wir uns oft nicht wirklich verstehen? – Warum ist das so? – Was ist da los?

In meinem Alltag gab es immer mehr unbeantwortete Fragen und immer mehr Herausforderungen und Krisen. Und obwohl ich versuchte, dies alles zu verstehen, gab es irgendwann keinen Ausweg mehr und die Sinn- und Existenzkrise war da. Auch wenn ich sie *bewusst* nicht eingeladen hatte, schlich sie sich bereits seit Jahren in mein Leben und setzte sich darin fest.

In den letzten Jahren habe ich sehr viele Gespräche mit Gott geführt und ihm immer wieder meine Fragen gestellt. In einem von ihnen hat er es mir so erklärt, dass er uns allen den freien Willen gegeben hat zu entscheiden, wie wir leben wollen. Da er jeden von uns bedingungslos liebt, lässt er uns gewähren, was immer wir tun. Er respektiert diesen freien Willen und lässt uns so leben, wie wir denken, dass es richtig für uns ist. Er hat uns allen zusätzlich zu dem Potential, das unsere Individualität beschreibt, all die Fähigkeiten gegeben, um ein wirklich gutes Leben leben zu können. Doch wie wir dies alles gebrauchen, liegt allein an uns. Keiner von uns ist dabei zu kurz gekommen. Er lässt uns frei über alles verfügen. Was wir daraus machen, entscheiden wir selbst. Doch letztlich haben wir die Konsequenz aus dem zu tragen, wie wir uns entschieden haben zu leben. Egal ob bewusst oder unbewusst. Leben wir ausschließlich nach unserem freien Willen (im Sinne unseres Egos) und vergessen dabei IHN, sowie das Versprechen, das wir ihm einst gegeben haben, so haben wir auch die Konsequenz daraus zu tragen.

Gott meint dies aber nicht im Sinne einer Bestrafung für uns. Er muss uns nicht bestrafen, denn das tun wir bereits selbst. Jeder von uns hat sich seinen eigenen inneren Richter erschaffen. Wir sind es selbst, die wir uns unsere Realität erschaffen. Ob uns diese letztlich gefällt oder nicht, beides hängt von unserem Denken und Handeln ab. Wir selbst sind die Schöpfer unserer Realität und sollten von daher mehr um die Macht unserer Gedanken, Worte und Handlungen wissen. *WIR* erschaffen Glück oder Unglück, Erfolg oder Misserfolg, Gesundheit oder Krankheit, Frieden oder Krieg, Himmel oder Hölle.

Gott hat sich dieses „Spiel", das die Menschen mit sich selbst und untereinander spielen, jetzt seit Jahrtausenden angeschaut. Musste dabei aber leider erkennen, dass der Mensch im Verlauf der Geschichte noch immer nicht allzu viel dazugelernt hat, wenn es darum geht, sich ein wirklich menschenwürdiges und gutes Leben zu erschaffen. Nach all dieser Zeit liegt es ihm mehr denn je am Herzen, sowohl die Erde als auch alle Erdbewohner in ein neues, das sogenannte *Goldene Zeitalter* zu führen. Doch damit dies so geschieht, wie er es sich für uns alle wünscht, liegt es an uns, auch unseren Beitrag dazu zu leisten, so wie wir ihm dies einst versprochen haben. Und das bedeutet: bewusster werden, achtsamer, wertschätzender, respektvoller, liebevoller mit all dem umzugehen, was Gott uns anvertraut hat.

Nach welchen Werten und Zielen wir dabei leben, auch das bestimmen wir selbst. Leben wir weiterhin nach tradierten Werten, weil wir so erzogen wurden und nichts anderes kennen, oder suchen wir nach unseren eigenen Werten, weil uns diese wirklich am Herzen liegen? Weil wir spüren, dass wir uns aus der Masse herauslösen müssen, um uns selbst zu finden, damit wir uns mit alldem, was uns wirklich ausmacht, auch wirklich ein neues Leben erschaffen? Wir haben den freien Willen dazu. Können jederzeit unsere eigene Entscheidung treffen. Können lernen, uns gegenüber den anderen abzugrenzen, um wirklich wir selbst zu sein.

Nach welchen Werten wir letztlich leben und welche Ziele wir dabei verfolgen wirkt sich jedoch im Kleinen (beruflich und privat) wie im Großen (gesamtgesellschaftlich, kollektiv) aus. Und das über alle Grenzen hinweg. Es sind nicht nur die Zehn Gebote, nach denen wir leben sollen. Gottes Gesetze, die *Geistigen Gesetze*, wirken weltweit und sie gelten für jeden. Ob arm oder reich. Ob mächtig oder nicht mächtig. Ob Akademiker oder Arbeiter. Auch hier hat jeder früher oder später letztlich die Konsequenz aus seinem eigenen Handeln zu tragen.

Der Fallstrick im Leben ist, dass wir sehr leicht von unserem Weg zu Gott abkommen, denn dies ist ein sehr schmaler Pfad, den wir schnell übersehen, wenn wir ihn unaufmerksam gehen. Der Weg des Egos hingegen ist ein breiter Trampelpfad, weil er schon so ausgetreten ist, da ihn so viele gehen. Und indem wir diesem Mainstream folgen, erschaffen wir uns immer wieder genau die Realität, die wir schon gestern und in der Vergangenheit hatten. Stets das Gleiche zu denken, zieht auch stets das Gleiche an. Handle ich heute so, wie ich schon gestern gehandelt habe, halte ich an Vergangenem fest. War dieses Vergangene gut, dann ist ja auch alles gut. Dann kann und darf ich mich meines Lebens erfreuen. Doch stelle ich fest, dass mir mein gestriges Denken und Handeln *NICHT* gutgetan hat, dann ist es dringend anzuraten, dass ich daraus lerne und mein Denken von heute prüfe und ändere, wenn ich zukünftig etwas grundlegend anders haben will.

Gott hat uns sowohl das Leben, als auch alles Potential gegeben, damit wir ein gutes Leben führen können. Er hat uns unseren Geist (Verstand) gegeben, sowie die Möglichkeit ihn zu nutzen und danach zu handeln. Es ist dieser Geist, mit dem wir uns unsere Realität erschaffen. Im Kleinen wie im Großen. Tag für Tag.

Da wir göttlichen Ursprungs sind, besitzt jeder von uns diesen kreativen göttlichen Schöpfergeist sowie den freien Willen, sich damit das Leben so zu gestalten, wie er es will. Jeden Tag können wir sehen, was wir uns erschaffen haben. Manchmal bewusst. Meistens jedoch sehr unbewusst.

Beschäftigen wir uns *bewusst* mit dem *GESTERN*, ohne daran zu klammern bzw. es festzuhalten, können wir das Vergangene reflektieren und lernen, was wir in unserem Leben haben wollen. Was uns gut tut und was nicht. Aufgrund dieser Entscheidung können wir das, was uns nicht gefällt, verändern. Für die *ZUKUNFT* jedoch können wir aus beidem lernen. Sowohl aus dem Schönen und Guten, als auch aus dem weniger Guten sowie den Schwächen und Fehlern. Letzteres kann uns zwar teuer zu stehen kommen, aber aus ihnen lernt es sich besonders gut, denn sie haben uns unglaublich viel zu sagen, damit uns künftig ein besseres *HEUTE* gelingen kann.

Für mich heißt spirituell sein, dass ich mir in jedem Augenblick meines Denkens, meiner Gefühle und meines Handelns bewusst bin. Bin ich dies, bin ich in Verbindung mit meinem *Spirit*, meinem *Schöpfergeist*. Diesen kann ich dann kreativ nutzen, um je nach Situation notwendige Veränderungen herbeizuführen, gesündere Entscheidungen zu treffen und etwas Neues zu wagen. So kommt mein Leben auch wieder in den Einklang von Körper, Geist *und* Seele.

Um etwas zum Guten wenden zu können, können wir vieles aus unserer Geschichte lernen. Sowohl aus der eigenen Biografie, als auch aus der Zeit- und Kulturgeschichte des Menschen.

Doch in Zeiten wie diesen, die für uns alle sehr unsicher sind, weil wir nicht wissen, was uns das Morgen bringt, reicht es nicht mehr aus, aus der Vergangenheit lernen zu können. Für mich ist in diesem Zusammenhang vielmehr ein *Müssen* und *Sollen* gefragt. – Wir müssen und sollen lernen, was sowohl unsere eigenen, ganz individuellen, als auch unsere kollektiven Themen sind. – Und das weltweit. Über alle Grenzen hinweg.

Wozu also Grenzen? – Wem nützen sie wirklich? – Sitzen wir nicht alle im gleichen Boot? – Steuern wir letztlich nicht alle dem gleichen Schicksal entgegen? – Ob dieses Schicksal von Menschenhand oder göttlicher Hand gesteuert wird??? – Wem wollen wir das Ruder hier wirklich überlassen? – Die Entscheidung darüber liegt bei uns.

Gott meint es auf alle Fälle gut mit uns. Er will uns in ein neues Zeitalter führen. Und auch wenn wir es vergessen haben, weil uns so viel anderes wichtiger war, es gilt nach wie vor: Wir wollten genau zu dieser Zeit hier auf Erden inkarnieren, weil wir Gott bei diesem Aufstieg unterstützen wollten, indem wir unser sogenanntes Schicksal zum Besseren wenden. Dies gilt sowohl für den Einzelnen, als auch für das Kollektiv. Am Aufstieg der Welt in das neue Zeitalter hinein mitzuwirken, das war unser Versprechen, das wir Gott vor unserer Inkarnation gegeben haben.

Wohin führt uns der Mensch? – Wohin führt uns sein Wollen? – Wohin führt uns das menschliche Ego? – Mehr Besitz, mehr Erfolg, mehr Macht, mehr Geld? – Entspricht dies unserem *wahren* Schöpfergeist? – Einem Schöpfergeist, mit dem wir uns wirklich gut fühlen können? – Warum gibt es dann so viele am Leben verzweifelte oder gar kranke Menschen? – Warum gibt es so viel Krieg statt Frieden? – Braucht unser wahrer Schöpfergeist wirklich so viel Macht, Prestige, Anerkennung etc.?

Ich habe mir in den letzten Jahren meine Fehler, Unzulänglichkeiten und Schwächen intensiv angeschaut. Bestimmt noch nicht alle, aber doch ziemlich viele. Und ich bin dabei, täglich aufs Neue aus ihnen zu lernen. Dabei kommt mir das Wort *Gedanken-Hygiene* in den Sinn, denn im Grunde genommen ist sie mit der Körper-Hygiene vergleichbar. Auch die Gedanken bedürfen einer täglichen Reinigung, damit sich dort kein Unrat und keine negative Energie ansammeln können. Damit die alten Verknüpfungen gelöst werden, die mich sonst in den alten Mustern und in meinem alten Leben festhalten.

Achte ich nicht auf meine Gedanken, Worte und Handlungen, geschieht es sehr leicht, dass ich mich in Sekundenschnelle in alten Gewohnheiten verliere und diese meinen Alltag bestimmen. Dann geben mir die alten Gedanken die Richtung vor und ich erschaffe mir jedes Mal aufs Neue genau das, was ich im Grunde genommen gar nicht mehr haben will. Und ehe ich mich versehe, wiederholt sich das Ganze von Tag zu Tag.

Das funktioniert schon seit Jahrtausenden so. Denken, sprechen und handeln wir unbewusst, wiederholen wir jeden Tag die erlernten Muster unserer Vergangenheit. Wiederholen dabei aber nicht nur das Gute, sondern auch unsere Fehler. Und das, obwohl es in unserer eigenen Geschichte, wie in der Geschichte der Menschheit, zu jeder Zeit jemanden gab, aus dessen Beispiel wir mehr als genug hätten lernen können, um den gleichen Fehler nicht immer wieder zu machen.

Die größte menschliche Schwäche heißt meiner Meinung nach *Ego*. Es liebt die Monotonie. Es liebt ein Leben in steter

Wiederholungsschleife. Für das Ego soll alles so bleiben, wie es schon immer war. Ab und an erlaubt es etwas Neues, aber nicht zu viel, denn das könnte ja gefährlich werden. Schließlich geht es um seine Existenz. Denn verlassen wir unsere Komfortzone, um neues Denken und neue Verhaltensweisen zu lernen, wird es ganz nervös und versucht uns mit Selbstvorwürfen, Kritik, Unwohlsein etc. wieder in die alten Schranken zu verweisen. Es klebt förmlich am Alten, weil es damit am besten einschätzen kann, wie der neue Tag funktioniert. Wachen wir morgens auf, lässt es uns bereits mit dem Augenaufschlag an bestimmte Ereignisse von gestern denken, nur um ja sicher zu gehen, dass wir auch heute wieder brav so funktionieren, wie es das Ego gerne hätte. So diktiert es unser Denken, Sprechen und Handeln den lieben langen Tag. Es glaubt zu wissen, was wir vermeintlich brauchen, um glücklich und zufrieden zu sein. Doch ist dem wirklich so?

Wenn dieses Ego zum Beispiel auf Erfolg, Macht, materiellen Reichtum, sozialen Status, ein schnelles Auto, Konsum etc. gepolt ist, sind es dann wirklich diese Dinge, die uns wahrhaftig glücklich und zufrieden machen? – Warum leuchten dann bei den meisten Menschen die Augen nicht? – Ich habe die Erfahrung gemacht, dass bei Menschen, die aus sich selbst heraus so richtig glücklich und zufrieden sind, die Augen funkeln wie Sterne in der Nacht. – Nicht umsonst heißt es, dass die Augen das Fenster zur Seele sind.

Schauen wir zum Beispiel in die Augen eines Kleinkindes oder Babys, dann leuchten diese noch. Fünf oder zehn Jahre später schaut das oft schon ganz anders aus. Und von Jahr zu Jahr wird bei so manchem von uns das Strahlen immer weniger, je nachdem, in welcher Lebenssituation er sich gerade befindet. – Was aber ist dazwischen geschehen? – Wenn wir Berichterstattungen oder Foto-Dokumentationen über arme oder behinderte Menschen sehen, in denen der Fokus nicht auf die Schwere ihres Schicksals und Leids gerichtet ist, sondern diese Menschen in einem ganz natürlichen Umfeld gezeigt werden, in dem sie sich wertgeschätzt und angenommen fühlen, warum können wir in diesen Fällen bei vielen von ihnen ein Leuchten in ihren Augen sehen? – Wo ist bei so vielen von uns das Funkeln in den Augen geblieben? – Was genau macht diesen feinen aber so gravierenden Unterschied aus?

Ich bin davon überzeugt: Würden wir mehr aus unserem Herz- und Seelen-Bewusstsein heraus leben, dann bräuchte es weder Covid-19, noch Artensterben, noch Umweltzerstörung, noch Lug und Betrug, noch Gewaltverbrechen, noch irrsinnige Kriege etc. – Und die Geschichte der Menschheit sähe bestimmt ganz anders aus.

Eine Redensart, die auf Martin Luther (1483–1546) zurückgehen soll, sagt: „Wenn es dem Esel zu wohl wird, geht er aufs Eis." – Was bedeutet das? – Wenn es jemandem zu gut geht, wird er leichtsinnig, will immer noch mehr und riskiert mehr. Doch durch Übermut kann man leicht zu Schaden kommen. Gibt es nicht sogar die Redensart „Übermut tut selten gut"?

Dass dem so ist, das belegt zum Teil meine eigene Biografie wie auch die Geschichte der Menschheit. Unsere Zeit- und Kulturgeschichte. Und das nicht nur einmal, sondern immer und immer wieder. Zeit, dass wir endlich aufwachen. Und dass wir Geschichte an den Schulen nicht nur lehren, sondern tatsächlich aus ihr lernen, um Fehler nicht immer wieder neu machen zu müssen, vor allem dann, wenn wir Gefahr laufen, dass sich aus ihnen Katastrophen und Kriege entwickeln.

In meinen Gesprächen mit Gott habe ich ihm auch hierzu meine Fragen gestellt, und er sagte mir: „Schaue dir in Grundzügen die Zeit- und Kulturgeschichte der Menschheit der letzten fünfhundert Jahre an. Konzentriere dich auf den Dreißigjährigen Krieg, die Französische Revolution sowie die beiden entscheidenden Revolutionen dieser Zeit. Schaue dir parallel dazu die Kulturgeschichte bis etwa 1850 an und lerne aus dieser Zeit. Gehe nicht zu sehr ins Detail. Eine kurze Zusammenfassung reicht. Die Kulturgeschichte dürfte für dich wichtiger sein als der historische Part. Wichtig ist vor allem, dass du die Beziehung der

Menschen zueinander herausarbeitest. Fühle dich ein in ihre Situation. Was eint sie? Was trennt sie? Beschreibe, wie sie zueinanderstehen und übertrage dies mitunter auch auf eure heutige Zeit. Die Betrachtung der Zeitgeschichte nach 1850 bis heute ist für das, was du herausarbeiten kannst, zweitrangig, denn sie fußt bereits sehr stark auf den Fehlern und Folgen, die der Mensch hätte vermeiden können, wenn er aufmerksamer aus den Beispielen der Geschichte gelernt hätte."

Nun: Gesagt – getan. Lassen Sie mich also die Historie dieser Zeit an diesen für Europa besonders geschichtsträchtigen Ereignissen aufzeigen und diesen *kleinen* (?) Exkurs wagen. Doch bitte verzeihen Sie mir, wenn ich mich hinsichtlich der Aufzählung historischer Fakten sehr knapp halte. Ich bin mir mit jedem Satz bewusst, dass meine Zusammenschau viele historisch relevante Details übergeht. – Es geht mir hier nicht darum, Zeitgeschichte mit chronologischen Daten zu versehen und diese niederzuschreiben, sondern vielmehr darum, zu schauen, was mögliche Beweggründe und Motive sind, warum der Mensch handelt, wie er handelt. Was er dabei unter Umständen übersieht. Und wie er sich durch sein Denken und Handeln immer wieder gleiche oder sehr ähnliche Szenarien erschafft, die ihn das ewig Gestrige stets wiederholen lassen, statt sich auf etwas Besseres zu besinnen. In diesem Sinne hoffe ich, Wesentliches herausarbeiten zu können. Manches streife ich dabei nur. Auf anderes gehe ich etwas tiefer ein und lasse mich dabei von meiner Intuition führen.

23

Rückblick auf die Zeit- und Kulturgeschichte der Menschheit vom Ende des Mittelalters bis circa 1850

Eine kleine Auswahl historisch bedeutsamer Ereignisse und Fakten

Das Mittelalter (6.–15. Jahrhundert)

Gehen wir bei unserer Zeitreise von heute (2020) aus gesehen fünfhundert Jahre zurück, landen wir im Mittelalter. – Der Begriff „Mittelalter" bezeichnet in der europäischen Geschichte die Epoche zwischen dem Ende der Antike und dem Beginn der Neuzeit, in etwa die Zeit zwischen dem 6. und 15. Jahrhundert. Mitte des 14. Jahrhunderts wurden die Menschen in Europa plötzlich von einer seltsamen Krankheit heimgesucht: Sie bekamen Fieber, merkwürdige Beulen am ganzen Körper und starben. Die *Pest* war ausgebrochen. Da es sehr lange dauerte, bis die Menschen herausfanden, was sie gegen die Ausbreitung der Krankheit tun konnten, starb in den ersten fünf bis sechs Jahren etwa ein Drittel der europäischen Bevölkerung.

Die Reformation (1517–1648)

Die Reformation bezeichnet eine kirchliche Erneuerungsbewegung, die zur Spaltung des westlichen Christentums in verschiedene Konfessionen führte. Seitdem sprechen wir von einer Römisch-katholischen Kirche, einer Evangelisch-lutherischen Kirche und der Reformierten Kirche.

In Deutschland wurde die Reformation überwiegend von Martin Luther (1483–1546), in der Schweiz von Ulrich Zwingli (1484–1531) und in Frankreich von Johannes Calvin (1509–1564) angestoßen.

Der Beginn der Reformation wird auf 1517 datiert, als Martin Luther seine 95 Thesen an die Tür der Schlosskirche zu Wittenberg geschlagen haben soll. Ihr Ende wird mit dem *Westfälischen*

Frieden (1648) in Zusammenhang gebracht. Als Martin Luther die Thesen veröffentlichte, wollte er weder Streit mit dem Papst haben, noch eine eigene Kirche gründen. Erst die Reaktion der Kirche auf die sich rasch verbreitenden Thesen machte aus dem Mönch Luther einen Revolutionär, der die mittelalterliche Welt durcheinanderbrachte.

Der damalige Papst Leo X. versuchte den Mönch mit Exkommunikation und Bannflüchen zur Ordnung zu rufen, doch ohne Erfolg. Martin Luther widerrief seine Thesen nicht. Wurde daraufhin verbannt und galt als „vogelfrei". Da er aber bei großen Teilen der Bevölkerung sehr beliebt war, konnte er während seiner Flucht vor den Häschern der Inquisition auf die Hilfe des Volkes zählen und auch beim sächsischen Kurfürsten Friedrich III. Unterstützung finden. Dieser versteckte ihn auf der Wartburg, wo er dann als „Junker Jörg" das Neue Testament ins Deutsche übersetzte. Seine Lehren verbreiteten sich so schnell über den ganzen europäischen Kontinent, dass der Konflikt mit der katholischen Kirche immer gravierendere Ausmaße annahm, bis sich letztlich beide Seiten bewaffneten. Schlussendlich mündete dieser Religionskrieg in den Dreißigjährigen Krieg, an dessen Ende die Religionsfreiheit in Deutschland und Europa vertraglich besiegelt wurde.

Der Dreißigjährige Krieg (1618–1648)

Der *Dreißigjährige Krieg* forderte seinen Tribut und dezimierte die Bevölkerungszahl beträchtlich. Was als ein Konflikt um die Hegemonie im Heiligen Römischen Reich und in Europa als Religionskrieg begann, endete letztlich als Territorialkrieg.

Als Auslöser des Krieges gilt der *Prager Fenstersturz* vom 23. Mai 1618, mit dem der Aufstand der protestantischen böhmischen Stände offen ausbrach. Der Aufstand richtete sich gegen den katholischen Landesherrn und seinen Nachfolger, der die Re-Katholisierung der Länder der Böhmischen Krone beabsichtigte.

Zwei Versuche, den jahrelangen Konflikt zu beenden, scheiterten. Erst der *Westfälische Friede* legte die Balance zwischen den Machtansprüchen des Kaisers und den Reichsständen neu fest und wurde Teil der bis 1806 geltenden Verfassungsordnung des Reiches.

Am 24. Oktober 1648 endete der Krieg, der überwiegend auf dem Gebiet des Heiligen Römischen Reiches stattgefunden hatte. Die durch den Krieg verursachten Hungersnöte und Seuchen hatten ganze Landstriche verwüstet und entvölkert. Bis sich die betroffenen Gebiete von den Folgen des Krieges wirtschaftlich und sozial wieder erholt hatten, dauerte es fast ein Jahrhundert. Nach Meinung von Experten, die sich mit den Auswirkungen und Spätfolgen von Kriegen befassen, führten die dramatischen Erfahrungen dieses Krieges, der überwiegend in deutschsprachigen Gebieten stattfand, zur Verankerung eines Kriegstraumas im kollektiven Gedächtnis der Bevölkerung.

… Zeitsprung! …

Sowohl das 18. als auch das 19. Jahrhundert gingen als das *Zeitalter der Revolutionen* in die Geschichte ein. In allen europäischen Staaten, wie auch in Amerika (Boston Tea Party 1773), lehnten sich die Menschen gegen ihre Herrscher auf. Letztlich führten all diese Ereignisse dazu, dass die Amerikaner am 4. Juli 1776 die Amerikanische Unabhängigkeitserklärung unterzeichneten, in der sie festschrieben, dass jedem Menschen die gleichen Rechte zugesprochen werden. Des Weiteren beschlossen sie die Trennung von Staat und Kirche und bestimmten, wann das Volk eine bestehende Regierungsform durch eine neue ersetzen darf.

Und in Europa antwortete das notleidende und unterdrückte Volk mit der *Französischen Revolution*, die sich zunächst zwar auf Frankreich konzentrierte, doch mit ihren Forderungen und Auswirkungen in ganz Europa zu spüren war.

Die Französische Revolution (1789–1799)
Für Frankreich gehört die *Französische Revolution* zu den folgenreichsten Ereignissen der neuzeitlichen europäischen Geschichte. Die absoluten Herrscher mussten ihre Macht an das Volk abgeben. Doch es sollte noch Jahre dauern, bis die Demokratie entstand.

Die Revolution hatte – wie bereits erwähnt – nicht nur für das Bewusstsein der Franzosen eine enorme Bedeutung, sondern veränderte weltweit das Bewusstsein der Menschen. So wurden zum Beispiel mit der Erklärung der Menschen- und Bürgerrechte vom 26. August 1789 europaweit die Prinzipien bekräftigt, die heute noch von den Vereinten Nationen weltweit propagiert werden. Darin schrieben die Abgeordneten sowohl die Volkssouveränität und Gewaltenteilung, als auch die Religions-, Meinungs- und Pressefreiheit fest.

Bis die *Französische Revolution* im Jahr 1799 jedoch ihr Ende fand, war noch ein langer und harter Weg zu verzeichnen. Bis dahin hielten die Konflikte zwischen Adel und Restaurationsbewegung sowie Bürgertum und Arbeitern an. Letztlich führte die Revolution aber nicht nur in politischer und sozialer Hinsicht gravierende Umwälzungen herbei.

Mit ihr veränderten sich auch das Alltagsleben und die Kultur, so dass davon gesprochen werden kann, dass mit ihr die sogenannte *Neuzeit* beginnt.

Zwar war der Friede europaweit noch lange nicht gesichert, denn General Napoleon Bonaparte eroberte mit der französischen Armee große Territorien Europas und verbreitete so die Ideale der *Französischen Revolution*, doch allgemein hatten sich die Lebensbedingungen im Sinne eines Gemeinwohls grundlegend verbessert.

1804 krönte sich Bonaparte selbst zum Kaiser, schuf mit dem *Code civil* ein neues Gesetzbuch im Zivilrecht und sorgte außenpolitisch für die *Auflösung des Heiligen Römischen Reiches*. 1806 traten die ehemaligen deutschen Staaten dem *Rheinbund* (einem von Napoleon gegründeten Schutzbündnis) bei, was zu weiteren Reformen bei den Bündnispartnern führte. Des Weiteren wurden mit dem Reichsdeputationshauptschluss circa 300 Klein- und Mittelstaaten zu größeren staatlichen Einheiten zusammengefasst.

Erst nachdem 1812 *Napoleons Russlandfeldzug* scheiterte, schlossen Russland, Preußen und Österreich eine neue Koalition gegen Frankreich und mit der Völkerschlacht bei Leipzig (1813) ging die Napoleonische Zeit in Europa zu Ende. 1814 kam es zum

Friedensschluss der Siegermächte mit Frankreich, dessen Grenzen daraufhin wieder auf den Stand von 1792 zurückgesetzt wurden.

Mit dem *Wiener Kongress* 1814/1815 setzte fürs Erste eine *neue Epoche des Friedens* ein. Unter der Federführung des österreichischen Außenministers *Fürst von Metternich* trafen sich die führenden europäischen Staatsmänner, um eine friedliche Neuordnung Europas zu gestalten. 1815 wurde der *Rheinbund* wieder aufgelöst und die Gründung des Deutschen Bundes (ein lockerer Staatenbund aus souveränen Einzelstaaten) beschlossen. Fürst von Metternichs Ansinnen war es, ohne Zentralregierung und ohne eine allgemein gültige Verfassung ein ausgeglichenes Friedenssystem zu installieren.

Zielte der *Wiener Kongress* auf ein Gleichgewicht der Großmächte, so einigten sich die Monarchen Preußens, Österreichs und Russlands in der *Heiligen Allianz* (1815) auf eine gemeinsame Vorgehensweise gegen nationale und liberale Bewegungen. Ziel für diesen *neuen* Staatenbund war die Sicherung des Friedens mit den Prioritäten Solidarität, Legitimation und Restauration. Frankreich trat 1818 dieser Allianz bei, die in Europa für eine längere Friedensepoche sorgte, die erst mit der *Revolution von 1848/49* beendet wurde. Dazu später mehr.

Insgesamt gesehen war es eine Zeit großer Herausforderungen, Umwälzungen und Umbrüche. Europa wurde immer wieder von etlichen Krisen heimgesucht. An einen konstanten Frieden war leider nicht zu denken, denn die Interessen einzelner Mächte arbeiteten immer wieder vehement dagegen. Und dennoch erlebte die Welt selbst in dieser Zeit einen großen wirtschaftlichen, technischen und wissenschaftlichen Aufschwung, der andererseits jedoch auch wieder andere Themen und Herausforderungen mit sich brachte.

Die Industrielle Revolution (Zweite Hälfte 18. Jahrhundert und 19. Jahrhundert)
Zeitgleich mit den politischen Veränderungen findet in Europa die *Industrielle Revolution* statt. Sie bezeichnet die tiefgreifende

Umgestaltung der wirtschaftlichen und sozialen Verhältnisse der Arbeitsbedingungen und Lebensumstände, die mit dem 19. Jahrhundert letztlich den dauerhaften Wandel von der Agrar- zur Industriegesellschaft herbeiführte. Diesem Wandel wurde der Name *Industrielle Revolution* gegeben, da die Veränderungen der gewerblichen Produktionsformen ähnlich bedeutsam erschienen wie der politische Umbruch in Frankreich durch die *Französische Revolution*.

War es zunächst die Textilindustrie, die mit ihrer technischen Erfindung des mechanischen Webstuhls die maschinelle Textilverarbeitung ermöglichte, so kamen schon bald weitere neue Industriezweige dazu und die *Industrielle Revolution* führte zu einer rasanten Entwicklung von Technik, Produktivität und Wissenschaften. Werkzeugmaschinen fanden vornehmlich in der metallverarbeitenden Industrie Verbreitung. Die wichtigste Maschine, die auch zum Symbol dieser Zeit avancierte, war die Dampfmaschine. Ihr folgte die Dampflokomotive, mit der der Transport von Waren um ein Vielfaches beschleunigt und somit auch verbilligt wurde.

Bedingt durch den technischen Fortschritt war die *Industrielle Revolution* mit grundlegenden Veränderungen im wirtschaftlichen Bereich verbunden, die sich mit dem Begriff des *Kapitalismus* zusammenfassen lassen. Und im Zuge der weiteren rasanten Entwicklung wurden immer mehr Kapitalgesellschaften gegründet, die gemeinsame wirtschaftliche Interessen verfolgten.

Dem schnellen wirtschaftlichen Wandel folgte ein sozialer mit neuen politischen Folgen, denn für alle Beteiligten veränderten sich die Lebensbedingungen. Und da, wo sich die Unternehmer schon bald in der Konkurrenz mit anderen behaupten mussten, so dass sie sich immer mehr für den Ausbau bzw. den Fortbestand ihrer Unternehmen interessierten, wurde das Elend der mittellosen Proletarier, die zu Hungerlöhnen in den Fabriken arbeiten mussten, immer größer.

Auch viele Bauern stiegen aus ihren Pachtverträgen aus oder verkauften ihr unrentabel gewordenes Stück Land, das sich nicht mehr länger profitabel bewirtschaften ließ, da ihre Waren mit der billigen Konkurrenz der Fabrikerzeugnisse nicht mehr mithalten konnten. Auf der Suche nach Arbeit, die ihre Existenz und die ihrer Familien sichern sollte, wanderten sie und andere Landlose immer mehr in die Städte ab (Urbanisierung). So kam es immer mehr zur Landflucht und infolge zu einer starken Zuwanderung in den Städten. Manche Städte wuchsen dabei sehr schnell. Waren aber, was die Bereitstellung des Wohnraums anging, darauf gar nicht vorbereitet, sodass viele Menschen in den einfachsten Notunterkünften leben mussten. Die arbeitende Bevölkerung hoffte für guten Lohn Arbeit in den Fabriken zu finden, doch die Realität sah mitunter anders aus.

In den meisten Fällen mussten Frauen und Kinder mitarbeiten, um das Überleben der Familie zu sichern. Außerdem mussten sie ihre bisherigen Lebens- und Arbeitsgewohnheiten aufgeben, denn der neue Arbeitsrhythmus sowie die Arbeitsintensität und Pausen waren nun durch den Arbeitstakt von Maschinen vorgegeben. Die Arbeitsbedingungen waren extrem hart. Kamen die Arbeiter den Forderungen am Arbeitsplatz zu wenig nach, setzte man als Druckmittel Lohnabzüge entsprechend dem Bußgeldkatalog der Fabrikordnung und andere Strafen wie z. B. die körperliche Züchtigung bei Kindern ein. Und das von den Fabrikherren eingestellte Aufsichtspersonal sorgte ihrerseits bei den Lohnarbeitern für Anpassung und Unterordnung unter das Ziel der maximalen Ausnutzung der Produktionskapazität, die die jeweiligen Maschinen hergaben. Die Ware, das Produkt, das hergestellt wurde, war wichtiger geworden als der Mensch, der hinter dem Fertigungsprozess stand. In England zeigten sich die negativen Auswirkungen der *Industriellen Revolution* am stärksten. Und so kritisch wie die Situation für das einfache Volk war, ist es nur verständlich, dass es durch die soziale Ungerechtigkeit und die Not des Lohnarbeiterproletariats immer mehr zu Arbeiterunruhen kam, die weitreichende soziale Reformen erforderlich machten und letztlich in der *Sozialen Revolution* gipfelten.

Die Soziale Revolution (1848)

Europa kämpft. Kämpft für die Freiheit. – Die Freiheit des Einzelnen, wie auch die des Volkes. Und so gingen die Menschen 1848 erneut auf die Barrikaden und lehnten sich gegen die bestehenden Herrschaftsverhältnisse auf. Die Unruhen und Kämpfe erschütterten dabei nicht nur die politische und gesellschaftliche Ordnung in den deutschen und italienischen Staaten, der Habsburgermonarchie und Frankreich. Auch in der Schweiz, in Belgien, den Niederlanden und in Skandinavien sowie in den Grenzzonen des Osmanischen Reiches auf dem Balkan verstärkten sich die Reformbewegungen mit dem Ziel der Schaffung von Nationalstaaten, der Demokratisierung der politischen Herrschaftssysteme und Neuordnung der Sozialverfassungen.

Deutsche Revolution 1848/49

War andernorts die Revolution erfolgreich, so scheiterte sie innerhalb des Deutschen Staatenbundes mit der gewaltsamen Niederschlagung der Revolution von 1849. Zwar verabschiedete eine liberale Mehrheit der Frankfurter Nationalversammlung, die in der Paulskirche tagte, eine Verfassung, in der sie sich für die kleindeutsche Lösung und konstitutionelle Monarchie entschieden hatte, doch da König Friedrich Wilhelm IV. von Preußen die ihm angebotene Kaiserkrone ablehnte, scheiterte die Revolution. Und da sich die Revolutionsbewegung bestehend aus Bürgern, Handwerkern und Bauern immer mehr spaltete und unterschiedliche Ziele verfolgte, eroberten sich die Großmächte Preußen und Österreich in der Konterrevolution die politische Macht zurück. Friedrich Wilhelm IV. ließ die preußische Nationalversammlung unter Waffengewalt auflösen, und Österreich blieb als absolutistischer Vielvölkerstaat bestehen.

Allen *drei Revolutionsbewegungen* gemeinsam war, dass sie sehr stark von den *Ideen der Aufklärung* beeinflusst waren. Philosophen und Staatstheoretiker wie Immanuel Kant und Gottfried Herder (beide aus dem deutschen Sprachraum), Jean-Jacques Rousseau, Charles-Louis de Montesquieu sowie Alexis de Tocqueville (Frankreich) und John Locke, Thomas Hobbes und Thomas Jefferson (aus dem englischen Sprachraum) entwickelten diese.

Philosophie, Literatur- und Kulturgeschichte dieser Zeit

Die Epoche der Renaissance (1400–1620)
Mit dem Begriff der „Renaissance" (frz. „Wiedergeburt") wird die europäische Kulturepoche in der Zeit des Umbruchs vom Mittelalter zur Neuzeit im 15. und 16. Jahrhundert beschrieben. Sie war gekennzeichnet von dem Bemühen um eine Wiederbelebung der kulturellen Leistungen der griechischen und römischen Antike.

Ausgehend von den Städten Norditaliens beeinflussten die Künstler und Gelehrten der Renaissance mit ihrer Malerei, Architektur, Skulptur, Literatur und Philosophie auch die Länder nördlich der Alpen. Bedeutende Künstler dieser Zeit sind Botticelli, Leonardo da Vinci, Raffael, Michelangelo, Tizian sowie im deutschen Sprachraum Albrecht Dürer. Auch Schriftsteller wie Dante Alighieri, William Shakespeare sowie der Musiker Orlando di Lasso gehören u. a. dieser Epoche an.

Eine Zeit der Blüte, der „Wiedergeburt", in der die Menschen ein neues Selbstwertgefühl und ein gänzlich neues Lebensgefühl entwickelten. Und zum Segen der Menschheit blühten Kunst und Literatur sowie die Wissenschaften auf.

In der Literatur entstanden die meisten Werke im Humanismus, einer geistigen Strömung des 15. und 16. Jahrhunderts. In erster Linie war es eine Bewegung, die im Bereich der Bildung nach Reformen strebte. Dabei erhofften sie sich die bestmögliche Entfaltung menschlicher Fähigkeiten durch eine Verbindung von Wissen und Tugend. Der Anspruch der humanistischen Bildung sollte den Menschen befähigen, seine wahre Bestimmung zu erkennen und diese zu verwirklichen, indem er sich an den klassischen Vorbildern orientiert. In ihren Werken galt die Liebe der

Humanisten der Pflege des sprachlichen Ausdrucks. Hier suchten sie nach der vollendeten sprachlichen Form und wollten mit
ihren Werken auch der Darstellung der Wahrheit dienen. – Die
Renaissance ist auch die Zeit der Erfindung des Buchdrucks durch
Johannes Gutenberg. Und mit der ersten Druckerei in Straß-
burg (1458) lebte die rasante Verbreitung literarischer Werke in
ganz Europa auf.

Die Epoche des Barock (1600–1720)
Das 17. Jahrhundert gilt in der Literatur- und Kunstgeschichte als
das Zeitalter des Barock. Es wird auch eine *Epoche der Gegensätze*
genannt, denn überbordende *Prachtentfaltung und Lebensfreude* stehen einem sogenannten *Memento mori*, dem Wissen um die eigene Vergänglichkeit *(Dreißigjähriger Krieg),* gegenüber.

Vorreiter des Barocks war Italien, von wo aus er sich über ganz
Europa verbreitete. Die Kunst dieser Epoche ist ausdrucksvoll,
bewegt und gefühlsbetont. Ein charakteristisches Merkmal des
Barocks ist die Tendenz, die Grenzen zwischen den Kunstgat-
tungen Architektur, Skulptur und Malerei zu verwischen. Ein
Miteinander von Architektur und Dekoration, das zu einer ganz
besonderen Art von Prachtentfaltung führte. Exemplarisch steht
hierfür das Schloss von Versailles, das mit seiner großen Parkan-
lage mit Kanal und Wasserspielen, seinen Blumenrabatten und
Bosketten („Lustwäldchen") und der umliegenden Natur zu einem Gesamtkunstwerk verschmilzt und so für ganz Europa zum
Vorbild wird.
   Der Barock gilt als die Zeit der Gegenreformation, der Macht-
steigerung und zunehmenden Unabhängigkeit der Fürsten des
Absolutismus. Sie benutzten die Barockkünste, um ihren Reichtum und ihre Macht zu zeigen und waren bestrebt, sich gegenseitig an Prunk und kunstreicher Ausstattung zu übertreffen, ganz
gemäß dem Vorbild von Versailles, dem Prunkschloss Ludwigs
XIV. Doch während an den Fürstenhöfen Luxus und Verschwen-
dung herrschten, war das Leben der einfachen Bevölkerung geprägt von Armut und Pessimismus.

Die kirchliche Barockkunst mit ihrer Vorliebe für kleine Engel und Putti findet sich in den katholischen Gebieten Europas, sowie in Süd- und Mittelamerika. Mit ihren prunkvollen Kirchen, Musik und Kunst wollte die römisch-katholische Kirche in der Zeit nach der Reformation die Gläubigen wieder zurückgewinnen, indem sie versuchte, diese besonders über das Gefühl anzusprechen.

Die Lyrik des Barocks ist besonders geprägt von drei Leitmotiven, die das Lebensgefühl der Menschen beschreiben und ihre Angst thematisieren, die dem Krieg geschuldet war. Diese Motive tragen die Bezeichnung *Vanitas, Memento mori und Carpe diem.*

Der *Vanitas-Gedanke* („Vergänglichkeit", „Nichtigkeit", „Eitelkeit") soll daran erinnern, dass das irdische Leben vergänglich ist und dass ein besseres Leben erst im Jenseits zu erwarten ist.

Das *Memento-mori-Motiv* („Bedenke, dass du sterben musst") stellt ebenfalls Tod und Vergänglichkeit in den Fokus und erinnert an den langen, währenden Krieg.

Carpe diem hingegen steht ganz im Gegensatz dazu und fordert mit seinem Appell „Nutze den Tag" auf, diesen entsprechend den Möglichkeiten intensiv zu gestalten.

Wichtige deutsche Barockdichter sind Andreas Gryphius, Martin Opitz, Hans Jakob Christoffel von Grimmelshausen. Als bedeutendste Barockkomponisten lassen sich Claudio Monteverdi, Johann Sebastian Bach und Georg Friedrich Händel nennen. Und als Begründer der Barockmalerei kann Caravaggio angesehen werden. Weitere Künstler der Zeit sind Rubens, Van Dyck, Rembrandt, Velázquez sowie der deutsche Barockmaler Elsheim, der als Mitschöpfer der idealen Landschaft gilt.

Die Epoche des Klassizismus (1770–1840)
Der Klassizismus löste den Barock bzw. das Rokoko ab und bezeichnet kunstgeschichtlich den Zeitraum von 1770 bis 1840. Als Epoche ist der Klassizismus schwer zu fassen, denn hier lassen sich viele Unterströmungen finden wie z. B. die Stile Louis-seize und Empire.

In der Architektur wird vom Historismus gesprochen. Die Bauwerke orientieren sich an der italienischen Frührenaissance und dem Formenkanon des griechischen Tempelbaus. Beliebt sind die dorischen Säulen, wie wir sie von der Glyptothek in München kennen. Als ein typisch klassizistischer Baustil gilt zum Beispiel die Baukunst Palladios (Palladianismus).

Die Malerei greift auf das Ideal der Antike, sowie auf Raffael und Michelangelo zurück. In der Musik spricht man von der Klassik bzw. Wiener Klassik und in der Literatur von der Weimarer Klassik.

Ab 1790 entstand in Frankreich gar der Stil der „Revolutionsarchitektur", einem besonders monumentalen Empirestil, der sich mit der Herrschaft Napoleons über ganz Westeuropa bis nach Russland (Sankt Petersburg) ausbreitete. Als typisch für diese Zeit sind zum Beispiel in Paris der Arc de Triomphe sowie die Kirche Sainte Madeleine anzusehen, die im Stil eines griechischen Ruhmestempels ausgebaut wurde.

Zu den führenden klassizistischen Architekten des 19. Jahrhunderts in Deutschland zählt Karl Friedrich Schinkel in Berlin. In München sind es Leo von Klenze, Carl von Fischer und Friedrich von Gärtner, die für die Umgestaltung Münchens unter Maximilian I. und Ludwig I. verantwortlich sind. Klenze lieferte auch die Entwürfe für die Walhalla in Regensburg.

Als allgemein gültig für die Kunst dieser Zeit lässt sich die Begeisterung und Nachahmung der Antike nennen nach dem Motto: „Der einzige Weg unnachahmlich zu werden, ist die Nachahmung der Alten."

Die Epoche der Aufklärung (1720–1800)
Die Aufklärung gilt als Beginn der modernen Zeit und wird definiert als *Epoche der Vernunft*. Anders als im Barock wollte der Mensch nicht länger fremdbestimmt sein, sondern durch den Gebrauch seines Verstandes als *ein autonomes, eigenständiges, unabhängiges Individuum* auftreten.

Typisch für die Epoche sind das Streben nach *Freiheit* und *Vernunft*, sowie das Entstehen eines neuen bürgerlichen Bewusstseins, das ganz Europa erfassen sollte. Indem die bestehenden Herrschafts- und Gesellschaftsstrukturen hinterfragt, und die absolutistischen Herrscher gestürzt wurden *(Französische Revolution),* konnten nach und nach die dringend erforderlichen politischen, gesellschaftlichen und sozialen Veränderungen herbeigeführt werden. Auch die Religion wurde infrage gestellt, indem sich die Menschen fragten, warum Gott so viel Ungerechtigkeit und Leid zulässt (Theodizee).

Am besten lässt sich die Aufklärung mit dem Zitat des Philosophen Immanuel Kant in Worte fassen, dessen Aussage zum Leitmotiv des 18. Jahrhunderts wurde: „Aufklärung ist der Ausgang des Menschen aus seiner selbstverschuldeten Unmündigkeit."
Hinter dieser Forderung steckt der Gedanke, dass der Mensch seinen Verstand gebrauchen und sich so zu einer *mündigen* (heute würden wir sagen *bewussten*) Persönlichkeit entwickeln soll. Die *Französische Revolution* mit ihren politischen, gesellschaftlichen und sozialen Reformen ist zwar nicht allein auf die Aufklärung zurückzuführen, aber alle Revolutionsführer waren Aufklärer und die neuen gesellschaftlichen Werte, die sie postulierten, hießen: *Freiheit, Gleichheit und Brüderlichkeit.*
Das gesamte Weltbild änderte sich. Das Bürgertum kämpfte gegen Vorurteile und setzte sich allgemein für Menschenrechte ein. Es forderte das *Recht auf Selbstbestimmung (Autonomie), Emanzipation, Bürgerrechte und Bildung.*

Die zwei philosophischen Strömungen im Zeitalter der Aufklärung sind der *Empirismus* und der *Rationalismus*. Geht der Rationalismus davon aus, dass überliefertes Wissen nicht einfach nur übernommen und gelebt, sondern hinterfragt werden soll, so war für den Empirismus wichtig, dass sich die menschliche Existenz aus der Beobachtung und Wahrnehmung unserer Sinne (Sinneserfahrung) zusammensetzt, wobei die Beobachtung die wichtigste Grundlage wissenschaftlichen Arbeitens ist und die Erfahrung die Quelle menschlicher Erkenntnis.

Die Denkrichtung des Rationalismus begründete bereits der französische Mathematiker und Philosoph René Descartes, von dem die Aussage stammt: „Ich denke, also bin ich." In seinem aufklärerischen Werk forderte er die Menschen auf, Wissen und Tradition skeptisch zu hinterfragen. Ihm war es wichtig, den Verstand zu gebrauchen, die Vernunft (Ratio) über alles zu stellen, denn nur das, was durch die Ratio erklärt werden konnte, sollte Grundlage und Maß für Entscheidungen und Handlungen sein. – Demgegenüber steht als Hauptvertreter für den Empirismus der englische Philosoph und Staatsrechtler John Locke.

Die Literatur der Aufklärung stand ganz im Zeichen von *Vernunft und Humanität* und wurde so zu einem wichtigen Bindeglied zwischen der Philosophie und einem Bürgertum, das immer mehr nach *Emanzipation* strebte. Und da in den Augen der Aufklärer allein der Verstand in der Lage war, die Wahrheit ans Licht zu bringen, und Vernunft das richtige Mittel, um die Menschen von Unterdrückung und Armut zu erlösen, griffen die Schriftsteller die philosophischen und moralischen Ansichten der Zeit auf und brachten diese mit ihren Werken in die Öffentlichkeit. Hinterfragten dabei Kirche und Religion ebenso wie das gesellschaftliche und staatliche System, forderten *Toleranz und Gleichheit* in Politik, Gesellschaft und Religion und traten für eine *Emanzipation des Geistes* ein.

Wichtig war ihnen die *Bildung*, wie ein weiterer Leitsatz der Aufklärung erkennen lässt, den wir heute noch kennen: *Wissen ist Macht*. – Dieser Leitsatz geht zurück auf den englischen Philosophen Francis Bacon und besagt, dass es dem Menschen erst durch Bildung und Wissen möglich wird, den Verstand richtig zu gebrauchen, um eine unabhängige und freie Person zu werden. Gefördert werden sollten von daher Bildung und Wissenschaft. Einige wichtige Vertreter dieser Zeit sind Gotthold Ephraim Lessing, Christoph Martin Wieland, Voltaire, Jean-Jacques Rousseau, John Locke, Immanuel Kant, Montesquieu.

Natürlich gab es auch Kritik am Menschenbild der Aufklärung. Kritik an einem Handeln, das zu sehr von der Vernunft gesteuert war. Zum Teil kam diese sogar aus den eigenen Reihen. Hier ist z. B. der englische Philosoph und Aufklärer Shaftesbury zu nennen, dessen Interesse den Grundlagen und Prinzipien der Ethik und Ästhetik galt. Er kritisierte vor allem die religiöse Praxis der Zeit und lehnte den Anspruch der Priester ab, allein um Gottes Wahrheit zu wissen und mit deren Vermittlung und Auslegung betraut zu sein. Dem Offenbarungsglauben einer *christlichen* Religion setzte er sein Konzept einer *natürlichen* Religion entgegen, das er aus der Reflexion über seine Beobachtungen der Natur ableitete.

Seinem Verständnis nach begründet nicht die Religion die Moral, sondern Shaftesbury setzt sie als Naturgegebenheit voraus und orientiert sich an ihr. Für ihn ist dieser *moralische Sinn* wie jede ästhetische Erfahrung von Natur aus im Menschen angelegt und ermöglicht so eine harmonische Entfaltung des Individuums innerhalb einer Gemeinschaft.

Neben Shaftesbury wandten sich vor allem die Romantiker gegen die Ideale der Aufklärung. Bemängelt wurde, dass das Menschenbild der Aufklärung nicht dem ganzen Menschen gerecht werde, da es ihn zu sehr auf die Verstandesebene reduziere und die Gefühlswelt und Phantasie vernachlässige. Auch die Fortschrittsgläubigkeit wurde nicht gutgeheißen. Ihnen erschien das Vertrauen in die Errungenschaften der Naturwissenschaften und Technik als naiv. Außerdem kamen Zweifel auf, ob die bestehenden Konflikte und Probleme allein mit einer von der Vernunft geleiteten Gesellschaftsordnung zu bewältigen seien und ob die Welt durch wissenschaftlichen Fortschritt *besser* wird.

Immanuel Kant und die deutsche Aufklärung
In Deutschland steht der Name Immanuel Kant (1724–1804) für die Aufklärung. Generationen von Schülern dürften den Aufsatz *Was ist Aufklärung?* (1784) des Königsberger Philosophen gelesen haben oder mussten den Satz „Aufklärung ist der Ausgang des Menschen aus seiner selbstverschuldeten Unmündigkeit" lernen. Doch Kant ist in seiner Rolle als Aufklärer nicht unumstritten, denn sein kritisches Hinterfragen des Prinzips der Vernunft weist

bereits wieder über die Aufklärung hinaus, geht er doch mit seinem Denken seinen ganz eigenen Weg.

Immanuel Kant war im Vergleich zu den französischen Aufklärern Rousseau, Montesquieu, Descartes, Voltaire und Diderot mit seinen Aussagen insgesamt gemäßigter. Er passte sich dem preußischen Königsregime an und konzentrierte sich mehr auf Fragen der Metaphysik (einer Grunddisziplin der Philosophie) als auf gesellschaftspolitische Fragen. Ja, er musste sich dem Staat gegenüber sogar verpflichten, sich nicht mehr zu Religionsfragen zu äußern, nachdem er heftige Kritik dafür ernten musste, dass er die Bibel als eine Schrift interpretiert hatte, die wie alles andere auch nach den Maßstäben der Vernunft zu bewerten sei. Seiner Meinung nach könne sich Religion allein auf der Grundlage der Moral als *gut* erweisen, allenfalls laufe sie Gefahr, als Herrschaftsmittel missbraucht zu werden. Diese Position, die er einnahm, war zwar im europäischen Vergleich mit der anderer Aufklärer sehr gemäßigt, galt jedoch in den Reihen der Aufklärer Preußens bereits als viel zu radikal. Und spätestens mit dem Amtsantritt von Friedrich Wilhelm II. im Jahr 1786 regierte wieder der Pietismus in Preußen, der von seinen Untertanen tiefe Frömmigkeit verlangte, obwohl bereits sein Vorgänger Friedrich II. die Religionsfreiheit und eine gewisse geistige Freiheit im Denken eingeführt hatte.

Im Vergleich mit den englischen und französischen Philosophen war Kant ein staatstreuer Beamter, der Staat und Kirche bestenfalls kritisierte, aber nie Widerstand leistete. In seiner Schrift *Was ist Aufklärung?* ist nachzulesen, dass er den Kritiker allein im publizierenden Gelehrten und die Öffentlichkeit in dessen Leserschaft sieht. Der Bürger dürfe sich zwar beschweren, er habe aber kein Recht, den Aufstand oder gar den Aufruhr zu proben.

Kant und der Kategorische Imperativ – Aus den Ideen der Aufklärung heraus entwickelte Kant seine Pflicht zu einer Ethik, die im *Kategorischen Imperativ* zusammengefasst ist: „Handle nur nach derjenigen Maxime, durch die du zugleich wollen kannst, dass sie ein allgemeines Gesetz werde." – In den heutigen Sprachgebrauch übersetzt: „Handle so, dass die Maxime deines Wollens als allgemeines Gesetz dienen kann." – Aufklärung im Sinne Kants meint damit ein kritisches Denken mit dem Ziel, das Zusammenleben der Menschen innerhalb einer Gemeinschaft zu verbessern.

So wie der Mensch seine Unmündigkeit selbst verschuldet, da sie auf die Trägheit des Ichs zurückzuführen ist, reduziert Kant alles Übel auf den schwachen Menschen. Für Kant war der Mensch eher schlecht im Sinne von *unmoralisch und egoistisch*.

Meinem Verständnis nach kann der *Kategorische Imperativ* gesehen werden als ein Appell an den Menschen, seiner eigenen Triebhaftigkeit auf der Grundlage eines moralischen Bewusstseins Einhalt zu gebieten. Vermag er dies, kann er ein *gutes* Leben führen.

Die Epoche der Empfindsamkeit (1740–1790)

Parallel zur Aufklärung entwickelten sich in der Literaturgeschichte verschiedene Strömungen und jede von ihnen antwortete auf ihre ganz eigene Art auf die historischen Gegebenheiten der Zeit. Eine dieser Epochen war die *Empfindsamkeit*. In Deutschland umfasst sie den Zeitraum von 1740 bis 1790. Charakteristisch für sie ist die Überhöhung des Gefühls bis hin zur Sentimentalität.

Der Begriff der Empfindsamkeit verrät bereits, dass es in dieser Epoche um die Gefühle geht, doch nicht, um sich von der Aufklärung, die sich der Vernunft verschrieben hatte, abzuwenden. Ihr Ansinnen war es vielmehr, beides miteinander zu vereinen und es zusätzlich mit den Werten der Frömmigkeit und Naturverbundenheit zu verbinden. Wichtig war ihren Vertretern ein stark nach innen gerichteter Blick auf die Welt des Fühlens. Und da für sie die Gefühle den Charakter des Menschen wesentlich bestimmten, sollten diese offen ausgedrückt und gelebt werden. So wurde das Gefühl zum Maßstab ihres Handelns.

Zwei wichtige Vertreter mit Werkbeispiel sind der junge Johann Wolfgang von Goethe mit seinem Briefroman *Die Leiden des jungen Werthers* sowie das *Abendlied* von Matthias Claudius, das besser bekannt sein dürfte als das Schlaflied *Der Mond ist aufgegangen*.

Die Epoche des Sturm und Drang (1765–1790)
Die Gefühlsschwärmerei der Empfindsamkeit wird in Deutschland zum Vorläufer der *Epoche des Sturm und Drang,* die zeitgleich verläuft. Sie gilt jedoch im Vergleich zur Empfindsamkeit als Gegenbewegung zur Aufklärung. In der deutschen Literatur wird die Epoche des Sturm und Drang auch als die *Zeit des Genies* bezeichnet. Das *Originalgenie* galt als ihr Leitbild. In ihm sahen sie einen Menschen, der nach eigenen Wünschen und Regeln lebt und sich keiner Autorität unterwirft. Rebellisch wie sie mitunter waren, wandten sie sich gegen Autorität und Tradition und lehnten sich so gegen ihre Väter auf. Den aufklärerischen Idealen der Zeit setzten sie viel Phantasie und Gefühl entgegen und betrachteten den Einzelnen als ein Gott ähnliches Wesen.

Wichtig war ihnen der *Naturmensch,* seine Einzigartigkeit, seine Individualität. Ein starker Ich-Bezug verbunden mit dem Erkennen der eigenen Genialität. Sie lebten ganz aus sich selbst heraus im Sinne von *Selbstbestimmung, Selbstentfaltung und Originalität.* Liebten ihre Freiheit, doch lebten sie diese nicht unbewusst, sondern immer mit Rücksicht auf andere. Im Mittelpunkt standen das *Individuum* sowie seine *Emotion,* nicht die Ratio.

Ihre Literatur ist als eine Art von Protest gegen die alten Regeln der Kunst, der Moral, der Gesellschaft und Politik zu verstehen. Ihre Sprache war die Sprache des Volkes, aber auch die des rebellischen, trotzig aufbegehrenden Genies, das nach seinen eigenen Regeln sucht. Stark emotionsbetont. Kraftausdrücke. Halbsätze und Ausrufe. Statt Anpassung an die geforderten Ideale der Zeit bewunderten sie die Helden der Antike, wie dies zum Beispiel an Goethes Hymne *Prometheus* zu sehen ist. Bedeutendste Autoren dieser Zeit sind Johann Wolfgang von Goethe, Friedrich Schiller, Friedrich Maximilian Klinger, Gottfried August Bürger, Johann Gottfried Herder.

Die Epoche der Weimarer Klassik (1786–1832)
Der Begriff „Klassik" leitet sich vom lateinischen Wort „classicus" ab. Im römischen Steuerrecht war das eine Bezeichnung für Menschen der höchsten Steuerklasse. Unserem heutigen

Sprachverständnis nach bezeichnen wir mit dem Begriff der Klassik etwas zeitlos Schönes, Elegantes. In der Literaturgeschichte beginnt die Klassik mit der Italienreise Goethes (1786) und endet mit seinem Tod (1832). Sie wird auch *Weimarer Klassik* genannt, weil Weimar das Zentrum dieser literarischen Epoche war. Als wichtigste Vertreter sind Johann Wolfgang von Goethe und Friedrich Schiller, sowie Christoph Martin Wieland und Johann Gottfried Herder zu nennen. Für viele endet die Zeit der *Weimarer Klassik* bereits mit Schillers Tod (1805).

Das historische Ereignis, auf das sich die *Weimarer Klassik* bezog, war ebenfalls die *Französische Revolution* mit ihren Idealen von Freiheit, Gleichheit und Brüderlichkeit. Mit Tugenden wie Humanität und Toleranz knüpfte sie an die Aufklärung an. Nach einer Zeit, die von der Gewalt der Herrschaft der Jakobiner in Frankreich geprägt war, wollte die *Weimarer Klassik* vermehrt an Werte wie Harmonie und Menschlichkeit sowie positive Ideale erinnern. Und so war der Begriff der *Humanität* prägend für diese Zeit.

Die Schriftsteller sahen ihre Aufgabe darin, den Menschen geistig zu erziehen. Mit ihrer Dichtung wollten sie das Wesen der Dinge erfassen. Dabei orientierten sie sich sehr stark an den Vorbildern der Antike mit dem Ziel, ihre Einfachheit, ihre Schönheit und ihre ästhetische Kraft zu vermitteln. Die Idee ihres Menschenbildes war, dass der Mensch an sich schön und gut sei und durch Erziehung zu vervollkommnen sei, damit er in allen Bereichen den besten Entwicklungsstand erreichen kann.

Er sollte gebildet werden hinsichtlich seines Gefühls und Verstands, seines künstlerischen Empfindens, Toleranz, Menschlichkeit, einem auf Wissenschaft basierenden Denken sowie im Hinblick auf die Einheit von Natur und Mensch. All diese Eigenschaften sollten *nicht* in Konkurrenz zueinanderstehen, sondern in einem Miteinander, in Einklang, in Harmonie.

„Edel sei der Mensch, hilfreich und gut.“
Johann Wolfgang von Goethe

Die Epoche der Romantik (1795–1848)

Sie gilt als eine Epoche, die die Geschichte der Kunst bis ins späte 19. Jahrhundert hinein in ihren Bereichen Literatur, Bildende Kunst, Musik und Philosophie prägt. Die *Romantik* als die Epoche der großen Gefühle. Der Sehnsucht und des Schweifens in die Ferne. Ihr ging es zum einen um die Darstellung des Mystischen, des Geheimnisvollen, zum anderen um die Hinwendung zur Natur sowie zur eigenen Kultur (den Mythen und Sagen des Mittelalters). Und somit wendet sie sich mit ihrem Bestreben gegen die Epochen der Aufklärung und *Weimarer Klassik*, die sich sehr stark am Klassizismus der antiken Vorbilder orientiert hatten.

Neben viel Gefühl stellte die Romantik die Leidenschaft sowie den mittelalterlichen Helden, aber auch die Individualität des Einzelnen in den Mittelpunkt ihres Schaffens. In der Literatur wird sie in drei Bereiche unterteilt: die Frühromantik (bis 1804), die Hochromantik (bis 1815) und die Spätromantik (bis 1848). In der Malerei dauert die Spätromantik bis Ende des 19. Jahrhunderts, in der Musik mit Künstlern wie Richard Wagner, Gustav Mahler und Richard Strauss sogar bis Anfang des 20. Jahrhunderts.

In einer Welt voller Neuerungen in den Bereichen Gesellschaft/Politik, Wissenschaft und Technik sehnten sich die Romantiker nach dem Unerklärbaren, der Welt der Mythen, dem Geheimnisvollen, dem Verträumten. Mit ihrer Kunst versuchten sie der lauten Welt der Umbrüche zu entfliehen und stellten ähnlich den Stürmern und Drängern eine gewisse Art von Ich-Bezogenheit in den Vordergrund. Sie wandten sich wieder mehr dem Innenleben, der *Seele* und damit der *Erforschung der eigenen Gefühlswelten* zu.

Ihre Denkweise spiegelt sich sowohl in der Bildenden Kunst als auch in der Literatur in folgenden Themen wider: starke Hinwendung und Idealisierung der Natur, Sehnsucht nach dem Schönen sowie dem Geheimnisvollen, Melancholie als Antwort auf die gesellschaftlichen Entwicklungen der Zeit, Weltflucht, Verklärung des Mittelalters, ihrer Kunst und Architektur, Hinwendung zur mittelalterlichen Welt der Sagen und Mythen, Herausbildung einer eigenen Volkspoesie (Beispiel: Märchen der Gebrüder Grimm).

Wichtiger als der Verstand sind die subjektiven Gefühle sowie der starke Rückzug in die *Welt der Träume und Phantasie*. Hier hat die Epoche der Romantik eine Kunstform erschaffen, die in ihrer Art einzigartig ist. In Motiven und Symbolen wie der *Blauen Blume* sowie im *Spiegel- und Nachtmotiv* zeigt sich uns die Vielfalt der Romantik. So symbolisiert die *Blaue Blume* (Novalis) zum Beispiel die Sehnsucht und Liebe und verbindet den Menschen sowohl mit seinem Geist, als auch der Natur. Und so wie die Nacht symbolisch für nicht erklärbare Phänomene, für Vergänglichkeit und Tod steht, so zeigt sich vor allem in den *Spiegel-Motiven* der Märchen der Spiegel als Schnittstelle zwischen der Realität (dem eigenen Ich) und der Fiktion/Irrealität (der Märchenfigur).

In der Literatur sind wohl die bedeutendsten Vertreter Novalis, Ludwig Tieck, E. T. A. Hoffmann, Clemens Brentano, Bettina von Arnim, die Brüder Jakob und Wilhelm Grimm sowie Joseph Freiherr von Eichendorff. In der Malerei Caspar David Friedrich, Philipp Otto Runge und Ludwig Richter. Und in der Musik Franz Schubert, Robert Schumann, Anton Bruckner, Johannes Brahms, Felix Mendelssohn Bartholdy, Giuseppe Verdi, Richard Wagner, Gustav Mahler sowie Richard Strauss.

Die Epoche des Biedermeier (1815–1848)
Mit dem Begriff „Biedermeier" ist in der politischen Geschichte der Begriff „Restauration" verknüpft, der sich auf die Entwicklung des Staates in der nachnapoleonischen Zeit und des *Wiener Kongresses* bezieht. Das Biedermeier gilt als eine Epoche der deutschen Kulturgeschichte, die mit zahlreichen Werken der Literatur, Musik und Bildenden Kunst einem *konservativen Lebensgefühl* Ausdruck gab. Ihr Pendant war der *Vormärz*, der nach wie vor nach revolutionärer Veränderung sucht. Als Vertreter der Literatur des *Vormärz* gelten Literaten wie Georg Büchner und Heinrich Heine. Wichtige Literaten des Biedermeier sind Annette von Droste-Hülshoff, Franz Grillparzer, Eduard Mörike, Adalbert Stifter.

Waren die vorangegangenen Jahrzehnte von Kriegen, Unruhen und viel Unsicherheit gekennzeichnet, so waren die Jahre des Biedermeier innen- und außenpolitisch von mehr Stabilität geprägt, obwohl es die deutschen Fürsten nicht scheuten, auch auf Maßnahmen der Unterdrückung zurückzugreifen, um eine gewisse Ordnung zu erhalten (Karlsbader Beschlüsse, umfangreiche Zensur, Kontrolle von Universitäten, Verbot von Burschenschaften etc.).

In der Hoffnung auf möglichst stabile Lebensumstände und sichere wirtschaftliche wie politische Verhältnisse war ein Großteil der Bevölkerung bereit, auf gewisse Freiheiten zu verzichten und beantwortete dies mit einem Rückzug ins Privat- und Familienleben. Als Ideale eines guten Lebens galten das häusliche Glück sowie Tugenden wie Fleiß, Treue, Ehrlichkeit, Bescheidenheit, Pflichtgefühl, Bändigung ihrer Leidenschaften, sowie die Annahme ihres Schicksals, Unterordnung und Akzeptanz der politischen und gesellschaftlichen Gegebenheiten und tiefe Religiosität (Pietismus).

In der Musik spricht man weniger vom Biedermeier als vielmehr von der Frühromantik. Sehr beliebt waren die Lieder von Franz Schubert sowie die Klaviermusik von Robert Schumann. In der Bildenden Kunst dominierten die sogenannte Genre- und Landschaftsmalerei sowie das Porträt. Zu den wichtigsten Vertretern dieser Kunst zählen Moritz von Schwind, Ludwig Richter, Carl Spitzweg.

Wenn ich den Bogen in der Literatur- und Kulturgeschichte bis zur Moderne noch weiter fassen möchte, lassen sich nachfolgend noch folgende Epochen nennen, auf die ich hier jedoch nicht mehr näher eingehen werde:

Der *Realismus* beginnt mit der deutschen Revolution 1848/49 und dauert bis circa 1890.

Eine Zeitspanne, in der der deutsch-französische Krieg von 1870/71, die Gründung des deutschen Reichs (1871) sowie die zunehmende Industrialisierung zu nennen sind.

In der Zeit des *Naturalismus* (1880–1900) hatten die Menschen sehr stark mit den sozialen Problemen aufgrund der Industrialisierung zu kämpfen.

Die Epoche des *Expressionismus* dauerte von 1905 bis etwa 1925. Somit fällt der Erste Weltkrieg (1914–1918) in diese Zeit, der diese Epoche sehr stark beeinflusst hat.

Die Epoche der *Moderne* (1900–heute) ist im Vergleich zu den vorherigen Epochen stilistisch nicht mehr einzugrenzen. Sowohl in der Kunst als auch in der Literatur steht die Freiheit des künstlerischen Schaffens im Vordergrund. Die Werke sind bis auf die Zeit des Nationalsozialismus (Exilliteratur von 1933–1945 und Trümmerliteratur ab 1945) keiner Zensur mehr unterworfen.

24

In welchem Zusammenhang steht die Zeitreise zum Inhalt des Buches?

Was sollte ich daraus lernen, was auch für Sie als Leser wichtig sein kann? Es muss ja irgendeinen Grund dafür geben, warum ich mir diese Zeit- und Kulturgeschichte in Erinnerung bringen sollte. Was hat mir das Ganze zu sagen? – Was will es mich lehren?

Fragen, die ich so einfach wieder an Gott richte.
Und ich höre auf seine Antwort. Und die kommt prompt:

„Es geht nicht darum, einfach nur den Geist zu schulen und alles andere zu vergessen. Es geht um *Herz-Bewusstsein*. Die Herausbildung der Kraft eures Herzens, um in eurer Mitte zentriert zu sein. Es geht darum, wieder mehr auf die zwar sehr zarte, aber dennoch unermesslich weise Stimme eures Herzens zu hören und ihr in allem so viel mehr zu vertrauen. Diese Stimme wohnt in jedem von euch. Jeder kann sie hören. Gebt dieser Stimme in eurem Leben bei der Beantwortung eurer Fragen viel mehr Raum. – Der Mensch hat immer mehr verlernt, in Verbindung mit seinem Herzen zu sein. Früher wurde dies noch gelehrt. Heute ist das leider nicht mehr der Fall. Das tut den Menschen nicht gut. Ihr lebt und lebt doch nicht, weil es zu wenig aus der Verbindung mit der Lebens- und Liebeskraft des Herzens heraus geschieht. Ein gesundes Leben bedarf eines harmonischen Zusammenspiels der verschiedenen Lebenskräfte von Körper, Geist *und* Seele. Ist dieses Gleichgewicht der Lebenskräfte gestört, weil dem Ganzen das Fundament der Liebe fehlt, wird der Mensch krank und gerät seinerseits in Not.
Schau dir bei allem nicht nur die Fakten an. Blicke tiefer. Lerne zwischen den Zeilen zu lesen. Nimm wahr. Fühle. Fühle dich in diese Zeit hinein. Verbinde dich mit ihr. Was nimmst du

wahr? – Wie geht es dir damit? – Was macht es mit dir? – Achte auf alles, was dir dabei in den Sinn kommt. Da nichts umsonst geschieht, lerne, wie alles auf einer viel tieferen Ebene miteinander in Verbindung steht. Suche die Antwort nicht im Außen, sondern in dir. Dein Herz weiß so viel mehr. Vertraue ihm. Es zeigt dir den Weg."

„Was nimmst du wahr? – Wie geht es dir damit? – Was macht es mit dir?"

Dieses ewige Hin und Her zwischen Frieden und Krieg, dieses ewige Gerangel um eine Vorherrschaft, diese Macht-Politik, so viel Verletzung, Leid und Not, all diese Unruhen, das alles macht mich sehr traurig. Ich stelle mir die Frage: Warum kann es zwischen den Menschen keinen anhaltenden Frieden geben? – Mein Herz pocht viel lauter als sonst. Es atmet sich schwer. Ich verspüre Druck in meiner Magengegend. Mich fröstelt. Ein Schauer rieselt mir den Rücken hinab. – Mit der Zeit nehme ich vier Gruppierungen wahr.

Hochadel, Adel – Menschen, denen aufgrund ihrer Herkunft und sozialen Stellung Macht und Ansehen, Prestige, Wohlstand und ein gutes Leben gegeben sind, weil ihnen die Mehrheit des Volkes ihr Vertrauen geschenkt hat. – Sie leben so in ihrer eigenen Welt, dass sie all das andere um sie herum nur sehr bedingt wahrnehmen. Die Realität da draußen (die Not des dritten Standes) hat mit ihnen im Grunde genommen nichts zu tun. Sie fühlen sich dem nicht verpflichtet. Sie können diese Not weder fühlen, noch wollen sie sie sehen. Es fehlt ihnen an Gelegenheiten wie auch an Empathie, um sich überhaupt auf das Gegenüber einzulassen bzw. einzufühlen. Ihre Position, ihre Stellung erlaubt es ihnen, in ihrer eigenen Welt mit ihrer Ich-Bezogenheit zu leben und zu sein. Ihrem Verständnis nach gliedert sich die Menschheit einfach in verschiedene soziale Gruppen (Geburtsstände-Denken nach Gottes Gnaden). Und je nachdem, in welche Gruppe man geboren wurde, hatte man das eine oder andere Leben zu leben. Sie konzentrieren sich auf sich selbst und pflegen den Kontakt zu ihresgleichen. Ihnen geht es gut. Sie vergleichen sich gerne untereinander, als spielten sie ein Spiel, das da heißt: Wer ist der Bessere von uns? – Wer hat mehr Ansehen und Prestige? – Wer hat mehr Macht? – Wer das Sagen? – Wer kann mehr Einfluss auf das Weltengeschehen nehmen? – Wer gewinnt?

Mit ihrer Kriegsrhetorik und ihrem Konkurrenzverhalten heizen sie sich gegenseitig auf. Sie debattieren und diskutieren. Stundenlang. Doch im Grunde genommen hören sie sich gar nicht wirklich zu. Sprechen in vielem aneinander vorbei. Es fehlt an Gesprächskultur. Und es fehlt ihnen ein übergeordnetes *Ziel*, das für jeden Einzelnen von ihnen so groß ist, dass es *wert* ist, gemeinsam am gleichen Strang zu ziehen. Es fehlt ihnen an einer gemeinsamen *Vision*. Sie politisieren viel. Beschäftigen sich viel. Aber die Interessen und Neigungen, denen sie nachgehen, fokussieren sich nicht eindeutig genug auf *einen* Weg. Letztlich kreist jeder wieder um sich selbst und eine grundlegende gemeinsame Richtung fehlt.

Das Volk – Bürgertum (Arbeiter und Bildungsbürgertum), Bauern und Landlose – ist in sich selbst zerrissen. Keine homogene Gruppe. Da ist viel Leid. Schwere. Druck. Eine stickige Luft. Angst. Viel negative Energie. Innere Zerrissenheit, die sich ihnen auch im Außen zeigt. Viele von ihnen wissen nicht mehr ein, noch aus. Wissen sich nicht zu helfen. Wissen sich nicht zu organisieren. Viele haben resigniert. Leben in ärmlichen Verhältnissen vor sich hin. Haben unterschiedliche Bedürfnisse und Ziele. Ziehen nicht gemeinsam an einem Strang. Viele von ihnen kämpfen einfach nur um ihr nacktes Überleben und fühlen sich ihren Familien gegenüber verpflichtet. Sie leben von der Hand in den Mund. Funktionieren wie Maschinen, weil sie um keine Alternative wissen. Sie fühlen sich klein. Sind bedürftig. Schutzlos. Verängstigt. Ausgeliefert. Ausgeliefert an eine Macht, die ihnen vorschreibt und diktiert, wie Leben zu sein hat. Sie passen sich an. Ordnen sich unter. Fühlen sich von der Schwere ihrer Arbeit sowie der Härte ihres Lebens gebeutelt. Kraftlos. Ausgenutzt. Sie leiden unter ihrer Situation. Verspüren ein inneres

Aufgewühlt-Sein, das sich ihnen als Wut, Aggression und Hass zeigt. Gleichzeitig fühlen sie sich ohnmächtig. Es mangelt ihnen an Alternativen und es fehlt eine Perspektive.

Ein Teil des Bürgertums findet sich immer mehr in Gruppen zusammen, die sich nach und nach zu *Aufständlern und Revolutionären* formieren. Sie wollen mit den wenigen Mitteln, die ihnen zur Verfügung stehen – geballte Faust, Axt, Hacke, Spaten usw. – für bessere Lebensbedingungen eintreten und kämpfen. Ihr Handeln wird angetrieben von den Gefühlen der sozialen Ungerechtigkeit, des Hasses und der Aggression. Sie folgen ihrer Wut und sehen im Kampf die einzige Möglichkeit sich ihrer Haut zu wehren.

Das *Bildungsbürgertum* sucht nach Wegen, mit mehr Besonnenheit und Bedacht (Denken) zu reagieren. Und so finden sich unter ihnen die Revolutionäre (Philosophen und Gelehrte), die versuchen auf der Grundlage ihrer Vorstellungen das erhitzte Volk hinter sich zu scharen und in den Aufstand zu führen. Andere wiederum, die sich ebenfalls den Geisteswissenschaften, aber auch der Kunst (Literatur, Malerei, Musik) verschrieben haben, versuchen mit ihren Worten, Bildern und ihrer Musik die Menschen zu erreichen, um auf diesem Wege sowohl direkt als auch indirekt über gesellschaftliche Sachverhalte aufzuklären. Mit vielen ihrer Werke halten sie allen, die sich für ihre Kunst interessieren, einen Spiegel vor und versuchen so das Volk zum Nachdenken zu bringen. Es somit indirekt zu belehren.

Vergleiche ich die Position der Machthabenden und der Untergebenen (des Volkes), stelle ich fest, dass sich beide über den ganzen Zeitraum hinweg zur Klärung ihrer Differenzen nie in einem Mittelfeld bewegen und aufeinander zugehen, um *gemeinsam* Probleme zu lösen. Stattdessen stehen sie sich stets in feindlicher Absicht gegenüber und tragen ohne Rücksicht auf Verluste diese Energien aus.

Die Geschichte belegt für mich, dass sich Leben wie ein Pendel oder ein Metronom stets von der einen Seite auf die andere bewegt. Doch warum bleibt es nicht in der Mitte stehen? – Warum fehlt ihm auf Dauer die gesunde Mitte? – Die Ausgeglichenheit? – Die Ruhe? – Die Balance?

Für kurze Zeiten finden die Menschen zwar immer wieder mal zur Lebensfreude und in mehr oder weniger lange Phasen eines scheinbaren Friedens, der jedoch nicht allzu lange von Dauer ist. Warum vermögen sie es nicht, sich diesen nachhaltig zu erhalten? *Ist der Mensch nicht friedensfähig?* – Oder fehlt ihm nur die Kraft, der Anreiz, die Motivation, die Vision, die diese ewige Dynamik von Hin und Her aufhalten kann? – Was treibt ihn um, dass er sich immer wieder in Widrigkeiten und Macht-Gebaren verstrickt? – Warum kommt er nicht zur Ruhe? – Erwartet er, dass im Außen jemand ist, der Frieden verordnet, so dass er sich an diesem „Friedensbringer" orientieren kann? – Ordnet er sich damit aber nicht schon wieder der Aufsicht/dem Willen und damit unter Umständen auch der Willkür eines anderen unter, dem er damit indirekt ja auch wieder Machtbefugnis über sich gegeben hat? – Lässt sich Frieden per Gesetz für alle verordnen oder gibt es einen Impfstoff dafür?

Welchen Beitrag muss der Mensch leisten, damit Frieden nicht nur ein Traum bleibt, sondern Realität werden kann? – Frieden gibt es nicht zu kaufen. Nirgendwo in der Welt und auch nicht für alles Geld der Welt. – Warum? – Weil der Frieden aus uns selbst heraus geboren werden will. – Wir träumen zwar gerne von friedlichen Zeiten, tun aber insgesamt entschieden zu wenig dafür, dabei fängt der Frieden bei jedem von uns im Kleinen an.

Die Entscheidungsbefugnis über den Frieden haben wir nach außen verlagert. Erwarten, dass die mit den Staatsämtern betrauten Politiker die Geschicke der Welt schon so richten werden, wie uns dies gefällt. Wir sind zwar hungrig und bedürftig nach Frieden, haben uns aber in eine Erwartungs- und Konsumhaltung zurückgezogen ganz nach dem Motto: „Der andere wird's schon richten." – Wenn wir Glück haben, funktioniert das für geraume Zeit ja auch ganz gut. Wenn nicht, dann können wir wenigstens auf die schimpfen und wettern, die aus Schwierigkeiten und Problemen Katastrophen, Chaos und Krieg gemacht haben, weil sich bestimmte Dinge nicht mehr beherrschen lassen. Und die sich irgendwann auf ihrem Weg von Interessen leiten lassen, was die Frage aufkommen lässt, ob diese Interessenspolitik dem Weltfrieden überhaupt noch zuträglich ist und wenn ja, in welcher Form.

★★★

Mein Leben hat mich gelehrt: Will ich Frieden auch mit den Menschen haben, die mich herausfordern, von denen ich glaube, dass sie mir nicht wohlgesonnen sind, dann darf ich nicht erwarten, dass dieser Friede von ihnen kommt. Ich habe mir selbst anzuschauen, was die gemeinsamen Themen sind und mich zu fragen: Warum bin ich mit dieser Person nicht im Frieden? – Warum gibt es diesen Disput, diesen Ärger, diese Meinungsverschiedenheit? – Was löst das Thema bei mir aus? – Welche Gefühle nehme ich wahr? – Wie und wo zeigen sie sich mir? – Was macht's mit mir? – Wo bin ich mit mir nicht im Frieden?

Will ich, dass zwischen mir und der anderen Person Frieden ist, dann habe ich mir die Antworten auf all diese Fragen genauer anzuschauen, um verstehen zu lernen, was der tatsächliche Auslöser für meinen Ärger, meine Wut etc. ist. – Ich habe mich zu fragen, woher zum Beispiel all diese negative Energie kommt, mit der ich auf die Situation mit Person A, B oder C reagiere. An wen oder an was erinnert mich dies? – Wo kommt dieser Ärger, diese Wut her? – Was ist das Thema, das hinter dem Ganzen steht? – Wann in meinem Leben gab es zum ersten Mal eine ähnliche Situation, an die mich jetzt diese Person erinnert, dass ich reagiere wie ich reagiere?

Indem ich mir diese Fragen beantworte, werde ich mir des Problems, das ursprünglich hinter dem Thema steht, bewusst und kann so die negative Energie zwischen mir und dem anderen klären, weil ich mir sowohl des Sachverhalts, als auch der Emotionen bewusstwerde, die in mir selbst heute noch bestimmte Gefühle provozieren und mich so reagieren lassen, dass es zu dieser Meinungsverschiedenheit kam. – Ich löse damit eine

Energie-Blockade auf, die ich im Hinblick auf das Thema bereits seit meiner Kindheit in mir trage, die ich aber immer nur verdrängt und nie bewusst gelebt habe. – Und erst indem ich dies bewusst tue, befriede ich die Situation von damals in mir und kann demzufolge auch die aktuellen Geschehnisse mit dem anderen klären.

Frieden beginnt niemals im Außen, sondern in mir

In mir muss ich den Frieden suchen. Nur hier kann ich ihn finden. Diese Art von *Innenschau* ist auch auf Familien, Partnerschaften, Arbeitsgemeinschaften und Gesellschaften übertragbar. Die besten und ehrlichsten Antworten auf unsere Probleme finden wir in uns selbst. Niemals im Außen. In den letzten Jahren sollte ich lernen, dass ich die Waffen niederlegen muss, die ich sowohl gegen andere, als auch gegen mich selbst gerichtet hatte. Es galt, endlich diese Rüstung abzulegen, diese Schutzpanzerung aufzulösen, mit der ich durch mein Leben gegangen war. Es war wichtig für mich, mir anzuschauen, was mich denn überhaupt dazu gebracht hatte, mir schon als Kleinkind eine solche Rüstung anzulegen. Es war wichtig zu verstehen, was die Ereignisse waren, die mein *kindliches Seelchen* so sehr verletzt hatten, dass ich lieber diese schwere Schutzkleidung trug, statt mit einem offenen Herzen durchs Leben zu gehen. Es war wichtig für mich zu erkennen, dass ich mich damit vor weiteren Verletzungen jeglicher Art schützen wollte, doch damit aber leider auch den Kontakt zu den Menschen verlor, die mir wichtig waren.

Für meine Situation als Kind mag es damals vielleicht die richtige Entscheidung gewesen sein, mir diesen Schutzpanzer anzuziehen, doch muss ich mit dieser Panzerung auch weiterhin durchs Leben gehen? – Fehlt mir noch immer das Rüstzeug, um auf die Herausforderungen des Alltags wie eine *erwachsene* Frau (gilt selbstverständlich auch für den Mann!) mit klarem Sachverstand souverän zu reagieren und nicht mehr das verletzte kleine Kind von damals zu sein?

Entscheidend war für mich zu erkennen, aus welchem Bewusstsein heraus ich auf bestimmte Menschen und Sachverhalte reagiere. Heute mache ich es mir zu einer Art „Spiel", mir je nach Situation zu überlegen, ob ich gerade mit dem klaren Verstand und dem Bewusstsein einer Erwachsenen reagiere, oder mich wie ein verletztes Kind verteidige. Heute bin ich sehr dankbar dafür, um diesen Unterschied zu wissen und hab zum Glück gelernt, was ich tun kann, wenn das verwundete Kind von damals wieder einmal schneller reagiert als die umsichtige und besonnene Erwachsene. Es ist so spannend, zu erkennen, ob wir mit dem verletzten Kind-Bewusstsein oder dem Bewusstsein eines Erwachsenen reagieren. Dieser kleine, feine Unterschied ist so wichtig. Sowohl für uns selbst, als auch für den Frieden in den bestehenden Systemen und den Frieden in der Welt. Nur aus einem Zustand des inneren Friedens heraus können wir den Frieden auch im Außen erwarten.

Gleiches zieht Gleiches an. Wie innen – so außen. – Im übertragenen Sinne bedeutet das: Frieden zieht Frieden an. Krieg zieht Krieg an. Beide Qualitäten befinden sich in uns. Für welche wir uns entscheiden, bestimmt *unbewusst* sehr oft unser inneres Kind. Fragt sich nur, ob dieses gerade verletzt oder freudvoll reagiert.

Und eine weitere Frage ist: Wie gehen wir damit um? – Lassen Sie mich hierzu ein Beispiel geben, das sich wunderbar im Alltag beobachten lässt. Bin ich ein Hundebesitzer und trage versteckte oder offene negative Energien wie Wut, Ärger und Aggression mit mir herum, überträgt sich meine negative Energie auch auf das Tier. Vielleicht nicht sofort, aber nach und nach und das Verhalten des Tieres ähnelt immer mehr dem des Menschen. Unbewusst wählt der Mensch sogar das Tier aus, das seinem eigenen Charakter ziemlich gut entspricht. Ärger, Wut und Aggression sind eine Form von Energie, die sich wie jede andere auch, z. B. Trauer, Freude, Liebe oder Glück, vermehrt, wenn ich sie mit den entsprechenden Gedanken nähre. Doch so wie sich Mensch und Tier spiegeln, spiegeln sich auch alle unsere Beziehungen. Ausnahmslos. Das fängt in der Beziehung zwischen

Eltern und Kind an. Überträgt sich auf die Beziehung der Geschwister untereinander. Auf Haustiere. Auf den Partner. Arbeitskollegen und Chef.

Warum das so ist? – Wir sind hier, um voneinander zu lernen. Genauer gesagt: Unsere Seele will lernen und hat sich von daher diesen menschlichen Körper mitsamt den Herausforderungen und Situationen ausgesucht, um aus ihnen zu lernen. Und so beschenkt uns das Leben so lange mit den immer wieder gleichen Themen, die sich so lange wiederholen, bis wir bereit sind mit unserem *bewussten Geist* anders zu handeln. Bis dahin führt unser *unbewusster Geist* die Regie und inszeniert „Abenteuer für Abenteuer", bis wir endlich aufwachen und verstehen, wie die Dinge wirklich funktionieren. Daher auch all diese Spiegelungen, damit ich an meinem Gegenüber erkennen kann, welche Gefühle und Gedanken gerade mal wieder in mir selbst *unbewusst* vorherrschend sind, denn immerhin bestimmt unser Unterbewusstsein zu 90 % unser Denken und Handeln. Bewusst treffen wir unsere Entscheidungen gerade mal zu 10 %.

Ein weiteres *Beispiel* um dies zu verdeutlichen: Befinden wir uns in einem Streitgespräch und sind davon überzeugt, dass nicht wir, sondern der andere den Streit vom Zaun gebrochen hat, dann können wir an seiner Wut, mit der er uns antwortet, indirekt ablesen, dass er uns gerade unbewusst unsere *eigene Wut* (Gereiztheit, Übellaunigkeit oder Aggression) spiegelt, die uns aber bis dahin *nicht bewusst* ist.

Hören wir nicht nur auf seine Worte, sondern berücksichtigen wir auch die Mimik und erlauben wir uns den Streit zu unterbrechen, um uns darüber bewusst zu werden, was da gerade geschieht, dann sehen wir hinterher klarer und können wieder fairer mit dem anderen umgehen. Eine kleine Auszeit – selbst dann, wenn es nur ein Rückzug für 5 Minuten ist – wirkt Wunder und hilft, damit die Situation nicht weiter eskalieren muss. Sie tun damit sowohl sich selbst, als auch dem anderen etwas Gutes. Ziehen Sie sich für geraume Zeit an einen ruhigen Ort zurück, spazieren im Garten auf und ab oder drehen mal kurz eine

Runde um den Häuserblock. Finden Sie fürs Erste einfach nur Raum für sich. Atmen Sie ein paarmal durch die Nase tief ein und durch den leicht geöffneten Mund aus. Stellen Sie sich dann selbst ein paar Fragen. Fragen wie diese: Was macht das Ganze gerade *mit uns* und ganz speziell *mit mir*? – Wie fühlt es sich an? – Was hat das Verhalten meines Streitpartners jetzt gerade in mir ausgelöst? – Weshalb fühle ich mich gar so betroffen? – Gibt es einen alten Schmerz, warum ich so stark auf die Worte und das Verhalten des anderen reagiere?

Da es keine Zufälle gibt, hat alles, worauf wir mit *negativen* Gefühlen reagieren, auf einer tieferen Ebene eine wichtige Botschaft für uns. Dahinter verbergen sich Situationen von früher, in denen wir bestimmte Erlebnisse hatten, die Gefühle wie Traurigkeit, Schmerz, Wut, Ohnmacht sowie eine tiefe Verletzung oder Verbitterung in uns ausgelöst haben. Bedingt durch die aktuelle Streitsituation leben diese alten Gefühle unbewusst in Sekunden-Bruchteilen wieder auf. Die alten gespeicherten Emotionen der Geschichten von früher suchen sich ihren Weg, weil dahinter die Aufgabe steht, uns dieser verborgenen Gefühle bewusst zu werden. Denn nur so können wir uns von ihnen befreien. Wie bereits mehrfach erwähnt werden wir so lange mit ähnlichen Situationen konfrontiert, bis wir endlich bereit sind, aus ihnen zu lernen und diesen negativen Energiestau in uns aufzulösen.

Als Kind waren wir aufgrund unseres Alters vielleicht nicht in der Lage, diese Gefühle von damals auszudrücken und sie bewusst zu leben. Haben uns unter Umständen ohnmächtig gefühlt und uns lieber brav und angepasst verhalten, um die Aufmerksamkeit und Liebe zu bekommen, nach der wir uns sehnten. Doch was wir damals nicht gelebt haben, lebt noch heute als nicht verrauchte negative Energie in uns weiter und schränkt uns sowohl in unserem Denken, als auch in unserem Verhalten ein, auch wenn dies völlig unbewusst geschieht. Wir leben nicht, was wir eigentlich leben sollten und wenden diese Energie nicht nach außen, sondern gegen uns selbst (Autoaggression). Damit verletzen wir uns aber jedes Mal selbst, auch wenn dies völlig unbewusst geschieht. Und wie Sie an meinem Beispiel gesehen haben, provozieren diese negativen Energien Krankheiten, die in unserem Körper und Geist wie hochtoxische Zell-Gifte wirken und uns hinsichtlich Lebensfreude, einem liebevollen Miteinander sowie auch in unserem Selbstausdruck blockieren.

Indem wir uns jedoch dieser uralten Mechanismen und Energien bewusstwerden, befreien wir uns von ihnen, weil wir heute älter sind und reifer und mit mehr Sachverstand und Wissen souveräner auf die Gegebenheiten von damals sowie auf das neue Konfliktfeld reagieren können. Und sind diese Energien erst einmal gelöst, dann lebt es sich um ein Vielfaches schöner und leichter, weil befreiter. Außerdem bessern sich unsere Beziehungen zu den Menschen von damals und heute. Und dieser Gewinn ist so ein Geschenk, der diesen Aufwand der Bewusstwerdung allemal lohnt.

Und was nicht zu vernachlässigen ist: Negative Energien, die ansonsten von Generation zu Generation weitergegeben wurden, werden durch diese Prozesse ebenfalls gereinigt und aufgelöst. – Dieser Reinigungsvorgang dient also nicht nur uns. Er wirkt sich auch positiv auf die Kinder aus. Egal ob noch ungeboren oder schon unter uns. Eltern können hier einen immensen Beitrag zur Heilung ganzer Familiensysteme über Generationen hinweg bewirken. Auch unsere Ahnen profitieren von diesem Bewusstmachungsprozess. Negative Energien, die mitunter schon Jahrhunderte weit zurückreichen, werden mit dieser relativ einfachen Praxis ins Licht geführt.

Ich hoffe, ich habe Sie auf den Geschmack gebracht, diesen Aufwand der Reflexion und Bewusstmachung nicht zu scheuen, sondern ihn stattdessen zum Wohle aller Beteiligten immer wieder mal zu begrüßen und zu praktizieren. Sie können nichts dabei verlieren, jedoch sehr viel gewinnen. Zwar fürs Erste keine Millionen auf ihrem Konto, außer Sie schauen sich beherzt an, was unter Umständen bereits seit Generationen bestehende Geld-Blockaden innerhalb des Familiensystems sind. Denn alles ist und bleibt Energie.

Energie will aber nicht irgendwo aufgestaut und blockiert sein. Genauso wenig wie Wasser. Energie will fließen und das im positiven Sinn. Sowohl in uns, als auch in der Welt. Und somit ist diese Form von Energie-Heilung meinerseits ein weiterer Beitrag zu mehr Weltfrieden, weil dieser Frieden in uns selbst seinen Ursprung in sich trägt. Noch dazu fühlt sich die Seele glücklich und lernt fliegen, weil neben innerem Frieden auch die Freiheit der Seele endlich ihren Platz an der Sonne bekommt.

Doch wie kommen wir nun an diese ursprüngliche Situation hinsichtlich eines aktuellen Themas heran und können herausfinden, welche Energien es zu lösen gilt? – Wenn jeder mithilft, den „Eisberg" unseres Unterbewusstseins (denn immerhin macht der ja zu 90 % unser Denken und Verhalten aus) nach und nach zum Schmelzen zu bringen, kann im Privaten wie kollektiv gesehen unermesslich viel an Heilung geschehen. Der Mensch heilt. Beziehungen heilen. Der Planet heilt. – Kann es Schöneres geben?

Daher meine Einladung an Sie: Regelmäßiges Bewusstseinstraining verändert die Welt im Kleinen wie im Großen. Nicht umsonst lautet der Untertitel meines Buches *Raus aus der Ohnmacht – rein in die Schöpferkraft*, weil uns dies zu einem bewussteren, gesünderen und freieren Leben führt.

Nicht gelebte Gefühle und aufgestaute negative Energie

Wie setze ich das ganze Wissen nun in die Praxis um? – Will ich herausfinden, welches Ereignis aus der Vergangenheit hinter einem negativen Gefühl steht, stelle ich mir Fragen und warte auf die entsprechenden Antworten, die mir mein Unterbewusstsein gibt. Mögliche Fragen, mit denen Sie ein Thema beleuchten können, sind:

Welches Gefühl löst dieses Thema in mir aus? – Warum fühle ich diesen Schmerz, diese Wut, diesen Ärger so stark? – Was liegt hinter diesem Gefühl? – Wann habe ich mich zum ersten

Mal so gefühlt? – Wer war damals an dieser Situation beteiligt? – Was genau hat diese Ursprungssituation mit mir gemacht? – Wie hat sich das damals für mich angefühlt? – Wie habe ich daraufhin über mich und die andere Person gedacht? – Was will mir dies sagen? – Welche Gefühle löst diese Ursprungssituation heute noch in mir aus? – Wie kann ich diese Gefühle annehmen und heilen? … – Wenn Sie wollen, dann bitten Sie Gott, die Engel oder einen Geistführer bzw. ein anderes himmlisches Wesen, mit dem Sie sich verbunden fühlen, Ihnen zu helfen. Diese gehen dann mit Ihnen gemeinsam durch den Prozess.

Achten Sie auf alle Informationen, die zu Ihnen kommen. In aller Regel kommen die Antworten aus dem Unterbewusstsein sehr direkt. Meist sind es schon die ersten Worte und Situationen, die Ihnen bewusstwerden. – Vielleicht wollen im Hinblick auf die Ursprungssituation noch Tränen geweint werden, dann weinen Sie, denn nicht geweinte Tränen blockieren uns genauso wie die dazugehörenden unterdrückten Energien.

Ihr Unterbewusstsein hat Sie heute bewusst mit Hilfe einer anderen Person noch einmal in eine ähnliche Situation wie damals gebracht. Diese muss nicht hundertprozentig mit der Ausgangssituation übereinstimmen, aber sie trägt das gleiche Spannungs- und damit Erregungspotential in sich und verursacht die gleichen Emotionen sowie die dazugehörige negative Energie. Und diese gilt es durch Bewusstmachung zu lösen.

Also weinen Sie, wenn Ihnen danach ist oder seien Sie wütend. Leben Sie genau die Energie, die sich Ihnen gerade zeigt. Damals konnten Sie die Energie – aus welchen Gründen auch immer – nicht leben. Doch heute sind Sie dazu in der Lage. Schenken Sie der Energie für kurze Zeit Ihre Aufmerksamkeit, doch gehen Sie nicht tiefer in die alte Geschichte hinein, sonst verlieren Sie sich in ihr. Das muss nicht sein. Nehmen Sie das vergangene Erlebnis einfach zur Kenntnis und akzeptieren Sie, dass dieses Ereignis zu Ihrer Vergangenheit gehört. Bewerten Sie es nicht länger. Durch den Prozess der Bewusstmachung klärt sich die Energie und somit ist sie weder gut, noch schlecht, sondern neutral.

Es kann sein, dass Sie von Ihrem Unterbewusstsein in der Erinnerung zurückgeführt werden bis in ein Alter zwischen Geburt und Ihrem zehnten Lebensjahr. Manchmal kann es sogar sein, dass Sie bis in die Zeit der Schwangerschaft hineingeführt werden und hier in den betreffenden Monat, in dem Sie zwischen sich und Ihrer Mutter irgendeine Form von Störung oder Ablehnung empfunden haben, die ebenfalls Auslöser für die Situation von heute sein kann. Es kann aber auch sein, dass Sie in Ihrer Erinnerung zu einer späteren Geschichte (Zeit der Pubertät, Schule, Studium, erster Arbeitsplatz, erste Liebe usw.) geführt werden. Sie können Ihrem Unterbewusstsein vertrauen. Es zeigt Ihnen genau die Situation an, die die richtige ist, um das, was es zu klären gilt, zu lösen. Vertrauen Sie ihm. Vertrauen Sie auf den ersten Impuls. Vertrauen Sie der ersten Botschaft. Sie müssen hier nicht ewig suchen. Sie werden zu genau dem Schlüsselereignis geführt, mit dem Sie am besten die Gefühle und Energien klären können, die Ihnen bislang noch unbewusst sind. – *Wichtig!* Erzwingen Sie nichts. Entspannen Sie dabei so gut Sie können. Das Ganze soll und darf auch mühelos geschehen.

Ist die Zeit „reif" für Heilung, darf diese geschehen. Wir können Sie jedoch nicht erzwingen. Bitte haben Sie Geduld und glauben Sie daran, dass alles genau so geschehen soll, wie es gerade geschieht. – Erwarten Sie aber nicht, dass Sie nach der Prozessarbeit aufstehen und die Dinge sogleich gelöst sind. Das kann sein, muss aber nicht sein. – Heilung hat seine eigene Zeit. Sie geschieht nach Gottes Willen und meistens nachts während wir schlafen. Wichtig ist allein, dass Sie sowohl in den Prozess, als auch in Gott und die himmlischen Helfer vertrauen und ihnen für die Unterstützung danken.

Indem wir uns der alten Geschichte noch einmal bewusstwerden, lösen wir den Konflikt in uns selbst auf und können bzgl. dieses Themas Heilung finden und uns – was für einen nachhaltigen Friedensprozess dringend anzuraten ist – mit der Person von damals versöhnen. – Dabei kommt es nicht darauf an, ob diese Person noch lebt oder bereits verstorben ist. Indem wir sie bei ihrem Namen nennen und sie um ein Gespräch von Seele zu Seele bitten, kann bereits Vergebung und Versöhnung geschehen. Und die Geschichte von damals kann im Interesse von beiden befriedet werden. – In manchen Fällen kann es sein, dass es hinsichtlich eines Sachverhalts mehrerer Gespräche bedarf, denn wie Ihnen ist auch der anderen Seele der freie Wille gegeben, um zu entscheiden, ob sie vergeben kann und will. Doch auch hier können Sie Gott bzw. Jesus um Beistand und Hilfe bitten. Sie wird Ihnen gewährt. Vertrauen Sie.

Indem wir uns nicht länger auf den Inhalt eines bestimmten Themas fokussieren, sondern darin allein die Chance erkennen, eine alte Energie-Blockade zu lösen, lernen wir nicht nur bewusster mit der Situation umzugehen, sondern transformieren diese alte negative Emotion sowie die dazugehörige Energie. Und anstatt über besagtes Thema noch länger zu debattieren, lernen beide Parteien anders damit umzugehen, weil niemand mehr mit den alten Energien belastet ist. – Im Grunde genommen dürfen wir dem Streitpartner also dankbar sein, weil er uns – wenn auch unbewusst – auf etwas Wesentliches aufmerksam gemacht hat, das uns ansonsten weiterhin belasten würde.

Hier noch einmal eine ganz kurze Zusammenfassung des Wesentlichen: Löse ich die Probleme, die sich mir im Außen zeigen, in mir selbst und werde mir ihres Ursprungs bewusst, dann befreie ich mich von diesen negativen Gefühlen sowie den darunter liegenden Emotionen. Dadurch löst sich die entsprechende Energie auf. Ich selbst komme wieder in meine Kraft und finde inneren Frieden, der sich mir dann auch im Außen wiederum in meiner Beziehung zum anderen zeigt.

Ein ganz anderes Beispiel, wie Energien, die wir ungelöst mit uns herumtragen, in den verschiedensten Alltagssituationen unser Verhalten, Denken und Tun negativ beeinflussen können, ist ein Beispiel aus der Schule. Doch die Situation lässt sich jederzeit auch auf die Beziehung zwischen Eltern und Kind und jede andere Beziehung übertragen.

Alltag in der Schule: War der Tag für mich sehr arbeitsreich, anstrengend bzw. mit diversen Problemen behaftet oder hatte ich zuhause mit meinem Partner Unstimmigkeiten, dann konnte es mir bei Unachtsamkeit durchaus passieren, dass ich durch die Anspannung bzw. durch die negative Energie, die der eine oder andere Sachverhalt mit sich trug, diese Energie mit ins Klassenzimmer nahm. Spätestens dann, wenn die Arbeit mit den Schülern zäh und schwer war und die Stunde nicht so recht gelingen wollte, war mir klar, was da wieder einmal geschah: So wie mich die Herausforderungen des Alltags beschäftigten, konnte ich die Kinder nur bedingt fürs Lernen gewinnen, denn die Themen, die mich gerade noch gefordert hatten, blockierten *unbewusst* meinen Kontakt zu den Kindern, was im Ergebnis letztlich dazu führte, dass weder sie, noch ich mit der Situation richtig umzugehen wussten. Das Verhältnis zwischen ihnen und mir blieb so lange nüchtern und reserviert, bis ich den Schülern erklärte, warum ich heute etwas ernster bin. Dazu bedarf es nicht vieler Worte. Doch die *Kinder brauchen Klarheit, Offenheit und Transparenz*. Fehlt sie, bleibt die negative Energie im Raum, bis ich mit ihnen den Sachverhalt kläre. – Sind wir uns dessen bewusst, dass so manch scheinbares Unvermögen zwischen Lehrer und Schüler, zwischen Eltern und Kind, zwischen Partner und Partnerin, zwischen Kollegen die Botschaft einer *Energie-Blockade* in sich trägt, dann lässt sich das Problem der Blockade genauso schnell wieder lösen wie es entstanden ist und muss das Verhältnis zwischen den beteiligten Personen nicht länger trüben.

Wenn ich merke, dass die Energie zwischen den Kindern und mir nicht fließt, kann ich das sehr leicht ändern, indem ich ihnen sage, dass sie *nicht* der Verursacher der Situation sind. Da reichen bereits ein paar Worte wie z. B. *„Sorry, tut mir leid, mich beschäftigt gerade so vieles. Das hat aber alles nichts mit euch zu tun."* Mit diesen Worten fühlen sich die Kinder bereits gesehen und akzeptiert. Infolgedessen erleichtern sie mir die Unterrichtssituation, weil sie für mich nicht zusätzlich zum Problem werden wollen. Allein dieser kurze Hinweis reicht, damit sie wissen, dass mein ernster Blick von heute oder der Tonfall meiner Stimme, wenn ich angestrengt bin und mich gerade um „…" sorge, nichts mit ihnen zu tun hat. Das beruhigt sie ungemein, denn schließlich sind Kinder leicht zu verunsichern. Je nach Sensibilität, Alter und Geschlecht befürchten sie sehr schnell, dass der andere sie nicht mehr mag. Sie haben noch so feine „Antennen", ein gutes Bauchgefühl, eine so feine Intuition, dass sie selbst im Klassenverbund wahrnehmen, ob ihnen der Lehrer/die Lehrerin wohlgesonnen oder kritisch gegenübersteht.

Werden so kleine, aber wichtige Dinge nicht geklärt, kann es schnell zu Missverständnissen kommen, die mit ein paar wohlwollenden Worten leicht zu korrigieren gewesen wären. Im Grunde genommen ist es so einfach, doch übersehen wir im Alltag mit all dem, was uns beeinflusst, oft das Naheliegende und Wichtigste. Dabei lässt sich bereits mit ein paar netten Worten, einem Lächeln sowie mit Klarheit, Offenheit und Transparenz ein Wohlfühlklima schaffen, in dem sich alle Beteiligten entspannen können, egal ob im Klassenzimmer, zuhause oder anderswo.

Wie oft kommen Eltern angespannt vom langen Arbeitstag und den Mühen des Alltags nach Hause und wollen nur noch ihre Ruhe haben, doch da warten die Kinder, die ihrerseits bedürftig sind. Vielleicht nicht nach Ruhe, aber nach der Aufmerksamkeit, Wertschätzung und Liebe ihrer Eltern. – Können wir ihnen dies verdenken?

Wie schnell passiert es, dass leider zu wenig ausreichend liebevolle Worte miteinander gewechselt werden, weil wir mit unserer Aufmerksamkeit noch nicht wirklich zuhause sind. Routinemäßig besteht das Interesse mancher Eltern oft mehr in der Frage, wie es in der Schule war oder ob die Hausaufgaben gemacht sind. – Ist das bereits Fürsorge und Kontakt genug? – Wie steht es da mit den Gefühlen des Angenommen-Seins, des Gesehen-Werdens, des Gehört-Werdens als Kind? – Spürt es damit bereits die Liebe der Eltern? Kinder sehen die Welt anders als die Erwachsenen und haben andere Bedürfnisse. Sie fühlen sich mit der Frage nach Schule und Noten weder gesehen, noch gehört, noch geliebt. Und wie oft heißt es, wenn das Kind etwas ganz anderes will: *„Nerv nicht, geh auf dein Zimmer. Um „…" Uhr gibt es Abendessen."*

Und geht es uns als Erwachsene nicht ebenso, wenn Hausfrau/Hausmann ein schönes Essen vorbereitet hat, um es mit ihren/seinen Liebsten zu genießen? Doch der Partner/die Partnerin kommt angestrengt, mitunter sogar genervt vom Tagesgeschehen nach Hause und bereits nach einem kurzen „*Hallo*" wird erzählt, was heute alles *nicht* gut war. Wer sich mal wieder so oder so verhalten hat. Oder dass der Kollege oder Chef nervt.

Nennt sich das dann liebevolle Familien-Kommunikation, mit der wir dem anderen von Herz zu Herz vermitteln, wie wichtig er uns ist und wie dankbar wir dafür sind, dass er in unserem Leben ist und dieses bereichert? – Dass wir uns jetzt darüber freuen, gemeinsam mit Mann/Frau/Kind noch ein wenig unterhaltsame und schöne Zeit zu verbringen? Selbst dann, wenn dies nur eine Stunde ist. Zeit zum Spielen, zum Lachen, zum Spazierengehen. Zeit, um sich gemeinsam wahrzunehmen und zu fühlen. Zeit, die alle Beteiligten aktiv und bewusst miteinander gestalten. Wo man sich auf einer anderen Ebene bewegt, als der, in der man tagsüber gefordert war. Wo auf Herzensebene die Energie der Liebe fließen kann, die dem anderen sagt, wie wichtig er ist.

Was will ich mit diesem Beispiel sagen? – Bereits in einem Bruchteil von Sekunden reagieren wir auf die Energie, die der andere mit sich bringt. Obwohl die andere Person noch kein Wort gesprochen hat, wissen wir bereits, dass Spannung in der Luft ist und gehen in Hab-Acht-Stellung wie ein ängstliches Tier. Manchmal ist die Luft so dick, dass es den Eindruck hat, als knistert sie. – Was hierbei schlimm ist, ist, dass sich die negative Energie des einen auch auf den anderen überträgt und auch bei ihm zu einem Unwohlsein führt. Am Schluss „knistert" es am ganzen Familientisch. Jeder versucht vielleicht noch zu retten, was zu retten ist. Doch die „Fett-Näpfchen" stehen so nah, dass man mit Sicherheit das falsche Thema erwischt. Oder man schweigt und isst stur und unaufmerksam vor sich hin. Der eine ist enttäuscht, weil sein Essen nicht gewürdigt wird. Die anderen, weil sie nicht wissen, wie mit all dem umzugehen ist. Negative Energie, die sich nach und nach potenziert. – Kein schönes

Familien-Idyll. Da kann man verstehen, wenn jeder so schnell als möglich den Tisch wieder verlässt und ins eigene Zimmer geht. Doch wo bleibt in solchen Fällen die Verbundenheit innerhalb der Familie?

Haben wir uns den Partner/die Partnerin bzw. die Kinder nur deshalb ausgesucht, um bei ihnen unsere Sorgen und Probleme oder den neuesten Klatsch über Herrn und Frau Sowieso abzuladen? Wo ist das *wahre Interesse* am anderen geblieben? – Wo sind die *Seelen-Gespräche*? – Wo findet noch wahre Berührung statt? – Damit meine ich hier nicht nur die körperliche Berührung, sondern eine tiefgehende *Berührung von Herz zu Herz.*

Finden wir diese vor dem Fernseher oder auf dem Fußballplatz? – Im Kinderzimmer, das randvoll mit Spielzeug und einer eigenen Medien-Welt ausgestattet ist, damit die Bedürfnisse (?!?) des Kindes erfüllt sind? – Haben wir damit bereits unsere Pflicht getan? – Verantwortung für das eigene Wohlergehen und das der anderen übernommen?

Ich weiß, dass ich mit diesen Worten gerade sehr gesellschaftskritisch bin. Doch ich will dies auch sein, weil mir wichtig ist, uns allen (auch mir selbst) einen Spiegel vorzuhalten, damit jeder darüber nachdenken und reflektieren kann, wie seine kleine Welt aussieht, und ob es da an der einen oder anderen Stelle nicht doch etwas zu verbessern gibt.

Keine Sorge! – Auch wenn ich mit meinem Beispiel die Wirklichkeit überzeichne und mit meinen Fragen den Finger in so manche Wunde des Familien-Alltags lege, so weiß ich doch, dass es auch viele wunderbare Familien gibt, in denen ein herzliches Miteinander an der Tagesordnung ist. – Wo keiner erschrickt, wenn man sich ein- oder mehrmals am Tag sagt „Ich habe dich lieb!" – Wo Werte wie Verbundenheit, Wertschätzung, Respekt und Liebe täglich aufs Neue gelebt werden und die Beziehungen zwischen Erwachsenen und Kind auf gleicher Augenhöhe sind.

Ich weiß, dass es immer zwei Seiten einer Medaille gibt. – Worum es mir geht, ist, dass uns *bewusstwird*, dass wir im Alltag so oft *unbewusst* denken und handeln und uns damit in Missverständnisse und Probleme verstricken, die den Beteiligten hinterher leidtun. Noch dazu finden in den wenigsten Fällen zeitnah *Versöhnungs- und Friedensgespräche* statt, weil wir nicht gelernt haben solch klärende Gespräche zu führen, die jedoch unerlässlich sind, um die Familienmitglieder untereinander zu befrieden. Aus Angst davor, dann die Liebe der anderen zu verlieren, scheuen wir diese Gespräche. Stattdessen schmollen wir – jeder auf seine Art – und reagieren noch 10, 20, 30 … 60, 70, 80 Jahre später wie ein verletztes Kind, weil Emotionen in uns leben, die noch immer nicht bereinigt sind. Wir glauben, dass diese Kind-Eltern-Geschichten im Verborgenen gut ruhen, und wischen sie von Generation zu Generation unter den Tisch. Nichtahnend, dass der ganze emotionale Ballast innerhalb der Familien immer weitere Kreise zieht, die einem gesunden Familienklima nicht zuträglich sind.

Werden kritische Alltagssituationen, Meinungsverschiedenheiten und Differenzen sowie unterschiedliche Weltanschauungen unter den Familienmitgliedern nicht geklärt, ergeben sich immer mehr Schwierigkeiten, die nicht sein müssten, wenn wir insgesamt offener und toleranter wären. Wie oft entstehen durch unbedachte Worte, Kritik, flapsige Bemerkungen usw. Verletzungen, die unnötig sind? – Ist es nicht bereichernd, wenn Kinder ihre eigene Wesensart, ihre Individualität auf der Grundlage ihres Wissens und ihrer Fähigkeiten immer mehr entwickeln und leben? – Wird die Welt der Familie dadurch nicht facettenreicher, schöner und bunter? – Lernt nicht jeder von jedem? – Wie wäre es, wenn es darüber mehr Gespräche gäbe?

So könnte das Kind lernen, eigene Interessen, Bedürfnisse und Standpunkte wahrzunehmen und zu vertreten. Lernt eine begründete eigene Meinung zu haben, gewinnt damit auch an Durchsetzungskraft, Überzeugungskraft und Souveränität. Es entdeckt sich selbst als ein kreatives Wesen mit eigenen Fähigkeiten und Qualitäten, das sich auf natürliche Art seiner selbst sicher wird und keine Spiel-Konsolen und Pseudo-Phantasiewelten braucht, weil es auf eine viel spannendere und vor allem natürliche innere Entdeckungsreise geht. Es lebt bewusst mit dem Potential, das ihm Gott gegeben hat, kann dies zur individuellen

Meisterschaft bringen und dieses Wissen letztlich mit der Welt teilen. Denn darin besteht unser *Lebenssinn*.

Die wichtigsten Jahre in unserem Leben sind unsere Jahre als Kind. – Sie sind die kostbarsten, die wichtigsten und sollten die schönsten sein, denn hier wird der Grundstein für das gesamte spätere Leben gelegt. Hier beginnt alles, denn hier wird unser Weltbild, das Fundament unseres Glaubens, unser Vertrauen in uns selbst und in die anderen, sowie die Art und Weise wie wir denken, fühlen und handeln geprägt. Hier lernen wir miteinander zu kommunizieren. Hier bilden sich unsere Werte aus und unsere Kreativität. Hier sind wir noch unseren Träumen nahe und leben selbstvergessen in der Verbindung mit etwas Größerem, unserem Schöpfergeist, bevor uns dann der durchorganisierte und für eine Kinderseele oft raue Alltag einholt, fordert, stresst und verwirrt.

Kinder müssen noch Kind sein dürfen. – Für eine gesunde Entwicklung brauchen sie z. B. das Spiel mit Zeiten zum Lachen, sich in verschiedenen Rollen üben, Albern-Sein, Weinen und Toben. Müssen sich spüren und hinsichtlich ihrer Kräfte messen. Andererseits brauchen sie aber auch Zeiten der Ruhe, denn sowohl ihr körperliches als auch geistiges Wachstum kann nur von einem Ort der Ruhe aus geschehen. Und sie brauchen stets das Gefühl von Sicherheit, Geborgenheit und bedingungsloser Liebe, um sich angenommen und wertgeschätzt zu fühlen.

Ich glaube nicht, dass Kinder dazu da sind, von Generation zu Generation das Leben ihrer Eltern zu leben und dies zu wiederholen. Schließlich trägt jeder von uns seinen *eigenen Lebenssinn* in sich. – Warum hätte uns Gott diesen sonst gegeben? – Bestimmt nicht, damit dieser durch den Willen der Eltern gebrochen wird. Diese sollten ihr Kind vielmehr in seiner Ganzheit sehen, es annehmen, wie es ist, und es gemäß seiner Fähigkeiten und seiner Talente individuell fördern und unterstützen, damit es ganz aus sich selbst heraus wie eine Blume immer mehr erblühen kann. Eltern sollten Wegbegleiter sein, die für ihre Töchter und Söhne im Hinblick auf deren persönliche Entwicklung, die Schaffung eines guten Familienklimas sowie die Vermittlung gesamtgesellschaftlicher Werte ein Vorbild sind. Eltern sind auch wichtig im Hinblick auf das Erlernen einer guten Gesprächs- und Beziehungskultur, weil sie auch hier für das spätere Leben ihres Kindes beispielgebend sind.

Natürlich müssen Eltern ihren Kindern ein bestimmtes Maß an Regeln geben, das diesen zur Orientierung dient. Doch sollten diese gemeinsam mit dem Kind definiert und besprochen sein, damit es den Sinn hinter diesem Regelwerk verstehen kann. Ist es sich dessen nicht bewusst, wird es solange bestehende Regeln brechen und immer in den Bereich von Grenzerfahrungen gehen, um zu schauen, wie weit es mit allem gehen darf. Von daher muss von den Eltern die Einhaltung einer bestimmten Grenze klar gefordert sein. Doch Drumherum darf und soll, ja muss es eine *Pädagogik des Herzens* sein, damit sich das Kind mit allem, was ist, stets angenommen und geliebt fühlen kann und weiß, dass da immer jemand ist, der es *bedingungslos liebt*.

Kindern muss der nötige Freiraum zur Selbstentfaltung zugestanden werden. Sie müssen sich erproben, sich wahrnehmen und spüren können. Auch wenn dies manchmal heißt, dass es aus Fehlern zu lernen gilt oder es in Anbetracht ihrer persönlichen Entwicklung auch mal einen Umweg zu gehen gilt.

Ein wichtiges *Göttliches Gesetz*, worauf es gerade in der Erziehung von Kindern ankommt, ist: *Worauf ich meine Aufmerksamkeit richte, wird Realität.* – Sehe ich mein Kind als problematisch an, wird es dafür sorgen, dass es Probleme gibt. Sehe ich in meinem Kind dieses wunderbare und einmalige Geschöpf, das den Eltern zur Bereicherung ihres Familienlebens geschenkt wurde, dann wird es ganz selbstverständlich auch dieses wunderbare und besondere Kind sein, das seine Individualität mit Freuden leben kann.

Anders gesagt: Ist es mir als Vater oder Mutter ein *echtes* Bedürfnis, ein *Herzensbedürfnis*, ein liebevolles und wunderbares Familienleben zu erschaffen, das mir die Stütze in meinem Alltag ist, das allen Sicherheit und Geborgenheit gibt, dann wird dies so auch Realität, weil ich dann mein ganzes Denken, Wahrnehmen, Fühlen und Handeln an dieser Vision ausrichten kann.

Dann bringt ein Lächeln auch den anderen zum Lächeln. Und positive sowie wohlwollende Worte kommen ebenfalls als Echo zurück. – Während eine angespannte Familiensituation solange angespannt bleibt, bis alle Betreffenden bereit sind, dies zu verändern, indem sie sich *gemeinsam* der Ursachen bewusstwerden und *gemeinsam* daran arbeiten, sich neue *gemeinsame* Ziele für ein gelingendes und für alle schöneres Miteinander zu setzen.

Und so wie wir *unbewusst* immer gleichen Energiemustern folgen, ist es auch mit unseren Gedanken und Gefühlen. Auch hier richtet sich die Realität nach dem, wie wir grundsätzlich denken und fühlen. Sind wir positiv gestimmt, zeigt sich dies im Hinblick auf unsere Ausstrahlung auch im Außen und wir ziehen wiederum Menschen an, die genauso optimistisch und positiv gestimmt sind wie wir selbst. – Das gleiche gilt natürlich auch hinsichtlich der negativen Energie. Pessimisten und Kritiker ziehen ebenfalls mehr von ihresgleichen an. Im Grunde genommen lässt sich sagen, dass die Reinheit unseres Energiefeldes genauso wichtig ist wie unser Denken, Fühlen und unsere Worte, denn das eine beeinflusst das andere und erschafft so unsere Realität.

Gleiches zieht Gleiches an. – Ein *Göttliches Gesetz,* das wir mehr beherzigen sollten, denn eine Voraussetzung für ein glückliches und erfülltes Leben ist, dass wir unseren Geist (unser Denken) dahingehend trainieren, dass er in Einklang gebracht wird mit unseren Worten, Handlungen und Gefühlen. – Gelingt es uns diese vier Bereiche eines bewusst positiven Denkens, Fühlens, Handelns und Sprechens zusammenzuführen und bewusst danach zu leben, erhöhen wir damit unsere Energie. Wird diese vierblättrige Einheit (ähnlich einem vierblättrigen Glücksklee!) noch dazu in Verbindung gebracht mit der Liebeskraft, der Liebes-Energie unseres Herzens, erzeugt das ein so starkes positives elektromagnetisches Feld, dessen Antwort sowohl in uns, als auch im Außen der *Friede ist.*

Es ist nicht nur die Politik unserer Staatsmänner und Frauen, die die Geschicke unserer Welt bestimmen, auch wenn ihre Entscheidungen letztlich den Ausschlag für Krieg oder Frieden geben mögen. Es liegt so vieles in unserer Verantwortung, den Frieden im Kleinen (Familie und Partnerschaft) wie im Großen (Gemeinschaft, Land) friedvoll herbeizuführen. Doch damit die Vision von Frieden unsere Zukunft bestimmen kann, haben wir alle (Jung und Alt) unseren Beitrag zu leisten und das in allen Bereichen unseres Lebens.

Die Geschichte lehrt uns, dass bis jetzt der Friede immer mit den Mitteln von Revolution und Gewalt herbeigeführt wurde. – Zwar gab es immer wieder Friedensverhandlungen, doch war mit diesen Gesprächen der innigste Wunsch nach Frieden auch wirklich tief im Herzen der Menschen angekommen? – Sowohl bei den miteinander verhandelnden Parteien im Sinne einer wahren Aussöhnung und Vergebung, als auch beim Volk? – Können wir so den Frieden verhandeln? – Kann ein solcher Friede anhaltend sein?

Ich bin nicht davon überzeugt, dass das der richtige Weg ist, denn vom Grundsatz her versuchen wir mit einer negativen Energie, die über einen längeren Zeitraum hinweg gelebt wurde und als zerstörerische Kraft in der Erinnerung und damit auch im Zell-Bewusstsein aller verankert ist (Krieg), etwas Positives (Frieden) zu „verhandeln". – Das kann nicht funktionieren, weil auf diese Art und Weise ein Frieden herbeigeführt wird, der mehr über die Ratio (Verstand) vereinbart wird als aus dem Herzen heraus. Diesem Frieden fehlt die Basis. Eine bewusste, klare Entscheidung für einen verbindlichen Weg des Friedens.

Es bedarf einer klaren Entscheidung vieler, für die jeder gerne bereit ist, die Verantwortung zu übernehmen und seinen Beitrag zu leisten. Frieden lässt sich nicht verhandeln, er will gelebt werden und das in jedem Moment aufs Neue, egal welche Situationen und Herausforderungen es im Außen gibt. – Und das kommt nicht einfach so. Es will trainiert sein.

Außerdem zeigt die Geschichte im Großen wie im Kleinen, dass menschliches Handeln, das mehr einem Konkurrenz-, Neid-, Besitz- und Machtdenken geschuldet ist, niemals von Dauer war, weil diese Form menschlicher Selbstüberhöhung und Selbstermächtigung im Widerspruch zu den Gesetzen Gottes steht. – Wie also kann und soll ein solches Verhalten je gelingen? – Wann sind wir bereit aus der Geschichte unserer Vorfahren zu lernen? – Haben Sie nicht selbst schon viel zu viele Opfer gebracht und waren immer und immer wieder dem Macht-Gebaren und der Willkür derer ausgesetzt, die nach einem meist positiven und vielversprechenden Start ihr Amt ab einem bestimmten Zeitpunkt dann scheinbar doch wieder mehr zur Festigung ihrer eigenen Position und Machtansprüche ausübten, aber nicht mehr zum Wohle aller? – Kommt daher die Redensart, die auf Abraham Lincoln zurückgeht: „Willst du den Charakter eines Menschen erkennen, so gib ihm Macht."?

Damit es einen nachhaltigen Frieden in der Welt geben kann, kann es gemäß *Göttlichem Gesetz* nur einen einzigen Weg geben und der heißt: *Wollen wir Frieden, müssen wir einen friedvollen Weg gehen!*

Mahatma Gandhi, Nelson Mandela und Martin Luther King haben es uns mit ihrer Politik des Friedens bereits vorgelebt, denn nur ein Friede, der so bewusst in unserem Herzen und Geist verankert ist, dass er in allem, was wir denken, sagen oder tun unser Leben bestimmt, kann nachhaltig Frieden bringen. Das ist der einzige Weg. – Und der ist nicht nur von den derzeit Mächtigen der Welt abhängig, sondern hier ist jeder Einzelne von uns gefragt, weswegen ich mit meiner Erläuterung nicht nur die Historie betrachte, sondern vermehrt auch auf die Notwendigkeit einer guten *Beziehungs- und Gesprächskultur* eingehe.

Notwendigkeit einer guten Gesprächsführung und Kommunikation

Was können wir tun? – Uns zum Beispiel wieder auf die Notwendigkeit einer ehrlichen und zuverlässigen Berichterstattung durch die Medien besinnen und die Lügengeschichten und Fake News nicht auch noch durch eigenes Zutun (darüber sprechen, derartige Nachrichten weiterleiten, darüber diskutieren) verbreiten, weil auch das die negative Energie potenziert. In der Welt der Medien hat sich leider eine Sub-Kultur entwickelt, die alles andere als amüsant zu nennen ist. – Wie kann man als Verfasser dieser Falschmeldungen der Wahrheit gegenüber so gleichgültig sein? – Wer braucht diese Art falscher Berichterstattung? – Im Internet – auf der Seite des Forums für Streitkultur[26] – heißt es: „Im Bereich von Fake News spielt Bullshit eine zentrale Rolle. Die wahrscheinlich prominentesten Bullshitter im Fake News-Geschäft sind die in den Medien breit verhandelten mazedonischen Teenager, die 2016 mit der Herstellung falscher und irreführender Meldungen zehntausende Dollar verdienten. Aus Interviews mit diesen Teenagern wissen wir, dass ihr primäres Ziel nicht war, Menschen zu täuschen. Ganz im Gegenteil: die Wahrheit oder Falschheit ihrer Meldungen war ihnen vollkommen egal. Ihnen ging es einzig und allein darum, größtmögliche Klickzahlen zu generieren – ein klarer Fall von Bullshit."

Sind wir inzwischen so weit von unseren Werten weggekommen und auf einem Niveau angekommen, wo es nur noch um leicht verdientes Geld und Klickzahlen geht? – Wer bezahlt diese Jugendlichen? – Welche Interessensverbände stehen dahinter? – Dient dies alles nur noch dem Zweck, dass sich mit bewusst gestreuten Falschaussagen die Wahrheit nicht mehr herausfinden lässt? – Steckt da eine gewisse Taktik dahinter? – Erleichtert das die Weltpolitik?

Schade, dass sich so viele Menschen finden, die diese Art von Lügen rund um den Erdball durch ihr eigenes Zutun noch vermehren. Sind wir inzwischen bereits so abgestumpft und verroht, dass wir nicht mehr anders können? – Und wer hat Interesse daran, durch diese Art von Berichterstattung unter den Menschen Gefühle wie Verunsicherung und Angst zu schüren? – Geht es darum, die Macht der Mächtigen noch zu mehren, weil unsichere und ängstliche Menschen leichter manipulierbar sind?

---

26 Forum für Streitkultur: Romy Jaster und David Lanius. Was sind Fake News? Abrufdatum 06.01.2021, von https://forum-streitkultur.de/was-sind-fake-news/

Angst und Unsicherheit gehören zusammen mit Trauer, Depression, Verzweiflung und Ohnmacht zu den mächtigsten negativen Gefühlen. – Doch wie kommt es zu einer solch starken Ausprägung dieser negativen Gefühle in unserem Leben? – Was liegt da näher, als dies einmal im Zusammenhang mit der Geschichte der Menschheit zu sehen, vor allem mit dem *Dreißigjährigen Krieg* sowie den beiden letzten Weltkriegen des 20. Jahrhunderts? – Die Geschichte unserer Ahnen, die wir alle in unserem Zell-Bewusstsein mit uns herumtragen, und die sich vor allem bei den empathischen und hochsensiblen Menschen sehr stark auch in Krankheitsbildern wie Krebs, Depression und Traumata zeigt.

Allerhöchste Zeit, dass wir als Menschheit gemeinsam den *nächsten Evolutionsschritt* machen, denn *Angst ist das Gegenteil von Liebe*. – Doch wie sollten die ganzen Generationen von Eltern ihren Kindern Liebe geben, da sie diese ja selbst ebenfalls entbehren mussten und selbst einer Kindheit ausgesetzt waren, die als alles andere als schön zu bezeichnen ist? – Es ist also nicht damit getan, ihnen Schuld darüber zuzusprechen wie wir uns heute fühlen.

Sie waren selbst Leidtragende und Opfer, die auf ihre Art genauso gelitten haben wie wir. Und genauso wie wir blieben auch sie bezüglich der Liebe ihrer Eltern bedürftig und waren gefordert, für sich selbst einen Weg zu finden, um mit all dem generationenübergreifenden Schmerz, ihren eigenen Kriegs-Traumata und ihrer jeweiligen Lebenssituation irgendwie klar zu kommen. Die meisten von ihnen haben es wohl mit Arbeit versucht, um auf diesem Weg sowohl ihr seelisches Leid, als auch die Lebensumstände, in die sie hineingeboren waren, zum Besten zu bewenden. Ihre Sorgen und Probleme waren andere als wir sie heute kennen. Da gab es keine Zeit für Bewusstseinserweiterung und Selbstreflexion. Ihr Leben stand unter völlig anderen Vorzeichen und gemäß denen haben sie gelebt. Und so wie sie gelebt haben, haben sie mit ihrem Denken, Fühlen und Handeln von Generation zu Generation genau das wiederum geprägt und weitergegeben, was bereits ihre Eltern taten. Ein Staffellauf von Generation zu Generation.

Und dennoch hat jede Generation ihr Bestes gegeben und geglaubt, die richtigen Werte und Erziehungsideale vermittelt zu haben, nach denen sie selbst erzogen wurden. – Stellt sich für uns heute nur die Frage: Wollen wir das Leben unserer Eltern und Großeltern leben oder unser eigenes? – Sind ihre Werte und Ideale auch die unseren? – Welche haben für uns noch Bedeutung? – Welche bedürfen der Erneuerung?

Zu dem kommt, dass es für die Kinder dieser Zeit nicht wirklich eine Kindheit gab. Sobald sie mit circa 4 Jahren der Amme oder der Hilfe der Mutter entwachsen waren, wurden sie zur Arbeit statt zum Spiel und Müßiggang angehalten, um das Überleben der Familie zu sichern bzw. die Not der Familie zu mindern. Und wenn man sich die Geschichte der Kindererziehung anschaut, so lehrt uns diese, dass es für Kinder erst seit dem 19. Jahrhundert sogenannte Kinderschutzrechte gibt und dass Kinder innerhalb der Gesellschaft erst nach und nach den Stellenwert und die Aufmerksamkeit bekamen, die wir ihnen heute geben.

Eine mitunter sehr traurige Geschichte, wenn wir berücksichtigen, welchen Lebensbedingungen sie im Allgemeinen ausgesetzt waren. Im Vergleich dazu geht es uns heute mehr als gut. Nur schade, dass wir dies alles nicht mehr wissen oder verdrängen. Zu jeder Zeit gab es von Generation zu Generation ausreichend Opfer, die auf der Grundlage ihres eigenen Opfer-Bewusstseins für die nachfolgende Generation wieder eine neue Form von *Opfer-Bewusstsein* kreiert haben. Und so, wie es zu jeder Zeit Opfer gab, wiederholt sich auch die Geschichte mit den Tätern. So dass auch sie sich mit zeitlichen Abständen in der Geschichte der Menschheit regelmäßig finden.

Leid zieht Leid an. Krieg zieht Krieg an. – Unbewusstes Fühlen, Denken, Sprechen und Handeln zieht auch weiterhin unbewusstes Fühlen, Denken, Sprechen und Handeln an, wenn es nicht durch einen bewusst gewählten Bewusstwerdungsprozess unterbrochen wird. So wurde nach und nach die Geschichte unserer Ahnen über viele Generationen immer wieder unsere eigene. – Heute sind wir gefragt, diesen schon so lange fortwährenden Kreislauf von Krieg und Frieden zu durchbrechen. Und das kann gelingen, wenn sich der Großteil der Menschheit entscheidet insgesamt achtsamer und bewusster zu leben, bzw. sich neue Werte und Ziele für ein gelingendes und vor allem friedvolles Miteinander zu geben.

Ob für eine bessere Beziehungskultur und damit für ein gelingendes Miteinander Krisen-Management letztlich im Kinderzimmer, zwischen Partnern, Freunden, am Arbeitsplatz etc. stattfindet, ist egal. Das, was zählt, ist, dass alle Beteiligten *offen und ehrlich* über die vorhandenen Spannungen solange miteinander sprechen, bis sich alle gehört fühlen und sich bei allen die negative Energie mit den darunter befindlichen Emotionen klären kann. Beziehung geschieht nicht. Beziehung ist Arbeit. Und damit sie gelingen kann, bedarf es einer guten Gesprächskultur.

Beziehungskultur = Gesprächskultur

Sowohl im Hinblick auf die Gespräche mit anderen als auch mit sich selbst. – Und sie setzt ein *echtes Interesse an der Person des anderen* voraus. Was bedeutet: Zuhören. Eingehen auf den anderen. Ihm mit Respekt, Aufmerksamkeit und Wertschätzung begegnen, und das auch dann, wenn mir die Meinung des anderen nicht gefällt. – Ich kann sie immer noch hinterfragen, um sie besser zu verstehen. Zunächst hat jeder erst mal das Recht seine eigene Position zu vertreten, weil jeder von uns aus einer anderen Perspektive und aus einem anderen Grund- und Sachverständnis heraus auf die Ereignisse blickt. Außerdem kommt es in der Interpretation eines Sachverhalts sehr stark auf die unterschiedlichen Werte des Einzelnen an.

Setzen Sie fünf Personen in einen Raum und lassen sie einen Film sowie eine Polit-Sendung anschauen, wenn Sie die fünf Personen hinterher unabhängig voneinander befragen, werden Sie feststellen, dass es da sowohl in der Zusammenfassung des Films als auch in der Befragung zur Polit-Sendung ganz unterschiedliche Ergebnisse gibt. – Warum? – Jeder von uns hat seine ganz eigene Erziehung, Sozialisation und Prägung erfahren, die beeinflusst, wie er die Dinge wahrnimmt, für sich interpretiert und sieht. Das gilt zum Beispiel auch für Geschwister. Zwar haben sie im Regelfall die gleichen Eltern, doch wenn Sie sie zu einer bestimmten Familiengeschichte befragen, haben Sie letztlich so viele unterschiedliche Antworten wie es Kinder gibt.

Die Vielfalt von uns Menschen macht das Zusammenleben zwar sehr interessant, doch sorgt sie andererseits genau dort für Probleme, wo wir nicht offen für die Bedürfnisse und Meinungen des anderen sind. Gleichmacherei kommt nicht gut. Ich kann bzw. sollte als Eltern die Kinder nicht strikt nach einem bestimmten Schema erziehen. Die *Achtung der Würde des Einzelnen* beginnt für mich bereits hier, indem jedes Kind in seiner Einzigartigkeit als Individuum anzusehen ist und entsprechend seiner individuellen Neigungen und Fähigkeiten in seiner Entwicklung zu unterstützen ist. Schließlich wohnt in jedem Menschen eine ganz *individuelle Seele*, die ihre ganz eigenen Aufgaben mit sich bringt.

Der Mensch lässt sich nicht uniformieren. Ausnahmen bestätigen natürlich die Regel, wenn wir an die Mode-Branche (Trachten, Vereinskleidung usw.) oder an die Uniformen von diversen Burschenschaften und Militär denken, die sich mehr oder weniger freiwillig einer Gruppe untergeordnet haben, um sich so von den anderen nach außen hin deutlich sichtbar abzugrenzen. Doch befragen Sie auch hier den Einzelnen, zeigt sich wiederum in der Wahrnehmung bestimmter Sachverhalte seine ganz ihm eigene Individualität. Schließlich sind und bleiben wir Individuum. Schwierig, diese Vielfalt unter einen gemeinsamen Nenner zu bringen, doch ich glaube, wenn wir an den richtigen Punkten ansetzen, ließen sich trotz all der Vielfalt des Menschen im Kern doch ganz bestimmte Werte finden, die uns allen zu eigen sind. Die Frage ist nur, ob diese dann im Hinblick auf eine gemeinsame Friedenspolitik wieder durch staatliche Institutionen reglementiert werden müssen und wie dies ausschauen kann.

Hinsichtlich gemeinsamer Werte und Friedensziele, sowie einem bewussten Gebrauch unserer Sprache, die in positivem

Zusammenhang steht mit unserem Denken, Fühlen und Handeln, sollte bereits von klein auf eine Basis geschaffen werden, die alle – ihrem Alter gemäß – befähigt, auf die Situationen im Außen bewusst, überlegt und angemessen zu reagieren. Im Grunde genommen sollte diese Art von Bewusstseinstraining am Anfang allen Lernens stehen. Bedarf sie doch immer und immer wieder der Aufmerksamkeit, sowie eines beständigen Trainings, denn allzu schnell werden wir im Alltag von den Emotionen unseres Unterbewusstseins überschwemmt und handeln dann in den wenigsten Fällen situativ, so wie es für den bewusst interagierenden Menschen erforderlich wäre.

Eine richtig gute Kommunikation bedarf aber auch der Voraussetzung, dass wir, egal wer unser Gesprächspartner ist, grundsätzlich ein *Menschen-Freund* sind und egal wie sich der Sachverhalt gerade zeigt, stets das Gute und das Bemühen im anderen sehen und dies auch wertzuschätzen wissen. Ich glaube fest daran, dass jeder immer sein Bestes gibt. Auch wenn sein Bestes nicht immer gut für mich ist. Im Zusammenhang mit einer guten Beziehung und guten Kommunikation gilt es für mich außerdem zu klären: Was sind die Ansprüche des einen? – Was die des anderen? – Oder anders gefragt: *Was brauche ich? – Was brauchst du?* – Werden diese Fragen in einem ersten Schritt ehrlich beantwortet, kommen wir der Wahrheit im Hinblick auf ein gutes soziales Miteinander schon ein wenig näher. Und so wie wir erkennen, dass das Bedürfnis des einen auf das Bedürfnis des anderen trifft, und sich die Begehrlichkeit des einen an der Begehrlichkeit des anderen stößt, heißt die gemeinsame Aufgabe einen Kompromiss zu finden, mit dem beide gut leben können. Fürs Erste scheint die Beziehung damit gerettet und jeder hofft, es wird schon irgendwie wieder weitergehen. Eine Zeitlang läuft es auch ganz gut, bis sich der Streit jedoch wiederholt. Vielleicht mit dem gleichen Thema, vielleicht mit einer Variation davon. Im Grunde genommen ist das Thema der Auseinandersetzung egal, denn es geht um ganz andere Dinge, die uns abermals zu alten Verletzungen und Enttäuschungen führen, da auch sie wahrgenommen und geheilt werden wollen, damit in uns Friede entstehen kann.

Wollen wir auf der Beziehungsebene wirklich gewinnen und eine friedvolle und gesunde Beziehung leben, dann müssen dem ersten Schritt, der zunächst nur ein Kompromiss war, weitere folgen, um auch hier grundständige Energien, Emotionen und Blockaden zu klären, die uns bislang hindern, offen und aus ganzem Herzen auf den anderen zuzugehen. – Wir müssen diese Wände einreißen, die wir als Kind um unser verletztes Herz herum aufgebaut haben und uns unserer wahren Bedürfnisse bewusstwerden, die damals – aus welchen Gründen auch immer – keine Erfüllung fanden und bei uns zu Emotionen von Traurigkeit, aber auch Wut oder gar Hass, Gier, Neid usw. geführt haben. – All das gilt es zu entdecken, damit wir – was unsere Beziehungen angeht – ebenfalls Heilung und Frieden finden.

Eine richtig gute Beziehungsarbeit fängt hier erst so richtig an. Damit Beziehung zu einer tragenden Säule in unserem Leben werden kann, bedarf es erneut der Bewusstwerdung dessen, was schon so lange im Verborgenen liegt. Unser Unterbewusstsein hilft uns dabei. Und es helfen Fragen wie: Streiten wir wirklich wegen „…“, oder liegt dem Streitthema eine ganz andere Ursache, ein ganz anderes Bedürfnis zugrunde, das ich nur noch nicht sehen kann? – Worum geht es wirklich? – Warum ist mir das, was mir der andere zugesteht und zu geben vermag, nicht genug? – Was brauche ich wirklich?

Beispiel: Vielleicht streiten wir, weil das Essen versalzen, der Mülleimer nicht gelehrt, die Kinderzimmer nicht aufgeräumt oder das TV-Programm so schlecht ist, dass das, was kommt, keinen gemütlichen, entspannten Abend verspricht. Doch sind es wirklich diese Kleinigkeiten, die uns derart aufbegehren lassen, dass das Fass zum Überlaufen kommt und wir einen Streit vom Zaun brechen, damit wir auch ja gehört werden? – Was hier hilft, ist, einen Schritt zur Seite zu gehen. Rauszugehen aus der Situation, die sich gerade zugespitzt hat. Wenn's sein muss auf die Toilette gehen und sich dort fragen: Was fühle ich gerade? – Wo fühle ich dieses Gefühl? – Wo kommt dieses Gefühl her? – Worum geht es wirklich? – Was ist hier los? – Warum fühle ich mich nicht gesehen, nicht gehört, nicht wahrgenommen, nicht respektiert, nicht wertgeschätzt oder nicht geliebt? – Was fehlt mir und was brauche ich, damit es mir besser geht?

Wie steht es um die Liebe zu mir selbst?

Habe ich mich selbst eigentlich lieb? – Mag ich mich so, wie ich bin? – Ausnahmslos? – Was mag ich an mir? – Was mag ich nicht? – War das schon immer so? – Wie war ich als Kind? – Wie habe ich mich da gefühlt? – Was ist passiert, was den Blick auf mich selbst so geprägt hat? – Welche konkreten Anlässe und Erfahrungen gibt es dafür, dass ich empfinde, wie ich empfinde? – Was macht das mit mir?

Kleiner Exkurs in Sachen „Liebe": Gebe ich Liebe, bekomme ich Liebe. Habe ich keine Liebe zu geben, kann ich auch nur sehr schwer Liebe bekommen. Das Problem liegt aber nicht bei der anderen Person, sondern bei uns selbst. Denn lieben wir uns nicht selbst, sind wir nicht wirklich in der Liebe. Wir sind bestenfalls *Suchende nach Liebe*. Das, was ich gebe, kommt wie ein Bumerang zu mir zurück. Nach dem Gesetz *Gleiches zieht Gleiches an*, leben wir in einer Beziehung, in der der Partner/die Partnerin gleichermaßen bedürftig ist wie wir selbst. Mit dem Ergebnis: *Zwei Suchende finden sich.* – Das geht so lange gut, bis das Schicksal diese Liebe prüft und uns das Leben die Frage stellt: Wie ist es bei euch beiden eigentlich um die Selbstliebe bestellt?
Ab da hat jeder erst einmal seine Hausaufgaben zu machen und zu schauen, wie wohlwollend positiv oder kritisch negativ Mann bzw. Frau zu sich selbst steht und woher diese Sichtweise kommt. Hier hilft die Biografie-Arbeit, das Bild von sich selbst zu klären, sich der eigenen Themen, Fehler und Schwächen bewusst zu werden, um sich nach und nach mit sich selbst auszusöhnen. – Erst indem wir durch diesen Prozess der Bewusstwerdung gehen, integrieren wir die sogenannten Schatten-Aspekte und lernen uns selbst und das, was zu unserem Handeln geführt

hat, immer mehr zu verstehen. – Und indem wir lernen, die Geschichte unseres Lebens anzunehmen und zu akzeptieren, kann nach und nach Heilung durch Selbstannahme und Vergebung geschehen. Indem wir durch diesen Prozess der Reinigung (Läuterung oder Katharsis) gehen, finden wir einerseits zurück zu Gott (Demut vor dem Herrn), erkennen aber auch zeitgleich, wer wir wirklich sind. Und diese Selbsterkenntnis führt uns schließlich zur wahren Selbstliebe hin.

Oder anders gesagt: Als nach Liebe Suchende können wir in uns keinen Frieden finden, weil wir immer auf der Suche nach einem Mehr an Liebe sind. Wir leben zu sehr nach außen hin orientiert, in der Hoffnung dort die Liebe zu finden, nach der wir suchen. Je nach Schmerz geben wir unter Umständen alles dafür, um das zu bekommen, wonach wir uns sehnen. Doch keine Beziehung im Außen kann uns geben, was wir uns selbst nicht geben können. Wir sind nicht in Verbindung mit unserem wahren Selbst. Was uns fehlt, ist ein liebevoller Selbstbezug sowie Selbstannahme, Selbstwert und vor allem die Liebe zu uns selbst.

Wir müssen uns also fragen, wo wir mit unserer Selbstliebe stehen und warum das so ist, wie es ist. Hier ist dringend Bewusstwerdung angesagt, wenn wir gesündere Beziehungen haben wollen. – Bleiben wir in der Liebe bedürftig, ziehen wir gemäß dem Gesetz *Gleiches zieht Gleiches an* auch einen bedürftigen Partner bzw. Partnerin an und werden in Folge davon nie ganz die erfüllte Partnerschaft haben, von der wir träumen. – Doch auch eine solche Beziehung kann heilen, wenn sich die Partner gegenseitig noch immer respektieren und jeder für sich bereit ist, ernsthaft an seinen Beziehungsthemen zu arbeiten.

So wie der Friede bei uns selbst beginnt, ist es auch mit der Liebe. – Finde ich die wahre Liebe zu mir selbst, über alle Hürden, Schwächen und Fehler hinweg, dann verändert sich unser Leben. Kann sein, dass wir dann alte Freundschaften und Beziehungen beenden, weil wir lernen, mit anderen Augen zu sehen, worauf sich diese Beziehungen begründet haben. Doch trotz der Entscheidung, solche Beziehungen zu beenden, bleiben sowohl der andere als auch wir selbst okay. Wir gehen nur nicht mehr zueinander in Resonanz. Anders ausgedrückt: Haben sich Beziehungen zu Ende gelebt, weil man sich immer weniger wirklich zu sagen hat, und sich die Gespräche nur noch um irgendwelche organisatorischen Dinge und oberflächliche Themen drehen, dann können wir nicht mehr voneinander lernen und uns auch nicht mehr weiterentwickeln.

Sie werden sich jetzt vielleicht denken: Aber deswegen muss man sich doch nicht gleich trennen. – Ich gebe zu, ich habe selbst sehr lange genauso gedacht und an allem, was mir lieb und teuer war, festgehalten und nicht wirklich losgelassen. Mit dem Effekt: Ich habe mir selbst damit so sehr wehgetan, dass ich nach jedem Treffen mehrere Tage brauchte, um wieder bei mir selbst anzukommen und wieder mit mir ins Reine zu kommen. Alte Wunden waren wieder aufgebrochen und ich fühlte mich wie in Ketten gelegt, die mir aber nicht der andere, sondern ich mir selbst angelegt hatte, weil ich noch nicht bereit war, das loszulassen und gehen zu lassen, von dem ich im Grunde genommen wusste, dass es schon längst nicht mehr in mein Leben passt, so wie ich es führen will.

Und auch um der Selbstliebe willen konnte ich gar nicht anders als diesen sich wiederholenden Zustand von Selbstverletzung endlich zu beenden. Davon abgesehen, dass weder ich, noch der andere je einen Neustart in einer anderen Beziehung wagen könnten, wenn uns die alten Energien immer noch binden. – Ja, es tut weh, sogar sehr weh, etwas, an das man mal geglaubt hat, auf Dauer zu beenden. Aber seien wir mal ehrlich: Ist es sich selbst und dem anderen gegenüber fair, nur aus Gewohnheit heraus die Beziehung fortzusetzen? Ist es nicht eine Form von Selbstbetrug? – Hat das mit wirklicher Liebe zum anderen und mit Liebe für uns selbst noch irgendetwas zu tun?

Selbstliebe ist für mich nicht damit getan, sich mehrmals am Tag zu sagen *„Ich liebe dich!"* – *Wahre Selbstliebe* heißt für mich, dass ich mit mir selbst in einer wirklich liebevollen und gesunden Beziehung bin. Dass ich für mich und meine Interessen einstehe, dass ich gut für mich sorge und darauf achte, dass es mir in allen Bereichen meines Lebens auch wirklich gut geht. Deswegen muss ich nicht auf Dauer alleine bleiben und in stiller Selbst-Anbetung verharren, was übrigens keine gute Form von Selbstliebe wäre. Selbstliebe meint vielmehr: Ich halte mich selbst aus. Sowohl mit meiner Freude, als auch mit meiner Einsamkeit oder Leere, die an manchen Tagen da ist. Mit mir selbst in der Liebe zu sein, heißt, dass ich kreativ bin und mich mit mir selbst gut zu beschäftigen weiß, anstatt nur irgendwelche Unterhaltungsprogramme zu konsumieren. Und was sie für mich am meisten bedeutet, ist, den Mut zu haben, sich frei zu machen von der Sehnsucht, der Bedürftigkeit und der Erwartungshaltung der Liebe durch andere. Nicht mehr abhängig zu sein von der Liebe und Wertschätzung durch andere, sondern mir selbst den größtmöglichen Freiraum zur Selbstentfaltung zu geben und mich dabei selbst zu achten, mich mit meinen Bedürfnissen wahrzunehmen, mich zu respektieren, mich selbst wertzuschätzen und zu lieben, ganz so, wie ich bin. Nur indem ich mit mir selbst etwas anzufangen weiß und nicht mehr abhängig bin von der Liebe oder Meinung durch andere, werde ich frei, werde ich wirklich erwachsen, lerne in allen Bereichen Verantwortung für mich zu übernehmen, kläre, was es zu klären gibt, vergebe, was es zu vergeben gibt und finde letztlich den Frieden in mir.

Was hat der persönliche Friede mit dem Frieden in der Welt zu tun?

Die Liebe und der Friede in mir selbst sind eine wichtige Voraussetzung für die Liebe und den Frieden in unseren Beziehungen und in der Welt. Je mehr ich mich in die Zeit- und Kulturgeschichte der Menschen in den letzten fünfhundert Jahren hineingefühlt und hineingedacht hatte, zeigte sich mir vor meinem inneren Auge immer mehr ein Bild, als stünden sich keine Erwachsenen gegenüber, die aufgrund ihres Wissens, ihrer Erfahrungen und ihrer Reife Probleme miteinander zu klären vermögen, sondern

„zwei verletzte Kinder", die mitunter in blinder Aggression und Wut um ihre Position miteinander rangeln. Verzeihen Sie mir bitte den Vergleich. Doch da ich weiß, dass die Leser dieses Buches alles Erwachsene sind, wage ich auszusprechen, was sich mir zeigt, was ich bei alledem wahrnehme und fühle.

Vor meinem geistigen Auge sehe ich Kinder, die sich beide als Aggressor gegenüberstehen. Sie erinnern mich an so manche Schüler, die mitunter ein ähnlich uneinsichtiges Verhalten zeigten. Zwei „Streithähne", die sich im blinden Zorn und ohne Rücksicht auf Verluste begegnen. Die ihre Kraft messen ohne zu bedenken, was das für den anderen jeweils bedeuten mag. Die nur noch aus einem Gefühl tiefen Verletzt-Seins heraus agieren. Doch ohne Verständnis und Mitgefühl für die Situation des anderen ist an Versöhnung und Friedensschluss nicht zu denken. Erst ein klärendes Gespräch, das die tatsächliche Ursache für den Ärger und die dazugehörenden Gefühle aufzudecken vermag, kann ihnen helfen, sich und die Position des anderen besser zu verstehen.

Und erst wenn jeder der beiden „Streithähne" bereit ist, das zugrundeliegende Thema auch einmal aus der Perspektive des anderen zu sehen und sich über dessen Befinden klar zu werden, kann nach und nach Versöhnung wirklich geschehen. Nicht selten stellten manche Schüler dabei sogar fest, dass sie sich über genau das beim anderen ärgerten, was sie bei sich selbst am meisten ablehnten. War ihnen diese Einsicht geglückt, konnten sie sich vergeben und in manchen Fällen letztlich sogar beste Freunde werden. Selbst sie haben bereits unbewusst das Spiel vom „Spiegelpartner" gespielt, das sowohl im Großen wie im Kleinen überall auf der Welt geschieht. – Auch darüber gilt es nachdenken, damit das gemeinsame Ziel *Frieden* heißen kann. – Wollen wir wahren und nachhaltigen Frieden, muss jeder bereit sein, aus dem Herzen heraus einen Schritt auf den anderen zuzugehen, um sich mit ihm wahrhaftig zu versöhnen. Kein Friedensschluss auf dem Papier, sondern ein Friedensschluss aus dem Herzen heraus.

Hat bei einem solchen Friedensschluss jeder seine Probleme nachhaltig mit dem anderen geklärt, kann er auch darauf vertrauen, dass die Energien grundständig so bereinigt sind, dass es ab jetzt beiden möglich ist, bewusster, wertschätzender und damit auch friedvoller auf den anderen zuzugehen. Zwar kann ein solches Friedensabkommen zur Erinnerung gerne noch schriftlich fixiert werden, doch viel wichtiger ist, dass die Botschaft im Herzen angekommen ist und dass sich der Mensch selbst in die Verantwortung nimmt, jeden Tag erneut sein Bestens zu geben, um an diesem Friedensabkommen zu arbeiten und sein Versprechen zu halten.

Frieden bedarf der Einsicht, aus welchen Gründen heraus menschliches Verhalten manchmal so und so geschieht. Frieden bedarf des Wissens um die Zusammenhänge zwischen unseren Gedanken, Gefühlen, Worten und unserem Handeln und einer regelmäßigen Erinnerung daran, dass wir uns in allem Spiegelpartner sind. Ja selbst mein Auto, mein Hund, die Bücher, die ich lese, die Filme, die ich mir ansehe, die Musik, die ich höre, die Worte, die ich spreche usw. sind ein Spiegel meiner Seele und können mich mit dem anderen trennen oder verbinden.

Problematisch für unsere Beziehungen ist, wenn beide „Kinder" ihre Bedürfnisse und unterschiedlichen Positionen nicht oder nur unzureichend miteinander kommunizieren. Wenn sich – aus welchen Gründen auch immer – Gefühle von Enttäuschung, Verbitterung, Wut, Aggression und Hass bereits so hochgeschaukelt und potenziert haben, dass Worte allein nicht mehr genügen, um für alle eine verbindliche Einigung zu erzielen. – Doch stehen sich im „Spiel um die Macht" zwei ungleiche Parteien gegenüber, deren Interessen nicht miteinander vereinbar sind, weil zu wenig über die wirklich interessanten und wichtigen Dinge miteinander kommuniziert wird, kann es nie einen friedvollen Ausgang geben. In solchen Fällen wird es immer einen geben, der unter Umständen aus einem Gefühl der Minderwertigkeit oder anderen Gefühlen heraus, sowohl für sich als auch für den anderen, in keinen Herzens-Frieden einwilligen kann. Friede hat für mich unter anderem auch sehr viel mit einem gesunden Bewusstsein, edlen Charakter, mit einem starken Willen, mit Disziplin, mit einem Ehrgefühl und grundständiger Menschenliebe zu tun.

Eine meiner großen Leidenschaften ist es, Menschen zu beobachten und ihr Verhalten in den verschiedensten Situationen zu studieren. Das fand ich schon als Kind spannend, auch wenn dies alles sehr unbewusst geschah. Der Mensch an sich fasziniert mich. Schon immer wollte ich ihn mit dem, was ihn ausmacht, kennenlernen. Wollte mein Gegenüber fühlen. Ja, ich bin ein sehr starker „Fühl-Mensch". Kommt wohl vom vielen Lesen. Hab mich dabei immer in die Welt des anderen eingefühlt. Mir ist es einfach wichtig, aus menschlichem Handeln heraus Rückschlüsse auf sein Denken und Fühlen zu ziehen. Für mich super-spannend. Von daher auch mein Interesse, mir die letzten fünfhundert Jahre Menschheitsgeschichte aus der Perspektive des „verletzten Kindes" genauer anzusehen und zudem noch einen Schritt weiterzugehen und es zu wagen, mich auch einzufühlen in das, was uns heute weltweit kollektiv beschäftigt.

In der Betrachtung der Geschichte finde ich es beachtlich, dass das „schwächere Kind" (das Volk) niemals aufgibt, sondern sich von Mal zu Mal immer wieder neuformiert. Es trägt zwar jedes Mal schwere Verletzungen davon, aber es steckt den Kopf nicht in den Sand. Resigniert nicht, sondern steht trotz zahlreicher Niederlagen immer wieder auf. Schaut, was noch an Kräften da ist, konzentriert sich darauf, bündelt diese und überlegt, wie es weitergehen kann. Unter den Streitenden ist so gesehen dieses Kind für mich der „wahre Held", denn es versucht stets aus dem Ungleichgewicht der Kräfte heraus und trotz schwerer Einbußen mit Zuversicht und Optimismus tatkräftig weiterzugehen. Bleibt nicht stehen um zu jammern, sondern fängt jedes Mal wieder aufs Neue an zu handeln. Und auch wenn es äußerst mühsam ist und zahlreicher Opfer bedarf, so sucht und findet es irgendwie dann doch wieder einen Weg.

Was bräuchte das „schwächere Kind", auf dessen Rücken dieses Spiel ausgetragen wird?
    Ein Wahrgenommen- und Gehört-Werden; jemanden, der sich in seine Situation einfühlen kann, der seine Bedürfnisse und

Wünsche nachvollziehen und verstehen kann; wirtschaftliche und soziale Reformen, die so stichhaltig und klar sind, dass keine Fragen offen bleiben; Gerechtigkeit, Gleichstellung/Gleichheit, Wertschätzung und Akzeptanz; eine Begegnung auf Augenhöhe; jemanden, der ohne Wenn und Aber bereit ist, seine Interessen wahrhaftig zu vertreten, ohne sie mit der eigenen Interessenspolitik zu vermischen; jemanden, dem es ausschließlich um die Sache geht und nicht um persönlichen Vorteil und Gewinn; jemanden, der von niemandem käuflich ist, weder von einer Privatperson, noch von irgendeinem Konzern; jemanden, der kein Interesse am Wettrüsten hat; jemanden, der genügend kommunikative Fähigkeiten und Charisma hat, damit die anderen überhaupt gewillt sind, ihm zuzuhören; jemanden, der einen langen Atem hat, weil er in sich selbst ruht; jemanden, der ein echtes Interesse am Frieden hat; jemanden, der Geduld und Ausdauer hat, weil sich so ein Friedensprozess hinziehen kann.

Was bräuchte das „stärkere Kind", der „Aggressor", damit er für sich selbst endlich zur Ruhe kommt und seine Kräfte nicht ständig messen muss? – bzw. – Was bräuchten die „Mächtigen" unter sich, damit sie sich gegenseitig anerkennen und wertschätzen lernen, ohne ständig ein Feindbild im anderen zu sehen? Den Mut zum Ausstieg aus dem ungleichen Spiel; Bereitschaft zum Verzicht auf Macht; Wissen um die *Geistigen Gesetze*; eine positive Weltsicht; ein alternatives „Spielzeug"; Weitblick, Überblick; gut zuhören können; Mitgefühl und Empathie; ein anderes Denken, damit er seine „Feindbilder" aufgeben kann; das Gute im anderen sehen; gute Werte und Ziele sowohl für sich selbst als auch zusammen mit dem Gegenüber; Interesse am anderen; Zufriedenheit und Dankbarkeit für das, was er hat; inneren Frieden; Mut, sich seinen eigenen Schmerz und die eigenen Ängste anzusehen, die ihn unbewusst auffordern so zu handeln, wie er handelt; Selbstakzeptanz und Freude an sich selbst; eine echte Form von Selbstliebe; den Blick auf das Schöne, auf das, was gut ist; das Gefühl des Angenommen-Seins; Herz-Öffnung; innere Ausgeglichenheit und Ruhe; mehr Interesse am Menschen als an der Macht; den Menschen an sich mögen; Interesse an einem Gespräch mit dem Gegenüber; Achtsamkeit und Bewusstheit, statt Konkurrenzdenken, Vergleich und Neid; sich an sich selbst und am anderen erfreuen; Kompromissbereitschaft; Aufrichtigkeit und Ehrlichkeit hinsichtlich der Motive seines Handelns.

Was bräuchte ein Vermittler, ein Streitschlichter, ein „Mediator", so wie es in den letzten fünfhundert Jahren vornehmlich die Philosophen, Literaten und Künstler waren, die mit ihren Werken versuchten menschliches Verhalten zu beschreiben, um so der Gesellschaft auch einen Spiegel vorzuhalten? – Die Bereitschaft, sich beide Parteien anzuhören; viel Ausdauer und Nervenstärke; viel Geduld und Empathie; ein gutes Standing; Parteilosigkeit, Neutralität; einen besseren Einblick und Überblick beruhend auf wahren Fakten; das Vertrauen der konkurrierenden Parteien; ein offenes Ohr um all die Zwischentöne und Dissonanzen besser zu hören; ein grundlegendes Interesse am Gemeinwohl der Menschen; Optimismus; einen guten Gerechtigkeitssinn; Fähigkeiten, um als Mediator fungieren zu können; diplomatisches Geschick; Selbstsicherheit; gesundes Selbstbewusstsein.

Was bräuchten alle Betroffenen gleichermaßen? Mehr Toleranz; Liebe zum Menschen; Werte wie Wertschätzung, Achtung, gegenseitigen Respekt, Liebe; Beziehungen auf gleicher Augenhöhe; offen sein für die Meinung und Lebensart des anderen; einen Frieden innerhalb der gesellschaftlichen Systeme, der auf dem Frieden jedes Einzelnen beruht; mehr Konzentration auf das Wesentliche; Änderung der Blickrichtung; ein Weggehen von einem defizitorientierten Denken; Bewusstwerdung auf das, was gut läuft sowie Interesse daran, wie sich das bereits Gute gegebenenfalls noch verbessern lässt; Wissen um die *Geistigen Gesetze* sowie um die Macht der Worte, Gefühle, Gedanken und Handlungen; mehr Bewusstsein und Gedanken-Hygiene; Sicherheit in der Gesprächsführung (Kommunikation), um Befindlichkeiten und Gefühle besser artikulieren zu können; eine positive und gewaltfreie Sprache; mehr Interessensgemeinschaften für Frieden und Entwicklung statt Krisenprävention; Friedensgremien mit Vertretern verschiedener Altersgruppen, denn jeder will gehört sein; Zusammenarbeit und Offenheit statt Konkurrenz; innen- und außenpolitisch mehr Einigkeit in den Zielsetzungen; Friedenspolitik statt Sicherheitspolitik; eine Stärkung der Friedensdiplomatie; den Willen, sowohl aus den eigenen Fehlern als auch aus den Fehlern der anderen zu lernen; ein gemeinsames globales Interesse an der Abrüstung; Auflösung der Militärarsenale und des Militärs; keine Kriegsrhetorik; stattdessen sollte sich jedes Land in Anbetracht der eigenen Geschichte und Beteiligung an diversen Auseinandersetzungen und Kriegen zunächst um die Aufarbeitung der eigenen Vergangenheit bemühen und sich im Anschluss daran weltweit um eine Versöhnung und Aussöhnung bemühen; gemeinsame neue Werte, Ziele und Konzepte, um einen echten Neuanfang zu wagen.

25

Fazit aus fünfhundert Jahren Zeit- und Kulturgeschichte

Für mich ergeben sich aus der Betrachtung der Zeit- und Kulturgeschichte der letzten Jahrhunderte heraus für den Menschen des 21. Jahrhunderts folgende Erkenntnisse, die ich verknüpfe mit der Erfahrung und dem Wissen, mit dem ich heute auf mein Leben zurückschauen kann.

- Mit der Vernunft lässt sich vieles, aber nicht alles erklären, denn das umfassendere Weltengeschehen und Gott lassen sich nicht erklären, bestenfalls beschreiben oder erfahren.
- Das Ziel des Menschseins sollte die Entwicklung eines selbstständigen (autonomen) und selbstverantwortlichen Geistes sein.
- Der Mensch sollte seinen Verstand gebrauchen, um ein kritisches Bewusst-Sein zu entwickeln. Er sollte darum wissen, dass konstruktive Kritik wichtig ist, dass diese jedoch angemessen und friedvoll geäußert werden soll, so dass der andere sie auch annehmen kann.
- Ein kritisch reflektierendes Denken sollte zum Ziel haben, das Zusammenleben aller in der Welt zu verbessern und das Gemeinwohl hochzuschätzen.
- Es kommt nicht nur auf die intellektuelle Bildung (Wissen) an, sondern auch auf die Herausbildung eines tieferen *Herz-Bewusstseins.* – Denken und Herz sollten miteinander vereint werden, damit nicht nur der Verstand, sondern auch das Herz menschliches Denken und Handeln bestimmt.
- Neben der Vermittlung kognitiver Bildungsinhalte sollte es vom Kindergarten bis zu den Universitäten vermehrt um eine *innere Bildung,* sowie die Vermittlung emotionaler Inhalte (*emotionale und spirituelle Intelligenz*), sozialer Kompetenzen, kultureller Werte, der Liebe zur Natur, zu Kunst, Literatur

und Musik sowie der Vermittlung geeigneter Maßnahmen zur Schaffung eines weltweiten Friedens gehen. – Lerninhalte könnten zum Beispiel sein: Wie lerne ich die Sprache meines Körpers, meiner Seele und meiner Gefühle besser zu verstehen? – Wie lerne ich meinen Geist und meine Gefühle zu beherrschen, bevor sie mich beherrschen? – Wie gehe ich friedvoll mit bestimmten Herausforderungen und Problemen um? – Wie kann ich selbst dafür sorgen, dass es mir an Körper, Geist und Seele gut geht? – Wie kann ich mich mit dem, was mich ausmacht, anderen so mitteilen, dass es im Interesse aller ist? – Wie kann ich gesunde Freundschaften und Beziehungen pflegen? – Wie kann ich inneren Frieden kultivieren und so meinen Beitrag zum Frieden in der Welt leisten? – Wie lerne ich meine individuellen Fähigkeiten und Potentiale kennen, damit ich sie im Leben *sinnvoll* einsetzen und der Welt somit dienen kann?

- Erwachsene sollten sich stets bewusst sein, was für eine wichtige Vorbildfunktion sie in allen Bereichen des Lebens für Kinder und Jugendliche haben.

- Durch gute *Werte und Be-ziehung* (statt Er-ziehung) kann der Mensch zu einem guten Menschen heranreifen und diese Werte wiederum vermitteln.

- Der Mensch sollte sich seiner Schöpferkraft bewusst sein und zu einem souveränen Beherrscher seines Denkens, Fühlens und Handelns werden. Dabei gilt es, den Geist zu schärfen, um Denken, Fühlen, Sprache und Handeln bewusst zusammenzubringen.

- Im Hinblick auf gute Beziehungen und ein weltweites Miteinander sollte der Fokus mehr auf dem liegen, was uns verbindet, als auf dem, was uns trennt. Verbunden mit dem Wissen, dass wir in einer globalen Welt leben, in der alles mit allem verbunden ist.

- Statt noch mehr Wachstums- und Konkurrenz-Denken und der Orientierung an den Zielsetzungen der Leistungsgesellschaft sollten alle wirtschaftlichen Aktivitäten viel mehr auf ein Gemeinwohl hin ausgerichtet sein.

- Gemeinsames Ziel aller Staaten sollte neben dem Gemeinwohl mehr Kooperation und Solidarität sein, statt der Fortsetzung einer persönlichen Interessenspolitik mit der immerwährenden Gefahr von Streit und Krieg.
- Die Stärkeren und Reicheren sollten sich verpflichtet sehen, den Schwächeren und Ärmeren zu helfen. – Es tut dem Menschen nicht gut, sich selbst zu überhöhen und zu glauben, dass ein anderer als geringer zu erachten ist. – Vor Gott sind alle Menschen gleich.
- Ziel eines nachhaltigen Handelns sollte es sein, den kommenden Generationen eine lebenswerte Welt zu hinterlassen und notwendige Maßnahmen zum Schutz der Natur zu ergreifen.
- Der Mensch sollte von der Natur lernen und dieses Wissen zum Maßstab seines Handelns machen.
- Die Liebe zu allem Leben und zur Natur muss zur Grundlage neuer Werte werden.
- Werte könnten zum Beispiel sein: Weltoffenheit, Akzeptanz, Verständnis, Mitgefühl (Empathie), Fürsorge, Solidarität, Humanität (Menschlichkeit), Respekt, soziale Gerechtigkeit, Verantwortungsbewusstsein, Eigenverantwortung, Versöhnlichkeit, Achtsamkeit, Toleranz, Wertschätzung, Vergebung, Achtung der Würde des anderen, Menschen-Freund, Liebe für alle Lebewesen, Umweltschutz, ökologische Nachhaltigkeit uvm.

Gab es in den letzten fünfhundert Jahren sowohl eine *Industrielle* als auch eine *Soziale Revolution,* so erleben wir jetzt, im 21. Jahrhundert, eine „*Spirituelle Revolution*".

Was heißt „Spirituelle Revolution"? – Was ist damit gemeint?

Gemeint ist eine *„friedvolle Revolution"*, bei der es darum geht, als Mensch zu erkennen, dass es im Leben nicht um materielle Werte, um noch mehr Konsum und noch mehr Besitz und Wirtschaftswachstum usw. geht, sondern darum, dass wir beherzt *„Ja"* zu diesem Leben sagen, es von Grund auf lieben und wertzuschätzen wissen. Dass wir dankbar sind für das, was wir haben und diesen Dank auszudrücken wissen. Gott hat uns dieses Leben gegeben, nicht um in uns oder mit anderen Krieg im Kleinen wie im Großen zu führen, sondern das Leben in jedem Augenblick mit jedem Atemzug zu lieben, zu genießen und es *bewusst* zu leben. – Doch er hat uns auch den freien Willen gegeben, selbst zu entscheiden, welchen Weg wir dabei wählen. Gehen wir den *materiellen* Weg, den uns unser Ego zeigt, oder wählen wir den *spirituellen* Weg des Herzens mit Verbundenheit und Liebe? Diese Wahlmöglichkeit ist uns jederzeit gegeben. Genauso wie wir immer die Wahl haben, ob wir unseren Blick auf das richten, was wir haben, oder auf das, was uns fehlt. – Zufriedenheit, Glück und Liebe können wir in der materiellen Welt zwar suchen, doch finden werden wir dies dort nur sehr bedingt. Stattdessen sollten wir viel mehr innehalten und uns fragen: Was brauche ich *wirklich*, um zufrieden, glücklich und in der wahren Liebe zu sein? Oder um es mit den Worten von *Karl von Gerok*, einem evangelischen Theologen des 19. Jahrhunderts zu sagen:

„Das Wahre suchen und das Schöne lieben, das Gute üben, kein edler Ziel kann im Leben ein Mensch erstreben, kein reiner Glück kann auf Erden der Seele werden."

Das *Goldene Zeitalter* – Was kann der Einzelne dafür tun?

- Sich des eigenen Schöpfergeistes und der eigenen Stärke im Positiven bewusst sein.
- Wissen, dass im Leben nichts umsonst geschieht, sondern dass letztlich alles der Seelen-Bildung dient. Sich dabei von Liebe, Zuversicht und Hoffnung leiten lassen.
- Aus der Liebe zu sich selbst heraus in Liebe und Verbundenheit mit anderen leben und das Zusammensein genießen.
- Sich bewusst für Minimalismus und Entschleunigung entscheiden und die Zeit für Ruhe, Meditation und Selbstentwicklung nutzen.
- Sich in herausfordernden Situationen für einen Wechsel der Perspektive entscheiden.
- Sich in einem optimistischen Denken schulen und sich fragen: Wie könnte ich das noch sehen? – Wie könnte ich wohlwollender reagieren? – Was kann ich besser machen?
- Lösungsorientiert statt problemorientiert denken.
- Gelassen reagieren, die Dinge annehmen, wie sie sind, und aus ihnen lernen.
- Frei von Bewertungen sein. Nichts ist weder gut, noch schlecht, positiv oder negativ. Entscheidend ist, was wir daraus machen.
- Bewusst entscheiden, worauf ich meine Aufmerksamkeit richte, denn Gleiches zieht Gleiches an.
- Die Einzigartigkeit, die Individualität in jedem Einzelnen sehen und diese zu schätzen wissen. Den anderen sein lassen, wie er ist.
- Vom Leben lernen. Es lichtvoll gestalten und es lieben. Bewusst mehr Freude in das Leben lassen.
- Innerhalb der Familie eine Pädagogik des Herzens leben: *Beziehung* statt Er-ziehung!
- Eine gesunde Beziehungs- und Gesprächskultur (Kommunikationstraining) pflegen.
- Nicht mit Problemen und belastenden Gefühlen schlafen gehen. Differenzen vorher klären.
- Regelmäßige Versöhnungs- und Friedensgespräche führen.

Mit seinem Gedicht *Das Göttliche*[27] hat uns bereits 1783 Johann Wolfgang von Goethe einen Hinweis geben, worin der Sinn unseres Lebens besteht. Heute werden meist nur noch die ersten beiden Verszeilen zitiert. Doch in ihnen ist bereits die Maxime für ein gelingendes Leben enthalten: „Edel sei der Mensch, hilfreich und gut."

Spiritualität bedeutet für mich so mit Gott, der Quelle, dem Schöpfer allen Seins in Kontakt zu sein, dass wir aus dieser Verbundenheit (Einheit) heraus die einstige Trennung (den Fall aus dem Paradies) überwinden und zusammen mit ihm sowie aus dem Bewusstsein unseres Schöpfergeistes heraus eine friedvolle Welt erschaffen, in der jeder seinen Platz hat und alle Lebewesen in Einheit und Verbindung mit Mutter Natur respektvoll und wertschätzend miteinander in Liebe und Frieden leben.

Gott will uns zurückführen in die Einheit, in ein Paradies. Doch damit wir dieses Paradies besser denn je wertzuschätzen, zu achten, zu ehren und zu lieben wissen, erinnert er uns daran, dass jeder Einzelne von uns mit seinem Schöpfergeist teilhat an der Erschaffung einer für alle besseren und gesünderen Welt. – Indem jeder von uns (Jung und Alt) seinen Beitrag *friedvoll* im Interesse aller gestaltet, führt uns Gott in ein neues Zeitalter hinein, das sich das *Goldene Zeitalter* nennt. Und um dies gemeinsam mit ihm Realität werden zu lassen, sind wir hier. Haben uns für diese Inkarnation genau diese Zeit des Übergangs ausgesucht, um unser Denken und Handeln in den Dienst eines viel größeren Ganzen zu stellen und damit unserem Schöpfer zu dienen.

---

27 J. W. v. Goethe. Gedicht. Das Göttliche. Abrufdatum 06.01.2021, von http://www.sternenfall.de/Goethe--Das_G0366ttliche.html

Das Göttliche

Johann Wolfgang von Goethe

Edel sei der Mensch,
Hülfreich und gut!
Denn das allein
Unterscheidet ihn
Von allen Wesen,
Die wir kennen.

Heil den unbekannten
Höhern Wesen,
Die wir ahnen!
Ihnen gleiche der Mensch!
Sein Beispiel lehr' uns
Jene glauben.

Denn unfühlend
Ist die Natur:
Es leuchtet die Sonne
Über Bös' und Gute,
Und dem Verbrecher
Glänzen, wie dem Besten
Der Mond und die Sterne.

Wind und Ströme,
Donner und Hagel
Rauschen ihren Weg
Und ergreifen
Vorüber eilend
Einen um den andern.

Auch so das Glück
Tappt unter die Menge,
Faßt bald des Knaben
Lockige Unschuld,
Bald auch den kahlen
Schuldigen Scheitel.

Nach ewigen, ehrnen,
Großen Gesetzen
Müssen wir alle
Unseres Daseins
Kreise vollenden.

Nur allein der Mensch
Vermag das Unmögliche:
Er unterscheidet,
Wählet und richtet;
Er kann dem Augenblick
Dauer verleihen.

Er allein darf
Den Guten lohnen,
Den Bösen strafen,
Heilen und retten,
Alles Irrende, Schweifende
Nützlich verbinden.

Und wir verehren
Die Unsterblichen,
Als wären sie Menschen,
Täten im Großen,
Was der Beste im Kleinen
Tut oder möchte.

Der edle Mensch
Sei hülfreich und gut!
Unermüdet schaff' er
Das Nützliche, Rechte,
Sei uns ein Vorbild
Jener geahneten Wesen!

Literatur- und Quellenverzeichnis

- Alberti, Bettina: Die Seele fühlt von Anfang an. Wie pränatale Erfahrungen unsere Beziehungsfähigkeit prägen. Kösel Verlag 2005.
- Alberti, Bettina: Seelische Trümmer. Geboren in den 50er- und 60er-Jahren: Die Nachkriegsgeneration im Schatten des Kriegstraumas. Kösel Verlag 2019.
- Antonovsky, Aaron: Salutogenese. Zur Entmystifizierung der Gesundheit. DGVT-Verlag 1997.
- Aron, Elaine N.: Sind Sie hochsensibel? Wie Sie Ihre Empfindsamkeit erkennen, verstehen und nutzen. mvgverlag 2018.
- Bauer, Joachim: Das Gedächtnis des Körpers. Wie Beziehungen und Lebensstile unsere Gene steuern. Piper Verlag 2015.
- Bernhardt, Klaus: Depression und Burnout loswerden. Wie seelische Tiefs wirklich entstehen und was Sie dagegen tun können. Ariston Verlag 2019.
- Bode, Sabine: Kriegsenkel. Die Erben der vergessenen Generation. Klett-Cotta Verlag 2009.
- Branden, Nathaniel: Die 6 Säulen des Selbstwertgefühls. Erfolgreich und zufrieden durch ein starkes Selbst. Piper Verlag 2017.
- Bucay, Jorge: Komm, ich erzähl dir eine Geschichte. Fischer Verlag 2008.
- Bullmore, Edward: Die entzündete Seele. Ein radikal neuer Ansatz zur Heilung von Depressionen. Goldmann Verlag 2018.
- Bourbeau, Lise: Höre auf deinen Körper, deinen besten Freund. Windpferd Verlag 2013.
- Bourbeau, Lise: Höre auf deinen Körper und sei wie Du bist. Windpferd Verlag 2013.
- Bourbeau, Lise: Heile die Wunden Deiner Seele. Windpferd Verlag 2011.

- Bourbeau, Lise: Heilung der fünf Wunden der Seele. Windpferd Verlag 2015.
- Bourbeau, Lise: Dein Körper sagt: „Liebe dich!" Die metaphysische Bedeutung von über 500 Gesundheitsproblemen mit ihren emotionalen, mentalen und spirituellen Ursachen. Windpferd Verlag 2013.
- Brogan, Kelly Dr. med.: Die Wahrheit über weibliche Depression. Warum sie nicht im Kopf entsteht und ohne Medikament heilbar ist. Beltz Verlag 2016.
- Byron Katie: Lieben was ist. Wie vier Fragen Ihr Leben verändern können. Arkana Verlag 2002.
- Campbell, Joseph: Der Heros in tausend Gestalten. Insel Verlag GmbH 2011.
- Carnegie, Dale: Besser miteinander reden. Das richtige Wort zur richtigen Zeit – die Kunst sich überzeugend mitzuteilen. Fischer Verlag 2015.
- Chopich, Erica/Paul, Margaret: Aussöhnung mit dem inneren Kind. Ullstein Verlag 2003.
- Cooper, Diana: Begegne deiner Seele. Befreie dein Herz und empfange die Energie des Universums. Heyne Verlag 2007.
- Cooper, Diana: In Licht und Liebe leben. Entdecke, wozu du bestimmt bist – und tue es! Heyne Verlag 2006.
- Cyrulnik, Boris: Glauben. Psychologie und Hirnforschung entschlüsseln, wie Spiritualität uns stärkt. Beltz Verlag 2018.
- Dahlke, Ruediger: Krankheit als Symbol. Ein Handbuch der Psychosomatik. Symptome, Be-Deutung, Einlösung. C. Bertelsmann Verlag 2007.
- Dahlke, Ruediger: Krankheit als Sprache der Seele. Be-Deutung und Chance der Krankheitsbilder. Goldmann Arkana Verlag 2008.
- Dahlke, Ruediger: Das Schatten-Prinzip. Die Aussöhnung mit unserer verborgenen Seite. Arkana Verlag 2010.
- Dahlke, Ruediger: Die Schicksalsgesetze. Spielregeln fürs Leben. Resonanz Polarität Bewusstsein. Arkana Verlag 2009.
- Dahm, Ulrike: Mit der Kindheit Frieden schließen. Wie alte Wunden heilen. Stb Verlag 2012.

- Dispenza, Joe Dr.: Du bist das Placebo. Bewusstsein wird Materie. Koha Verlag 2014.
- Dispenza, Joe Dr.: Schöpfer der Wirklichkeit. Der Mensch und sein Gehirn – Wunderwerk der Evolution. Koha Verlag 2016.
- Duprée, Ulrich Emil: Das hawaiianische Vergebungsritual. Schirner Verlag 2013.
- Frankl, Viktor: … trotzdem Ja zum Leben sagen. Ein Psychologe erlebt das Konzentrationslager. Kösel Verlag 2018.
- Dyer, Wayne W.: Der wunde Punkt. Die Kunst, nicht unglücklich zu sein. Zwölf Schritte zur Überwindung unserer seelischen Problemzonen. Rowohlt Verlag 2015.
- Enders, Giulia: Darm mit Charme. Alles über ein unterschätztes Organ, Hrsg. 2014. Ullstein Verlag.
- Gieler, Uwe: Die Sprache der Haut. Das Wechselspiel von Körper und Seele. Patmos Verlagshaus 2005.
- Grün, Anselm: Konflikte bewältigen. Schwierige Situationen aushalten und lösen. Kreuz Verlag 2013.
- Grün, Anselm: Die Fesseln lösen. Wege aus der Opferrolle. Vier-Türme-Verlag 2019.
- Grün, Anselm: Vom Burnout zum Flow. Kraftvolle Visionen gegen Erschöpfung und Blockaden. Herder Verlag 2014.
- Grün, Anselm: Was die Liebe nährt. Beziehung und Spiritualität. Herder Verlag 2013.
- Giger-Bütler, Josef: Depression ist keine Krankheit. Neue Wege, sich selbst zu befreien. Beltz Verlag 2016.
- Haas, Michaela: Stark wie ein Phoenix. Wie wir unsere Resilienzkräfte entwickeln und in Krisen über uns hinauswachsen. O.W.Barth Verlag 2015.
- Habib, Navaz: Aktivieren Sie Ihren Vagusnerv. VAK Verlag 2019.
- Hari, Johann: Der Welt nicht mehr verbunden. Die wahren Ursachen von Depressionen – und unerwartete Lösungen. Harper Collins 2019.
- Harke, Sylvia: Wenn Frauen zu viel spüren. Schutz und Stärkung für Hochsensible. Knaur Verlag MensSana 2017.
- Harmann, Claudia: Mütter sind eben Mütter. Was Töchter und Mütter voneinander wissen sollten. Kösel Verlag 2019.

- Kast, Verena: Sich wandeln und sich neu entdecken. Herder Verlag 2017.
- Kast, Verena: Immer wieder mit sich selbst eins werden. Identität und Selbstwert entwickeln in einer komplexen Welt. Patmos Verlag 2018.
- Kast, Verena: Der Schatten in uns. Die subversive Lebenskraft. Patmos Verlag 2018.
- Kast, Verena: Abschied von der Opferrolle. Das eigene Leben leben. Herder Verlag 2014.
- Kast, Verena: Vater-Töchter Mutter-Söhne. Wege zur eigenen Identität aus Vater- und Mutterkomplexen. Kreuz Verlag 2012.
- Keller, Erich: Endlich Stille im Kopf mit der Methode S.E.P. Allegria Verlag 2010.
- Kundermann, Michaele: Emotionale Stress Kompetenz. Die Kunst der Selbstberuhigung. Goldegg Verlag 2018.
- Kuntz, Helmut: Depression durch die Kraft der Imagination bewältigen. Übung zur Stärkung innerer Ressourcen. Beltz Verlag 2017.
- Largo, Remo H.: Das passende Leben. Was unsere Individualität ausmacht und wie wir sie leben können. Fischer Verlag 2018.
- Levine, Peter A.: Trauma und Gedächtnis. Die Spuren unserer Erinnerung in Körper und Gehirn. Wie wir traumatische Erfahrungen verstehen und verarbeiten. Kösel Verlag 2016.
- Levine, Peter A.: Vom Trauma befreien. Wie Sie seelische und körperliche Blockaden lösen. Kösel Verlag 2007.
- Levine, Peter A.: Sprache ohne Worte. Wie unser Körper Trauma verarbeitet und uns in die innere Balance zurückführt. Kösel Verlag 2010.
- Lipton, Bruce H.: Intelligente Zellen. Wie Erfahrungen unsere Gene steuern. KOHA Verlag 2017.
- Lipton, Bruce H.: DVD-Intelligente Zellen. Der Geist ist stärker als die Gene. KOHA Verlag.
- Lipton, Bruce H.: DVD-Wie wir werden, was wir sind. Eltern sind wichtiger als Gene – wie unser Bewusstsein das Wesen unserer Kinder bestimmt. KOHA Verlag.

- Nelson, Bradley: Der Emotionscode. So werden Sie krank machende Emotionen los. VAK Verlag 2018.
- Schulz von Thun, Friedemann: Miteinander reden: 3 – Das „Innere Team" und situationsgerechte Kommunikation. Rowohlt Verlag 2018.
- Stahl, Stefanie: Das Kind in dir muss Heimat finden. Kailash Verlag 2015.
- Schwartz, Robert: Mutige Seelen. Planen wir unsere Lebensaufgabe bereits vor der Geburt? Heyne Verlag 2015.
- Schwartz, Robert: Die Mission der Seele. Lebenskrisen und Schicksalsschläge als Chance für inneres Wachstum und Heilung. Heyne Verlag 2019.
- Schwartz, Robert: Jede Seele plant ihren Weg. Warum leidvolle Erfahrungen nicht sinnlos sind. Heyne Verlag 2016.
- Strehlow, Wighard: Die Psychotherapie der Hildegard von Bingen. Heilen mit der Kraft der Seele. MensSana bei Knaur Verlag 2010.
- Spezzano, Chuck: Why shit happens. Warum guten Menschen schlimme Dinge zustoßen. Via Nova Verlag 2019.
- Spezzano, Chuck: Die inneren Heilkräfte erwecken. Heilung von Krankheiten, Beziehungen, Lebensumständen. Via Nova Verlag 2013.
- Spezzano, Chuck: Heilung beginnt im Herzen. Die inneren Kräfte wecken, um Körper und Seele zu heilen. Via Nova Verlag 2012.
- Spezzano, Chuck: Heilung von Schuldgefühlen. Das Geschenk des inneren Friedens wieder erfahren. Via Nova Verlag 2011.
- Täuber, Marcus Dr.: Gedanken als Medizin. Wie Sie mit Erkenntnissen der Hirnforschung die mentale Selbstheilung aktivieren. Goldegg Verlag 2020.
- Tepperwein, Kurt: Die Geistigen Gesetze. Erkennen, verstehen, integrieren. Goldmann Verlag 2002.
- Thich Nath Hanh: Ohne Schlamm kein Lotos. Die Kunst, Leid zu verwandeln. Nymphenburger Verlag 2016.
- Thich Nath Hanh: Versöhnung mit dem inneren Kind. Von der heilenden Kraft der Achtsamkeit. O.W.Barth Verlag 2011.

- Tipping, Colin C.: Radikale Selbstvergebung. Liebe dich so, wie du bist, egal was passiert! Heyne Verlag 2017.
- Tipping, Colin C.: Ich vergebe. Der radikale Abschied vom Opferdasein. Jkamphausen Verlag 2016.
- Posa, Ferenc: Hinter die Symptome schauen. Die seelischen Ursachen der Krankheit. ViaNova 2013.
- Prieß, Mirriam Dr. med.: Burn-out kommt nicht nur vom Stress. Warum wir wirklich ausbrennen und wie wir zu uns selbst zurückfinden. Goldmann Verlag 2019.
- Prieß, Mirriam Dr. med.: Resilienz. So entwickeln Sie Widerstandskraft & Innere Stärke. Goldmann Verlag 2019.
- Romm, Aviva Dr. med.: Der Aufstand der Hormone. Wie unser Lebensstil Schilddrüse, Nebennieren und Stoffwechsel stresst. Beltz Verlag 2018.
- Rosenberg, Stanley: Der Selbstheilungsnerv. So bringt der Vagus-Nerv Psyche und Körper ins Gleichgewicht. VAK Verlag 2019.
- Villoldo, Alberto & Perlmutter, David: Das erleuchtete Gehirn. Mit Schamanismus und Neurowissenschaft das Geheimnis gesunder Zellen entdecken. Goldmann Verlag 2011.
- Williamson, Marianne: Du bist stärker als dein Schmerz. Seelische Wunden heilen und inneren Frieden finden. Trinity 2017.
- Ware, Bronnie: 5 Dinge, die Sterbende am meisten bereuen. Einsichten, die Ihr Leben verändern werden. Goldmann Verlag 2015.
- Wolynn, Mark: Dieser Schmerz ist nicht meiner. Wie wir uns mit dem seelischen Erbe unserer Familie aussöhnen. Kösel Verlag 2017.
- Zhi Gang Sha Dr.: Seele Geist Körper Medizin. Anleitung zur Selbstheilung durch Seelenkraft. Koha Verlag 2014.
- Zeitschrift Gehirn & Geist. Warum Hitler bis heute die Erziehung von Kindern beeinflusst. Ausgabe 12. September 2018.
- Zeitschrift NATUR & HEILEN – Monatszeitschrift für gesundes Leben, Gedanken als Medizin, Interview von Frau Anne Devillard (Chef-Redakteurin) mit Dr. Marcus Täuber (Neurobiologe), München, Ausgabe Juli 7/2020, S. 14ff.

Quellenangaben

1 – Dr. Jürgen Wettig. Eltern-Kind-Bindung. Kindheit bestimmt das Leben; Deutsches Ärzteblatt 2006; 103(36): A 2298–2301. Abrufdatum 06.01.2021, von https://www.aerzteblatt.de/archiv/52567/Eltern-Kind-Bindung-Kindheit-bestimmt-das-Leben

2 – Prof. Dr. Ruppert Frank. Symbiosetrauma und symbiotische Verstrickungen. Abrufdatum 06.01.2021, von https://docplayer.org/18729030-Symbiosetrauma-und-symbiotische-verstrickungen.html

3 – Pschyrembel. Definition von Krankheit. Abrufdatum 06.01.2021, von https://www.pschyrembel.de/Krankheit/K0C8J

4 – Pramahansa Yogananda. Zitate und Weisheiten. Abrufdatum 06.01.2021, von https://www.sasserlone.de/autor/122/paramahansa.yogananda/S. 102

5 – Hermann Hesse. Gedicht Stufen. Abrufdatum 06.01.2021, von https://www.lyrikline.org/de/gedichte/stufen-5494

6 – Fanny Jimenez (2019). Stimmungsmacher im Darm. Abrufdatum 06.01.2021, von https://www.spektrum.de/news/wie-der-darm-die-psyche-beeinflusst/1691794

7 – Redaktion SimplyScience.ch. Die Beziehung zwischen Darm und Gehirn. Abrufdatum 06.01.2021, von https://www.simplyscience.ch/teens-liesnach-archiv/articles/die-beziehung-zwischen-darm-und-gehirn.html

8 – Das Versteck der Weisheit – eine kluge Geschichte. Abrufdatum 06.01.2021, von https://www.lichtkreis.at/gedankenwelten/weise-geschichten/versteck-der-weisheit/

9 – Die Geschichte von den zwei Wölfen. Abrufdatum 06.01.2021, von https://einfachachtsam.de/geschichte-zwei-woelfe/

10 – Ottawa-Charta zur Gesundheitsförderung. Abrufdatum 06.01.2021, von https://gesundheits.de/gesundheit/ottawa-charta und https://www.euro.who.int/de/publications/policy-documents/ottawa-charter-for-health-promotion,-1986

11 – Toni Faltermaier. Salutogenese. Abrufdatum 06.01.2021, von https://www.leitbegriffe.bzga.de/alphabetisches-verzeichnis/salutogenese/

12 – Rainer Maria Rilke. Gedicht: Der Panther. Abrufdatum 06.01.2021, von https://www.gedichte-zitate.com/rilke/der-panther.html

13 – Anne Kratzer (12. Sept. 2018): Warum Hitler bis heute die Erziehung von Kindern beeinflusst. Erschienen in Gehirn & Geist. Abrufdatum 06.01.2021, von https://www.zeit.de/wissen/geschichte/2018-07/ns-geschichte-mutter-kind-beziehung-kindererziehung-nazizeit-adolf-hitler?utm_referrer=https%3A%2F%2Fwww.google.com%2F

14 – Geburt des Schmetterlings – eine weise Geschichte. Abrufdatum 06.01.2021, von htpps://www.lichtkreis.at/gedankenwelten/weise-geschichten/geburt-des-schmetterling/

15 – Erik H. Erikson. Phasen der psychosozialen Entwicklung. Abrufdatum 06.01.2021, von http://www.lern-psychologie.de/skripte/erikson.pdf und www.wimmer-partner.at/pdf.dateien/lebenszyklus-entwicklungsweg.pdf

16 – Aphorismen zum Suchbegriff der Veränderung. Abrufdatum 06.01.2021, von https://www.aphorismen.de/suche?f_thema=Veränderung

17 – Dr. Georg Kraus. Die sieben Phasen eines Changeprozesses. Abrufdatum 06.01.2021, von https://www.3minutencoach.com/die-7-phasen-eines-changeprozesses/

18 – Shad Helmstetter. Der Korb des alten Mannes. Abrufdatum 06.01.2021, von https://intaka.de/der-korb-des-alten-mannes/

19 – ARTE Dokumentation (Deutschland 2017 | arte 02.09.2017): Vererbte Narben – Generationsübergreifende Traumafolgen. Abrufdatum 06.01.2021, von https://programm.ard.de/TV/arte/vererbte-narben/eid_28724272671862

20 – YouTube Video: Bruce Lipton über Stress. Abrufdatum 06.01.2021, von https://www.youtube.com/watch?v=kygE15O4Zrc

21 – James Aggrey: Die Geschichte vom Adler – eine kluge Geschichte. Abrufdatum 06.01.2021, von https://www.lichtkreis.at/gedankenwelten/weise-geschichten/der-adler/

22 – Petra Schneider: Die Geschichte vom Adler, der glaubte ein Huhn zu sein! Abrufdatum 06.01.2021, von https://www.hochsensibilitaet-netzwerk.com/die-geschichte-vom-adler-der-glaubte-ein-huhn-zu-sein/

23 – Byron Katie: The Work auf Deutsch. Wer wärst du ohne deine Geschichte. Abrufdatum 06.01.2021, von https://the-work.com/sites/de/

24 – PSYLEX.de – Quellenangabe: Universität Indiana, Experimental Social Psychology (2016.07.010; August 2016) Selbstsabotage (Psychologie). Abrufdatum 06.01.2021, von https://psylex.de/psychologie-lexikon/positiv/selbstsabotage.html

25 – Margaret Fishback Powers: Gedicht. Spuren im Sand. Abrufdatum 06.01.2021, von https://www.zeitgeschichte.de/gedichte/margaret-fishback-powers/spuren-im-sand.html

26 – Forum für Streitkultur: Romy Jaster und David Lanius. Was sind Fake News? Abrufdatum 06.01.2021, von https://forum-streitkultur.de/was-sind-fake-news/

27 – J. W. v. Goethe. Gedicht. Das Göttliche. Abrufdatum 06.01.2021, von http://www.sternenfall.de/Goethe--Das_G0366ttliche.html

Die Autorin

Hermine Merkl wurde 1961 in Süddeutschland geboren.

Nach dem Abitur entschied sie sich für das Lehramtsstudium und unterrichtete 28 Jahre als Lehrerin für Deutsch und Haushalt & Ernährung an mehreren Realschulen. 4 Jahre davon als Konrektorin, 5 Jahre als Schulleiterin, bis sie 2017 aus gesundheitlichen Gründen in den Vorruhestand entlassen wurde. Aufgrund ihrer gesundheitlichen Situation fing sie an, Literatur aus den Fachbereichen der Psychologie, Epigenetik, Psychoneuroimmunologie, Naturheilkunde, Ernährung und Spiritualität zu studieren, um mit Hilfe des dadurch erworbenen Wissens ihre Selbstheilungskräfte zu aktivieren, um an Körper, Geist und Seele wieder zu gesunden. So konnte sie in den letzten Jahren den Weg der Heilung selbstständig gehen.

„Meine Seele will endlich fliegen" ist ihre erste eigenständige Veröffentlichung als Autorin.

Weitere Informationen unter:
www.hermine-merkl.de

Der Verlag

*Wer aufhört
besser zu werden,
hat aufgehört
gut zu sein!*

Basierend auf diesem Motto ist es dem novum Verlag
ein Anliegen neue Manuskripte aufzuspüren, zu ver-
öffentlichen und deren Autoren langfristig zu fördern.
Mittlerweile gilt der 1997 gegründete und mehrfach
prämierte Verlag als Spezialist für Neuautoren in
Deutschland, Österreich und der Schweiz.

**Für jedes neue Manuskript wird innerhalb
weniger Wochen eine kostenfreie, unverbind-
liche Lektorats-Prüfung erstellt.**

Weitere Informationen zum Verlag und
seinen Büchern finden Sie im Internet unter:

www.novumverlag.com